Michael Schneider (Hg.)

# »Wachsam in Liebe«

**Eine Festgabe zum 75. Geburtstag
Seiner Seligkeit Patriarch Gregorios III.**

# KOINONIA - ORIENS

Studien des Patristischen Zentrums KOINONIA - ORIENS
Herausgegeben von Wilhelm Nyssen und Michael Schneider
Band LIV

*Die Deutsche Bibliothek - CIP Einheitsaufnahme*

Schneider, Michael (Hg.)
»Wachsam in Liebe« - Eine Festgabe zum 75. Geburtstag
Seiner Seligkeit Patriarch Gregorios III. /
Michael Schneider (Hg.) - Kisslegg
Fe-Medienverlags GmbH, 2008.

**ISBN 978-3-939684-43-5**

© Fe-Medienverlags GmbH - 2008

Michael Schneider (Hg.)

# »Wachsam in Liebe«

Eine Festgabe zum 75. Geburtstag
Seiner Seligkeit Patriarch Gregorios III.

# VORWORT

*»Seid wachsam und wandelt in der Liebe«* (Mt 24,42 par und Eph 5,2). Der Titel der vorliegenden Festgabe wurde in Anlehnung an diesen Wappenspruch Seiner Seligkeit Patriarch Gregorios III. formuliert. Er selbst führte bei einem Interview in Kairo aus: »Ich habe den Namen Gregor aus mehreren Gründen gewählt. Zunächst wegen der Bedeutung des Wortes 'Gregor', das übersetzt 'Wächter' heißt. In diesem Sinne sprach Jesus zu seinen Jüngern am Ölberg: Gregorite, wachet! Dann möchte ich an einen meiner Vorgänger, Gregor II., erinnern, der wie ich aus Damaskus stammte und wie ich dem Orden der Salvatorianer-Basilianer angehörte. Gleichzeitig möchte ich an den heiligen Gregor von Nazianz erinnern und in Liebe für die Kirche wachsam Sorge tragen.«
Seine Seligkeit Patriarch Gregorios III. Laham ist - mit Sitz in Damaskus - das Oberhaupt der Melkitischen Griechisch-Katholischen Kirche von Antiochien, Alexandrien, Jerusalem und dem ganzen Orient. Am 15. Dezember dieses Jahres vollendet er sein 75. Lebensjahr. Bald darauf gilt es, weitere Jubiläen zu feiern, nämlich den 40. Jahrestag seiner Priesterweihe (in Grottaferrata bei Rom am 15. Februar 1959), den 50. Jahrestag seiner Freundschaft in und mit Deutschland (7. Juli 1959) wie auch den 60. Jahrestag seiner ersten Mönchsgelübde (15. August 1949).
Es kam der Wunsch auf, ihm zu dem festlichen Anlaß des Geburtstages ein Buch zu bereiten. Das Thema der Festgabe ergibt sich aus dem Lebens- und Schaffensbereich des Patriarchen, nämlich »Syrien - Islam - Christen im Nahen Osten - Östliche Liturgie - Ökumene«. Schon gleich bei den ersten Überlegungen zum geplanten Vorhaben zeigte sich, daß recht viele bereit waren, für die Festschrift einen Beitrag zu verfassen, weil sie mit dem Jubilar freundschaftlich verbunden oder auf andere Weise mit ihm zusammengekommen und seine Mitarbeiter gewesen sind. Patriarch Gregorios III. ist nicht nur im Orient bekannt; durch seine zahlreichen Aufenthalte in Deutschland hat er viele Freunde und Bekannte gefunden, aber auch Gönner und Förderer seiner Projekte, die er in den Jahrzehnten seines priesterlichen Wirkens durchzuführen vermochte.

Die vorliegende Festschrift konnte nur mit der Hilfe und Unterstützung anderer entstehen. Zunächst ist all denen zu danken, die wichtige Vorarbeiten, z. B. bei der Erstellung der Bibliographie, geleistet haben oder sich der Mühe des Korrekturlesens unterworfen haben; hier leistete Frau Anna M. Niem - wieder - zuverlässige und treue Dienste. Bei der Übersetzung aus dem Italienischen stand Frau Isa Lamiani mit Rat und Tat zur Seite, und bei der aus dem Französischen halfen verdienstvoll Herr A. Bénétreau und Frau G. Fournell; die Drucklegung begleitete sehr kenntnisreich Herr C. Bremer. Eigens gilt ein Dank Herrn Bernhard Müller von der Fe-Medienverlags GmbH, der die vorliegende Schrift in das Verlagsprogramm aufnahm und einen kostengünstigen Druck ermöglichte.

Ein »Vergelt's Gott!« sei den großzügigen Spendern gesagt, die durch ihre finanzielle Unterstützung die Realisierung des Projektes ermöglicht haben; zu nennen sind hier die Deutsche Bischofskonferenz, der Patriarchalische Orden vom Heiligen Kreuz mit seinem Statthalter Herrn Dr. Herbert Dautzenberg und der Geschäftsführerin Frau Martina Banzet wie auch Herrn Chevalier Michael Kottenhoff, ferner Dr. med. Riad und Claudia Hanna und Frau Werhahn.

All denen, die mit ihrem Beitrag inhaltlich unser Vorhaben bereichert haben, danke ich aufrichtig für die kollegiale Mitarbeit, die mir die Zusammenstellung der Festgabe zu einer erfreulichen und trostvollen Erfahrung machte. Die Thematik der Festschrift bietet ein buntes Spektrum, in dem sich das umfassende Arbeitsfeld des Jubilanten widerspiegelt. Neben wissenschaftlichen Beiträgen wurde das eine und das andere Essay aufgenommen, um der Vielfalt der Fragestellungen und des Freundeskreises von S.S. Patriarch Gregorios gerecht werden zu können. Möge ihm selbst die Lektüre der Festgabe Freude bereiten und eine Zusage sein, daß viele Freunde weiterhin seinen Weg begleiten und sein Wirken fördern werden.

Der Herausgeber -<br>
am Fest der Synaxe<br>
der Engelfürsten, 2008

## INHALTSVERZEICHNIS

der Festgabe für Patriarch Gregorios III.

| | |
|---|---|
| Vorwort | 5 |
| **GRUSSWORTE** | 11 |
| Bischof Felix Genn | 11 |
| Bischof em. Josef Homeyer | 13 |
| Bischof Karl Cardinal Lehmann | 15 |
| Bischof em. Reinhard Lettmann | 17 |
| Erzbischof Reinhard Marx | 19 |
| Erzbischof Joachim Cardinal Meisner | 21 |
| Bischof Heinrich Mussinghoff | 23 |
| Apostol. Nuntius Erzbischof Jean-Claude Périsset | 25 |
| Erzbischof em. Friedrich Cardinal Wetter | 27 |
| Erzbischof Robert Zollitsch | 29 |
| **LEBEN UND WIRKEN SEINER SELIGKEIT PATRIARCH GREGORIOS III.** | 31 |
| **BEITRÄGE** | 64 |
| Mère AGNÈS-MARIAM de la Croix: Die arabischen Ikonen - der Ruhm der Melkitischen Kirche | 64 |
| Volker W. BÖHLER: Syrien und der Libanon. Eine kritische Bestandsaufnahme nach dem 3. Golfkrieg | 83 |
| Herbert DAUTZENBERG: »Der Patriarchalische Orden vom Heiligen Kreuz zu Jerusalem« seit Maximos IV. | 95 |

Hans-Dieter DÖPMANN:
Zum Beitrag unserer Kirchen in der heutigen Welt     105

Bischof Gerhard FEIGE:
Bereichert und herausgefordert.
Katholische Erfahrungen mit dem christlichen Osten     116

Barbara HALLENSLEBEN:
Ökonomie und Heilsökonomie.
Sergij Bulgakov als Vordenker neuer ökumenischer Aufgaben     131

Philipp HARNONCOURT:
Ein Motor der Ökumene und Versöhnung im Nahen Osten.
Begegnungen mit Lutfi Laham     146

Lothar HEISER:
Der Machtwechsel von der christlich-byzantinischen zur
islamisch-arabischen Herrschaft über Syrien und Palästina
und die Folgen für die christliche Bevölkerung     156

Gregor HOHMANN:
Der Rituswechsel der Melkiten.
Was hat die melkitische Kirche veranlaßt, die syrische gegen
die byzantinische Tradition einzutauschen?     175

Metropolit Serafim JOANTĀ:
Was westliche Christen in der Begegnung mit der Orthodoxie
mißverstehen     184

Peter KAUFHOLD:
»Preise den Herrn meine Seele«.
Theologische Betrachtungen zur Kirchenmusik     195

Adel Theodor KHOURY:
Christen und Muslime.
Probleme eines schwierigen Dialogs     204

Michael KUNZLER:
Gabenbereitung oder Opferung? Ein Vergleich der Gabenbereitung in
der abendländischen Eucharistiefeier mit der byzantinischen Proskomidie zur Klärung der Frage nach dem Opfercharakter der Messe 218

Erich LÄUFER:
Zwei Wurzeln und ein starker Baum. Der Deutsche Verein vom
Heiligen Lande und der Nahe Osten 245

Lucian LAMZA:
Das Wirken der Kongregation für die Orientalischen Kirchen
zugunsten der Versöhnung der Kirchen des Ostens und des Westens 256

Johannes MADEY:
Erzbischöfe und Metropoliten im Lichte des »Codex Canonum
Ecclesiarum Orientalium« 278

Johannes OELDEMANN:
Gottes Gnade und die Freiheit des Menschen. Eine vergleichende
Skizze zeitgenössischer orthodoxer und katholischer Denkansätze 294

Winfried PILZ:
Geistesgegenwart. Momentaufnahmen eines bewegten Daseins 312

Albert RAUCH:
50 Jahre Begegnung mit den Kirchen des Ostens 317

Michael SCHNEIDER:
»Spaltungen müssen sein« - Der Weg der getrennten Christen in
der theologischen Ausdeutung von Papst Benedikt XVI. 332

Hermann Josef SIEBEN:
Gregor von Nazianz: Seine Konzilsskepsis vor dem Hintergrund
seiner Synodenerfahrung und des Entwicklungsstandes der Institution 361

Ernst Christoph SUTTNER:
Wann und wie kam es zur Union von Melkiten mit der Kirche von Rom? 381

Robert TAFT:
Liturgie und Ökumene in der Geschichte des Päpstlichen
Kollegs »Russicum«. Zum 80. Jahrestag seiner Gründung 393

Reinhard THÖLE:
»Lehrmeisterin der Ökumene«.
Zum ökumenischen Charisma der byzantinischen Liturgie 413

Irenäus TOTZKE:
Entwicklung oder Entfaltung.
Zwei Möglichkeiten geistigen Wachstums 421

Christian W. TROLL:
Papst Johannes Paul II. und der Islam. Eine bleibende Erinnerung… 437

Dietmar W. WINKLER:
Religionskriege zwischen Christentum und Islam?
Die Kreuzzüge aus mittelalterlich-europäischer, ostkirchlicher
und muslimisch-arabischer Sicht 455

DIE AUTOREN 475

# GRUSSWORTE

Der Bischof von Essen  Dr. Felix Genn

**Grußwort**

**zur Vollendung des 75. Lebensjahres Seiner Seligkeit Patriarch Gregorius III. Laham**

Es ist ungewöhnlich, daß der Patriarch einer östlichen Kirche in Deutschland einen so hohen Bekanntheitsgrad besitzt wie Seine Seligkeit Patriarch Gregorius III., Laham. Er ist Patriarch der in Union mit Rom stehenden griechisch-melkitisch-katholischen Kirche. Pilger, die zwischen 1975 und 2000 das Heilige Land besuchten, haben entweder im dortigen melkitischen Patriarchat gewohnt, oder sie sind dort dem damaligen Patriarchalvikar, Erzbischof Lutfi Laham, begegnet. Bei allen Katholikentagen in Deutschland hebt Patriarch Gregorius durch die Feier der Heiligen Liturgie und des Stundengebets sowie durch Vorträge und Gespräche die melkitische Schwesterkirche ins Bewußtsein der Teilnehmer. Gemäß einem Wort von Papst Johannes Paul II.: „Wir lateinischen Christen müssen wieder mehr lernen, mit beiden Lungenflügeln zu atmen, dem westlichen und dem östlichen."

Damit sind wir schon bei einem weiteren Schwerpunkt seines priesterlichen Lebens, dem sich Patriarch Gregorius mit großem Engagement widmet: dem der Ökumene. Dabei geht es ihm nicht um eine Ökumene, in der Eigenes aufgegeben wird; es geht ihm vielmehr um eine Ökumene des sich Kennenlernens, der gegenseitigen Achtung, des Hineinwachsens in ein gemeinsames Christuszeugnis. Dieses gilt für ihn sowohl in der Begegnung mit den östlichen Kirchen und der „lateinischen" Kirche, als auch in der Beziehung zu den anderen Kirchen und kirchlichen Gemeinschaften. Sein Handeln kommt aus dem Glaubensbekenntnis, aus einer tiefen Liebe zu seiner Kirche und der Heiligen Liturgie, und nicht zuletzt aus der Verantwortung der ihm anvertrauten Menschen. Auf diesem Hintergrund erscheint es fast selbstverständlich, daß sein Vorgänger, S.S. Patriarch Maximos V., Hakim, ihn mit der Revision der melkitischen Liturgie beauftragte.

Immer wenn Patriarch Gregorius mit Menschen zusammenkommt, beschenkt er die Gläubigen im Westen mit dem großen theologischen und geistlichen Reichtum des Ostens. Man spürt seine aufrichtige Herzlichkeit, die seine Zuhörer sofort für ihn einnimmt. So hat sich in Deutschland ein Freundeskreis, genannt „Das Band", für die melkitische Kirche gebildet, der einerseits aus dem theologischen Erbe der melkitischen Kirche lebt, und andererseits die seelsorglich-katechetischen Aufgaben des Patriarchates auf vielfältige Weise unterstützt.

Patriarch Gregorius ist der Großmeister des Patriarchalischen Ordens vom Heiligen Kreuz zu Jerusalem, des weltweiten geistlichen Ritterordens des melkitischen Patriarchates von Antiochien. Dieser Orden hat sich zum Ziel gesetzt, in der heutigen Gesellschaft die Werte von Gerechtigkeit, Brüderlichkeit, des gegenseitigen Verständnisses und der Achtung zu fördern, wie sie sich in der Förderung und Unterstützung religiöser, kultureller, karitativer und sozialer Werke und Institutionen kundtut. Ihnen gilt das Hauptaugenmerk der Patriarchalischen griechisch-melkitisch-katholischen Kirche von Antiochien und dem gesamten Orient, von Alexandrien und Jerusalem. Damit ist der Friede eines der zentralen Anliegen des Patriarchen. Hier ist er nicht nur Mahner; vielmehr bringt er mit anderen Patriarchen und Bischöfen der östlichen Länder konstruktive Vorschläge zu seiner Erhaltung und seiner Erreichung ein. Deshalb ist er ein geschätzter Gesprächspartner in der arabischen Welt. Er ist ein Vermittler in die islamischen Länder hinein und setzt sich für den Dialog der Religionen ein.

Meine aufrichtigen und herzlichen Glück- und Segenswünsche gelten Seiner Seligkeit Patriarch Gregorius III. zur Vollendung seines 75. Lebensjahres. Gesundheit, Wohlergehen und ein langes Leben schenke ihm Gott, „auf viele Jahre".

Dr. Felix Genn

Bischof

**JOSEF HOMEYER**
BISCHOF EM. VON HILDESHEIM

**Patriarch Gregorios III. – Laham
ein unermüdlicher Brückenbauer**

„Syrien ist die Wiege des Christentums. Die Heimat Jesu ist Palästina, aber die Heimat der Christen ist Syrien, das ist auch wahr." Gern zitiert Patriarch Gregorios III. dieses Wort des syrischen Präsidenten Bashar al-Assad, das dieser beim Besuch von Papst Johannes Paul II. 2001 in Syrien gesagt hat. Nicht ohne Stolz fügt der Patriarch gern hinzu: „Die Christen in Syrien seien „der Ursprung des Christentums". Wir haben den Glauben an Europa gegeben." „Wir waren immer eine Kirche des Dialogs, eine Brücken-Kirche, eine Kirche an der Nahtstelle so vieler Gegebenheiten, sei es ethnisch, national, religiös oder geistlich..."

In der Tat: Syrien war durch die Jahrhunderte ein Schmelztiegel der verschiedensten Einflüsse, die dort zusammenströmten und verarbeitet wurden. Es war durch seine Lage prädestiniert, das unverlierbare Erbe des Orients dem Abendland mitzuteilen.

Das Evangelium verbreitete sich dann von Syrien aus sehr früh bis nach Armenien und legte so den Grund für den geistigen Führungsanspruch des syrischen Christentums in der ganzen Region und darüber hinaus. In den Auseinandersetzungen um Chalcedon (451) kam es dann zur Spaltung in die ost- und westsyrische Kirche. Diese Spaltung beeinträchtigte die Glaubwürdigkeit der Heilsbotschaft und dürfte auch ein Grund sein, daß beide Kirchen nach der islamischen Eroberung Syriens erheblich zurückgedrängt wurden.

Das Patriarchat von Antiochien war immer offen für den Westen, und es gab immer gute Kontakte des melkitischen Patriarchen von Antiochien nach Europa und zur Römischen Kirche. Als dieser Kontakt sich im 17. Jahrhundert zu Unionsgesprächen verdichtete und 1724 tatsächlich zur Union mit Rom führte, kam es entgegen ganz anderer Erwartungen zur Spaltung: Es blieb bei der griechisch-orthodoxen Kirche mit den drei Patriarchaten Alexandrien, Antiochien und Jerusalem, hinzu kam nun aber die mit Rom unierten melkitische Kirche mit dem griechisch-katholischen Patriarchen von Antiochien.

Patriarch Gregorios III. lebt in dieser Geschichte der syrischen Kirche und leidet an den Spaltungen in ihr. Unmittelbar nach seiner Rückkehr von den Studien in Rom 1961 gründete er 1962 eine Zeitschrift, die sich ökumenischen und ostkirchlichen Fragen der „Einheit im Glauben" widmet, übrigens die erste und einzige arabische Zeitschrift dieser Art. Ökumenisches Denken prägt seine Vorlesungen in Theologie, Liturgie und orientalischen Studien am Priesterseminar und an der Universität in Beirut. Einige Jahre später bereitete er die erste gemeinsame liturgische Konferenz der griechisch-orthodoxen und der katholischen Kirche von Antiochien vor. Es war dann keine Überraschung, sondern es entsprach dem Grundanliegen von Patriarch Gregorios III., wenn er gleich zu Beginn seines Patriarchates erklärte: „Eine echte Gemeinschaft und gute Fortschritte zwischen uns griechischen Katholiken und Griechisch-Orthodoxen in Antiochien könnte dem Ökumenismus neuen Schwung geben. Das ist mein Hauptanliegen." Aber er sagte dann auch: „Wir Christen lieben als unsere Brüder auch die Moslems." Um das Gespräch mit ihnen mühte er sich unablässig. Bei einem kürzlichen Besuch mit einer Pilgergruppe im Vatikan lobte Papst Benedikt XVI. ausdrücklich die Verdienste des Patriarchats um den Dialog mit den Muslimen.

Als Patriarch Gregorios III. die Zielsetzungen seines Patriarchates darlegte und die Ökumene als prioritär erklärte, fügte er sofort hinzu – und das ist eben Patriarch Gregorios III. –: „Mein zweites großes Anliegen gilt der Liebe zu den Armen des Landes... Wir Christen lieben als unsere Brüder auch die Moslems... Besonders aber der Arme, der Notleidende, der im Lande lebt, der Kranke: diese Menschen brauchen vor allem unsere Liebe. Das soll mein Programm sein." Der Patriarch ist davon überzeugt, daß alles christliche Handeln, erst recht das eines Patriarchen, seine Glaubwürdigkeit durch die konkret handelnde Liebe, vor allem zu den Armen jedweder Art, bewahrheitet werden muß. Er kämpft für Flüchtlinge und Behinderte, gründet Schulen, Handwerks- und Wohnzentren, baut Kliniken, richtet mehrsprachige Buchhandlungen ein, Bibliotheken, Hilfsfonds, Begegnungsstätten usw. usw. „Seid wachsam und wandelt in der Liebe" ist nicht zufällig sein Wahlspruch.

Angesichts dieser Fülle seines Wirkens drängt sich die Frage auf, woher Patriarch Gregorios III. denn eigentlich seine Kraft nimmt. Er selbst antwortet so: „...Dies alles schöpft seine Kraft und geistige Quelle aus Liturgie und Gebet". Es ist bekannt (vielleicht auch nicht), wie sehr der Patriarch selbst in und aus der Liturgie und dem Gebet lebt. Gerade diese seine eigene Erfahrung ist es, die ihn veranlaßt, eine neue Edition der „Göttlichen Liturgie" zu besorgen, die als solche einzigartig in den byzantinischen Kirchen ist. Die Herausgabe des Anthologion in vier Bänden folgt. Um den Priestern, Ordensleuten und Laien den Zugang zur Liturgie und zu den liturgischen Büchern zu ermöglichen, bemüht er sich um die Erneuerung aller liturgischen Bücher.

Jahr für Jahr hält Patriarch Gregorios III. eine ungewöhnliche Zahl von Vorträgen für die Pilger in Syrien und im Ausland, insbesondere in Deutschland, Italien und England. Dabei geht es ihm darum, auf die außergewöhnlichen Probleme im Heiligen Land und im Vorderen Orient aufmerksam zu machen, gewiß auch um die Unterstützung für seine zahlreichen Projekte, aber vor allem geht es ihm auch darum, an Syrien, den Ursprungsort der Christen zu erinnern und die alte Tradition des melkitischen Patriarchates fortzusetzen, die Beziehungen zu Europa zu pflegen.

Patriarch Gregorios III., dem „unermüdlichen Brückenbauer" sei Dank für seinen unermüdlichen Dienst. Er könnte und sollte uns sehr nachdenklich machen.

+ Josef Homeyer

DER BISCHOF VON MAINZ

**Grußwort zum 75. Geburtstag von Patriarch Gregorios III. Laham**

Mit großer Freude darf ich in Patriarch Gregorios III. Laham einem hochrangigen Vertreter der katholischen Ostkirchen zum Geburtstag gratulieren. Trotz der Kirchenspaltungen zwischen der römischen Kirchengemeinschaft und der Mehrheit der östlichen Kirchen folgten nie alle Katholiken der lateinisch-abendländischen Tradition. Immer standen östliche Kirchen mit der römischen Kirche in Einheit, auch wenn sie vieles mit den orthodoxen Schwesterkirchen gemeinsam hatten und haben. Man nennt darum diese auch mit Rom unierte östliche Kirchen oder katholische Ostkirchen.

Patriarch Gregor III. war lange Jahre der Vertreter des Patriarchen in Jerusalem. Von da aus hat er für die melkitische Kirche viele Reisen gemacht, besonders auch nach Deutschland. Er spricht hervorragend unsere Sprache. Er ist aber auch ein ausgezeichneter Bischof als »Vater der Armen«, denn er hat wichtige soziale Einrichtungen wie z.B. Waisenhaus, Berufsschule, Lehrwerkstätten, Kindergärten, Priesterseminar, Gästehaus usw. geschaffen. Viele in unserem Land kennen ihn von Katholikentagen und anderen Ereignissen. Auch wir durften ihn beim Katholikentag 1998 in Mainz begrüßen, und auch danach war er - etwa im Jahr 2001 zum Allerheiligenfest - immer wieder unser Gast.

Wir grüßen in Patriarch Gregorios auch die katholischen Ostkirchen, die eine Brücke zwischen den orthodoxen Kirchen im Osten und der römisch-lateinischen Kirche des Westens bilden. So möchte ich diesen Gruß schließen mit den Worten des II. Vatikanischen Konzils im Dekret über die katholischen Ostkirchen: »Es (das Konzil) wünscht, dass diese Kirchen neu erblühen und mit frischer apostolischer Kraft die ihnen anvertraute Aufgabe meistern ... sie (die Christen) sollen auch beten, dass den vielen Christen der verschiedenen

Kirchen, die Leid und Bedrängnis ertragen, weil sie den Namen Christi tapfer bekennen, vom Heiligen Geist, dem Beistand, die Fülle der Kraft und des Trostes zuströme.« (»Orientalium Ecclesiarum« Nr. 1 und Nr. 30).

Dafür wollen wir gemeinsam beten und dazu erbitte ich gerne Gottes reichen Segen für Patriarch Gregorios III. Laham und alle, denen wir in Christus verbunden sind und bleiben.

Karl Kardinal Lehmann

# BISCHOF
# DR. REINHARD LETTMANN

Münster, 29.05.2008

## SS. Patriarch Gregorius III. - Laham

Seit Jahren bin ich mit SS. Patriarch Gregorius III. - Laham bekannt.

Schon in seiner Zeit als Patriarchalvikar in Jerusalem hat er mich in Münster besucht. Ich habe ihn zur Dechantenkonferenz eingeladen, bei der er, der professionelle Liturgiker, über die griechisch-katholisch-melkitische Liturgie zu uns gesprochen hat.

Als Patriarch ist er mehrfach in Münster gewesen. Häufiger hat er in unserem Dom die heilige Liturgie gefeiert und das Wort des Evangeliums verkündet.

Patriarch Gregorius ist im Bischofshaus in Münster ein gern gesehener Gast, nicht zuletzt wegen seiner persönlichen Bescheidenheit. Patriarch Gregorius hat uns die Ehre gegeben, am 1200 jährigen Jubiläum des Bistums teilzunehmen. Am Vorabend des Schlußtages konnte ich mit ihm die Schlußszene der Aufführung des „Silbermond" besuchen. Tausende der jungen Menschen dankten ihm spontan für sein Erscheinen und sein Interesse.

Unvergessen ist ein Wort des Patriarchen bei der Eucharistiefeier auf dem Domplatz, die der Höhepunkt unseres Bistumsjubiläums war. Als Konzelebrant sprach er das Gebet des Kanons, das von unserer Gemeinschaft mit dem Heiligen Vater und dem Bischof spricht. Bei der Nennung meines Namens fügte er, ein Bild aus der Offenbarung des Johannes aufnehmend, hinzu: „Der Engel der Kirche von Münster." Mit diesem spontanen Wort hat er das Herz der vielen Tausend Gläubigen gewonnen.

Mehrfach hat Patriarch Gregorius mich bereits nach Damaskus eingeladen. Gemeinsam mit Bischof Dr. Mussinghoff von Aachen, dem stellvertretenden Vorsitzenden der Deutschen Bischofskonferenz, und

Professor Dr. Herbert Vorgrimler wollte ich ihn besuchen. Der ausbrechende zweite Golfkrieg hat es leider verhindert. Patriarch Gregorius hat seine Einladung wiederholt. Ich hoffe sehr, daß ich ihn gemeinsam mit Bischof Dr. Mussinghoff im kommenden Jahr in Damaskus besuchen kann.

Ich wünsche SS. Patriarch Gregorius III. - Laham zur Vollendung des 75. Lebensjahres Gesundheit und rüstige Schaffenskraft. Der Herr kröne seine Jahre mit seiner Güte!

Erzbischof Dr. Reinhard Marx

Grußwort zur Festschrift anlässlich des 75. Geburtstages SS. Patriarch Gregorius III.-Laham

Es ist mir eine große Ehre, Seiner Eminenz Patriarch Gregorius III. anlässlich der Festgabe zum 75. Geburtstag ein Grußwort überbringen zu dürfen. Seit vielen Jahren sind wir persönlich miteinander verbunden und aufgrund seiner zahlreichen Aufenthalte in Deutschland wie zuletzt beim Katholikentag in Osnabrück 2008 hat Patriarch Gregorius III. hier viele Kontakte und Freunde. Die Wertschätzung, die er überall genießt, verdankt sich nicht nur seiner stets offenen und herzlichen Art, sondern auch seinem unermüdlichen Bemühen um Verständigung und Dialog. Er ist ohne Zweifel ein großer Brückenbauer und zwar in mehrfacher Hinsicht: Zum einen innerhalb der katholischen Kirche, insofern er die lateinische, westliche Kirche mit den mit Rom unierten Kirchen des Ostens im Dialog hält und so zu einem besseren Verständnis der katholischen Kirche von sich selbst führt. Er macht uns im Westen den Reichtum der katholischen Kirche bewusst und lässt uns etwa durch seine „Einübung in den geistlichen Weg der Chrysostomos-Liturgie" von der Lebendigkeit und Dramatik der östlichen Liturgie lernen. Damit verbunden ist seine Brückenfunktion zwischen der römisch-katholischen Kirche und den orthodoxen und orientalischen Kirchen. Weil er deren Riten, Sprachen und Spiritualität kennt und lebt, kann er uns ihre Welt erschließen und umgekehrt ihnen verhelfen, uns zu verstehen.

Schließlich ist er Brückenbauer zwischen der westlichen und der arabisch-islamischen Welt. Patriarch Gregorius III. ist in einem mehrheitlich arabisch-islamischen Umfeld aufgewachsen und lebt darin. Trotz der heute schwierigen, zum Teil sogar lebensbedrohlichen Situation der orientalischen Christen im Nahen Osten betont er immer wieder die gemeinsame Geschichte, Sprache und Kultur mit den Muslimen und wirbt für eine friedliche Konvivenz. Wir Christen in Europa sind nicht nur verpflichtet, den Brüdern und Schwestern im Nahen Osten aktiv beizustehen, ihnen Anwalt zu sein und ihre Existenz zu sichern, sondern auch ihre Kenntnisse des Zusammenlebens mit Muslimen aus vierzehn Jahrhunderten wahr- und ernstzunehmen.

Zu Recht warnt Gregorius III. deshalb wiederholt vor dem endgültigen Exodus der Christen aus dem Nahen Osten: Nicht nur weil damit das zweitausendjährige christliche Zeugnis im Ursprungsgebiet unseres Glaubens zu Ende wäre, sondern auch, weil sich dann Huntingtons These von der Unvereinbarkeit und vom Kampf der Kulturen bewahrheiten würde.

Damaskus, Sitz des Patriarchen der melkitischen Kirche, spielt im Paulusjahr nicht zuletzt deshalb auch eine wichtige symbolische Rolle: Syrien ist die Wiege des Christentums, hier wurde Saulus zum Paulus. Möge das Paulusjahr auch einen Beitrag dazu leisten, dass die Kirchen und Christen des Nahen Ostens ihre wichtige Rolle als Brückenbauer innerhalb der Christenheit und zwischen dem Christentum und der islamischen Welt spielen können. Patriarch Gregorius III. wünsche ich für seine wichtigen Aufgaben und für ihn persönlich Gottes reichen Segen!

Dr. Reinhard Marx Erzbischof von München und Freising

Der Erzbischof von Köln

*Köln, im August 2008*

*Grußwort zur Festschrift zum 75. Geburtstag
von Patriarch Gregorios III. - Laham*

*Es war vor mehr als 40 Jahren. Der damalige Kölner Generalvikar Peter Nettekoven, ein großer Freund der griechisch-melkitisch-katholischen Kirche, hatte viele und enge Hilfskontakte zu Einrichtungen dieser Kirche im Nahen Osten aufgebaut. Einer seiner Partner war der junge Basilianermönch Lutfi Laham, der 1966 im libanesischen Salhieh bei Saida mit dem Aufbau eines Sozialzentrums mit Berufsschule begann.*
*Das Erzbistum Köln hatte gemeinsam mit dem Deutschen Verein vom Heiligen Lande beschlossen, die Ortskirche der Melkiten in Jerusalem durch den Bau eines Gästetraktes neben Kirche und Patriarchat in die Lage zu versetzen, Pilgergruppen Gastfreundschaft und eine Unterkunft in unmittelbarer Nähe des Heiligen Grabes anbieten zu können und auf diese Weise eine bescheidene, aber regelmäßige Einkommensquelle zu erhalten.*
*Als dann im Jahr 1974 durch die Verhaftung von Erzbischof Capucci für die Ortsgemeinde eine äußerst komplizierte Situation eintrat, überredeten Generalvikar Nettekoven, Bischofsvikar Teusch und der Generalsekretär des Deutschen Vereins vom Heiligen Lande, Domvikar Michel, den jungen Pater Lutfi Laham, die kommissarische Vertretung als*

Pro-Patriarchalvikar in Jerusalem zu übernehmen, welche ihm Patriarch Maximos V. Hakim übertragen wollte. Nicht zuletzt im Vertrauen auf diese und viele Freunde in Deutschland hat unser Jubilar damals das schwere Amt in der Heiligen Stadt angenommen. Die Partner hier haben sich bemüht, dieses Vertrauen nicht zu enttäuschen. Nettekoven starb schon wenige Monate später, soeben zum Weihbischof in Köln ernannt, bei einem Besuch in Jerusalem, wo er zu seiner Freude noch das gerade fertiggestellte Gästehaus und die frisch ausgemalte Kirche hatte sehen können. Zu seinen Ehren erhielt nach seinem plötzlichen Tod die melkitische Schule in Bethlehem seinen Namen.

1981 wurde Lutfi Laham zum Titular-Erzbischof von Tarsus ernannt. Die Wahl der Heimatstadt des Völkerapostels war hervorragend auf die Person unseres Jubilars zugeschnitten: unzähligen Pilgern - einzelnen und Gruppen - hat er über ein Vierteljahrhundert lang als Gastgeber im Jerusalemer Patriarchat die Jerusalemer Urkirche und ihre vielen Zweige im Orient nahegebracht und dadurch Liebe und Solidarität der Besucher mit den einheimischen Christen begründet. Aber auch als Reisender in Deutschland und weit darüber hinaus hat er die Belange der Christen im Vorderen Orient unermüdlich bei ungezählten Anlässen und Veranstaltungen, Katholiken- und Kirchentagen oder Jubiläen vertreten.

Seit dem Heiligen Jahr 2000 ist er als Patriarch von Antiochien und Oberhaupt der Melkitischen Kirche, bedingt durch die politischen Umstände, leider daran gehindert, die Mutterkirche in Jerusalem persönlich aufzusuchen, die ihm so viel verdankt.

So ist mein Wunsch an den 10 Tage Älteren, dass es ihm zum Dank für all seinen Einsatz einmal vergönnt sein möge, die Reise nach Jerusalem noch einmal anzutreten.

Ad multos annos!
Mit herzlichen Segenswünschen
Ihr

+ Joachim Kardinal Meisner
Erzbischof von Köln

HEINRICH MUSSINGHOFF
BISCHOF VON AACHEN

Zum 15. Dezember 2008

Seiner Seligkeit
dem Patriarchen der
Melkitisch-Katholischen Kirche
Gregorios III. - Laham

Damaskus
Syrien

Eure Seligkeit!

Zur Vollendung Ihres 75. Lebensjahres spreche ich Ihnen herzliche Glück- und Segenswünsche aus. Ich bitte Gott, dass er Ihnen in seiner Güte seinen Schutz und Segen schenke und Ihnen ausreichende Gesundheit, geistige Schaffenskraft und Freude am kirchlichen Leben erhalte. Er gebe Ihnen Freude an der Liturgie, der Feier Gottes in Lob und Dank. Er segne Ihre Kirche in ihrer großen Aufgabe, auch Mittler zu sein zwischen der muslimischen und christlichen Welt, damit der Dialog gelingt. Er gebe Ihnen die Kraft, Ihre Gemeinden zu führen und den Auszug der Christen aus dem Vorderen Orient zu stoppen.

Ich danke Ihnen für Ihre jahrelange Verbundenheit, Treue und Freundschaft mit uns deutschen Christen. Gott segne Ihre kommenden Tage und Jahre mit seinem reichen Frieden.
In der Verbundenheit des auferstandenen Herrn

Ihr

✝ *Heinrich Mussinghoff*

APOSTOLISCHE NUNTIATUR
IN DEUTSCHLAND

Berlin, den 7. August 2008

## Grußwort zum 75. Geburtstag von S.S. Patriarch Gregorios III.-Laham

*»Es gibt für den Menschen kein anderes Gut als sich zu freuen und es sich wohl sein zu lassen in seinem Leben«* (Pred. 3,12).

Jeder Jahrestag ist wie eine Schwelle, die das Frühere und das Zukünftige verbindet, und wenn S. S. Gregorios III. den 75. Geburtstag feiert, ist das Frühere Anlass, Gott zu danken und zugleich Gott für das Zukünftige zu bitten.

Die Lebensumstände waren für Patriarch Gregorios Anruf Gottes, ihm sein Leben im Priesteramt zu widmen, um seinen Mitmenschen im Namen Christi, des guten Hirten, zur Seite zu stehen. Die Ereignisse des täglichen Lebens sind »Zeitzeichen« in einer vielfältigen Gesellschaft wie Syrien und der Nahe Osten - weltlich und kirchlich -, das Patriarch Gregorios gelesen hat, damit er mit Weisheit ihnen eine Antwort geben konnte.

Die Zukunft der Kirche in Syrien hängt von der Anwesenheit von Christen ab, die tatkräftige gute Hirten brauchen, um trotz allerlei Schwierigkeiten das tägliche Leben weiterzuführen. Die große Vergangenheit der Kirche in Syrien, wo der Hl. Paulus gerade in Damaskus Christ wurde, ist ein Ansporn für die heutige Mission. Der Völkerapostel hat von Antiochien aus seine Weltmission begonnen; so möge heute der Heilige Geist Patriarch Gregorios mit demselben Gaben beschenken, damit er seine Kirche in der Einheit mit der Weltkirche stärken und, wie der Hl. Paulus, »das Reich Gottes verkündigen und ungehindert und mit allem Freimut die Lehre über Jesus Christus, den Herrn, vortragen« kann (Apg 28,31).

+ Jean-Claude Périsset Apostolischer Nuntius

DER ERZBISCHOF EM.
VON MÜNCHEN UND FREISING

Euer Seligkeit,
verehrter, lieber Herr Patriarch Gregorios!

Zur Vollendung des 75. Lebensjahres sende ich Ihnen meine brüderlichen Glück- und Segenswünsche. Mit Ihnen danke ich dem Herrn für alles, was seine Güte Ihnen in diesen fünfundsiebzig Jahren geschenkt hat.

Gerne erinnere ich mich an unsere ersten Begegnungen vor bald vier Jahrzehnten in Speyer und an meine Besuche bei Ihnen in Jerusalem.
Ihre Residenz liegt in Damaskus, in der Stadt, von der aus Paulus seine großen Missionsreisen unternommen hat. Sein Wirken für das Reich Gottes zeigt uns, mit welcher Kraft sich das Evangelium gegen alle Widerstände durchgesetzt hat.

Das Evangelium Jesu Christi hat seine Kraft nicht verloren. Ich wünsche Ihnen, daß auch Ihnen die Erfahrung des heiligen Paulus geschenkt werde; daß Sie trotz der Spannungen und Auseinandersetzungen im Nahen Osten durch Ihren Dienst am Evangelium Jesus Christus bezeugen, Brücken bauen, Menschen in Frieden zueinander führen und Not lindern können.

Mit meinen herzlichen Segenswünschen bin ich
in brüderlicher Verbundenheit

*Friedrich Kard. Wetter*

Erzbischof em. von München und Freising

Eure Seligkeit,
sehr geehrter Herr Patriarch,

zu Ihrem 75. Geburtstag gratuliere ich Ihnen im Namen meiner Bischofskollegen der römisch-katholischen Kirche in Deutschland als Vorsitzender der Deutschen Bischofskonferenz und auch persönlich von ganzem Herzen.

Als herausragende Persönlichkeit im christlichen Nahen Osten haben Sie sich verdient gemacht um den ökumenischen Dialog mit der orthodoxen Schwesterkirche ebenso wie mit den orientalisch-katholischen Rituskirchen. Sie sind Vermittler sowohl nach Byzanz als auch nach Rom. Sie haben theologische Institute und Austausche befördert und immer wieder die Schönheit der melkitischen Liturgie für Interessierte aufgeschlüsselt. Als Erzbischof haben Sie eine Vielzahl sozialer Projekte initiiert, die in der schwierigen Lage des Nahen Ostens langfristig Stabilität und Perspektiven schaffen. Als gern gesehener Gast in Deutschland leisten Sie wichtige Dienste im gegenseitigen Kennen lernen von griechischen und lateinischen Katholiken.
Jesus Christus beruft uns Christen zur Einheit. Einheit in der Vielfalt der Nationen und Riten - dafür stehen Sie in beeindruckender Weise ein. Als dynamisches, orientalisches Element im Konzert der katholischen Weltkirche, als Oberhaupt der über

viele, teils zerstrittene arabische Länder verstreuten melkitischen Christen, als lebendiger Zeuge für die Frohe Botschaft von Frieden und Dialog, die Jesus Christus uns gebracht hat, zeigen Sie uns, was es heißt, vielfältig und einmütig zugleich in der 'Gemeinschaft des Glaubens' zu leben.

Friede im Heiligen Land ist Ihnen, verehrter Herr Patriarch Gregorios, ein wesentliches Anliegen. Im vergangenen Jahr durfte ich zusammen mit den anderen deutschen Diözesanbischöfen zu einer Pilgerreise ins Heilige Land aufbrechen. Vielfältige Eindrücke, zahlreiche Gespräche und bewegende Begegnungen sind mir in lebendiger Erinnerung. Dabei wurde uns einmal mehr deutlich, wie sehr die Christen im Heiligen Land gerade heute unserer Solidarität, unserer geistigen wie materiellen Unterstützung sowie des Gebetes bedürfen, damit sich baldmöglichst das Wort erfüllt, das einst der Prophet Jesaja verkündete:
*»Friede, Friede den Fernen und den Nahen«* (Jes 57,19).

In inniger Verbundenheit in Jesus Christus, der uns durch seine Hingabe dazu befähigt, uns selbst hinzugeben, bete ich mit Ihnen gemeinsam um die Einheit der Christenheit, in Frieden und Vielfalt!
Für die Zukunft, für Ihr Wirken und die Leitung der melkitischen Kirche des Orients wünsche ich Ihnen Gottes reichen Segen!
Ihr

† Robert Zollitsch
Erzbischof

# LEBEN UND WIRKEN SEINER SELIGKEIT PATRIARCH GREGORIOS III.

*Michael Schneider*

Am 7. Juli 2009 werden es genau 50 Jahre sein, daß S.S. Patriarch Gregorios III. zum ersten Mal nach Deutschland kam. Land und Leute haben ihn und sein weiteres Leben maßgebend bestimmt, geprägt und bereichert, wie er selbst gerne und immer wieder sagt. Diese Festgabe möge ein kleines Zeichen des Dankes sein für all das, was er in der deutschen Kirche gewirkt und bewirkt hat - durch zahllose Begegnungen, Vorträge und Liturgien. In der Zeit als Patriarchalvikar von Jerusalem knüpften sich die Bande zu vielen deutschen Pilgern und Gemeinden, die sein Zeugnis des Glaubens geschätzt und bewundert haben, besonders die Freude im Glauben, die er ausstrahlt. Unvergeßlich sind für viele seine Predigten, in denen er in aller Einfachheit und Tiefgründigkeit die Schönheit und den Glanz des Glaubens zum Strahlen brachte. Fast jede Ansprache endete mit einer Einladung nach Jerusalem in das Pilgerheim des Patriarchalvikars: »Jaffa-Tor - zweite Straße links!«

In den folgenden Überlegungen zu Leben und Werk von Patriarch Gregorios soll es zunächst darum gehen, die einzelnen Etappen seines Lebensweges kurz nachzuzeichnen; dabei werden die Institutionen und Aktivitäten aufzuzählen sein, die sein Lebenswerk ausmachen und seine enorme Schaffenskraft bezeugen. In einem zweiten Teil der Ausführungen werden wir uns mehr den ideellen und theologischen Anliegen zuzuwenden haben, die seinen Dienst als Erzbischof in Jerusalem und jetzt als Patriarch in Damaskus geprägt haben und weiterhin bestimmen werden.

## I. Leben

Seine Seligkeit wurde geboren am 15. Dezember 1933 in Daraya in der Nähe von Damaskus, wo sich der auferstandene Herr erstmals dem Christenverfolger Saulus offenbarte. Mit zehn Jahren tritt Lutfi Laham in das Seminar der Salvatorianer St. Sauveur bei Sidon (Libanon) ein, um das Studium der Philosophie und Theologie aufzunehmen. Am 15. August 1949 legt er seine Zeitlichen und am 20. Januar 1952 die Ewigen Gelübde ab. Nach fünf Jahren des Studiums in Rom und seiner Priesterweihe in Grottaferrata am 15. Februar 1959 wird er 1961 am Päpstlichen Orientalischen Institut promoviert. Nach der Rückkehr in den Libanon übernimmt er die Leitung des Priesterseminars St. Sauveur und doziert von 1966 bis 1969 in Jeita (bei Beirut) Theologie und Liturgie wie auch orientalische Studien in St. Sauveur und an der Universität vom Heiligen Geist in Kaslik bei Beirut. 1962 gründet Pater Lutfi Laham eine Zeitschrift, die sich ökumenischen und ostkirchlichen Fragen zur »Einheit im Glauben« widmet, die einzige arabische Zeitschrift dieser Art. Zehn Jahre später bereitet er als Sekretär der Ökumenischen und Liturgischen Kommission die erste gemeinsame liturgische Konferenz der griechisch-orthodoxen und der katholischen Kirche von Antiochien vor; daraufhin wird er Mitglied der ATIME (Association of Theological Institutes in Middle East), also des Verbands der Universitäten und Institute für die höheren theologischen Studien im Nahen Osten. Zu dieser Zeit hält er zahlreiche Vorlesungen und nimmt an Kongressen in Deutschland, Italien, England und anderswo teil. Aufgrund der freundschaftlichen Beziehungen in Deutschland werden viele seiner sozialen Aktivitäten reichlich unterstützt, vor allem das Sozialzentrum »Haus der Vorsehung« für über 100 Kinder und eine Berufsschule mit 500 Schülern. 1971 gründet er ein Zentrum für »religiöse Studien« und pastorale Arbeit, aus dem 20 Priesterberufe hervorgehen.

Aufgrund der Gefangenschaft von Erzbischof Hilarion Capucci durch den Staat Israel ernennt Patriarch Maximos V. im Herbst 1974 Lutfi Laham zu seinem Patriarchaladministrator und sodann zum Patriarchalvikar von Jerusalem. Von den ersten vier Jahrzehnten als Priester im Dienst des Herrn ist er über 25 Jahre in Jerusalem tätig, obwohl er ursprünglich nur drei Monate dort bleiben sollte. Zunächst setzt er die von Capucci begonnene Umgestaltung des Patriarchats und den Bau des Gästehauses fort und verschönert die Kathedrale mit Fresken. 1975 gründet er in Jerusalem das Zentrum für religiöse Kultur und pastorale Leitung, in dem 200 Jungen und Mädchen ihre Ausbildung erhalten, die aus einem Studienfond bezahlt wird. Im folgenden Jahr eröffnet er im Patriarchat eine mehrsprachige Buchhandlung, um den Pilgern die orientalische Tradition nahezubringen. 1978 gestaltet er die Kirche an der 6. Station der Via Dolorosa neu. Er gründet das Jerusalem-Symposion für die gemeinsame Diskussion von religiösen Fragen unter den Gläubigen aus verschiedenen christlichen Gemeinschaften. 1979 beginnt er aus Anlaß des Weltkindertages mit dem Aufbau einer Kinderzahnklinik in Jerusalem. Er erwirbt den griechisch-katholischen Friedhof der Heiligen Stadt zurück, der im Krieg von 1948 verlorengegangen war. 1980 erweitert er die griechisch-katholischen Schulen und Zentren in Ramallah und Jerusalem. Um gegen die Auswanderung der Christen vorzugehen, baut er bis 1983 einen größeren Komplex von 36 Appartements, eine Kirche und ein seelsorgliches, soziales und gesundheitliches Zentrum. Mit den Franziskanern und dem Lateinischen Patriarchat errichtet er das St.-Cyrill-Zentrum für die Ausbildung von Religionslehrern, das der Universität von Bethlehem angeschlossen ist und Hochschulzeugnisse ausstellen kann; ebenfalls eröffnet er ein Studentenwohnheim nahe der Universität. Jahr für Jahr hält er an die hundert Vorträge für die Pilger von Jerusalem und auf Veranstaltungen im Ausland.

Am 9. September 1981 wählt die Heilige Synode Patriarchalvikar Lutfi Laham zum Erzbischof mit der Titelkirche von Tarsus; er wird am 27. November in Damaskus geweiht.

Nach 1984 errichtet er ein Zentrum für die orientalischen Kirchen im Patriarchat, sodann das Priesterseminar St. Sauveur in Beit Sahour (1990), ferner dort und in Nablus eine medizinische Klinik (1988), weiterhin eine neue Schule ebenfalls in Beit Sahour (1992). Er erwirbt neues Land und Grundstücke für weitere Wohnprojekte, vor allem ein großes Gebäude in Nablus (1998) für eine medizinische Klinik, zahlreiche Geschäfte und Büros. Seit 1986 ist Erzbischof Lutfi Laham Präsident der Synode und der liturgischen Kommission des Patriarchats, die eine neue Edition der »Göttlichen Liturgie« und des »Anthologion« in vier Bänden besorgt. 1997 wird Erzbischof Lutfi Laham zum Patriarchaladministrator in der Eparchie von Galiläa ernannt. Seit 1999 ist er Präsident des interreligiösen israelischen Verbands. Im Jubliläumsjahr 2000 begleitet er Papst Johannes Paul II. auf seiner Pilgerreise durch das Heilige Land und leitet das Symposion der orientalischen Bischöfe in Jerusalem. In diesem Jahr kommen auf seine Einladung hin viele hochrangige unierte Kirchenvertreter nach Jerusalem zu einer Pilgerfahrt.

Die in Raboueh (Libanon) tagende Synode wählt am 29. November 2000 den 66jährigen zum Nachfolger des 92jährigen Maximos V. Hakim. Am 12. Februar 2001 feiert Papst Johannes Paul II. die Heilige Eucharistie in seiner Privatkapelle mit Seiner Seligkeit Gregorios III. wie auch 14 Bischöfen und Priestern des Patriarchats und im Beisein der Generalobern und -oberinnen der Melkitischen Kirche. Von 2001 bis 2003 läßt Patriarch Gregorios das Große Seminar einschließlich der Seminarkirche in Raboueh restaurieren, aber auch das Patriarchal-Kolleg in Beirut (2002) und die Patriarchal-Residenz in Ain Traz, welche 1982 während des Krieges im Libanon (1975-1991) zerstört und verlassen worden war. Im Jahr 2006 erfolgt der Bau des Patriarchal-Kollegs in Raboueh und Mleiha in Damaskus. 2003 wird das Al-Liqa'-Center in Beirut und Damaskus errichtet, ein Jahr danach in Kairo. Ebenfalls 2004 gründet er ein Zentrum zur Ehevorbereitung in Damaskus. 2006 wird die revidierte Fassung der Chrysostomus-Liturgie veröffentlicht und im Jahr darauf der Liturgie des heiligen Basilius und der Vorgeweihten Gaben. Der Bau eines Hospitals wird in Damaskus und

Khabab, Hauran, begonnen. In den sieben Jahren seines Patriarchats erfolgen zahlreiche Besuche der melkitischen Eparchien im Libanon, in Syrien, Jordanien, Ägypten, Kanada, USA wie auch der Pfarren in Rom, Frankreich, England und Belgien. Weitere offizielle Besuche führen ihn nach Rom, Frankreich, Deutschland, Großbritannien, Österreich und in die Ukraine. Außerdem nimmt Seine Seligkeit an den Treffen des Lazarus-Ordens teil, dessen ritueller Protektor der Patriarch ist (übrigens seit 1839), und als Großmeister an den Jahrestreffen des Patriarchalischen Ordens vom Hl. Kreuz zu Jerusalem (Deutschland, Italien, Irland, Kanada, USA, Belgien). Einige Reisen und zentrale Projekte des Patriarchats seien kurz angeführt:

Februar 2001 Antrittsbesuche bei Bischöfen und Diözesen in Syrien und im Libanon wie auch Meßfeier und Gespräch mit Papst Johannes Paul II. in Rom. Ende April offizieller Besuch in Frankreich, wo 30.000 Melkiten leben, und Zusammenkunft mit kirchlichen und staatlichen Autoritäten. Vom 5. bis 8. Juni 2001 Besuch von Papst Johannes Paul II. in Syrien; dabei ein ökumenischer Wortgottesdienst, an dem nahezu alle christlichen Kirchenführer Syriens teilnehmen. Im Mai 2001 erster offizieller Besuch in den Emigrationsländern Nord- und Südamerikas und im Oktober 2001 Teilnahme an der Bischofssynode in Rom.

Anfang November 2001 erster offizieller Besuch in Deutschland und Begegnung mit dem Bundespräsidenten Johannes Rau in Berlin.

Vom 8. bis 16. September 2002 offizielle Visite des Patriarchen in Österreich und anschließend in der Ukraine mit Besuch bei Großerzbischof Lubomyr Kardinal Husar und dem Staatspräsidenten Leonid Kutschma.

Vom 16. bis 28. Juni 2003 erste melkitische Patriarchalsynode in Syrien; man bespricht das spezielle melkitische Kirchenrecht im Rahmen des »Gesetzbuches der katholischen Ostkirchen« und das Thema »Armut und Entwicklung«; dabei Besuch beim syrischen Präsidenten Assad und bei Präsident Lahoud im Libanon. Anfang Juni 2003 Diözesansynode in Damaskus mit einem Austausch über die allgemeine und sakramentale Pastoralarbeit; diese Diözesansynode soll Vorbild für weitere in anderen Diözesen sein. Im September 2003 Teilnahme mit Vortrag beim internationalen Treffen »Menschen und Religionen« in Aachen.

Im Mai 2004 treffen sich die melkitischen Bischöfe zum Studium von »Orientale Lumen« in Istanbul und zu einem Besuch beim ökumenischen Patriarchen Bartholomäus I. Vom 21. bis 26. Juni 2004 kommt die heilige Patriarchalsynode erstmals seit 23 Jahren wieder in Ain Traz zusammen.

Im Mai 2006 erhält die Melkitische Kirche mit allen anderen katholischen Kirchen in Syrien ein neues Kirchenrecht bzw. Statusrecht; es regelt die Vollzüge

von Ehe, Scheidung, Familie, Erziehung, Erbschaft, aber auch den Kirchenbesitz und die kirchlichen Tribunale. Viele Teile des neuen Kirchenrechts der Orientalisch-Katholischen Kirchen aus dem Jahr 1990 wurden bei dieser Kodifizierung übernommen; auch in den anderen arabischen Staaten kann man diesen Gesetzen bzw. Statuten folgen. Im Sommer 2006 warnt Patriarch Gregorios III. in einem offenen Brief Europa, Amerika und den ganzen Westen: »Trennen Sie die arabischen Länder nicht durch Pakte, sondern helfen Sie ihnen bei der Verwirklichung der Einheit und der solidarischen Entwicklung. Schaffen Sie keine Uneinigkeit und Trennung zwischen den christlichen und den muslimischen Arabern, denn wir alle sind Araber, ob wir nun Christen oder Muslime sind.«
Nach Ostern 2007 Reise auf Einladung des Sultans in das Sultanat Oman; dort vor Botschaftern, Scheichs und Ministern Vortrag von Patriarch Gregorios III. über »Die Rolle der Christen in der Arabischen Welt«. Juni 2007 in Kanada Begegnung mit allen melkitischen Bischöfen im Ausland; man berät über die notwendige Einheit in den liturgischen Büchern französischer, englischer und spanischer Sprache. Im September 2007 Errichtung eines neuen Sozialzentrums in Khabab und Planung weiterer Schulbauten in Raboueh und Damaskus für insgesamt 4.000 Schüler.
Anfang September 2007 findet in Sibiu, Rumänien, die 3. Europäisch-Ökumenische Versammlung der Bischöfe der Kirchen Europas statt, die auch Patriarch Gregorios besucht. Vom 24. bis 29. September 2007 nimmt sich die Patriarchal-Synodal-Versammlung in Raboueh des Themas »Pastoral der Sakramente und pastorale Fragen der Jugend« an. Valerie Chamberlain besorgt 2008 aus den letzten sieben Jahren eine Sammlung von Pastoralschreiben Seiner Seligkeit (zu Weihnachten und Ostern).[1]
Anfang Mai 2008 besucht Patriarch Gregorios III. mit einer Delegation der Melkitischen Kirche die Gräber der Apostel in Rom; es kommt zu einer Begegnung mit Papst Benedikt XVI. und mehreren Besuchen in den verschiedenen Kongregationen des Vatikanstaates. Sommer 2008 als erster griechisch-katholischer Patriarch zur »Lambeth-Konferenz« der Anglikaner nach Canterbury eingeladen. Im Oktober 2008 Teilnahme an der XII. Ordentlichen Generalversammlung der Bischofssynode in Rom zum Thema »Wort Gottes«.

---

[1] Vgl. *I Am With You Always. Pastoral Letters of Patriarch Gregorios III.*, Fairfax/USA 2008, 12.

## II. Werk

Der Lebensweg wie auch die verschiedenen Aktivitäten von Patriarch Gregorios III. werden erst in ihrer vollen Bedeutung verstanden, wenn das theologische Glaubenszeugnis bedacht wird, das ihnen zugrunde liegt. Dieses läßt sich am besten mit jenen Stichworten zusammenfassen, welche die Persönlichkeit Seiner Seligkeit recht gut charakterisieren; er ist nämlich ein vortrefflicher *Liturge* und Liturgiewissenschaftler, ein ausgewiesener *Brückenbauer* zwischen Ost und West und ein treuer *Wächter* in seinem Dienst als Bischof und Patriarch.

### 1. Liturge

Mittelpunkt priesterlichen Lebens ist die Feier der Göttlichen Liturgie. Für Lutfi Laham wird sie kurz nach seinen Studien in Rom zu einem Schwerpunkt seines wissenschaftlichen Mühens. Von 1966 bis 1969 doziert er im Fach Liturgie und Orientalistik, zehn Jahre später bereitet er als Sekretär der Ökumenischen und Liturgischen Kommission die erste gemeinsame liturgische Konferenz der griechisch-orthodoxen und der katholischen Kirche von Antiochien vor und nimmt an zahlreichen liturgischen Kongressen teil. Als Erzbischof und Patriarchalvikar von Jerusalem wird er 1986 zum Präsidenten der Synode und der Liturgischen Kommission des Patriarchats ernannt und besorgt eine neue Edition der »Göttlichen Liturgie«, gefolgt von der Herausgabe des Anthologion in vier Bänden, die als solche einzigartig in den byzantinischen Kirchen sind. In zahlreichen Vorträgen ist Erzbischof Lutfi Laham darum bemüht, das Wesen des christlichen Gottesdienstes zu ergründen und anderen in seiner umfassenden Bedeutung zu erschließen. Dabei hebt er vor allem Jerusalem als Ursprung aller christlichen Liturgie hervor. Weitere Grundzüge der Liturgie, die Erzbischof Lutfi Laham betont, sind nun im folgenden eigens zu bedenken.

1) Von ihrem Inhalt her ist Liturgie das große Erlebnis und die Erfahrung der Kirche durch die Jahrhunderte. Alles, was an Theologie, Geschichte der Kirche, Vätertheologie, Ekklesiologie und Pastoralarbeit überliefert wurde, wird gefeiert, erfahren und erlebt in der Feier der Liturgie.

Die »Göttliche Liturgie« bleibt, wie Lutfi Laham betont, nicht begrenzt auf das, was als Gottesdienst im engeren Sinn bezeichnet wird, sondern umfaßt die Feier des ganzen Mysteriums Christi, bis hin zum Geheimnis der Kirche und des christlichen Lebens. Meistens wird nur von dem einen »Mysterium« Christi gesprochen, aber im Orient sagt man *»Mysterien«*, weil das große Geheimnis Chri-

sti eine solche Vielfalt beinhaltet, daß es mit dem Wort »Mysterium« nicht genügend ausgedrückt wird. So sagt man zum Beispiel bei der Feier der Göttlichen Liturgie: »Mache mich würdig, an Deinen Mysterien teilzunehmen!«
Die Göttliche Liturgie meditiert nicht nur einen Teil des Lebens Jesu, sondern stellt das ganze Leben Jesu dar, und zwar bei jeder einzelnen Feier. Wenn beispielsweise an Weihnachten die Göttliche Liturgie gefeiert wird, ist in ihr zugleich die Auferstehung dargestellt, und am Fest der Auferstehung des Herrn wird zugleich seiner Menschwerdung gedacht. Die Ikonen der Hochfeste des Jahres lassen den ganzen Zyklus des Heils vor den Augen der Gläubigen präsent werden, damit sie sich die ganze Fülle des Mysteriums vergegenwärtigen. Geht es doch bei den Ikonen nicht um Schmuck oder Kunst, sondern um die Bildwerdung der »Oikonomia« Gottes in ihrer ganzen Fülle und Schönheit. Indem die Göttliche Liturgie das göttliche Heilswerk feiert, wie es auf den Ikonen dargestellt ist, entfaltet sie es zugleich. Die Ikonen sind nicht dazu in der Kirche, damit sie angeschaut werden, vielmehr wird all das, was wir bei ihnen sehen, in der Göttlichen Liturgie gefeiert.
Die Gegenwärtigkeit des Heils hat ihren Grund in der *Auferstehung*.[2] Jerusalem ist insofern der Ursprung aller Liturgie, als hier der Ort der Auferstehung ist. Ohne die Auferstehung des Herrn verliert die Liturgie ihren Sinn und ihren Inhalt. Der Name der ersten Christen, besonders in Antiochien, im Irak, in Mesopotamien, Syrien und Palästina, war gleichfalls mit Jerusalem und der Auferstehung verbunden; sie hießen »Kinder der Auferstehung« sowie »Söhne und Töchter der Auferstehung«[3], wie eine Bezeichnung für die Christen in syrischer Sprache lautet. Selbst wenn sie nicht in Jerusalem leben und auch nicht dort getauft wurden, gelten sie doch alle als »Kinder der Auferstehung«. Gleiches wird ausgedrückt, wenn der Priester nach dem Großen Einzug in der Liturgie die eucharistischen Gaben auf das Antimension stellt, welches das Grab Jesu symbolisiert: Das Grab ist der Quell der Auferstehung und allen Lebens in Fülle, wie wir es in der Göttlichen Liturgie feiern.
2) Lutfi Laham betont des weiteren, daß es keine Vielzahl von »Liturgien« gibt, sondern nur eine einzige Liturgie, und das ist die *Liturgie von Jerusalem*. Diese eine Liturgie hat aber im Laufe der Zeit ihre verschiedenen Ausprägungen erhalten in den unterschiedlichen Sprachen, Kulturen, Mentalitäten, Sitten, Gebräuchen und Traditionen, die in der Chrysostomus-Liturgie und ihren theologi-

---

[2] Vgl. hierzu ausführlich *I Am With You Always*, 168-179.
[3] Vgl. ebd., 170ff.

schen Grundaussagen zusammengekommen sind.

Johannes Chrysostomus war, bevor er nach Konstantinopel kam, Bischof von Antiochien. Die Liturgie, welche seinen Namen trägt, bringt nach Lutfi Laham ein Leitmotiv aus der antiochenischen Tradition trefflich zum Ausdruck. Eine Grundaussage der antiochenischen Liturgie ist nämlich das Theologumenon der *»Theandrik«*, wie sie auf dem Konzil von Chalkedon (451 n. Chr.) bestimmt wurde. Die Orthodoxen sind dem Konzil von Chalkedon gefolgt und ihm treu geblieben. Eine weitere Grundlehre dieses Konzils ist die *»Synergeia«*, nach der Gott *und* Mensch miteinander am Werk sind: Gott und Mensch sind nicht voneinander getrennt, auch muß man nicht hoch zum Himmel hinaufsteigen, um zu Gott zu gelangen, denn der Mensch ist nicht allein und nie nur auf sein irdisches Dasein hin zu bestimmen, Gott hat ihn vielmehr in sein göttliches Leben aufgenommen. Die Lehre des Konzils von Chalkedon ist kein Dogma, das rein spekulativ bleibt, es wirkt sich unmittelbar im *Alltag* aus: Gott ist für immer unmittelbar mit dem Menschen verbunden. Es gibt einen ewigen Bund zwischen Gott und dem Menschen, der seinen konkreten Ausdruck im Dogma der Menschwerdung findet, wie das Konzil von Chalkedon lehrt.

Eine weitere Grundaussage der Chrysostomus-Liturgie hängt aufs engste mit ihrer Pneumatologie zusammen. Die Feier der Göttlichen Liturgie ist eine *wiederholte Epiklese*, ihr ganzer Verlauf wird getragen vom Wirken des Heiligen Geistes, denn nichts geschieht ohne ihn. Schon bei der Schöpfung, also in der Oikonomia des Vaters, ist der Heilige Geist wirksam. Vor seiner Überschattung der Gewässer herrscht das Chaos (Gen 1), doch in das »tohu wa bohu« bringt der Heilige Geist die Ordnung, die »Harmonia«, und er erschafft den Kosmos. So entsteht die schöne Welt, schön durch die Überschattung des Heiligen Geistes. Aber auch in der Ökonomie des Sohnes, in der Kirche, ist der Heilige Geist wirksam. Das Werk Jesu hat kein Ende, es nimmt jedoch ein Ende, wenn der Heilige Geist kommt. Dieser wirkt aktiv in der Kirche durch die Sakramente und in der Liturgie. Die wiederholte, fortdauernde Epiklese bei den Segnungen und in der Göttlichen Liturgie entspricht diesem fortgesetzten Wirken des Heiligen Geistes.

Das Gesagte kommt, wie Lutfi Laham darlegt, in der *Anaphora* der Chrysostomus-Liturgie recht gut zum Ausdruck. Die Anaphora ist nämlich dreiteilig. Der erste Teil ist an den Vater gerichtet und beschreibt sein Werk, an dem der Sohn und der Heilige Geist mitwirken. Der zweite Teil der Anaphora ist ebenfalls an den Vater gerichtet, beschreibt aber das Werk des Sohnes, bei dessen Ausführung gleichfalls der Vater und der Heilige Geist beteiligt sind. Der dritte Teil wendet sich nochmals an den Vater und zugleich dem Werk des Heiligen Geistes zu, obgleich bei diesem Werk in gleicher Weise der Vater und der Sohn gegenwärtig sind. So kann man sagen, daß die Anaphora *dreifach trinitarisch* ist: beim Werk des Vaters dreimal Vater, Sohn und Heiliger Geist; bei der Erwähnung des Sohnes dreimal Vater, Sohn und Heiliger Geist und beim Heiligen Geist dreimal Vater, Sohn und Heiliger Geist. Auch die Epiklese ist ein trinitarisches Werk, das vom Heiligen Geist als krönendem Abschluß vollendet wird. Im Wirken des Heiligen Geistes ist das ganze Werk der Dreieinigkeit dargestellt. Deshalb ist es nicht rechtens, exklusiv zu betonen, daß der Heilige Geist bei den Orientalen eine große Bedeutung habe, vielmehr geht es hier gar nicht allein um den Heiligen Geist an sich, sondern um die Person, welche die Vollendung des trinitarischen Heilswerkes ist.

3) Besonderes Engagement und Interesse erforderte für Erzbischof Lutfi Laham sein Einsatz für die melkitische Liturgiereform, die viel Mühe und finanzielle Zuschüsse (600.000 Dollar) nötig machte; deshalb muß hier eigens auf diese Erneuerung der Liturgie in der Melkitischen Kirche eingegangen werden, denn er hat sich ausführlich damit auseinandergesetzt, und sie bestimmt wesentlich seine Vorstellung von Liturgie und der Weise ihrer Zelebration.[4]

Vierzig Jahre lang haben sich die Synoden des Melkitischen Griechisch-Katholischen Patriarchats unentwegt mit dem Thema der Göttlichen Liturgie und ihrer möglichen Erneuerung beschäftigt. Auf der Synode im August 1986 wurde eine neue Synodale Liturgische Kommission unter dem Vorsitz von Erzbischof Lutfi Laham gebildet, und zwar in Zusammenarbeit mit zahlreichen Laien, Mitgliedern und Beratern verschiedener liturgischer Kommissionen auf Diözesanebene, in den Pfarreien und in den Ordensgemeinschaften. Zunächst galt es, die Studien und Vorschläge von Metropolit Neophytos Edelby und Pater Juan Mateos, Pater Jussef Dorra Haddad, Pater Robert Taft, Pater Miguel Arranz, Erzpriester Alexander Schmemann, Erzpriester John Meyendorff und vielen anderen auszuwerten und für eine mögliche liturgische Reform fruchtbar werden zu lassen. Erzbischof Lutfi Laham betont: »Liturgiereform« meint die Anordnung der Texte der liturgischen Dienste, wie sie in der Kirche in Gebrauch sind, damit sie die heiligen und göttlichen Wahrheiten, die sie enthalten, mit der größtmöglichen Deutlichkeit zum Ausdruck bringen, und zwar so, daß das christliche Volk die Texte so weit wie eben möglich begreifen kann und an dem Geschehen der Liturgie auf lebendige, vollständige und gemeinschaftliche Weise Anteil hat.

---

[4] Vgl. hierzu ausführlich Erzbischof Lutfi Laham, *Zur Erneuerung der Chrysostomus-Liturgie in der melkitischen Kirche*, Köln 2001.

Das allgemeine theologische und liturgische *Grundprinzip*, von dem die Liturgiereform in der Melkitischen Griechisch-Katholischen Kirche ausging, ist das der einen und einzigen Liturgie in einer Kirche, auf einem einzigen Altar, gefeiert von einem einzigen Priester. Die Kommission hatte nicht die Absicht, eine kritische Studie über die Göttliche Liturgie anzufertigen, denn dies hätte radikale Reformen in ihrer Struktur erfordert; solches ist aber für die Melkitische Kirche ausgeschlossen, will sie doch in Übereinstimmung mit den anderen byzantinischen Kirchen verbleiben. Ziel der Liturgiereform ist vielmehr, die Prinzipien der liturgischen Reform vorzulegen, welche zum Ausgangspunkt einer wahren liturgischen Bewegung und Erneuerung in der Melkitischen Griechisch-Katholischen Kirche werden können.

*Leitmotiv* der Liturgiereform in der Melkitischen Griechisch-Katholischen Kirche ist die Treue zur antiochenischen byzantinischen Originalität, damit das orthodoxe Originalerbe der Liturgie, der Hymnographie und der Spiritualität in allem bewahrt bleibt. Das *Ziel* der Reform ist seelsorglich ausgerichtet und hat das geistliche Wohl der Gläubigen vor Augen, ohne dabei das theologische Prinzip außer acht zu lassen; es gilt, das Dogma in seiner ganzen Reinheit für das Leben der Gläubigen zu erhalten. Um die Liturgiereform fruchtbringend durchführen zu können, war es nötig, daß der Unordnung, die beim Druck der liturgischen Texte, in der Malerei der Ikonen, in der Art und Weise ihrer Anbringung auf den Ikonostasen der Kirchen herrscht, eine Ende bereitet wird.

Ferner galt es, die volkstümlichen liturgischen Grundgesänge zu vereinheitlichen, damit die Gläubigen diese leicht erlernen und alle - Bischöfe, Priester und Gläubige - sie zusammen bei Zusammenkünften, Kongressen usw. singen können. Liturgische Kurse, Arbeitstagungen und Kongresse mußten für Priester, Mönche, Nonnen, Ordensleute, Kantoren, Religionslehrer und Laien unter der Leitung der liturgischen Bildungszentren und der theologischen Institute organisiert werden. Besondere Sorge sollte man den Kindern zuwenden, um sie auf eine regelmäßige Art und Weise mit Genauigkeit und Frömmigkeit in die liturgischen Dienste einzuführen.

Ein anderer bedeutender Aspekt dieser liturgischen Belebung ist die *Teilnahme des Volkes*. Dafür waren einfache Melodien zu schaffen, leichte liturgische Akklamationen, wie es Brauch in der frühen Kirche gewesen war. Die Dokumente liturgischen Gesangs in Griechenland und anderswo enthielten volkstümliche Akklamationen, zu denen man nun zurückkehren wollte. Dies soll die Entwicklung der antiken und ursprünglichen byzantinischen Choralkunst bei den Chören und spezialisierten Kantoren nicht einschränken, aber beides galt es, auf gute Weise und unter pastoraler Rücksicht miteinander zu kombinieren. Das Volk soll ermutigt werden, an den liturgischen Gesängen teilzunehmen und zugleich sich an der Schönheit des Gesangs zu erfreuen, ohne daß der Chor die Teilnahme des Volkes ersetzt, handelt es sich in der Göttlichen Liturgie doch um ein Gebet des Volkes und der ganzen Kirche; deshalb ist alles zu meiden, was in der Liturgie Assoziationen an ein Konzert oder eine Oper weckt, bei denen rein künstlerische Darbietungen vorgeführt werden und das Volk bloß Zuhörer ist. Die dringliche Notwendigkeit einer Belebung der Liturgie ergibt sich besonders aus dem Brauch, täglich die Göttliche Liturgie zu feiern, ein Brauch, der sich zunehmend in der Melkitischen Kirche herausbildete, vor allem in den Klöstern, den Ordenshäusern, den Schulen, den Seminaren usw. Dies brachte die Kommission unter Vorsitz von Erzbischof Lutfi Laham dazu, auf die variablen Elemente der Liturgie zurückzugreifen und sie zu stärken. Es gibt fortan einen alternierenden Gebrauch der drei Gebete der Antiphonen zu verschiedenen Gelegenheiten oder an verschiedenen Tagen; es wurden neue Texte aus den liturgischen Hymnen des jeweiligen Festes geschaffen, die an jedem Fest die Spiritualität der Gläubigen vertiefen; ferner ist es gestattet, die dem Fest eigenen Antiphonen und Hymnen an allen Tagen der Oktav zu verwenden, damit die Gläubigen besser in die den Festen, vor allem des Herrn und der Gottesmutter, eigenen Hymnen eindringen und diese sich zu eigen machen. Ferner wurde ein neues Gebet zum »Einzug« vorgelegt, das sich auf die Studien von Pater Mateos und auf Texte des hl. Maximos des Bekenners aus dem 7. Jahrhundert sowie auf die Handschrift Barberinus Nr. 336 aus dem 8. Jahrhundert, das Manuskript von Grottaferrata aus dem 9. Jahrhundert und den Papyrus aus dem 10. Jahrhundert stützt; ebenso gibt es ein zweites Gebet vor dem »Trishagion«, so daß man zwischen beiden wählen kann. In der »großen Litanei« zu Beginn der Liturgie, der »Friedenslitanei«, können an den großen Festen wie Ostern, Pfingsten, Weihnachten, Epiphanie usw. andere Bitten hinzugefügt und die Gebete der »Antiphonen I, II, III« ausgetauscht werden. Die drei Antiphonen stehen fortan zur Auswahl, und man kann an jedem Tag eine von ihnen wählen. Nach dem Evangelium sind 62 Bitten mit verschiedenen Intentionen wie auch verschiedene Abschlußgebete der Litaneien angeboten. Die Segnung mit dem Zeichen des Kreuzes vor den Einsetzungsworten und der Epiklese wurde gestrichen. Das Danksagungsgebet nach der Kommunion kann ebenfalls variiert werden.

Ein seelsorgliches Anliegen Erbischof Lutfi Lahams und der Kommission drückt sich in dem Wunsch aus, die Institution der ständigen Subdiakone wiederherzustellen und ihre Rolle zu erweitern; fortan können diese einen Diakon beim Gesang der Litaneien als Gebetsleiter ersetzen. Den Vorschlag hat die Heilige Synode im Jahr 1990 angenommen und den Subdiakonen gestattet, die Rolle des

Diakons während der liturgischen Feier auszuüben. Die Hinzufügung eines »Anhangs« zum liturgischen Text, vor allem bei den feststehenden und beweglichen Festen des Herrn und der Gottesgebärerin, gestattet es dem Zelebranten, ohne jedes andere Buch, ausgenommen das Evangeliar, zu zelebrieren. Auch das Volk kann sich mit diesem neuen Buch begnügen und benötigt kein anderes, ausgenommen das Lesungsbuch (Apostolos).

Die Vereinheitlichung der Hymnographie ist ein weiteres Ziel der melkitischen Liturgiereform. Eine Kommission für Hymnographie, die aus der Synodalen Liturgischen Kommission hervorgegangen ist, bearbeitete sämtliche liturgischen Gesänge, die bei der Göttlichen Liturgie gebraucht werden, und versah sie mit allgemein bekannten Melodien, damit die Gläubigen und Zelebranten die Gesänge bei großen überpfarrlichen Zusammenkünften einheitlich vortragen können; andere Melodien sind dadurch keineswegs ausgeschlossen.

Ein besonderes Anliegen der melkitischen Liturgiereform, das Erzbischof Lutfi Laham unentwegt hervorgehoben und durchgeführt hat, besteht darin, daß die Priestergebete der Göttlichen Liturgie im allgemeinen nicht (mehr) still gesprochen werden sollen. In Nr. 6 seines Kodex verpflichtete Justinian die Priester, die Gebete laut zu sprechen, und rügte ihre Faulheit. In diesem Sinn ist die Ekphonese am Ende eines jeden Gebetes lediglich als der gesungene Abschluß des vorausgehenden Gebetes zu verstehen, doch es erscheint nicht sinnvoll, allein die Ekphonese - ohne das vorausgehende Gebet - laut zu sprechen. Die Kommission weist darauf hin, daß der Ausdruck »mystikos« nicht die Bedeutung hat, daß das Gebet mit leiser Stimme gesprochen werden müsse. Dieser allgemeine Grundsatz bezieht sich insbesondere auf die Gebete der Anaphora, den bedeutendsten Teil der Göttlichen Liturgie. Nur jene stillen Gebete, die dem zelebrierenden Priester eigen sind, sollen dies auch bleiben; der Hauptzelebrant hat sie mit abgeschwächter Stimme zu beten, damit sie von den Konzelebranten gehört werden und von ihnen nicht selbst und für sich selbst gesprochen werden. Gemeint sind die Gebete beim »Einzug zum Altar« und das »Cherubikon«. Es ist weder notwendig noch sinnvoll, daß jeder Konzelebrant die Gebete des Hauptzelebranten privat für sich selbst mitspricht, zumal sie im Plural formuliert sind: »empfange von uns«, »wir, die wir deinen Altar umstehen ...«, selbst wenn der Priester allein zelebriert. Die dem zelebrierenden Priester eigenen Gebete hingegen beziehen sich auf seine persönliche Bereitung; daher sind sie im Singular formuliert: »stärke mich, blicke auf mich herab, mich, deinen ungetreuen Diener« usw. Darüber hinaus obliegt dem Hauptzelebranten die freie Entscheidung darüber, welche Gebete er zum Wohl der Gläubigen laut sprechen möchte.

Außerdem wurde die Frage der Meßintentionen geregelt. Der Priester soll nur ein einziges Meßstipendium an einem Tage annehmen, und wenn er mehrere Stipendien erhält, möge er diese in die Kasse für die Opfergaben, für die Priester, für die Armen oder für die Bedürfnisse der Pfarrei geben. Der neue Codex der Orientalischen Kirchen (1991) gestattet, ein Meßstipendium auch für die Liturgie der Vorgeweihten Gaben anzunehmen [c. 715 § 2].
In den dargestellten Maximen der melkitischen Liturgiereform finden sich die Anliegen wieder, die Erzbischof Lutfi Lahams Verständnis der Liturgie bestimmen und die er derzeit auch als Patriarch immer wieder vertritt und in seinen Diözesen aktualisiert.

## 2. Brückenbauer

Von Anfang an steht bei Lutfi Laham die Arbeit für die Einheit der Christen im Zentrum seines priesterlichen Schaffens, und zwar während seiner theologischen Ausbildung in Rom, sodann mit der Gründung der Zeitschrift »Unity in Faith« (1962) und seiner Teilnahme an der ökumenischen Bewegung im Libanon während der 60er und 70er Jahre und nicht zuletzt in der Zeit als Patriarchalvikar in Jerusalem, wo er mit den muslimischen und christlichen Freunden das Zentrum »Al-Liqa'« und die Theologische Schule St. Cyrill gründet.
1) Eine seiner prägenden Grunderfahrungen in Jerusalem war für Erzbischof Lutfi Laham vor allem die *Gemeinschaft* in der Kirche. Jerusalem ist die Kirche der Völker, die *Mutterkirche* aller Völker, Kirchen und Liturgien.[5]
Die Christen im Heiligen Land sind im weiten Sinn des Wortes *Araber*, die in ihrem Glauben auf die Zeit der Apostel zurückgehen und sich im Lauf der Jahrhunderte mit den anderen gemischt haben: Hebräer, Kanaanäer, Ägypter, Phönizier. Seit dem 11. Jahrhundert nehmen die Christen des Landes immer mehr die arabische Kultur und Sprache an und teilen mit den Muslimen eine gemeinsame Geschichte, Sprache und Kultur sowie den arabischen Raum. Arabisches Leben,

---

[5]   In Syrien sind zur Zeit 10% Christen (1,4 bis 1,7 Millionen von ca. 20 Millionen Einwohnern), davon sind die meisten griechisch-orthodox, gefolgt von den Melkiten. In Palästina/Israel gibt es nur 2% Christen (ca. 150.000) der Gesamtbevölkerung, die ca. 20 verschiedenen christlichen Konfessionen angehören, darunter etwa 67.000 Melkiten. In Ägypten leben 8 bis 10 Millionen überwiegend koptisch-orthodoxer Christen bei einer Gesamtbevölkerung von 80 Millionen. Im Irak gibt es noch 500.000 Christen, überwiegend Chaldäer, von etwa 7 Millionen Einwohnern.

Sitten und Gebräuche sind unter Christen und Muslimen die gleichen, und so bezeichnet Erzbischof Lutfi Laham Jerusalem und die Kirche in Jerusalem gerne als die »*Kirche der Araber*«. »Erst seit 300 Jahren versteht sich die Melkitische Kirche aus einer katholischen und eher lateinischen Sicht, auch wenn sie von ihrer historischen Entwicklung her eine orthodoxe Kirche bleibt. Zudem ist sie eine Kirche, die ganz in der arabischen Welt steht, ja, sie ist nach einem Wort von Pater Jean Corbon 'Die Kirche der Araber' (1977). Die Melkitische Kirche ist in der moslemischen Umwelt die Kirche der Araber und die Kirche für den Islam, oder besser die Kirche des Islam. Dies ist sehr wichtig, um den vollen Wert der kirchlichen Erfahrung der Melkitischen Kirche zu verstehen.«[6]

---

[6] Erzbischof Lutfi Laham, *Ekklesiologie zwischen Ost und West. Erfahrungen der Melkitischen Kirche*, in: M. Schneider u. W. Berschin (Hgg.), *Ab Oriente et Occidente (Mt 8,11). Kirche aus Ost und West. Gedenkschrift für Wilhelm Nyssen*, St. Ottilien 1996, 245-266; In seinem Pastoralschreiben »Christmas - Peace, Living Together and the Christian Presence in the Arab Middle East« formuliert Patriarch Gregorios III. folgende Thesen für ein Zusammenleben der Christen in und mit der arabischen Welt:

- *Living together is the future of these Arab countries and is valuable for both Christians and Muslims. It means accepting the other as he is, respecting him and venerating him, recognizing him as fellow-citizen, with all concomitant human rights, those of every one on earth and especially in the East.*
- *Christians are an important element in that living together. There is no living together without pluralism, meaning that our society comprises Christians in all communities, Muslims in all their groups, Druzes and Jews.*
- *This living together is threatened by emigration, whose most important and dangerous reasons are the wars, calamities and crises whose origin is the Israeli-Palestinian conflict and the injustice that flows from that. In the same way, products of this conflict are extremism, fundamentalism, violence, the ideology of terrorism and feelings of enmity and hatred in society and lack of equality in rights and job opportunities. There is also a lack of opportunity for participating in different posts of responsibility in the countries, their governance and parliament, ministries and other services.*
- *If the hemorrhage of emigration continues, it means the East will be void of its pluralism. There will be a collapse of what we call living together. In those circumstances, Christians would not able to resist the series of calamities, crises, wars and conflicts.*
- *But what may yet help Christians to resist in the face of all these difficulties and not emigrate is the conviction of faith that remaining in Arab countries, where Christianity was born and where God has planted them, is in itself an apostolate, vocation and mission. The framework of this mission is the Church, especially from the fact that the Antiochian Christian Church here, as I always repeat, is an Arab Church from its roots and ethnicity. Moreover it is Church of the Arabs and Church of Islam and Emmanuel Church, God with us and for us. It is also the Church with and for the other: the other is the Muslim fellow-citizen in our Arab society which is in the majority Muslim, in which*

Weil die Araber überwiegend Muslims sind, stellen die Christen im Heiligen Land zugleich die »*Kirche des Islam*« dar und zwar als die Kirche *für* und *mit* dem Islam, also die Kirche, die ein Partner der islamischen Welt ist und dadurch eine besondere Aufgabe zu erfüllen hat, nämlich die Botschaft Jesu für die überwiegend muslimische Bevölkerung in der arabischen Kultur vorzutragen, auch wenn man selbst als Minderheit in ihr lebt. Die Vielfalt der Christen im Heiligen Land bringt in den arabischen muslimischen Raum die Weite der christlichen Kultur ein, aber eben durch »arabische Christen«. So lebt die Melkitische Kirche in einer arabischen Welt und in einer Welt des Islam. Statt Proselytismus gilt es, die Solidarität und die Kraft der Überzeugung zu stärken: »Emigration ist verboten!«[7], wie Patriarch Gregorios in der letzten Zeit öfter wiederholt.

Im Heiligen Land sind Christen auch *Palästinenser*, weil das Land den Namen *Palästina* trägt, und dieser Begriff ist viel länger im Gebrauch und älter als das Wort Israel. Seit der römischen und arabischen Zeit bis zur Mitte des letzten Jahrhunderts war »Palästina« die übliche Bezeichnung für dieses Land, und so sind die Christen dort »Araber« *und* »Palästinenser«. Die christlichen Araber, die in Israel leben, sind in diesem Sinn israelische Bürger *und* »Palästinenser«.

Die Christen des Heiligen Landes sind nicht nur Araber und Palästinenser, sondern auch *Syrer*. Zwei Kulturen sind es, die Syrien unmittelbar bestimmt haben,

---

*Christians are responsible for bearing the Gospel message, and proclaiming its values in society, so that the Church may be present and witnessing in society, participating and interacting with it.*
- *The atmosphere suitable for all these elements cited above - pluralism and living together with all that goes with that - is peace in the region; peace that is lasting, complete and firm, that may be the warranty for ending the Israeli-Palestinian conflict.*
- *On the other hand, if Arab countries and Muslim citizens really care about pluralism and living together and if they feel the Christian presence is important in the region, then Christians have to be able to enjoy full fellow-citizenship with all the rights that go with it. It is absolutely indispensable that Arab countries unite their voices to bring about a civilized, just and peaceable solution for the Palestinian question.*
- *If that does not happen in the near future, the hemorrhage of emigration will grow, as will Islamic fundamentalist movements, violence and terrorism and young Muslims will very simply fall victim into their net. That means that we should pass on to our young up and coming Arab generations a somber inheritance and a black future. Then Arab Muslim society would lose the components of its pluralism and living together and there would be realized, unfortunately, the prophecy about the clash of civilizations, religions and cultures.*

(Vgl. *I Am With You Always. Pastoral Letters of Patriarch Gregorios III.*, 127f.).

[7] Vgl. ebd., 16 u. ö.

nämlich die *griechische* Kultur in den Küstengebieten und in den Städten, wie auch die *syrische* Kultur auf dem Land, so daß sich im Heiligen Land eine syropalästinensische und eine syrogriechische Gruppe von Christen befindet. Heute aber gibt es praktisch nur noch die Griechisch-Orthodoxen und die Griechisch-Katholischen, also die Melkiten der Griechisch-Katholischen Kirche. Im Lauf der Zeit kamen in Jerusalem noch viele andere Gruppen zusammen, welche das Leben in der Stadt prägten, nämlich die Armenier, die Kopten aus Ägypten, die Äthiopier aus Äthiopien und die Assyrer, die »Chaldäer« aus dem Irak oder sogar aus Persien; sie alle wurden in Jerusalem seßhaft. Obwohl sie als Pilger kamen, haben sie in der Stadt ihre Klöster gebaut und Häuser zur Aufnahme von Pilgern ihrer Länder; sie hatten ihre eigenen Priester und - später - auch Bischöfe. Die assyrische oder chaldäische Kirche ist heute mehr oder weniger aus der Heiligen Stadt verschwunden (wohl gibt es noch einen chaldäischen Patriarchalvikar), während die anderen Kirchen bis heute in Jerusalem geblieben sind. Im ganzen gibt es im Heiligen Land etwa 150.000 Christen der verschiedenen Riten und Konfessionen, also eine Minderheit von etwa 2 Prozent. Davon ist die Griechisch-Katholische Kirche mit ihren 67.000 Mitgliedern die größte, es folgen die Griechisch-Orthodoxen mit etwa 50.000, die lateinischen Kirchen mit etwa 30.000, und den Rest bilden die kleineren Gruppen der Armenier, Kopten, Syrer, Maroniten, Äthiopier, Anglikaner und Lutheraner.

Die Christen hält Patriarch Gregorios durch die Kriege und Krisen im Nahen Osten für benachteiligt. Im Libanon waren vor dem »großen Krieg«, dem Bürgerkrieg von 1975 bis 1990, rund 60 Prozent der Bevölkerung Christen, heute sind es höchstens noch 35 Prozent. In Jerusalem lebten in den 1960er Jahren etwa 50.000 Christen, heute sind es nicht mehr als 10.000.

2) Außer der Kirche von Jerusalem ist inzwischen noch eine andere Kirche für Patriarch Gregorios III. entscheidend geworden, nämlich die *Kirche von Antiochien*. Zu ihr gehören die Griechisch-Orthodoxen, die Melkitisch-Griechischen Katholiken, die Syrisch-Orthodoxen, die Syrischen Katholiken und die Maroniten. Auf ganz besondere Weise ist die Kirche Antiochiens vom Zusammenleben mit dem Islam und für den Isalm bestimmt, in einer arabischen Welt und für eine arabische Welt, mit einer islamisch-christlichen Geschichte und Zivilisation. Die Herausforderung im Zusammenleben mit dem Islam liegt für die Christen des Patriarchats von Antiochien darin, die Welt und Kultur der Moslems im Licht des Heils und der christlichen Verkündigungsbotschaft zu deuten und mit aufzubauen. Patriarch Gregorios III. versteht sich somit als Brückenbauer im Zusammenleben von Christen und Moslems.

3) Nun ein Wort zur *Melkitischen Kirche*, deren Leitung Patriarch Gregorios anvertraut ist und in der er sich als Brückenbauer zwischen Ost- und Westkirche zu erweisen hat. Die Melkitische Kirche steht mit Rom in Gemeinschaft, sie ist eine griechisch-katholische Kirche. Das Wort »griechisch« meint nicht, daß es sich um Griechen handelt, sondern daß ihre Ursprache das Griechische ist. Bis zum 11. Jahrhundert feierte die Melkitische Kirche die Liturgie in der griechischen, doch auch in der assyrischen oder aramäischen Sprache. Ursprünglich wurde ihre Liturgie in Griechisch gefeiert, danach aber in Syrisch und später mehr und mehr in arabischer Sprache. Die Melkitische Kirche ist »griechisch« aufgrund des Glaubens und der Kultur. Als »melkitisch« wird sie bezeichnet (»Melek = König«), weil sie dem Konzil von Chalkedon treu blieb und sich - gegenüber den Monophysiten (Syrer, Kopten, Armenier, Äthiopier) - als »königstreu« bzw. »kaisertreu« erwies. Gerade weil es nach dem Konzil von Chalkedon zur Spaltung unter den Christen kam, konnten die Muslime das Land erobern. Da diese Spaltung sich nicht nur auf der liturgischen Ebene, sondern vor allem im alltäglichen Leben vollzog, haben letztlich die Christen selbst dazu beigetragen, daß die christliche Welt nicht mehr so ökumenisch ist wie ursprünglich. *»Griechisch-Katholisch«* bzw. *»Griechisch-Melkitisch«* ist diese Kirche, da sie seit dem Ende des 17. und Anfang des 18. Jahrhunderts wieder offiziell in Gemeinschaft mit Rom steht, während eine andere Gruppierung »griechisch-orthodox« blieb. Erzbischof Lutfi Laham betont, daß sich die Melkiten von den Lateinern durch das Kreuzzeichen, die liturgischen Gewänder, die Kerzen, den Weihrauch, die Ikonen, die Bezeichnung der Diözese, die man im Osten Eparchie nennt, und durch den Titel des Bischofs, der im Osten ein Eparch oder ein Hierarch ist, unterscheiden und mit all dem bewußt an der Tradition der Ostkirche festgehalten haben:

*»Trotz unserer Gemeinschaft mit Rom sind wir weiterhin orientalische und orthodoxe Christen, sowohl in der Liturgie als auch in der Sakramentenspendung wie im Jahreskalender, in den Festen, den Heiligen, den Sitten und Gebräuchen, in den Gewändern. Nach dem Kirchenrecht gehören wir teilweise weiterhin zu den orthodoxen Christen. Ich sage es am liebsten immer so: Wir sind der katholische Zweig der Orthodoxen Kirche, also die orthodoxen Katholiken. Wir haben von unserer Tradition nichts aufgegeben und weiterhin den Glauben der Orthodoxie bewahrt ... Die griechischen Katholiken bilden eine Brücke zwischen Ost und West, indem sie die orthodoxe Tradition beibehalten und zugleich in der Tradition der katholischen Kirche stehen. Die Päpste*

*haben immer wieder betont und herausgestellt, daß wir mit unserer griechischen Tradition genauso wie die Christen der römischen Tradition die eine katholische Tradition darstellen und dazu noch - so kann man hinzufügen - die syrische, die koptische und die armenische Tradition. Deshalb darf ich darauf hinweisen, daß durch uns die Römische Kirche die Katholische Kirche ist, weil sie ohne uns nur eine Römische Kirche wäre.«*[8]

Nicht anders das Wort des melkitischen Patriarchen Maximos IV. auf dem II. Vatikanum:

*»Ich bin hier als griechisch-katholischer Patriarch, aber ich bin auf die eine oder andere Weise auch als Vertreter dieses großen Bruders da, der abwesend ist, nämlich der Vertreter der Orthodoxen Kirche!«*[9]

Gerne zitiert Patriarch Gregorios III. Papst Johannes Paul II. mit seinem Schreiben »Orientale Lumen«, besonders seine Worte:

*»Western words have need of Eastern words so that the world may believe the word of God.«*[10]

Den Melkiten kommt als Katholiken eine einzigartige Bedeutung und Stellung im ökumenischen Dialog zu, die Erzbischof Lutfi Laham wie folgt umschreibt:

*»Ich bin also sicher, daß die Ökumene durch die Präsenz der Griechischen Katholiken viele Fortschritte gemacht hat, weil die Lateiner durch uns immer die Möglichkeit behalten, der Orthodoxie näherzukommen, ohne dabei direkt mit den Orthodoxen in Berührung zu kommen, weil diese nicht immer den Kontakt mit Rom wollen. Wenn die Lateiner mit uns in Kontakt treten, machen sie gleich die Erfahrung einer Orthodoxen Kirche bzw. eines Zweiges der Orthodoxen Kirche.«*[11]

---

[8] Erzbischof Lutfi Laham, *Einübung in den geistlichen Weg der Chrysostomus-Liturgie*, Köln 1999, 33.

[9] Vgl. Erzbischof Lutfi Laham, *Ekklesiologie zwischen Ost und West*, 254.

[10] Vgl. *I Am With You Always. Pastoral Letters of Patriarch Gregorios III.*, 12.

[11] Patriarch Gregorios III. betont in einem Pastoralschreiben an Weihnachten 2005: »The rea-

Gerade im und am Leben der jetzt schon mit Rom vereinigten östlichen Kirchen wird sich zeigen, ob und wie es zu einer glaubwürdigen Einigung der orthodoxen Kirchen mit Rom kommen kann:

> *»Die Wirklichkeit der katholischen Ostkirchen (besonders der Melkitischen Kirche) verkennen heißt die Orthodoxie verkennen. Die katholischen Ostkirchen hingegen als apostolische Kirchen, als Patriarchatskirchen und als Schwesterkirchen, mit denen Rom in der vollen und ganzen Communio steht, anzunehmen und anzuerkennen, das ist die römische Glaubwürdigkeitsgarantie für die Orthodoxie! Die katholischen Ostkirchen herabsetzen, sie als verminderte Patriarchate betrachten, als römische Institutionen, als Kirchen auf Zeit, fast als eine Last: All das würde sie jede Glaubwürdigkeit bei den Orthodoxen verlieren lassen ... Die katholischen Ostkirchen bleiben trotz ihrer zahlenmäßigen und kirchlichen Kleinheit ein Indikator der ökumenischen*

---

lization of the goals of the unifying incarnation is our most important obligation both inside and outside our Church: inside our Eastern ecclesial society and on the level of the universal Church. It has been the task of our Antiochian Church and its role throughout history, as I have shown in my different speeches in Rome, during the Episcopal Synod of the month of October last, 2005. That is what I have shown to be the different phases of this role throughout the history of our Church, since the time of Patriarch Peter III. of Antioch who drew to the attention of Patriarch Michael Cerularius, the damage and the unhappy consequences of breaking union with Rome in 1054. Here is an extract from his letter to Cerularius: 'Day and night, I have been wondering why this division of the Church and how one can set aside the successor of the great Peter and separate him from the divine body of the Churches, so that his voice can no longer be heard in the meeting of bishops and he no longer takes his part in the cares of the Church, so that he too may receive from them fraternal and pastoral direction.' Let us not forget the first group of Melkites who struggled for the union of our Church with Rome, despite all the implications of the union of 1724. We cannot forget either our predecessor, Gregory II., in the Council of Vatican I. in 1870, during which he drew attention to the dangers of Rome drawing up in a unilateral way the definition of papal infallibility, because of the great importance of this dogma for the relations between the Roman and Orthodox Churches. This role reached an extraordinary climax - a very important and unique phase, very effective and appreciated - in the part played by our predecessor, Maximos IV. Sayegh and the bishops of our Church in Vatican II.: in several aspects of the council's work, one sees clearly the particularly ecumenical influence of our Church on the whole, touching both the life and constitution of the wider Church« (*I Am With You Always. Pastoral Letters of Patriarch Gregorios III.*, 90f.).

*Stimmung und ein Schlüssel für den Fortschritt im katholisch-orthodoxen Dialog.«*[12]

Im Juli 1996 faßte die Synode der Melkitischen Kirche den Beschluß, eine gemeinsame Kommission zu bilden, um die Schwierigkeiten im Rahmen der *einen* Griechisch-Orthodoxen und Griechisch-Katholischen Kirche zu ebnen und nach der Einheit der Kirche in Ost und West zu suchen. Außerdem wurde beschlossen, daß die Väter der Synode einmütig danach streben sollten, die melkitisch-griechischen Katholiken und die griechisch-orthodoxen Christen des Patriarchats Antiochien im Schoß derselben Kirche und desselben Patriarchats zu vereinen. Die Väter der Synode erklärten, daß die Wiederherstellung der antiochenischen Einheit keinen Sieg bedeuten solle, den eine Kirche über eine andere erringt, und auch nicht die Bekehrung der einen zur anderen Kirche, sondern den Willen zum Ausdruck bringen möchte, dem im Jahre 1724 eingetretenen Schisma, das zur Entstehung der beiden voneinander getrennten Patriarchate geführt hat, ein Ende zu machen und die Einheit des Patriarchats von Antiochien wiederherzustellen, wie sie vor diesem Datum bestand.[13]

Die Väter der Synode von 1996 waren der Auffassung, daß dieser Wille zur antiochenischen Einheit der Katholischen und der Orthodoxen Kirche heute - dank des durch Gottes Gnade in den letzten Jahren erzielten Fortschritts in der Gemeinschaft des Glaubens - auf natürliche Weise überzeugend zum Ausdruck kommt, nicht zuletzt durch die Arbeit der gemeinsamen Theologischen Kommission, die diese Kirche repräsentiert. Auch andere Dokumente, besonders aus den Jahren 1982-1987, haben wesentlich zur Ökumene beigetragen. Jede Kirche, sei sie katholisch oder orthodox, hat die Einheit mit den anderen Kirchen zu suchen, um die Wege für eine weitere Einheit der Römisch-Katholischen und der Ortho-

---

[12] Erzbischof Lutfi Laham, *Ekklesiologie zwischen Ost und West*, 260f.

[13] Hierzu heißt es: »1724 kam es zu einer Einigung und zu einem Schisma. Ein Patriarch, Cyrill VI. Tanas, wurde für Antiochien gewählt; obwohl er die volle Kommunion mit Rom suchte, wollte er bleiben, was er war, nämlich ein Orthodoxer und ein Mann des Ostens. Darüber kam es zur Reaktion von Aleppo. Statt der vollen Kommunion mit Rom kam es zu einer Spaltung in der Kirche von Antiochien: Ein Teil trat in die volle Kommunion mit Rom ein, der andere hingegen blieb in der Orthodoxie. So kam es zu zwei Kirchen, nämlich der griechisch-katholischen und der griechisch-orthodoxen. Die von ihrer Herkunft her orthodoxe Kirche wollte ihrem östlichen Wesen und den durch die östlichen Konzilien ausgesprochenen Rechten treu bleiben, wie sie klar durch die lateinisch-griechische Einigung in der berühmten Formel 'Salvis privilegiis' ('Unbeschadet aller Privilegien der östlichen Patriarchen...') anerkannt wurden« (*ebd*, 252).

doxen Kirche zu ebnen. Die Väter der Synode sind der Auffassung, daß die Suche nach einer Gemeinschaft innerhalb der einen Kirche von Antiochien wesentlich dazu beitragen kann, die so sehr gewünschte vollkommene Gemeinschaft zwischen der Römisch-Katholischen und der Orthodoxen Kirche auf Weltebene zu verwirklichen.
Hinsichtlich der Frage nach der Rolle des Bischofs von Rom, welche zuweilen als das Hauptproblem im ökumenischen Gespräch angesehen wird, machen sich die Väter der Synode die Erklärung des II. Vatikanischen Konzils zu eigen. Das Konzil verlangt, daß die besonderen Umstände der Entstehung und des Wachstums der Kirchen des Ostens sowie die Art der vor der Trennung zwischen ihnen und dem Römischen Stuhl bestehenden Beziehungen gebührend zu berücksichtigen seien. Papst Johannes Paul II. sagt in seiner Enzyklika »Ut unum sint«:

*»Die Katholische Kirche will nichts anderes als die volle Gemeinschaft zwischen Orient und Abendland; dabei inspiriert sie sich an der Erfahrung des ersten Jahrtausends.«*

Die Väter der Gemeinsamen Synode erklären, daß sie sich in der Frage des Primats des Bischofs von Rom unmittelbar vom Verständnis leiten lassen, das Orient und Abendland im Licht der Lehren der Sieben Ökumenischen Konzilien im ersten Jahrtausend gemeinsam gelebt haben. Sie sind der Überzeugung, daß nichts die Verewigung des Schismas rechtfertigt. Angesichts der Gemeinschaft in den Grundwahrheiten des Glaubens gelangen die Väter der Synode zu der Überzeugung, daß die »communicatio in sacris« heute schon auf natürliche Weise gegeben sei. Die Väter bejahen diese Gemeinschaft, wobei sie die Bestimmung der Mittel, die zur konkreten Einheit führen sollen, den beiden Synoden, nämlich der griechisch-katholischen und der griechisch-orthodoxen Synode, überlassen. Die Väter erklären, daß sie in der Gemeinschaft mit der Apostolischen Kirche von Rom leben und danach trachten wollen, mit ihr in einen Dialog über die Wiederherstellung der Einheit des Patriarchats Antiochien treten möchten.
In all dem zeigt sich, daß die Arbeit als Patriarchalvikar in Jerusalem für Erzbischof Lutfi Laham eine gute Vorbereitung war für seine Aufgabe als Patriarch von Antiochien, nämlich Brückenbauer zu sein zwischen den Kirchen und im Zusammenleben von Christen und Moslems. Mit seinem theologischen Denken und durch seinen Einsatz im Gespräch der Kirchen zeigt Patriarch Gregorios, daß er sich der Herausforderung stellt, wo auf Synoden, in Dialoggesprächen und Begegnungen die Weichen für ein Zusammenkommen gestellt werden.

### 3. Wächter

Der liturgische Titel Seiner Seligkeit in den »Diptychen« heißt in seinem vollständigen Wortlaut:

> *Seine Seligkeit Gregorios III. Laham,*
> *Patriarch von Antiochien, Alexandrien, Jerusalem,*
> *Kilikien, Syrien, Libanon, Iberia, Arabien, Mesopotamien,*
> *Libyen, Pentapolis, Äthiopien, ganz Ägypten*
> *mit dem Land Palästina und dem ganzen Orient,*
> *Vater der Väter, Hirt der Hirten, Bischof der Bischöfe,*
> *13. (Nachfolger) der heiligen Apostel.*

Der Wappenspruch von Patriarch Gregorios lautet: *»Seid wachsam und wandelt in der Liebe«* (Mt 24,42 par und Eph 5,2). Bei einem Interview in Kairo führt S.S. Patriarch Gregorios III. über seinen Wahlspruch aus:

> *»Ich habe den Namen Gregor aus mehreren Gründen gewählt. Zunächst wegen der Bedeutung des Wortes 'Gregor', das übersetzt 'Wächter' heißt. In diesem Sinne sprach Jesus zu seinen Jüngern am Ölberg: Gregorite, wachet! Dann möchte ich an einen meiner Vorgänger, Gregor II., erinnern, der wie ich aus Damaskus stammte und wie ich dem Orden der Salvatorianer-Basilianer angehörte. Gleichzeitig möchte ich an den heiligen Gregor von Nazianz erinnern und in Liebe für die Kirche wachsam Sorge tragen.«*

Seinem Patriarchat gibt er zwei Zielsetzungen, die kurz das Programm seines Amtes umschreiben:

> *»Wenn die griechisch-katholische Kirche mehr Einheit mit der orthodoxen Kirche des Patriarchats von Antiochien erreichen würde und echte gemeinsame Schritte tun könnte, so wäre dies ein großer Fortschritt für die gesamte Ökumene. [...] Eine echte Gemeinschaft und gute Fortschritte zwischen uns griechischen Katholiken und Griechisch-Orthodoxen in Antiochien könnten dem Ökumenismus neuen Schwung geben. Das ist mein Hauptanliegen. Mein zweites großes Anliegen gilt der Liebe zu den Armen des Landes. [...] Wir Christen lieben als unsere Brüder auch die Moslems. [...] Besonders aber der*

*Arme, der Notleidende, der im Land lebt, der Kranke: Diese Menschen brauchen vor allem unsere Liebe. Das soll mein Programm sein.«*[14]

Das ökumenische Engagement der Christen ist für Patriarch Gregorios III. ein wichtiger Beitrag für den Friedensprozeß im Nahen Osten:

> *»Wir wollen die Botschaft vortragen, daß wir Christen im Heiligen Land nicht getrennt sind, sondern die Vielfalt der Kulturen, Sprachen und Nationen darstellen.«*

Dies bedeutet ein Doppeltes, nämlich die Bewahrung der orientalischen Identität der Christen im Nahen Osten wie auch das Bemühen, daß Jerusalem die Stadt der drei monotheistischen Religionen wird, ohne Vorrangstellung einer einzelnen.
In seiner Huldigungsrede vor dem Heiligen Vater Papst Johannes Paul II. am 12. Februar 2001 erklärt Patriarch Gregorios sein »Wächteramt«, wie es sich in seinem Namen »Gregorios« ausdrückt[15], mit folgenden Worten:

> *»Vor allem werden wir über das liturgische Gebet wachen. Tatkräftig wollen wir die Auflage unserer gesamten liturgischen Bücher, die Träger unseres kostbaren orientalischen Erbes sind, erneuern, um unserer Priesterschaft, unseren Ordensbrüdern und -schwestern und einer großen Zahl unserer Gläubigen den Zugang dazu zu ermöglichen.*
> *Die Erneuerung im Heiligen Geiste, die neue Verkündigung des Evangeliums, die Entdeckung der Zeichen der Zeit, das Engagement unserer Kirche und unserer Gläubigen in der von Gott, dem 'Freund der Menschen', geliebten Welt, die Erneuerung des religiösen Lebens von Klerus und Volk, das Apostolat der Jugend [...], dies alles schöpft seine Kraft und geistige Quelle aus Liturgie und Gebet. Wir waren stets eine Kirche der Märtyrer - eine Kirche der Zeugen. Wir werden dies bleiben im neuen Jahrtausend, trotz der Schwierigkeiten, die mit den schönen Worten von der Präsenz, des Zeugnisgebens, des Zusammenlebens, des Dialogs, der Begegnung und der Neubelebung verbunden sind.*

---

[14] Zit. nach *Das Band* (2001). Sondernummer und Festgabe anläßlich der Wahl von Erzbischof Lutfi Laham zum Patriarchen, 2f.

[15] Zit. nach *Das Band* (2001), 51f. (Übersetzung von E. Pernstich).

> *Wir waren immer eine Kirche des Dialogs, eine Brücken-Kirche, eine Kirche an der Nahtstelle so vieler Gegebenheiten, sei es ethnisch, national, religiös oder geistlich.*
> *Die ökumenische Rolle unserer Kirche war und bleibt immer kennzeichnend und unersetzlich. Wir sind stets bereit, diese Rolle gegenüber unserer orthodoxen Schwester-Kirche, vor allem in Antiochien, zu übernehmen. [...] Aber auch gegenüber unserer geliebten großen Schwester Rom, mit der wir in voller Übereinstimmung sind und mit der wir unsere Beziehungen weiter ausbauen und einen theologischen Dialog, vor allem einen tiefen ekklesiologischen, entwickeln werden, um uns vollkommen der Sache der christlichen Einheit zu widmen.«*[16]

Ein Schwerpunkt in der Theologie von Patriarch Gregorios III. ist die *Ekklesiologie*. Seiner Meinung nach ist die Erforschung und theologische Erörterung bzw. Darlegung der unterschiedlichen und je anders akzentuierten Ekklesiologie in Ost und West eine große Hilfe für das Vorankommen im ökumenischen Gespräch mit den einzelnen Kirchen:

> *»Heute stellt sich neu die Frage, wie die bestehende Kluft zwischen der östlichen und der westlichen Ekklesiologie zu überbrücken sei. Das Hauptproblem der Ökumene besteht nicht so sehr in den Kirchendogmen, denn diese sind ihrem Wesen und der Form nach in dem beiden Kirchen gemeinsamen Credo enthalten. Das große Hindernis im ökumenischen Dialog liegt in der Ekklesiologie.«*[17]

Für das Verständnis der östlichen Ekklesiologie sind Themen wie Unabhängigkeit, Autonomie, Autokephalie von zentraler und lebenswichtiger Bedeutung, denn sie bestimmen die Macht und Autonomie des Patriarchats, wie sie im Osten jedem Patriarchen, ja selbst jedem Bischof in seinem Bistum zuerkannt werden:

> *»Tatsächlich wandte man sich nur in Notfällen und Krisenzeiten an den römischen Stuhl, aber auch an die anderen großen Patriarchate oder Metropoliten wie auch an andere angesehene Bischofsstühle. Man*

---

[16] Ebd., 48-52.
[17] Erzbischof Lutfi Laham, *Ekklesiologie zwischen Ost und West*, 247.

*tauschte Kommunionbriefe aus, die helfen sollten, solche Streitigkeiten zu beseitigen.«*[18]

Es würde zudem eine Engführung der östlichen Auffassung eines Patriarchen bedeuten, ihm lediglich eine dem Kollegium der Kardinäle ähnliche Rolle zuzuerkennen.[19]
Mit diesen Ausführungen greift Patriarch Gregorios ein Thema auf, das auch Joseph Ratzinger vor 40 Jahren eigens bedacht hat; es wird in einem eigenen Beitrag darauf einzugehen sein[20], weil die Ausführungen des damaligen Professors für Theologie auch für die konkrete ökumenische Arbeit des jetzigen Papstes von großer Relevanz sein können.[21] Doch sei an dieser Stelle wenigstens kurz darauf eingegangen, denn Erzbischof Lutfi Laham bezieht sich selbst in seinem Artikel über die Ekklesiologie in Ost und West auf die Darlegungen Ratzingers.

Während die Ostkirche, so führt Joseph Ratzinger aus, als ein Gefüge bischöflich geleiteter Ortskirchen erscheint, ging dem Westen verloren, was im Osten eher den Eindruck erweckte, daß das kirchliche Grundgefüge aufgegeben wurde. Sodann fordert er aber: »Der Osten darf die Entwicklung der Westkirche im

---

[18] Ebd.

[19] Der Patriarch Maximos IV. Sayegh erinnerte daran bei seiner Kardinalsernennung im Jahr 1965; vgl. Al-Wahdat (1965) 91. Erzbischof Lutfi Laham zitiert De Halleux, der über die Einigungsversuche auf dem Konzil von Florenz schreibt: »Man sieht, welche große Rolle die Ekklesiologie gespielt hat ... Die Behandlungsgleichheit der Griechen in Florenz hat eher eine diplomatische Bedeutung und entsprach nicht einer regelrechten Anerkennung der Ostkirche in der Kommunion. Der beste Beweis dieser Ansicht ist das Fehlen an liturgischer Kommunion, was das Konzil von Florenz in einen traurigen Kontrast zu den ehemaligen ökumenischen Konzilien stellt ... Die äußerlich ausreichenden kanonischen Bedingungen scheinen also nicht von einer gegenseitigen ekklesiologischen Anerkennung begleitet worden zu sein, ohne die dieses Konzil nicht der Auffassung der im ersten Jahrtausend traditionsgemäßen Ökumenizität entsprechen konnte« (213-216).

[20] Siehe unten meinen Beitrag M. Schneider, *»Spaltungen müssen sein.«* - Der Weg der getrennten Christen in der theologischen Ausdeutung von Papst Benedikt XVI.

[21] Vgl. hierzu J. Ratzinger, *Das neue Volk Gottes. Entwürfe zur Ekklesiologie*, Düsseldorf 1969, 121-146; Erzbischof Lutfi Laham zitiert diesen Artikel mit Bezug auf die französische Ausgabe J. Ratzinger, *Le nouveau peuple de Dieu*, Paris 1968, 66; vgl. L. Laham, *Ekklesiologie zwischen Ost und West*, 245-266; auch J. Ratzinger, *Zum Fortgang der Ökumene*, in: ders., *Kirche, Ökumene und Politik. Neue Versuche zur Ekklesiologie*, Einsiedeln 1987, 128-134.

zweiten Jahrtausend nicht als häretisch erklären, wie umgekehrt der Westen die Kirche des Ostens in der Gestalt anerkennen muß, die sie sich bewahrt hat«[22]. Erzbischof Lutfi Laham greift nun bewußt die Ausführungen des jetzigen Papstes in ihrer französischen Version auf, die er wie folgt zitiert: »Das einheitliche Kirchenrecht, die einheitliche Liturgie, ein einziges und gleiches Ernennungsmodell der Bischöfe vom Zentrum her, all diese Sachen gehören nicht notwendig zum Primat als solchem und sind nur berechtigt, wenn beide Ämter (des Papstes und des Patriarchen des Westens) sich decken. Also müssen wir in Zukunft das Amt des Nachfolgers Petri als solches von dem des Patriarchen besser unterscheiden.«[23]

Aus den Ausführungen Joseph Ratzingers ergeben sich für Erzbischof Lutfi Laham einige Anfragen und weiterführende Überlegungen mit den entsprechenden Konkretisierungen aus der Erfahrung der Melkitischen Kirche. Das II. Vatikanum hebt im Artikel 23 von »Lumen gentium« die Bedeutung des Patriarchatssystems für die Gesamtkirche und nicht nur für den Osten hervor; ähnlich verhält es sich im Dekret über die Ostkirchen (OE 9) und über den Ökumenismus (UR 16-17). Deshalb dürfen ekklesiale Konzepte wie Patriarchat, Patriarchatskirchen, östliches Recht, östliche Überlieferungen, Ortskirchen und in Kommunion lebende Schwesterkirchen nicht bloß, wie Lutfi Laham betont, Rhetorik, theoretische Begriffe, protokollartige oder ökumenische Höflichkeitsausdrücke bleiben, sie müssen zu erlebten kirchlichen Ausdrücken in den Beziehungen zwischen den Kirchen werden, und zwar zunächst in den Beziehungen zwischen Rom und den katholischen Ostkirchen.

In dieser Gesinnung ist der Petrusdienst des Papstes neu zu bedenken und theologisch auszuloten. Erzbischof Lutfi Laham zitiert hierzu Hervé Legrand: »Die Entwicklung des römischen Primats hat keine in allen Punkten befriedigende Verbindung von Einheit und Vielfalt in der katholischen Kirche ergeben, und zwar weder für die Katholiken noch für die orthodoxen Kirchen. Andererseits ist die Autokephalie keine befriedigende Antwort auf die gemeinsame Berufung zur Einheit. Könnte man also nicht, ohne die Begründung der Autokephalie in der Überlieferung der einen Kirche noch die Begründung des durch Schrift und Überlieferung bezeugten Primats der römischen Kirche zu leugnen, ihre jetzigen

---

[22] J. Ratzinger, *Vom Wiederauffinden der Mitte. Grundorientierungen*, Freiburg-Basel-Wien 1997, 188. Gerade in und mit der Feier der Liturgie bleibt für die Kirche in Ost und West die Idealgestalt gewahrt.

[23] J. Ratzinger, *Le nouveau peuple de Dieu*, Paris 1969, 66.

Gestalten als rechtmäßige und begründete Antworten auf dasselbe gemeinsame Problem betrachten? So würde man ein Gespräch auf der Ebene der kirchlichen Lehre einleiten, bei dem sich beide Seiten durch die gleiche Schwierigkeit verbunden fühlen; dann könnten sie sich auch ohne Selbstaufgabe durch eine gemeinsam zu erarbeitende Antwort gebunden fühlen.«[24]
Der Weg, der zu betreten ist, ist auf vielfache Weise vorbereitet, wie Erzbischof Lutfi Laham im Rückblick auf die Geschichte der Melkitischen Kirche zeigt:

> *»Patriarch Gregor II. Jussuf Sayur († 1897) war ein hervorragender Vertreter dieser östlichen Ekklesiologie beim I. Vatikanischen Konzil. In seinen beiden Reden, die er während des Konzils gehalten hat (am 19. Mai und am 14. Juni 1870[25]), weist er mit Nachdruck auf die Entscheidungen des Konzils von Florenz hin; man solle bei dem bleiben, was von den Griechen und Lateinern auf dem Konzil von Florenz beschlossen worden ist, besonders was den Primat und die Rechte und Privilegien der Patriarchen betrifft und was in Übereinstimmung mit den alten Kanones der vom Osten und Westen gemeinsam gefeierten ökumenischen Konzilien steht.[26] Der Patriarch weigerte sich, das Dekret des I. Vatikanum zu unterzeichnen, und verließ Rom. Später wurde er dazu gezwungen; verärgert tat er es mit der aus dem Konzil von Florenz entnommenen Bedingung: 'Salvis privilegiis'[27]. Auf dem II. Vatikanum war Patriarch Maximos IV. Sayegh mit seinen Bischöfen ein hochqualifizierter Vertreter der östlichen, orthodoxen und katholischen Ekklesiologie. Maximos IV. war vom Gedanken an den 'großen Abwe-*

---

[24] H. Legrand, *Le dialogue catholique-orthodoxe. Quelques enjeux ecclesiologiques de la crise autour des Eglises unies*, in: Centro pro Oriente 43 (1993) 14.

[25] Siehe Mansi, Bd. 52, col. 133-137 und 671-676.

[26] Beide Reden sind es wert, als Grunddokumente der östlichen Ekklesiologie übersetzt und veröffentlicht zu werden. Patriarch Gregor II., alle seine Bischöfe wie auch die Würdenträger der Melkitischen Kirche haben mit Nachdruck darauf verwiesen, daß die östliche Ekklesiologie und die Rechte und Privilegien keineswegs im Gegensatz zur authentischen katholischen Ekklesiologie stehen, auch nicht im Gegensatz zum Primat des Papstes von Rom (vgl. Brief der Bischöfe und der Würdenträger, in den Handschriften des Klosters vom Heiligen Erlöser, in der Zeitschrift *Al-Wahdat*, 1970, N°3, Sondernummer mit der Überschrift: *Les Orientaux au Concile Vatican I*; dieses Heft sollte wegen seiner sehr gegenwartsbezogenen wissenschaftlichen und ekklesiologischen Bedeutung in Europa veröffentlicht werden).

[27] Siehe Mansi, Bd. 53, col. 942; ähnlich bei Hervé Legrand.

*senden' erfüllt. So sagte er zum Patriarchen Athenagoras I.: 'Wir haben ständig die Stimme des großen Abwesenden beim II. Vatikanum sein wollen. [...] Sooft ich redete, dachte ich an Sie.' Und Athenagoras gab ihm zur Antwort: 'Sie waren unsere Stimme beim II. Vatikanum.' Das Bestehen einer Melkitischen Kirche ist ein Zeichen und ständiger Hinweis auf diesen Abwesenden. Maximos IV. übte mit der melkitischen Hierarchie beim Konzil einen großen Einfluß aus, besonders was die Ekklesiologie betrifft. Hier einige Themen: die Bischofskonferenz, die um den Papst versammelte Bischofssynode, die Ortskirche, die Schwesterkirche, der theologische Pluralismus, die Dezentralisierung der römischen Kurie, die hierarchische Struktur der Kirche, die Kollegialität usw. Der Einfluß des melkitischen Patriarchen ist in vielen Dokumenten des II. Vatikanum spürbar, besonders in dem über die Ostkirchen und über den Ökumenismus.[28] So legte die Melkitische Kirche den Grundstein einer Ekklesiologie, welche die Zukunft des Ökumenismus bestimmen wird.«*[29]

Diese Ausführungen, die er noch als Patriarchalvikar von Jerusalem geschrieben hat, erhalten für Patriarch Gregorios III. eine neue, nämlich ihn selbst unmittelbar betreffende Bedeutung, da er von seinem Amt her im Gespräch mit dem Heiligen Stuhl in Rom steht. Welche Wege und Möglichkeiten können nach Meinung von Patriarch Gregorios für den erforderlichen Dialog erschlossen werden? Ein ökumenisches Gespräch zwischen Ost und West hat anzusetzen bei der gemeinsamen Geschichte im Glauben, wie sie im ersten Jahrtausend bestand:

> *»Die östliche Ekklesiologie ist die des ersten Jahrtausends, deshalb soll sie auch die Ekklesiologie der katholischen Ostkirchen sein, besonders die der katholischen Kirche der Melkiten, aber eben in der vollen und vollkommenen Kommunion mit der großen und ehrwürdigen Kirche von Rom. Diese Kommunion, für die wir so sehr gelitten haben, wollen wir trotz aller Leiden und Demütigungen, die bis heute fortdauern, aufrechterhalten. Aber die Kommunion mit Rom darf keineswegs all das*

---

[28] UR und EO.
[29] Erzbischof Lutfi Laham, *Ekklesiologie zwischen Ost und West*, 254.

*mindern, was die Basis unserer eigenen östlichen Ekklesiologie, ihre Substanz, ihren Inhalt und ihre praktische Anwendung ausmacht.«*[30]

Wie das Gespräch mit der Orthodoxie und den mit Rom vereinigten Kirchen erfolgen wird, ist nicht vorauszusehen. Doch lassen sich erste Schritte tun, indem von Rom aus deutliche Zeichen der Annäherung erfolgen, nicht zuletzt gerade in der Art und Weise, wie Rom die Bischofsernennungen in den unierten Kirchen durchführt. Joseph Ratzinger bringt in seinem Artikel von 1969 weitere Konkretisierungen: »Die Einheit mit Rom könnte im konkreten Aufbau und Vollzug des Lebens der Gemeinden genauso 'ungreifbar' sein wie in der alten Kirche. An faßbaren Änderungen würde sich etwa dies ergeben, daß es bei der Besetzung der zentralen Bischofsstühle eine dem Austausch der Kommunionbriefe in der alten Kirche vergleichbare 'Ratifikation' gäbe, daß man sich wieder in gemeinsamen Synoden und Konzilien versammeln würde, daß der Austausch der Osterbriefe oder ähnliches ('Enzykliken') wieder die Grenze von Ost und West überschritte; daß endlich der Bischof von Rom wieder im Kanon der Messe und in den Fürbitten genannt würde«[31].

Vermutlich wird dies alles ein Fernziel sein, doch für die augenblickliche Situation ist wohl die geistliche Annäherung angeraten, indem nämlich eine *»Ökumene des Herzens«* versucht und theologisch vorbereitet wird. Ein solches Vorgehen ist, wie Joseph Ratzinger betont, unbedingt erforderlich, zumal von ihm sogar die letzte vollkommene Vereinigung abhängen kann: »Das theologisch Mögliche kann geistlich verspielt und dadurch auch theologisch wieder unmöglich werden; das theologisch Mögliche kann geistlich möglich und dadurch auch theologisch tiefer und reiner werden. Welche der beiden Prognosen eintreffen wird, ist heute nicht vorauszusagen; die Faktoren, die das eine oder das andere erwarten lassen, sind ungefähr gleich stark.«[32] Zumindest ist dem theologisch Möglichen geistlich Raum zu schaffen, ohne billige Oberflächlichkeit und Einebnung der essentiellen Unterschiede.

Joseph Ratzinger unterscheidet gegenüber einem theologischen Dialog den *»Dialog der Liebe«*, der in der gegenwärtigen Stunde auf jeden Fall zu fordern ist. Auch wenn im Bereich der Lehre und des Rechts augenblicklich nur schwer

---

[30] Ebd., 264.

[31] J. Ratzinger, *Das neue Volk Gottes*, 142f.

[32] J. Ratzinger, *Theologische Prinzipienlehre. Bausteine zur Fundamentaltheologie*, Donauwörth ²2005, 203-214, hier 210.

eine Einigung zu erkennen und eine sakramentale Kommuniongemeinschaft in naher Zukunft kaum zu erwarten ist, läßt sich zumindest die brüderliche Liebe zwischen Orthodoxer und Römisch-Katholischer Kirche anstreben. Das Erkalten der Liebe ist nach Mt 24,12 ein eschatologisches Phänomen, deshalb gilt es neu, sich dem Mysterium der Liebe und der Ökonomie Gottes anzuvertrauen, damit Gott selbst die vollkommene Einheit heraufführen möge. Statt eines »Anathems« sind die Wege des Verzeihens und der Versöhnung zu gehen, um die »Macht des bösen Gedankens« zu bannen. In diesem Sinn sagt Patriarch Athenagoras zum ersten Jahrestag der Bannaufhebung von 1054: »Der moderne Mensch und die Welt ertragen nicht mehr den Luxus der christlichen Spaltung, der Vernünfteleien und der Vorbehalte, die nicht vom Evangelium inspiriert sind, der gemächlichen und endlosen akademischen Diskussionen.«[33] -

Was Patriarch Athenagoras einfordert, ist eine Maxime auch für S.S. Patriarch Gregorios III., wie wir in den Ausführungen über sein Leben und Werk gesehen haben. »Wachsam sein und in der Liebe handeln« heißt für ihn, als *Liturge* in der Feier der Mysterien die Auferstehung des eingeborenen Gottessohnes und seiner heilswirksamen Gegenwart zu verkünden als Ursprung allen Einseins im Glauben; als *Brückenbauer* im Einsatz für die Einheit der Christen gilt es, in den Dialog mit Andersglaubenden einzutreten und das Engagement für die Kirche in Ost und West auszuweiten auf Juden und Moslems, aber auch auf die Armen und Unterprivilegierten; und schließlich ist es die Aufgabe eines Patriarchen als *Wächter* im Glauben, alle Hindernisse und jedes Ärgernis einer »Spaltung« überwinden zu helfen auf dem Weg und im Gebot der Liebe und der Versöhnung, »auf daß alle eins seien«.

# Bibliographie

## mit den wichtigsten Schriften und Veröffentlichungen von S.S. Patriarch Gregorios III.

Wenn nicht anders angegeben, sind die folgenden Schriften in Arabisch verfaßt und in Jerusalem oder Damaskus erschienen, wir führen sie jedoch deutsch an:

---

[33] Zit. nach ebd., 227.

## 1) Bücher und Schriften

Lutfi Laham, Ekklesiologie bei Bischof Germanus Adam (Promotionsarbeit 19. 6. 1961).

Die Griechisch-Melkitische Katholische Kirche im Zweiten Vatikanischen Konzil (arab. 1992; Übersetzung aus dem Französischen).

Ausgewählte Gebete der Ostkirche (I: Weihnachten; II: Fastenzeit; III: Osterzeit; IV: Allgemein).

Feier der Taufe und des Agion Myron (1992).

Feier der Krönung (1992).

Feier des Begräbnisses (1992).

150 Jahre der Kirche Mariä Verkündigung, Kathedrale des Patriarchats von Jerusalem: 1848-1998 (Jerusalem 1998).

Joseph Chammas, Die Melkitische Kirche. Hrsg. von Erzbischof Lutfi Laham, Köln 1990 (herausgegeben und mit einem Anhang versehen: Kapitel VII und Schlußwort 121-132).

Einführung in die Liturgische Feier und ihre Symbole in der Ostkirche (Jerusalem 1988).

Erzbischof Lutfi Laham, Zur Ekklesiologie zwischen Ost und West - Erfahrungen der Melkitischen Kirche, in: M. Schneider / W. Berschin (Hgg.), Ex oriente et occidente (Mt 8,11). Kirche aus Ost und West. Gedenkschrift für Wilhelm Nyssen, St. Ottilien 1996, 245-266 (2002: arabische Übersetzung).

Erzbischof Lutfi Laham, Einübung in den geistlichen Weg der Chrysostomus-Liturgie, Köln 1999 ($^2$1999).

Erzbischof Lutfi Laham, Zur Erneuerung der Chrysostomus-Liturgie in der Melkitischen Kirche, Köln 2001.

Erzbischof Lutfi Laham, Die Chrysostomus-Liturgie. Eine Hinführung und Erklärung, Köln 2000 ($^2$2002, $^3$2007).

Göttliche Liturgie des Johannes Chrysostomus (1992 Probeausgabe; 2006).

Göttliche Liturgie des Hl. Basilius und der Vorgeweihten Gaben (1992 Probeausgabe; 2007).

Gebetbuch der Griechisch Melkitischen Katholischen Kirche für das ganze Jahr (1997.1998.1999; vier Teile in sechs Bänden, Groß- und Kleinformat).

Liturgische Texte mit Psalter (Musik der Ostkirche - 10 Bände).

Botschaften des Patriarchen (Damaskus 2000-2007; arabisch, englisch, französisch, deutsch):

> Mit den wachenden Hirten (Damaskus 2000).
>
> Freude der Auferstehung (Damaskus 2001).
> Hoffnung und Liebe (Damaskus 2001).
>
> Das glorreiche Ostern (Damaskus 2002).
> Jesus wächst (Damaskus 2002).
>
> Christus ist auferstanden, er ist wirklich auferstanden (Damaskus 2003).
> Armut und Entwicklung (Damaskus 2003).
>
> Keine Angst, Christus ist auferstanden (Damaskus 2004).
> Emmanuel, Gott mit uns (Damaskus 2004).
>
> Die Auferstehung und die Eucharistie (Damaskus 2005).
> Die vereinigende Menschwerdung (Damaskus 2005).
>
> Die Nächstenliebe ist Auferstehung (Damaskus 2006).
> Friede, Zusammenleben, Christliche Präsenz im Nahen Osten (Damaskus 2006).

O meine Freude, Christus ist auferstanden (Damaskus 2007).
Das Wort ist Mensch geworden (Damaskus 2007).

Christus, neues Ostern (Damaskus 2008).

I Am With You Always. Pastoral Letters of Patriarch Gregorios III., Fairfax / USA 2008.

## 2) Zeitschriften etc.

Einheit im Glauben (Zeitschrift, gegründet 1962).

Die Stimme des Hirten (Orientalische Liturgische Spiritualität).

Die Stimme des Ostens (Audio-Kassetten 1983ff.).

# BEITRÄGE

MÈRE AGNÈS-MARIAM DE LA

## Die arabischen Ikonen - der Ruhm der Melkitischen Kirche[1]

Die arabischen Ikonen sind die glänzenden und leuchtenden Juwelen des katholisch-griechischen Patriarchats von Antiochien, Alexandrien, Jerusalem und dem ganzen Orient. Aus tiefer Vergangenheit emprowachsend, sind sie Juwelen und Zeugen einer idealen Symbiose der Zivilisationen, die sich im Gebiet des fruchtbaren Halbmonds getroffen haben. Die arabischen Ikonen dürfen als ein Emblem der Botschaft des Dialogs, des Friedens und der Offenheit füreinander gelten.
Die Betrachtung jedweder Ikone bezeugt den Ruhm Gottes und seines Heilsplanes, wie er offenbar wird auf dem Antlitz Christi. Aber es gibt noch einen anderen Glanz, der von den arabischen Ikonen ausgeht, denn ihr Zeugnis aus der Vergangenheit unseres Erbes darf heute auch als eine Botschaft für die Zukunft weitergegeben werden, wie nämlich unser christliches Zeugnis zu einem Samenkorn wird in unserer Zivilisation, auf daß Christus im Bewußtsein unserer Zeit aufgeht. In diesem Zeugnis gibt es keine Schranken, sondern nur Offenheit für den anderen in der Liebe mit all ihren zeitlichen und räumlichen Dimensionen, sogar der Ewigkeit. Geht es doch in der heiligen Kunst um das Unsichtbare und sein Geheimnis der Nähe. Kann es eine schönere Festgabe geben, als den Ruhm unseres heiligen Erbes hervorzuheben für die Feier unseres geliebten Patriarchen *Kirios Gregorios III. Laham*? Auf daß seine Jahre zahlreich seien in der Heiligkeit und apostolischen Fruchtbarkeit!

---

[1] Der vorliegende Beitrag wurde dankenswerterweise aus dem Französischen übersetzt von A. Bénètreau und G. Fournell.

**TAFEL I:** *Nehmeh El Mussawer: Hodigitria (Kirche Hl. Johannes der Vorläufer, Khonchar)*

TAFEL II:   *Girgis El Mussawer:*
*Hl. Johannes der Täufer*
*(Kirche Hll. Konzilien in Saydnaya, Libanon)*

TAFEL III: *Bischof Parthénios: Pantokrator (Konvent Heiliger Elias, Khonchara, Libanon)*

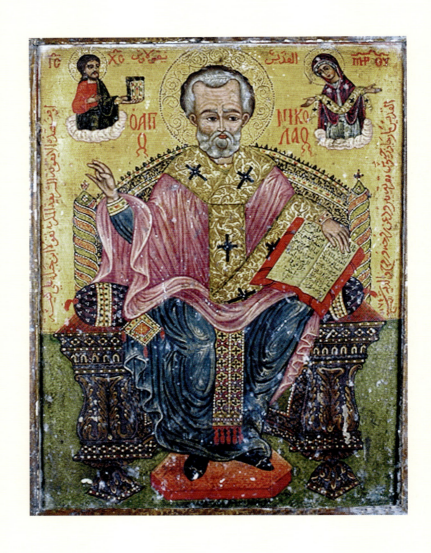

TAFEL IV: *Kirillos Al Dimachqi:  
Heiliger Nikolaus  
(Kirche Hll. Konstantin und Helena in Yabroud, Syrien)*

## Liturgie und Ikone, Gedächtnis und Präsenz

Die Kunst ist eng mit der Liturgie verbunden. Diese entfaltet sich in einem architektonischen Raum, der zunehmend ikonographisch ausgestaltet wird, indem er sich mit Fresken, Mosaiken und Ikonen ziert, um die gefeierten himmlischen Mysterien zu illustrieren.

Wir können sagen, daß die orientalische Kirche mit ihrer Architektur und Ikonographie drei Elemente symbolisiert: den Himmel, das Heilige Land und das liturgische Jahr.

Durch die liturgische Feier der himmlischen Mysterien macht die Kirche diese präsent und wirksam. In den Zeichen, die sie anzeigen, und dem sakramentalen Wort überflutet uns das Mysterium und vollendet unser Leben. Wenn ein Name Christi »Emmanuel« lautet, d. h. »Gott ist mit uns«, so ist dies zugleich auch der Name des neuen Tempels, der die Kirche ist: Gott ist hier[2], in der Fülle seiner wirksamen Präsenz. Gleichzeitig läßt uns die Betrachtung der Ikonen erleben, daß das Göttliche zu uns kommt.[3] Die Ikone ist wie ein Fenster, durch das das Unsichtbare ein Antlitz annimmt, um sich zu uns herabzubeugen, während wir in der Liturgie uns mit ihm vereinigen.

Die Ikone kündet an und bereitet vor, ähnlich übrigens wie die Heilige Schrift, während die liturgische Feier am Mysterium Anteil gibt und alles zu seiner Erfüllung bringt.

In der Liturgie werden wir des göttlichen Mysteriums eingedenk. Ihr Gedächtnis ist eine Aktualisierung, denn sie läßt die gefeierten Mysterien präsent werden und uns in die göttliche Zeit eintreten, in den »*kairos*«, das heißt: in die Zeit des auferstandenen Herrn, die niemals vergeht. Alles ereignet sich heute: Christus wird heute geboren, er wird heute im Tempel dargestellt, er zieht heute in Jerusalem ein, heute setzt er das Heilige Abendmahl ein, er wird ausgeliefert und erleidet heute seine Passion, wird begraben und steht am dritten Tag aus dem Grabe auf, und es ist heute, daß er in den Himmel hinaufsteigt. Das so lebensspendende Gedächtnis der Kirche in der Liturgie läßt uns sogar eingedenk werden der zweiten Ankunft Christi, die noch nicht stattgefunden hat. In der Tat, die Barrieren der Zeit sind überwunden, gestern und morgen sind versunken im ewigen Tag der Auferstehung.

---

[2] Das letzte Wort des Buches Ezechiel in der Bibel.

[3] Alle Linien der Ikone finden sich in einem Punkt wieder, der auf der Ebene des Betrachters liegt; es ist eine umgekehrte Perspektive.

Auf gleiche Weise bringt uns die Ikone die unaussprechlichen Mysterien des Lebens und Todes wie auch der Verherrlichung des Herrn zur Betrachtung, einschließlich der furchterregenden Szenen der Parusie und des Letzten Gerichtes. Aber alles ist in einem eindimensionalen Raum ausgedrückt, ohne Tiefe, um so den definitiven Einbruch des transzendent Göttlichen in unsere kontingente Gegenwart zum Ausdruck zu bringen. Hier und jetzt ist der Ort der Begegnung: »Selig, die eingeladen sind zur Hochzeit des Lammes!« Die Liturgie ist die sakramentale Ausweitung dieser Hochzeit, die sich im Himmel ohne den Vorhang der Symbole vollziehen wird.

Seit Kaiser Konstantin im vierten Jahrhundert werden die Kirchen immer mehr nach Osten hin ausgerichtet, zur Sonne als dem Symbol Christi, und nehmen die Form der römischen Basilika an, mit einer Kuppel als dem Symbol des Himmels, der sich herabneigt. Zuerst stellte man in diesem Raum die Szene der Himmelfahrt dar, behielt dann aber durch Abstraktion dieser Szene die Gestalt des Allmächtigen Christus als des Pantokrators[4] bei, meist von den himmlischen Mächten umgeben. Später wird manchmal auf der Kuppel die himmlische Liturgie dargestellt.

Denn die Göttliche Liturgie ist zunächst und vor allem ein himmlisches Geschehen, der immerwährende Kult aller Kreaturen, genauer gesagt von den engelhaften Mächten dem Schöpfer entgegengebracht, wie es der heilige Johannes in der berühmten Vision des vierten Kapitels der Apokalypse erlebt hat. Die irdische Liturgie entfaltet sich in Synergie mit der himmlischen Liturgie, und der byzantinische liturgische Hymnus beteuert, daß die Gläubigen mystisch die Cherubinen darstellen und wie diese das Trishagion oder Sanctus singen: »Heilig, Heilig, Heilig, Herr Gott Sabaoth, Himmel und Erde sind erfüllt von deiner Herrlichkeit!«

Des weiteren wird die Basilika mit Querschiffen ausgestattet in Form eines lateinischen oder griechischen Kreuzes, über die man die seitlichen Kuppeln anbrachte. Der Apsis hinter dem Altar kommt eine ganz besondere Bedeutung zu, sie drückt das Geheimnis der Inkarnation aus. So brachte man in der Apsis das Bild der heiligen immerwährenden Jungfrau und Gottesgebärerin an, deren Schoß größer ist als die Himmel, denn er hat in sich den göttlichen Christus geborgen. Unterhalb der *Platytera* stellte man schon sehr früh Christus als Hohenpriester dar, der die Kommunion an die Apostel austeilt.

---

[4] »Pantokrator« heißt im Griechischen »Allmächtiger«.

Um das Sanctuarium vom Mittelschiff zu trennen, errichtete man Schranken, die bald mit Ikonen geziert und später mit einem Architrav überdeckt wurden, wo man Ikonen anbrachte.

Diese Ikonostase verbreitete sich im ganzen Imperium und wurde zu einer Ablage für tragbare Ikonen, die in Reihen angeordnet waren. Auf die Hauptreihe stellte man auf der rechten Seite die Ikone des Christus Pantokrator und rechts daneben die des Vorläufers und auf der linken Seite die Gottesmutter, die *Hodigitria*, und neben ihr den Patron der jeweiligen Kirche.

Auf der zweiten Reihe sieht man auf der einen und anderen Seite die *Déisis* oder später das letzte Abendmahl, die zwölf Apostel, die liturgischen Feste, die Engel und die Heiligen.

Die Wand der Ikonostase bedeutet den Leib Christi, d. h. die Kirche, welche die Tür und die Brücke zwischen Himmel und Erde ist. Sie trennt nicht die Erde vom Himmel, sondern eint beide durch dieselbe Kommunion, im Gegensatz zum Tempel Jerusalems, dessen Sanctuarium, das »Allerheiligste« genannt, durch einen Vorhang vom Mittelschiff (als »Heiligstes« bezeichnet) getrennt war, der aber durchriß, als Jesus am Kreuz den Geist aufgab (Mt 27,51). Übrigens werden die Türen der Ikonostase »königlich« genannt, denn durch sie zieht Christus, der König, ein (in Anlehnung an Ez 44).

Die Feier entfaltet ihren ganzen Reichtum in der Liturgie. Es geht jedoch nicht nur darum, die vergangenen Ereignisse feierlich zu begehen, sondern sie in die liturgische Geste einzubringen, um das Mysterium einbrechen zu lassen. So wird der Eintritt der Zelebranten in das Sanctuarium, der »kleiner Einzug« genannt wird bzw. *Isodos*, als eine Prozession gestaltet, während derer das Evangeliar erhoben wird und der Chor einen Hymnus auf das inkarnierte Wort singt. Der Symbolismus ist diaphan: Es geht darum, den Herabstieg des ewigen Wortes (Logos) Gottes darzustellen, das nicht erschaffen ist, sondern vor allen Zeiten aus dem Vater hervorgegangen ist und sich in der Jungfrau inkarnierte und die Passion um unseres Heiles willen erlitt. Dieser Einzug markiert übrigens den Anfang des Wortgottesdienstes mit den Lesungen des Neuen und Alten Testaments.

## Eine Feier der Geheimnisse, die für die Energien der kommenden Welt öffnet

Die byzantinische Liturgie stellt das Leben Christi von der Wiege bis zum lebenspendenden Grab dar.
Die Kirche ist selbst eine quasi topographische Darstellung des Heiligen Landes. Der Altar der Vorbereitung, *Prothesis* genannt, erinnert an Bethlehem und ist von einer Ikone der Geburt geschmückt. Das gesäuerte Brot, das konsekriert werden soll, wird unter einen »Diskos«, an dem ein Stern hängt, gelegt, um den Ort der Krippe der Weihnacht anzuzeigen und den Sohn Gottes aufzunehmen. Der Priester verwendet eine Lanze, um das Brot zu schneiden: eine klare Anspielung auf jene Lanze, die das Herz Christi durchbohrte.
Die zweite Prozession findet statt, um das Brot und den Wein zum Altar zu bringen. Vor den Gaben wird das Kreuz getragen, dem die Gabenprozession folgt. Man erlebt den Einzug Jesu in Jerusalem, der seine Passion freiwillig zu erleiden kam. Der Hauptaltar, versehen mit einer Szene von Kalvarien, symbolisiert Golgotha wie auch das leere Grab. In der byzantinischen Theologie ist die Passion nicht zu trennen von der Auferstehung. Jede Liturgie ist christologisch und soteriologisch[5], doch sie unterstreicht vor allem den österlichen Aspekt. Die ganze Feier ist auf Ostern hingeordnet. Jeder Sonntag gedenkt dieses zentralen Ereignisses, und die Abfolge der Sonntage wird als ein »Aufstieg« auf Ostern hin verstanden. Die Gläubigen bleiben - gemäß einer Anordnung des Konzils von Nizäa (325) - während der ganzen Zelebration der Liturgie stehen und drücken damit aus, daß sie mit Christus auferstanden sind.
Schließlich unterstreicht die byzantinische Liturgie[6] die Präsenz des Heiligen Geistes und seine Aufnahme durch die Gläubigen, die an den Mysterien teilnehmen. Nach der Kommunion von Leib und Blut des Herrn singt man: »Wir haben gesehen das wahre Licht, wir haben empfangen den himmlischen Geist und wir haben den wahren Glauben gefunden. Laßt uns die untrennbare Dreieinigkeit anbeten, denn sie hat uns erlöst.« Die Annahme des Heiligen Geistes ist das Unterpfand der Vergöttlichung, deshalb wird die byzantinische Messe auch »Göttliche Liturgie« genannt, denn sie ist das »Instrument« unserer Vergöttlichung. Die Inkarnation des Wortes, die Achse des christlichen Glaubens, gibt den Sym-

---

[5] D. h. »bezogen auf unserer Heil« (griech.).

[6] Der Begriff »Liturgie« stammt aus zwei griechischen Wörtern: »Volk« und »Werk, Arbeit«. Es handelt sich um einen öffentlichen Kult, der von der Kirche Gott dargebracht wird.

bolen der Menschheit ihre definitive Entfaltung. In allen Kulturen finden wir das Symbol, das eine initiatische Tür öffnet, die zum Absoluten führt, doch im Christentum wird es zum Zeichen der unaussprechlichen Präsenz Gottes unter den Menschen. Es ist nicht mehr der Mensch, der auf den Wegen der Religionen oder sogar der Magier tastend zu Gott zu kommen oder sich einer Gottheit oder ihrer Energien zu bemächtigen sucht; vielmehr ist es Gott selbst, der in der greifbaren Realität seiner definitiven Offenbarung in Christus zum Menschen kommt, um ihm das göttliche Leben zu schenken. Die syro-maronitische Liturgie singt: »Du hast geeint, o Herr, deine Göttlichkeit mit unserer Menschlichkeit und unsere Menschlichkeit mit deiner Göttlichkeit. Dein Leben hast du geeint mit unserem Tod und unseren Tod mit deinem Leben. Du hast all das genommen, was unser war, und du hast uns gegeben, was dein ist, um uns lebendig zu machen und zu retten. Dir sei die Ehre in Ewigkeit.«

Es gibt einen entscheidenden Wechsel, nämlich vom Schatten zur Realität, vom Symbol zu seiner Erfüllung, vom Kult zum Mysterium. In der christlichen Theologie ist die Konzeption des Mysteriums antinomisch: Während der griechische Terminus »mysterion« eine verborgene Sache bedeutet, besagt das christliche Mysterium die für die Augen des Glaubenden sichtbare Offenbarung Gottes, besser gesagt: die Möglichkeit, an seiner Natur teilzuhaben durch die Mitteilung des Heiligen Geistes. Im Neuen Bund durch die rettende Tat Christi festgelegt, wird der Kult zur Liturgie und die Liturgie zur Mystagogie, und zwar als Initiation in die Mysterien wie auch als Initiation durch die Mysterien hin zur Vergöttlichung. Das Sakrament, die siebenförmige Säule des christlichen Lebens, schenkt die göttliche Energie, die in den geoffenbarten Mysterien enthalten ist, nämlich unserer Heiligung. Die Liturgie und die Ikone sind Gedächtnis, Präsenz und Aneignung des Mysteriums zugleich, sie lassen uns an den Energien der kommenden Welt teilhaben. Denn das »Auge des Glaubens« ist nach Aussage der Kirchenväter imstande, das Unsichtbare zu sehen: Da es sich ein für allemal in der Zeit den Augen der Apostel offenbarte, bleibt es fortan und immer für das Auge des Herzens der Kirche und Braut Christi offenkundig, ohne sich jemals mehr zu verschließen.[7]

---

[7] Ich schlafe, sagt sie im Hohenlied, aber mein Herz wacht.

## Historischer Überblick über den geographischen Raum der Ikonen des Patriarchats von Antiochien

Das Patriarchat von Antiochien, das auf dem Konzil von Chalzedon begründet wurde, hat die byzantinische Sicht der Liturgie und des heiligen Raumes angenommen und gab ihr die ihm eigene Sichtweise, nämlich weniger hieratisch als vielmehr »inkarniert« in Übereinstimmung mit der theologischen Schule Antiochiens, welche die Humanität Christi hervorhebt. So wurde nicht nur der heilige Raum nach dem Maß der Ortskirche gestaltet, auch die Ikone erhielt ihre Gestaltung gemäß den Empfindungen und Wahrnehmungen einer pluriformen orientalischen Zivilisation.

Das Phänomen der interkulturellen Befruchtung der ikonographischen Kunst im Patriarchat Antiochiens begann seit der ersten Begegnung mit dem Islam unter den Omayyaden und reicht bis zur Öffnung für den Westen im Ottomanischen Imperium. Die außergewöhnliche Einheit in der künstlerischen Vision des Mittelalters, die in der »ökumene«[8] herrschte, wurde noch von neuen Anregungen bereichert: zuerst unter der Herrschaft der Abassiden und dann während der Kreuzzüge, die wirkliche Kanäle eines kulturellen Austausches zwischen Europa und dem Nahen Osten darstellen und sich nach dem Fall Konstantinopels noch verstärken werden.

Die Kunst ist immer dem Auf und Ab der Politik gefolgt und wurde von der Freigebigkeit der Mäzenen unterstützt. Denn die Kunst sucht, um sich entfalten zu können, eher Länder, die vor Konflikten geschützt sind und wo der Reichtum das künstlerische Schaffen fördert. Seit dem 7. Jh. ließ sich die italo-romanische Kunst[9] von der orientalischen Kunst durchdringen und verbreitete sich auf den griechischen Inseln und in Zypern durch die venetianischen Handelsniederlassungen; ihre Attraktivität führte zu einer Okzidentalisierung der Ikonographie in der griechischen Kunst. In der Tat, beim Fall von Konstantinopel (1453) flüchteten sich die byzantinischen Ikonographen in günstigere Gegenden, vor allem auf

---

[8] Ekklesiologischer Terminus, um durch denselben Geist des Christentums das bewohnte Universum zu bezeichnen.

[9] Die griechischen Kolonien existieren in Süditalien seit dem 6. Jh. Mehrere Syrer und Griechen kamen auf den päpstlichen Thron und trugen dazu bei, die orientalische Kultur nach Italien zu bringen: Johannes V. (685-686), Sisinnius (gest. 708), Konstantin (geweiht am 25. März 708), Gregor III. (regierte 731-741).

die Insel Kreta[10], die zum Dreh- und Angelpunkt der postbyzantinischen Kunst wurde.
Die Ottomanen erleichterten das Joch, das auf den Christen des Orients lastete, indem sie die erzwungenen Auflagen der Mameluken und Seleukiden lockerten. Die Hohe Pforte befindet nun über das unabhängige religiöse Statut der verschiedenen christlichen Gemeinschaften. Der Sultan wurde von den Christen selbst als Nachfolger des byzantinischen *Basileus* betrachtet. Aber nur aufgrund der allmählichen Schwächung ihrer Position erlaubten die Osmanen dem Westen, sich in den Landstrichen wieder einzurichten, aus denen die Kreuzfahrer verjagt worden waren.
Die »Heilige Liga« der christlichen Reichsgebiete Europas unter der Leitung des Juan de Austria trug in der Schlacht von Lepanto (7. Oktober 1571) den Sieg davon und vernichtete die Vorherrschaft der Osmanen im Mittelmeer. Ein Jahrhundert später bestärkt Jan Sobieski die Macht des Österreichisch-Ungarischen Reiches in der Schlacht bei Wien (12. September 1684), die Mitteleuropa vom osmanischen Joch befreit. Starke Kolonien mit venetianischen, französischen, englischen, holländischen und anderen Händlern und Missionaren bildeten sich in den Niederlassungen am Mittelmeer. Entlang der Seiden- und Gewürzstraße wurden das Eintreffen lateinischer Missionare und ihre Tätigkeiten erleichtert durch die Einsetzung eines Konsuls in der Stadt Aleppo, in der sich die Zollstelle der Südgrenze des Osmanischen Reiches befand: 1548 Konsulat von Venedig (die Stadt der Dogen wußte immer zu verhandeln, um ihre Handelsprivilegien zu bewahren) und Ankunft der Franziskaner im Jahr 1571; 1562 Konsulat Frankreichs, Schutzherrin der Christen des Orients, begleitet von den Kapuzinern; 1623 Ankunft der Karmeliten; 1625 Ankunft der Lazaristen nach dem Verbot der Jesuiten; 1583 Konsulat Englands mit den ersten anglikanischen Missionen; 1613: Konsulat der Niederlande.
Die lateinischen Missionare trugen zur Übersetzung westlicher geistlicher Werke ins Arabische bei. Die Eröffnung der syrischen Druckerei in Kozhaya im Libanon und der arabischen durch *Abdallah Zakher* in Aleppo, desweiteren im griechisch-katholischen Konvent des heiligen Johannes des Täufers in Khonchara im Libanon trugen zur Verbreitung von Ideen bei. Die Absolventen des Maronitischen Kollegs in Rom und die Mönche des Klosters des heiligen Sabas in Jerusalem kehrten entweder nach Aleppo oder in die libanesischen Berge zu-

---

[10] Zwischen 1453 und 1526 zählt man bis zu 120 Ikonographen in Heraklion, der Hauptstadt der Insel Kreta.

rück, um dort eine reiche kulturelle Tätigkeit zu entfalten. Meletius Karmé (1572-1635), melkitischer Bischof von Aleppo und späterer Patriarch, treibt die Übersetzung zunächst griechischer, dann auch lateinischer Autoren ins Arabische sowie die Transkription von Handschriften und die Reform liturgischer Bücher voran. Um ihn formiert sich eine intellektuelle Elite, darunter Mikhail Bajaa (1610-1705), der die Missionare in Arabisch und Türkisch unterrichtet. Ferner sind zu nennen Germanos Farhat (1670-1732), maronitischer Bischof von Aleppo, der der Bewegung der Renaissance einen bedeutenden Schub gibt; weiterhin Abdallah Zakher (1680-1748), Gründer der ersten arabischen Drukkerei; sodann Maximos Hakim, Nicolas Sayegh (1756-1792), Meguerdich al Kassih und Nehmeh, der Sohn des Priesters Touma. Fünf religiöse Orden wurden im Einflußbereich dieser Renaissance in Aleppo gegründet. Auf den Spuren dieser Renaissance darf nicht unerwähnt bleiben die Gründung der Armenischen Akademie von Aleppo unter der Leitung von Der Vassil, einem erfahrenen Kopisten von Handschriften.

In dieser außergewöhnlichen Epoche wurden die Christen des Vorderen Orients besonders angezogen vom christlichen Hellenismus des Klosters des Heiligen Sabas, das von den Christen aus Istanbul zu Beginn des 17. Jahrhunderts besetzt worden war und wo die führenden Köpfe der arabischen Renaissance ausgebildet wurden, wie auch vom Katholizismus, der immer mehr Christen des Orients faszinierte. Es beginnt eine Unionsbewegung ab 1581, zunächst mit der Union der Chaldäer in Rom. Ihnen folgt im Jahre 1724 ein großer Teil der Melkiten des Patriarchates von Antiochien und dann ein kleiner Teil der Syrer und der Armenier, die ebenso *orientalisch-katholische* Kirchen bilden. Die Gründung des Maronitischen Kollegs durch den Papst vollzog sich im Jahr 1584.

**Die arabische Ikone - Prunkstück der arabischen Renaissance?**

Die Freiheit des politischen, kommerziellen, kulturellen und religiösen Austausches, der die sogenannte »Arabische Renaissance« fördert[11], führt zu einem sozio-kulturellen und politischen Erwachen. Der Ausdruck »arabisch« unterstreicht die Tatsache, daß diese Renaissance sich auf eine identitätsstiftende Wiederaneignung der arabischen Sprache und Kultur angesichts des osmanischen Besat-

---

[11] Sie geht der *im wesentlichen literarischen Nahda* voraus, die ihre Frucht im 19. Jh. ist und die sich von Beirut, Aleppo und Damaskus aus in alle arabischen Hauptstädte ausbreiten wird.

zers stützt. »Arabisch« bezeichnet nicht das Volk, sondern die Kultur, die der Fackelträger dieser Renaissance ist. Wichtig ist festzuhalten, daß in diesem Prozeß, der zunächst von den Christen von Aleppo vorangetrieben wird, die sakrale Kunst sich sehr schnell entwickelt und zu einem den verschiedenen christlichen Gemeinschaften gemeinsamen Ausdruck wird. Die *Mussawirum* oder Ikonenmaler malen sowohl für die orthodoxen als auch für die katholischen Melkiten, für die Armenier wie auch für die Maroniten. Die Kunst versammelt die verschiedenen Gemeinschaften in eine neue *Koiné* (oder heilige Versammlung), die ein wenig den universalen Geist weckt, der die Christenheit des Mittelalters vor dem Schisma von 1054 verbunden hatte.

Ein wohlwollender Wind der Unabhängigkeit und der Selbständigkeit weht über dem Mittleren Orient und anderen Gebieten, wie dem Balkan, Mazedonien, Serbien und dem Vorderen Orient. Der Austausch zwischen Ost und West, der schon seit langem angebahnt ist, beeinflußt den Vorderen Orient, der den eigenen Elementen der schon angeeigneten arabischen Zivilisation Elemente hinzufügt, die vom Hellenismus wie auch vom Katholizismus entlehnt wurden. Dies ist die Geburtsstunde der ikonographischen Kunst im Patriarchat von Antiochien.

Aus historischer Perspektive steht diese »christlich-arabische« oder auch melkitische[12] ikonographische Kunst am Beginn des Erwachens der arabischsprachigen Völker angesichts der osmanischen Besatzung in einem Moment, wo das Osmanische Reich seine Türen zum Westen hin öffnet und wo sich eine neue Symbiose der verschiedenen Kulturen abzeichnet, die im Mittelmeerraum koexistieren werden. Aus künstlerischer Perspektive befindet sie sich auf den Spuren der byzantinischen Kunst, die zunächst auf den griechischen Inseln und auf Zypern, dann aber auch in anderen Gebieten der byzantinischen Tradition zwar noch die byzantinische Kunst fortsetzte, aber sie mit neuen stilistischen, thematischen und technischen Impulsen anreicherte.

Um den Zusammenhang zwischen den Ikonen des melkitischen Patriarchats von Antiochien und der arabischen Renaissance besser zu kennzeichnen, haben wir sie auf der Ausstellung des Instituts der arabischen Welt 2003 als »arabische Ikonen« vorgestellt. Auf der ersten Ausstellung 1967 im Museum Sursock in

---

[12] Vom syrischen melkoyé: »Volk des Königs«. Spitzname, um die »Agenten« des byzantinischen Besatzers zu bezeichnen. Spitznamen im allgemeinen für die Gläubigen auf dem Konzil von Chalzedon (451), doch zugleich auch für die chalzedonensischen Christen des Patriarchats von Antiochien, besonders jene, die sich im 18. Jh. mit Rom verbunden haben.

Beirut nennt Virgile Candéa diese Ikonen *melkitisch*. In der Ausstellung der El-Assad-Bibliothek aus dem Jahr 1987 werden die melkitischen Ikonen *syrische Ikonen* genannt. Die beiden Austellungen der Sammlung Abou-Adals, 1994 im Museum Carnavalet in Paris und später im Genfer Museum für Kunst und Geschichte, charakterisieren diese Ikonen als *orientalisch*. Sowohl auf der Ausstellung »*Visages de l'icône (Gesichter der Ikonen)*« im Pavillon der Künste, welche sich eine Gegenüberstellung der wichtigsten repräsentativen Stücke aus den verschiedenen ikonographischen Traditionen zum Ziel machte, als auch auf der Ausstellung des Kulturzentrums des Panthéon (vom 16. September bis zum 20. Oktober 1996) und nach der Restaurierung der vierzig Ikonen des melkitischen Patriarchats wurden diese Ikonen vom viel zu früh verstorbenen Père Antoine Lammens *arabisch-melkitisch* genannt.

Der Ausdruck »arabische Ikonen« erscheint uns der wohl am besten geeignete zu sein, weil andere nicht-melkitische Christen, wie die Maroniten, die Syrer, die Armenier oder die Kopten, sich diese Ikonen zur Vorlage für ihre eigenen liturgischen Feiern nahmen. Die Bezeichnung »arabisch« ist die charakteristischste, weil gebräuchlichste.

Auch wenn der Ausdruck »arabisch« religiös konnotiert ist, weil der Islam pars pro toto[13] für die »Religion der Araber« steht, ist er nicht identisch mit »moslemisch«. Denn die arabischen Stämme sind deutlich vor dem Auftreten des Islams christlich geworden.[14]

Die arabischen Ikonen entstanden also unter bestimmten historischen Umständen und stilistischen Entwicklungen. Die bedeutendsten Zentren sind Aleppo, Damaskus und Jerusalem. Im folgenden wollen wir uns einem Rundgang durch die bedeutendsten Ikonographien und ihre jeweiligen Schulen widmen.

Nach Mgr. Neophyte Edelby »geht die Geburt einer besonderen ikonographischen Schule zu Aleppo am Anfang des 17. Jh.s einher mit einer bedeutenden kulturellen Renaissance, die aus der griechisch-melkitischen Gemeinde in Aleppo erwächst«. Wie erhielt die Ikonographie Anteil am Erbe der kulturellen und religiösen Renaissance Aleppos? Dies wird ersichtlich aus dem Leben des Gründers der ikongraphischen Schule Aleppos:

---

[13] »Wir haben daraus einen arabischen Koran gemacht, damit ihr zum Nachdenken kommt« (*Azzukhruf 43, 2-4*).

[14] Der berühmteste Stamm ist derjenige der Ghassaniden, die im 3. Jh. von den Syrern getauft wurden.

**Youssuf El Mussawer**

Youssuf ist ein Schüler des ikonographischen Malermönches *Mélèce Sakazi*[15] aus dem Kloster des heiligen Sabas; er wurde zum Freund und Gefährten des *Mélèce Karmé*, der emblematischen Gestalt der kulturellen Renaissance Aleppos. Sakazi kam von Jerusalem nach Aleppo gemeinsam mit Karmé, als dieser im Jahr 1612 zum Bischof der Stadt geweiht wurde. 1634 wurde Mélèce Karmé zum Patriarchen erkoren und nahm den Namen Euthymios II. an. Sein Schüler *Hanna El Za'im* folgte ihm auf dem bischöflichen Thron Aleppos. Za'im nahm seinerseits den Namen *Mélèce* an als Anerkennung gegenüber seinem Meister, den er nachahmte, indem er die kulturelle Renaissance förderte. Youssuf El Mussawer arbeitete unter seiner Anleitung, er machte sich an die Übersetzung und das Kopieren von griechischen und arabischen Manuskripten, die Verzierung mit Illuminationen und das Schreiben von Ikonen.

Mélèce Karmé hielt seinen ikonographischen Freund so hoch in Ehren, daß er ihn auf dem Sterbebett zu seinem Nachfolger auf dem Thron Antiochiens bestimmte. Als Beweis seiner Treue gegenüber Karmé nahm Mélès den Namen Euthymios III. an. Er besetzte diesen Stuhl von 1635 bis 1647.

Immer noch in der treuen Nachfolge des Erbes Karmés wurde Mélèce Za'im 1647 auf den Patriarchenstuhl erhoben, um Mélèce Sakazi nachzufolgen. Er nahm den Namen Makarios III. an. Er unterstützte während seines Patriarchats die ikonographische Kunst, indem er viele Ikonen auf abenteuerliche Weise von einer Reise mitbrachte, die er mit seinem Sohn, dem Diakon *Paul Za'im*, nach Galatien, Moldawien, in die Walachei und Ukraine wie auch nach Rußland unternahm (1653-1660). Er starb 1672.

Youssuf arbeitet im Rahmen einer wahrhaft ekklesiastischen Dynastie, die die heiligen Künste fördert. Er selbst wird zum griechisch-melkitischen Priester Aleppos geweiht (zwischen 1650 und 1653) und stirbt in den Jahren zwischen 1660 und 1667.

Youssuf war ein geschickter Kopist, Übersetzer, ein Kompositeur und Miniaturist. Man nimmt gegenwärtig an, zwanzig Ikonen aus seiner Hand gefunden zu haben, die letzte wurde durch uns entdeckt und ist ein »Johannes der Täufer« aus der Sammlung »Emile Hannouche«. Die älteste Ikone befindet sich beim griechisch-katholischen Erzbischof von Aleppo, es handelt sich um einen heiligen Erzengel Michael von 1643.

---

[15] Von »Sakez Adasi«: türkischer Name der Insel Chio.

Obwohl Youssuf der Gründer der Schule Aleppos ist, bleibt sein Stil in großer Nähe zur griechischen Kunst. Er imitiert mehr, als daß er kreativ schafft. Seine Werke vermitteln aber das lokale Ambiente. Man findet auf seinen Ikonen Gestalten, die den traditionellen Turban tragen und Kleidungsstücke arabischer Herkunft mit zahlreichen Goldstreifen. Youssuf malt die Gesichter mit feinen weißen Aufhellungen auf Stirn und Schläfe; die Ringe um die Augen hebt er durch dunklere Töne hervor.

**Nehmeh El Mussawer**

Er ist der Sohn des Youssuf El Mussawer, wurde vor 1670 geboren und starb nach 1722; er wurde 1677 zum Diakon und 1694 allenfalls zum »Kassis« geweiht, zu einem Priester, der nicht zum Dienst in einer Pfarre bestimmt ist.
Das künstlerische Schaffen Nehmehs ist immens und stammt aus der Zeit von 1686 (dem Jahr, in dem er sein erstes bekanntes Werk schreibt, nämlich das der Geburt Christi, heute noch erhalten in der griechisch-orthodoxen Kathedrale von Hama) bis 1722 (dem Jahr, in dem er die jüngste seiner Ikonen schreibt, die der Hodigitria im Kloster Johannes des Vorläufers in Khonchara). Schon mit seiner ersten bekannten Ikone stellt er sich als großer Künstler heraus. Er ist unserer Meinung nach der »Prinz« der arabischen Ikonographen (TAFEL I).
Dynamisch und kreativ gibt Nehmeh der arabischen Ikone ihre besonderen Charakteristika, indem er sie mit orientalischen Zutaten anreichert, welche ihre Besonderheit ausmachen: Überfülle der Formen und Verzierungen, Benutzung der famosen bikoloren Kartuschen, die den islamischen Illuminationen eigen sind, warmer Chromatismus, schillerndes Gold, geschlagen mit den Prägestempeln der Meister Aleppos. Er arbeitet mit einer erstaunlichen Freiheit, ohne dabei von den traditionellen Auffassungen abzuweichen.

**Hanania El Mussawer**

Der Diakon Hanania ist der Sohn des *Kiss* Ne'emetallah l'Alépin *El Musssawer*. Geboren am Ende des 17. Jh.s, lebte er in Aleppo und starb dort nach 1740. Er erlernte die ikonographische Kunst durch seinen Vater, den *Kiss* Ne'emetallah *El Mussawer*. Das erste Mal, daß er mit seinem Vater arbeitet, ist im Jahr 1714 bei der Ausführung des Letzten Gerichtes der 40 Martyrer der armenischen Orthodoxen in Aleppo. Die erste Ikone, die er allein anfertigt, stammt von 1714. Er

muß kurz vor 1769 gestorben sein. Die Kunst Hananias unterscheidet sich von der seines Vaters in den folgenden Punkten:
Aufgabe der byzantinischen Strenge in den Kleidungsstücken, die unter seinem Pinsel ihre originelle Geschmeidigkeit erhalten und sich an die Körper, die sie bedecken, anschmiegen;
der größer werdende Einfluß des Okzidents in der Wahl der Themen und des ikonographischen Stils;
eine sehr differenzierte Farbgebung, weicher, mit einem offensichtlichen Geschmack für Pastellblau;
Verminderung der Verzierungen gegenüber seinem Vater und Meister;
Suche eines Realismus nach Art westlicher Kunst in den Volumen und Formen.

**Girgis El Mussawer**

Der Diakon Girgis ist Sohn des *Hanania El Mussawer* (vgl. TAFEL II). Er wurde Anfang des 18. Jh.s geboren und starb nach 1777 (es handelt sich um das Datum der letzten Ikone, die ihm nach unserer Kenntnis zugeschrieben werden darf).
Es ist unmöglich, seine zahlreichen Ikonen aufzuzählen. Die älteste bekannte Ikone Girgis' stammt von 1744. Es ist wahrscheinlich, daß er zum Katholizismus tendierte. Obwohl sich viele seiner Themen an der westlichen Tradition inspirieren, behält Girgis seinen Stil, der ganz mit der byzantinischen Kunst konform geht. Glücklicherweise wendet er sich den Verzierungstechniken zu, die auch Nehmeh lieb und teuer waren, die aber von seinem Vater Hanania ein wenig vernachlässigt worden waren. Manche seiner Kompositionen weisen eine große Feinheit in der Farbgebung auf. Charakteristisch für ihn ist die Benutzung eines sehr dunklen Protoplasma, das durch straffierte Lichter hervorgehoben wird.

**Andere Künstler der Schule Aleppos**

Die Schule Aleppos beschränkt sich nicht auf die Familie El Mussawer, vielmehr gehören zu ihr auch viele andere Künstler aus Syrien und dem Libanon, die sich von ihr inspirieren ließen oder sie nachahmten. Diese Maler schreiben nach gräko-byzantinischem Stil und haben eine überschwengliche Farbpalette wie auch die arabische Ornamentik gemeinsam. Eigens zu nennen sind:

**Kirillos Al Dimachqi** oder **Al Musawwir**; er heißt mit seinem wahren Namen Antoun Bitan und ist Basilianermönch. Seine künstlerische Tätigkeit beschränkt sich auf die zweite Hälfte des 18. Jh.s. Er starb 1798, als er im Wald Farbstoffe für seine Ikonen suchte. Er ist der Schüler Girgis, den er zu imitieren sucht. Sein Stil ist naiver, er vereinfacht die Formen und Verzierungen, doch kopiert er zugleich treu die traditionellen Modelle der Musawwirun (vgl. TAFEL IV).

**Chucrallah**, Sohn des Yoakim, Sohn des Zall'oum, Maler aus Aleppo am Anfang des 18. Jh.s. Er schreibt 1725 eine große und schöne Ikone (81 x 40 cm), die den heiligen Johannes den Täufer darstellt. Obwohl beschädigt, offenbart sie einen selbstsicheren Meister, der seinen eigenen Weg geht zwischen Nehmeh und Yûhanna Ibn Abdel Masîh.

**Yûhanna Ibn Abdel Masîh**, er blieb lange unbekannt. Die Entdeckung der Ikone der Taufe des heiligen Paulus in einer Sammlung Berlins, datiert von 1725, hat einen neuen Stern am Firmament der Schule Aleppos zum Vorschein gebracht; sie erlaubt uns, ihm eine »Koimesis« zuzuschreiben, die man von der Hand des Nehmeh angefertigt zu sein glaubte. Sein Stil inspiriert sich an dem der Meister Aleppos, er besitzt aber eine persönliche Farbpalette. Ebenso charakteristisch für ihn sind seine Gesichter mit ihren kräftigen Lippen wie auch die besondere Art, Brokatkleidung zu malen.

**Hanna Al-Kudsi** oder **Johannes von Jerusalem**, er imitiert manchmal Nehmeh Al-Musawwir, manchmal die kretischen Ikonen. Er ist ein Künstler der ersten Hälfte des 18. Jh.s.

**Der Patriarch Silvester von Antiochien**, zypriotischer Abstammung; er verbindet die griechischen Formen mit arabischen Verzierungen.

**Parthénios, Bischof von Tripoli**, arbeitet in der letzten Hälfte des 18. Jh.s und hat eine sehr griechische Malweise. Er verbindet sie mit arabisierenden Elementen des Nehmeh (vgl. TAFEL III).

**Der anonyme ukrainischer Maler**, der am Anfang des 19. Jh.s viel in Aleppo gearbeitet hat; er versuchte, den Stil der Schule Aleppos zu reproduzieren. Er schuf nach Art des »trom-l'oeil« und kreierte so eine Illusion von Schönheit, die jedoch nicht sehr authentisch wirkt.

## Die Schulen von Damaskus und seiner Provinz

Das 18. Jh. gilt als der Höhepunkt der arabisch-christlichen Kunst. An der Seite der Musawwirun, deren Stil und Techniken zunehmend reiften und sich entwickelten, gibt es eine Fülle von Malern, deren Stil und Technik nicht aus der Schule Aleppos stammen. Die große Mehrheit dieser Maler arbeitet in der Region von Qalamoun. Auf der Hälfte des Weges von Damaskus nach Homs befindet sich ein Pilgerort wegen des Klosters unserer Lieben Frau von Saydnaya, eine beliebte Raststätte auf dem Weg nach Jerusalem, umgeben von antiken Klöstern wie dem der heiligen Thekla, des heiligen Jakobus des Verstümmelten, des heiligen Moses des Äthiopiers oder auch des heiligen Thomas.

Jeder dieser Maler bildet einen ganz eigenen Stil aus. Gemeinsam sind diesen Meistern ihre Zugehörigkeit zur gleichen Region und zur gleichen arabisch-christlichen Kultur. Bei mehreren Malern finden sich auch Gemeinsamkeiten in der Naivität der Formen und Physiognomien, die manchmal bis zu einem echten provinziellen Archaismus geht.

**Der Kopist Euthymios Saïfise** zeichnet sich aus durch eine sehr gelungene Farbgebung und eine fast mongolische Prosopographie.

**Mikhaïl Najjar Al-Dimachqi** ist ohne Zweifel der große Meister dieser Periode. Wir haben von ihm mehrere Ikonen gefunden, die niemals kopiert wurden und die unsere Kenntnisse von ihm vervollständigen. Er stellt sich als ein großer Künstler heraus mit perfekter Technik, mit fröhlichen Farbgebungen, mit sanftem Ausdruck, mit einem stark persönlichen Stil.

**Yûsuf Ibn Éliane** charakterisiert sich, wie der letzte, durch eine provinzielle Ausführung, aber er unterscheidet sich von ihm durch die Strenge des fast schwarzen Protoplasma und die Zurückhaltung in der Verzierung, die seinem Werk einen gewissen nüchternen Ausdruck verleiht.

**Der Priester Semaan** arbeitet im Libanon, er kopiert aber sowohl die Themen der Schule Aleppos als auch die der griechischen Maler. Er hat seinen eigenen Stil in der Ausgestaltung der Gesichter, in der Wahl der Farbgebung und seiner entschieden barocken Verzierung (TAFEL V).

**Der anonyme Maler aus dem Basilianerorden** ist für seine Ikone des Opfers Abrahams berühmt. Auch er gibt seinen Gesichtern eine eher mongolische oder ottomanische Physiognomie. Weniger kundig in der Farbgebung als der Kopist Euthymios Saïfise, liegt seine Stärke in der Nebeneinanderstellung der Volumen in einem adimensionalen Raum, was den Eindruck der Präsenz der Figuren und die Intensität ihres Ausdrucks verstärkt, so naiv dieser auch sein mag.

**Der Meister des Abendmahls von Maaloula** hat eine charakteristische Ausfertigung der Gesichter in ihrem eher ohne weitere Nuancen dargestellten dunklen Ausdruck und der fast weißlichen Beleuchtung, was ihnen eine gewisse Kälte in ihrem Ausdruck verleiht. Der Meister besitzt eine graphische Art, Falten der Kleidung zu suggerieren, die zuweilen nur angedeutet werden, mit kolorierten Tinten auf Gold gearbeitet.

**Abdel Massif Al Koubroussi** steht in seinem Stil Mikhâïl Al-Dimachqi sehr nahe, er ist jedoch naiver.

**Nehmeh Nasser Al-Homsi** und **Boutros Ajaïmisont** sind nicht leicht einzuordnen. Sie arbeiten am Anfang des 19. Jh.s und kommen beide aus den Bergen. Der eine arbeitet im syrischen Qalamoun, der andere im Libanon-Gebirge. Sie haben beide einen provinziellen und fast altertümlich naiven Stil, der keinen Wechsel kennt, keine Nuancen und ohne Schliff. Die Figuren beeindrucken in ihrer Einfachheit, trotz ihrer Grobheit.

Schließlich wären noch viele andere Werke zu nennen, oft von anonymen Malern, die sich voneinander sehr unterscheiden und eine große Kreativität und Freiheit der Maler dieser Periode bezeugen.

### Mikhâïl Polychronis und seine Schule

Michel ist der Sohn des Polychronis von Candie und erhielt im Orient den Beinamen »Al-Kariai«, was »der Kreter« bedeutet. Er wurde Schüler seiner Landsmänner Georges Castrophylacas und Jean Cornaros. Nachdem er sich im Orient niedergelassen hatte, arbeitete er fast zwölf Jahre in Syrien und im Libanon. In der Tat schafft er eine wirkliche Synthese zwischen dem post-byzantinischen Barockstil und der arabo-christlichen Kunst und wird so der privilegierte Zeuge

TAFEL V: Priester Semaan: Akathistos (Joun, Libanon)

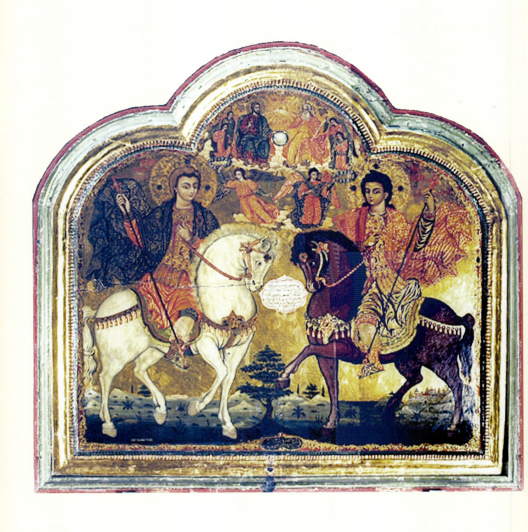

TAFEL VI: *Mikhail Polychronis: Hll. Sergius und Bacchus (Maaloula, Syrien)*

**TAFEL VII:** *Mikhail Mhanna Al Kudsi: Lebensquell mit Hll. Georg und Makarios (Libanon)*

**TAFEL VIII:** *Ikone von der Göttlichen Weisheit Mariä-Entschlafens-Kathedrale der Dreifaltigkeits-Sergij-Lavra, Sergiev Posad.*

einer fruchtbaren Interaktion, die die Mannigfaltigkeit der späteren byzantinischen Kunst ausmachen sollte. Sein Stil ist einzigartig und machte Schule. Die Gesichter sind plastisch wohlgeformt und stehen zwischen dem westlichen Realismus und dem ikonographischen Expressionismus. Seine Farbgebung steht der Schule Kretas nahe, aber sie unterscheidet sich von ihr durch Hinzufügung von Farben, die der islamischen Kunst eigen sind, so z. B. das Schwarz und das Pistaziengrün. Schließlich ist er durch den unerhörten Reichtum seiner Szenarien, die Textur seiner Kleidung nach Damasart und seine Hämmertechnik wie auch die Hervorhebung des Goldtones bekannt geworden. Sein Stil hat sich auf viel weniger substantielle Weise in dem verewigt, was wir seine Schule nennen (vgl. TAFEL VI).

### Die Jerusalemer Schule

Die Schule von Jerusalem ist vor allem berühmt geworden durch drei Maler, die ihrem Familiennamen das Anhängsel »Al-Kudsi« hinzugefügt haben, was »Jerusalemitaner« bedeutet: Mikhâïl Mhanna Al-Kudsi, Yûhanna Siliba Al-Kudsi und Nicolas-Théodoros Al-Kudsi. Das Werk dieser Schule ist immens. Es charakterisiert sich durch den kindlichen Ausdruck seiner Figuren, die lebendigen Farben und eine barocke Verzierung. Aber man darf sich nicht von der Naivität in der Darstellung täuschen lassen, denn sie verdrängt nicht den theologischen Tiefgang. Die Maler kennen die ikonographische Tradition bestens, vollziehen aber auch die Öffnung zum Westen, wie sie für die post-byzantinische Kunst bezeichnend ist. Sie inspirieren sich in ihrem Stil an der Kunst des Balkans und an der Farbgebung der griechischen Inseln (vgl. TAFEL VII).

### Conclusio: Die arabischen Ikonen - Ruhm Gottes, dem Menschen weitergegeben

Es fehlt der Raum, um alle Charakterzüge dieser reichen und überraschend vielfältigen Kunst zu erfassen; doch kann man sagen, daß kennzeichnend für sie ist, daß sie zugleich resolut universell sein will und doch sich der großen Tradition der orientalischen Kirchen mit ihrer lokalen Eigenart verpflichtet weiß; sie stammt aus einem wunderbaren Schmelztiegel der Zivilisationen und bleibt sich selbst dennoch treu, zwischen einer vollkommenen Fertigkeit und einer faszinierenden Naivität oszillierend.

Die Ikonen im lebendigen Gedächtnis unseres Patriarchats sind eine leuchtende Botschaft, die uns an die Tradition unserer Väter im Glauben bindet. Sie geben an jeden von uns die Ehre und den Ruhm weiter, die Gott den Menschen zuteil werden lassen will, denn die heilige Kunst ist eine Offenbarung des göttlichen Ruhmes und ein Ort der Begegnung des Antlitzes Gottes mit dem Blick des Menschen. Gott enthüllt mit seinem Licht dem Menschen in seiner Dunkelheit die lebendigmachende Ehre, so daß er erleuchtet wird und daraus leben kann. In diesem Sinne ist die Ikone das Zurückstrahlen der göttlichen Herrlichkeit auf den Menschen, der aus dem Schauen Gottes lebt, wie der heilige Irenäus sagt: »Die Ehre Gottes ist der lebendige Mensch, und das Leben des Menschen ist die Schau Gottes.« Der Glanz des ungeschaffenen Lichtes wird sichtbar in der Inkarnation, es teilt sich dem Auge des Menschen mit, das erleuchtet wird in der Schau Gottes, wie es die byzantinische Liturgie in der Großen Doxologie besingt: »Denn bei dir ist die Quelle des Lebens, in deinem Licht schauen wir das Licht.«

VOLKER W. BÖHLER

## Syrien und der Libanon
*Eine kritische Bestandsaufnahme nach dem 3. Golfkrieg*

### I. Die Lage nach dem Tode Hafiz Al Assads

Seit Beginn des neuen Jahrtausends befindet sich Syrien in einer Umbruchphase, die durch den Tod des Staatspräsidenten Hafiz Al Assad eingeleitet wurde. Während sich im eigenen Land alle Hoffnungen auf einen »Damaszener Frühling« auf den jungen Nachfolger Bashar Al Assad richteten, blieb man im Westen bemerkenswert kühl und geradezu desinteressiert. Man hatte Assad senior nicht vergessen, daß er in der Folge der Madrider Nahost-Friedensgespräche (ab 1991) nicht die gleiche Flexibilität zeigte wie sein jordanischer Nachbar, der, nachdem er im 2. Golfkrieg (1990) auf der falschen Seite stand, einem rigiden Sanktionsregime durch die USA unterworfen wurde. Hussein von Jordanien hatte aus dieser »falschen« Parteinahme gelernt und vollzog einen bemerkenswerten Wandel vom Saddam-Unterstützer zum treuen US-Vasallen, während die Madrider Formel »Land für Frieden« für Assad senior unverhandelbar war. Eine Rückgabe des völkerrechtswidrig besetzten Golan wäre der Preis für die Anerkennung Israels gewesen. Assads Kalkül, sich mit seiner eindeutigen pro-westlichen Parteinahme im 2. Golfkrieg für die Nahost-Friedensverhandlungen eine bessere Ausgangsposition zu verschaffen, war nicht aufgegangen. Die Vereinigten Staaten von Amerika der Administration Clinton klassifizierten Syrien mit dem heuchlerisch-arroganten Attribut eines »Schurkenstaates«. Die Friedensverhandlungen selbst wurden 1996 abgebrochen.

Als Assad junior im Juni 2000 die Macht übernahm, war er gerade 34 Jahre alt geworden. Nach dem Tode seines älteren Bruders Basil im Jahre 1994 brach er auf Weisung des Vaters seine akademische Ausbildung in London ab und wurde in der Folgezeit gezielt auf eine dynastische Nachfolge vorbereitet.

Assad junior war es nicht vergönnt, den Übergang von der autokratischen Herrschaft seines Vaters zu einer demokratischen Regierungsform störungsfrei einzuleiten. Wohl gab es deutliche Zeichen einer politischen Liberalisierung: Wirtschaftsreformen, Anschluß an die globalisierte Informationsgesellschaft, Freilassung von politischen Gefangenen und Austausch eines Großteils der alten baathistischen Nomenklatura. Im Westen hat man diese Veränderungen kaum zur

Kenntnis genommen. Empfindlich gestört wurde dieser Prozeß durch die Terroranschläge vom 11. September 2001 und den in der Folge des »Global War on Terrorism« durch die Regierungen Bush und Blair unter Vorspiegelung falscher »Tatsachen« in Szene gesetzten 3. Golfkrieg im Jahre 2003.
Der Reformprozeß im Inneren, der gegen den Widerstand der alten versteinerten Eliten gerade erst in Gang gebracht worden war, erfuhr durch die massiven Vorwürfe der Bush-Administration, die Syrien für die Mißerfolge der »Koalition der Willigen« mitverantwortlich machte, einen massiven Rückschlag. Diese Vorwürfe, ob berechtigt oder konstruiert, reichten aus, um eine Drohkulisse aufzubauen, unter der sich Reformen im Inneren nur schwer bewerkstelligen lassen.
Mit der Verlagerung des Hauptaugenmerkes der Bush-Regierung auf den »Atomschurken« Iran entstand für Syrien eine kurze Atempause, die mit der Ermordung des libanesischen Ex-Ministerpräsidenten Rafik Al Hariri im Februar 2005 jäh endete. Sofort und ungeprüft wurde Syrien als Drahtzieher ausgemacht. Der ohnehin vorhandene Druck führte auf der Grundlage einer Resolution des UN-Sicherheitsrates vom September 2004 dazu, daß Syrien seine Truppen im Libanon bis Ende April 2005 abzog.
Das Zustandekommen dieser »Besatzung« sei hier noch einmal kurz in Erinnerung gerufen: Die Präsenz syrischer Truppen war mit einem Mandat der Arabischen Liga (Taif 1989) und einem bilateralen Kooperationsvertrag (1991) sanktioniert. Taif sah einen syrischen Truppenabzug nach zwei Jahren beziehungsweise nach der Aussöhnung der vom Bürgerkrieg zerrütteten konfessionellen Parteien vor. Die mit Taif den Syrern zugebilligte Schutzmachtfunktion war von allen Partnern, insbesondere aber von Frankreich und den USA, zugestanden oder stillschweigend geduldet worden. Beide Staaten hatten während des Bürgerkrieges nach verheerenden Anschlägen auf ihre Truppen (1983) das Land in einer unrühmlichen Flucht verlassen und in den Folgejahren den syrischen Truppen die Beendigung des Bürgerkrieges überlassen. Insofern waren die Forderungen nach einem syrischen Rückzug zumindest bis 2004 eher deklamatorischer Art. Dessen ungeachtet hatte Syrien die Fristen aus Taif bis zum Frühjahr 2005 mehr als strapaziert.
Für eine Beteiligung Syriens an der Ermordung Hariris gibt es auch nach den Untersuchungen des deutschen UN-Ermittlers Mehlis und seines belgischen Nachfolgers Brammertz keine eindeutigen Beweise. Eine entsprechende Anordnung der syrischen Staatsführung widerspräche auch aller Logik: Kein Regime, das ohnehin auf der Liste der »Schurken« steht, wäre so töricht, durch einen solchen Akt Suizid zu begehen. Für Syrien hätte dies in jedem Falle den beschleunigten Verlust seiner strategischen Glacis im Libanon gegen Israel bedeutet, der

ja dann auch im April 2005 eintrat. Es scheint viel eher, daß der Hariri-Mord in einem kaum durchschaubaren Gestrüpp von religiösem Extremismus, Korruption, Pfründe-Verlust, persönlichen Loyalitäten und Clan-Bindungen sowie konkurrierenden Geheimdiensten und levantinischer Rache liegt. Es ist zweifelhaft, ob eine Untersuchung je Licht in diese Sache bringen wird.

Nach einer über 10 Jahre währenden Phase relativer Ruhe folgte nach dem Hariri-Mord eine Gewalt- und Attentatwelle, die bis zum heutigen Tage anhält und das Gespenst des Bürgerkrieges wachruft. Auch wird offensichtlich, daß die libanesischen Sicherheitskräfte nach dem Abzug der Syrer kaum in der Lage sind, die Anschläge zu verhindern. Die Fronten sind noch nicht klar erkennbar. Neben Syrien-feindlichen Gruppen gibt es eine starke pro-syrische Fraktion, die sich nicht nur um die shiitische Hizbollah und Amal schart, sondern auch ins christliche, sunnitische und palästinensische Lager weist. Die Warlords der Bürgerkriegszeit mischen wieder kräftig mit: Ex-General Michel Aoun ist aus seinem französischen Exil zurückgekehrt und hofft, die Schmach seiner Vertreibung (1990) zu tilgen. Um dieses Ziel zu erreichen, scheut er sich nicht einmal, mit der Hizbollah ein Bündnis einzugehen.

Der Drusenführer und Ex-Playboy Walid Dschumblat liebäugelt mit Israel, provoziert seinen ehemaligen Busenfreund Syrien und genießt das Vertrauen Frankreichs und der USA. Dem kürzlich amnestierten Kriegsverbrecher Samir Geagea wird nachgesagt, seine christlich-maronitische Miliz der Forces Libanaises zu reaktivieren.

Gegen Syrien selbst formiert sich in Frankreich eine Gruppe ehemals strammer Assad-Anhänger, in der der ehemalige Vize-Präsident Abdul Halim Al Chaddam (seit Sommer 2005 im Exil) zum Sturz von Bashar Al Assad aufruft. Chaddam ist der Mann, der über zwei Jahrzehnte die Libanon-Politik des Assad-Clans koordinierte und eng mit dem ermordeten früheren libanesischen Ministerpräsidenten Rafik Al Hariri verbunden war. So ist es kaum verwunderlich, daß Chaddam den Mord an Hariri dem jungen Assad in die Schuhe schieben will. Es scheint auch, daß Chaddam in Paris intensive Verbindungen zu Gegnern des jungen Präsidenten sucht.

Bashar Al Assad setzt auf den altgedienten ehemaligen Außenminister und jetzigen Vize-Präsidenten Faruk Al Sharaa. Ob dies eine genügend stabile Basis gegen die entpfründeten Alt-Baathisten im Land und im Exil darstellt, bleibt abzuwarten.

## II. Westliche Isolation - Geheimgespräche mit Israel

Der Westen machte für die innenpolitischen Schwierigkeiten des Libanon bei der Wahl eines Nachfolgers für das Amt des Staatspräsidenten in erster Linie Syrien verantwortlich und ließ keine Gelegenheit aus, Syrien weiter zu isolieren. Die enge Bindung Syriens an den Iran, die Zerwürfnisse mit Saudi-Arabien und - nach dem Hariri-Mord - die Abkehr des einstigen Fürsprechers Frankreich taten das Ihrige.
In diese angespannte Situation platzte im September 2007 die Nachricht von einem Luftangriff der Israelis auf eine mysteriöse Anlage am Euphrat, die das amerikanische Institute for Science and International Security (ISIS) als im Bau befindlichen Nuklearreaktor nordkoreanischen Typs identifizierte. Doch hier ist Vorsicht geboten. Es sei an den beschämenden Auftritt des damaligen US-Außenministers Powell am Vorabend des Irak-Krieges erinnert, als er der Weltöffentlichkeit wider besseres Wissen CIA-Bildmaterial für mobile Labore zur Herstellung von biologisch-chemischen Waffen präsentierte, die sich als amateurhafte Bastelarbeiten herausstellten. Auffällig war jedenfalls, wie nach nordkoreanischen und syrischen Dementis Israel den Fall abwiegelte. Die Gründe hierfür könnten in den von der Türkei vermittelten und im Westen weitgehend unbemerkt gebliebenen informellen Gesprächen zwischen Israel und Syrien für ein Friedensabkommen liegen. Im Hinblick auf die zerstörte Anlage am Euphrat bleibt zu hoffen, daß die von Syrien genehmigten Untersuchungen der Internationalen Atomenergiebehörde (IAEA) Klarheit bringen werden.
In Deutschland machte sich Bundeskanzlerin Angela Merkel den isolationistischen Kurs der amerikanischen Regierung zu eigen. Eine Finanzhilfe in Höhe von 44 Millionen Euro, die die Entwicklungsministerin Wieczorek-Zeul einfädelte, wurde seitens der Union unter ermahnenden Hinweisen auf eine konstruktivere Haltung im Libanon eher geschluckt als begrüßt.[1] Folgerichtig bekam Außenminister Steinmeier den Zorn der Kanzlerin zu spüren, als er im Januar 2008 den syrischen Außenminister Walid Muallim empfing und Syrien engere Zusammenarbeit anbot. Nach Kritik aus Washington und Beirut wies die Kanzlerin die Initiative Steinmeiers brüsk zurück mit dem Hinweis, daß Syrien den Libanon nicht diplomatisch anerkannt habe.[2] Ein Musterbeispiel für mangelnde Abstimmung und Dilettantismus in einer Regierungskoalition!

---

[1] her., *Deutschland hilft Syrien mit 44 Millionen Euro*, in: FAZ, 30. Aug. 2007, S. 1.

[2] wus., *Merkel über Steinmeier verstimmt*, in: FAZ, 18. Jan. 2008, S. 1f.

Es war keine Sensation, als der israelische Verteidigungsminister Barak Anfang Mai erstmals die geheimen Kontakte mit Syrien bestätigte. Der syrische Staatspräsident Bashar Al Assad hatte dies bereits einen Monat früher mit dem Hinweis darauf bestätigt, daß es informelle Gespräche unter türkischer Vermittlung bereits seit einem Jahr gebe.[3] Ministerpräsident Erdogan bekräftigte, Ziel der türkischen Vermittlung sei es, nach der Vorarbeit in informellen Kontakten offizielle Gespräche zwischen Israel und Syrien zu ermöglichen. Vordergründiges Ziel der Syrer ist die Wiedergewinnung des völkerrechtswidrig besetzten Golan. Das Hauptziel aber ist der Abschluß eines Friedensabkommens, das alle Konfliktstaaten einschließt, eine Forderung, die Syrien bereits während der Madrider Friedensgespräche erhob, die sich aber bislang als unrealistisch herausstellte.

Nach dem Hariri-Mord hatte Frankreich unter dem damaligen Präsidenten Jacques Chirac seine ehemals guten Beziehungen zu Syrien eingefroren. Neben dem Vorwurf, im Nahost-Friedensprozeß nicht genügend zu kooperieren, waren es vor allen Dingen persönliche Gründe, die Chirac zu diesem Schritt veranlaßten, war der Präsident doch eng freundschaftlich mit Hariri verbunden.

Mitte Mai war es unter Vermittlung des Emirs von Qatar gelungen, die zerstrittenen libanesischen Fraktionen in Doha zu einem Abkommen zu bewegen, das die bereits zum 19. Male verschobene Wahl des neuen Staatspräsidenten ermöglichte und in der Folge im Juli 2008 zur Bildung einer neuen Einheitsregierung führte. Dies geschah nicht ohne erhebliche Zugeständnisse der vom Westen favorisierten Regierungsmehrheit von Ministerpräsident Siniora an die von der Hizbollah angeführte Opposition.[4] Es ist nicht anzunehmen, daß die Einigung von Doha ohne syrisches Wohlwollen zustande kam.

### III. Sarkozys Mittelmeer-Gipfel

In seiner noch kurzen Regierungszeit hat sich der neue französische Staatspräsident Nicolas Sarkozy als wahrer Meister der Überraschungen erwiesen, und es scheint, daß seine Motive aus einer Mischung von Spontanität, edler Absicht, Ungeduld und Profilsucht bestehen. Für seine Pläne, eine rudimentäre Mittelmeer-Union neu zu beleben, war eine Beruhigung der Lage im Libanon und eine größere Flexibilität der Syrer von großer Bedeutung. So tat Sarkozy das, was die

---

[3] her., *Erdogan vermittelt in Nahost*, in: FAZ, 29. April 2008, S. 6.
[4] mrb., *Neue Regierung im Libanon*, in: FAZ, 12. Juli 2008, S. 6.

westlichen Regierungen nicht zustande gebracht haben: Er brach die syrische Isolation auf und lud Präsident Bashar Al Assad zum Mittelmeergipfel und zum Defilee am 13. und 14. Juli nach Paris ein.

In den USA und Deutschland wurde Sarkozys Initiative mit großer Skepsis verfolgt. Noch im Juni hatten Bush und Sarkozy mit unterschiedlicher Akzentuierung, aber Einigkeit im Grundsatz, versucht, eine gemeinsame Haltung Syrien gegenüber zu bekräftigen.[5] Der deutschen Kanzlerin wiederum mag es mißfallen haben, daß Sarkozy auch als routinemäßiger Ratspräsident der Europäischen Union den Eindruck einer EU-Öffnung gegenüber Syrien vermittelte.

Die Ergebnisse aber sprachen für sich. Neben den Mittelmeer-spezifischen Themen war es Sarkozy gelungen, Bashar Al Assad, Ehud Olmert, Hosni Mubarak, Michel Suleiman und Mahmut Abbas an einen Tisch zu bringen. Der israelische Regierungschef kündigte die baldige Aufnahme direkter Friedensgespräche mit Syrien an. Bei allem Optimismus aber bleibt abzuwarten, ob der innenpolitisch wegen Korruptionsvorwürfen stark angeschlagene Olmert noch in der Lage ist, diese Gespräche in Gang zu bringen. Für Syrien mag das Amtsende des Intimfeindes Bush eher ein akzeptabler Termin für den Beginn direkter Gespräche sein. Assad selbst kündigte eine Neuordnung des Verhältnisses zum Libanon an. Die Aufnahme diplomatischer Beziehungen ist nur noch eine Frage der Zeit.

Deutschland spendierte Sarkozy höflich Beifall. Der deutsche Außenminister aber blieb - nach dem Rüffel der Kanzlerin anläßlich des Besuches des syrischen Außenministers in Berlin im Januar des Jahres – auffallend zurückhaltend. Dennoch scheint es, als gebe man im Kanzleramt nach dem Mittelmeer-Gipfel die starre Haltung der Isolation auf und zeige an einer Reaktivierung wirtschaftlicher und politischer Beziehungen Interesse.[6] Es bleibt abzuwarten, ob es gelingt, dem Friedensprozeß den Anschub zu geben, den die Weltmacht USA unter Bush nicht in der Lage war zu initiieren. Sollte diese Frucht eine europäische Mittelmacht ernten, so wurde sie gewiß nicht von den USA gesät. Voraussetzung aber wird bleiben, daß sich Syrien aus seiner engen Bindung an den Iran löst, da diese Allianz ohnehin nur ein Zweckbündnis ist und auf keiner gemeinsamen Ideologie oder religiösen Grundlage, geschweige denn einer islamischen Orthodoxie basiert.

---

[5] mic., *Bush und Sarkozy einig über Syrien*, FAZ, 16. Juni 2008, S. 6.
[6] N. Busse, *Anerkennung aus Deutschland*, in: FAZ, 14. Juli 2008, S. 5.

## IV. Der Libanon am Abgrund

Zu der seit Abzug der Syrer sich mehrenden innenpolitischen Instabilität gesellte sich im Sommer 2006 ein kurzer, aber besonders zerstörerischer Krieg, den die Israelis mit brutaler Härte und unter Aufgabe des Prinzips der Verhältnismäßigkeit der Mittel führten. Erinnern wir uns: Im Grenzgebiet geriet eine israelische Patrouille in einen Hinterhalt der Hizbollah. Es gab Tote und die Verschleppung zweier israelischer Soldaten. Aus einem im Grenzgebiet ehemals eher alltäglichen Vorgang entwickelte sich ein mörderischer Konflikt, in dem die Hizbollah nahezu 4000 Katjuscha Raketen mit vergleichsweise geringer Wirkung auf Israel feuerte, während Israel mit der ganzen Stärke seiner Militärmacht den Süden des Landes lähmte und die zivile Infrastruktur bis nach Beirut erheblich zerstörte. Im Libanon starben mindestens 1200 Menschen. Die Luftangriffe der Israelis und der uneingeschränkte Einsatz von rund einer Million Streuwaffen amerikanischer Produktion hinterließen ein desaströses Chaos, das bis zum heutigen Tag noch nicht beseitigt werden konnte. Der Süden des Landes ist durch die Kontaminierung mit Blindgängern dieser Bomblets immer noch in seiner Bewegungsfreiheit und der Nutzung der landwirtschaftlichen Flächen stark in Mitleidenschaft gezogen. Allein bis Oktober 2007 wurden über 180 Zivilpersonen durch Blindgänger verletzt oder getötet, häufig sind es Kinder.[7] Wenn Kriege überhaupt je etwas Gutes haben können, dann, daß die Diskussion über den Einsatz dieser völkerrechtlich umstrittenen Waffen nach dem 2. Libanon-Krieg weltweit angestoßen wurde.

Sieger aber gab es in diesem Krieg nicht. Israel hatte sein Kriegsziel, die nachhaltige Zerstörung der Hizbollah, nicht erreicht, und die verschleppten Soldaten waren nicht freigekommen. Bei äußerst geringen Verlusten von 68 Milizionären fühlte sich die Hizbollah eher als Sieger und spielte sich zum »wahren Beschützer« des Landes auf.

Nur kurzzeitig lenkte der Libanon-Krieg von den innenpolitischen Schwierigkeiten ab. Im November 2006 traten die vier shiitischen Minister der Regierung Siniora zurück, die Serie blutiger Anschläge setzte sich fort, wobei in den meisten Fällen die Täterschaft im dunkeln blieb. Die Syrien-freundliche Opposition um den Hizbollah-Chef Hassan Nasrallah und seinen christlichen (!) Bündnis-

---

[7] L. Senigalliesi, *Die Minensucherinnen. Gespräche im Südlibanon*, in: FAZ, 4. Okt. 2007, S. 44.

partner, Ex-General Michel Aoun, brachte die Regierung unter Dauerdruck, während der Westen Siniora unterstützte.

Die Zerrissenheit Libanons ist nicht nur eine Frage des religiösen Proporzes.[8] Der sunnitische Bevölkerungsanteil tendierte aus historischen Gründen eher zum Nachbar Syrien, im christlichen Lager gab es eine starke Bindung nach Israel und dem Westen, die shiitische Bevölkerung fühlte sich dem revolutionären Iran der Ayatollahs verbunden, während die Drusen sich stark nach Clan-Strukturen orientierten, die wechselnde Bündnisse nicht ausschlossen. Daneben gab und gibt es noch eine Handvoll mächtiger Familien in allen Lagern, die ihr eigenes Süppchen kochen.

Im Norden des Landes drohte neues Ungemach. Dort hatte sich in dem palästinensischen Flüchtlingslager Nahr Al Bared eine islamistische Terrorgruppe namens Fatah Al Islam eingenistet. Im September 2007 stürmte die libanesische Armee nach einem 100-tägigen Kampf das Lager und brachte es unter ihre Kontrolle. Derweil lief im November die Amtszeit des Staatspräsidenten Emile Lahoud ab, und die Wahl eines Nachfolgers war nicht in Sicht, da sich die zerstrittenen Lager nicht auf einen Kompromißkandidaten einigen konnten. In seiner vereinfachten Sichtweise machte der Westen in erster Linie Syrien und den Iran für die inner-libanesischen Schwierigkeiten verantwortlich.

In dieser Situation blieb Israel nicht untätig, war doch die Regierung Olmert nach Vorlage des Berichts der »Winograd-Kommission« wegen des stümperhaft geführten Libanon-Krieges erheblich unter Druck geraten.[9] Auch wenn Israel jede Beteiligung an der Ermordung des Hizbollah-Führers Imad Maghanija in Damaskus im Februar 2007 kurz nach dem Erscheinen des Winograd-Berichtes ausschloß, so deuten die Äußerungen des früheren Mossad-Chefs Jatom, der den Mord als »großen Erfolg für die freie Welt in ihrem Kampf gegen den Terror« pries, eher eine Beteiligung an.[10] Die Gefahr einer neuen Konfrontation mit der Hizbollah hatte zugenommen.

---

[8] Bei der Gründung des unabhängigen Libanon im Jahre 1943 wurde in einem »Nationalpakt« festgelegt, daß der Staatspräsident und der Armeechef maronitische Christen, der Ministerpräsident ein sunnitischer Muslim und der Parlamentspräsident ein shiitischer Muslim sein müssen. Diese Festlegung basierte auf den damaligen konfessionellen Bevölkerungsanteilen, die sich in der heutigen demographischen Entwicklung nicht mehr widerspiegeln.

[9] L. Rühl, *Winograds Widersprüche*, in: FAZ, 5. Febr. 2008, S. 8.

[10] hcr./jöb., *Hizbollah-Führer in Damaskus getötet*, in: FAZ, 14. Febr. 2008, S. 6.

Mit der Entscheidung der Regierung Siniora im Mai 2008, den der Hizbollah nahestehenden Sicherheitschef des Beiruter Flughafens abzusetzen und das Telefonnetz der Hizbollah zu blockieren, erreichte die Eskalation einen neuen Höhepunkt. Bewaffnete, uniformierte Hizbollah-Kämpfer besetzten den Flug- und Seehafen Beiruts und übernahmen die Kontrolle über West-Beirut. Bei den Kämpfen zwischen den Anhängern der Regierung Siniora und shiitischen Milizionären kam es zu Straßenblockaden und Brandstiftungen. Der Fernsehsender des Hariri-Sohnes Saad wurde besetzt. Nach der Machtübernahme im Westen der Stadt übergaben die Hizbollah-Kämpfer die Kontrolle an die Armee und zogen sich zurück. Letztere blieb während der Auseinandersetzungen neutral. Gleiches galt für den christlichen Hizbollah-Verbündeten Michel Aoun, der die Eskalation als eine inner-muslimische Auseinandersetzung betrachtete. Zwischenzeitlich griffen die Kämpfe auch auf die Sunniten-Hochburg Tripolis im Norden des Landes über und Anhänger des Drusen-Chefs Walid Dschumblat lieferten sich im Shuf-Gebirge heftige Gefechte mit der Hizbollah.

Nach sechstägigen Kämpfen hatte der Libanon ca. 65 Tote und knapp 200 Verwundete zu beklagen.[11] Die Hizbollah selbst hatte in diesen Kämpfen ihren immer wieder beteuerten Grundsatz, die Waffen nicht gegen ihre muslimischen Brüder zu erheben, und ihren Ruf, einzige Widerstandskraft gegen Israel zu sein, verspielt. In den Maikämpfen aber wurde auch deutlich, daß es im sunnitischen, christlichen und drusischen Lager Tendenzen zur Wiederbewaffnung gibt und das Gespenst einer Wiederkehr der Bürgerkriegsmilizen umgeht. Die Hizbollah als letzte, nicht entwaffnete Miliz scheint ihre »privilegierte« Rolle zu verlieren.

### V. Neue Hoffnung

In dieser äußerst explosiven Situation gelang es, Mitte Mai unter maßgeblicher Vermittlung von Qatar die Krise zu entschärfen. Die Regierung Siniora gab klein bei und nahm die Beschlüsse, die in erster Linie für die Auslösung der Krise verantwortlich waren, zurück: Der Sicherheitschef des Beiruter Flughafens bleibt im Amt, und das illegal betriebene Telefonnetz der Hizbollah wird weiterhin geduldet. Weit wichtiger aber waren Fortschritte über die Bildung einer Einheitsregierung und eines neuen Wahlgesetzes für die Parlamentswahl 2009. Nach 19 (!) gescheiterten Versuchen, einen Nachfolger ins Amt des Staatspräsi-

---

[11] M. Bickel, *Glückwünsche aus Teheran*, in: FAZ, 27. Mai 2008, S. 8.

denten zu wählen, wurde nach einer halbjährigen Sedisvakanz der bisherige Befehlshaber der Streitkräfte, Michel Suleiman, als Kompromißkandidat aller Fraktionen am 25. Mai 2008 gewählt. Er erhielt 118 der 127 abgegebenen Stimmen. Suleiman war schon aus dem Grunde akzeptabel, weil er wie sein Vorgänger im Amt des Armeebefehlshabers und späteren Staatspräsidenten Emile Lahoud die traditionell neutrale Rolle der Streitkräfte im inner-libanesischen Konflikt zu wahren wußte. Es wird nun darauf ankommen, daß er das Kräftespiel innerhalb des Libanon und die Einflußnahme der externen Kräfte Syrien, Saudi-Arabien, Jordanien, Israel und des Westens abgewogen austariert. Wenn es in diesem traurigen Kapitel libanesischer Politik überhaupt einen Gewinner gibt, ist dies zweifelsohne die Hizbollah, deren Entwaffnung, wie sie die UN-Resolution 1701 fordert, in weite Ferne gerückt ist. Es wird darüber hinaus deutlich, daß sich die massive Unterstützung der Siniora-Regierung durch den Westen, namentlich durch die USA, Frankreich und Deutschland, kaum ausgezahlt hat. Entsprechend kühl und scheinbar inhaltsleer ist der Besuch des deutschen Außenministers nach der Wahl Suleimans Anfang Juni 2008 verlaufen.[12]

Am Vorabend von Sarkozys Mittelmeergipfel trat eine neue libanesische Regierung unter dem alten Ministerpräsidenten Siniora zu ihrer konstituierenden Sitzung zusammen. Die Siniora-Fraktion erhielt 16 von 30 Kabinettsposten, die Hizbollah und drei Posten wurden vom Staatspräsidenten vergeben. Mit einem Stimmenanteil von mehr als einem Drittel kann die Hizbollah-Allianz jede Entscheidung der Kabinettsmehrheit blockieren.[13] Die Gründe für den Rückzug der Oppositionsminister aus dem Kabinett Siniora im November 2006 waren damit irrelevant geworden. Ein 18 Monate dauernder Machtkampf war - zumindest vorläufig - zu Ende gegangen. Im Hinblick auf die Beziehungen zu Syrien stellte der neue Staatspräsident klar, daß eine Normalisierung zum Nachbarn ganz oben auf seiner Agenda stehen würde. So konnte auch die syrische Zusage auf dem Mittelmeergipfel, offizielle Beziehungen zum Libanon aufzunehmen, nicht sonderlich überraschen.

Auch wenn die neue Regierung ein Angebot Israels, direkte Friedensverhandlungen aufzunehmen, ablehnte und dies vordergründig mit der immer noch anwährenden israelischen Besetzung der Sheeba-Farmen - einer kleinen Enklave im Grenzbereich Syrien, Libanon, Israel am Hermon - begründete, so wird doch deutlich, daß der Libanon sich hier ganz auf der Linie des syrischen Bruders

---

[12] W. Schmiese, *Steinmeier meidet die Schaufenster*, in: FAZ, 3. Mai 2008, S. 6.

[13] mrb., *Siniora will Vertrauen wiederherstellen*, in: FAZ, 14. Juli 2008, S. 5.

bewegt und zu Friedensverhandlungen nur auf der Basis einer umfassenden, alle Konfliktstaaten einschließenden Regelung bereit ist. Dies schließt die Gründung eines Palästinenser-Staates mit ein.

## VI. Die Rolle Deutschlands

Während der Anteil Deutschlands an der Öffnung Syriens und der hoffentlich länger anhaltenden Lösung der libanesischen Krise eher gering und bescheiden ist, so hat die diskrete Vermittlung deutscher Stellen auf humanitärem Sektor Mitte Juli den Austausch sterblicher Überreste von gefallenen israelischen Soldaten und arabischen Widerstandskämpfern zustande gebracht. Teil dieses Deals war auch die Freilassung von fünf Gefangenen, unter ihnen der zu lebenslanger Haft verurteilte Samir Kuntar, denen im Libanon ein triumphaler Empfang bereitet wurde. Die Fernsehbilder, die die in Uniform neu eingekleideten Kämpfer beim Austausch von Bruderküssen mit der libanesischen Staatsspitze, einschließlich des »westlichen« Regierungschefs Siniora, zeigten, werden nicht unbedingt auf das Wohlwollen der deutschen Kanzlerin gestoßen sein. In der Retrospektive der Ereignisse nach dem 2. Libanon-Krieg (Sommer 2006) bis zum heutigen Tag aber wird deutlich, daß der Einsatz der deutschen Marine zur Unterbindung eines Waffenschmuggels vor der Küste Libanons eine Fehlentscheidung ist. Die Arsenale der libanesischen Fraktionen und Milizen sind bis zum Rande gefüllt, ohne daß auch nur eine Waffenladung auf See entdeckt worden wäre.[14] Dieser Einsatz sollte sofort eingestellt werden.

## VII. Perspektiven

Präsident Bushs Vision von der »importierten Freiheit« und vom Frieden im Mittleren Osten hat sich als Trugbild erwiesen. Der 3. Golfkrieg hat außer einem »Regime Change« im Irak nichts bewegt und die Lage in der Region bis nach Afghanistan und Pakistan unsicherer gemacht. In den Verhandlungen mit dem Iran gab es hinsichtlich der Nuklearproblematik keinerlei Fortschritte. Das Thema eines Ausgleiches zwischen Israel und den Palästinensern hat die Bush-Administration in der ersten Amtsperiode sträflich vernachlässigt, und es ist mehr

---

[14] löw., *Keine Hinweise auf Waffenschmuggel*, in: FAZ, 10. Sept. 2007, S. 6.

als zweifelhaft, ob der in Annapolis (November 2007) gesetzte Zeitrahmen von einem Jahr noch ausreicht, zu einer Grundsatzvereinbarung zur Errichtung eines Staates Palästina zu kommen. Mit dem angekündigten Rückzug des wegen Korruptionsvorwürfen stark angeschlagenen israelischen Ministerpräsidenten Olmert zum Ende des Jahres besteht die Gefahr, daß Olmerts Kompromißbereitschaft einem wesentlich härteren Kurs unter einem potentiellen Nachfolger, dem vormaligen Generalstabschef Shaul Mofaz, weichen muß. Den Vorwand für diese Haltung liefern die Palästinenser selbst, da die löchrige Waffenruhe immer wieder durch die radikal-islamische Hamas gestört wird. Derweil baut Israel seine Siedlungen im Westjordanland munter weiter. Ein »Worst Case«-Szenario wäre die Wahl des Hardliners Benjamin Netanjahu, der es schon einmal geschafft hat, den Friedensprozeß zum Erliegen zu bringen. Eine Nachfolge durch die derzeitige Außenministerin Zipi Livni, der genügend Flexibilität zugetraut wird, wäre wohl die beste Lösung für eine positive Entwicklung des Friedensprozesses.

Es gibt aber auch Zeichen der Hoffnung. Während seiner Mittelmeer-Konferenz ist es Sarkozy gelungen, Syrien wieder ins Boot zu holen. Die informellen Gespräche mit Israel gehen in ihre fünfte Runde. Die Krise im Libanon ist vorerst unter Kontrolle und es bleibt zu hoffen, daß dies anhält. Im Westen aber muß man sich darüber klar sein, daß dies eine deutliche Stärkung der Hizbollah und ihrer Verbündeten bedeutet.

Die Schicksale Syriens und des Libanons sind eng miteinander verbunden. Daran ändert auch nichts die Tatsache, daß beide Staaten als Kunstgebilde der Franzosen in der Mandatszeit geschaffen wurden. Die gemeinsamen historischen Wurzeln werden durch eine willkürliche Grenzziehung wenig beeinträchtigt. Für beide Staaten gilt, daß sie ihre internen politischen, religiösen, tribalistischen und ethnischen Konflikte unter Kontrolle halten, daß außenstehende Mächte mit ihren Heils- und Machtvorstellungen sich mäßigen und respektieren, daß dieser Kulturkreis durchaus eigene Vorstellungen hat, die nicht immer mit denen des Westens deckungsgleich sind. Eine behutsame, aber wirksame Unterstützung nutzt in einer Phase zunehmender islamistischer Radikalisierung mehr als Phrasen oder blanke Machtpolitik. Syrien und der Libanon haben schon aufgrund ihrer geographischen Lage eine Brückenfunktion zwischen Orient und Okzident. Das Unheil im Nachkriegs-Irak sollte allen als abschreckendes Beispiel dienen.

HERBERT DAUTZENBERG

# »Der Patriarchalische Orden vom Heiligen Kreuz zu Jerusalem« seit Maximos IV.

Aus Anlaß des 75. Geburtstages Seiner Seligkeit Patriarch Gregorios III. hat der Prior der Deutschen Statthalterei des Patriarchalischen Ordens vom Heiligen Kreuz zu Jerusalem, Großarchimandrit Prof. Dr. Michael Schneider SJ, eine Festschrift angeregt und erfolgreich umgesetzt. In diesem Rahmen folgt nun ein Abschnitt über den Patriarchalischen Orden vom Heiligen Kreuz zu Jerusalem, dessen Großmeister Patriarch Gregorios III. ist.

## I. Patriarch Maximos IV.:
### Neugründung des Patriarchalischen Ordens vom Heiligen Kreuz zu Jerusalem in Anlehnung an frühere Traditionen

In die Zeit des Patriarchats von S.S. Patriarch Kardinal Maximos IV., Sayegh, fällt die Neugründung des Patriarchalischen Ordens vom Heiligen Kreuz zu Jerusalem. Er war von 1947 bis 1976 Patriarch von Antiochien und dem ganzen Orient, von Alexandrien und Jerusalem.

Das Heilige Kreuz stammt aus Jerusalem. Am Kreuz und durch seinen Tod am Kreuz hat Christus die Welt erlöst. Seit der Auffindung im Jahre 320 durch die hl. Helena, Mutter des Kaisers Konstantin, wird dieses Kreuz in der Auferstehungsbasilika zu Jerusalem verehrt.

Der melkitische Patriarch Maximos IV., in dessen Jurisdiktionsbereich die Heiligen Stätten in Jerusalem fallen, wollte den Personen eine Auszeichnung verleihen, die dem Hl. Land, der Melkitischen Kirche und dem Patriarchen religiöse, soziale oder mildtätige Dienste geleistet hatten. Dazu wählte er das Kreuz zu Jerusalem als Symbol. Bis heute tragen die Mitglieder dieses Ordens weltweit dieses goldene Kreuz auf rotem Grund mit der griechischen Inschrift »Licht« und »Leben« voller Stolz und mit der weiteren Bereitschaft, der Melkitischen Kirche zu dienen und zu helfen.

Diese Neugründung lehnte sich an alte Traditionen an, die von mehreren Ritterorden alter Gründung bis heute wachgehalten werden. Der Patriarchalische Orden vom Heiligen Kreuz zu Jerusalem unterscheidet sich von Ritterorden der

Römisch-Katholischen Kirche, denn er gehört der Melkitisch-Griechisch-Katholischen Kirche und ihrem byzantinischen Ritus an; als Laienorden sieht er sich aber in gleicher Weise den ritterlichen Tugenden von Nächstenliebe, Hilfsbereitschaft, Spiritualität und Verteidigung des Glaubens verpflichtet, vor allem dem Brückenbau zwischen Orient und Okzident, zwischen Juden, Moslems und Christen, zwischen Ost- und Westkirche.

## II. Patriarch Maximos V.:
### Wiederbelebung und Anpassung des Patriarchalischen Ordens vom Heiligen Kreuz zu Jerusalem an unsere Zeit

S.S. Patriarch Maximos V., Hakim, war von 1967 bis 2000 Patriarch von Antiochien und dem ganzen Orient. Er brachte den Patriarchalischen Orden vom Heiligen Kreuz zu Jerusalem international zur Blüte mit Ordensgründungen in Belgien, Deutschland, Frankreich, Italien, Kanada, Skandinavien, Spanien, USA und Venezuela.

### Erste Statuten 1978

1978 legte Patriarch Maximos V. in neuen Statuten die Basis für den Patriarchalischen Orden vom Heiligen Kreuz zu Jerusalem in seiner heutigen Form. Er beschloß, der alten Auszeichnung ein neues Gesicht zu geben und der modernen Zeit anzupassen. Der Patriarchalische Orden vom Heiligen Kreuz zu Jerusalem wird ausschließlich vom Patriarchat von Antiochien und dem ganzen Orient und unter dessen Schutzherrschaft als eine authentische und auserlesene orientalische und christliche Auszeichnung verliehen. Unter Bestätigung des internationalen juristischen Status des Patriarchen haben die Regierungen von Libanon, Jordanien und Ägypten den Patriarchalischen Orden vom Heiligen Kreuz zu Jerusalem als selbständigen Orden, dessen Verleihung und Schutzherrschaft dem Patriarchen zusteht, anerkannt.
Der Sitz des Ordens war das Patriarchat in Jerusalem, der Sitz der Ordensleitung im Patriarchat in Damaskus und der Sitz des Referendariats in Santa Maria in Cosmedin, Rom.
Der Orden setzt sich zum Ziel:
- seine Mitglieder zum Glauben und zu religiösen Praktiken anzuhalten;
- in der heutigen Gesellschaft die Werte der Gerechtigkeit, der Brüderlichkeit, des Mitgefühls, der Achtung zu fördern, wie sie sich in der Gründung und

Unterstützung religiöser, kultureller, karitativer und sozialer Werke und Institutionen kundtun, denen das Hauptaugenmerk der Patriarchalischen Griechisch-Melkitisch-Katholischen Kirche von Antiochien und dem Ganzen Orient, von Alexandrien und Jerusalem gilt, in Übereinstimmung mit dem Lehramt der Heiligen Kirche und den Richtlinien des Ökumenischen Zweiten Vatikanischen Konzils;
- den Brüdern und Schwestern des christlichen Orients eine besondere moralische, intellektuelle, wirtschaftliche Hilfe zukommen zu lassen.
Alle folgenden Vorschriften entsprechen üblichen Vorgaben für Laienorden. Sie können mit Zustimmung des Großmeisters aufgrund nationaler Gesetze und Vorschriften angepaßt werden.

## Zweite Statuten 1997

Ein zweites Mal paßte Patriarch Maximos V. diese Statuten neueren Gegebenheiten im Jahr 1997 an. Nun werden auch mehr juristische und politische Probleme berücksichtigt.
Der Sitz des Ordens und die Ordensleitung residieren fortan im Patriarchat in Damaskus. Die Patriarchalische Residenz in Santa Maria in Cosmedin, Rom, wird zum Sitz des Internationalen Statthalters aufgewertet.
Die Ziele werden um den ersten Satz gekürzt, da vorausgesetzt wird, daß diese Forderung im zweiten Satz mit enthalten ist.
Die Ordensauszeichnung, das Kreuz von Jerusalem und der Ordensmantel werden definiert.
Zur Aufnahme neuer Mitglieder wird ein »nihil obstat« des Ortsbischofs gefordert.
Weitere Änderungen dienen im wesentlichen Klarstellungen und Übergangsregelungen.

## III. 1979 Gründung des Patriarchalischen Ordens vom Heiligen Kreuz zu Jerusalem in Belgien

Patriarch Maximos V. beauftragte den Direktor des Belgischen Missionswerks Omer Tanghe 1979 offiziell mit einer Ordensgründung. 1973 war Omer Tanghe in Galiläa zum Archimandriten geweiht worden. Schon zu Zeiten von Patriarch Maximos IV. hat es einige Ordensauszeichnungen von verdienten Personen in

Belgien gegeben, aber einen Patriarchalischen Orden vom Heiligen Kreuz zu Jerusalem im juristischen Sinne gab es erst ab September 1979. Daher konnte im Jahr 2004 in Anwesenheit des derzeitigen Patriarchen und Großmeisters Gregorios III. das 25jährige Ordensjubiläum gefeiert werden. Nach erfolgreicher Ordensgründung im flämischen Kortrijk wurde Omer Tanghe 1982 zum Großarchimandriten geweiht. In Belgien war und ist der Zusammenschluß nicht so fest gefügt wie in anderen Ländern, sondern mehr ein Freundeskreis sehr honoriger Personen. Dieser Kreis trifft sich einmal pro Jahr im September zu einer Investitur. Früher bei einem festlichen Mahl, heute beginnt man mit einer Göttlichen Liturgie. Es gibt Spendenhilfen in Einzelaktivitäten. Die Zahl der Damen und Herren im Orden beträgt über 100 Personen.

## IV. 1988 Gründung des Patriarchalischen Ordens vom Heiligen Kreuz zu Jerusalem in Deutschland

Ohne den Belgischen Patriarchalischen Orden vom Heiligen Kreuz zu Jerusalem gäbe es vielleicht keine Deutsche Statthalterei, daher wurde oben zuerst über diesen berichtet. Durch persönliche Beziehungen unseres späteren Gründungsstatthalters Wilhelm Simon, der 1999 verstarb, gab es einen ersten Kontakt mit dem Patriarchen Maximos V., der Wilhelm Simon 1986 in Belgien als Chevalier in den Orden aufnahm. Wilhelm Simon lud S.S. Patriarch Maximos V. zu sich nach Eicherscheid ein.

Der Patriarch nahm diese Einladung an und traf dann dort bei diesem Besuch auch den Ortspfarrer Dechant Heribert Lennartz, einen begeisterten Kenner der ostkirchlichen Liturgie.

Gemeinsam verabredete man, im nächsten Jahr zusammen mit Seiner Seligkeit eine Göttliche Liturgie in Eicherscheid zu feiern. Bei dieser festlichen Gelegenheit, unter Beisein eines Vertreters des Aachener Bischofs und aller Ortsvereine, wurde Dechant Heribert Lennartz am 20. September 1987 zum Großarchimandriten geweiht und Wilhelm Simon zum Commandeur befördert.

Am 1. September 1988 wurde eine erste Gruppe deutscher Interessenten in Brüssel in der Flughafenkapelle als Chevaliers aufgenommen, so u. a. Großarchimandrit Heribert Lennartz und Direktor Nico Ossemann. Mit der Legitimation vom 14. September 1988 beauftragte Patriarch Maximos V. die Herren Simon, Lennartz und Ossemann mit der Gründung einer Deutschen Statthalterei des Patriarchalischen Ordens vom Heiligen Kreuz zu Jerusalem, und Wilhelm Simon wurde Statthalter, Heribert Lennartz Prior und Nico Ossemann Schatz-

meister. Alsbald wurde für diesen Orden die Rechtsform eines eingetragenen Vereins gewählt und beim Amtsgericht Monschau eingetragen. Im Jahr 1989 fand die Investitur noch einmal in Brüssel statt und 1990 erstmals in Deutschland in Eicherscheid.
Aus Gesundheitsgründen mußte der Gründungsstatthalter Wilhelm Simon sein Amt aufgeben, und in Personalunion war dann Prior Heribert Lennartz von Januar 1991 bis April 1994 zugleich Statthalter, bis September 2002 Prior und seit 1999 Patriarchalexarch.
Der Großmeister Patriarch Maximos entschied in einem Dekret im April 1994 in Damaskus die Ernennung von Dr. Herbert Dautzenberg zum Statthalter. Dieses Amt hat er derzeit noch inne.

## V. Definition des Status des Patriarchalischen Ordens vom Heiligen Kreuz zu Jerusalem in Deutschland

Der rechtliche Status des Patriarchalischen Ordens vom Heiligen Kreuz zu Jerusalem - Statthalterei Bundesrepublik Deutschland e. V. ist folgender:
*Kirchlich:* ein Orden patriarchalischen Rechts der Griechisch-Melkitisch-Katholischen-Kirche.
*International:* »Unter Bestätigung des internationalen juristischen Status des Patriarchen haben die Regierungen zweier Staaten, die in dessen Zuständigkeitsbereich fallen, in der Person des Außenministers des Libanon und des Premierministers des Haschemitischen Königreichs von Jordanien den Orden des Heiligen Kreuzes zu Jerusalem als selbständigen Orden, dessen Verleihung und Schutzherrschaft dem Patriarchen zusteht, anerkannt.«
*In Deutschland:* Ein gemeinnütziger, eingetragener Verein, der beim Amtsgericht in Monschau registriert ist und vom Finanzamt Aachen die Genehmigung hat, Spendenquittungen auszustellen.

Der Ritterorden vom Hl. Grab zu Jerusalem, Deutsche Statthalterei, schreibt 1997 in seiner Ordenszeitschrift unter Mitteilungen als letzten Satz folgendes: »Die Deutsche Statthalterei des Ritterordens vom Heiligen Grab zu Jerusalem bekundet gerne in herzlicher christkatholischer Verbundenheit dem griechisch-melkitisch-katholischen Patriarchat und den von ihm ausgezeichneten Ordensträgern ihren Respekt und ihre guten Wünsche.«

## VI. Patriarch Gregorios III. als neuer Großmeister ab dem Jahr 2001

Der Patriarchalische Orden vom Heiligen Kreuz zu Jerusalem traf zum ersten Mal den neuen Großmeister Patriarch Gregorios III. bei der Investitur in dem Marienwallfahrtsort Kevelaer zum Hochfest Kreuzerhöhung im September des Jahres 2002. Dort war unser Gastgeber Wallfahrtsdirektor Prälat Richard Schulte Staade, Patriarchalexarch der Melkitischen Kirche. Prior unseres Ordens war Patriarchalexarch Heribert Lennartz und Statthalter Dr. Herbert Dautzenberg. Während der Feier der Göttlichen Liturgie im byzantinischen Ritus in der Basilika St. Marien, zelebriert von Seiner Seligkeit Patriarch Gregorios III., drei Patriarchalvikaren und mehreren Ordensgeistlichen, wurden drei neue Mitglieder in den Orden aufgenommen.

Der Wunsch unseres Großmeisters Patriarch Gregorios III. war die Berücksichtigung des Heiligen Landes bei Spendenaktivitäten unseres Ordens. Seine 25 erfolgreichen Jahre als Patriarchalexarch in Jerusalem waren S.S. immer noch sehr nahe. Wir entschieden uns im folgenden Jahr zu einem Projekt in Beit Sahour und einem in Jerusalem.

Zum Schluß richtete unser Großmeister Gruß- und Dankesworte an seine Ordensmitglieder. Er betonte, daß nicht nur die finanzielle Unterstützung nötig, sondern auch die Freundschaft mit den arabischen Christen wichtig ist. Zum Abschluß dankte der Patriarch für die familiäre Atmosphäre, die in unserem Orden herrscht. Wörtlich sagte er, der Orden sei »klein aber fein« und: »Die Liebe ist das Größte«. Die Atmosphäre bei unseren Ordensfesten sei einmalig und gebe es sonst nirgendwo.

## VII. Wie sehen wir uns selbst

Mit einer Zahl von etwa 50 Rittern und Damen und weiterhin circa 100 Fördermitgliedern sind wir eine sehr kleine Gruppe von Freunden der arabischen Christen, insbesondere der Griechisch-Melkitisch-Katholischen Kirche, die ihre Liturgie im byzantinischen Ritus feiern.

Wir legen bei der Investitur einen Schwur ab, und verpflichten uns mit folgendem Text:

*Herr Jesus Christus, du bist unser König für immer: Durch dein Kreuz hast du dem Menschengeschlecht das Heil gebracht und uns gerettet, uns arme Sünder. Indem wir das heilige Kreuz von Jerusalem auf uns nehmen, schwö-*

ren wir dir Treue, deiner Heiligen Stadt, deinem Heiligen Land und den christlichen Gemeinden, die hier auf der durch dein Leben spendendes Leben, deinen Tod und deine Auferstehung geweihten Erde leben. Herr, mache uns deines Reiches würdig. Amen.

In unserem Ordensgebet sprechen wir:

*Unendlicher Gott, Du hast uns gerufen, als Ritter und Damen im Orden vom Heiligen Kreuz zu Jerusalem Zeugnis abzulegen von Deiner erbarmenden Liebe zu den Menschen. Diese wurde offenbar in Deinem Sohn, unserem Herrn Jesus Christus.*
*Herr, mache Du uns fähig, freudigen Herzens gute Taten zu vollbringen, und rüste uns aus mit dem Geist der Liebe.*
*Schenke uns unerschütterliche Hoffnung für die Zukunft. Laß uns Brückenbauer sein zwischen Orient und Okzident, zwischen Juden, Moslems und Christen, zwischen Armen und Reichen und zwischen Ost- und Westkirche!*
*Herr, wir bitten Dich: Gib uns die Kraft, daß wir immer mehr zu Brüdern und Schwestern werden, zu Verteidigern des rechten Glaubens.*
*Dann dürfen wir voll Freude und Ehrerbietung beten: »Wir neigen uns vor Deinem heiligen Kreuz, Gebieter, und wir preisen Deine heilige Auferstehung.« Amen.*

Besonders das Jahr 1993 ist im Rahmen der Investituren zu nennen, es war das letzte Jahr, in dem S.S. Patriarch Maximos V. noch persönlich die Investitur besuchen konnte, sie fand in Aachen Kornelimünster in der Propsteikirche St. Cornelius während der 7jährlichen Heiligtumsfahrt statt. Der Patriarch erfüllte die Bitte des damaligen Propstes Müller gerne und zeigte am Investiturtag die Heiligtümer von der Turmgalerie den Wallfahrern und den Ordensmitgliedern.
Seit der Zeit unseres neuen Großmeisters Patriarch Gregorios III. mit der ersten Investitur in Kevelaer in der Basilika St. Marien folgten weitere im Hohen Dom zu Aachen und im Hohen Dom zu Essen jeweils im Dreijahresturnus. In Kevelaer war Gastgeber Wallfahrtsdirektor Msgr. Richard Schulte Staade, Patriarchalexarch der Melkitischen Kirche und Ordensmitglied. In Aachen verdanken wir S.E. Bischof Dr. Heinrich Mussinghoff die Zustimmung, und in Essen ist der jetzige Altbischof S.E. Hubert Luthe Commandeur unseres Patriarchalischen Ordens vom Heiligen Kreuz zu Jerusalem. S.E. Bischof Dr. Felix Genn sprach uns als Nachfolger eine ebenso herzliche Einladung nach Essen aus.

Im Jahr 2008 sind wir statt in Kevelaer erstmals im Hohen Dom zu Trier, in dem ältesten Bistum Deutschlands.
Wir veranstalten im Jahresverlauf zwei weitere Zusammenkünfte, die jeweils mit einer Göttlichen Liturgie im byzantinischen Ritus beginnen und mit einem gemütlichen Beisammensein enden.
In der heutigen Zeit nimmt die Zahl der aktiven Katholiken leider immer mehr ab. Dies ist vielleicht ein Grund mehr, sich mit den Ostkirchen auseinanderzusetzen und gegenseitig voneinander zu lernen und anzunehmen. Speziell der Griechisch-Melkitisch-Katholischen-Kirche, auch wenn die Anzahl der Gläubigen im Verhältnis zu anderen Kirchen gering ist, fällt eine Schlüsselfunktion in der Ökumene zu. Die Melkitische Kirche lebt sowohl in östlichen Traditionen unserer aller Vorväter als auch in Einheit mit Rom, und genau das ist ihre Chance, bei der Einheit der Christen eine wesentliche Rolle zu spielen. Unsere Freundschaft und materielle Hilfe werden in der Spiritualität und der Feier der byzantinischen Liturgie reich belohnt. Der Patriarchalische Orden vom Heiligen Kreuz zu Jerusalem möchte in einer Brückenbauerfunktion tätig sein.

In seiner Vereinssatzung in Deutschland setzt sich der Patriarchalische Orden zum Ziel:
den Glauben und die religiöse Praxis unter seinen Mitgliedern wachsen zu lassen;
innerhalb der heutigen Gesellschaft die Werte der Gerechtigkeit, der Brüderlichkeit, des Verständnisses, der Achtung zu fördern und diese zu konkretisieren durch die Förderung und Aufrechterhaltung religiöser, kultureller, wohltätiger sozialer Werke und Institutionen, die das Hauptanliegen der Griechisch-Melkitisch-Katholisch-Patriarchalischen Kirche von Antiochien und dem ganzen Orient, von Alexandria und Jerusalem sind, in Übereinstimmung mit der Lehre der Kirche und den Direktiven des Zweiten Vatikanischen Konzils;
insbesondere den christlichen Brüdern und Schwestern des Orients moralische, geistige und wirtschaftliche Hilfe zukommen zu lassen.

## VIII. Projekte und Zusammenarbeit mit dem Kindermissionswerk in Aachen

In den ersten Jahren haben wir nur direkt, ohne andere Projektbeteiligte, jeweils jährlich unterschiedliche Unterstützungen für die Melkitische Kirche gegeben. Schon bald bot sich gerade hier in Aachen die Möglichkeit, zusammen mit Mis-

sio und mit Kindermissio Hilfe für größere Projekte zu geben. Nachdem einmal die Türen geöffnet waren, wurde auch unabhängig von unserem Orden vom S.S. Patriarchen Maximos V. und verschiedenen Bischöfen der Melkitischen Kirche Projektunterstützung beantragt und vielfach gewährt. Missio unterstützte z. B. das große Bauvorhaben St. Thomas in Sednaya, das oben auf dem Berg weithin sichtbar eine Melkitische Tagungsstätte auch für Großveranstaltungen bietet.
In drei Pfarrzentren in Damaskus richteten wir zusammen mit dem Katholischen Deutschen Blindenhilfswerk ambulante Augenstationen ein. Jedes Jahr können Augenoperationen in Syrien durchgeführt werden, die vom Katholischen Deutschen Blindenhilfswerk ganz oder teilweise bezahlt werden.
Die Junge Union Deutschland, die Jugendorganisation der Christlich Demokratischen Partei Deutschlands, begann schon in den 80er Jahren mit Brillensammelaktivitäten gebrauchter Gestelle mit und ohne Gläser. Nachdem ein damaliger Bezirksvorsitzender der JU Ordensmitglied geworden war und in der JU die Sammelaktivität erlahmte, übernahm der Patriarchalische Orden vom Heiligen Kreuz zu Jerusalem diese Sammeltätigkeit. Mittlerweile sind über 190.000 Brillen gesammelt und dem Katholischen Deutschen Blindenhilfswerk übergeben worden. Die Brillen werden gereinigt, nach Dioptrien usw. sortiert und in die Dritte Welt kostenlos weitergegeben.
Wir besorgten zusammen mit Kindermissio Unterrichtshilfsmittel für den Religionsunterricht der Kinder wie Projektoren, Wiedergabegeräte, Bücher und in einigen Fällen halfen wir mit Fahrzeugen, damit die Priester in den weit auseinander gelegenen Pfarren die Kinder erreichen können.
Noch zu Zeiten von Msgr. Arnold Poll, Präsident des Kindermissionswerks, begannen wir, nicht mehr wechselnde Hilfen zu geben, sondern bestimmte Projekte über mehrere Jahre zu begleiten. Aus Dankbarkeit wurde Msgr. A. Poll von S.S. Patriarch Maximos V. mit dem Goldenen Stern des Patriarchen ausgezeichnet.
In dem großen Baukomplex der Melkitischen Kirche in dem armen Stadtteil von Damaskus, St. Abraham in Kashkul, wurde von uns eine Armenspeisung und Kleiderhilfe bezahlt. In diesem Pfarrzentrum besorgten wir mehrere Ambulanzen für die verschiedenen Medizinischen Fachrichtungen und gaben Einrichtungs- und Medikamentenunterstützung. Dort können Kranke, bei Bedürftigkeit auch kostenlos, ambulante Betreuung in Anspruch nehmen.
In allen Jahren gaben wir eine kleine Hilfe für junge Seminaristen.
Mehrjährige Projekte geben je einem Waisenhaus in Syrien und im Libanon bis heute Hilfsgelder.

Unser neuer Großmeister, S.S. Patriarch Gregorios III., beeindruckt von der Not im Hl. Land, dem er 25 Jahre als Patriarchalvikar von Jerusalem jede mögliche Hilfe hatte zukommen lassen, bat uns, auch dort Projekte zu unterstützen. Die Mitglieder des Patriarchalischen Ordens vom Heiligen Kreuz zu Jerusalem beschlossen, nun in Beit-Sahour, nahe Bethlehem und in Jerusalem, je einen Kindergarten in die Planung aufzunehmen. Nach Zustimmung des Kindermissionswerks wurden daraus Projekte mit einem festen Betrag, der jeweils jährlich mit einem Antrag über den Patriarchalvikar in Jerusalem beantragt wird.

Derzeit unterstützen wir nur noch Projekte zusammen mit dem Kindermissionswerk in Aachen, dessen derzeitiger Präsident Msgr. Winfried Pilz letztes Jahr im Hohen Dom zu Essen von Patriarch Gregorios III. zum Großarchimandriten geweiht wurde.

Projekte und weitere Informationen findet man im Internet unter: »www.patriarchalischerorden.de«.

## IX. Ausblick

Wir wünschen unserem Großmeister, Seiner Seligkeit Patriarch Gregorios III. Laham, Gottes reichen Segen in der Leitung der Melkitischen Kirche, der Betreuung des Patriarchalischen Ordens vom Heiligen Kreuz zu Jerusalem und als Brückenbauer für die Ökumene.

Auf viele Jahre!

HANS-DIETER DÖPMANN

## Zum Beitrag unserer Kirchen in der heutigen Welt

Es ist ein hoffnungsvolles Zeichen unserer Zeit, daß Christen unterschiedlicher Konfessionen gemeinsam eines festlichen Anlasses gedenken wie des 75. Geburtstags von *S.S. Patriarch Gregorios III. - Laham*, Oberhaupt der griechisch-katholischen melkitischen Kirche von Antiochien, Alexandrien, Jerusalem und dem ganzen Orient mit Sitz in Damaskus. Und es ist bedeutsam, daß auf diese Weise Christen unterschiedlicher Konfessionen damit zum Ausdruck bringen, in welch hohem Maße sie am Schicksal auch der getrennten christlichen Brüder - wie hier im Vorderen Orient - Anteil nehmen.

Doch wie die ganze Kirche Christi unter dem Zeichen des Kreuzes steht, könnte man bildhaft sagen, daß auf die einstige christliche Ökumene gleichsam plastisch ein Kreuz gelegt worden ist, durch dessen vier Balken die ursprünglich Eine Kirche in vier große Hauptgruppen zerteilt worden ist. Seit dem 5. Jh. entstanden im Südosten jene orientalischen Nationalkirchen, die bis in die Neuzeit hinein als Häretiker bewertet wurden und die heute als Mitgliedskirchen im Ökumenischen Rat der Kirchen (ÖRK) als Orientalische Orthodoxie (Oriental Orthodox Churches) mit den anderen dort vertretenen Kirchen zusammenarbeiten. Dann setzte mit der zunächst rein verwaltungsmäßigen Trennung des Imperium Romanum in das ost- und das weströmische Reich jene im Osten durch das Griechen- und im Westen durch das Lateinertum geprägte kirchliche Auseinanderentwicklung ein, die nach dem Streit um die Christianisierung Bulgariens im 9. Jh. im Jahre 1054 zur Spaltung in eine östliche und eine westliche Christenheit führte, den römischen Katholizismus und die von Byzanz geprägte östliche Orthodoxie. Schließlich kam es im Westen zur Reformation mit den daraus entstandenen Kirchen.

Diese Spaltungen waren mit sehr menschlichen Ambitionen verbunden. Dabei ging der einstige Grundsatz, wie es Irenäus von Lyon (gest. um 202) verstand, einer »Buntheit der Bräuche«, eines Reichtums der Vielfalt in der Einen Kirche verloren, wurden anstelle eines Tolerierens vielfältiger Ausdrucksformen des gemeinsamen Glaubens in der kirchlichen Praxis die Unterschiede zu kirchen-

trennenden Gegensätzen erklärt,[1] bis hin zur Verketzerung der jeweils anderen Konfession.
Trotzdem hat es immer wieder Annäherungen gegeben. Von den verschiedenen und durchaus sehr unterschiedlich geprägten Beziehungen zwischen Katholizismus und Orthodoxie sei hier nur an die Unionskonzile von Lyon 1274 und Florenz 1439 erinnert, wobei für beide Kirchen als bis heute bleibendes Ergebnis die Festlegung auf die Siebenzahl der Sakramente erfolgte.[2]
Seitens der Reformation hat bereits Martin Luther von den Orthodoxen den Makel der Häresie genommen. Er berief sich anfangs auf die Orthodoxie als auf eine Kirche, in der er die Kontinuität mit wesentlichen Momenten des ursprünglichen Kircheseins gewahrt sah. Melanchthon (1497-1560) knüpfte kurz vor Luthers Tod ökumenische Beziehungen zur Orthodoxie an. Der Briefwechsel zwischen der Tübinger Theologischen Fakultät und Patriarch Jeremias II. von Konstantinopel 1573-1581 blieb der intensivste Dialog vor dem 20. Jh.[3]
Und seit dem 20. Jh. haben sich in vielfältiger Weise ökumenische Dialoge und Beziehungen ergeben, in denen die Unterschiede und Gegensätze nicht verschwiegen wurden, aber immer wieder versucht wird, Kenntnisse zu vermitteln, gegenseitiges Verständnis zu fördern.
Seit der Zeit der Kreuzzüge praktizierte Rom seine von Konflikten begleitete Unionspolitik. Das II. Vaticanum hatte empfohlen, zur Reinheit der östlichen Riten zurückzukehren. Die Erklärung der gemischten Kommission für den Dialog zwischen der katholischen und der orthodoxen Kirche vom 23. Juni 1993, die sogenannte »Balamand-Erklärung«[4], besagt, daß die mit Rom in Gemeinschaft stehenden Ostkirchen seit Jahrhunderten existieren und weiterhin ein

---

[1]   H.-D. Döpmann, *Die Ostkirchen vom Bilderstreit bis zur Kirchenspaltung von 1054*, Leipzig 1990 (= Kirchengeschichte in Einzeldarstellungen, I/8) - Ders., *Die orthodoxen Kirchen*, Berlin 1991.- Ders., *Le Chiese Ortodosse*, Genova 2003.

[2]   Als immer noch maßgebend sei genannt: Wilhelm de Vries, *Orthodoxie und Katholizismus - Gegensatz oder Ergänzung?* Freiburg/Basel/Wien 1965 (= Herder-Bücherei, Bd. 232), Rez. v. H.-D. Döpmann in: ZdZ 22 (1968), Heft 3.

[3]   H.-D. Döpmann, *Das Verhältnis Luthers und der Lutheraner zu den orthodoxen Kirchen*, in: ThLZ 109 (1984) Sp. 321-334.

[4]   Joint International Commission for the Theological Dialogue Between the ROMAN CATHOLIC and the ORTHODOX CHURCH; Balamand, School of Theology, Lebanon, June 17-24, 1993:»Uniatism, Method of Union of the Past, and the present search for full communion«, in: *The Pontifical Council For Promotion Christian Unity*. Information Service, Vatican City, Nr. 83, 1993 (II), S.95-99; deutsch in: UNA SANCTA, Nr.3, September 1993.

Recht haben zu existieren, zu leben und zu wirken, daß aber heute der Dialog die angemessene Methode für die Beziehungen zwischen den Kirchen ist.
Die Auflösung des kommunistischen Blocks im Jahr 1989 beendete die diktatorischen Regimes in den dortigen Ländern und ihre ideologische Vorherrschaft, schuf auf vielen Gebieten der Ökonomie, der gesellschaftlichen Strukturen, des geistigen und kulturellen Wirkens die Möglichkeit eines Neuanfangs. Das galt in hohem Maße gerade auch für die Kirchen und die vielseitigen Aspekte ihrer Tätigkeit, wie z. B. der diakonische Dienst an den Bedürftigen und den durch Drogen und anderes Gefährdeten. Die »Wende« gestattete es der griechisch-katholischen Kirche, in jenen Ländern, in denen sie verboten war, aus dem Untergrund aufzutauchen. Heute sind es in all diesen Ländern Repräsentanten und Gemeinden vor Ort, doch leider kam es in massiver und durchaus nicht immer unblutiger Weise zu kämpferischen Auseinandersetzungen um die Rückerstattung von Kirchengebäuden.
Andererseits ist man sich über die konfessionellen Grenzen hinaus bewußt geworden, daß heute nicht Gegensätzlichkeit, sondern Dialog und gegebenenfalls Kooperation im Namen unseres christlichen Glaubens erforderlich sind.
Innerhalb der Europäischen Union erhielt besondere Bedeutung die Konferenz der Europäischen Kirchen (CEC/KEK). 2001 unterzeicheten KEK und der katholische Rat der Europäischen Bischofskonferenzen (CCEE) die »Charta Oecumenica - Leitlinien für die wachsende Kooperation zwischen den Kirchen in Europa.«[5]
In Bulgarien ist der heutige zu den Unierten des byzantinischen Ritus gehörende Bischof und Apostolische Exarch Christo Projkov zugleich Vorsitzender der bulgarischen Bischofskonferenz, zu der auch die beiden Bistümer des lateinischen Ritus gehören. Zu ihm besteht ein gutes ökumenisches Verhältnis.
In Rumänien fand seitens des Instituts für Kirchengeschichte der Universität Cluj-Napoca / Klausenburg vom 15.-17.11.2007 ein Internationales Symposium über konfessionelle Identitäten in Mittel- und Ost-Europa statt, das neben Orthodoxen, Protestanten und Katholiken insbesondere auch das gemeinsame Wirken mit den mit Rom Unierten zum Gegenstand hatte.
Die Kirchen in den damals sozialistischen Ländern haben um ihre Existenz gebangt, obwohl sich ihre Situation in jedem Land anders gestaltet hat. Heute bangen die Kirchen im Vorderen Orient um ihre Existenz. Unter ganz anderen Bedingungen

---

[5] Originalfassung: Deutsch Genf/St. Gallen, April 2001.

Aus Notsituationen heraus ergaben sich sogar überkonfessionelle Zusammenschlüsse. So ist im Irak Anfang 2008 unter dem Eindruck der Anschlagswelle auf Kirchen in Kirkuk in der nordirakischen Stadt ein »Rat der Christen« gegründet worden. Angehörige verschiedener Kirchen wollten damit ihre Anliegen gegenüber der Politik stärker vertreten, erklärte der Vorsitzende des Rats, der chaldäische Erzbischof von Kirkuk, Louis Sako. In dem Verbund schlossen sich mit Rom unierte Chaldäer, syrisch-katholische, syrisch-orthodoxe und armenisch-orthodoxe Christen zusammen.

Aber neben allen positiven Entwicklungen stellen grundsätzliche Probleme der heutigen globalen säkularen Entwicklung für alle unsere Kirchen eine Herausforderung dar und erfordern eine neue Art von Kooperation.

Lange Zeit sprach man einerseits vom christlichen Abendland und demgegenüber vom gottlosen kommunistischen Osten. Gegen diese einseitige Sicht habe ich mich immer zur Wehr zu setzen bemüht, weil ich bei meinen Besuchen in den sozialistischen Staaten feststellte, mit welch bewußter Glaubenshaltung man dort trotz aller Schwierigkeiten Kirche am Leben erhielt. Es hat sich auch als höchst problematisch erwiesen, daß Samuel P. Huntington in seinem weit verbreiteten Buch die These vertritt: »Ein kultureller Ansatz liefert eine klare und eindeutige Antwort auf die Frage, die Westeuropäer bewegt: Wo hört Europa auf? Es hört dort auf, wo das westliche Christentum aufhört und Orthodoxie und Islam beginnen«, und es als einen Fehler ansieht, daß das orthodoxe Griechenland der EU und der NATO angehört![6]

Doch wie ist die Situation heute?

Nicht zu übersehen ist eine gewisse gegensätzliche Entwicklung. In den westlichen Ländern zeigt sich durchaus auch ein neues Fragen nach dem Sinn des Lebens und eine Suche nach Gott. Allerdings hat der zunehmende Säkularismus zu einem Nachlassen des kirchlichen Interesses und einer Verminderung der Zahl der Gläubigen geführt. Im Gegensatz dazu erleben wir in Russland und einigen anderen östlichen Ländern nach dem Ende des Sozialismus ein Wiederaufleben des Religiösen, eine spirituelle Erneuerung. Es ist nicht zu übersehen, daß in westlichen Ländern christliche (evangelische und katholische) Kirchen verkauft, zu kommerziellen Zwecken verwendet oder sogar anderen Religionen überlassen werden, während im östlichen Europa neue Kirchen gebaut werden.

---

[6] M. Samuel P. Huntington, *Der Kampf der Kulturen. The Clash of Civilizations. Die Neugestaltung der Weltpolitik im 21. Jahrhundert*, München - Wien, [6]1997.

Es ist bedenklich, wenn aus westlichen Schulen christliche Symbole beseitigt werden, dagegen die Verunglimpfung religiösen Denkens als Ausdruck von Freiheit und Pluralismus gebilligt wird. Bei der Eröffnung einer theologischen Konferenz über die »kirchliche Lehre vom Menschen« im Moskauer Danilov-Kloster am 7.11.01 erklärte Patriarch Aleksij II. sogar: Der »Säkulare Humanismus« ist in der Krise.[7]

Bei der Betrachtung des Bezugs von Religion und Gesellschaft sind zwei Gesichtspunkte nicht zu übersehen:

*Einerseits* zeigt sich im Zeichen einer zunehmenden Säkularisierung weitgehend ein Desinteresse und selbst in vielen Fachpublikationen sowie in den Massenmedien sehen wir uns oft einer erstaunlichen Unkenntnis gegenüber.

Andererseits werden gegenwärtige Gegensätze und Konfliktsituation wiederum mit einer weithin von Kenntnis ungetrübten Selbstverständlichkeit religiös zugeordnet.

Das erweist sich in gewissem Maße als Folge der Informationsflut unserer Zeit, bei der sich Medien wie auch der Einzelne - vielleicht in einer Schutzfunktion - daran gewöhnt haben, Informationen zu filtern und die Schlagzeilen der Zeitungsüberschriften oder die kurzen Sätze des Bildschirmtextes der TV-Anstalten als ausreichend anzusehen.

Die heutigen Spannungen zwischen unseren Kirchen haben verschiedene Ursachen. Bei manchen ergab sich die Zunahme eines extremen konfessionellen Fundamentalismus, beruhend auf verbreiteter Unkenntnis über andere Kirchen und Konfessionen. In manchen kirchlichen Kreisen finden sich überhebliche nationalistische Tendenzen. Die Folgen von Religionsfreiheit und religiösem Pluralismus seit der Wende von 1989 verbanden sich mit neuen Ängsten. Große Probleme ergeben sich heute für die sich als Trägerin der Glaubenswahrheit verstehende Orthodoxie durch die Übertragung eines alle traditionellen Werte und Bindungen in frage stellenden Freiheitsverständnisses, den demokratischen Pluralismus und die Marktwirtschaft auf religiöses Gebiet, eine Tendenz zum Gleichsetzen von wesentlicher Toleranz und Unverbindlichkeit, echte Überzeugungen nivellierender Beliebigkeit. Ein auf Bereicherung hin orientierter rücksichtsloser Individualismus stellt die Kirche vor Aufgaben, denen sie sich noch nicht gewachsen sieht.

In den Verfassungen der europäischen Länder finden wir in weithin übereinstimmender Aussage den Grundsatz: »Die Freiheit des religiösen Bekenntnisses ist

---

[7] PRO ORIENTE Nr.129 (1.12.2001), S.21.

garantiert. Das Recht, seinen Glauben frei und öffentlich, individuell oder gemeinschaftlich zum Ausdruck zu bringen, ist garantiert.«

Aber in manchen Staaten der EU findet sich auch das Bestreben einiger Politiker zu einer anti-christlichen Tendenz. Für sie gehört unter dem Gesichtspunkt der Freiheit des Denkens und des Gewissens Religion in die Privatsphäre, sollen die Kirchen möglichst wenig Öffentlichkeitswirksamkeit oder politischen Einfluß ausüben. Gemeinsam müssen alle unsere Kirchen in unserer europäischen Gesellschaft von Demokratie und Freiheit des Gewissens verhindern die Gefahr eines Wiederauflebens von Lenins Dekret vom Januar 1918 über die »Trennung der Kirche vom Staat und der Schule von der Kirche« (vom 23. Januar 1918), das damals offiziell als Dekret über die »Gewissensfreiheit« bezeichnet worden war!

Entgegen solchen Tendenzen müssen die Kirchen und religiösen Gemeinschaften darauf bestehen, daß die Gläubigen in der Lage sind, nach ihren Wertevorstellungen zu leben und ihre Kinder in dieser Hinsicht zu erziehen. In den einst sozialistischen Staaten müssen Kirchen und Religionen ihren Platz in der Gesellschaft wieder gewinnen. In all unseren europäischen Ländern darf die grundsätzliche Trennung von Kirche und Staat nicht deren Kooperation im Interesse des moralischen, sozialen und geistigen Wachsens hindern oder gar ausschließen.

In unserer Zeit beobachten wir in unserer Gesellschaft im Zeichen ausgeprägter Individualisierung eine Zunahme besonders bei jungen Menschen von Vandalismus, Brutalität, Alkoholismus (ein Regierungsvertreter gab an, daß in Deutschland jeder vierte Jugendliche einmal im Monat betrunken ist),[8] Drogen, Verlust ethischer Werte, in manchen Medien Verherrlichung von Gewalt und sexueller Perversion, eine vielfache moralische und soziale Krise.

Das Familien-Bewußtsein tritt immer mehr in den Hintergrund. Gefahren bestehen durch Korruption und Mafia. Darüber hinaus gibt es Arbeitslosigkeit und für nicht wenige Menschen eine Perspektivlosigkeit, nimmt die Armut zu. Selbst in solch reichen Ländern wie Deutschland wird die Kluft zwischen Reichen und Armen immer größer. Unsere Kirchen bemühen sich nicht nur um die Speisung von Bedürftigen, sondern machen es neuerdings notwendigerweise deutlich, daß Konsum-Denken und extremer Egozentrismus nicht als Werte für unser Leben gelten können.

Überall lesen und hören wir heute von den Begriffen: Demokratie, Freiheit, Menschenrechte.

---

[8] TV MDR 22.10.07.

Es sind sehr wichtige und wertvolle Begriffe. Aber spiegeln sie die Wirklichkeit in Europa wider? Nahezu jeder benutzt diese Wörter. Aber wer denkt über deren eigentlichen Sinn nach?

Möge hierfür ein Beispiel dienen: Was bedeutet uns das Wort »Freiheit«? Manchmal spricht man in westlichen Ländern von der »Spaßgesellschaft« (»fun society«), in erschreckend vielen Fällen ist Individualismus pervertiert zu rücksichtslosem Egoismus, d. h. jeder meint, er dürfe alles tun, was er will, ohne jede Rücksicht auf die Anliegen anderer Menschen. Viele sehen darin ihr Recht auf Freiheit!

Meiner Meinung nach muß für uns alle hier die Erziehung ansetzen. In unserer Zeit, die weithin gekennzeichnet ist durch einen Verlust historischer Kenntnisse, durch mangelndes Interesse an jeder Art von Tradition, haben die meisten Menschen - obwohl sie gern von »Menschenrechten« sprechen - die ursprüngliche Deklaration der Menschenrechte vergessen, die am 26. August 1789 in Frankreich veröffentlicht wurde. Im Artikel 4 dieser Deklaration finden wir eine höchst bedeutsame Definition dessen, was Freiheit bedeutet. Dort lesen wir: »Die Freiheit besteht darin, alles tun zu können, [und ich möchte die zweite Hälfte des Satzes besonders hervorheben, die heutzutage ganz in Vergessenheit geraten ist:] was einem anderen nicht schadet«.[9]

Freiheit ist eine fundamentale Voraussetzung alles menschenwürdigen Lebens. Freiheit kann aber stets und überall nicht isoliert gesehen werden, sondern steht immer im Verhältnis zu unserer Gesellschaft, Familie, Freunden, Nachbarn, Kollegen, zu Fremden, auch zu Gläubigen anderer Konfessionen und Religionen oder Nicht-Gläubigen. Der hier zitierte Satz aus der ursprünglichen Deklaration der Menschenrechte entstand im Zusammenhang mit der Französischen Revolution. Aber er entspricht vollkommen unserem christlichen Verständnis des Evangeliums: »Du sollst deinen Nächsten lieben wie dich selbst« (Mt 19,19) und »Liebet eure Feinde und bittet für die, die euch verfolgen« (Mt 5,44). Denn ein jeder, nicht nur der Christ, ist ein Kind Gottes. Wir alle müssen dies in zunehmendem Maße wieder ins Bewußtsein bringen.

Das Verhältnis zu anderen Kirchen, zu Gläubigen anderer Religionen oder Nicht-Gläubigen steht heute in Verbindung mit dem Begriff »Pluralismus«. Dies gilt gerade auch im Verhältnis zu Immigranten. Dies sowie die Gefahren von nationalistischem und religiösem Radikalismus nötigen uns zu neuer Toleranz.

---

[9] Kirchen- und Theologiegeschichte in Quellen, IV/1, Neukirchen-Vluyn 1979, S.154.

Deshalb spricht man heute gern von gegenseitiger Toleranz. Aber was bedeutet »Toleranz« für uns? Bisher war es - das weiß man in den Ländern Europas ähnlich wie im Vorderen Orient - eine Art des praktischen Zusammenlebens, der Co-Existenz, ohne über das Denken anderer zu reflektieren. Heute erfordert Toleranz gegenseitiges Kennenlernen, das Überwinden von Vorurteilen. Das darf nicht zur Relativierung oder Verwässerung eigener Grundpositionen führen. Vielmehr zeigt die Erfahrung, daß erst ein klarer eigener Standpunkt ein wahres Tolerieren anderer Überzeugungen ermöglicht.

Dazu gehört die Einsicht, daß der Westen nicht verlangen kann, einfach imitiert zu werden, daß vielmehr auch westlicherseits die Geschichte, Kultur und Tradition anderer Staaten und Völker zu berücksichtigen ist. Und man sollte sich im Westen über an manchen dortigen Entwicklungen - wie Werteverfall - geäußerte Kritik nicht einfach entrüstet hinwegsetzen, sondern durchaus ernsthaft darüber nachdenken.

Mit der Zunahme muslimischer Bevölkerung in Deutschland und anderen Gebieten der Europäischen Union ergeben sich neue, bisher hier fast unbekannte Verhältnisse und viele noch ungelöste Probleme. Hier können wir manches von den Erfahrungen von Christen der östlichen Kirchen lernen.

Nicht nur angesichts jahrhundertelanger Erfahrungen orthodoxer Kirchen im Zusammenleben mit anderen Religionen beteiligen sich im Blick auf die heutigen Notwendigkeiten maßgeblich gerade auch diese Kirchen in ihren Ländern an den vielfältigen Formen aktueller Kontakte in den verschiedenen Ländern. Erwähnt seien wenige Beispiele.

In dem 1997 gegründeten »Interreligiösen Rat« (IRR) haben sich in Bosnien-Herzegowina die höchsten Würdenträger der vier traditionellen Religionen von Bosnien und Herzegowina - der Serbischen und der Römisch-katholischen Kirche, der Islamischen sowie der Jüdischen Gemeinschaft - zusammengeschlossen. Anfang 2005 wurde dieser zu einer unabhängigen Organisation. In Kooperation der Konrad-Adenauer-Stiftung mit dem IRR konnte 2007 ein »Interreligiöses Institut« (IRI) gegründet werden, das an die Erfahrungen anknüpft, die in Deutschland mit kirchlichen Bildungs- und Begegnungshäusern gesammelt wurden. Seit Oktober 2007 baut das Institut seine Funktion als »Brücke zwischen der Gesellschaft und den vier traditionellen Religionsgemeinschaften« auf. Ende Juni 2008 forderte der »Interreligiöse Rat« vom Staat, daß das Priesterseminargebäude von Sarajevo der Serbischen Orthodoxen Kirche zurückgegeben werde, insbesondere angesichts der Tatsache, daß den anderen Kirchen und Glaubensgemeinschaften ihre Gebäude bereits zurückgegeben worden sind. Die Versammlung des IRR sprach auf der gleichen Sitzung auch über ein Protokoll über

die Zusammenarbeit mit dem Ministerrat von Bosnien-Herzegowina.
Als Beispiel genannt sei die Begegnung von Repräsentanten der Bulgarischen Orthodoxen Kirche im Gebäude des Hl. Synod in Sofia am 26. März 2006 zusammen mit dem Vorsitzenden der katholischen Bischofskonferenz, dem Vertreter des Obersten Muftis, dem Präsidenten des armenischen Gemeindeverbands, Vertretern der evangelischen Kirchen und der jüdischen Gemeinden, wobei sie eine Erklärung veröffentlichten über »Christen, Muslime und Juden gemeinsam für Frieden und Zusammenarbeit zwischen den Religionen und ethnischen Guppen.«
Verworfen werden alle Formen von Haß und Terror als mit den sittlichen Grundsätzen der Gläubigen unvereinbar. In deren gemeinsamer Erklärung heißt es: Wir »erklären als Staatsbürger unseren unbeugsamen Willen, den Frieden zwischen Religionen und Volksgruppen zu unterstützen und zu bewahren.« »Kategorisch verurteilen wir jede Verbreitung von Haß und stellen uns jeder Aufhetzung entgegen, die den religiösen und ethnischen Frieden im Staat gefährdet.« Aufgerufen werden besonders die Massenmedien, »über die Gefahren der Radikalisierung zu informieren und sich eindeutig von allen Aussagen zu distanzieren, die die religiösen Gefühle der Menschen beleidigen könnten. Von neuem erinnern wir, daß die Freiheit des Wortes uns verpflichtet, die religiösen Gefühle der Menschen zu respektieren.«[10] Letzteres gerade auch im Blick auf antireligiöse Karikaturen, in denen viele einen Ausdruck von Presse- oder künstlerischer Freiheit sehen.
In Moskau gab es ein erstes Interreligiöses Friedensforum auf Initiative von Patriarch Aleksij und dem Leiter des Kaukasischen Büros der Muslime, Scheich Pasha-zade, im Jahre 2000, ein zweites 2004. 2006 entstand in Moskau ein Interreligiöser Rat der GUS-Staaten. Eine weiteres Treffen ist für 2009 in Baku geplant.
Erwähnt sei ferner die Weltkonferenz zum Dialog zwischen den Religionen und Zivilisationen: »Der Beitrag von Religion und Kultur zu Frieden, gegenseitigem Respekt und Zusammenarbeit« in Ohrid, Republik von Makedonien, vom 26. bis 28. Oktober 2007 mit Repräsentanten der religiösen Gemeinschaften aus etwa fünfzig Ländern.
In der Präambel der Abschlußerklärung heißt es: »Zutiefst überzeugt von der starken Rolle des Glaubens im Leben, der Werte und der moralischen Prägungen und der umfassenden Sozialisation einer jeden Person als Teil der größeren Ge-

---

[10] *Cărkoven vestnik*, Sofia. 7/2006, S.2.

meinschaft, in der sie natürlicher Weise lebt; überzeugt vom Beitrag des Glaubens und der Kultur für Frieden, gegenseitiges Verstehen und Zusammenarbeit, anerkennen wir die Wichtigkeit der Ideen wechselseitiger Toleranz, des Verstehens und des Brücken-Bauens zwischen Nationen, Gemeinschaften und Ländern; arbeiten wir für eine Kultur des Dialogs, der Toleranz und des Friedens mit der Absicht, Wohlstand, Wohlfahrt und wechselseitige Zusammenarbeit zwischen Nationen und Ländern der Welt zu verbessern.«

Es entspricht durchaus den Einsichten evangelischer und orthodoxer Theologen, wenn Papst Benedikt XVI. zum Abschluß des Weltjugendtages in Sydney am 19. Juli 2008 vor einer geistigen Leere des materiellen Wohlstands warnte, falsch verstandene Freiheit anprangerte und dazu aufrief, sich auf die christlichen Grundwerte zurückzubesinnen. Er rief zur Erneuerung der Gesellschaft und der Kirche auf; Egoismus, Habgier und Oberflächlichkeit müsse durch Solidarität, Respekt und Hoffnung ersetzt werden.

Als entsprechende orthodoxe Beispiele seien erwähnt: die vom Moskauer Patriarchat 2001 verabschiedeten »Grundlagen der Sozialkonzeption« sowie die jährlich in Moskau stattfindenden »Weihnachtslesungen«, deren XVI. Ende Januar 2008 »Orthodoxe Werte und die Bildung der Gegenwart« behandelten.

Dem widmet man sich zunehmend auch in meiner eigenen Kirche. So erschien in Fortführung der 2006 veröffentlichten Denkschrift der EKD über »Gerechte Teilhabe. Befähigung zu Eigenverantwortung und Solidarität« eine neue Denkschrift der EKD über »Unternehmerisches Handeln in evangelischer Perspektive« vom Juli 2008. In Deutschland soll der zum 1. Oktober 2008 vom Rat der EKD berufene Friedensbeauftragte die von der neuen Friedensdenkschrift der EKD »Aus Gottes Frieden leben - für gerechten Frieden sorgen« ausgehenden Impulse koordinieren und verstärken, und ab 2009 wird es eine Friedenskonferenz in der EKD geben, die jährlich tagen soll.

Dabei können wir in unseren europäischen Kirchen in doppelter Weise Bezug aufnehmen: einmal in der brüderlichen Hilfe für die gerade auch in orientalischen Ländern unterdrückten, verfolgten und auf der Flucht befindlichen Christen. Aber wir können auch manches lernen über die Erfahrungen des Zusammenlebens mit Andersgläubigen. Das kann freilich niemals im Sinne religiöser Vermischung geschehen, sondern im Festhalten an unserem christlichen Glauben.

Dies erfordert über alle konfessionellen Unterschiede hinweg eine vielseitige Kooperation unserer Kirchen. Dabei sollten wir lernen, unsere Unterschiede nicht nur als trennende Gegensätze zu verstehen, sondern als einen Reichtum der Vielfalt, dem wir gegenseitig neue Impulse entnehmen können. Wir alle stehen vor der gemeinsamen Aufgabe, daß gerade auch von unserem religiösen Glauben her »Demokratie, Freiheit und Menschenrechte« nicht äußerlich verwendete Vokabeln bleiben, sondern mit Leben erfüllt werden.

BISCHOF GERHARD FEIGE

## Bereichert und herausgefordert
*Katholische Erfahrungen mit dem christlichen Osten*[1]

### Einleitung: Biographisch motiviert

Ohne einer biographischen Selbstbespiegelung verfallen zu wollen, kann ich doch nicht umhin, mich dem Thema dieses Festvortrages sehr persönlich zu nähern. Hätte ich nämlich keinen - nun schon jahrzehntelangen - existentiellen Bezug dazu, stünde ich heute nicht hier.

»Wie sind Sie eigentlich zu Ihrem Interesse für die Ostkirche gekommen?«, so werde ich manchmal gefragt. Das läßt sich nicht monokausal begründen; viele Faktoren haben dabei eine Rolle gespielt.

Sicher bekam ich die ersten Anstöße dazu wohl schon als Jugendlicher durch meinen Heimatpfarrer in Halle an der Saale. Dieser hatte bereits 1938 an der halleschen Martin-Luther-Universität in Slawistik promoviert[2] und ließ auch sonst seine Sympathie für den christlichen Osten und dessen Liturgien immer wieder durchblicken.

Während meines Theologiestudiums in Erfurt war es ein ostkirchlich versierter und engagierter Präfekt im Priesterseminar, dem ich weitere Anregungen und durch gezielte Vermittlung von hilfreichen Kontakten meine ersten praktischen Erfahrungen mit der Orthodoxie auf mehreren Reisen durch Rumänien und Bulgarien verdanke.[3] Außerdem animierte er mich, die Leitung des damals noch sogenannten »Russenchores« zu übernehmen, der im Rahmen eines »Dies orientalis« hin und wieder im Seminar oder in einer unserer römisch-katholischen Ge-

---

[1] Festvortrag zum 60jährigen Bestehen des Ostkirchlichen Institutes in Würzburg am 9. Februar 2007.

[2] J. Langsch, *Die Predigten der »Večera duševnaja« von Simeon Polockij, vom literarischen Standpunkt aus beurteilt* (Ms.), Halle 1938.

[3] Vgl. G. Feige, *Zum Gedenken an Dietmar Hintner (gest. 1976) und seine Untersuchung über »Die Ungarn und das byzantinische Christentum der Bulgaren im Spiegel der Register Papst Innozenz' III.«*, in: *Ungarn und das Christentum Südosteuropas. Historische Referate des VIII. Theologischen Südosteuropaseminares in Budapest (24.-31.8.1986)*, hrsg. v. A.M. Ritter, Heidelberg 1987, 9-14.

meinden die Feier einer Göttlichen Liturgie mit bestritt. Von da an nahmen mein Interesse für die östlichen Kirchen sowie meine wissenschaftliche und praktische Beschäftigung mit ihrer Geschichte und Gegenwart, ihrer Theologie und Spiritualität immer mehr zu. Schritt für Schritt wurden mein Horizont weiter, meine Kenntnisse reicher und mein Verständnis tiefer. Dazu verhalf mir anfangs auch die Teilnahme an einem ostkirchlichen Arbeitskreis evangelischer Theologen. Wesentlich waren für mich dann meine jahrelangen Studien zur Theologie- und Dogmengeschichte des 4. Jahrhunderts und nach der Wende die Möglichkeit, bei zahlreichen Begegnungen und in verschiedenen Gremien auf deutscher und seit einiger Zeit auch auf internationaler Ebene noch intensiver und vielfältiger mit Vertretern orthodoxer, altorientalischer und unierter Kirchen ins Gespräch zu kommen und weiterzudenken. Durch die Erlaubnis, die Liturgie gelegentlich auch selbst im byzantinischen Ritus zelebrieren zu können, eröffnete sich mir noch eine weitere sehr dichte Zugangsweise.

Für all diese Erfahrungen bin ich sehr dankbar. Sie haben mich als Mensch und Christ, als Priester und Bischof enorm bereichert, sensibler werden lassen, mit Respekt erfüllt und geistig wie geistlich herausgefordert. Dabei bin ich im Laufe der Zeit auch von manchem Klischee zu einer differenzierteren Sicht und von mancher naiven Euphorie zu einer größeren Nüchternheit gelangt. Interessanterweise kann die Begegnung und Beschäftigung mit dem östlichen Christentum nicht nur Einseitigkeiten oder Defizite in der eigenen Tradition und Praxis offenbaren, sondern auch manches darin besser verstehen lassen und zu neuer Selbsterkenntnis führen. Ähnlich können katholisch-evangelische Gegensätze unter Einbeziehung orthodoxer Aspekte auf einmal in einem neuen Licht erscheinen und sich merklich entkrampfen.[4] Es gibt - so schon meine ganz persönliche Erkenntnis - viele Gründe, warum es hilfreich und empfehlenswert ist, sich vom christlichen Osten anregen zu lassen. Mit dieser Überzeugung bewege ich mich in einem katholischen Lernprozeß, dessen Vorgeschichte ins 19. Jahrhundert zurückreicht, der aber erst im 20. Jahrhundert - vor allem durch das II. Vatikanische Konzil - so richtig ausgelöst worden ist.

---

[4] Vgl. K.Chr. Felmy, *Warum und zu welchem Behufe treiben wir Ostkirchenkunde?*, in: Erfurter Vorträge zur Kulturgeschichte des Orthodoxen Christentums 3, Universität Erfurt 2003, bes. 13-15.

## 1. Eine neue »Orientierung«

Herrschte in der Katholischen Kirche über Jahrhunderte die Auffassung von der »praestantia« des lateinischen Ritus über alle anderen, kam mit Papst Pius IX. (1846-1878) eine entscheidende Wendung zugunsten der östlichen Riten und ihrer grundsätzlichen Gleichheit.[5] Doch erst mit Papst Leo XIII. (1878-1903) setzte eine Entwicklung ein, die die östlichen Riten zunehmend nicht nur aus bloßen Nützlichkeitserwägungen gelten ließ, sondern diese immer mehr in ihrem Eigenwert als Zierde für die ganze Kirche und als einen Ausdruck ihrer Katholizität schätzte.[6]

Im vergangenen Jahrhundert war es zunächst Papst Pius XI. (1922-1939), der der Öffnung gegenüber den östlichen Riten neue Impulse gab. So forderte er die abendländischen Orden auf, Abteilungen von Mönchen und Nonnen zu errichten, die das Klosterleben nach dem byzantinischen Ritus gestalten sollten. Gefolgt sind diesem Ruf vor allem die Benediktiner; die Klöster in Chevetogne und Niederaltaich zeugen noch heute davon.[7] Aber auch andere Orden - wie die Augustiner oder die Jesuiten - gingen darauf ein und beauftragten einige ihrer Mitglieder, sich dem ostkirchlichen Studium und dem byzantinischen Ritus zu widmen. Das 1929 in Rom gegründete »Russicum« bildete dazu eines der wichtigsten Experimentierfelder. Im selben Jahr ordnete auch die Kongregation für die Universitäten und die Seminare an, den theologischen Studien des christlichen Ostens eine größere Aufmerksamkeit zuzuwenden und an den römisch-katholischen Priesterseminaren jährlich einen ostkirchlichen Tag durchzuführen.[8]

Auf diesem Hintergrund ist es verständlich, daß auch die Liturgische Bewegung des letzten Jahrhunderts von Anfang an mit großem Interesse, ja mit einer ausgesprochenen Lernbereitschaft nach dem christlichen Osten geschaut hat. Nichts ist bezeichnender dafür, als daß Lambert Beauduin, einer ihrer wichtigsten Initiatoren, 1926 dem ersten Aufsatz in der Eröffnungsnummer seiner Zeit-

---

[5] Zur Haltung Roms gegenüber der Eigenart des Ostens im 2. Jahrtausend vgl. W. de Vries, *Rom und die Patriarchate des Ostens*, Freiburg/München 1963, 183-392; hier 218f.

[6] Vgl. ebd. 220.

[7] Vgl. G. Hohmann, *Sechzig Jahre Catholica Unio,* in: *COst* 39 (1984) 80f.; G. Voss, *Gelebte Vermittlung des liturgischen Reichtums der Ostkirche*, in: *COst* 41 (1986) 218f.

[8] Vgl. J. Madey, *Orientalische Katholiken in lateinischen Diözesen*, in: *COst* 41 (1986) 245.

schrift »Irénikon« den Obertitel gab: »Der Westen in der Schule des Ostens«.[9] Bedeutungsvoll für die weitere Entwicklung war auch, daß sich westliche Liturgiewissenschaftler wie z.b. Anton Baumstark, Hieronymus Engberding und Bernard Botte wieder viel mehr mit den östlichen Liturgien beschäftigten. Zwischen den beiden Weltkriegen kam es außerdem im katholischen Raum zu einer verstärkten Rückbesinnung auf die alten Kirchenväter und einer auffälligen Wiederentdeckung östlicher Theologie; dafür stehen Namen wie Odo Casel, Hugo Rahner, Henri de Lubac und Jean Danielou.[10]
So vorbereitet konnte es dann zu jenen Äußerungen des II. Vatikanischen Konzils kommen, die eine deutliche Öffnung und ein großes Wohlwollen gegenüber dem östlichen Erbe erkennen lassen. Nicht zuletzt hat dies seinen Grund bei den etwa 100 Konzilsvätern aus den katholischen Ostkirchen, die zwar nur 4% aller Konzilsteilnehmer ausmachten, aber dennoch recht einflußreich waren.[11] Aber auch die offiziellen Beobachter aus den Orthodoxen Kirchen und manche römisch-katholischen Fachleute der »Ostkirchenkunde« dürften von Einfluß gewesen sein.[12]
Denkwürdig ist schon Art. 4 der Liturgiekonstitution von 1963, der mit konziliarer Verbindlichkeit »allen rechtlich anerkannten Riten gleiches Recht und gleiche Ehre zuerkennt«. Gegenüber früherer Latinisierung bedeutete dies gewissermaßen nunmehr eine »Re-Orientalisierung«.[13] Im Dekret über die katholischen Ostkirchen von 1964 wird darüber hinaus hervorgehoben, daß man dem kirchlichen und geistigen Erbgut des Ostens nicht nur Achtung und Lob entgegenbringt, sondern es unmißverständlich als »echtes Erbgut der gesamten Kirche« betrachtet.[14]
Was darunter im einzelnen gemeint sein könnte, wird im Dekret über den Ökumenismus, das im selben Jahr verkündet wurde, entfaltet. Da heißt es bei der be-

---

[9] Vgl. B. Fischer, *Östliches Erbe in der jüngsten Liturgiereform des Westens*, in: *LJ* 27 (1977) 94.

[10] Vgl. J. Ratzinger, *Die Bedeutung der Väter für die gegenwärtige Theologie*, in: *THQ* 148 (1968) 257f.

[11] Vgl. R. Hotz, *Sakramente im Wechselspiel zwischen Ost und West* (Ökumenische Theologie 2), Zürich-Köln und Gütersloh 1979, 287f.

[12] B.J. Hilberath, in: *Herders Theologischer Kommentar zum Zweiten Vatikanischen Konzil 3*, Freiburg im Breisgau 2005, 166.

[13] E.J. Lengeling. Vgl. B. Fischer, *Östliches Erbe* 94.

[14] *OE* 5; vgl. 1 und 3.

sonderen Betrachtung der orientalischen Kirchen in Artikel 14, nachdem zunächst die gelebte Communio-Ekklesiologie des ersten Jahrtausends bis zum Begriff der »Schwesterkirchen« vor Augen gestellt worden ist: »Es darf ebenfalls nicht unerwähnt bleiben, daß die Kirchen des Orients von Anfang an einen Schatz besitzen, aus dem die Kirche des Abendlandes in den Dingen der Liturgie, in ihrer geistlichen Tradition und in der rechtlichen Ordnung vielfach geschöpft hat. Auch das darf in seiner Bedeutung nicht unterschätzt werden, daß die Grunddogmen des christlichen Glaubens von der Dreifaltigkeit und von dem Wort Gottes, das aus der Jungfrau Maria Fleisch angenommen hat, auf ökumenischen Konzilien definiert worden sind, die im Orient stattgefunden haben«.[15] Neben liturgischen, geistlichen und rechtlichen Erbstücken werden hier also auch das trinitätstheologische und das christologische Bekenntnis genannt. Artikel 15 setzt schon voraus, daß allgemein bekannt sei, welche Bedeutung im Osten besonders der Eucharistiefeier für das Leben der Kirche zukomme: für ihren Aufbau, ihr Wachstum und die Bezeugung ihrer Einheit. Indem die Einheit mit dem jeweiligen Bischof erwähnt wird, erscheint die eucharistische Ekklesiologie hier eindeutig als eine Theologie der bischöflichen Ortskirche. Am Ende des Artikels, der noch weitere geistliche Reichtümer des Ostens in den Blick nimmt, heißt es schließlich: »Alle sollen um die große Bedeutung wissen, die der Kenntnis, Verehrung, Erhaltung und Pflege des überreichen liturgischen und geistlichen Erbes der Orientalen zukommt, damit die Fülle der christlichen Tradition in Treue gewahrt und die völlige Wiederversöhnung der orientalischen und der abendländischen Christen herbeigeführt werde.«[16]
Artikel 17 geht noch einen Schritt weiter und verweist im Blick auf die Verkündigung darauf, »daß von der einen und von der anderen Seite bestimmte Aspekte des offenbarten Mysteriums manchmal besser verstanden und deutlicher ins Licht gestellt wurden, und zwar so, daß man bei jenen verschiedenartigen theologischen Formeln oft mehr von einer gegenseitigen Ergänzung als von einer Gegensätzlichkeit sprechen muß.«[17] Bereicherung kann demnach auch bedeuten, »im Fremden Eigenes und im Eigenen Fremdes zu entdecken«[18] Dies gilt vor allem dann, wenn es sich um ein Erbe wie das östliche handelt, das - so die ab-

---

[15] *UR* 14,2.

[16] *UR* 15,4.

[17] *UR* 17,1.

[18] B.J. Hilberath, in: *Herders Theologischer Kommentar zum Zweiten Vatikanischen Konzil 3*, 173.

schließende Würdigung des Textes - »zur vollen Katholizität und Apostolizität der Kirche gehört«.[19]

Etwa 30 Jahre waren vergangen, als Papst Johannes Paul II. zum hundertsten Jahrestag des Apostolischen Schreibens »Orientalium dignitas« von Papst Leo XIII. 1995 die neue »Orientierung« der westlichen Kirche durch sein Apostolisches Schreiben »Orientale lumen« fast überschwenglich bekräftigte und in manchem noch verstärkte und weiterführte.[20] »Das Licht aus dem Osten hat die Gesamtkirche erleuchtet, seitdem über uns ,ein aus der Höhe aufstrahlendes Licht' …, Jesus Christus, unser Herr, erschienen ist …«, so beginnt der Text programmatisch; und im Rückblick auf die Zeit nach dem Konzil heißt es: »Seit damals ist ein langer Weg im gegenseitigen Kennenlernen zurückgelegt worden. Es hat die Wertschätzung füreinander verstärkt und uns oft erlaubt, auf einem Weg der Liebe, der bereits eine Pilgerschaft zur Einheit hin ist, gemeinsam zu dem einen Herrn und auch füreinander zu beten.«[21]

Welche überaus große Bedeutung der Papst dem östlichen Christentum beimißt, läßt schon der Satz erahnen: »Im Vergleich zu jeder anderen Kultur fällt … dem christlichen Osten als ursprünglichem Rahmen für die entstehende Kirche eine einzigartige und privilegierte Rolle zu.«[22] Als unterscheidende und zugleich beeindruckende Beispiele aus der östlichen Überlieferung wird auf die »Haltung der Anbetung« verwiesen, auf die »wunderbare Vielfalt«, die »Teilnahme an der göttlichen Natur« bzw. die »Vergöttlichung« als Ziel des Christseins, den Glauben an die »Unerkennbarkeit des göttlichen Wesens« und den Stellenwert der »monastischen Spiritualität«.[23]

Daß im christlichen Osten Völker und ihre Kulturen geachtet werden und das Wort Gottes und sein Lobpreis in jeder Sprache erklingen können, findet seine Wertschätzung »als ein glaubwürdiges Beispiel gelungener Inkulturation«.[24]

Und der in den Ostkirchen ausgeprägte »Sinn für Kontinuität …, der in den Begriffen Überlieferung und eschatologische Erwartung Ausdruck findet« und sich

---

[19] *UR* 17,2.

[20] Der Text findet sich in: Verlautbarungen des Apostolischen Stuhls 121, hrsg. vom Sekretariat der Deutschen Bischofskonferenz, Bonn 1995, 81-118.

[21] *Orientale lumen* 1 u. 17 (*a.a.O.* 85 u. 104).

[22] Ebd. 5 (*a.a.O.* 88).

[23] Vgl. ebd. 5f. (*a.a.O.* 88-90).

[24] Ebd. 7 (*a.a.O.* 91).

sowohl mit dem alten Erbe als auch mit der Zukunft Gottes verbunden sieht, wird als vorbildhaft gewürdigt.[25] In diesem Zusammenhang heißt es auch: »Jede Kirche muß gegen die Versuchung ankämpfen, das, was sie vollbringt, zu verabsolutieren und sich so entweder dem Selbstruhm oder der Betrübnis hinzugeben.«[26]

Intensiv widmet sich der Text auch dem Mönchtum, das im Osten »nicht nur als eine Art Ausnahmesituation angesehen« wird, »die nur eine Kategorie von Christen betrifft, sondern eigentlich als Bezugspunkt für alle Getauften«.[27]

Nachdem nunmehr entscheidende Äußerungen, die in der jüngsten Vergangenheit eine Öffnung der Katholischen Kirche gegenüber dem östlichen Christentum und dessen erneute Wertschätzung beschworen und ermöglicht haben, zu Gehör gebracht worden sind, sollen im folgenden einige »Früchte« dieser Entwicklung etwas ausführlicher herausgestellt und beleuchtet werden.

## 2. Konkrete Auswirkungen

Erstaunlicherweise läßt sich, wie Balthasar Fischer schon 1977 in einem Aufsatz anhand charakteristischer Beispiele belegt hat, in beträchtlichem Ausmaß »Östliches Erbe in der jüngsten westlichen Liturgiereform« entdecken.[28] Dabei sieht er zwei Weisen, eine indirekte und eine direkte. Indirekt habe östliches Erbe entweder negativ in dem Sinne eingewirkt, daß man nicht geändert habe, wenn eine Verstimmung des Ostens zu befürchten gewesen wäre, oder positiv in dem Sinne, daß man Veränderungen gegenüber aufgeschlossener war, wenn auf eine noch erhaltene Praxis des als traditionstreuer geltenden Ostens hingewiesen werden konnte. Darüber hinaus hätte man aus dem östlichen Erbe aber auch vieles ausdrücklich übernommen oder entlehnt. Robert Hotz sieht darin in Verbindung mit einer starken Betonung des Mysteriums sogar eine »östliche Korrektur« gegenüber der - wie er sagt - »sicherlich nicht ohne einen gewissen protestantischen Einfluß« erfolgten Aufwertung des bis dahin in der lateinischen Kirche

---

[25] Vgl. ebd. 8 (*a.a.O.* 92).
[26] Ebd.
[27] Vgl. ebd. 9-16; hier 9 (*a.a.O.* 93-103; hier 93f.).
[28] Vgl. zu den folgenden Ausführungen vor allem B. Fischer, *Östliches Erbe* 92-106.

eher etwas vernachlässigten Wortes.[29]
Indirekt beeinflußt mit Rücksichtnahme auf den Osten erscheint etwa die Beibehaltung des Embolismus nach dem Vaterunser in der Eucharistiefeier. Ein solches »Nachgebet« findet sich in allen östlichen Liturgien außer der byzantinischen. Zu erwähnen ist hier auch das unhistorische, aber östlicherseits recht populäre Fest der Einführung Mariens in den Tempel (Praesentatio BMV oder auch Mariä Opferung genannt). Trotz ernsthafter Versuche hat man es nicht zu tilgen gewagt, sondern nur den Titel im Hinblick auf ein entsprechendes Kirchweihfest in »Gedenktag Unserer Lieben Frau in Jerusalem« verändert.
Bei anderen Entscheidungen hat sich die östliche Praxis positiv als beispielhaft und bestärkend erwiesen. Dazu gehören die Einführung der Muttersprache, die Wiederbelebung der Konzelebration, die Erweiterung der Kelchkommunion oder die Rückkehr zu Fürbitten in Eucharistiefeier und Vesper.
Als direkte Übernahme östlichen Brauchs und sogar als spektakulär kann die konzeptionelle Entscheidung für mehrere Hochgebetsformulare und die Einfügung einer Volksakklamation nach dem Einsetzungsbericht angesehen werden. Noch bedeutsamer ist jedoch die inhaltliche Beeinflussung durch das östliche Erbe.[30] Eine solche zeigt sich z.B. bei verschiedenen Präfationen, die - entgegen bisher im römischen Ritus üblicher Praxis - das Gesamt des Erlösungsgeschehens von der Geburt Jesu bis zu seiner Verherrlichung in den Blick nehmen. Während die römische Liturgie sich außerdem seit jeher in ihrem Kanon auf den Dank für die Erlösung beschränkt hat, werden in den neuen Hochgebeten auch wieder die urchristlichen Motive Dank für die Schöpfung, Bitte um die Herabkunft des Geistes und Ausblick auf die Wiederkunft zur Sprache gebracht. Das II. und das IV. Hochgebet oder die anamnetische Volksakklamation nach dem Einsetzungsbericht weisen zudem deutlich auf östliche Ursprünge hin und enthalten sogar wörtliche Anleihen.
Auf östlichen Einfluß geht schließlich auch der schon im Vorfeld des Konzils zustande gekommene Entschluß zurück, das Herrengebet nicht mehr allein dem Vorsteher zu überlassen, sondern als gemeinsames Tischgebet der gesamten Gemeinde zuzuweisen.
Auch in der erneuerten Sakramentenliturgie finden sich konzeptionell-inhaltliche Beeinflussungen und wörtliche Anleihen. So hat man sich bei der Firmung gegenüber der Formel des Pontifikale Romanum für eine Spendeformel entschie-

---

[29] Vgl. R. Hotz, *Sakramente* 287.
[30] Vgl. dazu auch ebd. 290-292.

den, die erstmals am Ende des 4. Jahrhunderts im antiochenischen Ritus bezeugt ist und im byzantinischen Ritus bis heute gebraucht wird. Statt der wahrhaft blassen Worte »Signo te signo crucis, et confirmo te chrismate salutis in nomine Patris et Filii et Spiritus Sancti« heißt es nun kraftvoller: »Sphragis doreas pneumatos hagiou« bzw. »Accipe signaculum doni Spiritus Sancti« und ins Deutsche – eventuell nicht so geschickt – übersetzt: »N., sei besiegelt durch die Gabe Gottes, den Heiligen Geist.«[31] Damit verband sich vor allem das Ziel, den inneren Zusammenhang dieses Sakramentes mit der gesamten christlichen Initiation wieder besser aufscheinen zu lassen.[32] Östlich beeinflußt ist dann auch nach entsprechenden Reformen das Ideal des sakramentalen Eingliederungsprozesses in die Kirche wenigstens teilweise wiederbelebt worden. So folgt nunmehr gewöhnlich einer Taufe von Erwachsenen oder Kindern im Alter der Glaubensunterweisung in derselben Feier sofort in traditioneller Reihenfolge die Firmung, die jeder Priester – mit bischöflichem Auftrag – spenden kann, und die Erstkommunion.

Wörtlich aus östlichem Formelgut übernommen ist auch das Weihegebet zur Bischofskonsekration. Aus der Traditio Apostolica Hippolyts stammend und leicht abgewandelt bis heute bei Ostsyrern und Kopten in Gebrauch, bezeugt es damit zugleich das gemeinsame orthodox-katholische Bischofsbild.[33]

Inwieweit bei der vom Konzil gewünschten Reform des siebten Sakramentes von der als »Letzte Ölung« Sterbender verstandenen Fehlform zu einer Hervorhebung als wirkliche »Krankensalbung« hin die östliche Tradition mitberücksichtigt wurde, sei dahingestellt; auf jeden Fall sind auch hierbei Annäherungen auszumachen.[34]

Schließlich gehört zu den nachkonziliaren Erneuerungen, die sich in der einen oder anderen Hinsicht vom östlichen Christentum anregen oder begründen ließen, auch die Wiedereinführung des Ständigen Diakonats.[35]

Konkrete Auswirkungen der westlichen Öffnung nach Osten hin – einer im wahrsten Sinn – neuen »Orientierung« – ließen sich auch noch in weiteren Bereichen aufzeigen, ob nun in einer stärkeren Beachtung östlicher Kirchenväter,

---

[31] Vgl. B. Fischer, *Östliches Erbe* 101.
[32] Vgl. dazu auch R. Hotz, *Sakramente* 292-296.
[33] Vgl. B. Fischer, *Östliches Erbe* 101f.
[34] Vgl. R. Hotz, *Sakramente* 296f.
[35] Vgl. ebd. 297f.

Theologie und Spiritualität oder auch auf kultureller, sozial-karitativer und menschlich-praktischer Ebene. Im »Dialog der Liebe« ist es zu vertrauensbildenden Begegnungen, informativem Austausch und konstruktiven Aktionen gekommen. Dabei ist manchen unter uns wohl erst so richtig bewußt geworden, wie groß Bedrängnis, Leid und Verfolgung in den östlichen Kirchen gewesen sind und was es bedeutet, trotz allem am christlichen Glauben festgehalten zu haben und oftmals durch nichts anderes als die Feier der Liturgie gestärkt worden zu sein. Symbolträchtig ist in den vergangenen Jahrzehnten so manches Mal aufgeleuchtet, wie sehr orthodoxe und katholische Christen doch zusammengehören. Ohne Zweifel hat es auch schwerwiegende Irritationen gegeben, die gelegentlich alles wieder in Frage stellten, vor allem nach den gesellschaftspolitischen Umbrüchen im Osten Europas. Erfreulicherweise ist aber die Kommunikation nie gänzlich abgebrochen, sind Konflikte entschärft oder sogar gelöst worden, hat es neue Aufbrüche gegeben. Auch der orthodox-katholische »Dialog der Wahrheit«, der sowohl regional und national als auch überregional und auf Weltebene schon zu bemerkenswerten theologischen Einsichten und Gemeinsamkeiten geführt hat,[36] geht weiter. Dennoch ist nicht zu übersehen, daß die Rezeption seiner Ergebnisse auf beiden Seiten noch viel zu wünschen übrig läßt. Was könnte uns Katholiken eventuell noch mehr zu denken geben und veranlassen, unser Verständnis und unsere Praxis zu überprüfen, ggf. auch zu ändern? Aus der Fülle möglicher Anregungen seien einige Beispiele genannt, die dem internationalen orthodox-katholischen Dialog entstammen.

## 3. Weiterführende Herausforderungen

Im ersten Dokument, das 1982 in München verabschiedet wurde, geht es unter der programmatischen Überschrift »Das Geheimnis der Kirche und der Eucharistie im Licht des Geheimnisses der Heiligen Dreifaltigkeit« vor allem um ekklesiologische Fragen.[37] Ausgehend von dem engen Zusammenhang, der zwi-

---

[36] Vgl. *Orthodoxie im Dialog. Bilaterale Dialoge der orthodoxen und der orientalisch-orthodoxen Kirchen 1945-1997. Eine Dokumentensammlung* (Sophia 32), hrsg. v. Th. Bremer u. a., Trier 1999, 24-186; auch J. Oeldemann, *Orthodoxe Kirchen im ökumenischen Dialog. Positionen, Probleme, Perspektiven*, Paderborn 2004, 58-65.

[37] Der Text findet sich z. B. in: *US* 37 (1982) 334-340, *COst* 37 (1982) 172-178 oder *OFo* 3 (1989) 219-228.

schen Eucharistie und Kirche besteht, wird eine Ekklesiologie der Ortskirche als eucharistische Gemeinschaft unter Vorsitz des Bischofs entfaltet. Unter universaler Perspektive wird die eine Kirche Christi schließlich als Koinonia von Ortskirchen beschrieben, deren Einheit und Vielfalt nach dem Vorbild der göttlichen Trinität zu verstehen sei. Daß die Eucharistie die Kirche stiftet und aufbaut, daß überall, wo sie gefeiert wird, die Kirche - durch den Geist bewirkt - als Leib Christi ganz da ist und der Himmel die Erde berührt, ist eine Vorstellung, die unter römisch-katholischen Christen noch bewußter aufgenommen werden könnte und sollte. Gleiches ist von ihrem Verständnis als »Vorgeschmack des ewigen Lebens«, als »Arznei der Unsterblichkeit« und als »Zeichen des zukünftigen Reiches« zu sagen.

Außerdem ist zu beobachten, daß die Überzeugung von der konsekratorischen Wirkung und epikletischen Grunddimension der gesamten Anaphora bzw. des ganzen Hochgebetes in der katholischen Volksfrömmigkeit oftmals noch keinen spürbaren Widerhall gefunden hat. Was ist damit gemeint? Zu früheren Kontroversen gehörte auch, daß katholischerseits den Einsetzungsworten und orthodoxerseits der Epiklese die entscheidende Bedeutung für die Wandlung von Brot und Wein in Leib und Blut Christi beigemessen wurde. Vor allem nachtridentinisch und gegenreformatorisch geprägt ist unter römischen Katholiken immer noch eine starke Fixierung auf die Einsetzungsworte anzutreffen; viele gehen erst kurz vorher in die Knie und stehen auch gleich danach wieder auf. Nach den Aussagen des Münchner Dokumentes jedoch »vollzieht sich das eucharistische Geheimnis in dem Gebet, welches die Worte, durch die das fleischgewordene Wort das Sakrament eingesetzt hat, und die Epiklese miteinander verbindet, in welcher die Kirche, erfüllt vom Glauben, durch den Sohn den Vater bittet, den Heiligen Geist zu senden, damit in der einzigen Darbringung des fleischgewordenen Sohnes alles in der Einheit vollendet werde.«[38] Noch weiter gehen pastorale Richtlinien zwischen der Chaldäischen Kirche und der Assyrischen Kirche des Orients, in denen der Päpstliche Einheitsrat 2001 erstaunlicherweise sogar ein Hochgebet - die Anaphora von Addai und Mari - anerkannt hat, das kein wörtliches Zitat des Einsetzungsberichtes enthält.[39] Begründet wurde dies damit, daß dieses Hochgebet eines der ältesten ist, seine Gültigkeit offiziell nie in Frage ge-

---

[38] *Münchener Dokument* I 6.

[39] Der Text findet sich in: *Dokumente wachsender Übereinstimmung. Sämtliche Berichte und Konsenstexte interkonfessioneller Gespräche auf Weltebene III: 1990-2001*, hrsg. v. H. Meyer u. a., Paderborn und Frankfurt am Main 2003, 599-601.

stellt wurde und daß es von einer Kirche gebraucht wird, die sowohl in der apostolischen Nachfolge steht als auch den eucharistischen Glauben voll bewahrt hat. Von einer Fixierung auf wenige Worte sich zu lösen und dem ganzen Hochgebet als konsekratorisches und epikletisches Geschehen seine ungeteilte Aufmerksamkeit und Frömmigkeit zu schenken, wäre sicher kein Verlust, sondern eher ein Gewinn.

Einer weiteren Klärung harrt auch noch der Begriff »Schwesterkirchen«, an den das Münchener Dokument erinnert und der schon vom Ökumenischen Patriarchen Athenagoras und Papst Paul VI. verwandt wurde; seitdem spielt er in den Beziehungen zwischen der Katholischen und der Orthodoxen Kirche eine bedeutsame Rolle. Spiegelt er schon irgendeine ekklesiale Wirklichkeit wider, oder steht er mindestens als Metapher für ein Programm bzw. Ziel, oder verbirgt sich dahinter nur eine ökumenische Höflichkeitsformel?[40] Letzteres hat Papst Johannes Paul II. ausdrücklich ausgeschlossen und betont, daß es sich bei diesem Ausdruck um eine »wirkliche ökumenische Kategorie der Ekklesiologie« handle, auf der alle weiteren zwischenkirchlichen Beziehungen aufbauen müßten.[41] Die kühne Rede von »Schwesterkirchen« und der brüderliche Umgangsstil zwischen Päpsten und Patriarchen seit Paul VI. und Athenagoras hat etwas ins Rollen gebracht, das theologisch noch tiefer und präziser durchdrungen und breitenwirksamer bewußt gemacht werden müßte.

Während der zweiten Phase des orthodox-katholischen Dialogs auf Weltebene war es von Seiten der Orthodoxie zu massiven Anfragen an die römisch-katholische Praxis hinsichtlich der Initiationssakramente gekommen.[42] Man bemängelte, daß im Abendland die Firmung zeitlich von der Taufe getrennt sei, die Erstkommunion sich weithin dazwischen geschoben habe und sonderbarerweise nach der Taufe zweimal - zunächst durch den Priester und Jahre später dann durch den Bischof - mit Chrisam gesalbt werde. Ausgangspunkt und Maßstab dieser Beanstandungen war die - einst Ost wie West gemeinsame und bis heute

---

[40] G. Feige, *»Schwesterkirchen«? Probleme und Chancen des orthodox-katholischen Dialogs*, in: *Die Orthodoxe Kirche. Eine Standortbestimmung an der Jahrtausendwende. FS für Anastasios Kallis*, Frankfurt am Main 1999, 225 u. 229-232; Th. Bremer, *Schwesterkirchen - im Dialog? Erfolge und Rückschritte in den orthodox-katholischen Beziehungen seit 1965*, in: *Die Wiederentdeckung der Communio*, hrsg. v. J. Oeldemann, Würzburg 2006, 64-70.

[41] Vgl. E. Suttner, *»Schwesterkirchen in fast vollendeter Gemeinschaft«: Eine ekklesiologische Aussage oder eine ökumenische Höflichkeitsformel?*, in: COst 47 (1992) 178 u. 286.

[42] G. Feige, *Die katholische Firmpraxis angesichts orthodoxer Bedenken*, in: *FS Konrad Onasch* = Stimme der Orthodoxie 3/1996, 13f.

die orthodoxe Praxis auch im Blick auf Säuglinge bestimmende - altkirchliche Auffassung von der Einheit der Initiation. Danach vollendet die Firmung die Taufe, während die Kommunion den krönenden Abschluß bildet. Im Dokument »Glaube, Sakramente und die Einheit der Kirche«, das nach langen Diskussionen 1987 in Bari dann doch noch zustande kam, wird dies auch als das gemeinsame Ideal beschrieben.[43] Hinsichtlich der in der Initiationspraxis jedoch weiterhin bestehenden Unterschiede hatte man sich verständigt, daß diese aus seelsorglichen Gründen gerechtfertigt werden könnten und nicht kirchentrennend sein müßten. Mit der erfreulichen Anerkennung der jeweils anderen Gewohnheiten sollte man sich - so meine Meinung - doch noch nicht ganz zufrieden geben. Die historische Einsicht, daß verschiedene Entwicklungen sich einfach ergaben und erst nachträglich reflektiert und gedeutet wurden, daß die pastorale Praxis sich immer wieder auch an der ursprünglichen Überlieferung und Lehre zu überprüfen hat und daß die Firmung zu den theologisch am wenigsten geklärten Sakramenten gehört, ist zugleich eine bleibende Herausforderung. Katholischerseits müßte ganz sicher überdacht werden, in welchem Verhältnis die Firmung zur Eucharistie steht und ob es nicht doch die Möglichkeit gäbe, auch nach einer Kindertaufe wenigstens wieder die richtige Reihenfolge beim Empfang dieser Sakramente anzustreben. Außerdem wäre - trotz der Tatsache, daß die Firmung im Westen nicht als heilsnotwendig angesehen wird - der Frage nachzugehen, wie eigentlich die kirchliche Stellung getaufter, aber nicht gefirmter Christen zu betrachten sei.

Im dritten Dokument des internationalen orthodox-katholischen Dialogs, das 1988 in Valamo verabschiedet wurde, geht es um »Das Weihesakrament in der sakramentalen Struktur der Kirche, insbesondere die Bedeutung der apostolischen Sukzession für die Heiligung und die Einheit des Volkes Gottes«.[44] In großer Einmütigkeit sieht man das dreigestufte Dienstamt - mit dem Bischof als Träger der Fülle des Priestertums an der Spitze - in Kontinuität mit dem Wirken der Apostel unter christologischer und pneumatologischer Perspektive und erinnert auch an die vor allem im synodalen bzw. konziliaren Leben zum Ausdruck gekommene bischöfliche Verantwortung über die eigene Ortskirche hinaus. Dabei wird gegen Ende auch auf Kanon 34 der Apostolischen Kanones Bezug genommen, der wörtlich lautet: »Die Bischöfe eines jeden Volkes sollen einen als den ersten unter sich anerkennen, und ihn als ihr Haupt betrachten und nichts

---

[43] Der Text findet sich z.B. in: *US* 42 (1987) 262-270 u. *OFo* 3 (1989) 229-239.

[44] Der Text findet sich z.B. in: *US* 43 (1988) 343-352 u. *OFo* 3 (1989) 241-250.

ohne sein Urteil tun. Jeder von ihnen darf nur tun, was sich seiner Diözese und den von ihm abhängigen Territorien aufdrängt. Aber auch der Erste tut nichts ohne das Urteil der anderen ...«[45] Eine Wechselbeziehung von Autorität und Synodalität klingt hier an. Dieser Kanon könnte mit seinen Aussagen über einen »Protos«, einen »Ersten« unter sonst gleichen Bischöfen, ein Schlüssel sein, um vom »Primat« des Ortsbischofs in seinem Bistum über den des Metropoliten oder Patriarchen in seiner Region zu dem des Papstes für die ganze Kirche zu kommen. Ebenso könnte er den Gegensatz, der zwischen einem »Ehrenprimat« und einem »Jurisdiktionsprimat« gesehen wird, in einem anderen Licht erscheinen lassen. Darum spielt dieser Kanon auch im Verhandlungstext des jüngst - mit der Vollversammlung in Belgrad im vergangenen September - wieder in Gang gekommenen orthodox-katholischen Dialogs auf Weltebene eine wichtige Rolle.

Wie sieht es in der Katholischen Kirche mit einem solchen »Protos« auf regionaler Ebene und entsprechenden Synoden aber aus? In der lateinischen Kirche ist davon nicht viel übriggeblieben oder noch nicht wieder so richtig belebt worden. Nationale Bischofskonferenzen und ihre Vorsitzenden sind jedenfalls nicht in dieser ekklesiologischen oder kanonischen Position. Anders dagegen sieht es bei den katholischen Ostkirchen aus. In ihnen gibt es Strukturen und Praktiken von Autorität und Synodalität, die eher altkirchlichen und orthodoxen Traditionen und Regelungen entsprechen. Aufgrund dessen könnten sie in dieser Frage eine vermittelnde Rolle spielen und der lateinischen Kirche wertvolle Anregungen geben.

## Abschluß

Wie sich zeigt und ich an einigen Beispielen verdeutlicht habe, macht die Öffnung gegenüber dem östlichen Christentum, die historisch zunächst den Unierten Kirchen galt und sich dann immer mehr auf die Orthodoxen Kirchen erweiterte, die Katholische Kirche insgesamt nicht nur reicher, sondern fordert sie auch heraus: zu Respekt und Wohlwollen, Prüfung und Anerkennung, Umkehr und Erneuerung. Damit es gelingt, »die bereits bestehende, wenn auch noch unvollkommene Gemeinschaft« zwischen der Katholischen und der Orthodoxen

---

[45] Der Text findet sich in: *Orthodoxie im Dialog* 134.

Kirche »zu fördern und in die Tat umzusetzen«,[46] muß der »Dialog der Liebe und der Wahrheit« als vielfältiger und heilsamer Lern- und Rezeptionsprozeß weitergehen.

---

[46] *Tomos Agapis. Dokumentation zum Dialog der Liebe zwischen dem Hl. Stuhl und dem Ökumenischen Patriarchat 1958-1976. Deutsche Übersetzung des Dokumentationsbandes …,* hrsg. v. Pro Oriente, Innsbruck 1978, 118.

BARBARA HALLENSLEBEN

# Ökonomie und Heilsökonomie
*Sergij Bulgakov als Vordenker neuer ökumenischer Aufgaben*

»In einer Welt, in der die Moderne in die Krise geraten ist und die Postmoderne neue Elemente bietet, die in Vergessenheit geraten waren, stellt die Theologie des Ostens sich als große Alternative zur modernen westlichen Theologie dar, nicht als deren Ersatz, sondern als Ergänzung und Bereicherung, um mit beiden Lungenflügeln zu atmen, gemäß dem bekannten Bild von Johannes Paul II.«[1] Der lateinamerikanische Theologe Victor Codina stellt weitreichende Gemeinsamkeiten und eine gegenseitige Bereicherung zwischen orthodoxer Theologie und Befreiungstheologie fest. Er beruft sich dabei unter anderem auf den russischen orthodoxen Denker Sergij Bulgakov (1871–1944). Bulgakov eignet sich innerhalb der orthodoxen Theologen des 20. Jahrhunderts besonders gut als Brücke zwischen West und Ost: Er entwickelte seine Theologie im Exil in Paris in engem Austausch mit westeuropäischem Denken. Seiner Ausbildung nach ist er Wirtschaftswissenschaftler und Philosoph und hat diese Kompetenzen in einer wohl einmaligen Weise für sein theologisches Denken und ökumenisches Wirken fruchtbar gemacht.

Heute sind es nicht mehr allein die Befreiungstheologen, die ihre Themen im Licht der Herausforderungen von Politik, Wirtschaft und Gesellschaft formulieren. Sogar zentrale Glaubensvollzüge wie die Feier der Eucharistie erschließen bei aufmerksamer theologischer Analyse ihre Aussagekraft im Horizont unserer globalisierten Welt.[2] Selten allerdings gehen theologische Stellungnahmen über eine äußere Kritik am bestehenden Wirtschaftssystem hinaus und wagen sich an eine Interpretation des Phänomens der Wirtschaft selbst heran. Der patristische Begriff der *oikonomia*, die im Unterschied zur *theologia* das Heilshandeln Got-

---

[1] »En un mundo donde la modernidad ha entrado en crisis y donde la postmodernidad ofrece elementos nuevos que habían sido olvidados, la teología de Oriente se constituye en gran alternativa a la teología moderna occidental, no como sustitución, sino como complementación y riqueza, para poder respirar a pleno pulmón, usando la conocida imagen de Juan Pablo II«: V. Codina, *Los caminos del Oriente cristiano. Iniciación a la teología oriental*, Santander 1997, 164.

[2] Vgl. Thomas Ruster, *Wandlung. Ein Traktat über Eucharistie und Ökonomie*, Mainz 2006.

tes in der Geschichte thematisiert, bietet sich als Leitmotiv einer solchen grundlegenden Fragestellung an. Sergij Bulgakov darf als Vordenker dieser aktuellen theologischen Aufgabe im ökumenischen Kontext betrachtet werden. Denn auch im ökumenischen Horizont hat sich die Diskussion von den klassischen kontroverstheologischen Themen auf die Suche nach einem glaubwürdigen christlichen Lebensstil unter den politischen, wirtschaftlichen und gesellschaftlichen Bedingungen unserer Zeit verlagert.

Bulgakovs Existenz »zwischen den Welten« hatte zur Folge, daß er sowohl in seiner geliebten russischen Heimat als auch in seinem Exil in Westeuropa als Fremdling verdrängt und vergessen wurde. Dort allerdings, wo man sich auf die Begegnung mit ihm einläßt, warten faszinierende Entdeckungen: 1985 befragt nach den Chancen einer »Renaissance« der katholischen (!) Theologie, verweist Henri de Lubac auf die »zweifelsohne sehr tiefe Synthese von Serge Bulgakov«.[3] Wo eine wirkliche Beschäftigung mit seinem Denken stattfindet, stoßen wir auf Superlative: »die bisher bedeutendste Dogmatik aus der Feder eines orthodoxen Theologen in diesem Jahrhundert«[4]; »die zukunftsweisende Bedeutung der auch noch nicht in Ansätzen entschlüsselten Theologie Bulgakovs«[5]; »eine unerschöpfliche Fundgrube für die moderne Theologie, und die mangelnde Ausschöpfung seines 'theologischen Kapitals' ist nicht die Schuld dieses Klassikers!«[6] Yves Congar nahm im Austausch mit russischen Emigranten im Cercle franco-russe zahlreiche Inspirationen der orthodoxen Ekklesiologie auf und trug damit zur Verlebendigung des katholischen Kirchenverständnisses im II. Vatikanischen Konzil bei.[7] Hans Urs von Balthasar entnahm dem Werk Bulgakovs Anregungen für seine Kenosis-Theologie.[8] Die nicht einmal vollständige Bibliogra-

---

[3] H. de Lubac, *Zwanzig Jahre danach. Ein Gespräch über Buchstabe und Geist des Zweiten Vatikanischen Konzils*, München - Zürich - Wien 1985, 90.

[4] R. Slenczka, *Ostkirche und Ökumene. Die Einheit der Kirche als dogmatisches Problem in der neueren ostkirchlichen Theologie*, Göttingen 1962, 153f.

[5] H.-J. Ruppert, »Sergej N[ikolaevic] Bulgakov (1871-1944)«: H. Fries / G. Kretschmar (Hg.), *Klassiker der Theologie*, Bd II., München 1983, 262-276, S. 275.

[6] Ebd. 275f.

[7] Cf. Y. Congar, »La pensée de Möhler et l'Ecclésiologie orthodoxe«: *Irénikon* 12 (1935) 321-329.

[8] Cf. B. Hallensleben, »Die Weisheit hat ein Haus gebaut« (Spr 9,1). Die Kirche in der Theologie von Hans Urs von Balthasar und Sergij Bulgakov«: *Wer ist die Kirche? Symposion zum 10. Todesjahr von Hans Urs von Balthasar*, Einsiedeln - Freiburg 1999, 33-61.

phie seiner Werke umfaßt über 400 Titel und Übersetzungen in 11 Sprachen.[9] Auch so manche Neuerscheinung weckt Aufmersamkeit: Die amerikanische Historikerin Catherine Evtuhov ist fasziniert von der Beobachtung, daß für Bulgakov, den zum Glauben heimgekehrten Marxisten, Modernität und Religiosität sich nicht widersprechen. Der bekannte italienische Theologe Piero Coda analysiert Bulgakovs Trinitätslehre und Kenosistheologie, um eine philosophisch-theologische Antwort auf die Frage nach der modernen Subjektivität zu finden. Der anglikanische Erzbischof Rowan Williams gibt Textauszüge aus Bulgakovs Werken unter dem Titel »Towards a Russian Political Theology« heraus, um die erneuernde Kraft seines Denkens für Kirche und Gesellschaft heute freizusetzen.[10] Wer war Sergij Bulgakov - und wer kann er heute für uns sein?

## I. Einblick in Leben und Werk

Bulgakovs Biographie liest sich wie eine personale Verdichtung des Schicksals seines Volkes: Geboren 1871 in der südrussischen Provinzstadt Livny als Sohn eines Priesters, geriet Sergij mit 17 Jahren in eine religiöse Krise und verließ das Geistliche Seminar, um in Moskau Volkswirtschaftslehre zu studieren und sich mit Marx und Engels zu befassen. Eine glanzvolle politische Karriere stand ihm bevor, als er 1898 zu einem Studienaufenthalt nach Deutschland, in das »Land der Sozialdemokratie und des Marxismus«, aufbrach und mit deren Führern Kautsky, Bebel, Liebknecht, Rosa Luxemburg und anderen zusammentraf. Doch die Erfahrungen mit dem Alltag des Sozialismus rüttelten ihn auf: »Mir antwortete einmal in Deutschland ein Gastwirt, der selbst auch Sozialdemokrat war, auf die Frage, was nach seiner Meinung die Sozialisten wollen: 'Sie wünschen mehr zu verdienen.'«[11] Die Lektüre des russischen Sozialrevolutionärs Alexander Herzen (1812-1870) half Bulgakov, seine Erfahrungen zu verarbeiten und

---

[9] Cf. K. Naumov (Hg.), *Bibliographie des oeuvres de Serge Boulgakov*, Paris 1984.

[10] Cf. C. Evtuhov, *The Cross and the Sickle. Sergei Bulgakov and the Fate of Russian Religious Philosophy, 1890-1920*, Ithaca - London 1997; P. Coda, *L'altro di Dio. Rivelazione e kenosi in Sergej Bulgakov*, Rom 1998; R. Williams, *Sergii Bulgakov. Towards a Russian Political Theology*, Edinburgh 1999.

[11] Zit. nach: H.-J. Ruppert (Hg.), *Sergej N. Bulgakov. Sozialismus im Christentum?*, Göttingen 1977, 40 (aus: Christentum und Sozialismus, 1917).

das Scheitern des Sozialismus am Phänomen der »geistigen Verbürgerlichung« einzusehen. »Zerstöre die bürgerliche Welt«, so las er bei Herzen, »aus den Trümmern, aus dem Meer von Blut - entsteht doch immer wieder dieselbe bürgerliche Welt«.[12] Er mußte einsehen, daß für den Sozialismus wie für den Kapitalismus der Mensch nichts als ein »Geldsack« ist - »entweder leer oder voll«.[13] Der Verlust seiner marxistischen Weltsicht führte ihn in tiefste Resignation und Depression, ja bis an die Grenze des Selbstmords.

Für Bulgakov begann ein mühevoller Weg »Vom Marxismus zum Idealismus«, von dem er in einem gleichnamigen Buch 1903 Rechenschaft ablegt, und eine vertiefte Entdeckung des Glaubens der russischen orthodoxen Kirche. Als Professor der Nationalökonomie in Kiev (1901-1905) und Moskau (1906-1918) wirkte Bulgakov in der beginnenden revolutionären Wandlung seines Landes mit, unter anderem als parteiloser »christlicher Sozialist« in der zweiten Duma. 1912 habilitierte er sich mit einer »Philosophie der Wirtschaft«[14], die sich insbesondere mit der philosophischen Tradition von Kant bis zum Deutschen Idealismus auseinandersetzt. 1917 nahm Bulgakov als Vertreter der Moskauer Hochschulen am Konzil der Russischen Orthodoxen Kirche teil. Am Pfingstmontag - nach dem orthodoxen liturgischen Kalender dem Fest des Heiligen Geistes - des Revolutionsjahres 1917/18 empfing er die Priesterweihe; die neu errungene und erlittene Unabhängigkeit der Kirche vom Staat gab ihm die Freiheit zu diesem Schritt. Die Weihe zog seinen Ausschluß von der Moskauer Universität nach sich. Bis 1922 konnte er abseits vom politischen Zentrum in Simferopol auf der Krim als Professor wirken. Als bolschewistische Truppen die Stadt besetzten, wurde er gefangengenommen und ausgewiesen. 1923 gelangte er über Konstantinopel und Prag nach Paris, wo er bis zu seinem Tod 1944 als Professor und Dekan der Orthodoxen Theologischen Hochschule St. Serge wirkte. Hier entstand Bulgakovs theologisch-philosophisches Hauptwerk, das im Kern aus zwei sophiologischen Trilogien besteht, deren zweite unter dem Obertitel »Über das Gottmenschentum« eine Christologie, eine Pneumatologie und eine Ekklesiologie und Eschatologie vereint.[15] Von Paris aus entfaltete Bulgakov

---

[12] Zit. nach: ebd. 7.

[13] Zit. nach: ebd. 43.

[14] Französische Übersetzung: S. Boulgakov, *Philosophie de l'économie*, Lausanne 1987; englisch: Catherine Evtuhov (Hg.), Sergei Bulgakov, *Philosophy of Economy. The World as Household*, New Haven - London 2000.

[15] I. 1. Le Buisson ardent (Mariologie), 1927, Lausanne 1987; 2. L'Ami de l'Époux (Johannes

eine reiche ökumenische Wirksamkeit, die unter anderem in der Teilnahme an der ersten Weltkonferenz von »Faith and Order« 1927 in Lausanne, in der engagierten Mitarbeit in der orthodox-anglikanischen »Fellowship of St. Alban and St. Sergius« und zweimal in Besuchen bei den Episkopalkirchen in Nordamerika Früchte trug.

## II. Bulgakovs Theologie im Horizont der göttlichen Weisheit

Bulgakov hat nie eine theologische Ausbildung absolviert; er war Autodidakt. Ökonomie, Philosophie und Theologie befruchten sich in seinem Werk gegenseitig. Er bleibt auch als Theologe Philosoph im Ursinne des Wortes: ein Liebhaber der Sophia, der Weisheit Gottes. Die Weisheit ist ihm dabei nicht nur eine höhere Form intellektueller Einsicht, sondern der Zugang zum Mysterium Gottes im Geheimnis des menschlichen Lebens und der gesamten Schöpfung. Seine Theologie ist Sophiologie und entfaltet sich um den Schlüsselbegriff der »Sophia«. Sie gründet in der geistlichen Erfahrung der Christenheit, die in den Weisheitsschriften der Bibel, in der Architektur (Hagia Sophia) und in der ikonographischen Tradition Ausdruck findet.

Die Theologie war Bulgakov ursprünglich nicht als universitäre Wissenschaft begegnet, sondern in kirchlichen Ausbildungsstätten für den priesterlichen Dienst. Er entwickelte demgegenüber in St. Serge in Paris eine Theologie als begriffliche Fassung der Glaubenslehre, die in Treue zur kirchlichen Tradition in den Dialog mit Sprache und Denken der jeweiligen Zeit treten kann. In diesem Rahmen kennt Bulgakov »Theologoumena«, die nicht der lehramtlichen bzw. liturgischen »Normalsprache« entnommen sind. Die »Sophia« gehört im Werk Bulgakovs zu den Theologoumena. Wie mir von Freunden und Schülern und Schülerinnen Bulgakovs in St. Serge/Paris versichert wurde, hat er diesen für sein Denken zentralen Begriff in Ehrfurcht vor der Tradition seiner Kirche weder in Predigten noch in seinen Vorlesungen verwendet. In einer Zeit, als in Rußland theologische Lehre und Forschung weitgehend unterdrückt wurden, gehörte Bulgakov zu den Exilstheologen, die die Tradition russischer Theologie nicht

---

der Täufer), 1927, Lausanne 1997; 3. L'Échelle de Jacob (Angelologie), 1927, Lausanne 1987; II. 1. Du Verbe incarné (Christologie), 1943, Lausanne 1982; 2. Le Paraclet (Pneumatologie), 1936, Paris 1945; 3. L'Épouse de l'Agneau (Ekklesiologie, Eschatologie), 1946, Lausanne 1984.

nur fortsetzten, sondern auch in eine neue Weite und Freiheit führten. Er hält »Prophetenschulen« für notwendig, wie sie uns in der Geschichte Israels überliefert sind: »eine Schar von Propheten«, unter denen Saul selbst zu prophezeien begann »und in einen anderen Menschen verwandelt« wurde (1 Sam 10,6).[16] Prophetie ist die weisheitliche, sophianische Gestalt des Denkens, Redens und Handelns, in der göttliche und menschliche Weisheit sich durchdringen, um die Menschenfreundlichkeit Gottes unter uns zu einer sozialen Gestalt werden zu lassen. Jede Theologie ist in Gefahr, zur »Scholastik« zu erstarren, und braucht den prophetischen Geist als Quelle erneuerten Lebens.

Bulgakov persönlich entwickelte eine »Theologie des Exils«. Er pflegte die Haltung eines aktiven Dialogs, ohne sich in ein Ghetto der sterilen Bewahrung eigener Identität zurückzuziehen. In einer für uns beschämenden Weise beschreibt er selbst seine Mission:

> *»Die westliche Christenheit hat die Pflicht uns kennenzulernen, wie wir sind, und sei es auch nur aus folgendem Grund: Keiner anderen christlichen Kirche war es gegeben, die Feuerprobe zu bestehen, die uns zugefallen ist, mit all den geistlichen Offenbarungen, die sie in sich birgt. Und wenn die Formel: graeca ('barbarica') sunt, non leguntur, im Hinblick auf das russische Denken im Okzident noch die Regel bleibt, dann kommt es uns zu, nolens volens auf uns zu nehmen, was die Mönche eine 'Obödienz' nennen: Wir müssen dem Westen die grundlegenden Strömungen unseres Denkens zugänglich machen, und sei es in einem knappen Überblick. Dies ist die Absicht des vorliegenden Essays, das speziell für den westlichen Leser verfaßt wurde, mit der geheimen Hoffnung, sein Interesse zu wecken«.*[17]

Bulgakovs bis heute lohnende Einführung »Die Orthodoxie«[18], die in viele Sprachen übersetzt wurde, richtet sich ebenfalls an nicht-orthodoxe Christen. Wenn er 1932 die Orthodoxie als die wahre Kirche Jesu Christi vom Protestantismus wie von der katholischen Kirche abgrenzt, dann liest sich seine Darstellung heute wie eine Vorwegnahme des katholischen Selbstverständnisses im II. Vati-

---

[16] Cf. S. Boulgakov, »The Spirit of Prophecy«: N. Zernov, *Father Sergius Bulgakov. 1871-1944. A collection of articles by Fr. Bulgakov*, London - Oxford 1969 (fotomechanisch vervielfältigtes Manuskript), 41-45, S. 45.

[17] S. Boulgakov, *La Sagesse de Dieu. Résumé de sophiologie*, Lausanne 1983, 12f.

[18] Französisch: *L'Orthodoxie*, Lausanne 1980; deutsch: *Die Orthodoxie*, Trier 1996.

kanischen Konzil. »Die Orthodoxie« zeigt auch ein weiteres Charakteristikum der Theologie Bulgakovs: Er will nicht als ein interessanter individueller Denker verstanden werden, sondern als Zeuge seiner Kirche, die er liebt und der er als Priester dient. Sein Werk entzieht sich daher einem rein religionsphilosophischen Zugang. Entsprechend der Gestalt seiner Theologie gilt es auch in der Begegnung mit Bulgakov, nicht einfach seine Denkinhalte zu reproduzieren, sondern mit ihm in den schöpferischen Vollzug theologischen Denkens einzutreten.

### III. Von der Ökonomie zur Heilsökonomie. Die Taufe des Marxismus

Ist es wirklich Bulgakov, der Marxist und Ökonom, der unsere Theologie bereichert? Ist es nicht vielmehr der Theologe, der sich abgewandt hat von der Ökonomie? Der Priester, der den Marxismus als Versuchung überwunden hat? 1906 unterscheidet Bulgakov in seinem Aufsatz »Karl Marx als religiöser Typus«[19] in einer brillanten Analyse zwischen Marxismus und Sozialismus: Der Marxismus hat die berechtigten sozialen Ziele zu Mitteln eines militanten Atheismus pervertiert; sowohl die Würde der menschlichen Person als auch das Gemeinschaftsleben gehen darin verloren. Nicht an Hegel und den Deutschen Idealismus, sondern an Feuerbach hat Marx angeknüpft. Christen stehen vor der Herausforderung, der Versuchung des Antichrist in der marxistischen Ideologie zu widerstehen, ohne sich dem Auftrag zur Gestaltung des sozialen Zusammenlebens zu entziehen.

Eine geläufige Interpretation lautet: Als seine christlich-politischen Pläne im Vorfeld der russischen Revolution scheiterten, zog sich Bulgakov resigniert aus Politik und Wirtschaft in die Religion zurück. Diese Deutung wird dem Frieden, den seine Person ausstrahlt, und seiner missionarischen Kraft nicht gerecht: Bulgakov zog sich nicht zurück, sondern er ging mutig weiter. Seine Schüler erinnern sich, wie er sie noch kurz vor seinem Tod mit seiner rauhen Stimme - er starb an Kehlkopfkrebs - ermutigte: »Wagt (es)!«[20] Ein Freund aus der ortho-

---

[19] S. Bulgakov, *Karl Marx as a Religious Type. His Relation to the Religion of Anthropotheism of L. Feuerbach* (1906), Belmont, Massachusetts 1979; S. Boulgakov, »Karl Marx comme type religieux«: *Istina* 27 (1982) 137–162.

[20] Cf. Klappentext zu Boulgakov, *L'Orthodoxie*.

dox-anglikanischen »Fellowship of St. Alban und St. Sergius« charakterisiert dieses mutige Vorangehen wie folgt:

> *»Er verstand, von seinen vergangenen Erfahrungen zu lernen. Aus der Zeit seines Materialismus bewahrte er einen Sinn für die Heiligkeit der Materie, von seinem Marxismus die Einsicht in die Wichtigkeit der Ökonomie, von seinem Atheismus den Respekt vor der kritischen Vernunft, und von seiner revolutionären Vergangenheit seine Freiheitsliebe«.*[21]

Bulgakov verdammte nicht – er taufte auf den Namen des dreifaltigen Gottes, und diese Taufe ist bekanntlich eine Auferstehung in das neue Leben durch den Tod hindurch. Auf der einen Seite verurteilt Bulgakov scharf jede innerweltliche Fortschrittsideologie - auf der anderen Seite bezeugt er die je größere Verheißung, daß die Menschheit berufen ist, die neue Schöpfung vorzubereiten. Auf der einen Seite verurteilt er die Kollektivierung und Vermassung sowie den nihilistischen Materialismus in der marxistischen Ideologie - auf der anderen Seite prangert er unerbittlich dieselben Phänomene bei den schärfsten Gegnern des Marxismus an: »Praktisch sind die Wirtschaftswissenschaftler Marxisten, selbst wenn sie den Marxismus verachten«.[22]

Rasch wurde Bulgakov klar, daß die Wende vom Materialismus zum Idealismus keine Lösung darstellt. Eine christliche Intuition leitet sein philosophisches und theologisches Nachdenken: »Ein neues Lebensgefühl entsteht im Christentum: Es steht dem Menschen nicht zu, aus der Welt zu fliehen, denn Christus tritt in sie ein zum Festmahl der Hochzeit des Lammes«.[23] Bulgakov wahrt das Grundanliegen der marxistischen Weltanschauung, die ihn einst so fasziniert hatte: Die Erlösungsbotschaft betrifft nicht allein das Individuum und seine Privatsphäre. Die soziale Lebensgestalt der Menschheit wird für den Glauben zur unerbittlich dringlichen Anfrage – wie das Lächeln der Sphinx: »Löse mein Rätsel – oder ich werde dich verschlingen!«[24] Die Verheißung der durch Pfingsten inspirierten frühchristlichen Gemeinde bleibt uneingelöst:

---

[21] N. Zernov, »Introduction«, in: ders., *Father Sergius Bulgakov. 1871–1944.*

[22] Boulgakov, *Philosophie de l'économie*, 13.

[23] S. Boulgakov, *Du verbe incarné*, (Paris 1933) Lausanne 1982, IX.

[24] S. Bulgakoff, *Social Teaching in Modern Russian Orthodox Theology*, Evanston 1934, 10.

»*Dieses Leben der christlichen Familie, das christlicher 'Kommunismus' oder 'Sozialismus' genannt worden ist, bleibt ein Leitstern an unserem Horizont. Das christliche Leben kann nicht auf einen Individualismus beschränkt werden; es ist gemeinschaftlich bzw. sozial, ohne das Prinzip christlicher Freiheit zu verletzen*«.[25]

»In gewissem Sinne ist der ökonomische Materialismus unzerstörbar«, weil er sich auf die konkreten geschichtlichen Lebensbedingungen der Menschheit bezieht; »man kann ihn also nicht zurückweisen, sondern muß ihn innerlich übersteigen«.[26] Eine scharfe Kritik am Zustand des Christentums und an der Theologie ist die Folge:

»*In unserer Epoche der Dekadenz des dogmatischen Empfindens, wo die Religion meist zurückgeführt wird auf eine Moral, eingefärbt durch fromme 'Gefühle', ist es von größter Wichtigkeit, die ontologischen und kosmologischen Aspekte des Christentums neu herauszustellen ... Das ist allerdings unmöglich mit den Mitteln der zeitgenössischen Theologie, die sich kantianisch gebärdet und metaphysisch verwüstet ist*«[27]

Auf den Ruinen des wahren christlichen Materialismus müsse eine neue Heimat für das moderne Denken erbaut werden, das sowohl durch den atheistischen Materialismus wie durch den Idealismus entstellt werde. Zu bewähren hat sich das christliche Denken angesichts der Wirtschaft, durch die der Mensch seine Berufung zum »historischen Schöpfertum« unter eschatologischem Vorbehalt verwirklicht und »die Natur vermenschlicht«.[28] Bulgakovs Sozial- und Wirtschaftsphilosophie bietet Grundlagen für die so dringlich gesuchte Alternative zum Kommunismus wie zum Kapitalismus. Der Ökonom wurde seinen Anfängen nicht untreu. Er setzte Prioritäten in dem Bewußtsein, daß nicht alles zu jeder Zeit möglich ist. Bulgakov wurde Priester und Theologe, um der Quelle zu dienen, die jeden Bereich der weltlichen Ordnung mit unvergänglichem Leben durchströmt. Während Vladimir Solov'ev (1853-1900) von der optimistischen

---

[25] Ebd. 18.
[26] Boulgakov, *Philosophie de l'économie*, 11.
[27] Ebd. 9.
[28] Ebd. 38: »rendre la nature *humaine*«.

Erwartung einer »Universalen Theokratie« zur pessimistischen Vision des Antichrist überging, blieb Bulgakov ein nüchterner Realist: Die Weltgeschichte vollzieht sich als ein apokalyptischer Kampf, und kein weltliches System, sondern nur die Mitwirkung mit dem Geist Gottes in der Kraft von Pfingsten kann dem Sieg des guten Gottes dienen. »Die Wege des Einflusses der Kirche ändern sich dabei, er kommt nicht von außen, von oben, sondern von innen, von unten, aus dem Volk und durch das Volk.«[29] Die Ökonomie wird im Licht der umfassenden »Heilsökonomie« gesehen. Auf diese Weise wandelt sich dieses blaß gewordene Wort christlicher Theologie neu zum Ausdruck einer missionarischen Praxis, die alle Lebensbereiche durchdringt.

### IV. Die göttliche Weisheit als Schlüssel zu Bulgakovs Theologie

Die Grundintuitionen der politischen Ökonomie Bulgakovs werden fruchtbar für die »Heilsökonomie«. Ihr Schlüsselbegriff ist die Weisheit Gottes (Sophia). Seine Sophia-Lehre kann sich auch auf eine westliche mystische Tradition stützen (Hildegard von Bingen, Heinrich Seuse, Jakob Böhme u. a.) und rezipiert insbesondere die Naturphilosophie Schellings. Mit »Sophia« bezeichnet Bulgakov die theologisch bestimmte Natur Gottes (ungeschaffene Weisheit) wie auch die Natur der Schöpfung (geschaffene Weisheit) in ihrer Einheit und Differenz. Während der Westen in seinem Interesse an Freiheit und Personalität die Natur vernachlässigt und zur reinen Verfügungsmasse des autonomen Subjekts gemacht hat, hält Bulgakov Natur und Person in personaler Gestalt zusammen: »Die Natur ist das Leben des Geistes, seine Selbst-Offenbarung«.[30] Bulgakov löst damit die Identifikation von Natur bzw. Körperlichkeit und raum-zeitlich verfaßter Materie, die in der westlichen Philosophie durch die cartesianische Trennung von *res extensa* und *res cogitans* selbstverständlich geworden ist. Es gibt eine geistige Natur, geistige Körperlichkeit. Ja, in Gott hat das Prinzip der Einheit von Person und Natur nicht eine abgeschwächte, sondern seine urbildliche Gültigkeit. Für das Geschöpf dagegen ist seine Natur eine (noch) nicht eingeholte Bedingtheit, ein Nicht-Ich. Es ist im Werden begriffen und bleibt sich selbst in diesem Zustand stets auch verborgen und unbekannt.

---

[29] Bulgakov, *Die Orthodoxie*, 245.
[30] Boulgakov, *Du Verbe incarné*, 8.

Die geschöpfliche Natur ist also nicht etwa das Nicht-Göttliche, sondern gottmenschlich, sophianisch. Sie ist der Ort »ontologischer« Verbundenheit zwischen Schöpfer und Schöpfung. Als solche ist sie ein »Wirtschaftsgeschehen«[31], in dem die »neue Schöpfung« als »Frucht der Erde und der menschlichen Arbeit« vorbereitet wird. Dieser Prozeß steht unter den Bedingungen des Sündenfalls im Zeichen eines eschatologisch-apokalyptischen Kampfes. So gibt Bulgakovs Theologie eine eindrucksvolle und konkrete Auslegung der Verheißung, daß wir berufen sind, »Anteil zu haben an der göttlichen Natur« (2 Petr 1,4). Die Sophia als theologischer Naturbegriff enthält eine Konzeption negativer Theologie, die zum Einspruch wird gegen eine innergeschichtliche Autonomie geschöpflichen Selbstverständnisses.

## 1. Die Sophia als Einspruch gegen eine mechanistische Schöpfungslehre

Das mechanistische Naturverständnis im Gefolge von Descartes und den neuzeitlichen Naturwissenschaften brachte auch in Theologie und Glaube die Versuchung mit sich, die Schöpfung nach dem Modell eines überdimensionalen technischen Herstellungsprozesses zu denken. Stoff und Gestalt der Erde tragen dann die Spuren von Gottes Können, aber nicht die Züge seines Wesens. Bulgakov geht aus von einem Schöpfungsgeschehen, in dem Gott mit seinem Sein und Wesen engagiert ist. Die Einheit und Differenz von ungeschaffener und geschaffener Sophia bringt die unableitbare Freiheit des Schöpfungsgeschehens zum Ausdruck und grenzt sich ab gegen einen Pantheismus, der mit Spinoza *Deus sive natura* schlechthin gleichsetzt. So zeigt sich die wirkliche Selbsthingabe Gottes, seine Kenosis, nicht erst im Kreuzesgeschehen, sondern bereits in der innergöttlichen Selbsthingabe der göttlichen Personen aneinander und in der Selbstentäußerung des Schöpfungsgeschehens.

Gott ist nicht die (Kausal-)Ursache der Welt, er ist ihr Schöpfer[32] - so wird Bulgakov nicht müde zu betonen. Gott schafft in freier Selbstentäußerung aus der *Wirklichkeit* seiner eigenen Natur die *Möglichkeit*, zu »werden wie Gott«. Ein unableitbar freier Akt Gottes transformiert die kontradiktorische Verneinung jeglichen Seins außerhalb Gottes, das *ouk on* (οὐκ ὄν), in die privative Form des *me on* (μὴ ὄν), in das Nicht-Seiende mit der Möglichkeit zu sein bzw. zu

---

[31] Der Untertitel der Habilitationsschrift Bulgakovs lautet: *Die Welt als Wirtschaftsgeschehen*.
[32] Cf. S. Boulgakov, *L'Epouse de l'Agneau* (1946), Lausanne 1984, 173; cf. 35.

werden.³³ Der Mensch ist »ein geschaffener Gott«³⁴, ein »Gott der Möglichkeit nach«³⁵ - mit der Freiheit und Verantwortung der Mitwirkung an seiner Selbsterschaffung, die sich nicht nur im individuellen Bereich vollzieht, sondern wesentlich in der gesellschaftlich-öffentlichen Dimension der Wirtschaft. Die Sophia-Natur der Welt ist der Ermöglichungsgrund sinnvoller geschöpflicher Freiheit.

**2. Die Sophia als Einspruch gegen Individualismus und Subjektivismus**
Die Theologie nach der »anthropologischen Wende« teilt die philosophische Grundentscheidung der Neuzeit, das Subjekt als Individuum zum autonomen Ausgangspunkt aller Erkenntnis zu erklären. Verloren geht damit der Zugang zum »anderen«. Bulgakov gewinnt in der Sophia die transzendente Quelle der Zusammengehörigkeit von Subjektivität und intersubjektiver Kommunikation, von Person und nicht-personaler Schöpfung. Die Sophia, das Wesen Gottes, ist von Ewigkeit her »menschen-förmig«. Christus nimmt nicht nachträglich und willkürlich die Menschennatur an. Nicht erst in seiner irdischen Gestalt, sondern als das ewige Abbild des Vaters ist er zugleich das Urbild des Menschen und die Offenbarung der göttlichen Weisheitsnatur. Die Inkarnation begründet nicht die gott-menschliche Einheit, sondern stellt sie wieder her und erhöht sie.
Ein Gott in drei Personen – so ist es uns in der Trinitätslehre vertraut. Ein Mensch in unzähligen, aber doch im Heilsplan Gottes gezählten Personen – so vermag Bulgakov seine Anthropologie zu umschreiben. Der Mensch erkennt sein eigenes Geheimnis im Spiegel der Sophia-Natur Gottes. Diese Anthropologie stellt die Menschen nicht in eine nachträgliche und äußerliche Beziehung zueinander, sondern in eine ursprüngliche, konstitutive Kommunikation in ihrer gemeinsamen sophianischen Natur. »Das Leben wird gegenwärtig mehr und mehr sozial ... Die dogmatische Idee der realen Einheit der Menschheit im einen Adam, dem alten und dem neuen, erhält eine unerwartete Bestätigung durch diese Konzeption«.³⁶

---

[33] Cf. S. Boulgakov, *La Lumière sans déclin* (1916/17), Lausanne 1990, 178 und passim.
[34] Boulgakov, *Du Verbe incarné*, 60.
[35] Boulgakov, *La Lumière sans déclin*, 256.
[36] Bulgakoff, *Social Teaching*, 10.

## 3. Die Sophia als Einspruch gegen eine autonome Geschichtsphilosophie

In einem göttlich-menschlichen Freiheitsgeschehen ist die innigste Gemeinschaft von geschaffener und ungeschaffener Weisheit als Frucht der Geschichte zu verwirklichen. Dieser Prozeß erfaßt nach Bulgakov Individualität und Sozialität und wird von ihm in einer atemberaubenden Radikalität gedacht. Er spricht dem Menschen »eine Art Selbsterschaffung«[37] zu. Eine »freiwillige Inkarnation«[38] begründet zugleich die freie Übernahme der in Adam gefallenen Menschennatur. Um so mehr gilt: »Die Auferstehung ist eine Neuschöpfung des Menschen, an der der Mensch selbst teilhat, es ist der zweite und abschließende Akt der Schöpfung«.[39] »Der Mensch hat zusammen mit Gott teil an seiner eigenen Schöpfung«[40], vermittelt durch sein freies Handeln und seine gemeinschaftlichen Grundvollzüge in Kultur, Politik und Wirtschaft. Die Sophia ist Ausdruck der ungeheuerlichen Wahrheit, daß der Mensch nicht nur für die Gestaltung der vergänglichen Geschichte, sondern auf diesem Wege auch für die erlöste Schöpfung Verantwortung trägt. Diese Freiheit des göttlich-menschlichen Zusammenwirkens versteht Bulgakov wiederum nicht nur individuell, sondern kosmisch-geschichtlich: Es gibt »eine natürliche Vorbereitung der Eschatologie in der Geschichte (über die spirituelle Vorbereitung hinaus). Das im Menschen verwirklichte Universum ist das Substrat der Verklärung der Welt als ihre erreichte Reife«.[41]

In der theologisch-philosophischen Kritik der autonomen Geschichtsphilosophien gelangt Bulgakov zu einer eschatologischen Konzeption der Theologie, die den Einsatz für die Geschichte nicht lähmt, sondern in ungeahnter Tiefe freisetzt. Damit ist er theologiegeschichtlich entscheidend beteiligt an der Neubelebung der Eschatologie in unserem Jahrhundert. Die Sophia erweist sich letztlich als die Antwort auf die Frage nach dem Subjekt der Geschichte, die weder mit dem Hinweis auf Gott allein noch auf den isolierten Menschen plausibel beantwortet werden kann.

---

[37] S. Boulgakov, *Le buisson ardent*, Lausanne 1987, 24.
[38] Ebd. 34.
[39] Boulgakov, *Du Verbe incarné*, 319f.
[40] Ebd. 77.
[41] Boulgakov, *L'Épouse de l'agneau*, 247.

## V. Die Sophia-Ikone

Der Film »Andrej Rubljov« des bekannten russischen Regisseurs Andrej Tarkovskij schildert in Schwarz-Weiß das rauhe und krisengeschüttelte Leben des Ikonenmalers im Zeitalter der Tatareneinfälle. Angesichts der Erfahrungen menschenverachtender Zerstörung und Sinnlosigkeit wendet er sich ganz von der Malerei ab - bis die Heldentat eines überforderten Kindes ihn neu auf die Kraft der Gnade in der Schwachheit des Menschen vertrauen läßt. Der Film endet mit der wortlosen Einblendung - nun in ungemein lebendigen Farben - der bekanntesten Ikonen Rubljovs bis hin zur Dreifaltigkeitsikone. Nicht ganz ohne Worte soll auch in diesem Beitrag eine Ikone als Ausblick am Schluß stehen: die Ikone der göttlichen Weisheit, die Bulgakov mittelbar und unmittelbar inspiriert hat (vgl. TAFEL VIII).

Die Herausforderungen, die sein Leben und sein Werk stellen, sollen damit nicht auf ein ästhetisches Erlebnis zurückgeführt werden. Vielmehr sei im Blick auf diese Ikone daran erinnert, daß Bulgakov nicht sich selbst und sein Denken in den Mittelpunkt stellen wollte, sondern den Inhalt seiner priesterlichen Verkündigung, der auch sein theologisches Denken leitet:

Es geht ihm um den *Vater*, den Schöpfer des Himmels und der Erde, dem die Engel dienen, der in unzugänglichem Licht wohnt und durch den Thron symbolisiert wird. Es geht um den *Sohn* - Fleisch geworden aus Maria, der Jungfrau -, der das Haupt des Leibes ist; der Leib aber ist die Kirche (vgl. Kol 1,18). Es geht um den *Heiligen Geist*, der nach Joël 3,1 (vgl. Apg 2,17) ausgegossen wird über alles Fleisch, um die Fleischwerdung des Logos im ganzen Kosmos zu vollenden. Es geht um die *erlöste Schöpfung*, die mit dem Pfingstereignis anbricht als die *Kirche*, die Leib Christi ist und zugleich selbst Person; eine Person in vielen Personen, wie die eigenständige Abbildung der Gottesmutter und des Täufers Johannes bestätigt; Braut des Lammes, abgebildet mit den Insignien der Herrschaft und des Priestertums; neue Schöpfung in personaler Gestalt, deren Thron auf der Erde steht und Teilhabe an der Herrschaft Gottes bedeutet; durch sieben Säulen verbunden mit dem himmlischen Thron des Vaters gemäß Spr 9, 1: *Die Weisheit hat ihr Haus gebaut, ihre sieben Säulen behauen.*

Bulgakovs erneuernde Kraft für die Theologie ist nicht allein und nicht zuerst daran gebunden, daß wir seine Werke lesen - obwohl dies sehr zu empfehlen ist. Sein Leben und sein Werk halten unsere priesterliche Berufung im Dienst der neuen, erlösten Schöpfung lebendig. Zu diesem Prozeß der Neugestaltung unserer Schöpfung gehört ganz konkret die Geschichte des Marxismus bzw. Kommunismus und die Geschichte der Märtyrerkirche, der Bulgakov entstammt. Die

Kirche hat stets die Ideologien bekämpft, solange sie sich als irdische Heilslehren ausgaben; sie hat sie jeweils in gewandelter, »getaufter« Form geborgen, als sie zusammenbrachen und ihre Ohnmacht zeigten. Dies gilt von der Kultur des Römischen Reiches, dies gilt vom Weltbild des Galilei, dies gilt wohl heute von der neuzeitlichen Vernunft und Subjektivität. Es ist mehr als fraglich, ob die Gegner des Marxismus, die jetzt triumphieren, diese kirchlich-theologische Aufgabe schon geleistet haben.

PHILIPP HARNONCOURT

# Ein Motor der Ökumene und Versöhnung im Nahen Osten
*Begegnungen mit Lutfi Laham*

In der ökumenischen Tätigkeit der Stiftung PRO ORIENTE, gegründet vom seinerzeitigen Erzbischof von Wien, Kardinal Franz KÖNIG (1905-2004), war der *Nahe Osten* von Anfang an eine Zone besonderer Aufmerksamkeit, und das aus mehreren Günden.
· Hier ist nicht nur die Region des Ursprungs und der Anfänge des Christentums, sondern auch jene des Ursprungs des Monotheismus, dem der Religionswissenschaftler Franz KÖNIG schon immer sein besonderes Interesse zugewendet hatte.
· Jerusalem ist der Ort des Pfingst-Ereignisses (Apg 2), in welchem die Kirche Christi nicht nur den Anfang ihrer Geschichte erkennt, sondern sich der Heilige Geist als Prinzip der Einheit und zugleich als Garant der Vielfalt - Sprachenwunder! - für die Kirche erwiesen hat, und es ist die Stätte des Apostelkonzils (Apg.15), wo sich diese Vielfalt als Zustimmung zur Inkulturierung des Christentums geäußert hat.
· Von Antiochien, wo die Jünger Jesu zum ersten Mal »Christen« genannt wurden (Apg 11,26), hat sich das Christentum vor allem durch die Missionsreisen des Apostels Paulus nach Westen in das gesamte Imperium Romanum, aber ebenso auch in den syrischen, aramäischen und persischen Osten, in den armenischen Norden und in den koptischen, nubischen und äthiopischen Süden ausgebreitet, und so ist es schon im 5. Jh. zur ersten Welt-Religion geworden.
· Hier haben häretische Formen des Christentums - vor allem der *Arianismus* und die christliche *Gnosis* - die Einheit der Kirche auf harte Proben gestellt, und der römische Kaiser hat mit Hilfe von (ökumenischen) Reichs-Konzilien, die alle im Osten stattgefunden haben (!), und mit deren gewaltsamer Durchsetzung die Einheit von Reich und Kirche zu etablieren versucht.
· Hier sind in der Abwehr des Arianismus unterschiedliche Christologien entstanden, die von der Reichskirche als »nestorianisch« bzw. »monophysitisch« verurteilt, aber in jüngster Zeit durch Studien von PRO ORIENTE endlich doch als

rechtgläubig erwiesen worden sind[1].
· Hier hat ein bereits blühendes Christentum nach 620 seine Vormachtstellung gegenüber den vordringenden muslimischen Arabern verloren und durch die Ideologie der Kreuzzüge Roms, insbesondere durch die Einsetzung lateinischer Patriarchen, auch seine christliche Einheit eingebüßt.
· Hier hat aber auch - was fast vollständig in Vergessenheit geraten ist! - ein arabisches Christentum seinen Ursprung, durch dessen Gelehrte die Schriften der klassischen griechischen Philosophie ins Arabische übersetzt worden und so schließlich über die iberische Halbinsel in das christliche Abendland gelangt sind.
· Hier steht heute die Präsenz der Christen – einerseits durch Animositäten ihnen gegenüber, andererseits durch deren Uneinigkeit und schließlich durch deren forcierte Auswanderung - ernsthaft auf dem Spiel.

In allen diesen Zusammenhängen kommt seit einigen Jahrzehnten einer Person eine herausragende Bedeutung zu: dem seinerzeitigen melkitisch-griechisch-katholischen Patriarchalvikar in Jerusalem, seit 2000 Patriarch dieser Kirche mit Sitz in Damaskus, GREGOR III. LUTFI LAHAM, dem diese Festschrift gewidmet ist. Seine Vertrautheit mit der religiösen und politischen wie auch mit der wirtschaftlichen und sozialen Situation im gesamten Nahen Osten, seine hervorragenden Sprachkenntnisse (arabisch, hebräisch, syrisch, englisch, französisch, italienisch, deutsch,...), seine theologische Kompetenz, sein diplomatisches Geschick und sein nüchterner Pragmatismus prädestinieren ihn zu einer Schlüsselfigur der Ökumene in diesem Raum und weit darüber hinaus.
Von einigen Begegnungen mit dieser besonderen Persönlichkeit, die mir in der Zeit meiner Zugehörigkeit zum Vorstand von PRO ORIENTE (1986-2004) und als Leiter der Sektion Graz von PRO ORIENTE (1988/2005) zuteil geworden sind, möchte ich hier berichten.

---

[1] Charakteristisch dafür ist die sogenannte Wiener »christologische Formel«, der die katholische und alle prächalzedonischen Kirchen zugestimmt haben.

## Begegnung in Jerusalem 1989

PRO ORIENTE Wien führte im Dezember 1989 unter der Leitung des damaligen Generalsekretärs Dkfm. Alfred STIRNEMANN eine Pilgerreise ins Heilige Land durch, um Mitglieder des Vorstands und Sponsoren mit der Lage der Christen in dieser Region vertraut zu machen. Die vielfachen Spaltungen der einen Kirche kommen gerade dort durch die Präsenz vieler Bischöfe »von Jerusalem« besonders deutlich zum Ausdruck: Hier residieren als Oberhäupter oder Repräsentanten von Orts-Kirchen und Pilger-Kirchen
· ein (griechisch/)orthodoxer Patriarch als Oberhaupt der von Konstantinopel 532 wiedererrichteten Kirche von Jerusalem, nachdem die ursprüngliche Kirche von Jerusalem nach der Niederschlagung des Bar Cochbar-Aufstands durch die Römer (135) zugrunde gegangen war;
· der armenische Patriarch;
· der (römisch-katholische) lateinische Patriarch;
· der melkitisch-katholische Erzbischof als Patriarchalvikar;
· der syrisch/orthodoxe Metropolit als Patriarchalvikar;
· der koptische Metropolit;
· der syrisch-kath. Bischof;
· der russisch/orthodoxe Erzbischof;
· der anglikanische Bischof
... alle »von Jerusalem«.

Im Patriarchal-Vikariat der Melkitischen Griechisch-Katholischen Kirche, der gegenwärtig gute 30 % der einheimischen Christen des Landes angehören, in der Altstadt von Jerusalem wurde unsere Delegation vom damaligen Amtsinhaber, Erzbischof Lutfi LAHAM, empfangen, der uns mit bewegten und bewegenden Worten in perfektem Deutsch (!) die Lage der Christen im Heiligen Land schilderte, ohne zu verschweigen, daß fast alle Angehörigen seiner Kirche noch vor 100 Jahren der griechisch-orthodoxen Kirche angehört hatten. Die Melkitische Griechisch-Katholische Kirche ist 1724 durch die Union des Patriarchen von Antiochien Kyrillos VI. mit der lateinischen Kirche von Rom entstanden. Die Bezeichnung lautet seit 1838 »Melkitisches Griechisch-Katholisches Patriarchat von Antiochien und dem Ganzen Orient, Alexandrien und Jerusalem«.
Diese Begegnung war für uns deswegen wichtig, weil PRO ORIENTE bisher Kontakte mit unierten katholischen Ostkirchen eher gemieden hatte, um das Gespräch mit den altorientalischen und den (byzantinisch) orthodoxen Kirchen nicht zu erschweren, für die alle katholischen Ostkirchen ekklesiologisch nicht

existent sind und als Proselyten-Macher im Auftrag des römischen Papstes gelten.
Der Patriarchal-Vikar teilte uns mit, daß das ökumenische Klima in Israel damals nicht mehr so frostig war wie zuvor, weil die Behörden des Staates Israel eine gewisse Zusammenarbeit der christlichen Kirchen durch zwei Maßnahmen zustande gebracht hätten:
a) durch das Angebot, den christlichen Kirchen Sendezeiten im israelischen Radio zu überlassen, über deren Aufteilung sie aber selbst bestimmen müßten; und
b) durch die Androhung, die Grabeskirche in Jerusalem wegen Einsturzgefahr zu schließen, wenn die am Besitz beteiligten Kirchen nicht gemeinsame Sanierungsmaßnahmen vornehmen[2].
Seit dieser Zeit sind so gute Kontakte zwischen den getrennten Kirchen in Israel entstanden, daß es auch gemeinsame Aktivitäten in der Weltgebetsoktav für die Einheit der Christen gibt, an denen sich allerdings die (griechisch-)orthodoxe Kirche und die katholischen Franziskaner bisher leider nicht beteiligten. Die katholischen Melkiten hingegen nehmen eine leitende und koordinierende Funktion wahr.

### Begegnungen in Jerusalem 1991 und 1993

Im Januar 1991 tagte die Kontaktkommission der Liturgischen Kommissionen des deutschen Sprachgebietes, der ich damals angehörte, in Jerusalem. Im Anschluß daran hielt ich über Vermittlung des armenischen Erzbischofs Krikorian in Wien Gastvorlesungen zum Thema »Liturgie und Ökumene der christlichen Kirchen« im Armenischen Seminar in Jerusalem. Patriarch Torkom Manookian selbst übersetzte damals die englischen Vorträge ins Armenische, weil die jüngeren Studenten nicht alles verstehen konnten.
Bei dieser Gelegenheit erhielt ich auch eine Audienz bei Patriarchalvikar Lutfi LAHAM, in der er mir seine prinzipiell positive Einstellung - wenn auch verbunden mit einigen Bedenken - zur Haltung des emeritierten melkitischen griechisch-katholischen Erzbischofs von Baalbek Elias ZOGHBY[3] kundtat, dessen

---

[2] Auch von der UNESCO wurde die Kooperation der Kirchen als Bedingung für die Kostenbeteiligung an diesen Arbeiten festgelegt.

[3] Geboren 1912, melkitisch-katholischer Erzbischof von Baalbek 1968-1988, gestorben 2008.

Buch »Den zerissenen Rock flicken«[4], mit seinem Konzept zur Ökumene und zur Kommuniongemeinschaft der Kirchen mich sehr beeindruckt hatte[5]. Im Mai 1993 leitete ich eine ökumenische Studienreise der Sektion Graz von Pro Oriente ins Heilige Land mit ähnlicher Zielsetzung wie die oben erwähnte Exkursion der Wiener. Diesmal haben wir einen ganzen Vormittag am Sitz des Patriarchal-Vikars der katholischen Melkiten zugebracht. Zunächst gab es ein langes gutes Gespräch mit Patriarchal-Vikar Lutfi LAHAM, dann einen informativen Besuch seines Hauses. Darin war ein kleines, aber hochinteressantes Museum zur Vorstellung aller im Heiligen Land vertretenen christlichen Kirchen eingerichtet worden. Hauptsächliche Darstellungsweisen waren

· *Schautafeln*, ergänzt durch Bilder, über Verbreitung, Mitgliederzahlen, Organisation, Einrichtungen (Sitz des Oberhauptes, Bistümer, Hochschulen, Schulen, Klöster usw.) jeder einzelnen Kirche;

· *Lebensgroße Figurinen* in charakteristischer Kleidung für Bischöfe, Priester und Diakone, Mönche und Nonnen, sowohl in Standeskleidung wie auch in liturgischen Paramenten;

---

[4] Elias Zoghby: *Den zerrissenen Rock flicken... Wie lange wollen Katholiken und Orthodoxe noch warten?* Bonifatius-Verlag Paderborn 1984.

[5] Die sogenannte »Zoghby-Initiative« zur Wiedervereinigung der getrennten Kirchen des Patriarchats von Antiochien: Elias ZOGHBY legte 1995 eine sehr einfache Professio fidei vor: »1. Ich glaube alles, was die Orthodoxie lehrt. 2. Ich stehe in Gemeinschaft mit dem Bischof von Rom, dem ersten unter allen Bischöfen nach Maßgabe der heiligen Väter des Ostens im ersten Jahrtausend vor der Kirchenspaltung.« und fordert damit von der katholischen wie auch von der Orthodoxen Kirche die Zulassung zur Kommunion. 1996 erklärte die Synode der Melkitischen Griechisch-Katholischen Kirche im Dokument *Reunification of the Antiochian Patriarchate*, daß die *Communicatio in Sacris* mit der lateinischen Kirche und mit der griechisch-orthodoxen Kirche möglich ist. Im selben Jahr stellte das griechisch-orthodoxe Patriarchat Antiochien fest, daß eine Entscheidung der bevorstehenden Synode abzuwarten ist, und Kardinal Joseph Ratzinger, der Präfekt der römischen Glaubenskongregation, machte darauf aufmerksam, daß zuvor die gemeinsame Kommission für den katholisch-orthodoxen Dialog diese Frage behandeln müsse. Vgl. dazu das Schreiben der römischen Ostkirchen-Kongregation an den Melkitischen Griechisch-Katholischen Patriarchen Maximos V. Hakim vom 11.6. 1997 (Prot.nr. 251/75). Aus Anlaß des Todes von Elias ZOGHBY wurde die Diskussion über seine Initiative wieder aufgenommen in: *Eirenikon* April 2008, *Towards Orthodox-Catholic Reconciliation*. Father James K. Graham: Archbishop Elias Zoghby's Vision of Christian Unity. Gegenwärtig verfolgt der Großerzbischof der Griechisch-Katholischen Kirche der Ukraine, Kardinal Ljubomir Husar, ein ganz ähnliches Ziel für die alte Metropolie der Kiewer Rus' und löst dieselben ablehnenden Reaktionen aus.

· *Liturgische Geräte:* Bücher (Evangeliare, Lektionare, Menäen, Psalterien, Chorausgaben usw.), Kreuze, Sakralgegenstände (Kelche, Patenen, Diskoi, Lavabo, Weihrauchbecken, Kerzenleuchter und Öllampen), Brot für die Eucharistie, ... und *Andachtsgegenstände* der Volksfrömmigkeit (Tischdecken, Ostereier, Kreuze, ...);
· *Ikonen* und *Reliquiare* sowohl für den liturgischen wie auch für den häuslichen Gebrauch.

Diese Ausstellung war in jeder Hinsicht attraktiv und auch didaktisch hervorragend inszeniert, und doch vom Aufwand her kostensparend zusammengestellt. Wir haben hier eine wichtige Anregung bekommen für den Beitrag von PRO ORIENTE für die Zweite Europäische Ökumenische Versammlung (EÖV2), die 1997 in Graz stattfinden sollte. Dank der besonderen Initiative eines der Sponsoren von PRO ORIENTE Graz, (KR Adolf HÖLLER † 2003) gab es noch jahrelang eine intensive Korrespondenz und auch finanzielle Hilfe für Unternehmungen des Patriarchal-Vikars.

## Zweite Europäische Ökumenische Versammlung in Graz 1997

Der soeben erwähnten Anregung folgend, haben wir beschlossen, während der EÖV2 1997 eine ebensolche Ausstellung in Graz zu inszenieren, für die wir Räume und Büro des Diözesanmuseums benutzen durften. Eine Künstlerin aus Griechenland und ein griechischer Architekt aus Graz errichteten ein fast lebensgroßes Modell eines orthodoxen Altares mit Ikonostase und Sänger/Pulten. Außerdem konnte ein besonderer Raum eingerichtet werden zum Abhören liturgischer Gesänge aller altorientalischen wie auch fast aller orthodoxen Kirchen, die uns Tonkassetten oder CDs zur Verfügung gestellt haben.

Anstelle eines Katalogs, der ja eigentlich nur für die Zeit der Ausstellung attraktiv ist, wurde eine illustrierte Broschüre *Die Ostkirchen – Ein Leitfaden* publiziert, die nach demselben Konzept aufgebaut war wie die Ausstellung[6]. Die Schautafeln waren leicht zu integrieren. Ob der Anreger unserer Ausstellung, Patriarchalvikar Lutfi LAHAM, damals als Gast an der EÖV2 in Graz teilgenommen hat, kann ich mich leider nicht mehr erinnern.

---

[6] Dietmar W. Winkler - Klaus Augustin: *Die Ostkirchen. Ein Leitfaden*. Hg. von der Sektion Graz der Ökumenischen Stiftung PRO ORIENTE, mit Beiträgen von Grigorios Larentzakis und Philipp Harnoncourt, Schnider-Verlag Graz 1997.

Der Besuch der Ausstellung wie auch das Interesse an der Publikation waren beachtlich. Die Absicht von PRO ORIENTE Graz, diese Ausstellung als ständige Wander-Ausstellung zur Verfügung zu stellen, konnte leider nicht verwirklicht werden. Von der Broschüre ist im Jahre 2002 eine rumänische Übersetzung erschienen[7].

### Erfahrungen in Damaskus 1998

Die ökumenische Studienreise der Sektion Graz von PRO ORIENTE *Christen in Syrien und im Libanon* hat uns mehrfach mit den katholischen Melkiten zusammengebracht: Im Patriarchat in Damaskus erhielten wir über persönliche Vermittlung des Patriarchalvikars von Jerusalem Lutfi LAHAM, der leider nicht anwesend sein konnte, einen festlichen Empfang und eine umfassende Einführung. In Baalbek wurden wir vom Nachfolger des Erzbischofs Elias ZOGHBY, Erzbischof Cyril BOUSTROS, empfangen und persönlich bestens betreut. Wir gewannen einmal mehr den Eindruck, daß die melkitisch-katholische Kirche im gesamten Nahen Osten sehr stark als inkulturierte Ortskirche empfunden wird, zumal - anders als in der (griechisch-)orthodoxen Kirche - nahezu der gesamte Klerus einheimisch ist.

### Christologisches Symposion in Kaslik 1994

Die christologischen Studien von PRO ORIENTE Wien seit 1971 haben sich zum Ziel gesetzt, festzustellen, ob die Anathemata der frühen Kirche gegenüber dem »Monophysitismus« der prä-chalzedonischen Kirchen[8] und gegenüber dem »Nestorianismus« der prä-ephesinischen Assyrischen Kirche des Ostens[9] den Christusglauben dieser Kirchen richtig verstanden und getroffen hat. Überzeugend

---

[7] Dietmar WINKLER plant eine vollständig überarbeitete Neuausgabe.

[8] Dazu gehören: die Koptische Kirche, die Armenisch-Apostolische Kirche, die Syrisch-orthodoxe Kirche, die syro-indische Malabar-Kirche und die Äthiopisch-orthodoxe Kirche. Mit Vertretern dieser Kirchen hat PRO ORIENTE Wien fünf Konsultationen (1971, 1973, 1976, 1978 und 1988) durchgeführt.

[9] Arbeit der *Syriac Commission* von PRO ORIENTE seit 1994; Konsultationen zur Christologie (1994, 1996 und 1997).

wird nachgewiesen, daß es vor allem in der Liturgie aber auch bei den Vätern dieser Kirchen Texte gibt, die einen tatsächlich orthodoxen Christus-Glauben bezeugen, der freilich entweder sich einer anderen sprachlichen Ausdrucksweise bedient oder die in der Reichskirche übliche theologische Reflexion gar nicht kennt und sich somit einem direkten Vergleich entzieht[10]. Was nützen jedoch solche Erkenntnisse, wenn sie nicht in den getrennten Kirchen und in deren theologischen Lehrbüchern rezipiert werden, oder - mit anderen Worten gesagt - wenn die bisherigen Verurteilungen weiterhin aufrecht erhalten werden und dementsprechend unterrichtet wird.

Um die notwendige Rezeption der neuen Erkenntnisse zu erreichen und hartnäckig bestehende Vorurteile abzubauen, hat PRO ORIENTE begonnen, christologische Symposien in und mit den betroffenen altorientalischen Kirchen durchzuführen: 1991 im koptischen Kloster Deir Amba Bishoi in Wadi Natroun (Ägypten), 1993 am Saint Ephraims Ecumenical Research Institute (SEERI) der Malankara-Katholischen Kirche in Kottayam (Kerala/Indien), 1994 an der Université St. Joseph der Maroniten in Kaslik (Libanon) und 1997 im Koptischen Antonius-Kloster in Kröffelbach (Hessen/Deutschland).

An vielen dieser Symposien haben auch Vertreter von katholischen Ostkirchen teilgenommen, und Patriarchalvikar Lutfi LAHAM hat in Kaslik seiner Freude darüber Ausdruck gegeben, daß hier ein ganz wichtiger Schritt zur Überwindung uralter Trennungen gelungen ist und daß seine Kirche es als ihre Aufgabe sehen werde, diesen Beitrag zunächst sich selbst zu eigen zu machen und dann auch entsprechend zu verbreiten.

Leider ist dieser Rezeptions-Prozeß in den letzten Jahren fast ganz wieder zum Stillstand gekommen, weil einigen prä-chalzedonischen Kirchen, vor allem der koptischen Kirche, die Verständigungs-Gespräche von PRO ORIENTE mit der prä-ephesinischen Kirche - mit den »nestorianischen Häretikern« (!) - nicht passen. Hier wird deutlich, daß sachliche theologische Gespräche allein nicht genügen, uralte Vorurteile zu brechen, sondern daß auch im nicht-theologischen Feld vertrauensbildende Initiativen unbedingt notwendig sind.

---

[10] Dietmar W. Winkler: *Koptische Kirche und Reichskirche. Altes Schisma und neuer Dialog.* Mit einem Vorwort von Franz Kard. KÖNIG (Innsbrucker theologische Studien 48), Innsbruck - Wien 1997; Wilhelm Baum - Dietmar W. Winkler: *Die Apostolische Kirche des Ostens. Geschichte der sogenannten Nestorianer*, Klagenfurt 2000 (Einführungen in das orientalische Christentum 1).

## Initiative zu Versöhnung und Frieden

Der Priester der melkitisch-katholischen Kirche Elias CHACOUR, Palästinenser und Staatsbürger Israels, verfolgt seit Jahren mit größter Konsequenz ein Konzept für Versöhnung und Frieden zwischen Juden, Christen und Palästinensern in Israel. An seinem Heimatort Biram in Galiläa sind 1948 anläßlich der Staatsgründung Israels alle Palästinenser aus ihren Häusern vertrieben worden. Seine Familie hat sich immer für Versöhnung und Frieden eingesetzt. 1982 gründete er in Ibillin, wo er als Pfarrer tätig war, einen Kindergarten, um Kinder aus palästinensischen, jüdischen und christlichen Familien gemeinsam aufwachsen zu lassen in der Erwartung, daß diese dann auch später verständnisvoll miteinander verbunden bleiben.

Nach Anfangsschwierigkeiten erwies sich dieses Projekt als so erfolgreich, daß bald eine Volksschule, dann eine höhere Schule und schließlich 2003 die Mar-Elias-University in derselben Zielsetzung errichtet worden ist, für welche nach und nach mit großer Mühe die Anerkennung durch die Schulbehörden Israels erreicht werden konnte. Heute sind es über 5.000 Schüler und Studenten, die in Ibillin gemeinsam leben und lernen, und wahrscheinlich sind es insgesamt mehr als 10.000, die hier erfahren konnten, daß und wie ein gemeinsames Leben von Gruppen, die einander anderswo gehässig und blutig bekämpfen, möglich ist[11]. Elias Chacour wurde schon dreimal für den Friedens-Nobelpreis vorgeschlagen[12].

Die melkitisch-katholische Kirche hat diese Initiative unter Abwägung innen- und außenpolitischer Konsequenzen zunächst eher distanziert und skeptisch betrachtet. Lutfi LAHAM jedoch hat sie schon als Patriarchalvikar in Jerusalem unterstützt. Bald nach seiner Bestellung zum Patriarchen (2000) hat er Elias CHACOUR (2006) zum Erzbischof von Galiläa mit dem Sitz in Haifa ernannt und damit auch dessen großes Versöhnungs- und Friedens-Projekt ausdrücklich anerkannt, ja sich zu eigen gemacht. So hat er ein programmatisches Zeichen gesetzt für seine Absicht, allen Bewohnern dieser durch Haß und Terror gekennzeichneten Region ein Zusammenleben in Vertrauen und Frieden zu ermögli-

---

[11] *Elias Chacour - Israeli, Palästinenser, Christ. Sein Leben* erzählt von Pia de Simony und Marie Czernin, Freiburg - Wien - Basel 2007.

[12] Die St.John's University der Benediktiner in Collegeville (MN/USA) hat Erzbischof Elias CHACOUR im Sommer 2008 in Anerkennung seiner Versöhnungsbemühungen in Israel zum Doctor honoris causa promoviert.

chen, gleichgültig, welchem Volk, welcher Religion oder welcher christlichen Kirche auch immer sie angehören.

LOTHAR HEISER

# Der Machtwechsel von der christlich-byzantinischen zur islamisch-arabischen Herrschaft über Syrien und Palästina und die Folgen für die christliche Bevölkerung

## Syriens Blütezeit unter Kaiser Justinian

Syrien, die römische Diözese im Osten mit ihren drei palästinensischen Provinzen, blieb, nachdem Alexander d. Gr. nach der Schlacht von Issos (333 v. Chr.) diese Gebiete den Persern entrissen hatte, der ewige Zankapfel zwischen Römern bzw. Byzantinern und Persern. Kaiser Justinian (527-565), der letzte universal denkende und handelnde Römer auf dem Kaiserthron von Konstantinopel, und seine nicht minder gebildete und klug mitgestaltende Frau Theodora, denen es gelungen war, die Reichsgrenzen im Westen bis nach Nordafrika und Spanien auszudehnen, sahen sich genötigt, im Osten zum Erhalt von Syrien im Jahr 532 vom Großkönig Chosroes I. (531-579) einen »ewigen Frieden« durch Tributzahlungen zu erkaufen. Doch schon 540 überrannten und plünderten Chosroes' Truppen ganz Syrien bis zum Mittelmeer, zerstörten die Hauptstadt Antiochien und verwüsteten im Norden Armenien und Georgien. Erhöhte Tributleistungen veranlaßten den Perserkönig zum Einlenken und zur Umkehr.
Im 6. Jahrhundert erfuhr trotz anhaltender Glaubenszwistigkeiten in der Kirche des Ostens das Byzantinische Reich eine wirtschaftliche Konsolidierung und Syrien eine Epoche kultureller Blüte. Kluge Wirtschaftspolitik begünstigte den Handel im wieder offenen Mittelmeerraum und förderte das Gewerbe und die Landwirtschaft auch im syrischen Osten. Kostbare Stoffe und kunstvoll geschmücktes Geschirr aus Syrien und Luxusgüter wie Seide und Gewürze aus Indien und China wurden durch Vermittlung der Perser und der Nabatäer zu Land und über das Rote Meer transportiert. Obwohl viel Gold für die Vermittlung zu zahlen war und die Luxusgüter hohe Kosten verursachten, blieb für das griechisch-syrische Erzeugerland ein lohnender Gewinn, der die prunkhafte Ausstattung der Städte und die Errichtung vieler Kirchen und ihre kunstvolle Ausgestaltung ermöglichte. Andererseits wurden die Pächter und Kleinbauern, die tragenden Kräfte der Landwirtschaft, hart an den Boden der Großgrundbesitzer gebunden. Die Ausbeutung der Pächter und Tagelöhner hatte bereits ein Jahrhundert zuvor der Antiochener Johannes Chrysostomos in seinen Predigten scharf

angeprangert, ohne daß sich tatsächlich etwas geändert hätte.
Die Kirche hatte in Justinian nicht nur ihren Beschützer, sondern auch ihren Gebieter, der Päpste und Patriarchen als seine Untertanen behandelte. Während der Kaiser das Bekenntnis von Chalkedon, welches zwei in Christus geeinte Naturen, die göttliche und die menschliche, verkündet hatte, als orthodoxe Lehre förderte und durchzusetzen bemüht war, begünstigte seine Gattin Theodora insgeheim, doch erfolgreich, die monophysitische Auffassung, nach der die beiden Naturen Christi zu einer einzigen vereint sind. Die Griechisch sprechenden Syrer im Küstengebiet und in Palästina folgten hauptsächlich der Lehre von Chalkedon, die Syrisch, Aramäisch oder Arabisch sprechenden Christen hingen der monophysitischen Auffassung an. Da beide Richtungen sich der Gunst des Kaiserhauses in Konstantinopel gewiß waren, hatten sie alle am wirtschaftlichen und kulturellen Aufschwung dieser Epoche teil. Damals errichtete das seit langem seßhafte Volk der arabischen Nabatäer, denen der Karawanenhandel oblag und die im 4. Jahrhundert den christlichen Glauben angenommen hatten, ihre wundervollen, mit Mosaiken geschmückten Basiliken im Negev, in Petra, Avdat, Shivta und Mamshit. Auch die Halbnomaden der arabischen Ghassiden an der Ostgrenze des Römischen Reiches ließen sich von Konstantinopel für die Grenzsicherung gegen Persien gewinnen. Beeindruckt vom hohen Lebensstandard im hellenisierten Syrien, fanden sie zum Christentum und erhielten eigene monophysitische Bischöfe, die in den römischen Kastellen wie in Umm er-Rasas residierten und die Kirchen dort mit wundervollen Mosaikböden ausstatteten. Harith, eines ihrer Stammesoberhäupter, wurde von Kaiser Justinian im Jahr 529 zum »Herrscher aller Araber« erhoben. Allerdings dienten sie den Römern als Hilfstruppen nur so lange, wie diese sie besser bezahlten als die Perser oder in späterer Zeit die Araber, die aus der Wüste kamen.

## Der Einfall der Perser und die Vernichtung der syrischen Wirtschaft und Kultur

Als Justin II. (565-578), Justinians Neffe und Nachfolger, dem persischen Großkönig die fälligen Tributzahlungen verweigerte, entbrannte ein harter und lang andauernder Krieg um Syrien, der unter Aufbietung aller Kräfte auf beiden Seiten bis zum Jahr 591 geführt wurde. Erst nach den Thronwirren in Persien, bei denen mit Unterstützung durch den Kaiser Maurikios (582-602) der Großkönig Chosroes II. (590-627) an die Macht gelangte, kam Byzanz wieder zu einem Friedensvertrag mit Persien und die syrische Bevölkerung zu Ordnung und

Sicherheit. Als es jedoch Maurikios nicht gelang, die Slawen und Awaren auf dem Balkan zurückzudrängen, wurde er mit seinen Söhnen von dem Offizier Phokas, der sich zum Kaiser (602-610) ausrufen ließ, ermordet. Nun fühlte sich Chosroes zum Rächer berufen; er eröffnete einen Großangriff gegen das Byzantinische Reich. Wie auf dem Balkan kam es jetzt auch in Kleinasien und in Syrien zum Zusammenbruch der oströmischen Verteidigung. Die Perser eroberten Armenien, drangen ins Zentrum von Kleinasien vor und besetzten im Jahr 605 Kaisareia. Bei Antiocheia, der Hauptstadt Syriens, erlitt die byzantinische Armee eine völlige Niederlage; auch Damaskus wurde erobert. Die Perser wüteten schrecklich. Selbst die Ländereien mit ihren unermeßlich großen Ölbaumplantagen, den weiten Dattelhainen und Weingärten wurden verwüstet. Nach dreiwöchiger Belagerung fiel im Jahr 614 Jerusalem. Die von Kaiser Konstantin erbaute Auferstehungskirche ging in Flammen auf, und die Kreuzesreliquie wurde zusammen mit Patriarch Zacharias in die persische Hauptstadt Seleukeia-Ktesiphon am Euphrat verschleppt. Allein die Geburtskirche entging der Zerstörung, da die Perser »bei ihrer Ankunft in Bethlehem mit Staunen die Bilder der persischen Magier, der Sterndeuter, ihrer Landsleute« in ihr entdeckten. »Aus Ehrfurcht zu den Vorfahren verehrten sie sie, wie wenn sie lebendig wären, und verschonten die Kirche«, wie es im Bericht einer Jerusalemer Synode heißt.[1]

Ein unbekannter Dichter, dessen Werke unter die des Ephräm des Syrers geraten sind, hat in den Verwüstungen der Perser die Zeichen der endzeitlichen Gräuel erblickt:

*»Sehen wir doch die Zeichen, wie Christus sie uns beschrieb:*
*Könige werden sich gegeneinander erheben,*
*und Bedrängnis wird sein auf Erden.*
*Völker werden Völker angreifen,*
*und Heere werden einander anfallen.*
*Und wie der Nil, der Fluß Ägyptens, steigt*
*und Teile der Erde überschwemmt,*
*werden sich die Länder des Ostens rüsten*
*gegen das Land der Rhomäer (Byzantiner);*
*Völker werden Völker angreifen,*
*und Reich wird gegen Reich stehen.*

---

[1] O. Keel / M. Küchler, *Orte und Landschaften der Bibel*, Bd. II: *Der Süden*, Zürich-Einsiedeln-Köln 1984, 630.

*Die Rhömäer werden wie auf der Flucht
aus einem Land in ein anderes gehen,
und die Assyrer (Perser) werden sich
des Landes im Gebiet der Rhomäer bemächtigen.
Die Frucht ihrer Lenden wird versklavt,
und ihre Frauen werden entehrt.
Die Assyrer werden säen und ernten
und werden die Früchte der Erde horten.
Sie werden große Reichtümer gewinnen
und Schätze in der Erde horten.
Doch wie der Nil, der Fluß Ägyptens,
wieder sinkt, nachdem er stieg,
wird der Assyrer aus dem Land
in seine Gegend hinab zurückkehren.
Und die Rhomäer werden sich ihrerseits rüsten
gegen das Land der Väter der Assyrer.«*[2]

### Jüdische Rache an den Christen

An der Vernichtung der christlichen Bevölkerung in Syrien und vor allem in Palästina und Jerusalem und an der Zerstörung der Kirchen hatten die Juden entscheidenden Anteil. Nachdem eine samaritanisch-jüdische Revolte im Jahr 578 von den Byzantinern blutig niedergeschlagen und viele Juden unter Kaiser Phokas gewaltsam zum Christentum bekehrt worden waren, übten sie jetzt unter dem Schutz der Perser grausame Vergeltung. Viele Juden traten in die persischen Heere ein und »halfen den Persern, die Kirchen zu zerstören und die Christen zu morden, wie es in den Annalen des Eutychios heißt«[3]. In Antiocheia kam es zu einem Christenpogrom. Mehr als 300 Kirchen, vor allem in Palästina, wurden zerstört. Viele von ihnen waren mit prachtvollen Mosaikböden ausgestattet, die mit Motiven aus dem Tierreich des Landes, mit Tauben und Straußen, mit Gazellen und Löwen, umrahmt von floralen und geometrischen Bordüren, geschmückt waren. Erst im 20. Jahrhundert wurden viele von ihnen von Schutt und Erdmassen befreit und ans Tageslicht gebracht. Bei der Brandschatzung der

---

[2] Ephräm zugeschriebene Predigt, 5, 37-64; CSCO 321, 80 f.

[3] Gorys, *Das Heilige Land*, Köln 1988, 291.

Heiligen Stadt wurden an die 30.000 Christen getötet, und nachdem aus Jerusalem der größte Teil der Überlebenden nach Persien deportiert worden war, kauften die Juden den Eroberern die letzten Christen ab, um auch sie zu töten, wenn sie nicht bereit waren, zum Judentum überzutreten; fast alle haben den Martyrertod gewählt. Noch heute werden im Mar-Saba-Kloster bei Bethlehem die Köpfe der Mönche und Eremiten gezeigt, die um ihres Glaubens willen erschlagen wurden. Jerusalem wurde den Juden, von denen viele glaubten, das ersehnte messianische Reich sei angebrochen, zur Selbstverwaltung übergeben. Die jüdische Herrschaft dauerte aber nur bis zum Jahr 618; dann gaben die Perser, denen die Juden bei der geplanten Eroberung Ägyptens, der Kornkammer des Oströmischen Reiches, keine militärische Hilfe leisten wollten, die Stadt den Christen zurück. Abt Modestos aus dem Theodosios-Kloster bei Bethlehem leitete den Wiederaufbau der Heiligen Stadt und der Auferstehungskirche.

Einer der bedeutendsten Herrscher des Oströmischen Reiches in Konstantinopel, Herakleios (610-641), hat es verstanden, das zusammenbrechende Reich militärisch neu zu organisieren und anstelle kostspieliger Söldnertruppen ein einheimisches Heer zur Verteidigung aufzubauen. Von Norden her stieß er mit seinen Truppen von Armenien bis nach Ninive am Tigris vor, wo es im Dezember des Jahres 627 zur Entscheidungsschlacht kam; die persische Armee wurde vernichtend geschlagen. Als Herakleios bis nach Seleukia-Ktesiphon vordrang, wurde der Großkönig Chosroes II. von seinem Sohn Kovrad-Schiroe gestürzt und ermordet. Dieser schloß mit dem byzantinischen Kaiser sofort einen Friedensvertrag und gab die eroberten Gebiete, Armenien, das westliche Mesopotamien, Syrien mit Palästina und Ägypten, an den byzantinischen Kaiser zurück. Am 21. März des Jahres 630 hat Herakleios persönlich unter dem Jubel des Volkes die Kreuzesreliquie nach Jerusalem zurückgebracht.

### Die durch Mohammed geeinten Stämme Arabiens auf der Suche nach den Gärten des Paradieses

Mohammed, in Mekka ein begnadeter Prophet, in Jatrib (Medina), wohin er mit seinen Anhängern im Jahr 622 auswandern mußte, ein begabter Politiker, ein hervorragender Organisator und ein geschickter Taktiker, begann die arabische Halbinsel durch Missionierung und durch Raubzüge, aber auch durch geschickte Verhandlungen in der Religion des Islam zu einen. Bereits im zweiten Jahr nach der Auswanderung organisierte er einen Raubzug gegen eine Karawane seiner Vaterstadt Mekka. Der Sieg bei der Oase Bedr und die reiche Beute erschienen den Jatribern als sichtbare Hand Allahs über seinem Gesandten. Als Mohammed im Jahr 632 unerwartet in Medina starb, hatte er nahezu die gesamte arabische Halbinsel religiös und politisch durch Predigt und Schwert geeint. Wie der Prophet vorhergesagt hatte, erwies sich der Islam über jede andere Religion als siegreich:

*»Allah ist es, der seinen Gesandten mit der Rechtleitung und der wahren Religion geschickt hat, um ihr zum Sieg zu verhelfen über alles, was es (sonst) an Religion gibt«(Sure 48, 28).*

Doch des Propheten Versprechen aus mekkanischer Zeit, Allah werde über die Ungläubigen Gericht halten und den Gläubigen eine paradiesische Zukunft bereiten, hatte sich noch nicht erfüllt. Soweit die Erfüllung in menschlicher Macht stehen konnte, begannen seine Freunde und Kampfgefährten, die Verheißungen zu verwirklichen. Wo immer seine Nachfolger, die Kalifen, die Welt für den Islam eroberten, suchten sie zugleich die ersehnten Gärten des Paradieses. Die sinnlichen Genüsse, mit denen Mohammed sie beschrieben hatte, müssen auf die Menschen der Wüste einen großen Eindruck gemacht haben. Des öfteren werden sie im Koran erwähnt:

*»Auf golddurchwirkten Ruhebetten liegen sie (behaglich) einander gegenüber, während ewig junge Knaben unter ihnen die Runde machen mit Humpen und Kannen (voll Wein?) und einem Becher (voll) von Quellwasser (zum Beimischen?), von dem sie weder Kopfweh bekommen noch betrunken werden und (mit allerlei) Früchten, was immer sie wünschen, und Fleisch von Geflügel, wonach (immer) sie Lust haben. Und großäugige Huris (haben sie zu ihrer Verfügung), wohlverwahrten Perlen zu vergleichen«(Sure 56, 15-23).*

Was auch immer man unter den Huris verstehen mag, ganz offensichtlich handelt es sich um Lustmädchen. Als die in Damaskus residierenden Omajjaden-Herrscher um das Jahr 700 für sich und ihre Gäste verlassene römische Kastelle zu Lustschlössern mit Badeanlagen in der Wüste umbauten, haben sie sie als halbnackte, großbrüstige Tänzerinnen in Gemälden mit erotischen Szenen in den Gewölben von Qusair Amra Gestalt annehmen lassen.
Abu Bakr, langjähriger Berater Mohammeds, sein Schwiegervater und erster Nachfolger (632-634), beauftragte seinen Truppenführer Chaled Ibn al-Walid, Mesopotamien, das Grenzgebiet zwischen Ost-Syrien und Persien, zu erobern.

Dort schauten die islamischen Truppen zum ersten Mal mit eigenen Augen, was Mohammed ihnen angekündigt hatte: Wasserströme, den Euphrat und den Tigris, und fruchtbares Land zwischen wasserführenden Kanälen, paradiesische Gärten bis zum Horizont. Die durch lang andauernde Kriege mit den Byzantinern geschwächten persischen Truppen leisteten kaum Widerstand.

Omar, ebenfalls Schwiegersohn und Berater Mohammeds, der 2. Kalif (634-644), sicherte dank seiner geschickt taktierenden Truppenführer Mesopotamien für den Islam und setzte die Eroberung Syriens und Palästinas fort. Die Oasenstadt Damaskus fiel im Jahr 635 in die Hände der plündernden und brandschatzenden Araber. Im folgenden Jahr kam es am Jarmuk, einem östlichen Nebenfluß des Jordan, zur Entscheidungsschlacht. Obwohl die Byzantiner ungefähr an die 80 000 Mann aufboten, von denen jedoch an die 12 000 christlich-arabische Hilfstruppen zu den Feinden überliefen, wurden sie von den 30 000 arabischen Reitern überrannt; vernichtend wurde das byzantinische Heer geschlagen. Ganz Syrien gelangte unter die Herrschaft der islamischen Araber. Antiochien und viele weitere Städte ergaben sich kampflos. Nur Jerusalem leistete unter Führung des seit 634 amtierenden Patriarchen Sophronios erbitterten Widerstand. Doch nach zweijähriger Belagerung konnte Kalif Omar siegreich in die Heilige Stadt, die nach der persisch-jüdischen Verwüstung noch weithin in Trümmern lag, einziehen. Sophronios übergab dem Kalifen, der der Bevölkerung Leben und Unantastbarkeit ihrer Kirchen zugesichert hatte, persönlich die Stadt. Der christlichen Bevölkerung wurde als »den Besitzern der Schrift« Religionsfreiheit gewährt und die Kopfsteuer auferlegt gemäß koranischem Recht.

Die Kopfsteuer erhoben muslimische Herrscher zumeist in den Städten von den Untertanen, die nicht zum Islam konvertierten, aber unter dem Schutz des islamischen Staates standen. Der Kopfsteuer waren das Familienoberhaupt und seine erwachsenen Söhne unterworfen. Da Christen nicht im Heer dienen durften, entsprach sie zumeist dem Gegenwert der Ausrüstung eines muslimischen Kämpfers. Die Höhe war oft willkürlich festgesetzt, und viele Familien sahen sich im Lauf der Zeit unter dem unerträglichen Steuerdruck genötigt, wenn sie nicht in

die Sklaverei gehen wollten, zum Islam überzutreten. Nur Mönche waren von der Kopfsteuer befreit. So sind fast ganz Ägypten, Syrien, Palästina, aber auch andere einst christliche Länder wie z. B. Kleinasien (Türkei) oder Nordafrika (Tunesien, Algerien, Marokko) zum Islam konvertiert worden. Wo einst prächtige Kirchen standen, erheben sich heute kuppelgewölbte Moscheen. - Wenn Dorfgemeinschaften im Christentum beharrten, konnten ihnen ihre Dörfer und Ländereien zur weiteren Nutzung überlassen werden. Sie hatten dafür allerdings

von den Erträgen Tribut zu leisten, der bis zur Hälfte des jährlichen Gewinnes betragen konnte. Im islamischen Meer haben sich nur wenige christliche Enklaven gehalten wie z. B. koptische Dörfer in Oberägypten, einige Landstriche im Libanon, Ma'alulla im Anti-Libanon-Gebirge in Syrien, einige Gemeinden in Palästina, das Tur Abdin in der Südosttürkei, Armenien und Georgien.
Kalif Omar zeigte besonderes Interesse am alten jüdischen Tempelbezirk, der seit der Zerstörung Jerusalems im Jahr 70 durch den römischen Feldherrn Titus als »Gräuel der Verwüstung« (Mt 24, 15) und mahnendes Zeichen in Trümmern lag. Im Zentrum befand sich der Opferaltar, auf dem nach jüdischer und islamischer Überlieferung bereits Abraham seinen Sohn zu opfern bereit gewesen war. Nach dem Koran war es jedoch nicht Isaak, der Sohn der Sarah, sondern Ismael, der Erstgeborene, der Sohn der Hagar, den Gott durch ein Lamm-Opfer auslösen ließ. (Dieses Opferfest zählt heute zu den bedeutendsten islamischen Festen.) Südlich dieses Felsens in Richtung Mekka ließ Omar die erste schlichte Moschee in Jerusalem errichten, etwa dort, wo sich jetzt die El-Aksa-Moschee (d. h. weit entfernt von Mekka) erhebt.
Nach der Unterwerfung Syriens und Palästinas ließ Omar durch seine Feldherren das östliche Kleinasien und Armenien erobern, schließlich im Jahr 641 Ägypten, die Kornkammer des Oströmischen Reiches. Die byzantinischen Truppen übergaben im Jahr 642 Alexandrien kampflos den Arabern. Die ägyptische Bevölkerung, vornehmlich monophysitische Semiten, sah anfangs in ihnen die Befreier vom Joch der orthodoxen Patriarchen und der byzantinischen Kaiser in Konstantinopel. Auch die Perser mußten im Jahr 642 die arabische Oberhoheit anerkennen. Omar war der erfolgreichste arabische Herrscher der Frühzeit. Vor allem aber baute er nach der Einigung aller arabischen Stämme die eroberten christlichen Länder zu einem effizienten islamischen Staatswesen um.

### Die Ausweitung und Konsolidierung des Arabischen Reiches unter den Omajjaden und die Verschlechterung der Lage der Christen

Mu'awija, den Omar im Jahr 637 zum Gouverneur von Syrien eingesetzt hatte, verlegte seine Residenz nach Damaskus. Diese Oasenstadt ist vor heißen Winden durch das Anti-Libanon-Gebirge geschützt und wurde damals vom klaren Wasser des Baches Barada durchzogen. Im Vergleich zu den Lehmdörfern, aus denen die Eroberer kamen, war Damaskus eine reiche und wohlhabende Stadt, die vor allem vom Fernhandel lebte. Die Oasenstadt war einer der Endpunkte der Handelsrouten der Nabatäer. In den Gewölben an den Marktstraßen lagerten -

wie auch heute wieder - Waren aus aller Herren Länder: Waffen, Seidenstoffe, Prunkgewänder, Gewürze, Weihrauch. Die Plünderung dieser Warenlager und die Versklavung der christlichen Bewohner waren den Söhnen der Wüste ein Vorgeschmack des verheißenen Paradieses. Nachdem Mu'awija zum 6. Kalif (661-680) aufgestiegen war, verlegte er auch das islamische Zentrum von der Wüstenstadt Mekka nach Damaskus, ließ aber zugleich die Heiligtümer in Mekka und Medina erneuern und ausbauen und erklärte Jerusalem nach ihnen zum dritten Heiligtum des Islam.

Mu'awija machte das Kalifat erblich. Unter ihm und seinen Nachfolgern, den Omajjaden (661-750), benannt nach Omajja, einem Vorfahren der Sippe aus der Zeit Mohammeds, wurde die islamisch-arabische Herrschaft dank hervorragender Feldherren immer weiter vorangetrieben und der Staat konsolidiert. Die Grenzen des Reiches reichten schließlich über Persien hinaus bis Buchara und Samarkand und in das Tal des Indus und über Ägypten hinaus nach Nordafrika und Spanien bis an die Berge der Pyrenäen. Sogar Konstantinopel wurde, wenn auch erfolglos, im Jahr 678 belagert. Durch ein Netz von Heerstraßen und Militärlagern wurden nicht nur diese Erfolge gesichert, sondern auch die verschiedenen Völker mittels Koran, Moschee und Verwaltung arabisiert und der Handel und Kulturaustausch gefördert. Die Administration dieses Weltreiches orientierte sich an byzantinischen und persischen Vorbildern. Zunächst griffen die Omajjaden auf Verwaltungsbeamte der eroberten Länder zurück, bis sich deren Übertritte zum Islam mehrten und das Arabische die griechische, persische und koptische Sprache ersetzte.

Unter Kalif Abd al-Malik (685-705) verschlechterte sich die Lage der Christen erheblich, da sie aus allen Staatsämtern entfernt wurden. Bekanntestes Opfer dieser Maßnahme ist Johannes von Damaskus, der auf seiner Ikone immer mit einem arabischen Kopftuch dargestellt wird. Geboren um 650 in vornehmer christlich-arabischer Familie, deren Umgangssprache das Griechische war, war er zunächst Mitarbeiter seines Vaters, der als Finanzminister am Hof der Kalifen arbeitete. Als beide um das Jahr 700 ihre Ämter aufzugeben gezwungen wurden, zogen sich Johannes und sein Adoptivbruder Kosmas, der später Bischof von Maj ma in der Nähe von Gaza wurde, in das Mar-Saba-Kloster bei Bethlehem zurück. Dort wurden beide zu Priestern geweiht und haben sich durch die Dichtung von Hymnen zu den liturgischen Festen der orthodoxen Kirche einen bleibenden Ruhm erworben. Darüber hinaus hat Johannes als Gelehrter und Schriftsteller die biblischen und theologischen Argumente für die christliche Ikonenverehrung erarbeitet und publiziert. Johannes starb um 754 im hohen Alter von 104 Jahren. Dieser aus Syrien stammende Priestermönch gilt als der letzte der grie-

chisch-sprachigen Kirchenväter.
Die Christen in Damaskus verehrten in ihren Mauern das Haupt des heiligen Johannes des Täufers. Nun mußten sie zusehen, wie um das Jahr 705 ihre aus den Quadern des antiken Zeus-Tempels errichtete Johannes-Basilika abgerissen wurde und aus ihr die heute noch bestehende, eindrucksvolle Große Moschee erbaut wurde. Die Baumeister waren byzantinische Architekten, und für die Ausschmückung mit Mosaiken wurden Fachkräfte aus Antiochien und Konstantinopel angeworben. Diese Mosaiken stellen paradiesische Flußlandschaften mit Fruchtbäumen und Palastfassaden dar. In ihnen sieht man jedoch weder Menschen noch Tiere, da der Islam ihre bildliche Darstellung nicht gestattet; nur Allah kann Tiere erschaffen und Menschen gestalten. Als Zeugnis der vergangenen Zeit erzählen auch die Muslime von der gemeinsamen Hoffnung, daß Christus einst auf dem östlichen Minarett zum Gericht erscheinen werde. Das Haupt des Johannes, den auch die Muslime als einen ihrer Propheten verehren, erhielt in der Moschee östlich vom Mihrab, der Gebetsnische nach Süden in Richtung Mekka, eine Ruhestätte. Zur Zeit der osmanischen Türkenherrschaft wurde das Haupt über vier antike Säulen hinter vergoldeten Gitterstäben unter einem Baldachin für alle sichtbar gebetet. Außerhalb der Mauern der Großen Moschee, östlich davon gelegen, befindet sich das Wohnviertel der einst bedeutenden christlichen Urgemeinde, von der die Apostelgeschichte berichtet: die Gerade Straße, in deren Nähe das Haus des Ananias lag, in dem der durch die Christus-Erscheinung erblindete Paulus in der Taufe »erleuchtet« wurde, und das Tor, das die Juden, um seiner habhaft zu werden, schließen ließen, nebst jener Stelle an der Mauerkrone, über die die Christen zu nächtlicher Stunde Paulus in einem Korb hinunterließen, so daß er jetzt als Christusanhänger in Freiheit nach Jerusalem zurückkehren konnte (Apg 9, 1-23).
Kalif Abd al-Malik zeichnete Jerusalem gegenüber der christlichen Tradition auch sichtbar aus. An die Stelle des von Omar errichteten Gebetshauses ließ er aus den Trümmern der von den Persern und Juden zerstörten Neuen-Marien-Kirche des Kaisers Justinian die El-Aksar-Moschee und im Zentrum des Tempelberges, den Opferfelsen umschließend, den oktogonalen Felsen-Dom erbauen. Die oktogonale Form hatte ihr Vorbild im Oktogon der Maria-Rast-Kirche, die auf dem Weg zwischen Jerusalem und Bethlehem gelegen war. Gerade der Felsendom sollte sich hoch über die kuppelgekrönte Auferstehungskirche erheben und den Machtanspruch der Muslime auf Jerusalem sichtbar machen. Theologisch wurde dieser Anspruch durch die 17. Sure untermauert. Auf ihrer Auslegung basiert auch die Legende, nach welcher Mohammed, vom Engel Gabriel begleitet, eine nächtliche Reise von Mekka bis zum »weit entfernten Ort«, das

bedeutet el-Aksa, angetreten habe und dann auf einer goldenen Leiter vom Opferfelsen bis ins himmlische Jerusalem zu den früheren Propheten gelangt sei:

>*»Gepriesen sei der, der mit seinem Diener bei Nacht von der heiligen Kultstätte (in Mekka) nach der fernen Kultstätte (in Jerusalem), deren Umgebung wir gesegnet haben, reiste, um ihn etwas von unseren Zeichen sehen zu lassen. Allah ist der, der alles hört und sieht«(Sure 17, 1).*

Kalif Yazid II. (720-724) verlangte von allen Christen im Arabischen Reich, nach dem Vorbild des Islam einen bilderlosen Kult einzuführen; sie mußten deshalb alle Darstellungen lebender Wesen in ihren Kirchen zerstören. Die wenigen Bodenmosaike, die den Zerstörungen durch Perser und Juden entgangen waren, wurden nun verunstaltet. Noch heute lassen sich die damals angerichteten Schäden gut erkennen wie z. B. in der Mosaikkarte des Heiligen Landes in der Georgskirche von Madaba in Jordanien. Die Gesichter der Seeleute, die über das Tote Meer segeln, und das eines Löwen am Rande der Wüste machte man dadurch unkenntlich, daß man die Mosaikwürfel aus dem Boden nahm, sie umdrehte und ordnungslos wie eine breiige Masse wieder in das Bild einfügte; nur eine unscheinbare Gazelle, die in die Wüste entflieht, blieb unbehelligt.

Die für den syrisch-christlichen Kulturbereich verordnete Bilderzerstörung hatte verheerende Auswirkungen auf die orthodoxe Kirche im Byzantinischen Reich, wo Kaiser Leon III. (717-741) unter Berufung auf das alttestamentliche Bilderverbot und unter dem Einfluß des Islam den christlichen Bilderkult als Götzendienst erklärte. Der Islam pries sich als Vollendung aller Religionen und berief sich den Christen in Kleinasien gegenüber sogar auf das Evangelium, nach welchem »die Zeit kommen wird, da Gott nur im Geist und in der Wahrheit angebetet wird« (Joh 4, 23). Leon III. verbot im Jahr 730 die öffentliche und private Bilderverehrung und ließ durch das Militär alle religiösen Bildwerke zerstören. Der Ikonoklasmus in der orthodoxen Kirche dauerte mit Unterbrechungen bis zum 7. Ökumenischen Konzil von Nikaia (Nizäa) im Jahr 787 an. Dieses letzte Ökumenische Konzil folgte u. a. der Lehre des Johannes von Damaskus und begründete die Bilderverehrung damit, daß Gott selbst den Menschen als sein Bild erschaffen habe und der menschgewordene Jesus Christus »die Ikone des unsichtbaren Vaters« (Kol 1, 15) sei.

Aus den Machtkämpfen unter den islamischen Stammeshäuptern und Heerführern ging im Jahr 749 Abu l-Abbas, der sich zum Kalifen ausrufen ließ, siegreich hervor. Bald darauf wurde die letzte Armee der Omajjaden vernichtend geschlagen. Nachdem die Abbasiden ihren Regierungssitz von Damaskus nach

Bagdad verlegt hatten, wurde Syrien-Palästina eine weit entfernte, durch die Syrische Wüste getrennte Provinz. Persische Traditionen und pompöses Hofzeremoniell wurden nun für den islamischen Staat bestimmend. Allein die arabische Sprache und das islamische Bekenntnis hatten Bedeutung. Der Übertritt vom Islam zum Christentum wurde jetzt mit dem Tode bestraft. Die orientalischen Christen waren nun endgültig Bürger zweiter Ordnung, eine untergeordnete Kaste.

## Gründe für die schnelle Ausbreitung des Islam

Die *Beutegier und Raublust der Araber*, gepaart mit dem Sendungsbewußtsein und dem *Missionierungswillen der Muslime,* begründeten den schnellen Erfolg bei der Ausbreitung des Islam. Arm und darbend in den Lehmhütten Arabiens, in Mekka und Medina und in den Nomadenzelten der Oasendörfer, kehrte manch ein Glaubensverkünder mit reicher Beute, vielen Sklaven und überschwänglichen Eindrücken von den reichen Städten Syriens und seinen fruchtbaren Plantagen in die Heimat zurück. Bei der Ausbreitung des Islam ging es nicht viel anders zu als bei der Eroberung Amerikas und der Verkündigung des Christentums dort. Doch während sich die christlichen Eroberer schwer gegen die Botschaft Christi versündigten, steht die Ausbreitung des Islam durch das Schwert unter der Offenbarung und dem Willen Allahs und der Verkündigung seines Propheten:

> »*Kämpft gegen diejenigen, die nicht an Gott und den Jüngsten Tag glauben und nicht verbieten, was Gott und sein Gesandter verboten haben, und nicht der wahren Religion angehören - von denen, die die Schrift erhalten haben - (kämpft gegen sie), bis sie kleinlaut aus der Hand Tribut entrichten!*«*(Sure 9, 29)*

Unversöhnlich zeigt sich der Gesandte Allahs gegen die *Heiden*; das waren in damaliger Zeit Menschen im Orient, die Gestirnsgottheiten verehrten, vor allem den Mond. (Noch heute schmückt er, ursprünglich das vorchristliche Sinnbild von Byzantion, nach der Eroberung Konstantinopels durch die Türken im Jahr 1453 in die türkisch-islamische Tradition eingegangen und schließlich unter der osmanischen Herrschaft über alle islamischen Länder verbreitet, als Halbmond die Kuppeln der Moscheen und die türkische Fahne.) Für Mohammed sind die Heiden »die schlimmsten Tiere«; sie gilt es zu töten:

*»Als die schlimmsten Tiere gelten bei Allah diejenigen, die ungläubig sind und auch nicht glauben werden« (Sure 8 , 55).*

*»Wenn die heiligen Monate (der Wallfahrt) abgelaufen sind, dann tötet die Heiden, wo immer ihr sie findet, greift sie, umzingelt sie und lauert ihnen überall auf! Wenn sie sich aber bekehren, das Gebet verrichten und die Almosensteuer geben, dann laßt sie ihres Weges ziehen! Allah ist barmherzig und bereit zu vergeben« (Sure 9, 5).*

Den *Juden* gegenüber empfand Mohammed eine tiefe Abneigung, da er sich wegen der inhaltlichen Nähe des Korans zu Teilen ihrer Heiligen Schrift ihren baldigen Anschluß an seine Gemeinde erhofft hatte, doch von ihnen nur Spott und Hohn erntete.

*»Wenn sich jemand Allah und seinem Gesandten und denen, die glauben, anschließt (hat er die rechte Wahl getroffen). Die auf Allahs Seite stehen, werden Sieger sein. Ihr Gläubigen! Nehmt euch nicht diejenigen, die mit euch ihren Spott und ihr Spiel treiben, - (Leute) aus dem Kreis derer, die (schon) vor euch die Schrift erhalten haben, - und auch die Ungläubigen nicht zu Freunden!« (Sure 5, 56 f.)*

Daß Mohammed sich den Juden gegenüber unnachsichtig und grausam verhalten konnte, macht folgende Begebenheit deutlich: Nachdem er die Siedlung des jüdischen Stammes der Quraiza nach fünfundzwanzig Tagen Belagerung einnehmen konnte, ließ sein Adoptivsohn und Kampfgefährte Sa'd an die siebenhundert Männer vor den Augen des Propheten enthaupten; die Frauen und Kinder wurden den Kämpfern als Sklaven zugeteilt. Der Prophet deutete dieses grausame Massaker als Allahs Willen, der ihm folgenden Spruch offenbarte:

*»Allah ließ diejenigen von den Leuten der Schrift, die die Ungläubigen unterstützt hatten, aus ihren Burgen herunterkommen und jagte ihnen Schrecken ein, so daß ihr sie zum Teil töten, zum Teil gefangennehmen konntet. Und er gab euch ihr Land, ihre Wohnungen, ihr Vermögen zum Erbe, dazu Land, das ihr (bis dahin noch) nicht betreten hattet. Allah hat zu allem die Macht« (Sure 33, 26 f.).*

Den *Christen* gegenüber zeigte der Prophet sich, wie folgende Sure zeigt, freundlicher gesinnt, nicht jedoch seine Nachfolger, wenn es um Steuern oder

Sklaven ging. Nur Priester und Mönche, vor denen Mohammed eine große Hochachtung gehabt hatte, waren von der Kopfsteuer befreit. Zudem kursierte unter seinen Anhängern eine fromme Legende über die Begegnung des jungen Mohammed mit einem christlichen Mönch. Danach soll Mohammed, als er zwölf Jahre alt und von seinem Onkel Abu Talib auf eine Karawanenreise nach Syrien mitgenommen worden war, in Basra den christlichen Mönch Buhaira getroffen haben. Zu Abu Talib habe dieser gesagt, er solle mit diesem Jungen heimkehren und ihn vor dem Haß der Juden bewahren; denn große Würden erwarteten den Sohn seines Bruders.

*»Du wirst sicher finden, daß diejenigen Menschen, die sich den Gläubigen gegenüber am meisten feindlich zeigen, die Juden und die Heiden sind. Und du wirst sicher finden, daß diejenigen, die den Gläubigen in Liebe am nächsten stehen, die sind, welche sagen: Wir sind Nasara (d. h. Christen). Dies deshalb, weil es unter ihnen Priester und Mönche gibt und weil sie nicht hochmütig sind«(Sure 5, 83).*

Auch die *Fruchtbarkeit der arabischen Eroberer* förderte die schnelle Ausbreitung des Islam; dazu dienten ihnen *die Polygamie, das Konkubinat und zahlreiche Sklavinnen*. Waren die Frauen in vorislamischer Zeit völlig rechtlos und der Willkür ihrer Männer ausgesetzt und wurden die weiblichen Nachkommen als Schande empfunden und häufig lebendig im Sand verscharrt (Sure 16, 57-59), so verbesserte sich die Stellung der Frau erheblich dank Mohammed. Er verbot nicht nur das Töten der weiblichen Nachkommen, sondern führte auch eine gesetzliche Ehescheidung ein (Sure 2, 229-232); zudem verkündete er als göttliche Offenbarung, daß Allah einst Männern wie Frauen den gleichen Lohn für ihre guten Taten bereiten werde (Sure 16, 97). Der Prophet lehnte den zölibatären Stand ab, da zahlreiche Nachkommen der Ausbreitung des Islam dienlich seien. Weil die Männer über den Frauen stehen (Sure 4, 34), ist ihnen gestattet, bis zu vier Frauen zu heiraten, und wenn ihnen dies nicht reicht, an Sklavinnen so viele, wie sie besitzen:

*»Wenn ihr fürchtet, in Sachen der (eurer Obhut anvertrauten weiblichen) Waisen nicht recht zu tun, dann heiratet, was euch an Frauen beliebt, zwei, drei oder vier. Wenn ihr aber fürchtet, (so viele) nicht gerecht zu behandeln, dann nur eine oder was ihr (an Sklavinnen) besitzt!«(Sure 4, 3)*

Mohammed selbst genehmigte sich elf Ehefrauen, neun waren es zu gleicher Zeit, und zwei Konkubinen, eine christliche und eine jüdische, dazu viele Sklavinnen. Die jüngste Ehefrau war A'ischa, die Tochter Abu Bakrs, die dieser ihm schenkte, als sie vier Jahre alt war und die er heiratete, als sie neun war. Außer Fatima aus erster Ehe blieben keine Nachkommen am Leben. Sein großer Harem rief natürlich den Unmut seiner Kampfgefährten hervor. Doch Allah sandte seinem Propheten folgende Offenbarung:

> *»Prophet! Wir haben dir zur Ehe erlaubt: deine (bisherigen) Gattinnen, denen du ihren Lohn (d. h. ihre Morgengabe) gegeben hast; was du (an Sklavinnen) besitzt, (ein Besitz, der) dir von Allah (als Beute) zugewiesen (worden ist); die Töchter deines Onkels und deiner Tanten väterlicherseits und deines Onkels und deiner Tanten mütterlicherseits, die mit dir ausgewandert sind; (weiter) eine (jede) gläubige Frau, wenn sie sich dem Propheten schenkt und er sie heiraten will. Das gilt nur für dich im Gegensatz zu den (anderen) Gläubigen«* (Sure 33, 50).

Die *Verteidigung der Grenzen des Oströmischen Reiches* war wegen der lang andauernden und kostspieligen Kämpfe zwischen Byzantinern und Persern zusammengebrochen. Den räuberischen Einfall arabischer Stämme auf ihren schnellen Kamelen, die ständig eine Gefahr vom Süden her bedeuteten, konnte man nicht mehr abwehren. Die byzantinisch-syrischen Städte mit ihren Palästen und Kirchen waren durch Perser und Juden zerstört, und was wiederaufgebaut war, wurde im Lauf der Zeit unter arabischer Herrschaft vernichtet. Die beeindruckenden Ruinen von Apameia, Palmyra und Bosra, von Resefa und Dura Europos, vom Symeon-Kloster und von den zahlreichen Kirchen im nördlichen Kalksteinmassiv und im südlichen Basaltplateau, um nur wenige zu nennen, erzählen bis heute von einstiger Größe und Schönheit. Der bereits zitierte unbekannte Dichter hat auch die arabische Eroberung Syriens erlebt; für ihn war sie noch grauenvoller als jene der Perser und Juden. Die Brutalität, mit der das islamisch-arabische Räubervolk auf Sklavenjagd ging, war nicht zu überbieten. Erschütternd klingen seine Worte:

> *»Ein Volk wird aus der Wüste kommen, Hagars Nachkommenschaft,*
> *der Sklavin Sarahs, das am Bündnis Abrahams festhält,*
> *des Mannes der Sarah und der Hagar. ...*
> *Sie werden einen Kampf liefern und die Erde mit Blut tränken.*
> *Die Völker werden dort besiegt werden, und das Räubervolk wird siegen.*

*Die Räuber werden über die Erde hin fliegen, in die Schluchten und auf die Berggipfel.*
*Sie werden Frauen und Kinder gefangen nehmen und Männer, Greise und Jünglinge.*
*Die Schönheit der Männer wird vernichtet, und der Schmuck der Frauen wird geraubt.*
*Mit gewaltigen Speeren und Lanzen durchbohren sie die alten Männer, sie trennen den Sohn von seinem Vater, die Tochter von ihrer Mutter.*
*Sie trennen den Bruder von seinem Bruder, die Schwester von ihrer Schwester.*
*Sie töten den Bräutigam in seiner Kammer und führen die Braut aus ihrem Gemach.*
*Sie nehmen die Frau weg von ihrem Mann und schlachten sie wie ein Schaf.*
*Sie werfen das Kind von seiner Mutter weg und jagen die Mutter in Gefangenschaft.*
*Das Kind schreit vom Boden her, die Mutter hört es; doch was kann sie tun?*
*Es wird zertreten von den Hufen der Pferde und Kamele;*
*man erlaubt ihr nicht, sich nach ihm zu wenden, und das Kind bleibt zurück.*
*Sie trennen die Kinder von der Mutter wie die Seele vom Leib,*
*und sie muß ansehen, wie man die Geliebten ihres Schoßes verteilt:*
*Zwei ihrer Kinder für zwei Herren, und sie selber für einen anderen Herrn.*
*Sie und ihre Kinder werden verteilt, um für die Räuber Sklaven zu sein.*
*Schluchzend klagen ihre Kinder, und Tränen entzünden ihre Augen,*
*und sie wendet sich ihren Geliebten zu, und Milch fließt aus ihrer Brust:*
*Geht in Frieden, meine Geliebten, und Gott geleite euch!*
*Jener, der Josef geleitet hat in die Gefangenschaft bei den Fremden,*
*geleite auch euch, meine Kinder, in die Gefangenschaft, in die ihr zieht! -*
*Bleibe zurück in Frieden, Mutter, und Gott geleite dich! ...*
*Der Sohn wird dastehen und sehen, wie der Vater in die Sklaverei verkauft wird,*
*und heiß werden die Tränen beider fließen unter Strömen, Aug in Auge gegenüber.*
*Ein Bruder wird seinen Bruder sehen, getötet, zu Boden gestreckt,*
*und ihn wird man in die Gefangenschaft führen, damit er Sklave sei in der*

*Fremde. ...*
*Die Eroberer werden die Enden der Erde ausplündern und in den Städten herrschen.*

*Die Ländereien werden verwüstet werden, zahlreich werden die Getöteten auf Erden sein.*
*Alle Völker werden erniedrigt vor dem Räubervolk.*
*Und nachdem die Völker ausgeharrt und gehofft haben, daß nun Frieden komme,*
*werden sie Steuern erheben, und jeder wird sich vor ihnen fürchten.*[4]

Auch die *Sprachverwandtschaft der Semiten untereinander*, der seßhaften Araber, der arabischen Beduinen, der Syrer, der Aramäer und der Ägypter, erleichterte die Eingliederung der unterworfenen Völker unter die islamische Herrschaft. Zuweilen wurden die arabischen Eroberer von den Christen als Befreier von der byzantinischen Herrschaft begrüßt. Doch bald zeigte sich, daß die neuen Herren hartherziger waren als die alten. Das erwies sich nicht nur in den hohen und willkürlichen Steuern. Die Christen hatten in abgesonderten, erbärmlichen Bezirken der Stadt zu leben, durften keine neuen Kirchen errichten und waren ständiger Kontrolle unterworfen.

Da der Koran für alle Welten und Völker Geltung hat (Sure 68, 52) und in seiner himmlischen Urfassung auf Arabisch geoffenbart worden war (Sure 68, 52), mußte jeder Konvertit, um am islamischen Gottesdienst teilnehmen oder sich bei der Verwaltung verständlich machen zu können, Arabisch lernen und sprechen. So ging vielen Völkern die Muttersprache verloren, vornehmlich den Aramäern, Palästinensern, Syrern und Ägyptern, die man heutigentags ihrer arabischen Sprache wegen fälschlicherweise oft als Araber bezeichnet; allerdings sprechen nur wenige von ihnen noch Syrisch, Aramäisch, Griechisch oder Koptisch.

Der *einfache und unmißverständliche Monotheismus im Koran* zeigte sich mit seiner Klarheit der schwer verständlichen Lehre von dem dreieinen Gott überlegen. Eine Differenzierung zwischen dem einen Wesen Gottes und den drei göttlichen Personen war und ist selbst vielen Christen nicht geläufig. Der Trinitätsglaube wurde von Mohammed als Polytheismus abgelehnt, und der Prophet Allahs wurde nicht müde, gegen die Christen die Einzigkeit Gottes zu verkünden:

---

[4]   Ephräm zugeschriebene Predigt, 5, 73-164 (gekürzt); CSCO 321, 81-84.

*»Ihr Leute der Schrift! Treibt es in eurer Religion nicht zu weit und sagt gegen Allah nichts aus als die Wahrheit! Christus Jesus, der Sohn der Maria, ist nur der Gesandte Allahs und sein Wort, das er der Maria entboten hat, und Geist von ihm. Darum glaubt an Allah und seinen Gesandten und sagt nicht (von Allah, daß er in Einem) Drei (sei)! Hört auf (so etwas zu sagen)! Das ist besser für euch. Allah ist nur ein einziger Allah. Gepriesen sei er! (Er ist darüber erhaben) ein Kind zu haben«(Sure 4, 171).*

*»Ungläubig sind diejenigen, die sagen: Allah ist Einer von Dreien! - Es gibt keinen Allah außer einem einzigen Allah. Und wenn sie mit dem, was sie sagen, nicht aufhören (haben sie nichts Gutes zu erwarten). Diejenigen, die ungläubig sind, wird (dereinst) eine schmerzliche Strafe treffen« (Sure 5, 73).*

## Literatur und Quellen

CSCO = *Corpus Scriptorum Christianorum Orientalium*, Leuven (Louvain, Belgien) 1903 ff.

E. Gorys, *Das Heilige Land* (DuMont Kunst-Reiseführer), Köln 1988.

M. Hartmann, *Der Islam. Geschichte, Glaube, Recht*, Leipzig 1909; Reprint Leipzig.

O. Keel / M. Küchler, *Orte und Landschaften der Bibel*, Bd. II: *Der Süden*, Zürich-Einsiedeln-Köln, 1984.

*Der Koran*, Übersetzung von Rudi Paret, Stuttgart 2001.

*Lexikon des Islam*, hg. von Thomas Patrick Hughes, Dreieich 1995.

*Propyläen Kunstgeschichte*, Supplementband III: *Byzanz und der christliche Osten*, Berlin 1968.

P. Schäfer, *Geschichte der Juden in der Antike. Die Juden Palästinas von Alexander dem Großen bis zur arabischen Eroberung*, Stuttgart 1983.

*Syrien. Von den Aposteln zu den Kalifen*; Ausstellungskatalog, Linz 1993.

GREGOR HOHMANN

## Der Rituswechsel der Melkiten
*Was hat die melkitische Kirche veranlaßt, die syrische gegen die byzantinische Tradition einzutauschen?*

Wann und warum *die* Kirchen des Vorderen Orients, die dem orthodoxen Glauben nach dem Konzil von Chalcedon treu geblieben sind - also die Melkiten -, ihren angestammten syrischen Ritus zugunsten des byzantinischen Ritus aufgegeben haben, ist eine Frage, über die bisher noch wenig nachgedacht worden ist. Aber schon die ersten Nachforschungen in dieser Frage bringen schnell ans Licht, daß es auch vor dem Rituswechsel bereits enge Verbindungen zwischen beiden Riten gegeben hat.[1]

### 1. Geschichtlicher Rückblick

Um schneller in das Thema hineinzufinden, müssen wir einen kurzen Blick auf die reichlich verworrene Geschichte der christologischen Streitigkeiten des 5. Jahrhunderts werfen, die zur Spaltung der Patriarchate von Alexandrien und Antiochien in einen monophysitischen und einen orthodoxen Teil geführt haben. Das Konzil von Chalcedon (451) ist sozusagen der Punkt, von dem aus die östlichen Kirchen des Vorderen Orients getrennte Wege gegangen sind. Die Ökumene, das heißt die alle Christen umfassende rechtgläubige Kirche, wurde durch

---

[1] Literatur zum Thema: Friedhelm Winkelmann, *Die östlichen Kirchen in der Epoche der christologischen Auseinandersetzungen*. I/6 Kirchengeschichte in Einzeldarstellungen, Evangelische Verlagsanstalt Berlin, Berlin 1980; Han J.W. Drijvers, *East of Antioch-Studies in Early Syriac Christianity*. Variorum Reprints, London 1984; Konrad Onasch, *Liturgie und Kunst der Ostkirche in Stichworten*. Koehler und Amelang, Leipzig 1981; Hans-Dieter Döpmann, *Die Orthodoxen Kirchen*, Verlagsanstalt Union, Berlin 1991; Joseph Hajjar, *Zwischen Rom und Byzanz. - Die Unierten Christen des Nahen Ostens*, Matthias-Grünewald-Verlag, Mainz 1972; Wilhelm De Vries, *Rom und die Patriarchate des Ostens*. Reihe Orbis Academicus, Verlag Karl Alber, Freiburg/München 1963; Cyrille Karalevski, *Histoire des Patriarcats Melkites (Alexandrie, Antioche, Jérusalem) depuis le schisme monophysite du sixième siècle jusqu'à nos jours*, Tome III, Imprimerie du Sénat, Rome 1911; *Handbuch der Ostkirchenkunde*, Hrsg. Endre von Ivánka, Julius Tyciak, Patmos, Düsseldorf 1971.

das Entstehen der antichalcedonischen Kirchen gestört, oder genauer gesagt: zerstört. Die Einheit konnte bis zum heutigen Tag nicht wiederhergestellt werden. Die Antichalcedonier haben bis heute weder mit der orthodoxen noch mit der katholischen Kirche Kommuniongemeinschaft. Auch die Pro-Oriente-Dialoge von Wien, die eine faktische Übereinstimmung in der Christologie zutage gefördert haben, konnten die alte Communio noch nicht zurückbringen. Das Haupthindernis ist die Tatsache, daß weder die Katholiken noch die Orthodoxen die Verurteilung der den Antichalcedoniern heiligen Väter, wie etwa des Dioskur, je zurückgenommen haben.

Während die nestorianische Theologie im Byzantinischen Reich nach Chalcedon keine Rolle mehr spielte - ihre Anhänger befanden sich außerhalb der Reichweite des byzantinischen Kaisers -, machte die Gegnerschaft gegen Chalcedon dem Reich auf lange Zeit schwer zu schaffen. Der Hauptwiderstand ging anfangs von Alexandrien aus. Sein Kopf war Timotheos Ailuros, ein glühender Anhänger des Dioskur, der nach der Ermordung seines Vorgängers Proterios im Jahr 457 Patriarch von Alexandrien wurde. Durch seine Synode ließ er Leo von Rom, Anatolios von Konstantinopel und Basileios von Antiochien anathematisieren und setzte in seinem Patriarchat lauter ihm ergebene Bischöfe ein. Das trug ihm die Verbannung durch Kaiser Leon I. ein. Unter dem Usurpator Basiliskos gelang ihm jedoch die triumphale Rückkehr nach Alexandrien (475). Als Demonstration der Stärke wurden später sogar die sterblichen Überreste des in der Verbannung gestorbenen Dioskur nach Alexandrien gebracht und an der Seite der verstorbenen Patriarchen beigesetzt.

Diese Los-von-Byzanz-Bewegung stützte sich hauptsächlich auf die Abneigung der meisten Kopten gegen die byzantinische Fremdherrschaft. Besonders die von griechischer Bildung unberührt gebliebene Unterschicht, die sich noch stark mit dem Erbe des Ägypten der Pharaonen verbunden fühlte, sah in der Ablehnung der Beschlüsse von Chalcedon eine gute Möglichkeit des Protestes gegen Byzanz. Weniger Freude bereitete den Christen Ägyptens die Tatsache, daß die Nachfolger des Timotheos Ailuros - Salophakiolos und Petros Mongos - und deren Anhänger sich in der Beurteilung des Chalcedonense nicht einig waren. Es kam nämlich zu heftigen internen Streitigkeiten. Für die an ein strammes Kirchenregime gewöhnten Kopten war das eine Situation, der sie ratlos gegenüberstanden. So verwundert es nicht, daß die Strahlkraft der ägyptischen Kirche nachließ. Das Schwergewicht der monophysitischen Kirche verlagerte sich daher von Ägypten nach Syrien.

In Antiochien war es der monophysitische Patriarch Severos (512-518), der einen Versöhnungsversuch zwischen Chalcedoniern und Monophysiten unternahm. Man pflegt diesen Versuch als Neu-Chalcedonismus zu bezeichnen. Es handelt sich dabei um den Versuch, Chalcedon zu retten, sich dabei aber doch der Beweisführung der Monophysiten nicht zu verschließen.

Daß der Monophysitismus trotz aller Anstrengungen der Kaiser, besonders des Justinian (537), ihn auszurotten, nicht verschwand, lag daran, daß er eine mächtige Schutzherrin hatte: Kaiserin Theodora. Unter ihrem Schutz konnte der abgesetzte Alexandrinische Patriarch Theodosius an seinem Verbannungsort Konstantinopel heimlich einen monophysitischen Klerus aufbauen. Ähnliches ermöglichte Theodora für Syrien. Im Jahr 542 ließ sie den Syrer Jakob Burdeana (Baradäus) vom verbannten Theodosius in Konstantinopel zum Bischof weihen. Der machte sich sogleich trotz vieler Verfolgungen im geheimen daran, einen neuen, monophysitischen Klerus aufzubauen. Bis zum heutigen Tag nennt man die syrischen Altorientalen daher auch »Jakobiten«.

Als im Jahr 610 Heraklios byzantinischer Kaiser wurde, stand er vor der bedrükkenden Tatsache, daß die Perser inzwischen die Provinzen Syrien, Palästina und Ägypten dem byzantinischen Einfluß weitgehend entzogen hatten. Auch sein glänzender Sieg über die Perser von 628 konnte nicht darüber hinwegtäuschen, daß die innere Einheit des Reiches sehr brüchig geworden war. Die christliche Bevölkerung Armeniens, Syriens, Palästinas und Ägyptens war selbstbewußter geworden und hatte sich dem ungeliebten Byzanz entfremdet. Der letzte Versuch, die ideologische Reichseinheit durch die Kompromißformeln des Monotheletismus zu retten, war zum Scheitern verurteilt. Die strengen Chalcedonier und die Monophysiten beharrten auf ihren je eigenen Positionen.

Mit der Eroberung Syriens (636), Palästinas (638) und Ägyptens (642) durch die Araber endeten die kaiserlichen Bemühungen um die Wiederherstellung der christlichen Ökumene. Die Patriarchate dieser Provinzen entwickelten sich als zwei völlig getrennte Kirchen weiter. Die monophysitisch gewordene Gruppe in Ägypten nannte sich koptisch-orthodoxe Kirche, diejenige von Syrien syrisch-orthodoxe Kirche. Der Ehrentitel »orthodox« freilich wurde ihnen von den Kirchen, die dem chalcedonischen Glauben der Reichskirche treu geblieben waren, aberkannt. Dafür wurden sie von ihren Gegnern spöttisch »Kaiserliche – Melkiten« genannt.

Waren am Anfang der christologischen Streitigkeiten die Anhänger und Gegner von Chalcedon in allen Schichten der Christenheit des Vorderen Orients zu finden, so kristallisierten sich mit Beginn der arabisch-islamischen Invasion zwei Lager heraus: die der byzantinischen Vorherrschaft Überdrüssigen – das waren die auf ihre Herkunft stolzen Nachfahren der einstigen Urbevölkerung in Ägypten und Syrien – und die durch Abstammung oder Bildung dem Griechentum Nahestehenden. Noch war ihnen im 5. Jahrhundert der koptische bzw. der syrische Ritus gemeinsam, und zwar, wie wir noch sehen werden, bis ins 10. Jahrhundert hinein und darüber hinaus.

## 2. Rituswechsel als schleichende Entwicklung

Nach diesem notwendigen kurzen Rückblick kommen wir zum eigentlichen Thema, nämlich zu der Frage, wann und warum die Melkiten der Patriarchate von Alexandrien, Antiochien und Jerusalem den byzantinischen Ritus anstelle des syrischen angenommen haben. Gleich zu Beginn ist festzuhalten, daß die Übernahme des byzantinischen Ritus nicht das Betreten von völligem Neuland bedeutete. Zu eng waren schon seit langem die Verflechtungen und wechselseitigen Beeinflussungen beider Riten gewesen. Man kann sogar behaupten, daß Syrer, Ägypter und Palästiner Mitschöpfer des byzantinischen Ritus gewesen sind. Große Namen zieren die Reihe der Bischöfe, Priester, Diakone, Mönche, Dichter und Schriftsteller, die aus dem Vorderen Orient stammten und die direkt oder indirekt Einfluß auf die Kirche von Byzanz genommen haben.
Allen voran steht der große Kirchenvater Johannes Chrysostomus, der, obwohl aus Antiochien stammend, den Bischofsthron von Konstantinopel bestiegen hat und dessen Namen die wichtigste Anaphora des byzantinischen Ritus trägt: Göttliche Liturgie unseres heiligen Vaters Johannes Chrysostomus. Womit freilich nicht bewiesen ist, daß Chrysostomus tatsächlich ihr Verfasser ist.
Aus dem syrischen Homs (Emesa) stammt auch der große Hymnendichter Romanos der Melode († 556). Ihm verdankt die byzantinische Hymnologie u. a. das unvergleichliche Weihnachtskondakion. Der Syrer Johannes Damascenus († 749) ist der Schöpfer des berühmten Osterkanons der byzantinischen Osternachtsfeier. - Ebenfalls aus Damaskus kommt der Hymnendichter Andreas von Kreta († 470). - Damaskus war auch die Geburtsstadt des heiligen Sophronios, des Patriarchen von Jerusalem († 638), dem das byzantinische Offizium den Text der großen Wasserweihe am Epiphaniefest verdankt. - Der Ägypter St. Cyrill, Patriarch von Alexandrien, steuerte die großen Horen des Karfreitags zum byzantinischen Stundengebet bei.
All diese Namen - es könnten noch viele hinzugefügt werden - zeigen, daß das kirchliche Leben von Byzanz seine wichtigsten Impulse nicht von Konstantinopel oder gar von Athen, sondern bis ins 7. Jahrhundert von Syrien und Ägypten erhalten hat. Vor ihrer Einführung in Byzanz waren all die genannten hymnischen Texte längst in den Klöstern der melkitischen Patriarchate erprobt wor-

den. Es gilt nun zu zeigen, welche Liturgien die drei Patriarchate besaßen, bevor sie nach der Teilung in eine monophysitische und eine orthodoxe Kirche getrennte Wege in der liturgischen Entwicklung gingen. Wir werden dabei im wesentlichen den Forschungsergebnissen von Cyrill Karalevski folgen, die er in seinem mehrbändigen Werk »Histoire des Patriarcats Melkites depuis le schisme monophysite du sixième siècle jusqu'à nos jours« (Rom 1911) ausführlich niedergelegt hat.

### 3. Die Liturgie von Alexandrien

Die Liturgie des Patriarchats von Alexandrien umfaßte zu jener Zeit die folgenden Elemente:

1) Psalmodie
2) Homilie
3) Gebet zur Entlassung der Katechumenen
4) Übertragung der Gaben zum Altar
5) Allgemeines Fürbittgebet
6) Erstes Gebet über das Volk
7) Diptychen
8) Zweites Gebet über das Volk
9) Händewaschung
10) Präfation
11) Anaphora
12) Erhebung der Gaben
13) Brotbrechung
14) Segnungen vor der Kommunion
15) Kommunion
16) Danksagung

Die alte byzantinische Regel, an einem Altar pro Tag nur eine Eucharistie zu feiern, scheint auch in Ägypten gegolten zu haben, denn Papst Leo I. empfiehlt dem Patriarchen Dioskur eine mehrmalige Feier der Liturgie an einem Tag, wenn der Andrang des Volkes das erforderlich machen sollte.
Schon früh machen sich in der Kirche von Alexandrien Unabhängigkeitsbestrebungen bemerkbar. Durch die Verurteilung des Dioskur auf dem Konzil von Chalcedon und wegen der Rangerhöhung des Patriarchats Konstantinopel auf

Kosten der viel älteren Kirchen von Alexandrien und Antiochien werden sie verstärkt. Die koptische Sprache wird als Liturgiesprache favorisiert. Das Griechische verschwindet mehr und mehr. Im Jahr 638, nach der Eroberung Alexandriens durch die Araber, trennt sich das Patriarchat Alexandrien unter dem ersten monophysitischen Patriarchen Benjamin endgültig von der Reichskirche. Nur eine griechisch geprägte Minderheit bleibt kaisertreu – also melkitisch. Diese melkitische Minderheit öffnet sich mehr als je zuvor dem griechisch-byzantinischen Einfluß. Der besteht besonders in der Übernahme byzantinischer Texte in die noch praktizierte alexandrinische Liturgie. So gelangt etwa der Hymnus der zweiten Antiphon der Chrysostomusliturgie (»Du eingeborener Sohn«) in die Liturgie. Die Zahl solcher Übernahmen vermehrt sich ständig. Aber auch umgekehrt gelangen alexandrinische Texte in das byzantinische Stundengebet, so etwa die großen Horen des Karfreitags und der Vigilien von Weihnachten und Epiphanie. Ein genauer Zeitpunkt, an dem der Rituswechsel offiziell vollzogen worden ist, läßt sich nicht angeben. Es handelt sich eher um ein langsames Einsickern byzantinischer Elemente, bis der alexandrinische Ritus völlig absorbiert war. Dieser Prozeß scheint schon bis in den Beginn des 13. Jahrhunderts angedauert zu haben. Im Jahr 1203 nämlich kommt der melkitisch-alexandrinische Patriarch Markus nach Konstantinopel. Er zelebriert dort zunächst nach ägyptischem Brauch, empfindet sich damit aber bald als exotischer Außenseiter. Um Klarheit zu haben, stellt er seinem Amtskollegen, dem melkitischen Patriarchen von Antiochien, Theodor IV. Balsamon, der als Flüchtling ebenfalls in Konstantinopel weilte, einige Fragen zur liturgischen Praxis. Theodor antwortet, daß die sogenannte alexandrinische Liturgie des heiligen Markus nicht empfehlenswert sei, da sie mit Sicherheit nicht vom Evangelisten Markus verfaßt sei. Man solle lieber dem Brauch von Konstantinopel folgen. Diese Antwort Theodors bedeutet den Anfang vom Ende der Restbestände der alexandrinischen Liturgie bei den ägyptischen Melkiten. Das erste Viertel des 13. Jahrhunderts ist also der Zeitraum, in dem wir die endgültige Übernahme der byzantinischen Liturgie durch die ägyptischen Melkiten annehmen müssen. Das komplette byzantinische Stundengebet war schon vor diesem Zeitpunkt in die Praxis der alexandrinischen-melkitischen Kirche eingegangen, wie ein Manuskript des Sinai-Klosters beweist.

## 4. Die Liturgie von Antiochien

Noch unklarer als in Alexandrien sind die Ursprünge der Liturgie in Syrien. Erst in den Homilien des Chrysostomus, der von 386 bis 398 als Priester in Antiochien wirkte, finden sich Hinweise, die darauf schließen lassen, daß dort besonders die sogenannte Jakobusliturgie in Gebrauch war. Der Einfluß von Byzanz beginnt mit der Spaltung des antiochenischen Patriarchats in eine monophysitische (jakobitische) und eine orthodoxe (melkitische) Kirche. Allerdings nimmt die Beeinflussung auch den umgekehrten Weg: Byzanz übernimmt viele Hymnendichtungen und die Art und Weise, sie vorzutragen, von den großen Hymnendichtern Syriens, wie Ephrem, Romanos, Andreas von Kreta. Sie verschmelzen später mit den Textschöpfungen der Byzantiner des 8. Jahrhunderts. Deren wichtigste Autoren waren Joseph der Hymnograph, Theodor Studita und Theophan Graptos. Aus dieser Verschmelzung entsteht das, was heute noch den größten Teil des byzantinischen Stundengebetes ausmacht. - Die syrisch-jakobitische Kirche blieb nach der Trennung von der Reichskirche beim westsyrischen Ritus, wie er in der damaligen Zeit gerade gebräuchlich war.

Im Gegensatz zu Ägypten, wo nur die rein hellenischen Volksteile orthodox blieben, schlossen sich in Syrien auch einheimische Christen der melkitischen Kirche an. Insgesamt kann man dort drei Gruppen unterscheiden: a) reine Griechen, bestehend aus byzantinischen Beamten, Kaufleuten und Soldaten, b) hellenisierte einheimische Syrer, c) reine Syrer. Wie schon erwähnt, lag dem syrischen Gottesdienst hauptsächlich die sogenannte Jakobusliturgie zugrunde. Die wichtigsten schriftlichen Zeugnisse für sie sind a) der Rotulus Messanensis (Ende 11. Jahrhundert), b) der Codex Rossanensis (13. Jahrhundert), c) die Pariser Manuskripte (15. Jahrhundert).

In diesen Texten kann man die zunehmende Byzantinisierung der Jakobusliturgie verfolgen. Der Codex Messanensis etwa kennt schon das Stillgebet vor dem Evangelium (»Laß in unseren Herzen aufleuchten«), das Opfergebet der Proskomidie (»Gott, unser Gott«), das Gebet vor dem Großen Einzug (»Niemand ist würdig«) und noch andere Elemente. - Besonderen Vorschub bei der Byzantinisierung der syrischen Liturgie leistete der Umstand, daß die syrisch-melkitischen Patriarchen in der Zeit von 1098 bis 1268 fast ausnahmslos ihr Patriarchat von Konstantinopel aus leiten mußten, weil ihnen die politische Lage eine Rückkehr nach Antiochien erst unter dem toleranten Sultan Beibar gestattete. Mit ihrer Rückkehr brachten sie auch die byzantinische Liturgie mit, die bald darauf die einheimische syrische Liturgie verdrängte (Ende 13. Jahrhundert). Nun wurden auch die liturgischen Bücher von Byzanz ins Syrische übersetzt, bis auch sie allmählich der arabischen Sprache weichen mußten, weil das Volk Syrisch nicht mehr verstand. Ein exaktes Datum des Ritenswechsels kann wie für Ägypten auch für Syrien nicht angegeben werden. Auch hier handelt es sich um einen schleichenden Prozeß.

### 5. Die Liturgie des Patriarchats von Jerusalem

Das jüngste der fünf alten Patriarchate (Pentarchie) ist Jerusalem. Es wurde erst im Jahr 451 durch das Konzil von Chalcedon errichtet, indem die Stadt Jerusalem und ihre Umgebung aus dem Patriarchat Antiochien ausgegliedert wurde. Es blieb stets im Schatten von Antiochien und erlangte nie die Bedeutung der vier anderen großen Patriarchate. Seine geistliche Bedeutung lag vor allem in der Tatsache, daß es der Hüter der Heiligen Stätten der Christen im Heiligen Land war. Die Anwesenheit dieser Stätten war auch der Grund, warum im Patriarchat Jerusalem verschiedene liturgische Sonderbräuche in der ansonsten syrischen Liturgie entstanden. Die wichtigsten Kenntnisse von diesen Sonderbräuchen hat uns die berühmte Pilgerin Aetheria in ihrem Reisebericht hinterlassen.

Die syrische Jakobusliturgie scheint sich in Jerusalem länger als in Antiochien gehalten zu haben. Noch im 14. Jahrhundert ist sie dort wenigstens an hohen Festen gefeiert worden. Der Zeitpunkt ihres endgültigen Verschwindens ist nicht festzustellen. Nach Karalevski ist der Einfluß der byzantinischen Liturgie auf den syrischen Ritus der Jerusalemer Kirche weit geringer gewesen, als es in Antiochien der Fall war.

Die Übernahme des byzantinischen Ritus durch die melkitischen Kirchen von Alexandrien, Antiochien und Jerusalem zeigt einerseits, daß dieser freiwillige enge Anschluß an das byzantinische Kaiserreich für die Melkiten inmitten einer islamischen Umwelt eine Überlebenshilfe war, daß aber andererseits sie diese Hilfe mit einer zeitweise totalen Abhängigkeit von Byzanz zu bezahlen hatten. Der Teil der melkitischen Kirche, der sich im 18. Jahrhundert in die Union mit Rom begab, tauschte die Abhängigkeit von Byzanz gegen die Abhängigkeit von Rom ein.

Des Wechsels vom syrischen zum byzantinischen Ritus brauchen sich indes die Melkiten nicht zu schämen, denn durch die vielen aus dem eigenen syrischen Erbe mitgebrachten Elemente sind sie nicht ärmer geworden, Byzanz dagegen wurde reicher. Joseph Hajjar hat sicher recht, wenn er in seinem Buch »Zwischen Rom und Byzanz« (Seite 92) feststellt: »Man spricht gern von der 'Übernahme' des byzantinischen liturgischen Systems durch die melkitischen Patriarchate. Es fragt sich, ob man nicht besser von einer 'Vervollkommnung' nach byzantinischem Muster sprechen sollte, da die stoffliche wie formale Unterlage gemeinsames Gut sind, vielfach aus melkitischem Raum stammen, und es hier eigentlich doch um die Vereinheitlichung des eigenen Traditionsgutes geht.«

METROPOLIT SERAFIM JOANTĂ

## Was westliche Christen in der Begegnung mit der Orthodoxie mißverstehen

Bis zum ersten Weltkrieg beschränkte sich die orthodoxe Präsenz im Westen auf die Mitglieder der Botschaften der östlichen Länder und auf die Studenten, die aus den traditionell orthodoxen Ländern kamen. In Deutschland entstanden orthodoxe Kirchen an den Kurorten, die stark von russischen Gästen besucht wurden. Die beiden Weltkriege und die Politik der Europäischen Union haben zu großen demographischen Veränderungen geführt. So wuchs die Zahl der orthodoxen Christen im Westen gewaltig, aus Rußland, aus der Türkei, aus Griechenland, aus Jugoslawien, aus Rumänien.
Allein in Deutschland zählt man heute über eine Million orthodoxer Christen. Die orthodoxen Kirchen im Westen sind in Pfarreien und Bistümern organisiert, die zu ihren Mutterkirchen gehören. Die orthodoxen Bischöfe in der Diaspora sind also Mitglieder ihrer heimatlichen Synoden. In ihrem neuen Land gibt es aber Zusammenschlüsse aller orthodoxen Bischöfe, vergleichbar mit den katholischen Bischofskonferenzen oder den evangelischen Bischofsräten. Für die Ausbildung der Mitarbeiter sorgt eine Theologische Fakultät in Paris, seit 1995 gibt es eine solche Fakultät in München. Die meisten Priester kommen allerdings nach wie vor aus dem jeweiligen Heimatland.
In der Theologie ist der Beitrag der Orthodoxie für den Westen bedeutend. Ich denke dabei besonders an die berühmte Gruppe der russischen Theologen der Emigration um die eben genannte Fakultät in Paris, das Institut St. Serge. Durch ihre Arbeiten haben diese Theologen entscheidend beigetragen zur Kenntnis der Orthodoxie bei den katholischen und den protestantischen Theologen. Ihr Einfluß etwa auf das II. Vatikanische Konzil ist unübersehbar. Von Anfang an haben sie zur ökumenischen Bewegung ihren Beitrag geleistet. Bei den Theologen und den Ökumenikern sind ihre Namen geläufig, ich nenne etwa Sergij Bulgakov, Vladimir Lossky, Paul Evdokimov, Georgij Florovskij und auch Olivier Clément.
Auf dem Feld der Spiritualität hat die Orthodoxie den Westen den Sinn für das Mysterium wiederentdecken lassen - wenigen im Westen ist das bewußt. Sie hat beigetragen zur Wiederentdeckung der Ikone, zur Wiederentdeckung des nahen und geschwisterlichen Gottes, der durch seine ungeschaffenen Energien die Welt

erfüllt, zur Wiederentdeckung des Jesusgebetes, der Askese...
Viele Menschen im Westen fühlen sich angezogen von der orthodoxen Liturgie, von der Ikone, vom Jesusgebet. Und doch ist für die meisten Menschen im Westen die Orthodoxie die große Unbekannte. Noch schlimmer: Viele im Westen sehen die Orthodoxie als etwas Exotisches, typisch orientalisch rückständig, religiöse Folklore, also vielleicht sogar heidnisch.
Vielen erscheint die Orthodoxie als eine ganz unentwickelte Kirche, traditionalistisch, ritualistisch, konservativ, versteinert in Riten und Gebräuchen, verschlossen gegen die Welt und gegen die Ökumene, eine kompromittierte Kirche, weil sie unter dem Kommunismus mit dem atheistischen Staat angeblich kollaboriert hat und heute in vielfache nationalistische und fundamentalistische Erscheinungsformen verstrickt ist.

**1. Woher kommen diese unrichtigen Bilder von der Orthodoxie?**

a) Zunächst einmal aus der Unkenntnis. Der moderne Mensch hat sowieso kein großes religiöses Wissen. Selbst der gläubige Mensch weiß heute wenig von seiner eigenen kirchlichen Tradition, geschweige denn von einer anderen. Die falschen Klischees aus der Zeit der Religionskriege werden zudem auch heute von den modernen »Evangelisten« in den mehrheitlich orthodoxen Ländern verkündet. Wer sich nicht selbst um eine tiefere Kenntnis der Orthodoxie müht, bleibt den Bildern verhaftet, die die Gegner der Orthodoxie gezeichnet haben.
b) Aber auch die Orthodoxen selbst geben oft »falsches Zeugnis« von ihrem Glauben. Denn sie kennen ihn zuwenig. Vergessen wir nicht, daß in den kommunistischen Ländern die Weitergabe des Glaubens durch vierzig Jahre oder siebzig Jahre ganz auf die Familie beschränkt war, hauptsächlich auf die Großeltern. Jede Katechese in der Schule oder in der Kirche - wo es überhaupt noch Kirchen gab - war verboten. Und die atheistische Propaganda war die Norm bis zum Fall des Kommunismus. Es ist also kein Wunder, wenn ein wenig erklärter Glaube von Aberglauben begleitet wird oder von anderen Abweichungen.
Ein weiterer Fehler ist so alt wie die Welt: den Glauben vermischen mit ethnischen oder nationalen Gefühlen. Die Orthodoxen fallen oft in diese Fallstricke, obwohl der Philetismus auf der Synode von 1872 in Konstantinopel ausdrücklich verdammt wurde.

## 2. Ein weiteres Problem

Ein weiteres Problem entsteht dadurch, daß eine rein intellektuelle Annäherung nicht genügt, um die Orthodoxie zu verstehen. Die Orthodoxie läßt sich nicht in ein intellektuelles System fassen wie der Westen durch die Scholastik.

In der Frühzeit versammelten sich die Kirchenväter nur dann zu einem Ökumenischen Konzil, wenn der Glaube durch Häresien gefährdet war. Dann retteten sie die Rechtgläubigkeit. Und sie definierten auf diesen Konzilien nur das Allernotwendigste. Denn sie waren sich sehr bewußt, daß jede »Definition« eben eine »Eingrenzung« des Glaubens ist. Und jede Definition kann wiederum auf verschiedene Weise interpretiert werden und so zu Widersprüchen führen.

Deswegen reicht es nicht, wenn man die orthodoxe Theologie kennt, man muß auch in den Geist und das Leben der Orthodoxie eintreten, denn die Theologie ist der Ausdruck des Lebens der Kirche im Heiligen Geist. Evagrius Pontikus drückt das so aus: »Wenn du betest, bist du ein Theologe, Theologe ist der, der betet.« Das Gebet ist die Seele der Orthodoxie.

Oft wird gesagt, daß die Orthodoxie eine betende Kirche sei, die vor allem anderen das Gebet fördert. Das ist wahr. In einem orthodoxen Kirchengebäude ist alles auf das Gebet hin ausgerichtet, die Architektur, die Ikonen, die liturgischen Gesänge, die Kerzen, der Weihrauch. Die Kirche ist ein heiliger Raum, in dem der Gläubige die Erfahrung einer intimen Begegnung mit Gott machen kann. Die Nähe Gottes wird angedeutet durch die Form des Gebäudes, durch seine »menschlichen Ausmaße«, oft auch durch die drei Teile des Raumes, die die Dreifaltigkeit andeuten, durch die Kuppel mit dem Bild des Pantokrators, der die ganze Symbolkraft des »herabsteigenden Transzendenten« vermittelt. Auch die Ikonostase und die Fresken führen Gott und Mensch zusammen.

Gott steigt also zu den Menschen herab, wird nahe und familiär. Und mit Gott sind die Heiligen und Maria, die Mutter Gottes, denn Kirche ist Gemeinschaft der Heiligen. »Lobet Gott in seinen Heiligen«, singt der Psalmist. Die Heiligen sind die Bewohner des Hauses Gottes. Im Zentrum des liturgischen Gebetes steht die Feier der Heiligen Eucharistie, die das ganze Geheimnis der Erlösung zusammenfaßt. Sie steht im Zentrum der orthodoxen Spiritualität, denn die orthodoxe Spiritualität ist eine Spiritualität der Kommunion. Die Kirchenväter sahen die Gemeinschaft der Getauften und mit dem Hl. Geist Gesalbten als in ihrer Gesamtheit konsekriert, geheiligt. Als Gesamtheit vollziehen die Gläubigen die liturgischen Funktionen und bilden so die geistliche Mütterlichkeit des Glaubens, der Liebe, des Gebetes, des Glaubenszeugnisses. Also ein sehr feines Gespür für die Gemeinschaft. Hierzu gibt es ein berühmtes Axiom von Chomja-

kov: »In die Hölle kann jeder einzeln gelangen, aber ins Paradies kann man nur vereint mit den anderen gehen.« Das Gespür für die Gemeinschaft wächst durch das gemeinsame Gebet und durch das persönliche Gebet zusammen mit der Askese, nämlich mit dem Fasten, um die Sinne im Zaum zu halten, und mit der Sorge für die Armen.
Die Mönche lehren uns das »Gebet des Namens« oder »Jesusgebet«: »Herr Jesus Christus, Sohn Gottes, erbarme dich über mich Sünder.« Ein kurzes Gebet. Es wird unzählige Male wiederholt, vereint Herz und Verstand und schafft so die innere Einheit des Menschen. Der Mensch lebt dann in seinem Herzen, mit sich einig, mit sich im Frieden, und zeigt die ontologische Einheit der ganzen Schöpfung. Alles lebt in ihm: die Menschen, die Tiere, die Pflanzen, ... die ganze Schöpfung. Ein Mensch, der so lebt, empfindet alle Menschen als Glieder am eigenen Leib. Das ist Kirche, das ist Leib Christi, das ist Tempel des Heiligen Geistes. Der hl. Paulus sagt: »Ihr seid Glieder am Leibe Christi, ihr seid einander Glieder, euer Leib ist ein Tempel des Heiligen Geistes« (1 Kor. 6,15.19).

### 3. Orthodoxe Kirche - Urkirche

Die orthodoxe Kirche ist sich bewußt, die historische Fortsetzung der frühen Kirche der Apostel und der Kirchenväter zu sein. Sie ist der Tradition treu geblieben, die das Leben des Leibes Christi selbst ist, im Heiligen Geist durch die Jahrhunderte. Die Tradition ist Leben. Darum ist sie dynamisch und schöpferisch, nicht statisch und nur wiederholend. Die orthodoxe Theologie ist in unseren Tagen allerdings leider mit wenigen Ausnahmen nur Wiederholung, nichts Schöpferisches.
Der Westen ist in gewissem Maße Opfer des Rationalismus und der scholastischen Theologie geworden. Der Osten hat dank seiner apostolischen Tradition das liturgische und das spirituelle Leben von jeder intellektualistischen Tendenz frei halten können. Die Verständnisschwierigkeiten zwischen den Christen des Ostens und des Westens kommen zum großen Teil genau aus diesem Unterschied in der Sprechweise, die eben wiederum von den verschiedenen Denkweisen und dem Selbstverständnis vom christlichen Leben abhängen. Die orthodoxe Theologie ist sehr personenbezogen. Sie betrachtet in Gott die drei Personen in ihrer Einheit in der Liebe. Sie betrachtet die ganze Menschheit als Kommunion von Personen nach dem Bild der Dreifaltigkeit.
Das Ziel des christlichen Lebens ist es, die eigene Person immer vollkommener das Bild Christi in seiner menschlichen Natur werden zu lassen. Es gibt keine

Trennung zwischen Gott und der Schöpfung, zwischen Geist und Materie. Die theologische Rede von den ungeschaffenen Energien Gottes erlaubt es, gleichzeitig die Transzendenz Gottes gegen den Pantheismus zu betonen wie auch seine wirkliche Gegenwart in den Geschöpfen. So ist Gott ganz anwesend im Menschen und in der Schöpfung und doch undurchdringlich in seiner Natur.
Sünde ist nicht einfach eine moralische Kategorie. Sünde bringt Trennung in die Schöpfung: zwischen Gott und dem Menschen, zwischen dem Menschen und seinen menschlichen Geschwistern, zwischen dem Menschen und der Natur - ja Zwiespalt in jedem Menschen selbst. Der Teufel heißt auf Griechisch »diábolos«, das bedeutet wörtlich »der, der trennt, der auseinanderwirft« durch den Haß. Die Sünde schwächt die Natur des Menschen, verdunkelt sie, macht sie undurchsichtig für die Gegenwart Gottes. Das Leben des Christen ist darum Kampf gegen die Sünde, Kampf für die Reinigung unserer inneren Natur, damit Gott in unseren Herzen aufstrahlen kann. Dieser Kampf ist oft furchtbar und bedeutet Gegnerschaft zur Sünde bis zum Blutvergießen. Der hl. Paulus schreibt im Hebräerbrief: »Ihr habt im Kampf gegen die Sünde noch nicht bis aufs Blut Widerstand geleistet« (Hebr 12,4). Der geistige Kampf gegen die Sünde beschäftigt Körper, Geist, Seele, den ganzen Menschen im Gebet, im Fasten, in anderem Verzicht, um die Sinne zu zügeln und den Intellekt zu beherrschen. Der hl. Paulus vergleicht diesen geistlichen Wettkampf für das Reich Gottes mit dem Wettkampf der Sportler.
Diese Art Wettkampf der Orthodoxie wird oft vom Westen nicht verstanden, ebensowenig wie die wahre Bedeutung von Sünde. Wer die Askese ablehnt, gerät in eine »liberale Moral« und letztlich vom Liberalismus in eine Haltung, in der alles erlaubt ist. Über diese Permissivität wäre vieles zu sagen, auch über die sexuellen Abweichungen, wirkliche Krankheiten, angeboren oder angesteckt, gegen die als Arznei von den erfahrenen geistlichen Führern eben die Askese empfohlen wird. Der Westen versteht auch nicht gut die Anhänglichkeit der östlichen Christen an die Reinheit des Glaubens, also an die Reinheit des Glaubens der Apostel, wie ihn die Väter und die Ökumenischen Konzilien des ersten Jahrtausends definiert und überliefert haben. Für die Orthodoxen ist der Glaube das Fundament und das rechte Leben in Christus und im Heiligen Geist. Jede Abweichung im Glauben hat negative Folgen auf das Leben. Die »lex credendi« ist absolut verbunden mit der »lex orandi«.
Vater Sergij Bulgakov (gest. 1944), der nie seine Dogmatik-Vorlesung hielt, ohne vorher mit seinen Studenten die Göttliche Liturgie gefeiert zu haben, ist das beste Beispiel. Er sagte selbst von sich: »Meine Vorlesung ist nichts als die Fort-

führung der Liturgie; sie bringt unsere Gotteserfahrung in der Göttlichen Liturgie zum Ausdruck.«

Die Byzantiner haben für die Reinheit des Glaubens die Einheit ihres Byzantinischen Reiches geopfert und schließlich sogar das Byzantinische Reich selbst. Für die Orthodoxen ist die christliche Einheit vor allem die Einheit im Glauben. Weil die Orthodoxen so oft die Einheit des Glaubens betonen für die Herstellung der Einheit der Christen, machen sie manchmal den Eindruck, sie seien wenig ökumenisch gesinnt.

Dabei ist die Orthodoxie schon in sich ökumenisch. Muß ich hier daran erinnern, daß die orthodoxe Kirche zusammen mit einigen protestantischen Gruppen am Anfang der modernen ökumenischen Bewegung steht? Es gibt bestimmt noch andere Schwierigkeiten der westlichen Christen mit den Orthodoxen.

## 4. Schwierigkeiten der Orthodoxen im aktuellen ökumenischen Dialog

Die orthodoxe Kirche versteht sich, wie gesagt, als die historische Fortsetzung der ungeteilten Kirche des ersten Jahrtausends. Sie ist der Tradition der Apostel und der Kirchenväter treu geblieben, die das eigentliche Leben des Leibes Christi im Heiligen Geist durch die Geschichte hindurch ist. In der Orthodoxie bilden Liturgie, Spiritualität und Theologie eine absolute Einheit. Diese sind Ausdruck des Lebens in Christus und im Geist, nach dem schon zitierten Wort: »Theologe ist der, der wirklich betet - und wenn du wirklich betest, bist du Theologe.« Das Festhalten der Orthodoxen an der Tradition heißt nicht Festhalten an Bräuchen, die geändert werden können entsprechend den Epochen, sondern Festhalten an dem Leben in Christus, überliefert durch die Jahrhunderte, durch das Gebet, die Liturgie, die Ikone, die Askese. Tradition bedeutet darum für die Orthodoxen lebendige Weitergabe des Lebens in Christus, der derselbe ist gestern, heute und in Ewigkeit (Hebr 13,8). Darum ist die Tradition nicht statisch, denn das Leben, das immer dasselbe ist, ist immer neu und schöpferisch in jeder Person und in jeder menschlichen Gruppe.

Der Fehler, vor allem im Westen, besteht darin, daß man das Leben zu sehr konzeptualisiert hat. Die Scholastik hat Begriffe und theologische Systeme geschaffen, die dem Leben selbst wenig dienlich waren. Im Gegenteil: Sie haben es auf den Rationalismus reduziert und so der Spaltung der Christen Vorschub geleistet. Und wir sind bis heute »Sklaven« dieses scholastischen Geistes, der sich seit Beginn des 17. Jahrhunderts auch auf die orthodoxe Theologie ausgeweitet hat in den damals in Rußland und dann auch in Griechenland, Rumänien und so weiter aufkommenden Schulen. Glücklicherweise hat der scholastische Rationalismus das christliche Leben im Orient - wegen der starken Tradition - nicht beeinflussen können. Trotzdem stellt der Rationalismus immer eine Gefahr für seine Theologie dar. Der Weg der ungeteilten Kirche war in diesem Sinne ein ganz anderer. Er ist durch Paul Evdokimov in einem berühmten Satz zusammengefaßt: »Je mehr der Westen die Dogmen vermehren mußte, desto mehr hat sich der christliche Osten dagegen gewehrt, den Glauben zu definieren.« Nur wenn der Glaube in Gefahr war, verfälscht zu werden durch die Häresie, nur dann haben sich die Väter der Kirche in Ökumenischen Konzilien versammelt, um die Orthodoxie des Glaubens zu retten. Sie haben nur das definiert, was strikt notwendig war. Die Orthodoxie hat also einen sehr ausgeprägten Sinn für das Mysterium, sie bemüht sich, es zu schützen und der Kontemplation zu übergeben. Andererseits sind die Orthodoxen, wie gesagt, sehr verbunden mit der Orthodoxie des Glaubens, das heißt, mit der Reinheit des apostolischen Glaubens, so wie ihn die Kirchenväter und die Ökumenischen Konzilien des ersten Jahrtausends definiert und tradiert haben. Denn der Glaube ist das Fundament des authentischen Lebens in Christus und im Heiligen Geist. Jede Abweichung im Glauben hat eine negative Auswirkung auf das Leben. »Unsere Lehre ist konform mit der Liturgie«, sagte im 2. Jahrhundert Irenäus von Lyon.

Orthodoxie heißt zugleich rechter Glaube und richtiges Loben. Die Verteidigung der Orthodoxie (Rechtgläubigkeit) war übrigens der härteste Kampf, den die ungeteilte Kirche im ersten Jahrtausend führte. Die Kirche mußte fortwährend gegen die Abweichungen im Glauben kämpfen, die das Leben als wahre Einheit des Menschen mit Gott in Christus durch den Heiligen Geist bedrohten. Stellen wir uns vor, was die Kirche geworden wäre, wenn sie die Häresien des Arius und des Macedonius, die noch heute von Aktualität sind, akzeptiert hätte, die die Gottheit Christi beziehungsweise des Heiligen Geistes leugneten? Diese Häresien hätten aus Gott eine ewige Einsamkeit gemacht, weit entfernt in seinem Himmel, und sie hätten so auch jede wirkliche Vereinigung mit ihm unmöglich gemacht. Glücklicherweise bekennen heute die Christen fast in ihrer Gesamtheit die Heilige Dreieinigkeit und Christus als Gott und Mensch. Das ist es, was die ökumenischen Kontakte erleichtert und das gemeinsame Gebet möglich macht, auch wenn beim gegenwärtigen Stand der Trennung die eucharistische Kommunion noch nicht möglich ist. Sie wird die Einheit im Glauben offenbaren. Nach Meinung der Orthodoxen gründet die Einheit der Kirche auf der Einheit im Glauben.

## 5. Geistliche Ökumene

Ihre Teilnahme an der ökumenischen Bewegung hat als Ziel, Zeugnis zu geben von der Einheit der Kirche, so wie sie im ersten Jahrtausend gelebt wurde durch das Bekenntnis des gleichen Glaubens und so, wie sie bis heute in den orthodoxen Ortskirchen in Erscheinung tritt.
Aber die Orthodoxen haben das Gefühl, daß ihr Zeugnis von ihren ökumenischen Partnern nicht ernst genommen wird, wenigstens im Weltrat der Kirchen. Oder sie stellen mit Traurigkeit fest, daß die Fortschritte auf theologischer Ebene, auch wenn sie in sich sehr wichtig sind, zu unbedeutend sind, um einen Einfluß auf das Bewußtsein der Kirchen und ihre Annäherung im Glauben zu haben. Der theologische Vorbehalt zwischen den Orthodoxen und den aus der Reform hervorgegangenen Kirchen scheint - wegen ihrer Haltung zu den Problemen, die durch die feministische Bewegung (Ordination von Frauen, inklusive Sprache) und die Sexualmoral aufgekommen sind - noch gewachsen zu sein. Aber diese Probleme werden nicht nur durch die Orthodoxen aufgeworfen. Andere Kirchen drücken dieselbe Kritik aus. Darum ist die aktuelle Krise der ökumenischen Bewegung nicht nur ein »orthodoxes Problem«, sondern ein »ökumenisches Problem«.
Die ökumenische Bewegung ist ohne Zweifel das größte Geschenk Gottes für die Christen in diesem zu Ende gehenden Jahrhundert. Die orthodoxe Kirche hat sich von Anfang an engagiert. Schon 1920 richtete das Ökumenische Patriarchat von Konstantinopel »an alle ehrwürdigen christlichen Kirchen des Westens und überall in der Welt« einen Appell, eine »Allianz« zu gründen, »um mit der Hilfe Gottes die vollständige und gesegnete Einheit des ganzen Leibes Christi vorzubereiten und zu bewirken«. Nach den Jahrhunderten der Isolierung, ja selbst religiöser Kriege, war für die Christen die Zeit gekommen, sich zu begegnen und durch Dialog die theologischen Streitfragen zu lösen, die sie trennen. Der Enthusiasmus der Pioniere der Ökumene war groß. Trotzdem wurden die Schwierigkeiten nicht weniger. Selbst die Gründung des Ökumenischen Weltrates der Kirchen (1948) hatte als Konsequenz, daß sich verschiedene Richtungen im ökumenischen Engagement herausbildeten. Sie weiteten sich auf soziale und selbst auf politische Bereiche aus. Dies ging oft zu Lasten des Hauptzieles: die Suche nach der sichtbaren Einheit der Kirche durch theologische Vertiefung.
Nach der ersten Tauperiode in den kommunistischen Ländern zur Zeit von Chruschtschov traten die orthodoxen Kirchen dieser Länder Anfang der sechziger Jahre in den Weltkirchenrat ein. Sie nahmen voll an seiner Tätigkeit teil, obwohl sie nur einen kleinen Freiheitsspielraum hatten, den ihnen die Kommu-

nisten zugestanden. Der Beitritt war für sie ein wahrer Segen, denn das ökumenische Engagement der Orthodoxen festigte ihre Position gegenüber den kommunistischen Machthabern am Ort. Es erleichterte aber auch die Begegnung untereinander auf panorthodoxer Ebene, und zugleich erfreute man sich finanzieller Unterstützungen von seiten der ökumenischen Partner.
Es gibt den Vorschlag, daß der Weltkirchenrat ein »Forum der Kirchen« organisiert, das wie eine »Zweite Kammer« funktionieren sollte (davon kommt der Name bikamerales Modell) oder daß der Rat selbst ein solches Forum werde. Das würde erlauben, die Spannung abzubauen und die unzähligen Mißverständnisse zu bereinigen, die auf den verschiedenen ekklesiologischen Konzeptionen der teilnehmenden Kirchen beruhen.
Ich glaube auch, daß die alten und neuen Mißverständnisse zwischen den Christen des Westens und Ostens Schritt für Schritt einem Klima evangelischer Liebe Platz machen werden. Das wird durch eine bewußte Anstrengung beider Seiten geschehen. Denn selbst die Einheit im Glauben gilt nichts ohne die Liebe. Zum fünfundzwanzigsten Jahrestag der ACK Bayern forderte ich eine »geistliche Ökumene«. Ich sagte: »Geistliche Ökumene bedeutet, daß in allen ökumenischen Foren und Gesprächen und besonders in den theologischen Diskussionen das Gebet, begleitet von Fasten, einen zentralen Platz einnehmen soll. So werden unsere katholischen und evangelischen Mitchristen die fundamentale Dimension des Fastens, des Enthaltens von Speisen, für das christliche Leben wiederentdecken. Gebet und Fasten sind Symbole des Kreuzes, das jeder Christ tragen muß. Andernfalls entleeren wir das Evangelium. Oder, wie Vladimir Zielinsky sagt: 'Nehmt das Kreuz aus dem Evangelium, dann habt ihr ein Evangelium für fromme Konsumenten'. Wir müssen mehr beten und mehr fasten als reden, damit unser Reden ein existentielles Reden werde.«
Ich glaube an die Macht des Gebetes im Verein mit der Askese. Schließlich ist die christliche Einheit das Werk des Heiligen Geistes, der die menschlichen Herzen ändert. Der Heilige Geist kommt und wohnt in uns, wenn wir uns von uns selbst leer machen durch Gebet und Fasten. In diesem Sinne halte ich in meiner Kathedrale in Nürnberg jeden Freitagabend ein ökumenisches Gebet, begleitet von Fasten. Zuerst lesen wir die Heilige Schrift und dann beten wir: »Herr Jesus Christus, Sohn Gottes, erbarme dich unser, der Sünder.« Viele Male wiederholt, wird dieses Gebet für die Teilnehmer zum Geschenk: es reinigt die Herzen und es vereinigt die Menschen untereinander. Ein solches Beispiel könnte man überall nachahmen.
Ich sehe keine Grenzen in der ökumenischen Arbeit: Die Tatsache zum Beispiel, daß wir noch nicht miteinander die Eucharistie oder die anderen Sakramente fei-

ern können, sollte nicht als eine Begrenzung gesehen werden, sondern vielmehr als eine Herausforderung für eine bessere Arbeit.

Wir dürfen uns nicht auf den kleinsten gemeinsamen Nenner einigen, wenn wir unseren Glauben ernst nehmen. Ökumene bedeutet für uns in erster Linie eine Anstrengung für die Einheit im Glauben, aber unter Bewahrung unserer orthodoxen Tradition und im vollgültigen Zeugnis des Glaubens. Unsere Kirche hat gerne zugestimmt, daß die Dritte Ökumenische Versammlung in Rumänien stattfindet. Das war für uns eine sehr gute Gelegenheit, mit vielen Christen aus ganz verschiedenen Ländern und den anderen Kirchen Europas ins Gespräch zu kommen und einen lebendigen Austausch über unseren Glauben zu führen. Das ist für uns sehr wichtig. Aus dem Gespräch heraus erwächst gegenseitiges Verständnis. Wir wissen alle noch viel zuwenig voneinander. Unsere katholischen und protestantischen sowie anglikanischen Brüder und Schwestern konnten unsere orthodoxe Kirche, ihre reiche Spiritualität und Liturgie, Mönchtum und Mystik sowie die überwältigend schöne Ikonographie kennenlernen. Unsere orthodoxe Ikonographie bildet überhaupt eine ganz eigene Bildersprache des Glaubens, die oft viel mehr sagt als akademische Vorträge bei großen Konferenzen. Nach den bisherigen Ökumenischen Versammlungen in Basel und Graz war dies nun ein besonders orthodox geprägtes Umfeld.

Es ist uns gelungen, in Liebe und im Gebet über einige Tage Gemeinschaft zu pflegen. Die EÖV3 war in dieser Hinsicht positiv für unsere Kirche, für das Verhältnis der Kirchen zueinander in Rumänien und in Europa, für unser gastfreundliches Land und Volk und seine Kirchen. Wir haben gemeinsam gesungen, gebetet und sind miteinander ins Gespräch gekommen. Man braucht solche Treffen, das gehört zum Leben dazu, auch zum kirchlichen Leben. Wir dürfen uns nicht in unsere eigene Theologie wie in ein Schneckenhaus verkriechen.

Was jedoch für uns auch bei dieser Ökumenischen Versammlung wieder sehr deutlich zutage getreten ist und mich auch persönlich sehr betrübt, sind die großen Differenzen in den gesellschaftspolitischen und moraltheologischen Fragen. Hier gibt es krasse Unterschiede zwischen den Protestanten auf der einen und Katholiken wie Orthodoxen auf der anderen Seite. Wir kämpfen wie die Katholiken für eine christliche Gesellschaft gegen die zunehmende Säkularisierung. Wir setzen uns mit unserer deutlichen Ablehnung der Abtreibung und von staatlicher Gleichstellung homosexueller Partnerschaften mit der Familie scharfer Kritik aus.

In einigen protestantischen Kirchen herrscht in solchen Fragen hingegen nach unserer Meinung eine viel zu große Liberalität bis hin zu kirchlichen Segnungshandlungen für Homosexuelle. Das ist für uns wie auch die Frauenordination nach dem Zeugnis der Heiligen Schrift und der Tradition der Kirche inakzeptabel. Es ist wichtig, daß die protestantische Seite dies einsieht und nicht ihre Handlungen und Haltungen als fortschrittlich und zeitgemäß den anderen Kirchen überstülpen will. Wir Orthodoxen können hier nicht mitmachen. Es geht hier um geoffenbarte Wahrheiten, die wir nicht dem Zeitgeist opfern können. Wir Christen brauchen vor allem in den moraltheologischen Fragen Einigkeit im Zeugnis gegenüber der Welt. Sonst spricht die Christenheit zu Sünde, Schuld und Erlösung mit gespaltener Zunge. Dann macht der Dialog über Amt und Kirche keinen Sinn mehr. Ich persönlich hoffe, daß diese EÖV3 dazu beigetragen hat, daß unsere Kirchen im Zeitalter von Pluralismus und zunehmender Säkularisierung, von Globalisierung und Konsumismus in Europa und weltweit künftig stärker als bisher das gemeinsame christliche Zeugnis vom Willen Gottes für diese Welt verkündigen, der Welt und uns zum Heil.

PETER KAUFHOLD

## »Preise den Herrn meine Seele«
*Theologische Betrachtungen zur Kirchenmusik*

Auf vielfältige Weise ist über die Kirchenmusik geschrieben und gesprochen worden. In vielen Lehrbüchern, Vorlesungen und Traktaten wurde sie von allen Seiten beleuchtet, ihre Geschichte und Entwicklung von den Anfängen bis zur Gegenwart, die Entstehung des liturgischen Gesanges, des muttersprachlichen Kirchenliedes und der geistlichen Konzerte als paraliturgische Erscheinungsformen, die Entwicklung der Mehrstimmigkeit und ihrer tonsatzbedingten Voraussetzungen, die musikalische Stilkunde und Formenlehre. All diese Parameter der Kirchenmusik sollen in der folgenden Abhandlung weitgehend unberücksichtigt bleiben zugunsten einiger Gedanken über die Theologie, wie sie als Grundgedanken und Voraussetzung für die Kirchenmusik richtungsweisend sind.

Solange der Mensch denken kann, ist er versucht, das Geheimnis Gottes zu ergründen, vergeblich, denn Gottes Größe übersteigt das menschliche Fassungsvermögen. Schon die Eigenschaften, die wir über Gott aussagen, stoßen an die Grenze unseres Verstehens: Er ist heilig, ewig, unendlich, allmächtig. Hat dieser Gott, dessen Seinsgrund in sich selbst ruht, der die Fülle des Daseins enthält, der alles in allem ist, es nötig, eine Welt zu erschaffen? Die Antwort muß lauten: nein. Aber warum tut er es dann? Der Grund dafür muß uns ein Rätsel bleiben, wenn wir nicht als Lösung die Aussage finden: zu seinem Lobpreis. Dieser Lobpreis ist zunächst ein unaufhörlicher Vorgang im Himmel. Das wird uns offenbart beim Propheten Jesaja: »…und ich sah den Herrn. Er saß auf einem hohen und erhabenen Throne. Seines Gewandes Schleppen füllten den Tempel. Über ihm schwebten Seraphim; sechs Flügel hatte ein jeder: Mit zweien verhüllte er sein Angesicht, mit zweien bedeckte er seine Füße, mit zweien flog er. Einer rief dem anderen zu und sprach: Heilig, heilig, heilig ist der Herr der Heerscharen, die Fülle der ganzen Erde ist seine Herrlichkeit« (Jes 6,1-3).

Hier ist von der gesamten Schöpfung die Rede, von Himmel und Erde, in welcher das Lob Gottes enthalten ist. »Die Himmel erzählen die Herrlichkeit Gottes, vom Werk seiner Hände kündet das Firmament« (Psalm 18). Das Licht der Sonne und des Mondes, das Funkeln der Sterne, die Erhabenheit der Berge, das Wogen des Meeres, das Rauschen der Wälder, das Plätschern der Bäche und Flüsse, das alles kündet von der Größe Gottes in einem erhabenen Lob.

Aber dieses Lob bleibt stumm, es bedarf vernunftbegabter Wesen, also Engel und Menschen, um diesen Lobpreis zu artikulieren. Staunend steht der Mensch vor dem Wunderwerk der Schöpfung und muß bekennen: »Mein Gott, wie schön ist deine Welt«. Auch, wenn sie ihm manchmal unvollkommen erscheint, wenn der Mensch dabei Gefahr geht, die Schöpfung zu zerstören, können wir mit dem Philosophen Gottfried Wilhelm Leibniz sagen, daß unsere Welt die beste aller möglichen Welten ist, die Gott hat schaffen können. Auch wenn wir in unserem Leben immer wieder das Böse erfahren müssen, dürfen wir mit Augustinus bekennen: »Die Herrlichkeit der Weltordnung strahlt noch glänzender hervor, wenn auch das Böse in ihr sich vorfindet und dem Guten dienen muß.«
Es liegt nun einmal in der Natur des Menschen, daß er sein will wie Gott. Er setzt sich selbst an die Stelle Gottes. Das muß zur Ablehnung Gottes führen. Durch diesen Sündenfall aber verliert er die Fähigkeit, Gott zu loben. Das wiederum führt zu Furcht und Angst vor Gott. In Schicksalsschlägen, die ihn treffen, sieht er eine Strafe Gottes. Er erfährt Gott als den Zürnenden, den es mit Sühneopfern zu versöhnen gilt. Erst durch die Erlösungstat Christi wurde dem Menschen die Fähigkeit zum Gotteslob zurückgegeben: »Durch Ihn und mit Ihm und in Ihm ist Dir Gott, allmächtiger Vater, in der Einheit des Heiligen Geistes alle Herrlichkeit und Ehre jetzt und in Ewigkeit« (Abschluß des römischen Hochgebetes).
Schon bei der Geburt Christi in Bethlehem klingt das neue Lob auf, denn »plötzlich war bei dem Engel ein großes himmlisches Heer, das Gott lobte und sprach: 'Verherrlicht ist Gott in der Höhe, und auf Erden ist Friede bei den Menschen seiner Gnade'« (Lk 2,13f.). Und der große Lobpreis fährt fort: »Wir loben Dich, wir preisen Dich, wir beten Dich an, wir sagen Dir Dank ob Deiner großen Herrlichkeit.« Dieses Lob steigert sich noch im Prozessionsgesang der ostkirchlichen Osternacht: »Deiner Auferstehung, Christe Erretter, lobsingen die Engel im Himmel. Auch uns auf Erden mach' würdig, reinen Herzens Dich zu preisen.« Durch Christus wurde uns also die Gnade zurückgegeben, Gott auf rechte Weise zu loben. Das heißt, griechisch ausgedrückt, Orthodoxia. Die ganze Kirche ist also orthodox, genauso wie sie katholisch ist. »Katholisch« meint dabei die Gültigkeit für die ganze Erde, für alle Menschen unabhängig von Abstammung, Kultur, Hautfarbe und Sprache. Während also die Weltreligionen alle einen Bezug zu einem bestimmten Kulturkreis haben - auch der Gott des Alten Testaments ist ein Stammesgott für das jüdische Volk; wer also dem jüdischen Glauben angehören wollte, mußte gleichzeitig zum jüdischen Volk gehören -, hat das Christentum im Gegensatz dazu eine internationale und interkulturelle Gültigkeit.

Die Betonung dieser weltweiten Gültigkeit war dem II. Vatikanischen Konzil wichtig, denn bis dahin glaubte man häufig, die Kulthandlungen der Kirche müßten uniform sein und in Gestalt eines einheitlichen Ritus ablaufen. Jetzt stellt das Konzil fest: »Da die Völker anderer Länder, besonders in der Mission, eine eigene Musiküberlieferung besitzen, die in ihrem religiösen und sozialen Leben eine große Bedeutung hat, soll dieser Musik gebührend Wertschätzung entgegengebracht und angemessener Raum gewährt werden, und zwar sowohl bei der Formung des religiösen Sinnes dieser Völker als auch bei der Anpassung der Liturgie an ihre Eigenart.«[1] Das gleiche gilt auch für die Riten und die Musik der Ostkirchen, die ja nicht zu den Missionsgebieten der Römischen Kirche gehören, aber dennoch ihre eigene traditionelle rituelle Ausformung haben. Es ist demnach nicht richtig, das Christentum einzuteilen in eine Ost- und eine Westkirche, vielmehr gehören beide Teile, Ost und West, orthodox und katholisch zusammen wie zwei Seiten einer Medaille, sie bilden beide die eine und einzige Kirche, der Christus seinen Auftrag gegeben hat: »Darum geht zu allen Völkern und macht alle Menschen zu meinen Jüngern...« (Mt 28,19).

Die Sonderstellung, welche die Kirche unter den Religionen der Welt einnimmt, bezieht sich vornehmlich auf ihre Kulthandlungen, die Gottesdienste, die Liturgie. Anders als im Alten Testament oder in den anderen Religionen wird das Sühneopfer ersetzt durch das Dankopfer. So wird Gottesdienst zur Eucharistie. Das bedeutet zunächst Vereinigung von Himmel und Erde. Denn die ewige Liturgie findet im Himmel statt, wo die Engel unaufhörlich das Lob Gottes singen. In unseren eigenen Gottesdiensten blenden wir uns gleichsam in diese göttliche Liturgie ein. Auch diesem Gedanken widmet sich das II. Vatikanische Konzil: »In der irdischen Liturgie nehmen wir vorauskostend an jener himmlischen Liturgie teil, die in der heiligen Stadt Jerusalem gefeiert wird, zu der wir pilgernd unterwegs sind, wo Christus sitzt zur Rechten Gottes, der Diener des Heiligtums und des wahren Zeltes. In der irdischen Liturgie singen wir dem Herrn mit der ganzen Schar des himmlischen Heeres den Lobgesang der Herrlichkeit.«[2]

Das wird deutlich im »Cherubinischen Gesang« in der Liturgie der Ostkirche beim großen Einzug mit den Gaben: »Himmlische Heere der Cherubim stellen wir nun in mystischem Geheimnis dar, und da wir uns anschicken, der leben-

---

[1] Zweites Vatikanisches Konzil, *Konstitution über die Heilige Liturgie* vom 4. Dezember 1963, Artikel 119.

[2] Ebd. Artikel 8.

schaffenden Dreifaltigkeit den dreimalheiligen Lobgesang darzubringen, laßt uns all irdisch Sinnen und Trachten vergessen: Denn den König des Alls wollen wir empfangen, englische Scharen unsichtbar geleiten ihn. Alleluja.«

Zum anderen wird gesagt, daß Christus der eigentlich handelnde Priester ist, der die Eucharistie dem ewigen Vater darbringt. Er ist es, der uns durch den Mund des Priesters am Altar zuruft: »Lasset uns Dank sagen dem Herrn, unserem Gott«, oder anders ausgedrückt: »Lasset uns jetzt die Eucharistie beginnen.« In diesem Bewußtsein stimmen wir ein in den Gesang der Engel: »Heilig, heilig, heilig …«, und wir fügen hinzu: »Hochgelobt sei, der da kommt im Namen des Herrn (Psalm 117,26). Hosanna in der Höhe«. Damit wird Christus selbst die Rolle des Hohenpriesters zugewiesen und zwar als einzigem und auf ewig (vgl. Psalm 109,4), und so hört jedes menschliche Priestertum, von dem uns noch im jüdischen Tempeldienst und bei heidnischen Opferhandlungen berichtet wird, auf.

Eindrucksvoll führt der Hebräerbrief diesen Gedanken aus: »Jeder Hohepriester wird aus den Menschen ausgewählt und für die Menschen eingesetzt zum Dienst vor Gott, um Gaben und Opfer für die Sünden darzubringen. Er ist fähig, für die Unwissenden und Irrenden Verständnis aufzubringen, da auch er der Schwachheit unterworfen ist; deshalb muß er für sich selbst ebenso wie für das Volk Sündopfer darbringen. Und keiner nimmt sich eigenmächtig diese Würde, sondern er wird von Gott berufen, so wie Aaron. So hat auch Christus nicht sich selbst die Würde eines Hohenpriesters verliehen, sondern der, der zu ihm gesprochen hat: ›Mein Sohn bist du, heute habe ich dich gezeugt‹ (Psalm 2,7), wie er auch an anderer Stelle sagt: ›Du bist Priester auf ewig nach der Ordnung Melchisedeks‹« (Psalm 109,4; Hebr 5,1-6). Mit Christus hört also das aaronitische Priestertum, das mit dem Stamm Levi verbunden ist, auf zugunsten des neuen Priestertums Christi, der ja aus dem Stamm Davids geboren ist. Christus aber erkennen wir als das Wort Gottes, das Fleisch geworden ist. Nicht nur, daß er uns im Evangelium das Wort der göttlichen Botschaft gebracht hat, er ist selbst das Wort, durch das sich Gott uns Menschen geoffenbart hat.

Wenn aber Christus der Kulminationspunkt des Gotteslobes ist, bedeutet das, daß dieses Gotteslob nur durch das Wort möglich ist. Es besteht aber ein großer Unterschied zwischen göttlichem und menschlichem Wort. Das göttliche Wort ist die Wahrheit, mächtig, kraftvoll und stark. Das bezeugt uns schon das Evangelium: »Er lehrte sie wie einer, der (göttliche) Vollmacht hat« (Mk 1,21). Demgegenüber ist das menschliche Wort schwach, unvollkommen, nur so stark, wie unser Verstand es hervorbringen kann. Dennoch hat Gott diesem schwachen menschlichen Wort die Fähigkeit verliehen, ihn zu loben. Das bringt schon der

Psalm zum Ausdruck: »Herr, unser Herr, wie wunderbar ist auf der ganzen Erde dein Name, [...] im Munde der Kinder und Säuglinge hast du dir Lob bereitet« (Psalm 8). Es bedarf also nicht großer gedanklicher oder philosophischer Anstrengung und Mühe, um das Lob Gottes zu artikulieren. Schon das Stammeln von Kindern kann wahres Gotteslob enthalten. Aber wenn hier von Kindern und Säuglingen die Rede ist, meint der Psalmist damit auch den Menschen in seiner gottgewollten paradiesischen Unschuld, die ihm ja von Christus zurückgegeben worden ist.

Wenn wir uns also um ein angemessenes Gotteslob bemühen, müssen wir das tun mit allen uns zur Verfügung stehenden Kräften. Hierin leistet uns die Musik wertvolle Hilfe. Denn das Wort ist in seiner gesprochenen Form trocken, oft langweilig, verkopft, oberflächlich. Die besondere Wirkung bei begnadeten Rednern liegt darin, daß sie ihre Rede in eine beeindruckende Sprachmelodie fassen. So verleiht die Melodie, geformt oder ungeformt, der Sprache ihre Aussagekraft. Das II. Vatikanische Konzil spricht daher mit größter Hochachtung von der Kirchenmusik: »Die überlieferte Musik der Gesamtkirche stellt einen Reichtum von unschätzbarem Wert dar, ausgezeichnet unter allen anderen künstlerischen Ausdrucksformen vor allem deshalb, weil sie als der mit dem Wort verbundene gottesdienstliche Gesang einen notwendigen und integrierenden Bestandteil der feierlichen Liturgie ausmacht.«[3]

Kirchenmusik ist also eng mit der Sprache verbunden, sie ist in erster Linie Vokalmusik, Gesang. In diesem Sinne tritt die Musik an die Seite der allheiligen Gottesmutter, die ja die Gebärerin des göttlichen Wortes ist. Maria antwortet auf die Botschaft des Engels: »Siehe, ich bin die Magd des Herrn...« (Lk 1,38). In gleicher Weise wird die Musik zur »ancilla verbi«, zur Dienerin des Wortes. Die Musik wird dabei zum Gewand für die Sprache. Sie verleiht der Sprache in verschiedenen Abstufungen Festlichkeit und Pracht. So erhält auch das Gotteslob seinen eindrucksvollsten Ausdruck in seiner gesungenen Form. Diese Feststellung umreißt das II. Vatikanische Konzil wie folgt: »Ihre vornehmste Form nimmt die liturgische Handlung an, wenn der Gottesdienst feierlich mit Gesang gehalten wird.«[4] Für die Ostkirchen ist die gesungene Form der Liturgie selbstverständlich, in der Westkirche gilt das für das Hochamt. Ferner fügt das Konzil hinzu: »So wird denn die Kirchenmusik um so heiliger sein, je enger sie mit der liturgischen Handlung verbunden ist, sei es, daß sie das Gebet inniger zum

---

[3] Ebd. Artikel 112.
[4] Ebd. Artikel 113.

Ausdruck bringt oder die Einmütigkeit fördert, sei es, daß sie die heiligen Riten mit größerer Feierlichkeit umgibt. Dabei billigt die Kirche alle Formen wahrer Kunst, welche die erforderlichen Eigenschaften besitzen, und läßt sie zur Liturgie zu.«[5]

Diese erforderlichen Eigenschaften besitzt im römischen Ritus der Gregorianische Choral, in den ostkirchlichen Riten sind das die Hymnen (Troparien) in ihren vielfältigen Bezeichnungen. Während aber der Gregorianische Choral überwiegend Texte aus der Heiligen Schrift verwendet, also Psalmen oder andere hymnische Texte, entwickelt sich im Osten schon sehr früh eine reiche hymnodische Tradition. Der Vesperhymnus »Phos ilaron« aus dem 3. Jahrhundert ist wohl einer der ältesten der frühchristlichen Hymnen: »Freundliches Licht heiliger Herrlichkeit des unsterblichen himmlischen Vaters, des heiligen, seligen Jesu Christe. Gerüstet hat sich Helios zum Untergang, nun sehen wir das abendliche Leuchten und singen dem Vater und dem Sohn und Gott dem Heiligen Geist. Würdig ist es, Dir Lob zu singen allezeit mit heller Stimme: Gottessohn, Urquell des Lebens. Deshalb verherrlicht Dich das All.«

Beiden Traditionen gleich ist die Verwendung freirhythmischer Melodien. Sie sind also nicht taktgebunden, sondern richten sich streng nach Wort- und Satzrhythmus; insofern ist es gerechtfertigt, die worttragenden musikalischen Formeln als größtmöglichen Ausdruck der Rhetorik anzusehen. Das bedeutet auch, daß bei aller Kunstfertigkeit das Wort immer im Mittelpunkt steht, was ja als Grundvoraussetzung für jegliche Kirchenmusik gilt und woraus diese Musik ihren Vorbildcharakter schöpft.

Darüber hinaus benutzen beide Traditionen ein System von 8 Tönen. Dieses bildet ein mehr oder weniger kunstvolles Gerüst, dem die Texte unterlegt werden. Das kommt in erster Linie der Textverständlichkeit zugute. Dabei weisen sie zunächst keine tonartliche Bindung auf. Erst im Mittelalter wird den Formeln des Gregorianischen Chorals eine bestimmte Tonart zugeordnet, was jedoch häufig gewollt und willkürlich erscheint. Im Osten unterbleibt eine solche Bindung, hier bleibt die ungebundene freischwingende Formel ausschlaggebend.

Wichtig aber ist das System von 8 Tönen. Es geht vermutlich zurück auf westsyrischen Einfluß im 4. Jahrhundert[6] und findet Eingang sowohl in den griechisch-byzantinischen und den von ihm ausgehenden slawischen Bereich als auch in das

---

[5] Ebd. Artikel 112.

[6] I. Totzke, *Musik der altorientalischen Kirchen*, in: W. Nyssen / H.-J. Schulz / P. Wiertz, *Handbuch der Ostkirchenkunde*, Band II, Düsseldorf 1989, 203.

Gebiet der römisch-lateinischen Kirche. Wir lesen im Schöpfungsbericht der Bibel von dem Siebentagewerk, bei dem Gott am siebten Tage ausruht. Es ist der Sabbat, an dem auch nach ostkirchlich-liturgischer Tradition der Sohn Gottes ausruht von seinem Erlösungswerk (Doxastikon der Stichiren in der Basilius-Liturgie am Karsamstag). Nach dem 7. aber folgt der 8. Tag, der Auferstehungstag, der für uns heute der erste Tag der Woche ist. Demnach wird die Zahl Acht zur Symbolzahl Christi. In dem System der 8 Kirchentöne findet sich also ein Hinweis auf die Auferstehung, die wir in jedem Gottesdienst feiern und besingen. Die Ostkirche macht daraus sogar einen Zyklus, der sich alle 8 Wochen wiederholt.

Nun aber ergibt sich eine Schwierigkeit: Wer soll diese Gesänge singen? Es wird schnell klar, daß sich der Gregorianische Choral nicht für den Volksgesang eignet, deshalb heißt er auch »Choral«, weil er für den Chor bestimmt ist. Nur bei den einfachen Gesängen des Meßordinariums oder der einfachen Hymnen kann sich das Volk beteiligen. Um die Volksbeteiligung aber im größeren Maße zu ermöglichen, entstanden zu den Sequenzen im deutschsprachigen Raum muttersprachliche Lieder, so z. B. zur Ostersequenz »Victimæ paschali laudes« das Lied »Christ ist erstanden«, zur Pfingstsequenz »Veni, Sancte Spiritus« das Lied »Nun bitten wir den Heiligen Geist«. Ähnlich ist es bei den Ostkirchen. Nur wenige markante Stichiren oder Troparien erreichten volkstümliche Verbreitung. Dazu gehört das Oster-Troparion »Christ ist erstanden von den Toten, im Tode besiegt er den Tod und hat allen in den Gräbern das Leben gebracht« und einzelne Troparien zu bekannten Heiligen, wie zum heiligen Nikolaus: »Als Richtschnur des Glaubens...« Wie aber verträgt sich das nun mit der Forderung des Konzils nach einer »tätigen Teilnahme« aller Gläubigen? Damit könnte vordergründig ein äußeres aktives Mittun gemeint sein. »Ein voreiliges (Miß-)Verständnis dieses Begriffs wird durch die Instructio Musicam sacram vom 5. März 1967 korrigiert, die in Art. 5b das Hören der Musik bei einem Gottesdienst als eine 'durchaus legitime Form der actuosa participatio' ansieht.«[7]

Hier kommt ein besonderes Wesensmerkmal der Musik zum Tragen: Musik ist die Sprache des Herzens. Mit dieser Sprache erfaßt der Mensch das, was dem Verstand verborgen bleibt. So kommt er auch dem göttlichen Geheimnis näher. Die Musik ist fähig, die Herzen der Gläubigen zu Gott zu erheben; so erfahren sie durch die von der Musik angeregten Schwingungen des Herzens auf besonders intensive Weise die Gegenwart Gottes. Ein weiterer Aspekt kommt hinzu:

---

[7] M. Schneider, *Zur theologischen Bedeutung der Kirchenmusik*, Köln 2001, 60.

Wir sehen das Herz an als den Sitz der Liebe. Gott aber ist die Liebe (1 Joh 4,8). Durch den Gesang begeben wir uns gleichsam in eine liebende Vereinigung mit Gott, er wird zu einer gesungenen Kommunion.

Neben dem Gesang kommt auch ergänzend die Instrumentalmusik zum Tragen. Das gilt insbesondere im westlich-lateinischen Bereich für die Orgel. Ihr wird im II. Vatikanischen Konzil eine bevorzugte Stellung eingeräumt: »Die Pfeifenorgel … vermag den Glanz der kirchlichen Zeremonien wunderbar zu steigern und die Herzen mächtig zu Gott und zum Himmel zu erheben.«[8]

Diese Fähigkeit erreicht die Orgel durch mehrere Voraussetzungen. Zunächst ist die Tonerzeugung in der Pfeife ähnlich der Tonbildung der menschlichen Stimme, ferner setzt sich ihr Klang aus verschiedenen Chören zusammen, die ein Abbild der singenden Gemeinde darstellen, schließlich geht sie in ihrer wichtigsten Funktion als Begleitinstrument eine innige Verbindung mit dem Gesang ein.

Im Bereich der Ostkirchen bleibt die Orgel weitgehend unbekannt. Ausnahmen finden sich in einigen orthodoxen Gemeinden in Nordamerika und bei einigen Gemeinden bei den unierten Galiziern. Hier kommt westlicher Einfluß zum Tragen. Ferner ist auf verschiedenen westgriechischen Inseln die Verwendung eines Harmoniums zu bemerken, was vermutlich ebenfalls auf venezianischen Einfluß zurückzuführen ist.

Darüber hinaus findet sich die Verwendung von Instrumenten bei den Kopten. Dabei handelt es sich ursprünglich um Glocken und »Sistren« (Rasseln), die wahrscheinlich aus dem altägyptischen Tempelkult stammen. Neuerdings verwendet man auch Becken und Triangeln zur rhythmischen Unterstützung des Gesanges[9] oder um besondere Höhepunkte der Liturgie hervorzuheben, wie es im westlich-römischen Gottesdienst die Aufgabe der Altarschellen ist, übrigens ein Brauch, der auch von der Serbischen Kirche übernommen wurde (dreimaliges Läuten zur Epiklese).

Bemerkenswert ist noch, daß ab dem 19. Jahrhundert als einzige Kirche des Ostens die Armenische Kirche Instrumente eingeführt hat, zunächst die Orgel und im 20. Jahrhundert auch andere Orchesterinstrumente, so daß bei feierlichen Anlässen nach westlichem Vorbild auch große orchestrale Liturgien erklingen, eine Praxis, die im Westen seit der Barockzeit geübt wird, als die höfische Musik Eingang in die Gottesdienste fand.

---

[8] Zweites Vatikanisches Konzil (s.o.), Artikel 120.

[9] I. Totzke, *Musik der altorientalischen Kirchen*, 206.

Diese Praxis birgt jedoch eine große Gefahr für die eigentliche Bestimmung der Kirchenmusik. Musikalischer Aufwand und Prachtentfaltung nehmen vielfach eine dominierende Stellung ein, wodurch das Wort in den Hintergrund gestellt wird. Auch wenn diese Musik liturgische Texte verwendet, ist sie in vielen Fällen nicht mehr Dienerin des Wortes, sondern das Wort wird benutzt zum Dienst an der Musik. Dieses ist zu beobachten beispielsweise bei der h-Moll-Messe von Johann Sebastian Bach, bei der Missa solemnis von Ludwig van Beethoven oder in ganz besonderer Weise bei dem Requiem von Giuseppe Verdi. Mag diese Musik auch eine große Wirkung haben, mag sie die Zuhörer auch im Innersten treffen und erschüttern, liturgische Musik ist sie nicht mehr. Man kann sie allenfalls einordnen als geistliches Konzert.

Anders verhält es sich bei bestimmten Erscheinungsformen moderner Unterhaltungsmusik, die nicht selten auch den Anspruch erheben, in der Kirchenmusik eine eigene besondere Rolle zu spielen. Das ist speziell der Fall bei Musikgruppen, die mit großem technischen Aufwand, elektronischen Instrumenten, Lichteffekten und ähnlichem auftreten. Oft ist solche Musik noch bestimmt von dominantem rhythmischen Hämmern und Dröhnen, was jegliche Geistigkeit unterdrückt und nur auf die Anregung niederer Instinkte im Menschen abzielt. Solche Musik hat im kirchlichen Raum nichts zu suchen, auch wenn hier mit Argumenten operiert wird, man müsse der Jugend und ihrem musikalischen Geschmack Rechnung tragen. Wahre Kirchenmusik ist in jeder Hinsicht eine vornehme, bescheidene Musik. Sie drängt sich niemals auf, sie lärmt nicht, sondern führt die Zuhörer den geraden Weg zu Gott. Damit folgt sie in allem dem Beispiel unseres Herrn und Meisters: »Wer der Erste sein will, soll der Letzte von allen und der Diener aller sein« (Mk 9,35), und: »Ich habe euch ein Beispiel gegeben, damit auch ihr so handelt, wie ich an euch gehandelt habe« (Joh 13,15).

ADEL THEODOR KHOURY

# Christen und Muslime
*Probleme eines schwierigen Dialogs*

Der Dialog zwischen Christen und Muslimen hat in den letzten Jahrzehnten Höhen und Tiefen erlebt. Viele Initiativen, vor allem von christlicher Seite, haben versucht, diesen Dialog anzukurbeln, und zwar auf theologischer, sozialer und politischer Ebene. Auch wenn man heute eher von einer Pause und von einer Zeit der Ernüchterung spricht, so bleibt es dennoch ein großer Erfolg, daß Christen und Muslime, die sich in der Vergangenheit im allgemeinen eher als Konkurrenten und Feinde betrachtet haben, sich heute da und dort bereit finden, miteinander zu sprechen, um nach Möglichkeiten und Chancen Ausschau zu halten, ihre Kräfte nicht mehr gegeneinander zu richten, sondern zu bündeln, um die bestehenden gemeinsamen Probleme der Menschheit anzugehen und einer befriedigenden Lösung näher zu bringen. Gleichwohl stoßen die Bemühungen, den Dialog zwischen Christen und Muslimen aufrechtzuerhalten und möglichst zu beleben, weiterhin auf manchmal erhebliche Schwierigkeiten. In diesem Beitrag sollen zwar die Verdienste der Pioniere und der Förderer des christlich-islamischen Dialogs nicht in Frage gestellt oder geschmälert werden; es sollen nur die aus der Erfahrung gewonnenen Einsichten in die besonderen Probleme dieses Dialogs vorgestellt werden. Mögen sie denen helfen, die sich unerschrocken und unverzagt dieser großen Aufgabe widmen und sie mit aller Kraft voranbringen wollen.

## I. Im Vorfeld des Dialogs

Es gibt Schwierigkeiten, die im Vorfeld des Dialogs anzutreffen sind, andere entspringen dem Umfeld der im Dialog Engagierten, wieder andere zeigen sich im Bereich des Dialogs selbst.

## 1. Last der Geschichte

Die Beziehungen zwischen Islam und Christentum, zwischen islamischer Welt und der Welt der Christenheit standen bis in die jüngste Vergangenheit hinein unter dem Zeichen der gegenseitigen religiösen Polemik, der militärischen Auseinandersetzung und der politischen Spannung. Die Christen haben den Islam als eine Irrlehre diagnostiziert, die Christenheit hat das islamische Reich als einen politischen Gegner und einen militärisch aggressiven Staat erlebt. - Die Muslime ihrerseits haben im Christentum eine überholte Religion gesehen, die sich von der ursprünglichen Botschaft Jesu Christi eigenmächtig entfernt hat. Sie haben die Christenheit als einen Gegner erlebt, der Kreuzzüge gegen den Islam führte. Sie betrachten den in der christlichen Tradition verankerten Westen heute vor allem als Kolonialmacht und als einen bedrohlichen, nach Herrschaft über die Welt und nach Ausbeutung der übrigen Länder strebenden Imperialismus.
Es gab jedoch auch Zeiten, in denen weitsichtige Denker den religiösen und kulturellen Austausch zwischen der christlichen und der islamischen Welt suchten. Sie sind wohl als Vorreiter des religiösen Dialogs zu bezeichnen. Aber die Tendenz zu harter Polemik, zur religiösen Verurteilung der jeweils anderen Religion und zur Zurückweisung ihrer Anhänger herrschte durchweg vor.

a) Entstehung einer »Gegeneinander-Identität«
Neben der von beiden Seiten gepflegten Tendenz zur harten Polemik gegen die anderen ist im Laufe der Zeit eine »Gegeneinander-Identität« entstanden. In den Anfängen hatte der Islam ein Toleranz-System entwickelt, das Minderheiten von Anhängern der Buchreligionen staatliche Toleranz zusicherte und sie gegen die Willkür der islamischen Mehrheit und die Übergriffe der Eiferer schützte. Diese Toleranz gründete auf der Achtung der Religionsfreiheit (Koran 2,256) und den gemeinsamen religiösen Elementen, die der Islam z. B. im Christentum wahrnehmen konnte. Die großen Religionen enthalten nämlich Aussagen, die die Menschen verschiedener Herkunft und Kultur über die Grenzen ihrer jeweiligen eigenen Religionsgemeinschaft hinweg miteinander verbinden. Denn sie befassen sich mit den Grundfragen des Lebens, mit denen alle Menschen konfrontiert sind, und suchen die geeigneten Antworten auf diese Fragen bereitzustellen, dies als Sinngebung und Hilfe zur Lebensorientierung und als Mittel zur Integrierung der Vergangenheit, zur Bewältigung der Gegenwart und zur Planung der Zukunft.
Das Verbindende wurde leider im Laufe der Geschichte weniger beachtet als das Trennende des spezifisch eigenen Charakters der jeweiligen Religion, hier des

Christentums und des Islams. Denn die erste Sorge der Religionsgemeinschaften bestand darin, die Identität der eigenen Religion bzw. Richtung gegenüber anderen Religionen bzw. Richtungen und Bewegungen abzugrenzen. Dies läßt sich in der Geschichte des Christentums und des Islams feststellen.

Im *Christentum* wurden lange Zeit, bis ins zwanzigste Jahrhundert hinein, die nicht-christlichen Religionen undifferenziert verurteilt als Heidentum, schuldhafte Irrwege und falsche Religionen; ihre Lehren, Normen und Verhaltensmuster wurden pauschal abgelehnt. Damit ging die Bekräftigung des Anspruchs auf den ausschließlichen Besitz der Wahrheit und des Heils, des Absolutheitsanspruchs der christlichen Kirche, einher.

Das Wort Jesu Christi im Evangelium nach Matthäus (23,8): »Ihr alle aber seid Brüder« wurde nicht extensiv verstanden. Die Angeredeten wurden als die Mitglieder der christlichen Gemeinschaft identifiziert. Es bestand somit ein brüderliches - geschwisterliches - Verhältnis der Christen zueinander. Die Nichtchristen wurden nur insofern berücksichtigt, als auch sie berufen seien, Mitglieder der Christengemeinschaft zu werden und somit an der geübten Brüderlichkeit der Christen teilzuhaben. Zusammengehörigkeit und Brüderlichkeit wurden damit vor allem und hauptsächlich den Christen zugesprochen. Die anderen wurden nicht ausgeschlossen, dafür sind die Texte des Neuen Testaments allzu klar: Mein Nächster ist jeder Mensch (vgl. das Gleichnis vom barmherzigen Samariter: Evangelium nach Lukas 10,25-37); auch die Heiden sind zum Reich Gottes berufen (vgl. die Vision des Petrus in Joppe: Apostelgeschichte 10,9-23a) usw. Aber sie konnten - und dies wurde eine Zeitlang immer strenger formuliert - das Heil nur innerhalb der Christengemeinschaft erlangen, und sie konnten eine geschwisterliche Behandlung nur dann erwarten, wenn sie Mitglieder der Gemeinschaft geworden waren.

Eine solche Identität in Ausgrenzung der Polytheisten und in Abgrenzung von Juden und Christen ist auch im *Islam* bekannt. In den Jahren 622-624 hatte Muhammad - bereits mit der Gemeinde von Mekka nach Medina ausgewandert - versucht, die Leute des Buches, vor allem aber die Juden, für eine Allianz mit ihm gegen die polytheistischen Mekkaner zu gewinnen. Die Hinweise auf die grundlegende Zusammengehörigkeit von Muslimen, Juden und Christen fruchteten nicht. Da vollzog Muhammad zwei entscheidende Schritte, die ihm und dem Islam die Selbständigkeit sichern sollten. Zum ersten berief er sich gegen die Ansprüche von Juden und Christen, jeweils die einzig heilbringende Religion zu besitzen, auf die Religion Abrahams, des Vaters aller Gläubigen (Koran 2,135). Diese Religion habe doch vor dem Judentum und vor dem Christentum bestanden (3,65.67). Somit hatte Muhammad den biblischen Charakter seiner Botschaft bekräftigt, ohne sich jedoch an das Judentum oder das Christentum zu binden. Der zweite Schritt zur Bestimmung der Identität des Islams war religiöser und politischer Natur zugleich. Der arabische Charakter der koranischen Offenbarung sollte nun hervorgehoben und gleichzeitig ihre direkte Verbindung mit Abraham verdeutlicht werden. So stellte der Koran fest, daß das Hauptheiligtum Altarabiens, die Kaʿba zu Mekka, auf die Tätigkeit Abrahams mit seinem Sohn Ismael zurückgehe (vgl. 2,124-134). Da wurde zugleich die Gebetsrichtung geändert, von Jerusalem nach Mekka. Damit wurde die Identität des Islams gegenüber dem Judentum und dem Christentum endgültig bekräftigt, und die Kaʿba wurde zum Versammlungsort aller arabischen Stämme und zum Symbol der religiösen Einheit aller Muslime erhoben.

Die Muslime werden nunmehr aufgrund ihres gemeinsamen Glaubens Brüder (Koran 49,10); sie sind, Männer und Frauen, untereinander Freunde (9,71). Brüder und Schwestern sind nur Muslime untereinander; die anderen können dazugehören, wenn sie dem Aufruf zur Annahme des Islams folgen: »Wenn sie umkehren, das Gebet verrichten und die Abgabe entrichten, dann sind sie eure Brüder in der Religion« (9,11).

Die weitere Entwicklung brachte im Islam wie im Christentum eine Verschärfung der Bestimmung der eigenen Identität: Diese wurde nunmehr definiert gegen die anderen.

Im islamischen Rechtssystem sowie in den späteren Kommentaren des Korans werden die Unterschiede zwischen Polytheisten und Leuten des Buches (Juden und Christen) verwischt. Immer wieder werden Begriffe wie *mushrik* (Polytheist) auch auf die Juden und die Christen ausgedehnt. Die Unterschiede zwischen Muslimen auf der einen und Juden und Christen auf der anderen Seite, auch wenn man diesen letzten ein Dauerwohnrecht im islamischen Staat in der Rechtsstellung von Schutzbürgern einräumte, wurden verschärft, und dies als Zeichen ihrer Demütigung (vgl. Koran 9,29).[10]

Ein ähnliches Verhalten findet man auch in der christlichen Geschichte.[11]

Dies besagt, daß die allgemeine Tendenz im Christentum und im Islam in bezug auf ihre gegenseitigen Beziehungen eine Bewegung aufwies von der Toleranz

---

[10] Vgl. dazu mein Buch: A. Th. Khoury, *Toleranz im Islam*, Mainz 1980 (Neudruck: Religionswissenschaftliche Studien 8, Altenberge 1986), 141, Anm. 8.

[11] Vgl. einige Angaben in meinem Buch: *Toleranz im Islam*, 181f. Es wird Bezug genommen auf die Arbeit von Georges C. Corm, *Contribution à l'étude des sociétés multi-confessionnelles*, Paris 1971, 115-122. Dort weiterführende Literatur.

zur Intoleranz, von der Suche nach Verstehen und Verständigung zur Verurteilung, vom Gemeinsamen zum Trennenden.

b) Wende in der neuen Zeit
Im 20. Jahrhundert hat sich im *Christentum* , vor allem in der katholischen Theologie, eine Wende in der Würdigung der nichtchristlichen Religionen vollzogen. Vorausgegangen waren Bemühungen von Religionswissenschaftlern, Orientalisten aller Fachrichtungen, Islamwissenschaftlern, Missionaren. Die Berücksichtigung des zunehmenden Zusammenrückens der Menschen, - der Einfluß der neuen Erkenntnisse der Religionswissenschaft, - die Beachtung der großen Bedeutung der Religionen im Leben der Völker, - das erweiterte Bewußtwerden der unbegrenzten Dimensionen des universalen Heilswillens Gottes und der unbegrenzten Dimensionen und Spuren der Religion Gottes in der Welt, all das führte zu einer neuen Wahrnehmung der religiösen Traditionen anderer Völker. Das Zweite Vatikanische Konzil hat in seinen Dokumenten, vor allem in der »Erklärung über das Verhältnis der Kirche zu den nichtchristlichen Religionen« (*Nostra aetate*), diese Wende deutlich zum Ausdruck gebracht und damit die vorausgegangenen Bemühungen sanktioniert.
So suchen die christlichen Kirchen bei den nicht-christlichen Religionen nunmehr über das Trennende hinaus das hervorzuheben, was den Menschen und den Religionen gemeinsam ist (das Zweite Vatikanische Konzil: *Nostra aetate* 1).
Die Grundhaltung der Christen in der Begegnung mit den anderen Menschen ist von der Bemühung inspiriert, sie und ihre jeweilige Religion ernst zu nehmen, sie näher kennenzulernen und ihnen mit Hochachtung zu begegnen. Denn die nicht-christlichen Religionen sind die Quelle, bei der die Menschen die Antwort auf die richtigen und wichtigen Fragen des Lebens suchen (*Nostra aetate* 1). Und wer die Begegnung mit dem anderen sucht, muß sich bemühen, Einblick zu gewinnen in sein Erbe, in seine Sprache und in sein Brauchtum, vor allem aber in die sittliche Ordnung, die ihm seine Religion vermittelt, in die religiösen Vorschriften und Vorstellungen, die sein Leben inspirieren und prägen (*Dekret über die Missionstätigkeit der Kirche* 26).
Die Christen sollen nichts von dem ablehnen, was sie in den nichtchristlichen Religionen an Wahrem und Gutem entdecken. Das Zweite Vatikanische Konzil sieht in diesen Elementen »einen Strahl jener Wahrheit«, die die Wahrheit Gottes und seines menschgewordenen Sohnes ist (*Nostra aetate* 2), und eine Wirkung der Fügung Gottes (*Dekret über die Priesterausbildung* 16). So gilt es, eine positive Haltung gegenüber diesen Religionen einzunehmen; es gilt, das, was sie an Wahrem und Gutem enthalten, anzuerkennen, zu wahren und zu fördern.

Was dem christlichen Erbe und den nichtchristlichen Religionen gemeinsam ist, bildet eine ausreichende Grundlage für einen offenen Dialog und eine entschlossene Zusammenarbeit.

Auch im *Islam* hört man Stimmen, die sich für den Dialog und die Zusammenarbeit mit den Christen ohne grundsätzliche Vorbehalte aussprechen. Die Erweckungsbewegung, die die islamische Welt heute wachrüttelt, scheint den Muslimen ein ausreichendes Selbstbewußtsein zu verleihen, damit sie sich die wissenschaftlichen Methoden der religiösen Forschung aneignen und eine solide Basis für die erstrebte Zusammenarbeit vor allem mit den Christen aufdecken, eine Zusammenarbeit, deren Ziel es ist, für den Glauben an Gott Zeugnis abzulegen und einen gemeinsamen Beitrag zur Lösung der Probleme unserer Zeit zu leisten.

## 2. Last der Gegenwart

Der christlich-islamische Dialog leidet heute nicht nur unter der Last der Vergangenheit, sondern auch unter der Last mancher Züge der gegenwärtigen Situation in der Welt und auch in manchen Ländern der islamischen Welt. Angesichts der Unsicherheiten der Politik und der weltwirtschaftlichen Organisationen im Hinblick auf die Probleme und Unwägbarkeiten der unumkehrbaren Bewegung zur umfassenden Globalisierung[12] tritt der christlich-islamische Dialog in eine sehr sensible Phase und spürt selbst diese Unsicherheit. Dies verschärft sich dadurch, daß immer mehr Versuche gestartet werden, sich im Westen ein Feindbild vom Islam und in der islamischen Welt ein Feindbild vom Westen – den viele Muslime undifferenziert mit der christlichen Welt identifizieren – aufzubauen.

Darüber hinaus trägt die zunehmende Politisierung des Islams in einigen Ländern der islamischen Welt und damit einhergehend die Ideologisierung des Glaubens dazu bei, daß ein Fundamentalismus aufkommt, der bereit ist, die Religion zum Instrument seiner politischen Ziele zu mißbrauchen, was immer mehr als Gefährdung des Friedens in der Welt wahrgenommen wird. Man könnte schon von der Gefahr eines Weltbrandes sprechen, und dies durch den Zusammenstoß

---

[12] Vgl. die Akten der Zweiten Internationalen Christlich-Islamischen Konferenz (Wien, Mai 1997), in: Andreas Bsteh (Hg.), *Eine Welt für alle* (Beiträge zur Religionstheologie 9), Mödling 1999.

der Fundamentalisten und der militanten Extremisten aller Couleur und aller Religionszugehörigkeit.

## II. Hindernisse aus dem Umfeld des Dialogs

In vielfacher Hinsicht gibt es heute, vor allem in der islamischen Welt, nur wenige Länder, in denen die kulturelle und die gesellschaftliche Lage für den Dialog mit den Anhängern der jeweils anderen Religion förderlich erscheint.

### 1. In der Welt des Islams

Die meisten Länder und Gesellschaften in der islamischen Welt leben heute immer noch im Bewußtsein einer einheitlichen Gesellschaft, deren Grundlage der islamische Glaube ist, so daß ein gewisser Triumphalismus die Bereitschaft zum Dialog lähmt und die Vision einer pluralistischen Gesellschaft, deren Mitglieder, unabhängig von ihrer Religionszugehörigkeit, die gleichen Grundrechte und Grundpflichten besitzen, als abwegig erscheinen läßt.
Auch die islamische Welt erlebt im großen und ganzen keine Freiheitsgeschichte, die dazu führen könnte, die Menschenrechte ohne gravierende Vorbehalte zu bejahen und eine für beide Seiten gefährliche Verquickung von Religion und Staat langsam abzustreifen.
Endlich kann man nur zaghafte Gehversuche der Hermeneutiker gegenüber den Traditionalisten und Fundamentalisten erkennen.[13] Daher der Eindruck, daß die Militanten immer mehr an Terrain gewinnen und damit der Hang zum Totalitarismus und zur Ideologisierung der Religion.

---

[13] Vgl. den aufschlußreichen Beitrag von Rotraud Wieland, *Wurzeln der Schwierigkeit innerislamischen Gesprächs über neue hermeneutische Zugänge zum Korantext*, in: Stefan Wild (Hg.), *The Qur'an as Text* (Islamic Philosophy, Theology and Science, Texts and Studies 27), Leiden 1996, 257-282.

## 2. Im Christentum

Schwierigkeiten bereitet die zunehmende Wahrnehmung der Muslime, die in den westlichen Ländern leben, als Gefahr für die westliche Zivilisation und als Feind der christlich geprägten Kultur.
Darüber hinaus ist der Anspruch des Westens - den die Muslime oft mit dem Christentum in eins setzen - nicht leiser geworden, die Mitte der Welt zu sein, die universal gültige Kulturaxe, um die sich die Weltkultur zu drehen hat. In dieser Atmosphäre läuft der Dialog Gefahr, als verkappte Gewaltanwendung zu gelten und - wie manche Muslime argwöhnen - als Alibi für die Herrschaftsgelüste der westlichen Länder zu dienen.

## III. Probleme des Dialogs

### 1. Last der unausgereiften Methode

a) Nur ein Modell gültig
In der Theologie des Christentums und des Islams kann man Tendenzen erkennen, die jeweils nur ein Modell von Religion als gültig anerkennen, das Modell der eigenen Religion.
Man findet z. B. in der christlichen Literatur folgende Argumentation: Das Christentum ist die wahre Religion. Die Wahrheit des Christentums läßt sich durch bestimmte Merkmale bzw. Kriterien nachweisen. Also muß jede Religion - und somit auch der Islam -, wenn sie wahr sein will, denselben Kriterien genügen.[14]
Bei den Muslimen sieht das Argument folgendermaßen aus: Der Koran ist Wort Gottes. Jede heilige Schrift muß also so aussehen wie der Koran. Da nun die Evangelien einer anderen literarischen Gattung angehören, sind die Evangelien nicht originäres Wort Gottes. - Der Hadith, die Tradition des Propheten Muhammad, wird in folgender Form überliefert: Kette der Gewährsmänner und Inhalt des Ausspruchs Muhammads. Also muß jede authentische Tradition so aussehen wie der Hadith, sonst darf man sie nicht als echt ansehen.

---

[14] Vgl. zu den Kriterien dieses Modells und ihrer Anwendung auf den Islam mein Buch: A.Th. Khoury, *Polémique byzantine contre l'Islam,* Leiden 1972.

b) Forderung, das eventuelle Endziel des Dialogs als Voraussetzung zu erfüllen
Manche fordern, daß eine Verständigung über grundlegende eigene Glaubensaussagen vorab erzielt werden muß, bevor man ins Gespräch miteinander eintreten kann. Zum Beispiel fordern manche Muslime, daß die Christen vorher die Echtheit der prophetischen Sendung Muhammads anerkennen müssen. Ihrerseits verlangen manche Christen, daß die Muslime vorab die Gottheit und die Erlöserrolle Jesu Christi anerkennen.

c) Grundsätzliche Ablehnung des Dialogs
Der Irrtum (d. h. die jeweils andere Religion) - so wird hier argumentiert - darf keine Rechte beanspruchen. Es wird hier nicht bedacht, daß die menschliche Person, die man als Irrende betrachtet, wohl Subjekt von Rechten, z. B. vom Recht auf Religionsfreiheit, ist und daher Partner im Dialog sein kann und werden soll.

d) Extremistische Konzeption von der Wahrheit
Die Wahrheit sei unteilbar, so der Grund für die Ablehnung einer initialen positiven Toleranz gegenüber der anderen Religion. Entweder ist alles in einer Religion wahr, oder die Religion ist falsch.
Hier wird übersehen, daß es im Leben wie in den Lebensvollzügen eine Mischung von Wahrheiten, Teil-Wahrheiten, Irrtümern und Teil-Irrtümern gibt. Die Maxime: *veritas de toto* (Wahrheit fordert, daß jeder einzelne Teil wahr ist), gilt für einfache Gleichungen, nicht für komplexe Verhältnisse und eine vielfältige Realität.
Außerdem gilt es, davon auszugehen, daß die Erkenntnis der vollen Wahrheit in ihrem vollen Unfang nur stufenweise möglich ist und durch die gesamte Geschichte hindurch erstrebt werden soll. Die Geschichte ist ja der Ort der Entfaltungsmöglichkeit der initialen Wahrheit und damit der Erkenntnis des Gesamtumfangs der ganzen Wahrheit.

## 2. Probleme der »schiefen« Argumentation

a) Eigene Deutung der anderen Religion
Man findet immer wieder den Versuch, den Dialog auf der Grundlage der eigenen Deutung der anderen Religion, nicht des Selbstverständnisses dieser Religion führen zu wollen. Das führt dazu, daß Christen eine Art »Christianisierung des Islams« erstreben, z. B. wenn Apologeten versuchen, die Dreifaltigkeit aus den Angaben des Korans zu beweisen: Wenn der Koran von Jesus als Wort Got-

tes (4,171; 3,45) oder Geist von Gott (4,171) spricht, dann bezeugt er bereits, daß in Gott auch sein (ewiges) Wort und sein (ewiger) Geist sind, d. h. er bezeugt die Trinität.[15]
Auch im Islam begegnet man immer wieder dem Versuch, das Christentum zu »islamisieren«, d. h. hier nur das Christentum, dessen Züge im Koran im Zusammenhang mit den Aussagen über Jesus Christus beschrieben wird, als das wahre Christentum zu betrachten, während das Christentum der Christen als eine eigenmächtige Abweichung der Kirchen angesehen wird. Muslime betonen immer wieder, sie würden alles über das Christentum wissen, und zwar anhand der Angaben des Korans.

b) Schiefe Parallelen
Aus fehlender genauer Kenntnis über die Sachverhalte findet man immer wieder da und dort schiefe Parallelen, die den Dialog oder die allgemeine Atmosphäre in den Beziehungen zwischen Christen und Muslimen belasten.
– Viele Christen beklagen die Intoleranz mancher islamischer Gesellschaften gegenüber den Christen im Hinblick auf deren religiöser Freiheit und die Ausübung ihrer bürgerlichen Rechte. Sie ziehen daraus allzu leichtfertig die Konsequenz, daß man auch hier im Westen die Muslime mit weniger Toleranz behandeln soll. Dies bedeutet aber, daß man hier gerade das tun will, was man bei den anderen beklagt, daß man sich das Prinzip des Handelns vom Verhalten der anderen aufzwingen läßt, statt nach dem eigenen demokratischen Selbstverständnis zu handeln. Das bedeutet allerdings nicht, daß man aufhören soll, auf die Intoleranz von Muslimen oder Ländern der islamischen Welt hinzuweisen. Toleranz fordern und zugleich Toleranz praktizieren, das ist die richtige Devise des Handelns.
– Manche Muslime fordern - das ist ein weiteres Beispiel schiefer Parallelen - die Christen auf, Muhammad anzuerkennen, wie sie, die Muslime, Jesus Christus anerkennen. Auch wenn der Satz vordergründig wie eine richtige Parallele aussieht, so ist diese Parallele bei näherem Hinsehen doch schief. Der Muslim glaubt nämlich nicht an den Christus der Christen (Gottes Sohn, Mensch geworden zu unserem Heil), sondern nur an den Jesus des Korans (großer Prophet, aber nur ein Mensch). Sie glauben also nur an den Jesus des Islams, und sie verlangen zugleich, daß die Christen wiederum an den Muhammad des Islams glau-

---

[15] Zum Gebrauch dieses Argumentes siehe mein Buch: A.Th. Khoury, *Apologétique byzantine contre l'Islam* (VIII$^e$-XIII$^e$) (Religionswissenschaftliche Studien 1), Altenberge 1982, 74-75.

ben. Es ist keine richtige Parallele hier erkennbar. Eine richtige Parallele wäre, wenn die Muslime sich zum Christus der Christen bekennen, dann könnten sie die Christen auffordern, sich zum Muhammad der Muslime zu bekennen.
Im übrigen ist die Grundlage der Argumentation sowieso fragwürdig: Es geht doch hier nicht um einen Austausch parallelen Entgegenkommens, sondern um Fragen der Glaubensüberzeugung und der Glaubenslehre.

c) Anwendung wenig stichhaltiger Argumente bzw. Überlegungen
– Man findet bei Christen undifferenzierte Sätze wie folgende: Das Christentum ist die wahre Religion, also ist der Islam eine falsche Religion. – Muhammad ist kein echter Prophet, also ist er nur ein falscher Prophet.
Wenn man näher hinschaut, dann stellt man fest, daß Religionen ein komplexes Ganzes, nicht eine einzige einfache Realität sind. Religionen bestehen aus mehreren Elementen, von denen die einen falsch sein mögen, die anderen aber wahr sein können. D. h. Religionen können aus falschen *und* wahren Elementen bestehen. Man darf sie nicht in die Logik eines Satzes zwängen, der vielleicht für ein einfaches Verhältnis gelten mag. Desgleichen gilt es bei Muhammad und seiner Botschaft zu unterscheiden zwischen dem, was Christen als falsch betrachten müssen, weil es ihrer eindeutigen Glaubenslehre direkt widerspricht, und dem, was wahr und gut ist.
Gerade diese differenzierte Sicht der Dinge erlaubt es dem II. Vatikanischen Konzil, davon zu sprechen, daß Christen das Wahre und Gute in den nichtchristlichen Religionen anerkennen, wahren und fördern sollen.[16] Das Konzil sieht in diesen Elementen »einen Strahl jener Wahrheit, die die Wahrheit Gottes und seines menschgewordenen Sohnes ist«[17], und eine Wirkung der Fügung Gottes.[18]
Auch bekräftigt das Konzil, daß die Muslime mit uns Christen denselben Gott anbeten[19], auch wenn bekannt ist, daß der Islam Aussagen enthält, die der christlichen Gottesvorstellung (Trinität, Gottheit Jesu Christi) offen widersprechen.
– Auch bei Muslimen findet man immer wieder das Argument der zeitlichen Abfolge: Die Religionsgeschichte bezeugt, daß das Christentum nach dem

---

[16] Erklärung über das Verhältnis der Kirche zu den christlichen Religionen »Nostra aetate«, 2.
[17] Nostra aetate, 2.
[18] Dekret über die Ausbildung der Priester »Optatam totius«, 16.
[19] Dogmatische Konstitution über die Kirche »Lumen gentium«, 16.

Judentum gekommen ist: Es ist wie das Judentum eine wahre Religion (bezogen auf das Christentum Christi, wie es der Koran beschreibt), und es übertrifft das Judentum. So ist es auch mit dem Islam gegenüber dem Christentum: Er ist die Religion, die nach dem Christentum gekommen ist, und ist somit die wahre Religion, die beide vorangegangenen Religionen übertrifft.

Ein solches Argument kann nur dann gelten, wenn von vornherein zugegeben wird, daß alle drei Religionen als jeweils die wahre Religion gelten, d. h. den gleichen Status besitzen in bezug auf ihre Wahrheit und ihre Autorisierung durch Gott zu ihrer jeweiligen Zeit, - was in den Augen der Christen nicht ohne weiteres für den Islam gilt, denn die Reihe ist mit dem Christentum zu Ende gegangen.[20]

d) Tücken und Fallen der Sprache
Manche Begriffe werden von den Gesprächspartnern unterschiedlich verstanden, was zu Mißverständnissen führen muß.

– Wenn Christen von Dialog reden, dann denken sie hauptsächlich an die religiöse Dimension und die theologischen Inhalte, und dies in einem politischen Rahmen, der eine Trennung von Religion und Staat zur Grundlage seines demokratischen Systems gemacht hat. Die Muslime denken auf einem anderen Hintergrund, d. h. im Zusammenhang mit der religiösen und zugleich politischen Dimension ihrer Gesellschaften, da in der Theorie immer noch eine Einheit von Religion und Staat besteht.

– Die Toleranz, auf die die Muslime stolz sind, gilt als eine große Leistung des Islams in früheren Zeiten. Aber, gemessen an den politischen Vorstellungen einer modernen zivilen Gesellschaft, erscheint diese Toleranz nicht mehr angemessen: Sie ist nämlich die Toleranz der Herrschenden gegenüber den Unterworfenen, nicht die Toleranz der gleichberechtigten Bürger.

– Zu den Menschenrechten bekennen sich die Länder der alten christlichen Welt. Islamische Gruppen erkennen sie an nach »Maßgabe des Gesetzes«. Gemeint ist hier nicht das zivile Gesetz als Sicherung der Menschenrechte im Leben der Gesellschaft, sondern das religiöse Gesetz des Islams (*scharia*).

---

[20] Es ist hier vielleicht angebracht, auf die Gefährlichkeit einer solchen Argumentation hinzuweisen, auch im Hinblick auf den Anspruch des Islams, wenn man an die Religionen denkt, die nach dem Islam entstanden sind und ihrerseits nun beanspruchen, das letzte Stadium der Religionsgeschichte zu sein, wie dies die Baha'i und die Ahmadiyya tun.

## IV. Zum Schluß: Heutige Suche nach einer »Miteinander-Identität«

Es sei mir zum Schluß erlaubt, einen persönlichen Wunsch zu äußern.
In einem frühchristlichen Hymnus wird vom Glauben der Christen bezeugt, daß sie Jesus Christus als die Mitte ihrer Gemeinschaft sehen, daß er aber der ist, durch den Gott alles versöhnen wollte (vgl. Brief an die Kolosser 1,15-20). Bekanntlich ist die Frage nach der Deutung der Person Jesu Christi die schwierigste im theologischen Dialog zwischen Christen und Muslimen. Wir Christen werden auch hier im Hinblick auf diese Stelle im Neuen Testament die Muslime nicht drängen wollen, alle Aussagen des Glaubens der frühchristlichen Gemeinde anzunehmen. Was mir wichtig erscheint, das ist das Angebot, das der Vers 1,20 beinhaltet: Christus soll das Instrument der Versöhnung aller Menschen werden. Das heißt, daß wir Christen nun an die Adresse der Nichtchristen und vornehmlich an die Adresse der Muslime folgendes Angebot formulieren: Weil wir an Jesus Christus glauben, wie ihn der Glaube der Frühchristenheit bezeugt, bieten wir ihnen Versöhnung an, unabhängig davon, ob sie unseren Glauben nachvollziehen können und wollen oder nicht. Über die schmerzhaften Erfahrungen von beiden Seiten, die unsere gemeinsame Geschichte uns leider beschert hat, hinweg bieten wir den Muslimen Versöhnung miteinander, Frieden und solidarische Brüderlichkeit an. Wir Christen definieren unsere Identität nicht mehr allein gegenüber den anderen oder gar gegen die anderen, sondern immer deutlicher nur noch mit den anderen, so daß wir uns für einen umfassenden Frieden einsetzen und eine universale Solidarität aller Menschen mit allen Menschen anstreben. Wir hoffen, daß die Muslime dieses Angebot ernst nehmen und erwidern.
Denn der Islam ist offen für eine solche Haltung. Im Koran steht nämlich geschrieben: »Wenn ihr mit einem Gruß begrüßt werdet, dann grüßt mit einem noch schöneren Gruß, oder erwidert ihn« (4,86). Im Zusammenhang mit der Festlegung der Identität gegen die anderen haben die Kommentatoren und die Rechtsgelehrten des Islams diesen Vers so gedeutet, daß Nichtmuslime von der gleichen Behandlung ausgeschlossen wurden. Ist es nicht heute an der Zeit, den ursprünglichen Geist des Korans wieder ernst zu nehmen? Wenn wir Christen den Muslimen mit dem Angebot der Versöhnung und der Bereitschaft zur umfassenden Solidarität begegnen, wäre es nicht gerade im Sinne des Korans geboten, das Angebot anzunehmen und es zu erwidern?
Ich wünsche mir, daß viele Christen im Sinne des Evangeliums und daß viele Muslime im Sinne des Korans handeln. Dann könnten wir, Christen und Muslime, endlich begreifen, daß wir zusammengehören. Sagte nicht schon damals der

Koran (5,82): »Und du wirst sicher finden, daß unter ihnen diejenigen, die den Gläubigen in Liebe am nächsten stehen, die sind, welche sagen: Wir sind Christen...«?

MICHAEL KUNZLER

## Gabenbereitung oder Opferung?
*Ein Vergleich der Gabenbereitung in der abendländischen Eucharistiefeier mit der byzantinischen Proskomidie zur Klärung der Frage nach dem Opfercharakter der Messe*

Zur Zeit kann sich der Eindruck einstellen, als sei der Weg zurück hinter die vom Zweiten Vatikanischen Konzil initiierte Erneuerung der Liturgie beschlossene Sache. Immer wieder werfen die Anhänger der »alten« Liturgie der erneuerten vor, sie verdunkle das Wesen der Messe, ja stelle gegenüber der rechten Eucharistielehre einen Bruch dar. Vor allem betrifft dies den Opfercharakter der Messe. In diesem Zusammenhang wird immer wieder beklagt, die Abschaffung der alten Gebete zur »Opferung«, der sogenannte »Kleine Kanon«, zeuge von diesem Bruch, der nach Meinung der Traditionalisten die erneuerte Messe in eine Linie stellt mit der Opferkritik der Reformatoren. Was ist daran wahr? Ein Vergleich mit der Prothesis der byzantinischen Eucharistiefeier soll Klärung bringen.
Darüber hinaus will dieser Beitrag den Patriarchen einer griechisch-katholischen Kirche ehren, seine Seligkeit Gregor III. von Damaskus, in Deutschland als Erzbischof Lutfi Laham noch in bester Erinnerung. Nach reichlich unerleuchteter Meinung sitzen die griechisch-katholischen Kirchen zwischen dem römischen Katholizismus und den orthodoxen Kirchen »zwischen allen Stühlen«. Man kann es auch anders sehen: Die griechisch-katholischen Kirchen wie die anderen mit dem Heiligen Stuhl verbundenen Ostkirchen können Brücken sein, die Abendland und Morgenland miteinander verbinden und die jeweiligen Traditionen den Schwesterkirchen zum bereichernden Geschenk machen können, das Holzwege und Irrwege zu überdenken und zu korrigieren vermag. Nicht zuletzt dieser Beitrag soll dies demonstrieren.

### 1. Die Messe als wahres Opfer

Die katholische Theologie und in der Folge auch die liturgische Gestalt der Eucharistiefeier waren und sind der tridentinischen Formulierung von der Messe als wahres, Versöhnung zwischen Gott und den Menschen stiftendes Opfer (»Sacrificium visibile et propitiatorium«) verpflichtet.[1] Darin ist die katholische Lehre vom Meßopfer völlig eins mit derjenigen der Kirchen des christlichen Ostens.[2] Dagegen erhob sich im Zeitalter der Reformation vehementer Widerspruch. Die zeitgenössische Lehrmeinung, die Messe sei ein vom zelebrierenden Priester jeweils neues Opfer neben dem Kreuz Christi, machte die Lehre vom Meßopfer und damit die ganze Messe für Luther zu einem »Teufels Gräuel«, weil damit der Allgenügsamkeit und Allwirksamkeit der Kreuzeshingabe Christi widersprochen und gegen die Erlösungstat des Gottessohnes ein menschliches Handeln entgegengestellt wrde. Es entbehrt darum nicht einer gewissen Komik, daß Luther es gerade in seinem Verdikt gegen die Messe in seinem 1534 erschienenen »Buch der Winkelmessen an einen guten Freund« das später in der protestantischen Welt verlorengegangene Kreuzzeichen erwähnt: »Gott gebe allen frommen Christen ein solch Herz, daß, wenn sie das Wort Messe hören, erschrecken und sich segnen als für einen Teufels Gräuel!«[3]

Um theologisch verantwortet vom Meßopfer sprechen zu können, ist man gezwungen, die Einheit des Opferaktes Christi am Kreuz mit dem in der Messe richtig zu denken und darzustellen, um der biblischen Lehre von der Allwirksamkeit und Allgenügsamkeit des Kreuzesopfers Christi Genüge zu tun, denn wir sind »durch die Opfergabe des Leibes Jesu Christi ein für allemal geheiligt.«[4]

Wie es Erwin Iserloh in mehreren Publikationen aufgezeigt hat, war es der zum (real-)symbolischen Denken unfähige Nominalismus, der im Spätmittelalter die Einheit zwischen Kreuzes- und Meßopfer völlig aufgelöst hat, so daß gar nichts anderes übrigblieb, als ein menschliches Opfer neben dem Kreuz Christi anzunehmen, um weiterhin die Messe als Opferfeier verstehen und feiern zu können. Zudem fragte man nach dem »Wert« der Messe für Lebende und Verstorbene, nach den zu applizierenden Meßfrüchten und konnte sich auch aus dieser Sicht-

---

[1] Vgl. DH 1743ff.

[2] Vgl. Panagiotis N. Trembelas, *Dogmatique de l'Église orthodoxe catholique*. Traduction française par l'Archimandrite Pierre Dumont OSB. Tome III: Les sacrements, Chevetogne 1968, 232: »En tant que vrai sacrifice, L'Eucharistie n'est pas seulement sacrifice d'action de grâce, de louange et d'adoration à Dieu, comme tout sacrifice, ainsi que le montre son principal nom, mais elle est aussi représentation réelle du sacrifice de la croix. Elle est aussi sacrifice propitiatoire et sacrifice d'intercession, où présentant la victime offerte sur la croix pour notre salut, nous demandons la rémission de nos péchés, ayant rendu Dieu propice à leur sujet; elle est aussi dispensation des biens par le donateur de tout don bienfaisant.«

[3] WA 38, 237.

[4] Hebr 10,10: διὰ τῆς προσφορᾶς τοῦ σώματος Ἰησοῦ Χριστοῦ ἐφάπαξ.

weise heraus ein reales Meßopfer nur als wirkliche Darbringung eines neuen Opfers vorstellen. Die Messe wurde nicht mehr als das real gegenwärtige eine und einzige Opfer Christi gesehen, sondern als Werk des menschlichen und darum auch sündigen Priesters, der als solcher kein Opfer darbringen kann, das unbegrenzten Wert hätte. Infolgedessen hat eine Messe, die für mehrere Lebende und Verstorbene dargebracht wird, weniger Wert für den einzelnen, als wenn sie allein für ihn gefeiert würde.[5] Diese Sicht des Meßopfers zur Erlangung einer begrenzten Gnadenmenge bestärkte noch die im Mittelalter verbreitete Vorstellung, man könne sich dessen Gnadenfrüchte durch die Gabe des Meßstipendiums »kaufen«.[6] Insgesamt war der Opfercharakter der Messe theologisch wenig reflektiert, wurde aber in den Meßerklärungen für das Volk in einer Weise popularisiert, die den Protest der Reformatoren heraufbeschwören mußte. Die Ablehnung des Meßopfers bei Luther und den anderen Reformatoren ist auch vor dem Hintergrund dieser Entwicklung zu sehen.[7]

Die von der mittelalterlichen Theologie nicht mehr gesehene Einheit von Kreuzes- und Meßopfer macht auch das zweite zur Actio Christi;[8] als solche ist das Meßopfer »praesentissima repraesentatio« des Kreuzesopfers, es selbst wird in der Feier auf Erden durch die Zeiten und über die Räume hinweg gegenwärtig. Erst das in der Mysterienlehre wieder neu entdeckte Verständnis dieses Repräsentationsbegriffes konnte verständlich machen, wie das Meßopfer die Gegenwart des Kreuzesopfers und damit selbst ein Opfer sein kann, ohne jedoch ein selbständiges Opfer zu sein. Ohne die Mysterienlehre führten die verschiedensten Meßopfertheorien in eine Sackgasse: »Es scheint, daß sich das gläubige Denken in einem ausweglosen Dilemma befindet. Entweder ist die heilige Messe ein wirkliches Opfer, dann aber scheint die Einzigkeit des neutestamentlichen Opfers preisgegeben zu sein, oder es wird die Einzigkeit des Opfers des Neuen

---

[5] Vgl. Erwin Iserloh, *Der Wert der Messe in den Diskussionen der Theologen vom Mittelalter bis zum 16. Jahrhundert*, in: ZKTh 83 (1961) 44-79, bes. 58-65.

[6] Vgl. Josef Merk, *Abriß einer liturgiegeschichtlichen Darstellung des Meßstipendiums*. Stuttgart 1928, 94f.

[7] Vgl. Erwin Iserloh, *Gnade und Eucharistie in der philosophischen Theologie des Wilhelm von Ockham. Ihre Bedeutung für die Ursachen der Reformation*, Wiesbaden 1956. Erwin Iserloh / Peter Meinhold, *Abendmahl und Opfer*, Stuttgart 1960. Notker Halmer, *Der literarische Kampf Luthers und Melanchthons gegen das Opfer der Messe*, in: Divus Thomas 21 (1943) 63-78. Hans Bernhard Meyer, *Luther und die Messe*, Paderborn 1965.

[8] Vgl. Franziskus Eisenbach, *Die Gegenwart Jesu Christi im Gottesdienst. Systematische Studien zur Liturgiekonstitution des II. Vatikanischen Konzils*, Mainz 1982, 369f.

Bundes behauptet, dann aber scheint die heilige Messe nicht als Opfer bezeichnet werden zu können.«[9]

Darum ist das Meßopfer zunächst in seiner katabatischen Dimension zu sehen. Der »zum Kyrios gewordene Gekreuzigte« steht im Mittelpunkt; sein Kreuzesopfer wird in der Messe gegenwärtig.[10] Dem Vorrang der katabatischen Dimension entspricht es, wenn im Zusammenhang mit dem Meßopfer eine »Umkehrung der Blickrichtung« gefordert wird: »Wenn wir im religiösen Sinn Opfer sagen, denken wir selbstverständlich von uns auf Gott hin. Die grundlegende neutestamentliche Aussage vom Opfer, also die Hingabe Jesu Christi, schaut genau umgekehrt. Die grundlegende und erste Aussage ist: Gott selbst handelt, er gibt hin, er schenkt, er ist der Initiator dieses Opfers, in welchem Versöhnung geschenkt wird.«[11]

Ähnlich Joseph Ratzinger: »Das Opfer kommt selbst schon aus der menschgewordenen Liebe Gottes, so ist es immer schon von innen her ein Sich-Geben Gottes, in das er den Menschen hineinnimmt.«[12] Die Leitidee des Hebräerbriefes liegt auch der Kritik Luthers zugrunde, daß das Kreuzesopfer Christi das ein für allemal genügende Opfer ist, »in dem Gott uns selber, gegen die Vergeblichkeit unseres Kultes das wahre, versöhnende Opfer schenkt. Christlicher Kult kann daher nicht mehr im Darbringen eigener Gaben bestehen, sondern ist seinem Wesen nach Empfangen der einmal gespendeten Heilstat Jesu Christi, also Danksagung: Eucharistia.«[13] Die Eucharistie ist das »Geschenk der Communio, in der der Herr uns zur Speise wird, wie sie die Hingabe Jesu Christi bezeichnet, der sein trinitarisches Ja zum Vater im Ja des Kreuzes vollendet und in diesem 'Opfer' uns alle dem Vater versöhnt hat.«[14] Gegen einen behaupteten Gegensatz zwischen der Messe als Opfer (was früher im Vordergrund stand) und als Mahl

---

[9] Michael Schmaus, *Das eucharistische Opfer im Kosmos der Sakramente*, in: Burkhard Neunheuser (Hg.), *Opfer Christi und Opfer der Kirche. Die Lehre vom Meßopfer als Mysteriengedächtnis in der Theologie der Gegenwart*, Düsseldorf 1960, 13-27, hier 19.

[10] Vgl. Odo Casel, *Das christliche Opfermysterium. Zur Morphologie und Theologie des eucharistischen Hochgebetes*. Hrsg. v. Viktor Warnach, Graz-Wien-Köln 1968, 136.

[11] Theodor Schneider, *Zeichen der Nähe Gottes. Grundriß der Sakramententheologie*, Mainz ⁶1992, 167.

[12] Joseph Ratzinger, *Das Fest des Glaubens. Versuche zur Theologie des Gottesdienstes*, Einsiedeln 1981, 84.

[13] Joseph Ratzinger, *Ist die Eucharistie ein Opfer?*, in: Concilium 3 (1967) 299-304, hier 300.

[14] Ratzinger, *Fest des Glaubens*, 45f.

(was das Spezifikum der erneuerten Liturgie sein soll) ist auf die innere Einheit beider Aspekte zu verweisen, die nach Hans Urs von Balthasar im Zulassen der Selbsthingabe Christi durch die Kirche, im Einverstandensein und Geschehenlassen des für sie von Christus Vollbrachten besteht und sich in der sakramentalen Kommunion ausdrückt. »Wer sich von den Menschen 'verzehren' lassen will, bedarf eines Mundes, der ihn ißt und trinkt, so faßt Balthasar die Analogie von Mahl und opfernder Selbsthingabe Christi zusammen mit dem opfernden Einverstandensein der Kirche in eins.«[15] Ganz ähnlich argumentiert Peter Henrici.[16] In der Eucharistiefeier gibt sich Christus hin als Speise und Trank zum ewigen Leben. Von dieser opfernden Hingabe des Gottessohnes an seine Jünger zu deren ewigem Leben ist sein Sterben am Kreuz nicht zu trennen. Die Selbsthingabe Christi an den Menschen zu dessen ewigem Leben und das Ansichgeschehenlassen dieser Hingabe durch den Menschen konstituieren die Messe als Opfer, durch das der sterbliche, sündige Mensch versöhnt wird mit Gott, der das Leben selbst ist, indem er Anteil erhält an der göttlichen Lebensfülle. Das Entscheidende, das der Mensch dazu beitragen kann und muß, ist, daß er das Opfer zuläßt; zunächst an sich selber, sodann aber auch in der Fürbitte für die Schwestern und Brüder, für die Lebenden und Verstorbenen, die er über sich und sein Geschehenlassen sozusagen mit hineinzieht in dieses Opfer, das Leben spendet. Fern allem dem Sakrament der Eucharistie unwürdigen Fragen nach genau beschreibbarem und zuzuwendendem Nutzen und Gewinn des Opfers könnte so dem Meßstipendium und der damit verbundenen Meßintention die Bedeutung wiedergegeben werden, die sie in der Alten Kirche als Ausdruck des Mitopferns hatte.[17]

---

[15] Georg Bätzing, *Die Eucharistie als Opfer der Kirche nach Hans Urs von Balthasar* (Kriterien 74), Einsiedeln 1986, 107.

[16] Peter Henrici, *»Tut dies zu meinem Gedächtnis«. Das Opfer Christi und das Opfer der Gläubigen*, in: Ders., *Glauben-Denken-Leben. Gesammelte Aufsätze*, Köln 1993, 143-154, 153: Im Empfang der eucharistischen Gaben »wird das eigentlich Entscheidende sakramental zum Ausdruck gebracht: daß die Eucharistie das Opfer Christi ist und nicht in erster Linie ein Opfer, das die Gläubigen Gott darbringen. Nicht wir opfern Jesus dem Vater auf, sondern er opfert sich selbst, indem er sich uns hingibt. Schon am Kreuz ... vollzog sich das Opfer nicht in einer sozusagen privaten Zweierbeziehung zwischen Sohn und Vater; vielmehr wurde sein Sterben zum Opfer für die vielen, für die und durch deren (sündige!) Hände Jesus sein Leben hingab«.

[17] Vgl. Josef Andreas Jungmann, *Meßintention und Meß-Stipendium*, in: Alfons Kirchgässner (Hg.), *Unser Gottesdienst*, Freiburg-Basel-Wien ³1960, 37-43, bes. 41f.

Im ganzen aber gilt: »Die Eucharistie als Opfer der Kirche ... birgt wesentlich mehr Schwierigkeiten als die Erörterungen der Frage, ob die Messe überhaupt ein Opfer sei.«[18]
Das eucharistische Mysterium hat seinen Grund im historischen Tod und in der historischen Auferstehung Christi. Daneben gilt aber auch: »Nur als Tun der Kirche kann das Eucharistiemysterium existieren.«[19] Nur wenn Christen zusammenkommen, um Eucharistie zu feiern, kann diese stattfinden; nur dann kann sich die Anaphora ereignen, die Hinaufopferung der Welt durch den Menschen, der die Einladung zur Teilhabe an der göttlichen Lebensfülle annimmt. Dies ist die Konsequenz dessen, was von Balthasar sagt: Nur wenn es Menschen gibt, die die Eucharistie als Feier bereiten und die Gaben der Schöpfung und der menschlichen Arbeit zur Verfügung stellen, nur wenn Menschen im Empfang der Kommunion das Opfer Christi an sich zulassen, kann Eucharistie stattfinden. Dann kommt es zur Aktion des ganzen mystischen Leibes, des Hauptes Christus und seiner Glieder, die ihrem Herrn folgen: »Im letzten sind dabei das Handeln Christi und das der Kirche nicht auseinanderzuhalten. Beide haben die gleiche Richtung und tun alles - geeint durch den Geist - als der eine Leib Christi, in dem Gott die Vollendung der Welt wirken will.«[20]
Zunächst also kam das Opfer von oben in der Menschwerdung: Der Vater gibt seinen Sohn dahin. Dann aber kehrt sich am Kreuz die Opferrichtung von unten nach oben, vom Menschen zu Gott im klassischen Sinne des Opfers: »Vater, in deine Hände lege ich meinen Geist« - will heißen: mich selber, deinen Sohn, nicht so, wie ich war vor aller Zeit, dir an ewiger Herrlichkeit gleich, angebetet von den Engeln und Heiligen, sondern so, wie ich geworden bin in einem Menschenleben mit wenigen Höhen und vielen Tiefen, mit meiner Erfahrung der Angst, des Zweifels, des Ausgeliefertseins, des Versuchtwerdens und jetzt auch der Todesangst. Jetzt bringt der ewige Sohn Gottes als der Hohepriester des Neuen Bundes dem Vater das einzige Opfer dar, das die Welt mit Gott für alle Zeiten versöhnt: Das Menschsein des ewigen Gottessohnes, Angst und Ver-

---

[18] Thomas Witt, *Repraesentatio Sacrificii. Das eucharistische Opfer und seine Darstellung in den Gebeten und Riten des Missale Romanum 1970. Untersuchungen zur darstellenden Funktion der Liturgie*, Paderborn 2001, 81.

[19] Johann Auer, *Theologie der Eucharistie in katholischer Sicht*, in: Christoph Suttner (Hg.), *Eucharistie - Zeichen der Einheit. Erstes Regensburger Ökumenisches Symposion*, Regensburg 1970, 52-66, hier 54.

[20] Witt, *Repraesentatio*, 131.

zweiflung, Versuchtwerden und Sterben als etwas, das jetzt zum Sohn Gottes gehört für alle Ewigkeit, all das opfert er in der Stunde seines Todes aus Liebe seinem himmlischen Vater auf.

Christus am Kreuz bringt ein wahres Opfer dar. Von unten nach oben, vom Menschen zu Gott. Dieser Opferakt vollendet sich in der Himmelfahrt. Hymnisch beschreibt Kyrillonas, ein syrischer Hymnendichter, dies so: »Mein Vater wartet, daß ich auffahre und die menschliche Natur mitbringe, die Tod und Teufel gefangenhielten. Die Engel warten, daß ich das verirrte Schaf, das durch mein Kommen gefunden wurde, mit mir bringe. Der Himmel wartet, daß ich auffahre und den irdischen Leib, der durch die Gnade Gottes verherrlicht wurde, mitbringe. Der Thron wartet, daß ich komme und mich auf ihn setze und zugleich mit mir Adam, der erniedrigt wurde und nun wieder erhöht ist. Die Wolke wartet, um mich vom Berge hinwegzunehmen und den Sohn der Jungfrau zu tragen. Paradies und Garten erwarten, daß ich Adam zurückführe, damit er dort wieder herrsche.«[21]

Diesem Opfer Christi »von unten«, das der sterbende Christus vollzieht, indem er sein Menschenleben in die Lebensfülle des Dreifaltigen emporträgt, schließt sich die Kirche an, wenn sie die Eucharistie feiert. Sie hat kein anderes Opfer anzubieten als das, was ihr Haupt Christus dem Vater darbringt: sich selbst als Mensch. Und diesem Opfer schließen sich die Menschen an, wenn sie die Eucharistie feiern und Christi Wirken an sich zulassen. Auch das Opfer »von unten« ist kein neues Opfer neben dem Kreuz; die zur Feier der Eucharistie Versammelten haben kein anderes Opfer anzubieten als das Opfer Christi selbst. Die Selbstdarbringung der Kirche »meint ihr Eingehen in die Hingabebewegung Christi zum Vater. Weil dies nur durch, mit und in Christus geschehen kann, dürfte sich schon hier der Vorwurf des 'Werkes' verflüchtigen. Wenn man dann noch ernst nimmt, daß auch das Wollen und Vollbringen des Hingabewunsches der Kirche ein Werk des Geistes ist, wird vollends klar, daß auch die Hingabe der Kirche ein Geschenk an Gott ist, das de tuis donis ac datis genommen ist. ... Daß dennoch ein gewisser Eigenanteil der Kirche bleibt, liegt an dem letztlich nicht aufzulösenden Ineinander von freiem Willen und Gnade. Was wir bringen, haben wir empfangen. Wir bringen es mit Gottes Hilfe; dennoch will Gott auch unsere Zustimmung dazu, was erneut bekräftigt, daß das Opfer der Kirche im 'Geschehenlassen' besteht. Dieses Geschehenlassen aber bleibt als Tat des Menschen

---

[21] Kyrillonas der Syrer, *Zweite Homilie über das Pascha Christi* (BKV, hrsg. v. Bardenhewer, Schermann, Weyman, Bd. VI, München 1913, 41f.).

bestehen, will man nicht in einen völligen Determinismus verfallen. ... Das Handeln Gottes und das der Menschen stehen nicht in Konkurrenz zueinander. In einem mathematischen Bild könnte man sagen: Beide Hingabebewegungen (Christi und der Kirche) verhalten sich nicht umgekehrt proportional zueinander (das hieße, daß die eine größer und die andere kleiner würde), sondern direkt proportional: beide wachsen miteinander.«[22]

Wie kommt dieses Opfer zu seiner liturgischen Darstellung? Zunächst im Beten des Eucharistischen Hochgebets und dem Vollzug der Wandlung der Gaben in seinem Zentrum. Die getrennte Konsekration von Leib und Blut Christi, die Trennung dessen, was im Menschenleben unbedingt zusammengehört, weil es die Voraussetzung zum Leben ist, stellt eine starke Todessymbolik dar. Auch darin sind sich katholische und orthodoxe Eucharistieauffassungen völlig einig.[23] Auch das Aussprechen der Herrenworte selbst ist die sichtbare Darstellung dieses unsichtbar sich vollziehenden Opfers, wiederum völlig in Übereinstimmung mit der orthodoxen Eucharistielehre.[24] Sodann geht die Anamnese der byzantinischen Eucharistiefeier - also die Realrepräsentation der Heilstaten - bruchlos in einen Darbringungsakt über, indem der Zelebrant die Gaben erhebt, mit gekreuzten Armen ein Kreuz zeichnet und dabei spricht: »Bringen wir dir das Deine von dem Deinigen dar überall und für alles.«[25] Der Sinn dieser Worte ist nach Kucharek: »The object of our offering is τὰ σὰ ἐκ τῶν σῶν, your won from what is your own. In other words, what we undertake to offer to God is not something that is ours, but something that is his already; the unbloody sacrifice of his Son.«[26]

---

[22] Witt, *Repraesentatio*, 365-367.

[23] Trembelas, *Dogmatique* 235: »Les espèces séparées qui appartiennent à un seul corps présentent symboliquement par leur séparation réelle du corps et du sang du Christ accomplie sur la Croix, du sang qui fut répandu et par qui le sacrifice de la croix fut consommé.«

[24] Ebd.: »Le paroles de l'institution attestent aussi le caractère sacrificiel de la divine Eucharistie ... Saint Paul considérait cette répétition comme le mémorial réel de la mort du Seigneur.« 240: »Évidemment, par ces paroles, l'Eucharistie en tant que sacrifice est mise en relation immédiate avec le sacrifice offert par le Seigneur sur la Croix.«

[25] Anastasios Kallis (Hg.), Die *Göttliche Liturgie der Orthodoxen Kirche*, Mainz [5]2003, 132f: Τὰ σὰ ἐκ τῶν σῶν σοὶ προσφέρομεν κατὰ πάντα καὶ διὰ πάντα bzw. Твоѧ ѿт твоиxъ, тебѣ приносѧще, ѡ всѣхъ и за всѧ.

[26] Casimir Kucharek, *The Byzantine-Slav Liturgy of St. John Chrysostom. Its Origin and Evolution*, Allendale 1971, 610. Vgl. dazu auch Josef Andreas Jungmann, *Missarum Sollemnia. Eine genetische Erklärung der römischen Messe*, Freiburg-Basel-Wien [5]1962, II, 279f.

Neben der Doppelkonsekration stellt die Brechung des Brotes auf sakramentale Weise die Opferhingabe Christi am Kreuz dar.[27] Nach syrischen Quellen deutet die Brechung auch an, daß der Herr nach seiner Auferstehung sich vielen kundgetan hat; neben diesem Auferstehungsmotiv wird aber das Todesmotiv noch deutlicher: Bei den Griechen beginnt man im 6. Jahrhundert, das Brechen der Brotgestalt mit dem Zerbrechen des Leibes am Kreuz und damit als Todessymbolik zu sehen. So sagt Eutychios von Konstantinopel († 582): Ἡ κλάσις τὴν σφαγὴν δηλοῖ.[28] Johannes Chrysostomos sagt in der Homilie 25 zu 1 Kor[29], das κλῶμεν - »wir brechen« in 1 Kor 10,16 würde bedeuten, daß Christus in der Eucharistie etwas für die Menschen erdulde, was er am Kreuz nicht erduldet hat, nämlich das Zerbrechen seines Leibes, damit alle, die ihn empfangen, von ihm erfüllt werden.

Fassen wir zusammen: Die Messe ist ein wahres, versöhnendes und göttliche Gnaden vermittelndes Opfer, weil darin das eine und einzige Erlösungsopfer Christi real gegenwärtig wird. Somit ist Christus auch in der Messe der erste Opferpriester und seine Menschennatur die Opfergabe, die er dem Vater darbringt. Genau dieses Opfer wird zur Opferhandlung und Opfergabe der Kirche, weil sie sich der Opferbewegung Christi anschließt, dem Vater genau dieses Opfer darbringt und so durch Christus, ihren Herrn, zum Vater gelangt.

## 2. Vom Offertorium zur Gabenbereitung

Mit dem Eintritt der Kirche ins Mittelalter entwickelte sich eine ganze Reihe von Gebeten zur Bereitung der Gaben von Brot und Wein, die Elemente des nachfolgenden Canon Romanus vorwegnahmen, ja sich als »Canon minor« geradezu vor das Eucharistische Hochgebet gelegt haben.[30] Als Grund dafür gibt Josef Andreas Jungmann an, daß die mittelalterliche Theologie immer weniger in der

---

[27] Vgl. Witt, *Repraesentatio,* 196-203, 253-257.

[28] *Sermo de Paschate et de sacrosancta Eucharistia,* c. 3 - PG 86,2,2391-2402.

[29] PG 61,200: Ἀλλ' ὅπερ οὐκ ἔπαθεν ἐπὶ τοῦ σταυροῦ, τοῦτο πάσχει ἐπὶ τῆς προσφορᾶς διὰ σε, καὶ ἀνέχεται διακλώμενος, ἵνα πάντας ἐμπλήσῃ.

[30] Jo Hermans, *Die Feier der Eucharistie. Erklärung und spirituelle Erschließung,* Regensburg 1984, 218, Anm.19: »Der frühere Opferungsritus enthielt gerade die großen Kennzeichen des Kanon; oblatio (Suscipe, Offerimus), Epiklese (Veni sanctificator), Anamnese und Intercessio (Suscipe Sancta Trinitatis).«

Lage war, die Realpräsenz des Opfers Christi als des primus offerens als abbildhafte, aber wahre Vergegenwärtigung und darum als wahres Opfer in der Messe zu erkennen. Daß dies Hand in Hand ging mit dem von Erwin Iserloh aufgezeigten Schwinden realsymbolischen Denkens in der immer mehr sich dem Nominalismus zuneigenden Philosophie und Theologie des Mittelalters, ist mehr als wahrscheinlich. Schon Duns Scotus »scheint an einen von der Konsekration verschiedenen Oblationsakt der Kirche zu denken; denn er stellt sich die Frage, warum nicht auch schon das in der Pyxis verwahrte Sakrament ein Opfer sei, und findet die Antwort darin, daß die oblatio fehlt. ... Diese Auffassung ... übernimmt Gabriel Biel[31] in seiner Expositio Canonis[32]... Mit dieser weitgehenden Isolierung und Verselbständigung des Opfers der Kirche hängt es zusammen, daß das Offertorium der Messe im späten Mittelalter eine übertriebene Einschätzung erhält: es wird um neue Riten und oft um eine Vielfalt von besonderen Segnungen (des Brotes, des Weines, des Wassers, der Gesamtgabe) bereichert und als Canon minor dem überlieferten Kanon der Messe an die Seite gestellt.«[33]

Je mehr die Messe als eine (begrenzte) Gnadenmenge »produzierende« Opferhandlung des menschlichen Priesters gesehen wurde, desto mehr mußte eine menschliche Opferhandlung auch das Wesen dieses Opfers ausmachen. Jungmann verweist auf die Gefahr, daß das Opfer der Kirche neben das Opfer Christi gestellt werden konnte. Er verweist auf die Kritik von Bernard Capelle[34]: »Man vergesse in vielen Kommentaren, daß in der Messe Christus dargebracht wird; dafür verbreitet man sich umständlich über das Opfer unserer selbst und sehe im Wassertröpfchen, das dem Kelch beigemischt wird, unser Selbstopfer, das in der Wandlung in das Opfer Christi verwandelt werde. Dagegen betont Capelle: Im Offertorium geschieht nichts anderes, als daß dem Priester Brot und Wein über-

---

[31] Einer der prägenden Lehrer Luthers, dessen Werk über den Kanon der Messe der Reformator kannte und verarbeitete; vgl. Hans Bernhard Meyer, *Luther und die Messe* (Konfessionskundliche und kontroverstheologische Studien Bd. 11), Paderborn 1965, 13f.

[32] Zur neuesten Edition der Expositio durch Oberman und Courtenay vgl. Gabrielis Biel, *Canonis Misse expositio*, ed. Heiko A. Oberman et William J. Courtenay. Pars I-IV (Veröffentlichungen des Instituts für europäische Geschichte 31-34), Wiesbaden 1963ff.

[33] Josef Andreas Jungmann, *Die Gebete zur Gabenbereitung*, in: LJ 23 (1973) 186-203, hier 190.

[34] Bernard Capelle, *Nos sacrifices et le sacrifice du Christ à la Messe. La Messe et sa Catéchèse* (Lex Orandi 7), Paris 1947, bes. 154-179. Ders., *Pour une meilleure intelligence de la Messe*, deutsch: *Um das Wesensverständnis der Messe*, Salzburg 1949.

geben werden, damit sie in Christi Leib und Blut verwandelt werden.« Wenn hier von »Opfer« überhaupt die Rede sein kann, dann in einem proleptischen, also eigentlich in einem uneigentlichen Sinn: »Die priesterliche Konsekration gibt dem Offertorium seinen Sinn. Indem man dem Priester Brot und Wein überreicht, schließt man sich im voraus dem Opfer an, das nun geschehen wird.« Darum »muß im Ritus ... alles vermieden werden, was aus der Bereitung der Gaben ein selbständiges Naturopfer machen würde. Es ist vor allem Aufgabe des begleitenden Gebetswortes, klarzumachen, daß die Bereitstellung von Brot und Wein dem Opfer Christi gilt, das aber zugleich unser Opfer werden soll.«[35] Dies betrifft neben dem Gebet zur Bereitung des Kelches besonders das erste Gebet des »Kleinen Kanon«, das genau aus diesen Gründen »für den erneuerten Meßordo nicht mehr in Betracht« kommen konnte:[36]

| Suscipe, sancte Pater, omnipotens aeterne Deus, hanc immaculatam hostiam, quam ego indinus famulus tuus offero tibi Deo meo vivo et vero pro innumerabilibus peccatis et offensionibus et negligentiis meis, et pro omnibus circumstantibus, sed et pro omnibus fidelibus christianis vivis atque defunctis: ut mihi et illis proficiat ad salutem in vitam aeternam. Amen. | Heiliger Vater, allmächtiger, ewiger Gott, nimm diese makellose Opfergabe gnädig an. Dir, meinem lebendigen, wahren Gott bringe ich, dein unwürdiger Diener, sie dar für meine unzähligen Sünden, Fehler und Nachlässigkeiten. Ich opfere sie auf für alle Umstehenden und alle Christgläubigen, für die Lebenden und die Verstorbenen. Gib, daß sie mir und ihnen zum Heile gereiche für das ewige Leben. Amen.[37] |

---

[35] Jungmann, *Die Gebete zur Gabenbereitung,* 192f. Auch 198: »Es kann nichts im Wege stehen, daß wir dabei in proleptischer Sprechweise schon Wendungen gebrauchen, die ihre volle Berechtigung erst im Augenblick der Wandlung erhalten.«

[36] Jungmann, *Die Gebete zur Gabenbereitung,* 200.

[37] Übersetzung nach: *Das vollständige Römische Meßbuch,* lateinisch und deutsch, von Anselm Schott OSB, herausgegeben von den Benediktinern der Erzabtei Beuron, Freiburg i.B. 1962, Nachdruck Opfenbach-Wigratzbad 2006, 454f.

Zu sehr war dieses Gebet »als Privatgebet (Singular) gefaßt und auf den Gedanken des Sühneopfers festgelegt.«[38]

Schon drei Jahre zuvor, im «nachkonziliaren Durchblick» durch sein Hauptwerk Missarum Sollemnia plädierte Jungmann für eine Rückführung des Offertoriums auf die notwendige Bereitstellung der Gaben zur Wandlung. Die Verwendung von Formeln aus dem Bereich jüdischer Frömmigkeit verweist nach Jungmann möglicherweise auf Bräuche, die in die Zeit Jesu zurückverweisen und vielleicht auch schon von Christus selbst verwendet worden sind.[39] Die Wendung »Vor dein Angesicht bringen« in diesen Gebeten über Brot und Wein ist genau das, was das lateinische »offerre« meint: Kein Naturalopfer, das niemals Versöhnung und Verbindung mit Gott schenken kann, sondern das Zur-Verfügung-Stellen von Brot und Wein als Zeichen für unsere Hingabe und die der ganzen Welt an den Vater, damit er sie wandle und uns zurückgebe als Leib und Blut seines Sohnes: »Das Brot bzw. der Wein gehen aus dieser unserer Erde hervor und bedeuten so unsere Welt und unser Leben; sie bedeuten aber auch unserer Hände Arbeit und unser tägliches Mühen. Hier aber werden sie dargebracht als Hülle für das, was daraus werden soll: das Brot des Lebens, der geistliche Trank.«[40]

»Das Wort offerimus darf nicht so übersetzt werden, als bestünde in Brot und Wein das Opfer der Messe.«[41] Die heutigen Gabenbereitungsgebete machen den

---

[38] Jungmann, *Die Gebete zur Gabenbereitung*, 200.

[39] Josef Andreas Jungmann, *Messe im Gottesvolk. Ein nachkonziliarer Durchblick durch Missarum Sollemnia*, Freiburg-Basel-Wien 1970, 65: »Bei der Neugestaltung der Messe im Auftrage des Zweiten Vaticanums stand man vor der Frage, ob das Offertorium nicht auf die ursprüngliche Einfachheit zurückgeführt, also mehr oder weniger auf das technisch Notwendige und auf das Gabengebet als dessen Abschluß beschränkt werden sollte. Das wesentliche Geschehen der Messe, das ja nun erst beginnen soll, sollte nicht durch einen breit ausgeführten Darbringungsritus verdunkelt werden. ... Im neuen Ordo Missae ist ein mittlerer Weg eingeschlagen worden. Die in der Niederlegung der materiellen Gaben auf dem Altar enthaltene Symbolik ist nicht verleugnet, sondern verdeutlicht worden. Sosehr es wahr bleibt, daß das Opfer der Kirche nicht hier vollzogen wird, so sehr wird festgehalten, daß die liturgisch ausgeweitete zeichenhafte Darstellung desselben schon an dieser Stelle ihren Anfang nimmt. ... Dagegen sind die aus der karolingischen Ära stammenden Begleitgebete fast alle verschwunden. Nur je ein kurzer Spruch begleitet die Doppelhandlung. Es sind dafür die Formeln aufgegriffen worden, die schon in alter Zeit und wahrscheinlich zur Zeit Christi beim jüdischen Mahl zur Segnung von Brot und Wein verwendet wurden.«

[40] Jungmann, *Messe im Gottesvolk*, 66.

[41] Emil Josef Lengeling, *Die neue Ordnung der Eucharistiefeier. Allgemeine Einführung in das*

Gesamtzusammenhang klar, der letztlich auf den Opfercharakter der Messe hinweist, ohne diesen in einer bloßen Naturaloblation schon gegeben zu sehen: Mit Brot und Wein ereignet sich die Hingabe Jesu zum Heil der Menschen, Vergegenwärtigung der Hingabe am Kreuz, in der sich der Gottmensch in seiner menschlichen Natur dem Vater übergab und somit den Menschen den Zugang zu Gott eröffnete. Brot und Wein werden somit ihrem profanen Gebrauch entzogen und hineingestellt in diese Opferbewegung Christi auf Gott hin, an der alle, die an den eucharistischen Gestalten Anteil haben, ebenfalls teilhaben. Das Bereitstellen dieser Gaben, auch im liturgischen Vollzug durch die Gläubigen selbst, zeigt die Bereitschaft der Menschen an, in diese Opferbewegung Christi einzutreten. Mit den Gaben als Früchten der Erde und der menschlichen Arbeit kommt auch ein kosmischer Bezug in das Opfer, als die ganze Schöpfung als Früchte der Erde durch den das Opfer darbringenden Menschen in die Opferbewegung Christi einbezogen wird: Selbsthingabe des Menschen und Darbringung der Welt durch Christus an den Vater.

Nicht zuletzt die Liturgiegeschichte ließ die tiefgreifenden Veränderungen im Meßordo durch die Abschaffung des »Kleinen Kanon« legitim erscheinen, denn er ist erst eine Frucht mittelalterlicher Frömmigkeit. Das Bereitstellen dieser Gaben war zunächst kein ritueller Akt. War die Messe noch mit einem Sättigungsmahl verbunden, standen die Gaben ohnehin schon auf dem Tisch. Aber auch in der Darstellung der Eucharistiefeier bei Justin dem Märtyrer wird das Niederlegen der Gaben ohne jede Förmlichkeit erwähnt. Mit dieser Nüchternheit wollte man sich auch von den heidnischen Opfervorstellungen nachdrücklich distanzieren, nach denen den Göttern materielle Gaben aufgeopfert wurden, um von ihnen Segen zu erlangen.

Dies änderte sich seit dem Ende des 2. Jahrhunderts, um der Weltverachtung der Gnosis entgegenzuwirken. Es galt gegenüber einer antimaterialistischen spiritualistischen Haltung die Würde der irdischen Schöpfung als Werk des guten Gottes hervorzuheben. So erhielt die Eucharistiefeier mit dem hl. Irenäus von Lyon († 202) einen neuen Akzent: Die himmlische Gabe hat einen ganz und gar irdischen Anfang, Leib und Blut des Herrn verbinden sich mit irdischen Elementen, ja die Schöpfung selbst wird durch die Eucharistie Gott als wohlgefälliges Opfer dargebracht.[42] So bezeichnet bereits Tertullian[43] die Gaben der Gläubigen

---

*römische Meßbuch*. Endgültiger lateinischer und deutscher Text, Einleitung und Kommentar (Lebendiger Gottesdienst 17/18), Münster ²1971, 220.

[42] Vgl. *Adversus Haereses* IV, 18,1-19,3 - Übersetzt und eingeleitet von Norbert Brox (Fontes

als Opfergabe und ihr Tun als Opfer. Auch in der Traditio Apostolica werden Brot und Wein »Oblatio sanctae ecclesiae« genannt.[44]
Doch gingen die Opfergaben der Kirche weit über Brot und Wein hinaus. Die Eucharistiefeier stand damit schon früh in engem Zusammenhang mit einer Opferhandlung des Volkes: Die von den Gläubigen schon immer geleisteten Beiträge für die Bedürfnisse des Gottesdienstes und für die Armen wurden immer mehr mit der Eucharistie verbunden, was um so leichter fiel, als man diese Gaben als Opfer bezeichnen konnte.

Alle Gaben gehen ein in die eucharistische Opferbewegung Christi zum Vater hin, der sich die Kirche als sein mystischer Leib anschließt. In die große Danksagung durch das Haupt Christus an den Vater bringt sich das einzelne Glied der Kirche ein mit dem, was es ist und was es mitgebracht hat, also mit dem Stück Welt, wie es in jeder einzelnen Persönlichkeit in einzigartiger Weise gleichsam »gesammelt« ist. Auf diese Weise ereignet sich das allumfassende Emportragen (»Anaphora«) der geschaffenen Natur in das dreifaltige Leben Gottes hinein. Nur in diesem Sinn kann man von »Opferung« sprechen, freilich nicht im Sinne eines heidnischen Naturalopfers, dessen die Gottheit bedürfte, sondern des Einbringens der ganzen Welt durch den Menschen, durch das Haupt Christus in die Lebensfülle des Dreifaltigen,[45] noch genauer proleptisch im Bezug auf das sich real vergegenwärtigende Opfer Christi, wie es im Geschehen der Wandlung eine derartig reale Wirklichkeit werden wird, daß die Messe ein wahres Opfer heißt und ist.

Es entspricht der Nüchternheit der römischen Liturgie, daß nach Beendigung der Gabenprozession nur ein einziges Gebet, die »oratio super oblata« laut gesprochen wurde. Ursprünglich vollzog sich das Niederlegen der Gaben auf dem Altar still. Erst im Gallien des 9. Jahrhunderts findet sich ein erster Kern von Darbringungsgebeten, die fürbittenden Charakter haben und noch die Gabendarbringung des Volkes voraussetzen, indem die Intention der Geber der Gaben

---

Christiani 8, 1-5), Freiburg-Basel-Wien 1993-2001, (FC 8,4) 138-153.

[43] *De exhortatione castitatis* - CSEL 70, 146f.: »Et offeres pro duabus et commendabis illas duas per sacerdotam de monogamia ordinatum et etiam de virginitate sanctium, circumdatum viduis univiris? Et ascendet sacrificium tuum libera fronte?«

[44] *Traditio Apostolica* 4 – Herausgegeben, übersetzt und eingeleitet von Wilhelm Geerlings (Fontes Christiani 1), Freiburg-Basel-Wien 1990, 226.

[45] Vgl. Michael Kunzler, *Porta Orientalis. Fünf Ost-West-Versuche über Theologie und Ästhetik der Liturgie*, Paderborn 1993. 3. Versuch, Kap. 1-3, S. 299-397.

berücksichtigt wird. Jungmann sieht diese Entwicklung analog zur Ausbildung der byzantinischen Proskomidie, von der noch zu sprechen sein wird.

### 3. Verrat am Meßopfer? Der traditionalistische Vorwurf

Zu den stereotyp wiederkehrenden Vorwürfen, die von traditionalistischer Seite immer wieder gegen die erneuerte Messe erhoben werden, gehört auch die Klage, die Abschaffung des »Kleinen Kanon« verfälsche die ganze Meßfeier und lasse ihren Opfercharakter überhaupt nicht mehr oder zumindest nur verdunkelt zum Ausdruck kommen. Lefebvre selbst verweist auf den Zusammenhang der Abschaffung der Offertoriumsgebete mit der Leugnung des Opfercharakters der Messe: »Luther hat das Offertorium abgeschafft: warum auch die reine, makellose Hostie darbringen, wenn es kein Opfer mehr gibt? Im französischen Novus Ordo ist das Offertorium praktisch nicht mehr vorhanden. Es trägt übrigens auch nicht mehr diesen Namen. Das Nouveau Missel des dimanches spricht von 'prières de présentation' [Gebeten der Darbietung]. Die verwendete Formel erinnert eher an eine Danksagung, an einen Dank für die Früchte der Erde. ... Was bleibt davon in der Neuen Messe? Folgendes: 'Gepriesen bist Du, Herr, unser Gott, Schöpfer der Welt, Du schenkst uns das Brot, die Frucht der Erde und der menschlichen Arbeit. Wir bringen dieses Brot vor Dein Angesicht, damit es uns das Brot des Lebens werde', und ebenso für den Wein, der der Wein des ewigen Königreiches' werden wird. Wozu wird etwas später hinzugefügt: 'Wasche ab meine Schuld, von meinen Sünden mach mich rein' und, daß mein und euer Opfer Gott, dem allmächtigen Vater gefalle'? Von welcher Sünde? Welches Opfer? Welchen Bezug kann der Gläubige zwischen dieser vagen Darbietung der Opfergaben und der Erlösung herstellen, die er erwarten kann? Ich stelle aber noch eine andere Frage: Warum wird ein klarer Text, dessen Sinn vollständig ist, durch dunkle, kaum zusammenhängende Phrasen ersetzt? Wenn man es als notwendig empfindet, etwas zu ändern, dann darf es nur geschehen, um etwas zu verbessern. Diese wenigen Zitate, die die Unzulänglichkeit der 'Gebete der Darbietung' zu berichten scheinen, lassen wieder an Luther denken, der sich bemühte, die Veränderungen vorsichtig durchzuführen. Er bewahrte, soweit wie irgendmöglich, die alten Zeremonien und beschränkte sich darauf, ihren Sinn zu ändern. Die Messe behielt zum großen Teil ihre äußere Erscheinungsform. Das Volk fand in den Kirchen fast die gleiche Ausstattung vor, fast die gleichen Riten, mit geringen Änderungen, die vorgenommen wurden, um ihm zu gefallen, denn von nun an wandte man sich weit mehr an das Volk als vorher.«[46]

Diese Position wird noch verschärft von Wigand Siebel, der besonders in der mangelnden Intention des Priesters, ein Opfer darzubringen, ein Problem sieht. Es sind vor allem die neuen Gebete der Gabenbereitung, die im Gegensatz zum alten »Kleinen Kanon« keine Stütze mehr bieten, diese Intention wirklich beim Zelebranten in Erinnerung zu rufen.[47] Das Problem ist aber noch größer, denn »so wahr es ist, daß in der Messe ein Sakrament enthalten ist, so wahr ist es auch, daß man die Messe als Ganzes wohl als ein Opfer, nicht aber als ein Sakrament - im üblichen Sinne - bezeichnen kann. Wenn aber das Sakrament des Altars im Rahmen des Opfers der Messe zustande kommt und von den Gläubigen in der Kommunion zu sich genommen wird, so ist daraus zu entnehmen, daß das Sakrament in einen größeren Zusammenhang eingebettet ist und aus diesem nicht gelöst werden darf. Wenn die Wandlungsworte für sich gesehen ... als Bedingung für das Zustandekommen des Sakraments ausreichen, so wäre die Messe dem Kern nach doch nichts anderes als ein Sakrament. Opfer und Sakrament wären nur Betrachtungsweisen der gleichen Sache. Eine solche Ansicht ist aber unter keinen Umständen aufrechtzuerhalten. Niemals kann ein Sakrament - im üblichen Sinn verstanden - ein Sühnopfer sein. Vielmehr ist das Sühnopfer Voraussetzung für die Existenz der Kirche und somit Voraussetzung für alle Sakramente. Das Opfer - und zwar im engen Sinn als Darbringung gesehen - muß also dem Sakrament des Altars vorausgehen. Ohne die Darbringung der Opfergabe kann es keine Annahme der Opfergabe geben. Ist die Opfergabe aber nicht angenommen, so entsteht kein Sakrament. Die Gültigkeit der Messe und d. h. die Bewirkung des Altarsakramentes ist folglich nicht allein von den üblichen sakramentalen Bedingungen, d. h. in diesem Fall: vorgeschriebenen Wandlungswor-

---

[46] Marcel Lefebvre, *Offener Brief an die ratlosen Katholiken*, Wien 1986, 38 (Übersetzung des französischen Originals: *Lettre ouverte aux catholiques perplexes*, Paris 1985).

[47] Wigand Siebel, *Katholisch oder konziliar? Die Krise der Kirche heute*, München 1978, 375: »Daß die Materie - Brot und Wein - den Anforderungen in der Regel entspricht, ist auch bei der neuen Liturgie anzunehmen. Die rechte Intention dagegen ist ein individuelles Problem - so könnte man meinen, da es hierbei auf den einzelnen Zelebranten ankommt. Das ist in gewissem Sinn richtig. Es ist jedoch auch zu berücksichtigen, ob die offiziellen Texte die Intention des Zelebranten, d. h. ein Sühnopfer Gott Vater darbringen zu wollen und das Sakrament mit Hilfe der Wandlungsworte bewirken zu wollen, auch stützen. Das ist bei der neuen Liturgie kaum mehr der Fall. Am eindringlichsten wird das demonstriert dadurch, daß man nicht mehr von den Wandlungsworten spricht und diese nicht mehr im Druck hervorgehoben werden. Folglich wirkt die neue Liturgie dahin, daß die rechte Intention des Priesters mehr und mehr verlorengeht.«

ten, vorgeschriebener Materie von Wein und Brot und rechter Intention des Zelebranten abhängig, sondern auch davon, daß vor der Wandlung die Opfergabe dargebracht wird, d. h. daß die Opferintention der Kirche auch wirklich in der Opferhandlung vollzogen wird. Dies ist eine notwendige und unaufhebbare Bedingung, wie schon im Einzelnen begründet worden ist. Die neue Liturgie nun kennt keine Darbringung der Opfergabe vor der Wandlung. Es werden weder Brot und Wein durch die entsprechenden Gebete und Segnungen zu Opfergaben gemacht, noch werden die Gaben Gott Vater durch den Priester dargebracht. Wenn aber Gott Vater keine Gaben dargebracht worden sind, so kann er sie nicht annehmen. Die die Wandlung bewirkende Annahme der Gaben durch Gott Vater kann also überhaupt nicht stattfinden. Die neue Liturgie ist folglich notwendigerweise ungültig. Brot und Wein bleiben, was sie sind. Dies gilt auch dann, wenn die persönliche Intention des Priesters vollkommen in Ordnung ist und er das tun will, was die Kirche tut.«[48] So steht und fällt die Gültigkeit der Messe damit, ob es eine wirkliche Opferdarbringung an Gott gegeben hat, die aus den natürlichen Gaben von Brot und Wein besteht; insbesondere das Gebet »Suscipe, sancte Pater« macht Siebel zur Bedingung der Gültigkeit der Messe.[49] In die gleiche Kerbe schlägt Georg May, wenn er die »Unzulänglichkeit der Gebete zur Opfervorbereitung« beklagt.[50] Auch er erhebt den Vorwurf, die Erneuerung der Messe habe sich die Angriffe Luthers, besonders auf den Opfercharakter, zu eigen gemacht.[51] Darüber hinaus wehren »die Opferungsgebete dem Mißverständnis, als würde hier nur ein Mahl zum Gedächtnis des Todes Jesu und zur Erinnerung an das Letzte Abendmahl gehalten. Sie kennzeichnen Brot und Wein als Elemente, die für den Vollzug eines Opfers bestimmt sind.«[52] Auch

---

[48] Siebel, *Katholisch oder konziliar*, 375f.

[49] Siebel, *Katholisch oder konziliar*, 377: »Sicherheit für die Gültigkeit des Meßopfers kann daher nur der unveränderte überlieferte Kanon gewähren, nicht dagegen der mit den geänderten Wandlungsworten versehene 'römische Kanon'. Aber auch die Gebete ab 'Suscipe, sancte Pater' ('Offertorium') sind im Vorausgang zum überlieferten Kanon für die Gültigkeit von Bedeutung, einerseits weil durch sie die Intention der Opferdarbringung in aller Deutlichkeit zum Ausdruck kommt, andererseits weil dadurch die neue 'Gabenbereitung' mit ihrer gegen die Opferdarbringung gerichteten Intention vermieden wird.«

[50] Georg May, *Die alte und die neue Messe. Die Rechtslage hinsichtlich des Ordo Missae*, Sankt Augustin ³1984, 64-66.

[51] May, *Die alte und die neue Messe*, 65: Die Reformer »nahmen damit ein Anliegen Luthers auf, für den diese Gebete ein Hauptangriffspunkt waren.«

[52] May, *Die alte und die neue Messe*, 65.

May beklagt den Wegfall des Gebets »Suscipe, sancte Pater«, das nach seiner Meinung in aller Klarheit zum Ausdruck bringt, »daß der Priester das Opfer darbringt, daß er es aufopfert für seine zahllosen Sünden, für die Umstehenden und alle lebenden und verstorbenen Gläubigen, auf daß es ihm und ihnen zum Heil für das ewige Leben gereiche. Ebenso ist das Gebet 'Veni, sanctificator' zur Anrufung des Hl. Geistes über die Opfergaben entfallen. Sie müssen aber schon in diesem Stadium der Darbringung von Gott gesegnet werden. Die neuen Gebete zum Offertorium sind kümmerliche Surrogate und lassen die Hinordnung der Gaben auf die Erneuerung des Kreuzesopfers, das ein Sühnopfer für die Sünden der Welt ist, vermissen. Es fehlt ihnen auch die spezifische Formulierung, die die Rolle der Kirche bei der Repräsentation des Kreuzesopfers aussagt; sie lassen das Opfer der Kirche im eucharistischen Opfer nicht klar genug hervortreten.« Fazit: »Die neuen Gebete bei der Gabenbereitung dienen mithin der Verharmlosung des Geschehens der hl. Messe. Sie geben sich als Tischgebete oder Formeln einer Art Erntedankgottesdienst. Darin liegt nicht nur eine Verarmung, sondern ein Verfälschung.«[53]

Ähnlich lautet die Kritik von Heinz Lothar Barth. Auch er beruft sich auf Luther und die vom Reformator klar gesehene Verbindung zwischen dem »Kleinen Kanon« und dem »Großen Kanon«: Beide sind geprägt vom Gedanken des Opfers, beide mußten darum in der evangelischen Abendmahlsfeier verschwinden, in deren Tradition der Verfasser die Vertreter der erneuerten Liturgie einordnet.[54] Nach Barth ist das erste Gebet des »Kleinen Kanon«, das »Suscipe, sancte Pater« »vom Trienter Konzil durch Anathemandrohung gegen den protestantischen Irrtum geschützt«, weil es dem protestantischen Irrtum entgegensteht, die Messe sei nur ein Lobopfer, sondern ein Sühnopfer, das für Lebende und Verstorbene dargebracht wird.« Im gleichen Absatz gibt er zu, daß das Gebet »in dieser Form erst aus dem Mittelalter« stammt.[55] Wie realistisch Barth die Darbringung als wahre Aufopferung an Gott betrachtet, kommt im Singular dieses Gebetes zum Ausdruck unter gleichzeitiger Zurückweisung der Leugnung eines sakramentalen Amtspriestertums durch die Reformatoren: Der geweihte Priester tritt gleichsam allein vor Gott, um die »makellose Opfergabe« darzubringen, um Vergebung der

---

[53] May, *Die alte und die neue Messe*, 66.

[54] Vgl. Heinz-Lothar Barth, *Die Mär vom antiken Kanon des Hippolytos. Untersuchungen zur Liturgiereform*. Editiones Una Voce, Köln 1999, 65f.

[55] Barth, *Die Mär*, 67.

Sünden und die Gnade göttlichen Heils zu bewirken.[56]

Auch bei Stephan Maeßen ist der Wegfall des Kleinen Kanon ein Beweis für die angebliche Zerstörung des Meßopfers in der erneuerten Liturgie nach dem Vorbild Luthers. Seine Kritik verkennt nicht nur jedes historische Wachstum, wenn die alten Begleitgebete der »Opferung« schlechthin als »Römisches Offertorium« bezeichnet werden, Maeßen äußert sich zudem in einer Art, die möglicherweise auch als antisemitisch betrachtet werden kann.[57]

Im großen und ganzen folgen die vorgebrachten Argumentationen alle dem Fahrwasser Lefebvres. In seinen Stellungnahmen zur Liturgiereform meint Kozelka Unsicherheiten und Widersprüche feststellen zu müssen.[58] Zusammenfas-

---

[56] Barth, *Die Mär,* 67-69: »'Heiliger Vater, allmächtiger ewiger Gott, nimm diese makellose Opfergabe gnädig an. Dir, meinem lebendigen, wahren Gott, bringe ich, Dein unwürdiger Diener, sie dar für meine unzähligen Sünden, Fehler und Nachlässigkeiten. Ich opfere sie auf für alle Umstehenden und alle Christgläubigen, für die Lebenden und Verstorbenen. Gib, daß sie mir und ihnen zum Heile gereiche für das ewige Leben. Amen.' Außerdem spricht, was dieser Text abermals mit dem priesterlichen Schlußgebet gemeinsam hat, der Zelebrant hier ausnahmsweise im Singular als derjenige, der in erster Linie das Opfer darbringt. Das widerspricht natürlich gänzlich jener protestantischen Auffassung, nach der es ein Priestertum nur aufgrund der Taufe gibt und alle Teilnehmer am Abendmahl dem Wesen nach in gleicher Weise priesterliche Funktionen erfüllen, wie Luther dies besonders deutlich in seiner Schrift von 1533 'Von der Winkelmesse und Pfaffenweihe' ausgedrückt hat.«

[57] Stephan Maeßen, *Neuer Meßritus und die Zerstörung der Kirche. Predigtreihe über den »Novus Ordo Missae«,* Jaidhof ⁴1996, 14f.: Überschrift: »Ein jüdisches Tischgebet«. Dann: »Man zerstört das römische Offertorium, um an seine Stelle, im Herzen der katholischen Liturgie, ein jüdisches Tischgebet zu setzen. Welch verheerende Auswirkungen muß dies haben auf den Klerus und die Gläubigen! Wie werden die Priester, vor allem die jungen, welche die überlieferte römische Messe nicht mehr kennen, noch glauben können, daß die hl. Messe ein Opfer ist, ein Sühnopfer? So weit geht der Ökumenismus Bugninis, der das Herzstück der katholischen Religion, die hl. Messe, auf diese Weise völlig dem katholischen Glauben entfremdet, ja, man kann sagen, bis zur Unkenntlichkeit entstellt.«

[58] Leo Kozelka, *Lefebvre. Ein Erzbischof im Widerspruch zu Papst und Konzil,* Aschaffenburg 1980, 147: »Wenn man Lefebvres Äußerungen über die neue Meßordnung kritisch verfolgt, wird man bei ihm selbst Unsicherheiten und Widersprüche feststellen. Im März 1971 hatte er die Behauptung aufgestellt, die neue Meßordnung stehe der protestantischen Auffassung näher als der katholischen Messe, die Messe werde in Kürze nicht mehr gültig sein. Zwei Jahre später äußerte er vor der Union des Intellectuels indépendants et du Club de la Culture française: 'Von dieser neuen Meßordnung' - die er später zum 'Bastardritus' herabwürdigte -, werde ich niemals behaupten, dass sie kein Opfer sein kann. Ich denke, daß viele Priester - besonders die Priester, die den alten Ordo gekannt haben - die Messe sicherlich mit sehr guten Intentionen lesen. Es liegt mir fern zu behaupten, daß alles in der neuen Messordnung schlecht ist. Aber ich behaupte, daß dieser neue Ordo die Tür zu vielerlei Möglichkeiten

send wird festgestellt: »Man kann Lefebvre den Vorwurf nicht ersparen, daß er bei seiner Polemik gegen die neue Meßordnung überhaupt nicht in die theologische Tiefe geht.«[59] Gilt dies auch für alle anderen Einwände gegen die erneuerte Gabenbereitung? Wenn mit der Darbringung einer Naturalgabe die Gültigkeit des Meßopfers und damit der ganzen Meßfeier verbunden wird – sicherlich! Aber auch alle anderen Kritiker müssen sich anfragen lassen, ob letztlich doch nicht recht gewürdigt wird, was mit der erneuerten Liturgie an guter Opfertheologie auch zum Ausdruck kommen kann, wenn in proleptischer Weise das »vor Gottes Angesicht Bringen« von Brot und Wein auf das kommende Realopfer Christi hin verstanden wird, zumal es verbunden wird mit dem Gestus der nach oben »aufopfernd« Gott entgegengehaltenen Gaben, mit der still gebeteten Bitte »Nimm uns an uns gib, daß unser Opfer dir gefalle« und schließlich mit der nach wie vor vorhandenen Gebetsaufforderung des »Orate fratres«.

Lassen wir einen letzten Kritiker zu Worte kommen, der erst kürzlich seine Meinung geäußert hat, den Philosophen Robert Spaemann: »Dann sind da die Gebete zur Gabenbereitung, die gänzlich gestrichen wurden und an deren Stelle ein Segensgebet in Anlehnung an jüdische Gebetsweisen getreten ist. Es ist dies wohl der tiefste Eingriff des Novus Ordo in die römische Liturgie. Es sollte dadurch wohl klargestellt werden, daß das Opfer, das wir darbringen, nicht Brot und Wein sind, sondern Leib und Blut Christi, aber das ist erst bei oder nach der Konsekration möglich. Die 'Verdoppelung' des Opferritus wird als Verunklärung verstanden. Brot und Wein werden in der alten Liturgie übrigens ebenso wie in der Proskomidie der Ostkirche bereits als ‚heilige und makellose Opfergaben' verstanden, sobald sie auf dem Altar bereitet werden. Es ist in der Tat so, daß die alte Liturgie noch nicht durch das scholastische Denken gefiltert ist. Das heilige Geschehen wird als ein Ganzes betrachtet, in das die Konsekrationsworte in Form eines Relativsatzes eingefügt sind, das aber mit der Darbringung von Brot und Wein beginnt. Auf sie fällt bereits der Glanz dessen, was Gott nun aus ihnen machen wird. Hierzu wird im 'Veni Sanctificator' der Heilige Geist auf die Gaben herabgerufen. Mit der Opferung ist auch diese, für die Ostkirche so we-

---

öffnet, zu Spaltungen'. Was aber im einzelnen an der neuen Meßordnung schlecht sein soll, darüber schweigt sich Lefebvre aus. In derselben Konferenz hatte er sich noch vor dem angeführten Zitat im allgemeinen und mit einer gewissen Zurückhaltung geäußert: 'Die Liturgie unserer Tage tendiert - ich sage bewußt tendiert - , den Begriff und die Wirklichkeit des Opfers durch die Realität eines Mahles zu ersetzen. ... Das ist genau der Irrtum der Protestanten.'«

[59] Kozelka, *Lefebvre,* 151.

sentliche Epiklese entfallen. Sie ist auf die eine oder andere Weise nun in die neuen Hochgebete integriert. Aber wo in der neuen Messe der alte römische Kanon gesprochen wird, entfällt sie mit der Opferung ganz.«[60]
Spaemann spricht die ostkirchliche liturgische Praxis an: Proskomidie und Epiklese. Wenden wir uns also liturgietheologisch nach Osten, dessen Licht unsere Problematik um Offertorium bzw. Gabenbereitung in neuer Weise erhellen möge.

## 4. Die byzantinische Proskomidie

Die Proskomidie, die vor der eigentlichen Liturgie stattfindende liturgische Bereitung der Gaben, ist heute in allen Kirchen, die den byzantinischen Ritus feiern, im wesentlichen gleich. Rubrizistische Handbücher erläutern den äußeren Vollzug der Proskomidie;[61] dieser sei als bekannt vorausgesetzt.[62]
Dabei fallen charakteristische Unterschiede in der Nennung der Heiligennamen und der kirchlichen Hierarchie ins Auge. Während zum Beispiel für die griechisch-katholische Kirche der Ukraine der heilige Josaphat von Polozk als Initiator der Union mit der katholischen Kirche natürlich zu den Heiligen gehört, deren Gedächtnispartikel auf dem Diskos rechts vom »Lamm« angeordnet werden,[63] gab es in der russischen Orthodoxen Kirche zur Zarenzeit zusätzliche Gedächtnispartikel für den Zaren (angeordnet unterhalb des Partikels für die

---

[60] Robert Spaemann, *Bemerkungen eines Laien, der die alte Messe liebt*, in: Albert Gerhards (Hg.), *Ein Ritus - zwei Formen. Die Richtlinie Papst Benedikts XVI. zur Liturgie*, Freiburg-Basel-Wien 2008, 89f.

[61] Zum Beispiel Юрій Федорів: Обряди української церкви. Історичний розвиток і пояснення (Opera Theologica Societatis Scientificae Ucrainorum, Vol. 18). Rom-Toronto 1970, 201-209; oder Константин Никольский: Пособие к изучению устава Богослужения Православной Церкви, St. Petersburg ⁶1900, Reprint Graz 1960, 375-384.

[62] Zur Erinnerung vgl. unsere eigenen Darstellungen der Proskomidie: Michael Kunzler, **Archieratikon.** *Einführung in Geist und Gestalt der bischöflichen Liturgie im byzantinischen Ritus der griechisch-katholischen Kirche der Ukraine*, Paderborn 1998, 242-255; Michael Kunzler, *Christus ist unter uns. Einführung in Geist und Gestalt der byzantinischen Liturgie* (Sophia. Quellen östlicher Theologie Bd. 34), Trier 2006, 112-130.

[63] Vgl. Священна Божественна Літургія святого Отця нашого Йоана Золотоустого, Toronto 1988, 13: Святого священномученика Йосафата...

Gottesmutter), für die Patriarchen und den Heiligen Synod.[64] Die hier zugrunde gelegten Texte sind der dreisprachigen Ausgabe von Anastasios Kallis entnommen.[65]

Wie die Offertoriumsgebete des »Kleinen Kanon« ist auch die Proskomidie erst später der eucharistischen Liturgie zugewachsen; weithin wird angenommen, daß sie sich in ihrer heutigen Form erst im 14. Jahrhundert ausgebildet hat.[66] Paprocki unterscheidet drei Phasen: Die Darbringung der Gaben durch die Gläubigen gehörte nach der Entlassung der Katechumenen zur Gläubigenliturgie und war noch ohne verbindliche liturgische Gestalt. In einer zweiten Entwicklungsstufe bereitete man die Gaben vor dem Großen Einzug. Erst in einer dritten Stufe wird die Proskomidie - nicht zuletzt vor dem Hintergrund des inzwischen verschwundenen Katechumenates - vor die eigentliche Liturgie gelegt; gleich Kucharek setzt auch Paprocki hierfür das 9. Jahrhundert an.[67] Auch Schulz[68], Onasch[69] und Taft[70] folgen diesen chronologischen Angaben. Doch sollte es bis zur vollen Entfaltung aller in der Proskomidie enthaltenen Gebete und Gesten noch lange dauern. Bestand am Anfang der Ritus der Gabenbereitung noch lediglich darin, das »Lamm« genannte Opferbrot auf den Diskos (Patene) zu legen und Wein und Wasser in den Kelch zu geben, ohne etwas dazu zu beten, so bezeugt Germanos von Konstantinopel schon die Inzensierung der Gaben und ein Gebet für diejenigen, die sie dargebracht haben, so beginnt im 13./14. die Proskomidie eine komplexere Gestalt anzunehmen, indem Gedächtnispartikel

---

[64] Vgl. Nikolskij (s. Anm. 61) 382.

[65] Kallis, *Liturgie*, 18-39.

[66] Henryk Paprocki, *Le mystère de l'Eucharistie. Genèse et interprétation de la liturgie eucharistique byzantine*. Traduit du polonais par Françoise Lhoest, préface par Irénée-Henri Dalmais, Paris 1993, 157: »Il faut signaler que jusqu'au XIV$^e$ siècle, nous n'avons aucune mention de la proskomidie.« Kucharek, *The Byzantine-Slav Liturgy*, 259.

[67] Vgl. Paprocki, *Mystère*, 158.195: »C'est Grégoire le Décapolite qui parle le premier (vers 820) de la prothèse comme d'un acte isolé avant la liturgie.«

[68] Vgl. Hans-Joachim Schulz, *Die byzantinische Liturgie. Vom Werden ihrer Symbolgestalt* (Sophia 5), Freiburg im Breisgau 1964, 116.

[69] Vgl. Konrad Onasch, *Kunst und Liturgie der Ostkirche in Stichworten unter Berücksichtigung der Alten Kirche*, Wien-Köln-Graz 1981, Art. »Prothesis«, 316.

[70] Vgl. Robert Taft, *The Great Entrance. A History of the Transfer of Gifts and other Preanaphoral Rites* (A History of the Liturgy of St. John Chrysostom II/OCA 200), Roma 1978, 32-34.

aus den Prosphoren herausgeschnitten werden. Das Siegel, welches das »Lamm« bezeichnet, geht auf das 11. Jahrhundert zurück. Damit dauerte die Ausgestaltung der Proskomidie bis zum 14. Jahrhundert, sie ist damit eines der jüngsten, der Liturgie zugewachsenen Teile.[71]

Auch der Ort hat sich geändert, obwohl hinter allen Wandlungen die Ortsangaben der »Großen Kirche« von Konstantinopel, der Hagia Sophia, noch zu erkennen sind. Heute findet die Proskomidie hinter der (geschlossenen) Ikonostase auf der Prothesis (»Rüsttisch«) statt, der immer links vom Altar steht. Gaben die Gläubigen ihre Brot- und Weinspenden an einem eigenen Ort am Eingang der Kirche ab, so stellen die Pastophorien neben dem Heiligtum, besonders aber das links von der Hagia Sophia befindliche eigene Gebäude des Skeuophylakion (Σκευοφυλάκιον)[72] die lokalen Voraussetzungen für die Entwicklung des »Großen Einzugs«, der dazu dient, die vorbereiteten Gaben zum Altar zu übertragen. Darum stehen die Bereitung der Gaben, ihre Übertragung vom Ort der Bereitung zum Altar im Großen Einzug und ihre Konsekration auf demselben in einem inneren Zusammenhang.

Doch zur Proskomidie selbst. Die Bereitung des »Lamm« genannten Teiles geschieht als symbolische Schlachtung des Lammes Gottes: »Geschlachtet wird das Lamm Gottes, das die Sünde der Welt hinwegnimmt, für das Leben und das Heil der Welt.«[73] Dramatisch wird das Eingießen von Wein und Wasser in den Kelch symbolisch mit dem Lanzenstoß verbunden, wozu der Priester mit der »heiligen Lanze«, mit der er die Teile aus den Prosphoren herausschneidet, in die linke Seite des »Lammes« sticht. Wir haben es aber immer noch mit den unkonsekrierten Gaben zu tun, also mit purem Brot und Wein. Sollte dies die notwendige »Naturaloblation« sein, von der Siebel annimmt, sie sei nötig, damit die Messe gültig gefeiert werden kann? Oder kommt es im eigentlichen »Bereitungsgebet« zum Ausdruck, das am Ende der Bereitung der Partikel und nach der Verhüllung der Gaben steht?

---

[71] Vgl. Paprocki, *Mystère*, 196f.: »... c'est donc la partie la plus tardive de la liturgie.« 200: »À l'origine aucune prière, aucune cérémonie particulière n'accompagnait la préparation des espèces eucharistiques. Les cérémonies et les prières de la proscomidie sont le fruit d'une évolution multiséculaire.«

[72] Zum Skeuophylakion vgl. Taft, *The Great Entrance* 185-191.

[73] Kallis, *Liturgie*, 23: Θύεται ὁ ἀμνὸς τοῦ Θεοῦ, ὁ αἴρων τὴν ἁμαρτίαν τοῦ κόσμου, ὑπὲρ τῆς τοῦ κόσμου ζωῆς καὶ σωτηρίας.

Dort heißt es: »Gott, unser Gott, der du das himmlische Brot, die Nahrung der ganzen Welt, unseren Herrn und Gott Jesus Christus als Heiland, Erlöser und Wohltäter, der uns segnet und heiligt, gesandt hast, segne du selbst diese Bereitstellung und nimm sie an auf deinem überhimmlischen Altar. Denke, du Gütiger und Menschenliebender, derer, die sie dargebracht haben, und derer, für die sie dargebracht wurden, und bewahre uns untadelig bei der Feier deiner göttlichen Mysterien.«[74]
Oder ist das Gebet, welches der Priester nach der Übertragung der Gaben beim Großen Einzug still parallel zu der von Diakon und Chor/Gemeinde gesungenen Opferektenie betet, jene »Opferdarbringung«, die wir suchen und die wir, obwohl außerhalb der eigentlichen Proskomidie liegend, aber wegen des engen Zusammenhang, den sie mit dem Großen Einzug[75] und der nachfolgenden Anaphora hat, auch in unsere Untersuchung einbeziehen wollen: »Herr, Gott, Allherrscher, allein Heiliger, der du das Opfer des Lobes von denen annimmst, die dich aus ganzem Herzen anrufen, nimm auch die Bitte von uns Sündern an und führe uns an deinen heiligen Altar heran und mache uns fähig, dir Gaben und geistige Opfer für unsere Sünden und die Vergehen des Volkes darzubringen. Würdige uns, Gnade vor dir zu finden, daß unser Opfer dir wohlgefällig werde und der gute Geist deiner Gnade auf uns und diesen vorliegenden Gaben und auf deinem ganzen Volk ruhe.«[76]

---

[74] Kallis, *Liturgie,* 35ff: Ὁ Θεὸς, ὁ Θεὸς ἡμῶν, ὁ τὸν οὐράνιον ἄρτον, τὴν τροφὴν τοῦ παντὸς κόσμου, τὸν Κύριον ἡμῶν καὶ Θεὸν Ἰησοῦν Χριστόν, ἐξαποστείλας σωτῆρα καὶ λυτρωτὴν καὶ εὐεργέτην, εὐλογοῦντα καὶ ἁγιάζοντα ἡμᾶς· αὐτὸς εὐλόγησον τὴν πρόθεσιν ταύτην, καὶ πρόσδεξαι αὐτὴν εἰς τὸ ὑπερουράνιόν σου θυσιαστήριον. Μνημόνευσον, ὡς ἀγαθὸς καὶ φιλάνθρωπος, τῶν προσενεγκάντων καὶ δι' οὓς προσήγαγον· καὶ ἡμᾶς ἀκατακρίτους διαφύλαξον ἐν τῇ ἱερουργίᾳ τῶν θείων σου μυστηρίων.

[75] Auch die Übertragung der Gaben zum Altar im Großen Einzug ist nach Taft keineswegs als »Opfer« zu werten, *The Great Entrance* 258: »The argument from the nature of the transfer of gifts is both theological and ritual. The theological argument is not so much an argument as a presupposition that the eucharistic synaxis should contain an 'offertory', and that the transfer of gifts is to be interpreted as such. The synaxis does have an offertory, but it is the anaphora, the Eucharistic prayer itself.«

[76] Kallis, *Liturgie,* 112ff: Κύριε ὁ Θεὸς, ὁ παντωκράτωρ, ὁ μόνος ἅγιος, ὁ δεχόμενος θυσίαν αἰνέσεως παρὰ τῶν ἐπικαλουμένων σε ἐν ὅλῃ καρδίᾳ, πρόσδεξαι καὶ ἡμῶν τῶν ἁμαρτωλῶν τὴν δέησιν καὶ προσάγαγε τῷ ἁγίῳ σου θυσιαστηρίῳ· καὶ ἱκάνωσον ἡμᾶς προσενεγκεῖν σοι δῶρά τε καὶ θυσίας πνευματικὰς ὑπὲρ τῶν ἡμετέρων ἁμαρτημάτων. Καὶ καταξίωσον ἡμᾶς εὑρεῖν χάριν

Das Urteil von Taft über den Charakter dieses Gebets ist eindeutig: »The prayer is definitely not an offertory prayer. We ask God to accept our prayer for three intentions: 1) That the ministers be brought to the altar; 2) that they be enabled to offer; 3) that they be made worthy, so that the sacrifice will be accepted and the Spirit come upon them, upon the gifts and upon the people. The whole prayer is in intimate relation to the offering (anaphora) to come, but is not in itself an offering. That is, we do not offer now, but pray the the offering we are about to make in the anaphora will not be vitiated by our unworthiness to approach the altar. The direct object of the petition is worthiness to offer, the acceptance of the coming offering is a consequence of this.«[77] Sicher in einem engen Bezug zum folgenden Hochgebet stehend, ist dieses Gebet eben nicht im Sinne einer vorweggenommenen »Epiklese« zu verstehen, ganz anders als das »Veni sanctificator« des »Kleinen Kanon«, das vom Text wie von der begleitenden Segensgeste nun einmal eine Epiklese am unpassenden Ort ist:

| Veni sanctificator omnipotens aeterne Deus: et benedic + hoc sacrificium, tuo nomini praeparatum. | Komm, Heiligmacher, allmächtiger ewiger Gott, und segne dieses Opfer, das deinem heiligen Namen bereitet ist.[78] |
|---|---|

Doch zurück zur Proskomidie am Anfang der eucharistischen Liturgie; wie ist sie theologisch zu werten? Die Proskomidie ist das Opfer der Kirche in dem Sinn, daß sie mit Brot und Wein jene Elemente zur Verfügung stellt, in und unter denen im Hochgebet das Opfer Christi gegenwärtig wird, das sich die Kirche zu eigen macht, dem Vater darbringt und durch ihren Herrn zum Vater gelangt. »Opfer« sind die Gaben einzig in proleptischer Weise, indem sie auf das Opfer verweisen, das sich in der Anaphora vollzieht. In gewissem Sinn entsteht durch die Proskomidie ebenso wie durch die Gabenbereitung der abendlän-

---

ἐνώπιόν σου, τοῦ γενέσθαι σοι εὐπρόσδεκτον τὴν θυσίαν ἡμῶν καὶ ἐπισκηνῶσαι τὸ Πνεῦμα τῆς χάριτός σου τὸ ἀγαθὸν ἐφ᾽ ἡμᾶς καὶ ἐπὶ τὰ προκείμενα δῶρα ταῦτα, καὶ ἐπὶ πάντα τὸν λαόν σου.

[77] Taft, *The Great Entrance,* 357.

[78] Übersetzung nach: *Das vollständige Römische Meßbuch, lateinisch und deutsch,* von Anselm Schott OSB, herausgegeben von den Benediktinern der Erzabtei Beuron, Freiburg i.B., 1962, Nachdruck Opfenbach-Wigratzbad 2006, 456.

dischen Messe eine gewisse »Transfinalisation«[79]: Brot und Wein erhalten eine neue Zweckbestimmung (finis), in der Konsekration Leib und Blut Christi zu werden, worin die Hingabe Christi real gegenwärtig wird. Nicht anders als proleptisch sind Brot und Wein »Abbilder« des Leibes Christi (ἀντίτυπα); nur so ist es auch möglich, mit den noch nicht konsekrierten Gaben beim Großen Einzug die Gläubigen zu segnen. Nur so »ist aus dem Bereitstellen der Gaben für das Opfer die Opferbereitung im Sinne einer bildhaften Einleitung der sakramentalen Vergegenwärtigung des Kreuzesopfers geworden.«[80]

Nur so könnte man auch die Gabenbereitung in der abendländischen Messe eine »Opferung« nennen, wenn es denn analog zur byzantinischen Proskomidie eine ähnliche Entwicklung der Gabenbereitung in der abendländischen Liturgie gegeben hätte. Zudem muß das orientalische Bilddenken immer mitbedacht werden,[81] das den Umgang mit Brot und Wein in der Proskomidie in einem ganz anderen Licht erscheinen läßt, als dies in der zum Realsymbol unfähigen Theologie des Mittelalters je hätte der Fall sein können; ihr blieb gar nichts anderes übrig, als ein irgendwie jeweils neu geartetes Opfer an Gott annehmen zu müssen, sollte die Meßfeier ein Gnade bewirkendes Opfer sein, und sei es ein Naturalopfer.

## 5. Fazit

Was ergibt sich hinsichtlich der viel gescholtenen, »jüdischen Tischgebete« als Begleitgebete zur Bereitung der Gaben von Brot und Wein in der erneuerten Messe nach diesem Vergleich mit der byzantinischen Proskomidie? Das dem letzten Begriff zugrundeliegende Verbum »προσκομίζειν« heißt nichts anderes als »herbeibringen«, »hinbringen«. Wir bringen die Früchte der Erde und der menschlichen Arbeit vor Gottes Angesicht, was - an dieser Stelle! - auch die lateinische Version mit dem Verb »offerimus« meint: »quem tibi offerimus ... ex quo nobis fiet panis vitae ... quod tibi offerimus ... ex quo nobis fiet potus spiritalis.« »Offerre« - »entgegentragen, entgegenbringen«, sodann in abgeleiteter

---

[79] Vgl. dazu Paprocki, *Le mystère*, 211: »... bienqu'on affirme que les dons eucharistiques sont du pain et du vin ordinaires ... Le texte liturgique indique que nos n'avons plus affaire à du simple pain et à du simple vin.«

[80] Schulz, *Die byzantinische Liturgie*, 114.

[81] Vgl. Schulz, *Die byzantinische Liturgie*, 117f.

Form als »Gott entgegentragen« auch »opfern«.[82] Im Ausdruck verdeutlicht wird dies auch durch die Gebärde des Emporhebens, also des Gott entgegen Tragens.[83]

Morgenland und Abendland sind in der liturgischen Ausfaltung der Gabenbereitung sehr verschiedene Wege gegangen. Proleptisch-abbildhaft spricht der Osten von »Opfer« und geht auch »opfernd« mit den Gaben um. An ein Gnade und Versöhnung bewirkendes Naturalopfer an Gott aber ist dabei ebensowenig zu denken wie an eine Epiklese an unpassender Stelle. Die liturgische Erneuerung hat das Offertorium zur Gabenbereitung umgewandelt, auch, um jedem Anklang an ein Naturalopfer zu wehren, ohne damit den Opfercharakter der Messe in irgendeiner Form in Frage zu stellen. Die byzantinische Proskomidie liefert keinen Einwand gegen die Gabenbereitung der erneuerten Messe. Mehr noch: Was hindert Priester und Gläubige daran, gleich den Gedächtnispartikeln auf dem byzantinischen Diskos, mit den zu bereitenden Gaben in proleptischer Weise, ganz real aber sich selbst und fürbittend-priesterlich die Menschen, mit denen jemand verbunden ist, als Gott wohlgefälliges Opfer Gott darzubringen?

---

[82] Vgl. Karl Ernst Georges, *Ausführliches lateinisch-deutsches Handwörterbuch*, Hannover [13]1972, II, 1826.

[83] Vgl. Jungmann, *Die Gebete zur Gabenbereitung,* 201.

ERICH LÄUFER

## Zwei Wurzeln und ein starker Baum
*Der Deutsche Verein vom Heiligen Lande und der Nahe Osten*

Als »Brückenbauer« wurde der Patriarch aus Damaskus beim Katholikentag 2008 in Osnabrück vorgestellt. Als Brückenbauer zwischen Europa und dem Nahen Osten. Als Brückenbauer zwischen der Kirche des Westens und den Kirchen des Orients: Patriarch Gregorius III. Lutfi Laham, Oberhaupt der griechisch-katholischen Kirche mit Sitz in Damaskus. Lutfi Laham galt schon in seiner Zeit als Patriarchalvikar der Melkiten in Jerusalem als einer der besten Kenner der Lage der christlichen Minderheiten im Nahen und Mittleren Osten. Wenn er spricht, schwingt immer etwas in seinen Worten mit von dem, was er in der Vergangenheit erlebte und was ihn in der Gegenwart bewegt. Der Frage, ob Religionen in dieser Region überhaupt eine Brücke zum Frieden sind oder nicht, weicht er nicht aus.

Für ihn sind es nicht nur theologische Fragen, die dabei eine Rolle spielen: Wer ist Gott? Wer ist der andere? Wer bin ich? Eine Antwort darauf hat grundlegende Rückwirkung auf das Verhältnis der Menschen in der gesamten Region seines Wirkens. Kann das ein Brückenbauer schaffen, so wie Patriarch Gregor III. Laham sich versteht? Aber allein?

Lutfi Laham ließ nie Zweifel aufkommen, die Mitverantwortung des Westens einzufordern. Er suchte Helfer beim Brückenbau des Friedens. Und nie hat er Zweifel daran gelassen, im Deutschen Verein vom Heiligen Lande einen solchen Helfer gefunden zu haben. Einen Mithelfer in der Sache von Frieden und Entwicklung im Heiligen Land. Frei von egoistischen Interessen, frei von kurzfristiger Berechnung, frei von Einseitigkeit und Vorurteil. Aus Visionen und Plänen wurden gemeinsame Realitäten. Objekte, die vorzeigbar sind.

### Wer ist dieser Verein?

Die Sehnsucht und Hoffnung gläubiger Frauen und Männer, einmal im Leben mit eigenen Augen die Stätten zu sehen, wo »das Wort Fleisch geworden« ist, wo der ferne und doch nahe Gott die Erde der Menschheit in Jesus Christus betreten hat, läßt sich schon in der Frühzeit der Kirche nachweisen. Jahrhunderte später sollte selbst der Aufruf, an den Kreuzzügen teilzunehmen, diesem Ziel dienen und die Gewißheit verschaffen, daß die Orte des Evangeliums im Heiligen Land wieder fest im Besitz von Christen sein sollten. Durch die spätere Ausweitung des Weltbildes und die Beziehungen zu neu entdeckten Ländern und Kontinenten rückte das Land Jesu und die noch im Hochmittelalter dorthin blühende Wallfahrt mehr und mehr aus dem Blickfeld des Abendlandes. Erst in der Zeit der Romantik wuchs erneut das Interesse für das Land der Bibel. König Ludwig I. von Bayern unterstützte kräftig eine Missionsbewegung zugunsten der Glaubenserhaltung und Glaubensverbreitung in Palästina und im Orient mit dem nach ihm benannten Ludwig-Missions-Verein. Insbesondere lag ihm daran, daß deutsche Franziskaner und Vinzenzschwestern in dieser Region wieder deutsche Niederlassungen beziehen konnten. Schon 1838 befürwortete er eine allgemeine Kollekte für das Heilige Land, die seit 1843 zur Palmsonntagskollekte für das Heilige Land wurde. In Wien wurde sogar durch kaiserlichen Erlaß das im Zuge der Aufklärung 1762 aufgehobene Generalkommissariat für das Heilige Land wieder aufgebaut. Besonders die Wiedererrichtung des Lateinischen Patriarchates in Jerusalem durch Papst Pius IX. im Jahr 1847 verschaffte dem Pilgergedanken neue Nahrung. Doch in Anbetracht der Zeitverhältnisse in Deutschland und Europa, ganz abgesehen von den Kosten und den Verkehrsproblemen, blieb die Pilgerfahrt nach Jerusalem meist ein Unternehmen derer, die sich so etwas leisten konnten. Der Jerusalemer Patriarch Valerga merkte 1853 in einer Ansprache an, daß die Zahl der jährlichen Pilger an den Fingern einer Hand abzuzählen sei. Aber bereits 1854 erreichte eine größere französische Pilgergruppe Jerusalem, und im Frühjahr 1855 unternahmen 20 Pilger aus Deutschland den ersten deutschen Pilgerzug ins Heilige Land. Für heutige Verhältnisse ein abenteuerliches Unternehmen: von Wien nach Triest, dann mit dem Schiff über Alexandrien nach Jerusalem, und nach dem Besuch von Nazareth, dem See Gennesaret und Tiberias ging es über Haifa und Alexandrien auf dem Seeweg zurück nach Venedig.

## Wie alles anfing

Zur Pilgergruppe des Jahres 1854 gehörten der Aachener Kanonikus Wilhelm Prisac und aus Köln der Konservator Johann Anton Ramboux. Sie waren nicht nur Pilger, sondern auch aufmerksame und kritische Beobachter der dortigen Verhältnisse und der desolaten Zustände der heiligen Orte. Zurück in Deutschland, suchten sie die Zustimmung des Kölner Erzbischofs Johannes Kardinal

von Geissel zur Gründung des Vereins vom Heiligen Grabe. Die Statuten wurden am 30. Juni 1855 genehmigt. Mit breiter Öffentlichkeitsarbeit und dem Erscheinen der eigenen Vereinszeitschrift »Das Heilige Land« ab dem Jahr 1857 wurde für die Ziele des Vereins geworben. Sie waren sehr vielfältig:
- Unterstützung der Wächter der hl. Stätten, insbesondere der Franziskaner.
- Unterstützung der Gottesdienste in den Kirchen zu Jerusalem, Bethlehem, Nazareth durch Geld und Überlassung von Paramenten und liturgischen Geräten.
- Beihilfe zur Erhaltung kirchlicher Bauwerke, namentlich für den Kuppelbau der Grabeskirche.
- Unterstützung kirchlicher Einrichtungen und Institutionen, die sich im Hl. Land der Erziehung, der Schulbildung und Betreuung armer Jugendlicher annehmen.

Besonders in der Erzdiözese Köln wuchs die Mitgliederzahl des jungen Vereins rasch. Andere Diözesen folgten. Schon für Karfreitag 1856 bewilligte der Kölner Kardinal eine Kollekte für das Heilige Land. Trier, Fulda, Kulm und Limburg schlossen sich an. Bis Ende des Jahres 1856 hatte der Verein rund 8.500 Taler gesammelt. In den folgenden Jahren kommt es jährlich auf rund 10.000 Taler. Das Geld wurde nach Absprache mit dem Vorstand an den Patriarchen, an die Kustodie und andere Institutionen abgeführt. Die Chroniken des Vereins berichten davon, wie der Vorstand Devotionalien, Rosenkränze und Kreuze aus dem Heiligen Land besorgte und daß Papst Pius IX. den Mitgliedern besondere Ablässe gewährte. Am 15. Mai 1860 nahmen die Bischöfe von Trier, Breslau, Hildesheim, Paderborn und Osnabrück an einer Vorstandssitzung des Vereins in Köln teil.
Bemerkenswert unter den Notizen ist die Anmerkung über eine besondere Hilfsaktion für die Maroniten in Syrien. Die mit Rom unierten maronitischen Christen waren von Drusen überfallen und auf bestialische Weise ermordet worden. 14.000 Christen wurden, nachdem ihre Häuser niedergebrannt waren, Opfer dieses scheußlichen Verbrechens. Der Verein vom Hl. Grabe versuchte 1860/61 durch eine deutschlandweite Aktion zu helfen.
Als 1862 der Kölner Weihbischof Dr. Johannes Baudri den Vorsitz des Vereins übernimmt, ist dessen Organisation ziemlich gefestigt. Auf den Katholikentagen wird für die Sache des Vereins und für das Heilige Land geworben. In einzelnen Regionen werden sogar Filialvereine gegründet. In Oberschlesien gab es zum Beispiel nach dem Vorbild der Zeitschrift »Das Heilige Land« eine fortlaufende Ausgabe von Heften in polnischer Sprache. Die Karfreitagskollekte wird in den

Diözesen Münster, Mainz, Ermland und in Rottenburg eingeführt. 1867 besucht nach einem Aufenthalt in Rom der Lateinische Patriarch Valerga die Vereinszentrale in Köln. Später kommt der Apostolische Vikar von Ägypten, Msgr. Ciurcia, nach Köln, um sich für alle Hilfe zu bedanken.

### Eine zweite Wurzel

In Frankreich und in Österreich organisierten sich in dieser Zeit eigene Pilgerkomitees, um den Pilgergedanken und vor allem die Durchführung von Reisen ins Heilige Land anzubieten. Der deutsche Franziskaner Pater Ladislaus Schneider nahm 1876 an einer solchen Wallfahrt teil. Nach der Rückkehr setzte er alles daran, in Palästina eine Art deutscher Kolonie zu gründen, wie es von Frankreich, Italien und Spanien bekannt war. Nach der Gründung des Deutschen Reiches 1871 kam ihm für sein Vorhaben die allgemeine Stimmungslage zu Hilfe. Das von ihm gegründete deutsche Missionswerk errichtete ein Hospiz in Jerusalem und erwarb ein Landgut in Emmaus. Pater Ladislaus gelang es nicht nur, das Palästina-Komitee über ganz Deutschland auszubreiten, sondern auch eine neue Organisation zu gründen, nämlich den »Palästina-Verein der Katholiken Deutschlands«.
Der Verein vom Heiligen Grabe sah in der Neugründung keine Konkurrenz, denn ihm ging es weiterhin in erster Linie um Unterstützung und Hilfe für das Patriarchat und die biblischen Orte, während es dem Palästinaverein daran gelegen war, den deutschen Einfluß in dieser Region und den Missionsgedanken voranzutreiben sowie eigene Besitzungen und Unternehmen zu unterstützen: das deutsche Hospiz in Jerusalem, eine Schule für arabische Mädchen, das Landgut in Emmaus, ein Hospiz in Haifa, ein weiteres Landgut in Tabgha am See Gennesaret. Hier wurden schon bald die ersten Holzbauten eines Hospizes durch ein größeres Steingebäude ersetzt. Der Palästinaverein hielt seine konstituierende Generalversammlung während des Katholikentages in Münster am 1. September 1885 ab. Als Vereinsorgan erschien vierteljährlich das »Palästinablatt«.

### Aus zwei Wurzeln wächst ein Baum

Etwa ab dem Jahr 1893 gab es Gespräche und Überlegungen, die beiden Vereine, die sich gegenseitig unterstützten und miteinander kooperierten, zu verschmelzen. Man sprach von den Zielen und Erfolgen des »jüngeren und des älteren Brudervereins«, und so kam es schließlich zum Zusammenschluß beider Organisationen am 30. Juli 1895 unter dem neuen Namen »Deutscher Verein vom Heiligen Lande«. Der damalige Patriarch Lodovico Piavis gratulierte in einem Schreiben, daß »die ursprünglichen Charakterzüge der beiden Vereine, wenn auch vereint und in Harmonie miteinander fortbestehend bleibend, der katholisch-universelle und der katholisch-nationale, nun dem Wohl des Heiligen Landes dienen werden«.

## 1895-1914 Aufstieg und Blütezeit

Über diesen Zeitabschnitt heißt es in der Festschrift des Deutschen Vereins vom Heiligen Lande zum 150jährigen Jubiläum: »Nach der Verschmelzung des Vereins vom Heiligen Grabe und des Palästinavereins zum Deutschen Verein vom Heiligen Lande im Jahr 1895 fanden die Unterstützung allgemeiner katholischer Institutionen als auch der Aufbau deutscher katholischer Einrichtungen im Heiligen Land ihre Fortsetzung. Hinsichtlich solcher Neugründungen sah sich der Verein in Konkurrenz zu anderen katholischen Nationen wie Frankreich, Italien, Spanien und Österreich. Diese waren mit eigenen Niederlassungen in Palästina vertreten. Aber auch die Initiativen deutscher Protestanten, wie der Bau der Erlöserkirche in Jerusalem und der Auguste-Viktoria-Stiftung, waren Ansporn für das Engagement deutscher Katholiken in Palästina.

Nach der Überwindung anfänglicher finanzieller Schwierigkeiten begann der Deutsche Verein vom Heiligen Lande mit der Umsetzung zweier großer und ambitionierter Bauprojekte in Jerusalem. Das wohl bedeutendste Vorhaben war die Errichtung einer Marienkirche auf dem Berg Sion. Der Verein hatte sich lange vergeblich um den Erwerb eines Grundstückes bemüht, welches nach christlicher Tradition in unmittelbarer Verbindung mit dem irdischen Leben Jesu und der Gottesmutter Maria stand. Im Zusammenhang mit der Orientreise des deutschen Kaisers Wilhem II. erfüllte sich dieser Wunsch, als Sultan Abdul Hamid dem deutschen Kaiser ein Grundstück auf dem Sion schenkte. Während seines Aufenthaltes in Jerusalem 1898 überließ der deutsche Kaiser dieses Grundstück dem Deutschen Verein vom Heiligen Lande. Nach christlicher Tradition lebte und starb Maria an diesem Ort.

Die kaiserliche Schenkung löste bei deutschen Katholiken eine Mischung aus religiöser und nationaler Begeisterung aus. Schenkungen und Spenden für den Kirchbau flossen reichlich. Mit dem Entwurf für die Kirche und das angeschlossene Kloster wurde der Kölner Diözesanbaumeister Heinrich Renard beauftragt.

Er entwarf ein neoromanisches Ensemble mit einem freistehenden Turm.
Parallel zum Bau der Marienkirche wurde ab 1903 gegenüber dem Damaskustor das imposante St. Paulus-Hospiz errichtet. Pater Wilhelm Schmidt, der mit der Leitung der Vereinswerke betraut war, hatte das Gelände erworben. Die Pläne des Kölner Dombaumeisters Renard sahen eine zweiflügelige Anlage vor mit einer großen Kapelle und einem freistehenden Turm in der Mitte. Aus Kostengründen wurde aber nur ein Flügel erbaut. Im Gebäude wurden auch ein Lehrerseminar und eine Knabenschule untergebracht. Kaiser Wilhelm stiftete für einen Saal das komplette Mobiliar. Bis heute ist es Zierde des Kaisersaales.

Bis zum Beginn des Ersten Weltkrieges waren die großen Pilgerzüge, vom Verein organisiert, ein Beweis für die Heilig-Land-Begeisterung. Die Förderung von Pilgerfahrten gehörte von Anfang an zu den Zielen des Vereins. Der Weg der Pilgerzüge ging üblicherweise von Köln mit der Eisenbahn nach Genua, Venedig oder Brindisi und von dort mit dem Schiff ins Heilige Land. Die Reise innerhalb des Landes auf Pferden und Eseln war beschwerlich. Eine Volkswallfahrt im Jahr 1900 zählte immerhin stolze 502 Teilnehmer. 1910 reisten zur Einweihung der Marienkirche auf dem Sion 724 Pilger nach Jerusalem: der größte Pilgerzug in der Vereinsgeschichte.

## 1914-1918 Probleme während des Ersten Weltkrieges

Für den Verein und seine Einrichtungen brachte der Erste Weltkrieg erhebliche Beeinträchtigungen. Zur Erinnerung: Das Deutsche Reich hatte mit dem Osmanischen Reich ein Militärbündnis geschlossen. So konnte anfangs die Arbeit des Vereins fortgesetzt werden, während alle französischen, italienischen, russischen und englischen Einrichtungen in Palästina schließen mußten. Freilich mußte der Verein seine Schulen in Jerusalem und Galiläa aufgeben, weil ein neues Gesetz ausländische Schulen verbot. Es gab keine Pilgerfahrten mehr. In Jerusalem wurde das St.-Paulus-Hospiz von deutschen Militärbehörden zeitweise als Hauptquartier benutzt. Später diente es als Erholungshaus für deutsche und österreichische Soldaten wie auch die Baulichkeiten in Emmaus und in Tabgha am See. Zwischen 1916 und 1918 richtete der Deutsche Verein vom Heiligen Lande zehn Eisenbahner- und Soldatenheime im ganzen Osmanischen Reich ein. Die Führung dieser Heime lag in den Händen deutscher Borromäerinnen, Vinzentinerinnen und Benediktinerinnen.

Bedrückend wurde die Situation mit der Besetzung Jerusalems und Palästinas durch englische Truppen Ende 1917 und Anfang 1918. Der britische General

Allenby zog - hoch zu Roß - am 11. Dezember in Jerusalem ein. Das Jerusalemer Hospiz wurde beschlagnahmt und als Regierungsgebäude benutzt. Die deutschen Benediktiner auf dem Sion mußten das Kloster räumen und wurden in Ägypten interniert. Erst 1921 durften sie zurückkehren.

**1918-1948 Unruhige Zeiten für den Verein**

Ab 1918 steht Palästina unter britischer Militärverwaltung. 1920 wurde sie von einer Zivilregierung abgelöst. Das beschlagnahmte Jerusalemer Hospiz wurde als britischer Verwaltungssitz angemietet. Das Lehrerseminar und die Jungenschule blieben geschlossen. Die Mädchenschule im alten Hospiz konnte 1921 wieder eröffnet werden. In Deutschland machte die Inflation den Menschen zu schaffen. Unterstützung der Einrichtungen im Heiligen Land waren fast unmöglich. Wegen fehlender Einnahmen mußte zum Beispiel ein Grundstück in Haifa, das dem Verein gehörte, verkauft werden. Erst Mitte der 1920er Jahre beginnt sich die Situation zu entspannen. Die Mädchenschule im alten Hospizgebäude am Jaffator wurde ausgebaut. Britische Offiziere schätzten die Besitzungen des Vereins in Emmaus und am See als beliebte Erholungsorte. 1925 wurden die Pilgerfahrten wieder aufgenommen und konnten sich bis 1935 halten.
Ab 1933 zeigte die Machtübernahme durch die Nationalsozialisten in Deutschland erste Wirkungen für den Verein. Die neue Devisenpolitik verbot den Transfer von Geld nach Palästina. 1938 wurde die Vereinszeitschrift »Das Heilige Land« verboten. Mit Beginn des Zweiten Weltkrieges wurden die meisten deutschen Patres und Schwestern, die in Palästina für den Verein arbeiteten, von den britischen Behörden interniert. Große Auswirkungen auf die Gesamtsituation in Palästina hatte die Verfolgung der Juden durch das NS-Regime. Kontakte nach Deutschland brachen ab. Nachrichtenübermittlung zwischen der Vereinszentrale in Köln und den Einrichtungen in Palästina war nur über das Rote Kreuz möglich.

**1948-2008 Neue Chancen - neue Herausforderungen**

Die kriegsähnlichen Zustände in Palästina nach dem Ende des Zweiten Weltkrieges und die katastrophale Situation im Nachkriegsdeutschland machten zunächst jedwede Initiative des Vereins für Palästina unmöglich. Zusätzlich zu diesen Problemen waren die Einrichtungen des Vereins in Tabgha und in Jerusalem

zwischen die Kriegsfronten geraten und mußten geschlossen werden. Teilweise wurden sie auch durch Kampfeinwirkung beschädigt. Mit der Ausrufung und Gründung des Staates Israel suchte der Verein seine Aufgaben und seine Arbeit im Heiligen Land neu zu bestimmen. Die Perspektive: Hilfe und Unterstützung für seelsorgerische und sozial-karitative Aufgaben sollen einer Verbesserung der Situation von Christen im Heiligen Land dienen. Deren Lebensbedingungen werden zunehmend schlechter. Das »Heilige Land« umfaßt zudem jetzt nicht nur das Gebiet des Staates Israel, sondern auch das Königreich Jordanien und die zu ihm gehörenden Teile Palästinas, die von Israel besetzt sind. In den 50er und 60er Jahren kann der inzwischen erstarkte Deutsche Verein vom Heiligen Lande erhebliche Mittel für den Bau von Kirchen und Schulen, Kranken- und Waisenhäusern, für die soziale Lage der Christen in dieser Region zur Verfügung stellen.
Unabhängig von dieser Hilfe gab es Verhandlungen mit dem Staat Israel und Deutschland über die Rückgabe der beschlagnahmten Besitzungen des Vereins im Heiligen Land. Die Liegenschaften in Tabgha, das St.-Paulus-Hospiz in Jerusalem und die Dormitio Basilika samt Kloster auf dem Sionsberg sowie das im palästinensischen Gebiet gelegene Hospiz in Emmaus wurden wieder offiziell Eigentum des Vereins. Den Verhandlungen kam zugute, daß in den 30er Jahren des 20. Jahrhunderts in den Urkundenbüchern der Region die Liegenschaften des Vereins auf den Namen des Erzbischöflichen Stuhls in Köln eingetragen worden waren. Allerdings mußte der größte Teil vom Landbesitz in Tabgha verpachtet werden, und auch das alte Hospiz in Jerusalem, in dem bis dahin die Schmidtschule untergebracht war, wurde gegen eine Entschädigung enteignet. Neben dem alten St.-Paulus-Hospiz, jetzt mit dem neuen Namen Paulus-Haus, konnte ein Geschäfts- und Bürogebäude errichtet werden, um mit den Einnahmen die neugebaute Schmidtschule zu finanzieren.
1965 wird ein neues Schulgebäude in Betrieb genommen. In Jerusalem ist die Schule bekannt unter dem Namen Schmidt's Girls College. Die vom Verein getragene Einrichtung gehört zu den renommierten Bildungseinrichtungen in Jerusalem und wird von rund 460 Schülerinnen besucht. Mehr als 75 Prozent von ihnen sind Mädchen mit muslimischem Glauben. Derzeit eröffnen sich Perspektiven, die Schule, welche den Maria-Ward-Schwestern übertragen wurde, nachdem der Orden der Borromäerinnen wegen Nachwuchsmangel diese Aufgabe abgeben mußte, auch offiziell zur deutschen Schule in Jerusalem zu definieren.
Eine Sternstunde für den Verein und für alle Christen und Pilger im Heiligen Land wurde die feierliche Einweihung der Brotvermehrungskirche in Tabgha im

Jahr 1980. Mit großzügiger Hilfe des Erzbistums Köln konnte der Verein hier eines der schönsten Gotteshäuser im Land der Bibel errichten. Auf dem Gelände des Vereins hatte der Archäologe Paul Karge im März 1911 die Fundamente einer byzantinischen Kirche freigelegt. Das weltberühmt gewordene Mosaik mit einem Korb mit vier Broten und zwei Fischen zeigte, daß die Tradition hier den Ort vom Wunder der Brotvermehrung gefunden hatte. Weitere Grabungen brachten einen wahren Schatz von Mosaiken ans Licht. Wegen des schlechten Zustandes einer hölzernen Notkirche über den Ausgrabungen entschloß sich der Verein, auf den Fundamenten nach alten Vorlagen die dreischiffige Basilika und den angrenzenden Kreuzgang zu rekonstruieren. Die Planung und die Arbeiten wurden dem Kölner Architekten Anton Goergen übertragen. Am 23. Mai 1980 erfolgte die kirchliche Weihe der Basilika durch Joseph Kardinal Höffner, dem Erzbischof von Köln und Präsidenten des Vereins.

Die Zahl der Pilgerreisen ins Heilige Land steigt ab den 70er Jahren des 20. Jahrhunderts zunehmend. So kommt es zu einem weiteren Glückstag, nicht nur für den Deutschen Verein vom Heiligen Lande, als im Jahr 2002 ein erweitertes, neues Pilgerhaus am Seeufer in Tabgha durch den Kölner Erzbischof Joachim Kardinal Meisner eingeweiht wird. Mehr als zehn Jahre dauerten die Planung, das Warten auf die Bau-Erlaubnis und schließlich die Bauarbeiten. Papst Johannes Paul II. segnete bei seiner Pilgerreise im Jahr 2000 den Grundstein für dieses wunderschöne Haus. Das Pilgerhaus wird professionell geführt und bietet - unmittelbar am Seeufer in einer Oase der Ruhe und des Friedens gelegen - rund 100 Gästen einen unvergleichlichen Aufenthalt in der Heimat Jesu.

Emmaus - sechzig Stadien von Jerusalem entfernt - muß noch erwähnt werden. In dem Ort, wo nach christlicher Überlieferung Jesus den Emmausjüngern erschien, kaufte Pater Ladislaus Schneider 1876 ein ausgedehntes Grundstück. Das kultivierte Land versorgte das Hospiz in Jerusalem mit Obst, Getreide, Wein und Olivenöl. 1902 erwarb der Verein ein weiteres Grundstück und erbaute darauf ein Erholungshaus für die in Palästina tätigen deutschen Ordensleute. Später wurde das Haus erweitert und dienten Pilgern als Hospiz. Seit dem »Sechs-Tage-Krieg 1967« liegt das Haus mit seinem gesunden Klima, den parkähnlichen Liegenschaften und einem Blick weit ins judäische Land, in der sogenannten Westbank. Der Verein unterhält das Haus als Alten- und Pflegeheim für bedürftige und kranke Frauen aus Palästina. Nach langen Vorbereitungen ist es gelungen, in Zusammenarbeit mit dem Verein, der Universität in Bethlehem und den Schwestern der Salvatorianerinnen unter der örtlichen Leitung von Schwester Hildegard am 8. Mai 2008 hier eine Pflegeschule zu eröffnen. Fast

300 Menschen aus Qubeibe und den umliegenden Dörfern kamen, um die Eröffnung zu feiern und den schmucken neuen Schulbau zu bewundern.

## 2008 Der Verein: Hilfswerk für die Christen im Heiligen Land

In seiner Standortbestimmung versteht sich der Deutsche Verein als Hilfswerk für die Christen im Heiligen Land. Zunehmend sehen das so auch die deutschen Bischöfe. Insbesondere nach der gemeinsamen Reise des Ständigen Rates der Deutschen Bischofskonferenz ins Heilige Land im Frühjahr 2007. Die Christen im Heiligen Land sind wie bei der Gründung des Vereins vor mehr als 150 Jahren auf die Hilfe ihrer Brüder und Schwestern in Deutschland angewiesen. Besonders in den palästinensischen Gebieten leben christliche Familien oft aufgrund der politischen Situation in Armut und Not. Mit Sorge registriert der Verein die Auswanderung von Christen aus der Heimat Jesu. Wird das Heilige Land ein christliches Museum ohne Christen am Ort? Mit der Schmidt-Schule in Jerusalem und dem Pflegeheim in Emmaus will der Verein jungen und alten Menschen Perspektiven für ein menschenwürdiges Dasein in ihrer Heimat eröffnen. Nothilfe für christliche Familien, Hausbauprojekte für einheimische Christen, Hilfe für kranke Ordensleute und Priester, Bildung für arabische Kinder und Jugendliche in christlichen Schulen und Hochschulen, medizinische Versorgung für Mittellose, Pflege und Förderung behinderter Kinder - die Aufzählung markiert nur in Stichworten die Aufgaben, denen der Verein sich stellt. Die Projekte, die er unterstützt oder teilweise ganz trägt, haben sich einen Namen gemacht: die Schule der Salvatorianerinnen in Nazareth, die katholische Universität in Bethlehem, die Schmidt-Schule in Jerusalem, das Pflegeheim in Emmaus, das Josefshaus auf dem Gelände der Benediktiner-Abtei auf dem Sion mit Wohnungen, Bibliothek und Seminarräumen des theologischen Studienjahres, die Peter-Nettekoven-Schule in Beit Sahour, das Waisenhaus der Vinzentinerinnen in Bethlehem und andere mehr.

Um den neuen, vielfältigen Aufgaben gerecht zu werden, hat sich der Deutsche Verein vom Heilige Lande mit Satzung und Organisation neu aufgestellt. Präsident des Vereins ist wie seit 1895 der jeweilige Erzbischof von Köln. Ihn vertritt im Vorstand ein ehrenamtlicher Vizepräsident. Die Leitung des Vereins obliegt dem geschäftsführenden Vorstand mit einem hauptamtlichen Generalsekretär. Kontrolle und Beratung werden vom Verwaltungsrat und dessen Vorsitzendem ausgeübt. Das Generalsekretariat mit weiteren hauptamtlichen Mitarbeitern befindet sich in Köln. Professionell ausgebaut ist die Abteilung für Pilgerreisen,

von der Planung angefangen bis zur Durchführung mit hauseigener Geschäftsstelle für die Abwicklung von Flugreisen. Die Vereinszeitschrift »Das Heilige Land« erscheint dreimal im Jahr mit Informationen, Meditationen und Beiträgen zu unterschiedlichen Themen, die das Heilige Land betreffen. Finanziert wird die Arbeit des Vereins weitgehend durch Mitgliederbeiträge, Spenden, Zuwendungen und Erträgen aus der jährlichen Palmsonntagskollekte. Für Mitglieder beträgt der Jahresmindestbeitrag 12 Euro. Jährlich finden Pilger- und Mitgliedertreffen in Köln statt. Auch in den Diözesanverbänden des Vereins werden solche Treffen angeboten. Dem Verein gehören zurzeit rund 12 000 Mitglieder an.
Zuversicht und Bestärkung für die Aufgaben des Vereins finden sich in einem Wort des Aachener Bischofs Dr. Heinrich Mussinghoff nach der Rückkehr von einer seiner vielen Pilgerreisen in die Heimat Jesu: »Heiliges Land - heillose Feindschaft, Krieg und Gewalt. Und dennoch: Die Hoffnung darf nicht sterben. Es hat sie gegeben, die Propheten und den Jesus von Nazareth, der die selig preist, die Frieden stiften. Es gibt sie heute: so viele gute Menschen, Juden, Muslime, Christen, Israelis und Palästinenser. Es ist ein so gutes Land, reich genug, daß alle leben können.«
Und der Deutsche Verein vom Heiligen Lande? Er will mit seinen Mitteln und mit seiner Arbeit zu diesem Frieden beitragen.
Auf einer Bronzetafel in Tabgha, rechts an der Wand vom Kircheneingang angebracht, ist festgehalten, was Papst Johannes Paul II. am 24. März 2000 an dieser Stelle sagte: »...da bin ich ja auf deutschem Territorium...«, als ihn der Kölner Prälat Erich Läufer im Namen des Deutschen Vereins vom Heiligen Lande begrüßte. Den Mitgliedern des Vereins dankte der Papst:

>ICH SEGNE ALLE MITGLIEDER,
>JA, ICH SEGNE SIE ALLE
>UND DANKE FÜR ALLES,
>WAS SIE FÜR DIESE HEILIGE
>STÄTTE UND DIE MENSCHEN
>HIER GETAN HABEN.

LUCIAN LAMZA

# Das Wirken der Kongregation für die Orientalischen Kirchen zugunsten der Versöhnung der Kirchen des Ostens und des Westens

Der Verfasser war von 1973 bis zu seiner Pensionierung im März 2004 päpstlicher Beamter der Kongregation für die Orientalischen Kirchen. Er ist Priester des Bistums Fulda. Seit seiner Rückkehr aus Rom ist er Leiter der Dienststelle für weltkirchliche Aufgaben: Mission - Entwicklung - Frieden im Bischöflichen Generalvikariat Fulda
In der Kongregation war er in verschiedenen Bereichen tätig. Von 1982-1986 war er »Minutante« (Sachbearbeiter) für die griechisch-melkitische katholische Kirche. Von 1984-1997 war er Sekretär der R.O.A.C.O. (vgl. Punkt 11 des Beitrags). Er nahm teil am internationalen Symposion »Ius Ecclesiarum - Vehiculum Caritatis« im Jahre 2001 (vgl. Punkt 3 des Beitrags) und an den im Punkt 7 genannten Treffen orientalischer Patriarchen, Bischöfe, höherer Ordensobern und Ordensoberinnen in Adma, Libanon, im Mai 1999 und in Boston, U.S.A., im November 1999.
Er kennt Seine Seligkeit Patriarch Gregorios III. Laham seit dem Jahr 1978 und ist ihm mehrmals in Jerusalem, in Rom, in Deutschland, im Libanon und bei seiner Inthronisierung im Januar 2001 in Damaskus begegnet, wo er zu der Delegation des Heiligen Stuhles gehörte.

## 1. Drei Herausforderungen

Die Kongregation für die Orientalischen Kirchen[1], die als Organ der römischen Kurie nach Maßgabe des kanonischen Rechts und der Apostolischen Konstituti-

---

[1] Die Kongregation für die Orientalischen Kirchen ist die zweite der acht vatikanischen Kongregationen. Sie rangiert nach der Kongregation für die Glaubenslehre und vor der Kongregation für den Gottesdienst und die Disziplin der Sakramente. Papst Benedikt XV. schuf sie als selbständige Behörde am 1. Mai 1917. Bis zu diesem Zeitpunkt wurden die Belange der orientalischen Kirchen von der Kongregation für die Glaubensverbreitung wahrgenommen, in der es seit dem 6. Januar 1862 eine besondere Sektion für die Orientalen gab.

on »Pastor Bonus« (28. Juni 1988)[2] im Namen des Papstes wirkt, muß sich zur Zeit hauptsächlich drei Herausforderungen stellen. Es sind diese:
1. der Islam,
2. die Emigration,
3. der Postkommunismus.

Mit dem Islam und der Emigration sind die alten Patriarchate des Ostens schon seit langem konfrontiert, und die Folgen des Postkommunismus spürt die Kongregation für die Orientalischen Kirchen seit dem Fall »der Mauer« noch immer recht deutlich in Ost- und Südosteuropa. Hinzu kommt, daß die katholischen orientalischen Kirchen im Vergleich zu den orthodoxen oder den altorientalischen Kirchen meistens eine Minderheit darstellen und daß sie im Vorderen Orient sogar des öfteren eine Minderheit in der Minderheit sind.

Wenn die Kongregation daher versucht, wie das Zweite Vatikanische Konzil will, daß »diese Kirchen neu erblühen und mit frischer Kraft die ihnen anvertraute Aufgabe meistern« (Vgl. OE 1), so werden sich ihr diese drei Herausforderungen und bisweilen noch andere, von Ort zu Ort verschiedene Hindernisse in den Weg stellen. Das gilt auch für den Ökumenismus der katholischen Ostkirchen und das Wirken der Kongregation für die Orientalischen Kirchen zugunsten der Versöhnung der Kirchen des Ostens und des Westens.

## 2. Die Normen über den Ökumenismus im Codex Canonum Ecclesiarum Orientalium

Unter der Voraussetzung, daß der Ökumenismus heute der gangbarste Weg zur Versöhnung der Kirchen des Ostens und des Westens ist, halte ich es für angebracht, einen kurzen Blick auf den Titulus XVIII des CCEO zu werfen. Dieser Titel XVIII lautet: »DE OECUMENISMO SEU DE CHRISTIANORUM UNITATE FOVENDA« - »Der Ökumenismus oder die Förderung der Einheit der Christen«. Er besteht aus sieben Kanones (Can. 902-908)[3].

---

[2] *Constitutio Apostolica de Romana Curia »Pastor Bonus«*, in: *AAS* 80 (1988), 841-912; hierin zur Kongregation für die Orientalischen Kirchen, Artikel 56-61, 874-876. Vgl. auch: Marco Brogi, O.F.M., *La Congregazione per le Chiese Orientali*, in: *La Curia Romana nella Cost. Ap. »Pastor Bonus«*, Studi Giuridici XXI, Libreria Editrice Vaticana, Città del Vaticano, 1990, 239-267.

[3] Vgl. den Kommentar zu diesen sieben Kanones von Mons. Eleuterio F. Fortino, in: *Commento al Codice dei Canoni delle Chiese Orientali, Studium Romanae Rotae, Corpus Iuris Ca-*

Der erste auf den Ökumenismus bezogene Kanon (Can. 902) inspiriert sich am Artikel 5 des Dekrets über den Ökumenismus des Zweiten Vatikanischen Konzils und sagt, daß alle Gläubigen, besonders aber die Hirten der Kirchen, sich um die Einheit sorgen sollen, und zwar durch Gebet und durch Beteiligung an ökumenischen Aktivitäten, die durch die Gnade des Heiligen Geistes erwachsen sind.

Der zweite Kanon (Can. 903) hebt die besondere Verpflichtung zum Ökumenismus der katholischen orientalischen Kirchen hervor, wie es schon ähnlich der Artikel 24 des Konzilsdekrets über die katholischen Ostkirchen formuliert hatte, nämlich durch das Gebet, durch das Beispiel des Lebens, durch die ehrfürchtige Treue gegenüber den alten ostkirchlichen Überlieferungen, durch eine bessere gegenseitige Kenntnis, durch Zusammenarbeit sowie durch brüderliche Wertschätzung der Dinge und der Herzen.

Der dritte Kanon (Can. 904) schreibt vor, daß unter der Leitung des Apostolischen Stuhls in den verschiedenen Kirchen »sui iuris« ökumenische Initiativen entwickelt werden sollen und legt diese im Einzelnen fest. Nur dieser Kanon 904 hat eine Parallele im Kanon 755 des Codex Iuris Canonici.

Der vierte Kanon (Can. 905) weist auf die Verpflichtung hin, beim ökumenischen Engagement die nötige Umsicht walten zu lassen, und warnt vor falschem Irenismus, vor Indifferentismus und übertriebenem Eifer.

Der fünfte Kanon (Can. 906) fordert von den Predigern, den Verantwortlichen der sozialen Kommunikationsmittel, den Lehrern und sonstigen eine klare Herausstellung der katholischen Lehre und der Lehre der anderen Kirchen und kirchlichen Gemeinschaften.

Der sechste Kanon (Can. 907) räumt den anderen Christen in den katholischen Schulen, Krankenhäusern und ähnlichen Instituten die Möglichkeit des geistlichen Beistandes und des Sakramentenempfangs durch deren eigene Religionsdiener ein.

Der siebte Kanon (Can. 908) wünscht, daß alle Katholiken, unter Beachtung der Normen über die Communicatio in sacris, mit den anderen Christen auf allen möglichen Gebieten zusammenarbeiten, wie z. B. auf dem Gebiet der Karitas, der sozialen Gerechtigkeit, der Verteidigung der Menschenwürde und der menschlichen Grundrechte sowie der Förderung des Friedens. Dieser letzte

---

*nonici II*, a cura di Mons. Pio Vito Pinto, Libreria Editrice Vaticana, Città del Vaticano, 2001, 777-782; Marco Brogi, O.F.M., *Aperture ecumeniche del Codex Canonum Ecclesiarum Orientalium*, in: *Antonianum* 66 (1961) 455-468.

Kanon zum Ökumenismus erwähnt abschließend, daß die Katholiken auch bei Feiern von vaterländischen Gedenktagen und nationalen Festen mitarbeiten sollen.

### 3. Das internationale Symposion »Ius Ecclesiarum - Vehiculum Caritatis«

Zum 10. Jahrestag des auf den 1. Oktober 1991 festgesetzten Inkrafttretens des Codex Canonum Ecclesiarum Orientalium, den Papst Johannes Paul II. am 18. Oktober 1990 promulgiert hatte, veranstaltete die Kongregation für die Orientalischen Kirchen in Zusammenarbeit mit dem Päpstlichen Orientalischen Institut vom 19.-23. November 2001 im Vatikan unter dem Vorsitz Seiner Seligkeit Ignace Moussa Kardinalpräfekt Daoud ein internationales Symposion mit dem Titel »Ius Ecclesiarum - Vehiculum Caritatis« (»Das Recht der Kirchen - Instrument der Liebe«).
An dieser Veranstaltung nahmen über 500 Interessierte aus allen Teilen der Welt teil[4]. Unter ihnen sah man auch den griechisch-melkitischen Patriarchen Gregor III. und den chaldäischen Patriarchen Raphael I. Das Symposion bot die Gelegenheit, verschiedene Kulturen und kirchliche Traditionen der Christen des Ostens und des Westens zusammenzuführen. Die in den 20 Vorträgen behandelten Themen betrafen sämtlich den Kodex. Das Päpstliche Orientalische Institut in Rom hat die Veröffentlichung der Vorträge und aller weiteren gelieferten schriftlichen Beiträge zur Symposionsthematik übernommen. Die Acta sind Ende des Jahres 2004 erschienen.[5]
Im Rahmen des Symposions wurde am 19. November nach byzantinischem Ritus in der Kirche S. Maria in Traspontina der Hymnus Akathistos gesungen, und am 23. November fand im Petersdom eine maronitische Liturgie statt, der sich eine Papstaudienz anschloß.
In seiner bei dieser Audienz gehaltenen Ansprache wünschte der Heilige Vater besonders - und das war sein zentrales Anliegen -, daß »der Weg der Versöhnung zwischen Ost und West für alle eine dauernde und prioritäre Sorge sein

---

[4] Vgl. *L'Osservatore Romano* 18. November 2001, S. 8 und 24. November 2001, 1.6-7; *Attività della Santa Sede 2001*, Libreria Editrice Vaticana, Città del Vaticano, 711f.

[5] *Congregazione per le Chiese Orientali. Atti del Simposio Internazionale »Ius Ecclesiarum - Vehiculum Caritatis«*, Città del Vaticano 2004, 992 S.

möge, wie sie es auch für (ihn) den Bischof von Rom ist«.[6] Des weiteren hatte der Papst ausgeführt, daß dem Symposion die Notwendigkeit präsent geblieben ist, die brüderlichen Beziehungen mit den anderen Christen und insbesondere mit den orthodoxen Kirchen zu intensivieren, wohl wissend darum, daß das Erbgut der orientalischen Kirchen der ganzen Kirche gehört (Vgl. OE Art. 5)[7].

### 4. Das Apostolische Schreiben »Orientale Lumen«

Am 2. Mai 1995, dem liturgischen Gedenktag des heiligen Athanasius, Bischofs von Alexandrien, hat Papst Johannes Paul II. aus Anlaß des 100. Jahrestages des Apostolischen Schreibens »Orientalium Dignitas« Papst Leos XIII. vom 30. November 1894 das Apostolische Schreiben »Orientale Lumen« veröffentlicht[8]. Es wurde am gleichen Tage von Kardinal Achille Silvestrini, dem damaligen Präfekten der Kongregation für die Ostkirchen, der Presse vorgestellt[9]. Bei dieser Vorstellung wurde deutlich, daß die dominierende Dimension von »Orientale Lumen« die Sorge um die Ökumene ist, und zwar wegen der darin enthaltenen Äußerungen zur orientalischen Tradition im allgemeinen und weil die orientalischen Katholiken zusammen mit den Orthodoxen die gleichen Träger der orientalischen Tradition sind (vgl. OL Nr. 1, § 5). »Orientale Lumen« lädt gleichzeitig die Lateiner dazu ein, von dieser Tradition Kenntnis zu nehmen (vgl. OL Nr. 1, § 5), und ermuntert die katholischen orientalischen Gemeinschaften, ihre eigene orientalische Tradition besser zu leben und wiederzufinden (Vgl. OL Nr. 21, § 2). Schließlich besteht die ökumenische Bedeutung von »Orientale Lumen« darin, daß das Schreiben die Beziehungen zu den anderen Christen, und in Sonderheit zu den Orthodoxen, in einer eindeutig positiven Sichtweise beschreibt[10]. Die Kongregation für die Orientalischen Kirchen bemüht sich seither, im Geiste

---

[6] *L'Osservatore Romano* 24. November 2001, 7, Nr. 3.

[7] Ibidem Nr. 3.

[8] Text in *AAS* 87 (1995) 745-774.

[9] Vgl. *L'Osservatore Romano* 2.-3. Mai 1995, S. 1.6, und 4. Mai 1995, S. 5 sowie *S.I.C.O. Servizio Informazioni per le Chiese Orientali*, Anni 1995-1996, S. 1-7; weitere Beiträge zu«Orientale Lumen« finden sich S. 11-49.

[10] Vgl. zur ökumenischen Dimension von »Orientale Lumen« Msgr. Eleuterio F. Fortino bei der Vorstellung von »Orientale Lumen« in: *L'Osservatore Romano* 4. Mai 1995, S. 5 und die Anm. 7.

von »Orientale Lumen« zu wirken, unter gleichzeitiger Berücksichtigung der wichtigen ökumenischen Enzyklika »Ut unum sint«, die nur wenige Tage nach »Orientale Lumen«, am 25. Mai 1995, erschienen ist[11].

## 5. Die postsynodale Apostolische Exhortation »Eine neue Hoffnung für den Libanon«

Bei seinem kurzen Libanonaufenthalt hat Papst Johannes Paul II. am 10. Mai 1997 in Beyrouth die postsynodale Apostolische Exhortation »Eine neue Hoffnung für den Libanon« veröffentlicht[12]. Kardinalpräfekt Silvestrini hat den Papst bei dieser Reise begleitet.

Das Dokument ist Frucht eines langen Reifungsprozesses, der mit der besonderen Versammlung für den Libanon der Bischofssynode am 26. November 1995 begonnen hatte. An dieser Versammlung nahmen alle katholischen Patriarchen des Orients sowie sämtliche libanesischen Erzbischöfe und Bischöfe, Vertreter der römischen Dikasterien, die für Fragen des Libanon zuständig sind, libanesische Bischöfe der Diaspora, höhere Ordensobern und Ordensoberinnen von Gemeinschaften, die im Libanon beheimatet sind, weitere kirchliche Persönlichkeiten, brüderliche Delegierte anderer libanesischen christlichen Kirchen und christlicher Gemeinschaften sowie Repräsentanten der Sunniten, Schiiten und Drusen teil. Unter den kurialen Teilnehmern an der Synode befand sich auch Kardinalpräfekt Silvestrini.

Die Exhortation, die ganz auf Hoffnung ausgerichtet ist (Nr.1-7), hat sechs Kapitel. Im ersten Kapitel wird die gegenwärtige Lage im Libanon beschrieben (Nr. 8-17).

Das zweite appelliert an die Hoffnung und ruft dazu auf, seine Hoffnung auf Christus zu setzen (Nr. 18-36).

Das dritte Kapitel trägt die Überschrift »Synode für die Erneuerung der Kirche« (Nr. 37-78).

Das vierte Kapitel spricht von der Communio und geht von der Kirche als Leib Christi aus. Es spricht danach von der Communio im Schoße der katholischen Kirche im Libanon und vom Dialog mit den orthodoxen Kirchen. Das vierte Kapitel beschreibt weiterhin die Bindungen mit den aus der Reformation hervor-

---

[11] Text in *AAS* 87 (1995) 921-982.
[12] Text in *AAS* 89 (1997) 313-416.

gegangenen Gemeinschaften und kommt auf den Rat der Kirchen im Mittleren Osten zu sprechen (Nr.79-88).

Das fünfte Kapitel (Nr. 89-99) unterstreicht die Notwendigkeit des Dialogs und sieht die katholische Kirche als im interreligiösen Dialog engagiert. Dieser Dialog soll sich auf mehreren Ebenen zwischen Islam und Christentum vollziehen. Die Convivialité (das Zusammenwohnen) zwischen Christen und Muslimen ist dort anzustreben, wo sie möglich ist. Der Dialog der katholischen Kirche zielt auch auf die Solidarität mit der arabischen Welt ab. Die Bewohner des Libanon werden aufgerufen, am Aufbau einer neuen Gesellschaft mitzuwirken und den Frieden und die Versöhnung voranzutreiben; denn die »Versöhnung ist der Ausgangspunkt der Hoffnung auf eine neue Zukunft für den Libanon« (Nr. 98 § 4). Das sechste und letzte Kapitel sieht die Kirche im Dienste der Gesellschaft (Nr. 100-116).

Der Schluß (Nr. 100-125) erblickt in »Christus unsere Hoffnung« (Nr. 117 § 1) und erneuert das Vertrauen des Papstes in die Söhne und Töchter des Libanon, damit »das Volk 'blühe wie die Palme, und wachse wie die Zeder des Libanon'« (Ps. 92 [91],13 - Nr. 125).

Die Kongregation für die Orientalischen Kirchen teilt diese Hoffnung und ist bestrebt, dabei mitzuhelfen, daß diese Hoffnung auch die Christen im Libanon beseelt.

### 6. Die liturgische Instruktion der Kongregation für die Orientalischen Kirchen vom 6. Januar 1996

Ein gutes halbes Jahr nach dem Erscheinen von »Orientale Lumen« hat die Kongregation eine liturgische Instruktion herausgegeben, die den Titel trägt: »Istruzione per l'applicazione delle prescrizioni liturgiche del Codice dei Canoni delle Chiese Orientali«, die dann auch ins Französische übersetzt wurde[13]. Diese Instruktion hat sich zum Ziel gesetzt:
- zu einer besseren Vertiefung der immensen Reichtümer der authentischen orientalischen Traditionen hinzuführen,

---

[13] Congregazione per le Chiese Orientali, *Istruzione per l'applicazione delle prescrizioni liturgiche del Codice dei Canoni delle Chiese Orientali*, Libreria Editrice Vaticana, Città del Vaticano, 95 S.; französische Übersetzung: Congrégation pour les Eglises Orientales, *Instruction pour l'Application des Préscriptions liturgiques du Code des Canons des Eglises Orientales*, Libreria Editrice Vaticana, Città del Vaticano, 114 S.

- ein organisches Gesamtkonzept von liturgischen Normen zu schaffen, die für alle orientalischen katholischen Kirchen gelten und wenn erforderlich, zu helfen, zur authentischen liturgischen Praxis nach der Tradition jeder einzelnen Kirche zurückzukehren,
- solide Grundlagen für eine kontinuierliche liturgische Ausbildung zu schaffen, sowohl für den Klerus (in den Seminarien und anderen Bildungseinrichtungen) als auch für die Laien, durch eine entsprechende Katechese,
- allgemeingültige Prinzipien für die liturgischen Direktorien der einzelnen Kirchen »sui iuris« auszuarbeiten[14].

## 7. Drei Treffen orientalischer Patriarchen, Bischöfe, höherer Ordensobern und Ordensoberinnen

Überzeugt von der Richtigkeit der Feststellung, daß die Kirchen von heute, wie eh und je, dazu aufgerufen sind, »zu ihren gemeinsamen Wurzeln zurückzukehren« und den Weg der »evangelischen Erneuerung des Lebens« zu beschreiten[15], sah sich die Kongregation veranlaßt, in der Hoffnung auf das »eins sein in Christus« (vgl. Joh. 17, 21) zusammen mit den ihrem kirchlichen Dienst anvertrauten Kirchen »*sui iuris*« über die ihnen »eigene kirchliche Identität, über das gemeinsame Geschenk des Glaubens und die Folgen der Trennung« nachzudenken. Und im Bewußtsein der »unzerstörbaren ontologischen Einheit der Kirche« entdeckte sie »mit zunehmendem Mut den Willen des Herrn zur Suche nach Wegen zur Begründung und Vertiefung auch der sichtbaren Einheit in der Kirche, bei gleichzeitiger Achtung vor unterschiedlichen Formen der Glaubensäußerung«[16].

Daher hat die Kongregation für die Orientalischen Kirchen drei Treffen von orientalischen Bischöfen, höheren Ordensobern und Ordensoberinnen Europas, des Mittleren Ostens sowie derer von Nord-, Mittel- und Nordamerika und Ozeanien veranstaltet.

---

[14] Vgl. *S.I.C.O. Servizio Informazioni per le Chiese Orientali*, Anni 1995-1996, S. 156. - Es existiert auch eine rumänische Übersetzung der Instruktion.

[15] Vgl. Zygfryd Glaeser, *Kościołów Siostranych*, Opole 2000, 293.

[16] Glaeser, ibidem, 342.

*7.1 Das erste Treffen dieser Art war das von Nyíregyháza in Ungarn.*
Es fand vom 30. Juni bis 6. Juli 1997 am Bischofssitz der Eparchie Hájdudorog statt[17]. Es nahmen 100 Personen daran teil. Den Vorsitz des Treffens führte Kardinalpräfekt Silvestrini, der in Begleitung einer Reihe seiner Mitarbeiter erschienen war. Außerdem war anwesend der Apostolische Nuntius in Ungarn, Erzbischof Karl-Josef Rauber. Ebenso waren Vertreter von drei Hilfswerken gekommen, die der ROACO angehören: C.N.E.W.A., New York, sowie Kirche in Not - Ostpriesterhilfe und Renovabis, die in Deutschland ihren Sitz haben.
In seiner an Kardinal Silvestrini gerichteten Grußbotschaft vom 28. Juni 1997 stellt der Heilige Vater fest, daß das Treffen den Zweck habe, sich der eigenen Identität bewußt zu werden, um am ökumenischen Dialog teilzunehmen und um Spannungen und Mißverständnisse zu überwinden. Dieses Treffen wurde möglich, fährt der Papst fort, weil die Freiheit wiedergewonnen ist, die die katholischen orientalischen Kirchen Europas mit neuen Möglichkeiten und Aufgaben konfrontiert. Diese Kirchen haben einen sehr hohen Preis für ihre Wahl bezahlt, dem Herrn und der Communio mit dem Bischof von Rom treu geblieben zu sein. Der Preis war manchmal der höchst mögliche gewesen, nämlich der der Hingabe des eigenen Lebens. Heute sind diese Kirchen in ihren Kräften geschwächt; aber voll Vertrauen auf Den, der die Welt überwunden hat, müssen sie sich an die schwere Aufgabe machen, aus den Katakomben wieder aufzutauchen[18].
Vier Beiträge des Treffens erörterten den Ökumenismus als Bedingung für die Identität bzw. als Bedingung zum Entdecken der eigenen Identität[19]. Andere Beiträge beleuchteten weitere Aspekte der Identität der Ostkirchen[20].
Im Bewußtsein der tiefen geistlichen und kulturellen Bindungen, die die katholischen Ostkirchen mit den orthodoxen Kirchen gemeinsam haben, bekräftigten die Teilnehmer in ihrer Erklärung zum Ökumenismus ihre Entschlossenheit, die Förderung der vollen Einheit durch ein gemeinsames Zeugnis voranzutreiben, nach dem Willen Christi und unter der Eingebung des Heiligen Geistes (Nr. 2).

---

[17] Congregazione per le Chiese Orientali, *L'identità delle Chiese orientali cattoliche, Atti dell'incontro di studio dei Vescovi e dei Superiori Maggiori delle Chiese orientali cattoliche d'Europa, Nyíregyháza (Ungheria), 30 giugno - 6 luglio 1997*, Libreria Editrice Vaticana, Città del Vaticano, 1999, 279 S. (abgekürzt *N*).

[18] *L'Osservatore Romano* 4. Juli 1997, 1.4.

[19] *N* 147-184. - Über die Identität als solche: 29-82.

[20] Erziehung zur Identität: *N* 87-115; Liturgie als Ausdruck der Identität: *N* 119-144; Mönchtum als wesentliches Element der Identität: *N* 187-206.

Angesichts der Geschichte der gegenseitigen Beziehungen zu den orthodoxen Brüdern, die von schmerzvollen Erinnerungen gekennzeichnet ist, bitten die Teilnehmer, zusammen mit dem Heiligen Vater, um Vergebung für das, wofür die katholischen orientalischen Kirchen in den vergangenen Jahrhunderten verantwortlich gewesen sind (Nr. 3).
In anderen Punkten der Erklärung wird auf die Kanones 903, 905 und 908 des CCEO Bezug genommen[21].
Und in der Botschaft der Hierarchen an ihre eigenen Kirchengemeinschaften heißt es im dritten und letzten Punkt: »Die gemeinsamen Überlegungen haben die Echtheit unseres katholisch und orientalisch Seins deutlich gemacht. In Treue zu unserem Erbgut leisten wir einen Beitrag, um im Herzen der Kirche den Schatz des christlichen Ostens präsent zu machen«[22].

*7.2 Das zweite von der Kongregation vorgeschlagene Treffen*, der erste Kongress der katholischen Patriarchen und Bischöfe sowie der höheren Ordensobern und Ordensoberinnen des Mittleren Ostens, fand vom 9. bis 20. Mai 1999 im Maison Notre-Dame du Mont in Adma bei Beyrouth im Libanon statt[23].
Die Teilnehmerliste an diesem Kongreß umfaßt 193 Personen, unter ihnen waren alle sieben Patriarchen des Mittleren Ostens, einschließlich Seiner Seligkeit Michel Sabbah, des lateinischen Patriarchen von Jerusalem, und die maronitischen, melkitischen, armenischen, chaldäischen, koptischen, syrischen und lateinischen Bischöfe der Region sowie einige aus der Emigration. Wie auch schon beim Treffen in Ungarn des Jahres 1997 war Kardinalpräfekt Silvestrini mit einer Delegation von Mitarbeitern aus seiner Behörde gekommen. Außerdem waren fünf weitere Kurienkardinäle anwesend (Etchegaray, Lopez Trujillo, Arinze, Cassidy und Schotte) sowie der Apostolische Nuntius im Libanon, Erzbischof Antonio-Maria Vegliò, der seit April 2001 Sekretär der Kongregation ist, und je ein Vertreter der spanischen, US-amerikanischen und französischen Bischofskonferenz. Dazu kamen fünf Bischöfe der CERNA (Conférénce Episcopale Régionale du Nord de l'Afrique) sowie sechs brüderliche Delegierte nichtkatholi-

---

[21] *N* 215f.

[22] *N* 253.

[23] Vgl. Conseil des Patriarches Catholiques d'Orient, *»Pour qu'ils aient la vie et qu'ils l'aient en abondance«(Jean 10/10), Actes du 1er Congrès des Patriarches et Evêques Catholiques du Moyen-Orient, Mai 1999*, Secrétariat Général, Bkérké, Liban, 2000, 431 S. (abgekürzt A).

scher Kirchen und Gemeinschaften des Libanon[24].

Die offiziellen Texte der Kongreßakten beginnen mit der Eröffnungsrede von Kardinal Mar Nasrallah-Pierre Sfeir, dem Patriarchen von Antiochien der Maroniten[25], und zwei anderweitigen Ansprachen sowie zwei Homilien[26]. Es folgen das Telegramm des Kongresses an den Heiligen Vater vom Eröffnungstag des Kongresses (9. Mai) und dessen Grußbotschaft an Kardinal Sfeir (14. Mai)[27]. In seinem Schreiben an den maronitischen Patriarchen zeichnet der Papst die großen Linien vor, die der Kongreß abhandeln wird: den Reichtum des Erbgutes der orientalischen katholischen Kirchen, der in einen neuen Dynamismus umzusetzen ist; die Sehnsucht nach Einheit aller Christen; die »Convivialität« (das Zusammenwohnen) mit allen Religionen und Bevölkerungsgruppen sowie den Dialog zwischen den drei monotheistischen Religionen; die Eindämmung der Emigration; die Rolle der katholischen Gemeinschaften gemäß der postsynodalen Apostolischen Exhortation »Eine neue Hoffnung für den Libanon«; das Große Jubiläum des Jahres 2000.

Die ersten Tage des Kongresses waren den Lageberichten von je zwei Vertretern der einzelnen Länder gewidmet, die auch die Beziehungen zu den Orthodoxen, den Protestanten und den Muslimen beinhalteten[28]. Diskussionen in Arbeitsgruppen schlossen sich an, in denen die religiöse Situation, die Einheit der Kirche, die Identität und die Berufung der orientalischen katholischen Kirchen, ihre Verbindung zum Stuhle Petri, der Dialog zwischen Christen und Moslems, die soziale und politische Ordnung, die Menschenrechte, die Zukunftsvorstellungen der Jugend, die Rolle der Frau und die Jerusalemfrage erörtert wurden[29].

*Die Vorschläge des Kongresses*[30] bezogen sich im ersten Kapitel auf die Identität der katholischen Kirchen des Mittleren Ostens, die Koordination dieser Kirchen untereinander, die Autorität der Patriarchen in der Diaspora und das Exe-

---

[24] Vgl. *A* 49-66.

[25] Vgl. *A* Dokument 1: 15-17.

[26] Vgl. *A* Dokumente 2-4: 18-37.

[27] Vgl. *A* Dokumente 6 und 7: 38-42.

[28] Vgl. *A* Dokumente 15-32: 161-336.

[29] Ein kurzer Bericht über den Kongress findet sich in: *Attività della Santa Sede 1997*, Città del Vaticano, Congregazione per le Chiese Orientali, 799f. – Das Resümee der Interventionen ist enthalten in *A* Dokument 33: 339-367.

[30] Vgl. *A* Dokument 34: 368-386.

kutivorgan des Conseil des Patriarches Catholiques d'Orient. Das zweite Kapitel betraf das Leben der Kirche (Neuevangelisierung, Bibel, Liturgie, missionarischer Geist, pastorales Wirken). Das dritte Kapitel erörterte das Engagement im Apostolat und in der Pastoral (die Beziehungen der Orden und Kongregationen zu den Bischöfen und untereinander, die Laien, die Familie, die Frau, die Jugend, die Emigration). Das vierte Kapitel betraf den Dialog (ökumenisches Engagement, Teilnahme am politischen und sozialen Leben der einzelnen Länder, Beziehungen Islam-Christentum, jüdisch-christlicher Dialog). Das fünfte Kapitel behandelte den sozialen Dienst, die Bildung, Erziehung und Kultur sowie die Massenmedien. Das sechste und letzte Kapitel galt den Menschenrechten.

*Das Schlußkommuniqué*[31] erläutert zunächst das Motto des Kongresses »Damit sie das Leben haben« (Joh 10,10) und wirft einen Blick des Glaubens auf die Geschichte des Christentums, das in der Region seit der Antike bis in die Gegenwart hinein heimisch ist. Es bringt auch die schuldige Dankbarkeit für das verschiedenartige Erbgut der Kirchen und für die Märtyrer und Heiligen zum Ausdruck, die zusammen mit den Ahnen der heutigen Generation den kostbaren Schatz des Glaubens überliefert haben. Die Kongreßteilnehmer sind entschlossen, diesen Glauben, der auf Christus ruht, zu bewahren, wie es die Lokalsynoden bewiesen haben (Libanon, Heiliges Land, Ägypten, Irak).

Der zweite Teil des Kommuniqués spricht von den Schwierigkeiten und Herausforderungen. Es sind derer drei:

1. die Standhaftigkeit in der Treue zu Christus in der Ära der Globalisation, in der die Werte sich vermischen und die Lebensformen wechseln. Daher heißt es, wachsam zu sein, daß der Glaube nicht schwach wird. Denn die Berufung der Christen ist, Sauerteig der Welt zu sein.

2. Die zweite Herausforderung und Schwierigkeit ist die Isolation und das nur mit sich selbst Beschäftigtsein, in der Abkapselung in das eigene Erbgut. Wenn das geschieht, geht die kirchliche Identität verloren, die in Wirklichkeit Partnerschaft und Communio ist.

3. Die dritte Schwierigkeit liegt in der großen Sorge um die Zukunft angesichts der politischen und wirtschaftlichen Umstände, der Blockierung des Friedensprozesses, der verminderten demokratischen Praxis oder der Furcht vor dem Verlust der Freiheit, der Mißachtung der Menschenrechte sowie der Menschenwürde. Alle diese Faktoren treiben eine große Zahl von Gläubigen in die Emigration, die ein Blutverlust ist.

---

[31] Vgl. *A* Dokument 37: 392-407.

Der dritte Teil des Kommuniqués bietet drei Prinzipien an, um gegen die genannten drei Herausforderungen anzugehen. Diese drei Prinzipien sind: Überzeugtsein, Bewußtseinsbildung, Engagement.

1. Das Überzeugtsein davon, daß die Anwesenheit von Christen im Vorderen Orient in Gottes Plan liegt. Daher gilt es, Gott und sein Evangelium zu bezeugen und die Botschaft der göttlichen Liebe zu verkünden. Diese Sendung geschieht freiwillig und ist kein blindes Schicksal, das hingenommen wird.

2. Die Bewußtseinsbildung, nämlich sich bewußt zu sein, daß die Emigration keine endgültige Lösung ist. Denn in mehreren Ländern herrscht eine Wirtschaftskrise, die sich negativ auf die Emigranten auswirkt. Die Emigration schwächt die Ortskirche und die Gesellschaft der Region und läßt dort das geistige und materielle Kapital schrumpfen.

3. Das Engagement. Es muß auf fünf Ebenen geschehen:

a) auf katholischer Ebene, aus der Tiefe der kirchlichen Communio heraus, in der man mit Christus verbunden ist; durch das sich besser Kennenlernen, durch Zusammenarbeit und durch Solidarität, in der Einheit der Vielfalt,

b) auf christlicher Ebene, indem man nach der Einheit aller Christen strebt, ehrlich die Brüderlichkeit stärkt, sich gegenseitig kennenlernt, die Gebete um Einheit intensiviert und die Einheit in der Liebe fördert,

c) auf religiöser Ebene, durch einen konstruktiven Dialog mit den Moslems und den Juden,

d) auf nationaler Ebene, um zu mehr Demokratie, zu mehr Freiheit und Achtung der Menschenrechte zu gelangen und um mehr Gerechtigkeit zu erreichen und um den Bürgersinn zu stärken,

e) auf der Ebene der orientalischen Kirchen in der Diaspora, die eine natürliche Verlängerung der Kirchen des Vorderen Orients sind und mit denen man, wie Mutter und Kind, verbunden ist. Daher ruft das Kommuniqué die Emigranten dazu auf, ihr geistliches Erbe und die kirchlichen Bande zu bewahren und zu pflegen, um in den christlichen Gesellschaften des Westens die orientalische Identität zu bezeugen. Die Verantwortlichen des Orients ihrerseits werden sich dafür einsetzen, die Bande der kirchlichen Communio zu verstärken und die gegenseitigen Beziehungen und Dienste in den Organen der Einen Kirche zu beleben und zu schützen. Denn die Unterstützung durch die Diaspora und die Gegenwart der Orientalen in der Diaspora sind notwendig, damit die Kirche im Orient ihre Mission erfüllen kann.

Der vierte Teil des Kommuniqués ruft die Priester, die Ordensleute, die Laien, die Frauen, die Jugendlichen, die Familien sowie die Armen und Unterdrückten dazu auf, gemeinsam die Kirche zu erbauen.

Der fünfte Teil des Schlußkommuniqués spricht von dem dringenden Anliegen des Friedens in der Region (in Jerusalem, im Irak und im Libanon) und ermuntert alle in den Massenmedien Schaffenden dazu, bei der Berichterstattung objektiv zu sein und eine Tribüne des Dialogs zu bleiben. An die Autoren, Verleger und Künstler geht die Einladung des Kongresses, das christliche Erbe und Gedankengut an alle heranzutragen, mit dem Hinweis auf die Meinungsfreiheit, die zu den Grundrechten des Menschen gehört. Schließlich hebt der letzte Punkt dieses fünften Teils des Schlußkommuniqués die Wichtigkeit der Neuevangelisierung hervor und lobt die gelungene arabische Übersetzung des »Katechismus der katholischen Kirche«, der die Grundlage für die Weitergabe des Glaubens sowie für die kirchliche Mission und für die Verkündigung ist.

Der sechste und letzte Teil des Schlußkommuniqués des Kongresses dankt für die Gnaden dieser Versammlung, das päpstliche Schreiben an Kardinal Sfeir[32], den Organisatoren des Kongresses und dem Maison Notre-Dame du Mont. Die Schlußbetrachtung ruft zum Vertrauen auf die Kraft des Heiligen Geistes auf und erinnert an seine Herabkunft im Abendmahlssaal. Sie sieht außerdem im bevorstehenden Großen Jubiläum eine Gelegenheit zur Buße, zur Umkehr und zur gegenseitigen Vergebung, um »fest im Glauben, freudig in der Hoffnung und solidarisch in der Liebe zu sein«[33].

Nach Beendigung des Kongresses erschien dann zu Weihnachten 1999 ein Pastoralschreiben des Rates der katholischen Patriarchen des Orients, welches die großen Themen der Versammlung von Adma erläutert und erneut bekräftigt. Das dritte und letzte Kapitel dieses Pastoralschreibens enthält einen Aktionsplan für die Zukunft, der gemäß den oben erwähnten Vorschlägen aufgestellt wurde. Es endet mit dem Wunsch, vertrauensvoll dem 3. Jahrtausend entgegenzugehen, mit dem Segen des dreieinigen Gottes, »fest im Glauben, freudig in der Hoffnung, solidarisch in der Liebe«[34].

*7.3 Das dritte und letzte von der Kongregation für die Orientalischen Kirchen vorgeschlagene Treffen von Bischöfen, höheren Ordensobern und Oberinnen* fand vom 7.-12. November 1999 in Boston, U.S.A., statt[35].

---

[32] Wortlaut des Schreibens in *A* Dokument 7: 39-42.

[33] *A* 407.

[34] Vgl. *A* Dokument 38: 408-429.

[35] Die Akten dieses dritte Treffens sind herausgegeben, in: *Logos*, A Journal of Eastern Christian Studies, Acta of the Encounter of the Eastern Catholic Churches of the Americas and Oceania

Diese Zusammenkunft war die erste ihrer Art für die Region Amerika-Ozeanien. Das Treffen brachte es auf 130 Teilnehmer, unter ihnen waren Kardinalpräfekt Silvestrini mit einigen seiner Mitarbeiter, Kardinal Bernard Law, Erzbischof von Boston, Kardinal William Henry Keeler, Erzbischof von Baltimore und Mitglied der Kongregation, und Bischof Walter Kasper, der damalige Sekretär des Rates für die Einheit der Christen, sowie je ein Vertreter dreier Dikasterien (für die Ordensleute, das Bildungswesen und die Emigrantenpastoral). Dazu kamen der Apostolische Nuntius in Washington, Erzbischof Gabriel Montalvo und zwei Repräsentanten der nordamerikanischen Bischofskonferenz (Bischof Wilton Gregory, Bischof von Belleville, Vizepräsident der NCCB und Erzbischof Rembert Weakland, O.S.B., Erzbischof von Milwaukee, Co-Präsident der »North American Orthodox-Catholic Theological Consultation«) und ein orthodoxer Bischof (Seine Exzellenz Vsevolod, Erzbischof von Scopolos, von der ukrainischen orthodoxen Kirche der Vereinigten Staaten von Amerika)[36].

In seinem an das Treffen gerichteten Grußwort betonte Kardinal Law, daß »die universale Kirche eine Synergie zwischen den Partikularkirchen des Ostens und des Westens nötig hat, so daß sie mit ihren beiden Lungen atmen kann. Das ist wahr, das ist wahr. Als Erzbischof von Boston mit einer katholischen Bevölkerung von 2,25 Millionen Gläubigen, weiß ich, was es für diese Erzdiözese Boston bedeutet, zu erfahren und dabei mitzuhelfen, die Fülle dessen zum Ausdruck zu bringen, was es heißt, die katholische Kirche zu sein, sie braucht die Anwesenheit und aktive Communio der orientalischen Kirchen, die es hier gibt«[37].

Eine der Früchte des Treffens war die Gelegenheit, sich in Freiheit und brüderlicher Gemeinschaft zu treffen, sich näher kennenzulernen, um sich zusammen der anstehenden Probleme bewußt zu werden, die man vielleicht vorher nicht so gesehen hatte.

Aus Anlaß des Treffens hatte Papst Johannes Paul II. an Kardinal Silvestrini am 1. November ein Schreiben gerichtet, in welchem er der Versammlung seinen Gruß und seinen Apostolischen Segen entbot. Er forderte dann die Teilnehmer dazu auf, »im Reichtum und in der Harmonie der Verschiedenheit konkrete We-

---

(Boston, Massachusetts, November 7-12, 1999), Ottawa, Vol. 40 (1999), Nos. 1-4, VIII+383 S. (abgekürzt *B*). - Ein Kurzbericht zum Treffen findet sich, in: *Attività della Santa Sede 1991*, Città del Vaticano, Congregazione per le Chiese Orientali, 802-804.

[36] Vgl. das Teilnehmerverzeichnis in *B* 375-383.

[37] *B* 11.

ge zu finden, um die Erfahrung der Communio möglich zu machen«[38].
Die Eröffnungssitzung fand am 8. November statt. In ihr wurde das Telegramm an den Heiligen Vater verlesen, und Kardinalpräfekt Silvestrini hielt die Eröffnungsrede[39]. Hierin hob er die Bedeutung des Treffens für die Zukunft der orientalischen katholischen Kirchen hervor und sprach von den Themen der vorgesehenen späteren Sitzungen, wie sie unten dargestellt werden. Der melkitische Weihbischof Nicholas Samra (Eparchie Newton der griechischen Melkiten in den U.S.A.) unterstrich in seinem Willkommensgruß, daß alle Anwesenden rechtgläubig (»Orthodox in faith«) seien, aber in Kommunion mit der Kirche von Rom leben und daher katholisch seien[40].
Der erste Arbeitstag des Treffens (8. November) kreiste um die Frage der Beziehungen der katholischen orientalischen Kirchen in den Gebieten der Emigration mit den Kirchen in den Herkunftsländern[41].
Der zweite Tag (9. November) galt dem Problem der Ostkirchen, die inmitten einer Mehrheit von römischen (lateinischen) Kirchen wohnen, und dem Problem, wie man die ostkirchlichen Liturgien leben soll[42].
Der dritte Tag (10. November) erörterte die Erziehung und Bildung des Klerus sowie die Katechese der Gläubigen[43].
Der vierte Tag (11. November) war den Berichten der Arbeitskreise[44] und dem Ökumenismus[45] gewidmet. In der Darstellung des Engagements zugunsten des Ökumenismus kamen der katholische Erzbischof Weakland und der orthodoxe Erzbischof Svevolod zu Wort.
Der bekannte Ökumenist Weakland sprach von der Berufung aller zum Ökumenismus, ein Auftrag, der besonders seit dem II. Vatikanum deutlich geworden ist

---

[38] Vgl. *L'Osservatore Romano* 8.-9. November 1991, 1.5.

[39] Vgl. *B* 29-38.

[40] Vgl. *B* 39-45.

[41] Vgl. *B* Session 1: The Relationship to Churches of Origin (Monday, November 8), 49-140.

[42] Vgl. *B* Session 2: Eastern Churches among a Majority of Roman (Latin) Churches (Tuesday, November 9), 143-184 und *B* Session 3: Living Our Eastern Liturgies, 187-229.

[43] Vgl. *B* Session 4: The Education and Formation of Clergy (Wednesday, November 10), 233-296 und *B* Session 5: The Catechesis of Our Faithful, 299-319.

[44] Vgl. *B* Session 6: Report of Work from Discussion Study Groups and Interaction (Thursday, November 11), 323-329.

[45] Vgl. *B* Session 7: Our Commitment to Ecumenism, 333-369.

und in der Enzyklika »Ut unum sint« sowie in verschiedenen an die Ukrainer und an andere Adressaten gerichteten päpstlichen Verlautbarungen (Konzil von Ephesus 1981, »Slavorum Apostoli« 1985, »Magnum baptismi donum« 1988) wieder aufgenommen wurde. Er unterschied zwischen dem direkten Ökumenismus, dem Dialog, und dem indirekten Ökumenismus, welcher darin besteht, alles in der eigenen Kirchen zu erhalten, was der ökumenischen Verständigung dient. Echter Ökumenismus ist aber nicht einfach menschliche und äußere Aktivität, sondern muß aus dem Herzen kommen und von Bußgeist und Heiligkeit erfüllt sein[46].

Der ukrainische orthodoxe Erzbischof Svevolod hingegen nahm, anhand von »Orientale Lumen« von 1995 und der liturgischen Instruktion der Kongregation für die orientalischen Kirchen von 1996, zum Ökumenismus zwischen katholischen und orthodoxen Orientalen Stellung. Er rief die katholischen Orientalen dazu auf, zu ihrer ostkirchlichen Identität zu stehen, und ermunterte zu einer größeren Zusammenarbeit bei der Lösung pastoraler Probleme und auf dem Gebiet der theologischen Bildung. Er schlug auch vor, das *Filioque* nicht mehr zu verwenden, alle Formen von Proselytismus zu unterbinden, ein Programm der »Entlatinisierung« einzuleiten, Hindernisse für die Weihe verheirateter Priesteramtskandidaten aus dem Weg zu räumen und katholische ostkirchliche Christen zu ökumenischen Dialogen auf internationaler Ebene heranzuziehen[47]. Er zitierte unter anderem auch ein Wort des armenischen Katholikos Karekins I., der 1998 gesagt hatte: »Die ökumenische Bewegung ist nichts anderes, als sich selbst mit den Augen des anderen zu sehen«[48].

Der fünfte und letzte Tag des Bostoner Treffens endete am Freitag, dem 12. November, mit einer melkitischen Vesper in der griechisch-melkitischen Kathedrale von Roslindale, in Anwesenheit einer orthodoxen Delegation[49].

An den vorangegangenen Tagen waren verschiedene andere Gottesdienste zelebriert worden; so am Montag, dem 8. November, eine heilige Messe mit Kardinal Law in der Kapelle des Priesterseminars; am Dienstag, dem 9. November, eine maronitische Liturgie in der Kirche Our Lady of the Cedars of Lebanon in Jamaica Plain; am Mittwoch, dem 10. November, eine armenische Liturgie;

---

[46] Vgl. *B* 333.
[47] Vgl. *B* 351.
[48] *B* 353.
[49] Vgl. *B* 317-374.

am Donnerstag, dem 11. November, eine syrische Liturgie; am Freitag, dem 12. November, eine byzantinische Liturgie. Letztere drei eucharistische Gottesdienste wurden am Tagungsort gefeiert.

Nun liegt es an den einzelnen Kirchen, wie Kardinal Silvestrini in seinem Schlußwort unterstrich, »der entwickelten Initiative Konkretheit zu verschaffen und neue Gelegenheiten des Zusammentreffens zu entwickeln... Die Kongregation versichert ihr eigenes Engagement, diese Treffen zu veranstalten und zu fördern und die eventuellen, konkreten Modalitäten zu untersuchen«[50].

## 8. Die Kongregation für die Orientalischen Kirchen und die römischen Bildungseinrichtungen und Seminarien

*8.1* Seit seiner Gründung im Jahre 1917 war die Kongregation dem *Päpstlichen Orientalischen Institut* in Rom verbunden, welches katholischen und orthodoxen sowie allen sonstigen Studenten offensteht. Der jeweilige Präfekt der Kongregation ist Großkanzler des Instituts[51].

Das Institut ist auf wissenschaftlicher Grundlage eindeutig ökumenisch eingestellt. Zu seinen ehemaligen Studenten zählt eine Reihe von katholischen und orthodoxen Bischöfen. Der bekannteste von ihnen ist der Ökumenische Patriarch Bartholomaios I., der von 1963-1966 dort Kirchenrecht studiert hat. - Der letzte orthodoxe Patriarch, welcher dem Orientalischen Institut einen Freundschaftsbesuch abgestattet hat, war Seine Seligkeit Teoctist von Rumänien, der am 11. Oktober 2002 dort mit einem akademischen Akt geehrt worden ist.

*8.2* Der Kongregation unterstehen auch die neun Päpstlichen Kollegien (zwei ukrainische, das armenische, äthiopische, griechische, maronitische, rumänische und russische Kolleg in Rom sowie das italo-albanische Seminar in Grottaferrata) und drei weitere *römische Seminarien für Orientalen* (wie das Istituto S. Giovanni Damasceno für syro-malabarische und syro-malankarische Priesterstudenten und die Scholastikate der maronitischen Antionianer und Mariamiten)[52].

---

[50] Vgl. *Attività della Santa Sede 1999*, 804.
[51] Vgl. *Annuario Pontificio 2008*, 1782.
[52] Diese Studienhäuser sind aufgeführt im *Annuario Pontificio 2008*, 1844 passim.

## 9. Die Zusammenarbeit der Kongregation mit anderen Dikasterien

Sie ist im Artikel 61 von »Pastor Bonus« geregelt und bezieht sich auf gemeinsame Initiativen mit dem Päpstlichen Rat für die Einheit der Christen und mit dem Päpstlichen Rat für den Interreligiösen Dialog[53]. Der jeweilige Kardinalpräfekt der Orientalischen Kongregation ist ex officio Mitglied des Päpstlichen Rates für die Einheit der Christen[54]. Zur Zeit ist Kardinal Leonardo Sandri Mitglied dieses Rates.

Außerdem möchte ich hier erwähnen, daß die Orientalische Kongregation über die Kommission für die kulturelle Zusammenarbeit, die ein Organ des Päpstlichen Rates für die Einheit der Christen« ist, rund 10% der orthodoxen Stipendiaten finanziert.

## 10. Die Werke der Kongregation für die Orientalischen Kirchen

Es sind zwei Werke, die ihr Entstehen wesentlich der Kongregation verdanken:

*1. Die Catholica Unio*[55]
Sie erhielt am 19. September 1924 von der Kongregation ihre ersten Statuten. Die neuesten Statuten wurden am 24. März 1983 approbiert[56].
Während die Catholica Unio früher auch in den Vereinigten Staaten, in Argentinien und in Brasilien verbreitet war, besteht sie heute nur noch in Deutschland, Österreich und der Schweiz. Der Sitz der Catholica Unio Internationalis ist in Freiburg in der Schweiz. Die letzte statutarische Generalversammlung der gesamten Catholica Unio fand vom 25.-28. Oktober 2006 in Salzburg statt.
Vor allem die Catholica Unio Deutschlands mit Sitz in Würzburg ist sehr bekannt, obwohl sie ein kleines Werk ist. Viele katholische Geistliche des deutschen Sprachgebiets beziehen die Zeitschrift »Der christliche Osten«, die seit

---

[53] Vgl. *AAS* 80 (1988) 876.

[54] Vgl. *Annuario Pontificio 2008*, 1294.

[55] Vgl. Sacra Congregazione per le Chiese Orientali, *Oriente Cattolico, Cenni storici e statistiche*, Città del Vaticano, 821-824; Iso Baumer, *Von der Unio zur Communio, 75 Jahre Catholica Unio Internationalis*, Ökumenische Beihefte 41, Universitätsverlag Freiburg Schweiz, 2002, 528 S.

[56] Siehe Baumer, *op. cit.*, 485.

1957 erscheint. Die Catholica Unio Deutschlands organisiert seit 1982 alljährlich auch ökumenische Reisen, die nach Griechenland, Sizilien, Serbien, Finnland, Rußland, Ägypten, ins Heilige Land, in die Türkei, nach Zypern, Rumänien, Ungarn, Bulgarien, Indien, Georgien, Armenien und in den Libanon geführt haben. Die meisten dieser Reisen hatten Rußland zum Ziel, es waren insgesamt acht.

*2. Die Catholic Near East Welfare Association (CNEWA)*
Dieses beachtlich große Werk, welches schon oben unter Punkt 7.1 beim Treffen von Ungarn erwähnt worden ist, wurde auf Vorschlag der Kongregation am 15. September 1926 der amerikanischen Hierarchie unterstellt. Bis zu diesem Zeitpunkt hatte die CNEWA auch Verbindungen zur Catholica Unio. Aufgrund einer Entscheidung des Heiligen Stuhls wirkt die CNEWA seit dem 20. August 1932 ideell und karitativ zugunsten aller Kirchen und kirchlichen Einrichtungen, die der Kongregation unterstehen. Das Werk hat seinen Sitz in New York und ist mit der Pontificia Missio pro Palaestina liiert[57]. Die CNEWA ist ausschließlich in den Vereinigten Staaten und in Kanada aktiv. Sie unterhält eigene Büros in Rom, Jerusalem, Amman, Beyrouth, Addis Abeba und Ernakulam, Kerala. Die monatlich erscheinende Zeitschrift trägt den Titel »CNEWA WORLD«. Seit dem Jahr 2007 gibt die Catholica Unio Deutschland diese Zeitschrift in deutscher Sprache mit dem Titel »ONE« heraus.

## 11. Die R.O.A.C.O. (»Riunione delle Opere di Aiuto alle Chiese Orientali«)[58]

Die ROACO wurde 1968 vom damaligen Präfekten der Kongregation, Kardinal Maximilien de Furstenberg, ins Leben gerufen. Die ersten wenigen ROACO-Mitglieder (Oeuvre d' Orient, Paris, gegründet 1856; Apostolaat voor de Oosterse Kerken, Tilburg, Niederlande, entstanden 1919; Catholica Unio Deutschlands, Würzburg, und der Schweiz, Luzern; CNEWA) versammelten sich in bescheidenem Rahmen erstmals am 24. und 25. Februar 1969. Inzwischen ist die ROACO zu einem verläßlichen Hilfsorgan der Kongregation zugunsten aller

---

[57] Vgl. *Oriente Cattolico*, op. cit. 825f.; *Annuario Pontificio 2008*, 1196f.
[58] Vgl. *Annuario Pontificio 2008*, 1197f., wo die Mitglieder der ROACO aufgeführt sind.

Kirchen unseres Jurisdiktionsbereichs geworden, und 19 Hilfswerke sind Mitglieder dieses Gremiums.

Die ROACO ist auch den orthodoxen Kirchen gegenüber aufgeschlossen und fördert sie nach Kräften.

Die ROACO-Versammlungen finden alljährlich im Januar und im Juni statt. Die ROACO des Monats Juni endete in letzter Zeit in der Regel mit einer Papstaudienz, in der der Heilige Vater auf die Probleme und Sorgen der orientalischen Kirchen zu sprechen kommt. Bei der Audienz vom 27. Juni 2002 z. B. empfahl der Heilige Vater nachhaltig der Sorge der ROACO die Glaubensbrüder, die im Heiligen Lande wohnen. »Dieses Heilige Land ist geistliches Erbe der ganzen Welt und ein Schatz, dessen Wert unvergleichbar ist«, betonte der Papst in der Audienz[59].

**12. Schließen möchte ich mit einem Wort der Hoffnung.** Bekannt ist das Päpstliche Russische Kolleg in Rom, dessen Alumnus ich bin. Im großen Saal des Kollegs sieht man das Porträt von Papst Pius XI., worunter geschrieben steht: »Pacem vobis qui longe et pacem iis qui prope«[60].

Und der Völkerapostel Paulus hat dem Russikum diese Worte ins Stammbuch geschrieben, die gleichfalls in der am 15. August 1929 publizierten Apostolischen Konstitution zur Gründung des russischen Kollegs in Rom zu finden sind, Worte, mit denen der Heilige Vater zusammen mit Paulus an Abraham, unsern Vater im Glauben, erinnert und ihn als denjenigen charakterisiert, der gegen alle Hoffnung hoffend geglaubt hat - »qui contra spem in spem credidit« (Röm 4,18)[61].

Die Kongregation für die Orientalischen Kirchen ist aber auch mit Papst Johannes Paul II. davon überzeugt, wie es das Thema der Botschaft zum Weltfriedenstag 2002 formuliert: »Es gibt keinen Frieden ohne Gerechtigkeit und keine Gerechtigkeit ohne Vergebung«. Denn zwischen Gerechtigkeit und Vergebung besteht kein Gegensatz, sondern Ergänzung« (»Tra giustizia e perdono non vi è contrapposizione, ma complementarità«), sagt der Heilige Vater[62].

---

[59] Vgl. *L'Osservatore Romano*, 28. Juni 2002, 1.5.

[60] Vgl. Is. 57,19; Eph. 2,17.

[61] *AAS* 21(XXI) 1929, 578: »Sed quoniam etiam *contra spem in spem credere* (Rom. IV,18) fides Nostra Nos edocet...«

[62] *L'Osservatore Romano* 2.-3. Januar 2002, 6, Nr. 3.

Wenn diese drei Maximen uns doch dabei helfen könnten, der Versöhnung der Schwesterkirchen des Ostens und des Westens zu dienen, und es fertig brächten, den ökumenischen Dialog von östlicher und westlicher Kirche zu beflügeln!

JOHANNES MADEY

# Erzbischöfe und Metropoliten im Lichte des »Codex Canonum Ecclesiarum Orientalium«

*Einführung*

Die Apostel, die die Frohbotschaft in den bedeutenden Städten innerhalb und außerhalb des antiken römischen Reiches verkündeten, hinterließen dort ein *Kollegium* von »Ältesten« *(presbyteroi),* um selbst anderswo ihr Apostolat fortzuführen. Innerhalb dieser örtlichen Kollegien von Presbytern gab es sicherlich einen Rangunterschied im Hinblick auf die Verantwortung. Nur ein einziges Mal erwähnt die Heilige Schrift, daß der hl. Paulus die Fülle des Weihesakramentes an zwei seiner Schüler überträgt: Titus und Timotheus, aber zweifelsohne erhielten andere, die zum Dienst der sich entfaltenden Kirche berufen wurden, dieselben Rechte und Aufgaben. Bereits am Ende des ersten Jahrhunderts kann schon ein monarchischer Episkopat festgestellt werden. Die Bezeichnung »Bischof« *(episkopos)* ist dem vorbehalten, der die Fülle der apostolischen Nachfolge besitzt.

Die von den Aposteln gegründeten Ortskirchen erwarteten nicht deren Rückkehr zur Weiterführung des Missionswerks. Vielmehr sandten sie selbst Missionare in die Städte der Umgebung aus mit dem Ziel der Gründung neuer Gemeinden. Diese erhielten bald darauf einen eigenen Bischof, der jedoch vom Bischof der Mutterkirche abhängig blieb. Diese Tatsache erschien ganz logisch, da diese Neugründungen den apostolischen Mutterkirchen ja alles verdankten: die Kenntnis des Evangeliums, die Taufe, die eucharistische Liturgie, die kirchliche Organisation und Disziplin usw. Da diese Mutterkirchen sehr oft ihren Sitz in den bedeutenden Städten der in der Zeit Diokletians geschaffenen Provinzen (292), den Metropolen *(metropoleis),* hatten, nannte man die Bischöfe dieser Städte bald *Metropoliten.*[1]

---

[1] Bei der hierarchischen Organisation spielte der politische bzw. zivile Faktor eine große Rolle. Zur Zeit Diokletians gab es im Orient die Präfekturen Illyricum und Oriens. Zur Präfektur Illyricum gehörten die zivilen »Diözesen« Dacia und Macedonia, zur Präfektur Oriens die fünf »Diözesen« Thrakien, Asia (proconsularis), Pontus, Oriens und Ägypten. Die Diözesen waren aufgeteilt in Provinzen, die im Orient »Eparchien« genannt wurden.

Die Bischofssitze apostolischen Ursprungs erfreuten sich einer höheren Autorität, entweder auf Grund einer rein religiösen Überlieferung oder weil ihre Oberhirten ihre Vollmachten auf den Bischofsversammlungen, den ersten Provinzialsynoden, geltend machten.

Zusammenfassend läßt sich sagen: Der Hauptort einer (»zivilen«) Diözese war die Metropole. Jede Diözese war in Provinzen oder Eparchien aufgeteilt. Die Kirche folgte dieser durch die weltliche Macht realisierten territorialen Aufteilung, und zwar auch aus praktischen Gründen.[2]

So geschah es, daß die anderen Bischöfe sozusagen durch ein stillschweigendes Übereinkommen auf einen Teil ihrer Rechte zugunsten des Metropoliten verzichteten.[3] Außerhalb des römischen Reiches gab es im vierten Jahrhundert ähnliche Bestrebungen in Richtung einer kirchlichen administrativen Vereinheitlichung, vor allem auf dem Gebiet des persischen Reiches. Das Christentum hatte dort schon sehr früh Fuß gefaßt, entweder durch die Missionsarbeit des Apostels Thomas selbst oder spätestens im zweiten Jahrhundert. Kriegerische Auseinandersetzungen zwischen dem römischen und dem sassanidischen Reich waren nicht selten. Der ranghöchste Bischof residierte in Seleukia-Ktesiphon. Er erlangte im vierten Jahrhundert einen Primat über die ganze persische Kirche. Die im Jahre 410 abgehaltene Synode von Seleukia bestätigte diesen und verlieh dem Primas den Titel *Katholikos*[4]. Im Jahre 424 erklärte sich die persische Kirche für unabhängig; von da an wird der Katholikos, ohne seinen Titel abzuändern, als *Patriarch*, den niemand das Recht hat zu richten, angesehen. Denselben Titel nimmt 428 auch der Primas der armenischen Kirche für sich in Anspruch. Diese Kirche, die zu Beginn des vierten Jahrhunderts von Cäsarea in Kappadokien aus gegründet wurde, sagte sich bereits im Jahre 374 von ihrer Mutterkirche los.[5]

---

[2] Siehe C.J. Hefele - H. Leclercq, *Histoire des Conciles* I, Paris 1907, 540; vgl. H. Jedin / K.S. Latourette / J. Martin, *Atlas zur Kirchengeschichte*, Freiburg-Basel-Wien 1970, 21* und 20.

[3] Vom 3. Jh. an zeichnet sich eine Sonderentwicklung in Ägypten ab, wo der Bischof der Hauptstadt Alexandrien eine zentrale Autorität ausübt: Er weiht nicht nur alle Bischöfe Ägyptens und der Pentapolis, die er auch absetzen kann, sondern übt in deren Eparchien seine Jurisdiktion aus. Eine ähnliche Entwicklung läßt sich in Antiochien nicht feststellen. - Siehe W. de Vries, *Rom und die Patriarchate des Ostens*, Freiburg-München 1963, 8.

[4] Bis heute zeichnet das Oberhaupt dieser Kirche, die sich seit einigen Jahrzehnten »assyrische« Kirche nennt, als *Katholikos-Patriarch der assyrischen Kirche des Orients*.

[5] Der ranghöchste Prälat der armenischen Kirche ist der *Oberste Katholikos;* diesem folgt in der Würde der *Katholikos von Kilikien*. Der Titel »Patriarch« ist ein Ehrentitel der Erzbischöfe

Kehren wir nach diesem Exkurs zum Römischen Reich zurück. Hier fanden ja seit dem vierten Jahrhundert, angefangen vom ersten Konzil von Nikaia (325), die bedeutungsvollsten Konzilien statt, deren Rechtsentscheidungen die Basis bilden für die hierarchische Ordnung der Kirche bis hin zu dem von Papst Johannes Paul II. im Jahre 1990 promulgierten *Codex Canonum Ecclesiarum Orientalium* (CCEO).[6]

Der vierte Canon des ersten Konzils von Nikaia bestätigt die hierarchische Entwicklung, die Aufteilung in Metropolien und die von den Metropoliten erlangten Rechte: »Vor allem soll der Bischof von allen Bischöfen in der Provinz (*eparchia*) gewählt werden. Falls jedoch eine dringliche Notwendigkeit oder die Entfernung dagegen steht, müssen sich unbedingt drei Bischöfe, die im Besitz der Zustimmung der anderen sind, versammeln und die Wahl vollziehen. Die Bestätigung dessen, was geschehen ist, kommt in jeder Provinz von Rechts wegen dem Metropolitanbischof (*metropolitano episcopo*) zu.«[7] Dessen Amtsgewalt ist innerhalb seiner jeweiligen Provinz supra-episkopal. Die Synode von Antiochien (341) präzisiert das in can. 9 wie folgt:

> *»Die Bischöfe jeder Provinz (eparchia) sollen wissen, daß der Bischof, der der Metropole (metropolis) vorsteht, Sorge tragen muß für die gesamte Provinz, denn dorthin wenden sich aus allen Teilen diejenigen, die Angelegenheiten zu erledigen haben. Infolgedessen ist bestimmt worden, daß er auch den ersten Rang bezüglich der Ehren einnehmen wird und daß die anderen Bischöfe gemäß der alten von unseren Vätern aufgestellten Regel nichts ohne ihn tun können werden, ausgenommen ihre Stadt und das umgebende Land zu verwalten. Jeder Bischof ist tatsächlich der Lehrer seiner Diözese (paroikia)... Aber außerhalb kann er nichts tun ohne die Gutheißung des Bischofs der Metropole, ebenso wie auch dieser nichts entscheiden soll, ohne sich mit den anderen zu beraten.«*[8]

---

von Jerusalem und von Istanbul.

[6] Siehe J. Madey, *Quellen und Grundzüge des Codex Canonum Ecclesiarum Orientalium* (BzMK 22), Essen 1999; V.J. Pospishil, *Eastern Catholic Church Law*, Staten Island, New York ²1996.

[7] P.-P. Joannou, *Les canons des conciles œcuméniques* (Fonti – fasc. IX, Discipline générale antique [IIe-IXe s.]), Grottaferrata 1962, 26.

[8] Ders., t. I, 2: *Les canons des Synodes Particuliers (IVe-IXe s.)*, 1962, 110f.

Zur Zeit des Konzils von Nikaia waren die Rechte des antiochenischen Stuhls noch wenig entwickelt. Erst im Laufe der folgenden zweihundert Jahre fand eine Entwicklung in Richtung auf ein wirkliches Patriarchat im heutigen Verständnis statt, doch ist zuzugeben, daß can. 6 von Nikaia diese Entwicklung sozusagen als deren Grundlage gefördert hat.

Was für uns in diesem Zusammenhang von Bedeutung ist, ist die Tatsache, daß den Bischöfen von Rom, Alexandrien und Antiochien Vollmachten über andere Bischöfe zugestanden wurden. Das erste Konzil von Konstantinopel (381) verleiht einen ähnlichen Vorrang auch an die Bischöfe von Ephesus, Cäsarea im Pontus und Konstantinopel. Um diese Hierarchen von den anderen Bischöfen zu unterscheiden, wird ihnen zu dieser Zeit der Titel *Erzbischof* verliehen.

Ein *Erzbischof* ist also ab dem vierten Jahrhundert der Titular eines herausragenden Bischofssitzes, der eine große Ausstrahlung auf die benachbarten Eparchien, ja sogar auf mehrere Provinzen ausübt. Anfang des fünften Jahrhunderts (auf den Konzilien von Ephesus, 431, Antiochien, 448, und Chalkedon, 454) trifft man diesen Titel recht oft an. Alle herausragenden Metropoliten, auch der Bischof von Rom, werden »Erzbischof« genannt. Ende des sechsten Jahrhunderts ist dieser Titel schon weit verbreitet, und ab dem siebenten Jahrhundert wird er sogar Bischöfen verliehen, die nicht einmal Metropoliten waren. Von dieser Zeit an werden die Erzbischöfe der antiken Sitze immer häufiger *Patriarchen* genannt.

Das erste Konzil von Konstantinopel gewährt dem Bischofssitz der Kaiserstadt einen besonderen Vorrang und leitet damit eine Entwicklung ein, die unsere Aufmerksamkeit auf sich zieht angesichts der Tatsache, daß der Erzbischof von Konstantinopel einen Ehrenprimat nach dem Bischof von (Alt-)Rom erhält. Das Konzil von Chalkedon vermehrt die Bedeutung des Neuen Rom noch mehr, indem es seinem Erzbischof Jurisdiktionsvollmachten über die Metropoliten der »Diözesen« Asia, Pontus und Thrakien verleiht. Der Erzbischof von Konstantinopel erhält auch das Recht, diesen Metropoliten die Bischofsweihe zu spenden; was die von »barbarischen Völkern« bewohnten Gebiete betrifft, genießt er das Recht, auch die einfachen Eparchialbischöfe zu weihen. Dies ist der Inhalt der »Entscheidung der Heiligen Synode«, die später als can. 28 von Chalkedon bekannt wird.[9]

---

[9] Dieser Canon befand sich ursprünglich nicht nach den anderen 27 Canones des Konzils von Chalkedon und wurde auch nicht vom römischen Papst anerkannt. Orthodoxe Kanonisten begannen aber bald damit, ihn als Can. 28 zu bezeichnen. Siehe F. Dvornik, *Byzanz und der rö-*

Durch die erwähnte Konzilsentscheidung verloren zwar die Exarchen von Ephesus, Cäsarea in Kappadokien und Herakleia in Thrakien viel von ihrer Bedeutung, andererseits ist jedoch zuzugestehen, daß die Kirche im Orient nach Alexandrien und Antiochien ein drittes, vitales Zentrum erhielt. Jerusalem spielte niemals bei der Entfaltung der Kirche eine besondere Rolle. Durch den Patriarchaltitel sollte vielmehr die Heiligkeit der Stadt geehrt werden, in der Christus das Erlösungswerk vollzog.

In seiner Novelle 126 zählt Kaiser Justinian I. fünf Bischofssitze auf, denen er den Titel *Patriarchalkirchen* verleiht: (Alt-)Rom, Konstantinopel (Neu-Rom), Alexandrien, Antiochien und Jerusalem. Diese Präzedenzordnung fand die Anerkennung der universalen Kirche. Bereits Papst Gregor d. Gr. (590-604) spricht dem Erzbischof von Konstantinopel den ersten Platz unter den orientalischen Patriarchen zu.[10] Auch das vierte Konzil von Konstantinopel, das zur Zeit des Patriarchen Photios stattgefunden hat, behandelt in seinem can. 21 die Präzedenzordnung, wobei es sich der überlieferten anschließt. Dieses Konzil wurde von Papst Hadrian II. (867-872) bestätigt.[11]

Neben den fünf Patriarchalkirchen erfreute sich die Kirche von Zypern seit der Zeit des dritten ökumenischen Konzils von Ephesus (431) einer vollständigen Autonomie. Diese vollständige, quasi patriarchale Autonomie (wenn auch ohne den patriarchalen Titel!) wird man später *Autokephalie* heißen. Zuvor stand Zypern unter der Jurisdiktion von Antiochien. Der größte Schatz dieser Kirche waren die Reliquien des Apostels Barnabas. Kaiser Justinian bestätigte die Verleihung der Selbständigkeit durch das Konzil von Ephesus und verlieh selbst dem Oberhirten von Nea-Justiniana[12] die *erzbischöflichen und metropolitanen Rechte* sowie kaiserliche Privilegien. Dies entspricht voll und ganz dem, was man heute in der katholischen Kirche unter einem *Großerzbischof*[13] versteht.

---

*mische Primat,* Stuttgart 1966, 74ff.

[10] Bis heute lautet der offizielle Titel des Oberhirten der ehemaligen oströmischen Hauptstadt *Erzbischof von Konstantinopel, des Neuen Rom, und Ökumenischer Patriarch.*

[11] W. de Vries, a.a.O. (Fn. 3) 17.

[12] Diesen Titel führt das in der Hauptstadt Nikosia residierende Oberhaupt der Kirche von Zypern bis heute.

[13] Dieser Ausdruck geht auf den melkitischen griechisch-katholischen Kanonisten A. Coussa zurück, der lange Zeit in Rom lehrte. *Epitome Praelectionum de iure ecclesiastico orientali* I, Grottaferrata 1948.

Im fünften Jahrhundert wurde auch die Kirche von Georgien von Antiochien unabhängig.[14] Da Georgien niemals zum Römischen Reich gehört hatte, nahm der Ersthierarch dieser autokephalen Kirche, der sich der gleichen Rechte wie die Patriarchen erfreute, den Titel *Katholikos*[15] an. Er folgte so dem Beispiel der von der universalen Kirche getrennten Ersthierarchen der assyrischen und der armenischen Kirche.

## I. Der CCEO und das Annuario Pontificio

Ein Vergleich mit dem jährlich erscheinenden *Annuario Pontificio* mag auf den ersten Blick Erstaunen hervorrufen, besonders wenn es sich um die Patriarchalkirchen handelt. Wir stellen fest, daß es im Gegensatz zum CCEO in all diesen Kirchen innerhalb ihres Territoriums Eparchien gibt, die von Erzbischöfen geleitet werden oder die den Rang von Metropolien haben, ohne jedoch Suffraganeparchien zu besitzen. Dafür gibt es manche Gründe. In diesen Gebieten ist hauptsächlich durch das Aufkommen des Islam und verschiedene Verfolgungen die Zahl der Christen so geschrumpft, daß auch die Metropolitanstrukturen überflüssig geworden sind. Die Titel weisen heute nur noch auf eine glücklichere Geschichte hin. Die Funktionen der Metropoliten sind auf die Patriarchen übergegangen, die von der *Synode der Bischöfe* oder – in dringlichen Fällen – der *ständigen Synode* unterstützt werden.[16]

Die Bedeutung der synodalen Kooperation hat am 8. Mai 2008 Papst Benedikt XVI. in seiner Ansprache für eine Delegation des melkitischen Patriarchats, die vom Patriarchen angeführt wurde, deutlich unterstrichen.[17]

---

[14] Ihr hierarchisches Haupt wurde noch bis ins 8. Jh. vom Patriarchen von Antiochien geweiht.

[15] Heute führt er eine Reihe von Titeln: *Erzbischof von Mc'het'a, Metropolit von Tbilisi, Katholikos-Patriarch von Georgien.* Siehe den Artikel »Georgische Kirche« von J. Assfalg in: H. Kaufhold (Hg.), *Kleines Lexikon des Christlichen Orients,* Wiesbaden 2007, 167ff.

[16] Näheres zu den Metropoliten in Patriarchalkirchen findet sich bei J.D. Faris, *Eastern Catholic Churches: Constitution and Governance,* New York 1992, 373f., und V.J. Pospishil, a.a.O. (Fn. 6) 177f.

[17] »Ein solcher Elan ist auch eine Garantie für eine blühende Zukunft der melkitischen Kirche. In dieser Hinsicht hat die Bischofssynode eine Rolle von grundlegender Bedeutung, um die evangeliumsgemäße Dynamik der Gemeinschaften und ihre Einheit ebenso zu gewährleisten wie das gute Funktionieren der kirchlichen Angelegenheiten in den Patriarchalkirchen. Es ist daher ratsam, immer, wenn es das Recht erfordert - vor allem, wenn es sich um Fragen han-

Man muß es dem CCEO lassen, daß er für eine eindeutige kanonistische Terminologie sorgt. In zahlreichen Veröffentlichungen und im täglichen Gebrauch werden bis heute zum Beispiel »Kirche *sui iuris*« und »Ritus« unterschiedslos gebraucht. Aus diesem Grunde ist es angebracht, die in Frage kommenden Canones hier anzuführen:[18]

> »*Eine Gemeinschaft von Christgläubigen, die mit der Hierarchie nach Maßgabe des Rechtes verbunden ist und von der höchsten Autorität der Kirche ausdrücklich oder stillschweigend als eigenen Rechtes anerkannt wird, wird in diesem Codex eigenberechtigte Kirche« (*Ecclesia sui iuris*) genannt* (can. 27).

> »*Der* Ritus *ist das liturgische, theologische, geistliche und disziplinäre Erbe, das sich durch die Kultur und durch die geschichtlichen Ereignisse der Völker unterscheidet und sich durch die eigene Art des Glaubenslebens einer jeden eigenberechtigten Kirche ausdrückt (can. 28 § 1). Die Riten, über die in dem Codex gehandelt wird, sind, wenn nichts anderes feststeht, jene, die aus der alexandrinischen, antiochenischen, armenischen, chaldäischen [ostsyrischen] und konstantinopolitanischen Tradition hervorgehen*« (§ 2).

Das Zitat macht im wesentlichen deutlich, daß ein Patriarch und sonstiger Bischof sein apostolisches Dienstamt für und innerhalb einer bestimmten Kirche *sui iuris*, einer *bestimmten* »Gemeinschaft von Christgläubigen« ausübt. Es ist deshalb nicht richtig, wenn sich zum Beispiel ein Oberhirte »Metropolit/Bischof des ... Ritus« nennt. Den Ritus können mehrere Kirchen *sui iuris* gemeinsam haben, ohne daß sie ihre Autonomie einbüßen.[19] Auf keinen Fall darf man »Ritus« auf das liturgische Erbe einer einzigen Kirche *sui iuris* beschränken.[20]

---

delt, die die Bischöfe selbst betreffen - dieser ehrwürdigen Einrichtung, und nicht nur der ständigen Synode, den Platz einzuräumen, der ihr gebührt.« *L'Osservatore Romano* vom 9. Mai 2008, deutsche Wochenausgabe vom 23. Mai 2008, 11.

[18] Wir zitieren in der Regel nach der lateinisch-deutschen Ausgabe des CCEO, hrsg. von L. Gerosa und P. Krämer (Amateca-Repertoria 2), Paderborn 2000.

[19] Siehe den Überblick über die Kirchen der verschiedenen Traditionen in: *Annuario Pontificio*, Vatikan 2008, 1167-1171: »Riti nella Chiesa«.

[20] Beispielsweise genügt ein Blick in den *Catalogo generale 2005* der Libreria Editrice

Es hat den Anschein, daß selbst römische Dikasterien mit der Anwendung der Terminologie des CCEO Schwierigkeiten haben. Nehmen wir als Beispiel die syro-malabarische Eparchie Kottayam im *Annuario Pontificio*. Im Verzeichnis der Jurisdiktionseinheiten wird sie »Metropolie« genannt, ohne daß sie Suffraganeparchien besitzt.[21] Bereits 1987 waren dem damaligen Präfekten der Ostkirchenkongregation bei seinem Kerala-Besuch Memoranden überreicht worden, deren Anliegen es war, diese für die ethnische Gemeinschaft der »Sudisten« (Knanaya) bestehende Eparchie aus dem Metropolitanverband von Changanassery[22] herauszulösen und dem Oberhirten den Titel Erzbischof zu verleihen. Dies geschah am 9. Mai 2005. Bei den Angaben zur Person des Oberhirten wird richtig erwähnt, daß der bisherige Eparch den Rang eines *Archieparchen* erhielt.[23] Nach V.J. Pospishil ist ein solcher Hierarch ohne Suffragane höchstens ein *Titularmetropolit*.[24]

Eine ähnliche Anmerkung ist bei den Angaben zur ukrainischen Kirche zu machen. Nach der Verlegung des großerzbischöflichen Sitzes von Lemberg (Lviv) nach Kyïv erhielt Lviv auf Grund seiner historischen Bedeutung den Rang einer Archieparchie innerhalb des Großerzbistums. Dies verdeutlicht die Tatsache, daß es sich bei dem Titel *Archieparchie* nicht um einen höheren Rang handelt, sondern um eine *Ehrenbezeichnung*.

## II. »Erzbischof« und CCEO

Der Begriff »Erzbischof« kommt im CCEO nicht vor. Wo der CCEO vom Erzbischof spricht, ist stets der Großerzbischof (*archiepiscopus maior*) gemeint (Canones 151-154). Interessanterweise spricht auch der für die lateinische Kirche geltende CIC (1983) nicht vom Erzbischof, sondern verweist im Sachregi-

---

Vaticana, der die verschiedenen Rezensionen der byzantinischen Liturgie für die verschiedenen slawischen Kirchen aufführt: 1. die *Recensio vulgata* für Russen, Bulgaren und Serben, 2. die *Recensio Ruthena* für Ukrainer und Ruthenen (S. 243).

[21] *Annuario Pontificio 2008*, 1169; vgl. 382.

[22] Die englische Bezeichnung des Ortes war »Changanacherry«.

[23] Richtige Angaben machen www.catholic-hierarchy.org und www.wikipedia.org

[24] Siehe V.J. Pospishil, *Eastern Catholic Church Law*, 178.

ster einfach auf den Metropoliten.[25]

Wie bereits oben erwähnt, kam die Bezeichnung erstmals ab dem vierten Jahrhundert auf, und zwar für den Titular eines herausragenden Bischofssitzes oder für einen Hierarchen, dessen Verdienste allgemein anerkannt und dem bestimmte Funktionen übertragen wurden.

Schaut man in das *Annuario Pontificio,* stellt man in den apostolischen Patriarchalkirchen eine ganze Reihe von Erzbischöfen fest, zum Beispiel auch den Titular für die erst 1986 errichtete *maronitische* Eparchie Haifa und Heiliges Land.[26]

Interessant ist auch die Tatsache, daß in der *melkitischen* Kirche innerhalb des historischen Patriarchatsgebietes alle Bischöfe, die nicht die Würde eines Metropoliten ererbt haben, den Titel Erzbischof tragen, auch die Hilfsbischöfe des Patriarchen an seiner Kurie oder in seiner Eparchie.[27] Man dürfte nicht ganz falsch liegen mit der Feststellung, daß die Erzbischöfe ihren Titel *honoris causa* tragen, wozu möglicherweise auch das arabische Wort *metran* (aramäisch: *mitrofulito*) beigetragen hat, mit dem man (Erz-)Bischöfe bezeichnet. In der Regel macht man bezüglich der verschiedenen Bezeichnungen nicht viel Aufsehen. Man spricht einfach über Eparchien, und alle Bischöfe haben gleiche Rechte auf den synodalen Versammlungen. Sogar in der postalischen Adresse verschwindet der Unterschied zwischen den »einfachen« Eparchien und den Metropolien.[28]

In den Eparchien der Emigration ist dies in der Regel nicht der Fall, es sei denn, daß der Papst einem Hierarchen, der schon im Nahen Osten einer Eparchie vorstand, den Ehrentitel Erzbischof *ad personam* zubilligt.

Wie bei Maroniten und Melkiten findet man auch in den anderen orientalischen Patriarchalkirchen Bischöfe mit dem Ehrentitel Erzbischof.[29]

---

[25] *Codex des kanonischen Rechtes. Lateinisch-deutsche Ausgabe,* Kevelaer ²1984, 839: »Erzbischof s. Metropolit«.

[26] In der maronitischen Kirche, die erst seit 1577 eine episkopale Struktur besitzt (bis dahin war der Patriarch der einzige Ordinarius), tragen den Titel Erzbischof jetzt die Oberhirten von Aleppo, Beirut, Tripoli, Tyrus, Zypern, Damaskus sowie Haifa und Heiliges Land.

[27] Es gibt folgende von einem Erzbischof geleitete melkitische Eparchien: Lattaquié, Baalbeck, Baniyas (Caesarea Philippi), Saida, Tripoli, Zahlé und Furzol, Petra und Philadelphia (Amman), Akka und Galiläa.

[28] Alle tragen die Anrede: Archevêché grec-melkite catholique.

[29] Der Vollständigkeit halber sollen hier ihre Eparchien aufgeführt werden. *Syrer:* Bagdad,

### III. »Großerzbischof« (Archiepiscopus maior)

Wie schon oben erwähnt wurde, hat dieser Titel an sich keine lange Tradition. Der Gelehrte Acacius Coussa verwendete ihn, um jene Erzbischöfe hervorzuheben, die fast in jeder Hinsicht patriarchale Rechte haben. Das Vaticanum II nahm ihn in das Dekret *Orientalium Ecclesiarum* auf, indem es feststellte: »Das über die Patriarchen Gesagte gilt im Rahmen des Rechtes auch von den Großerzbischöfen, die einer ganzen Teilkirche oder einem Ritus vorstehen«[30]. Diese Feststellung betont vor allem die supra-episkopale und sogar die supra-metropolitane Autorität des Großerzbischofs.

Vom Vaticanum II nahm der Begriff seinen Weg in den CCEO, wo der erste Canon, der sich mit den großerzbischöflichen Kirchen befaßt, definiert: »Der Großerzbischof ist der Metropolit eines von der höchsten Autorität bestimmten und anerkannten Stuhls, der einer gesamten orientalischen eigenberechtigten (*sui iuris*) Kirche vorsteht, die nicht mit dem patriarchalen Titel ausgezeichnet ist.«[31] Daraus folgt: Der Großerzbischof ist der erste und ranghöchste Metropolit der Kirche *sui iuris*, der er vorsteht.[32] Die Normen, die für die Patriarchalkirchen und die Patriarchen gelten, gelten in gleicher Weise auch für die großerzbischöflichen Kirchen und die Großerzbischöfe.[33] So wird der Großerzbischof auf dieselbe Weise wie ein Patriarch von der Synode der Bischöfe seiner Kirche gewählt. Der *Unterschied* ist in folgendem Detail zu sehen: Der erwählte Patriarch erbittet vom römischen Papst die *ecclesiastica communio*[34], der erwählte Großerzbischof muß durch einen eigenhändig unterschriebenen Brief vom Papst die Bestätigung (*confirmatio*) seiner Wahl erbitten.[35]

---

Mossul, Aleppo, Hassaké-Nisibis; *Chaldäer*: Arbil, Bassorah, Mossul, Ahwaz, Diarbakir; *Armenier*: Bagdad, Aleppo, Istanbul, Lviv/Lemberg.

[30] *OE* Nr. 10.

[31] *CCEO* can. 151.

[32] Er muß nicht zwangsläufig einen anderen, seiner Jurisdiktion nachgeordneten Metropoliten haben; vielmehr kann die großerzbischöfliche Kirche auch aus einer einzigen Kirchenprovinz bestehen, wie das bei der rumänischen Kirche der Fall ist, der Papst Benedikt XVI. am 16. Dezember 2005 diesen Status verliehen hat.

[33] *CCEO* can. 152.

[34] *CCEO* can. 76 § 2.

[35] *CCEO* can. 153 § 2.

Innerhalb der *communio* der katholischen Kirchen gibt es also vier orientalische Patriarchalkirchen, zwei spätere Kirchen, denen ein Katholikos-Patriarch vorsteht[36], sowie vier großerzbischöfliche Kirchen.[37] Es sind die ukrainische Kirche (anerkannt 1963), die syro-malabarische Kirche (seit 1992), die syro-malankarische Kirche (seit 10. Februar 2005) und die rumänische Kirche (seit 16. Dezember 2005). Da in Indien die Bezeichnung »Großerzbischof« fremd ist, wird der syro-malankarische Protohierarch *Katholikos*[38] genannt.

Bei all diesen Kirchen besitzen allein die Großerzbischöfe der syro-malabarischen und der syro-malankarischen Kirche eine echte supra-metropolitane Jurisdiktion.[39] Die ukrainische Kirche besitzt neben dem großerzbischöflichen Sitz von Kyïv-Halyč in der Ukraine noch weitere Metropolitanprovinzen: Peremyšl-Warschau (Przemyśl-Warszawa) in Polen mit der Suffraganeparchie Breslau-Danzig (Wrocław-Gdańsk), Philadelphia in Pennsylvania (USA) mit drei Suffraganeparchien sowie Winnipeg in Kanada mit vier Suffraganeparchien. Die Vollmacht des Patriarchen und der Synode außerhalb des Territoriums dieser Kirche regelt ein eigenes Kapitel des CCEO[40], mit dem die Patriarchalsynoden nicht zufrieden sein können und deshalb eine Revision, die die heutige Situation berücksichtigt, verlangen.[41]

---

[36] Es handelt sich hier um die chaldäische Kirche und die armenische Kirche. Nach *CCEO* can. 59 § 3 besitzt die chaldäische Kirche (wiederhergestellt 1553) den Vorrang vor der armenischen Kirche, die ihre patriarchale Anerkennung erst 1742 erhielt.

[37] Siehe J. Madey, »The Catholicos of the Malankara Catholic Church«, in: *Studia Oecumenica* 5 (Oppeln 2005) 111ff.

[38] Ebd. 112f.

[39] Der *syro-malabarische* Großerzbischof ist Metropolit von Ernakulam-Angamaly (2 Suffraganeparchien). Ihm unterstehen die Metropolitanprovinzen von Changanassery (3 Suffraganeparchien), Thalassery (4 Suffraganeparchien) und Trissur (2 Eparchien). Über die Sonderrolle der Eparchie Kottayam, siehe Fn. 20 und 22. Der *syro-malankarische* Katholikos (Großerzbischof) von Thiruvananthapuram (Trivandrum) ist der Metropolit seines großerzbischöflichen Sitzes (2 Suffraganeparchien). Ihm untersteht die Metropolitanprovinz von Tiruvalla (2 Suffragansitze).

[40] *CCEO* caput VIII, canones 146-150.

[41] Siehe *Le Lien. Revue du Patriarcat Grec-Melkite-Catholique* 67/1 (2002) 46f.

## IV. Metropoliten

Wie wir oben gesehen haben, ist der Titel *Metropolit* nach dem des Bischofs einer der ältesten in der Kirche. Der CCEO kennt verschiedene Arten von Metropoliten. John D. Faris[42] zählt fünf Arten auf:
1. der Metropolit einer patriarchalen oder großerzbischöflichen Kirche, der seinen Sitz *innerhalb* des Territoriums der patriarchalen/großerzbischöflichen Kirche hat (canones 133-137) und eine eigene Provinz leitet;
2. der Metropolit einer patriarchalen oder großerzbischöflichen Kirche *außerhalb* der Grenzen der patriarchalen Kirche (can. 138);
3. der Metropolit, der für Eparchialbischöfe außerhalb des Territoriums der Patriarchalkirche zuständig ist, die keiner eigenen Metropolitanprovinz angehören (can. 139);
4. der Metropolit, der einer Metropolitankirche *sui iuris* vorsteht (canones 155-175) und vom Hierarchenrat nach Maßgabe des Rechtes (*ad normam iuris*) unterstützt wird;
5. der Metropolit, der diesen Titel erhält, weil sein Sitz früher einmal Sitz eines Metropoliten, er selbst emeritierter Metropolit dieses Sitzes ist oder er ihn als eine persönliche Auszeichnung zugewiesen bekommt. Ein solcher Bischof ist ein *Metropolit honoris causa*.[43]

Zu 1. Wie bereits oben erwähnt, gibt es Metropoliten, die auch einer Provinz innerhalb des Territoriums ihrer eigenen Kirche *sui iuris* vorstehen, allein in der syro-malabarischen und in der syro-malankarischen Kirche *sui iuris*. Die rumänische Kirche besteht aus einer einzigen Metropolie; ihr Großerzbischof ist in einer Person auch der Metropolit dieser Kirche.[44]

Zu 2. Nur die ukrainische Kirche besitzt *außerhalb ihres Territoriums,* wie oben erwähnt, drei Metropolien. Auch wenn der Großerzbischof von Kyïv-Halyè in ihrer Hinsicht einige Rechte und Privilegien besitzt, unterstehen sie direkt

---

[42] J.D. Faris, *a.a.O.* (Fn. 15) 332f.; vgl. V.J. Pospishil, *Eastern Catholic Church Law*, 178f.

[43] V.J. Pospishil, *Eastern Catholic Church Law*, 178, fügt hinzu: Da die östlichen Nichtkatholiken im Mittelmeerraum alle Eparchialbischöfe Metropoliten nennen, sahen sich die katholischen gezwungen, diesem Beispiel zu folgen (im Englischen und Französischen werden sie als Erzbischöfe [archbishops; archevêques] bezeichnet).

[44] Der Titel des Großerzbistums und der Metropolie ist Făgăraş e Alba Iulia mit Sitz in Blaj.

dem römischen Papst. Dieser ernennt auch die Metropoliten und die sonstigen Hierarchen, die Hilfsbischöfe nicht ausgenommen.[45]

Zu 3. Hier handelt es sich in der Regel um römisch-katholische Metropolitanerzbischöfe, denen Eparchen und Eparchien von Kirchen *sui iuris* orientalischer Überlieferung unterstellt werden. So gehört die *maronitische* Eparchie San Charbel en Buenos Aires zur »lateinischen« Kirchenprovinz Buenos Aires und die Eparchie Nossa Senhora do Libano em São Paulo zur Kirchenprovinz São Paulo.[46] Von den *melkitischen* Eparchien der Diaspora ist nur die Eparchie Nossa Senhora do Paraíso em São Paulo der Kirchenprovinz São Paulo zugeordnet.[47] Die *ukrainische* Eparchie Saints Peter and Paul of Melbourne gehört zur Kirchenprovinz Melbourne, die von São João Batista em Curitiba zur Kirchenprovinz Curitiba und die von Santa Maria del Patrocinio en Buenos Aires zur Kirchenprovinz Buenos Aires. Besonders auffällig ist die Zahl der *syro-malabarischen* Eparchien in Indien selbst, die zu römisch-katholischen Kirchenprovinzen gehören, weil das Territorium der syro-malabarischen Kirche *sui iuris* auf das Gebiet der vier in Kerala beheimateten Metropolien beschränkt wurde.[48]

---

[45] Interessant ist der Unterschied in der Terminologie zwischen dem Bulletin des vatikanischen Pressesaals und dem ukrainischen großerzbischöflichen Pressedienst. Im ersteren heißt es: »Der Heilige Vater hat seine Zustimmung (*assenso*) zu der von der Synode der ukrainischen griechisch-katholischen Bischöfe kanonisch durchgeführten *Wahl* des hochw. P. Taras Senkiv ... zum Hilfsbischof von Stryj ... erteilt und diesem den Titularsitz von Siccenna zugewiesen« (*Bollettino della Sala Stampa della Santa Sede*, 22. Mai 2008). Im Pressedienst lautete der Text: »Am 22. Mai, 13 Uhr, wurde bekannt gegeben, daß Seine Heiligkeit Benedikt XVI. *die Entscheidung der Synode der ukrainischen griechisch-katholischen Kirche* bezüglich der Ernennung des mitrophorischen Protopresbyters Taras Sen'kiv... zum Hilfsbischof der Eparchie Stryj *gesegnet* und ihm den Titularsitz von Siccenna gegeben hat« (*The Ukrainian Greek Catholic Church: official website*, 23. Mai 2008 [press@ugcc.org.ua]).

[46] Die anderen Diaspora-Eparchien Our Lady of Lebanon of Los Angeles, St. Maron of Brooklyn, St. Maron of Sydney, St-Maron de Montréal und Nuestra Señora de los Mártires del Libano en Mexico sind direkt dem römischen Apostolischen Stuhl unterstellt.

[47] Ebenfalls unterstehen die melkitischen Eparchien Newton (USA), Saint-Sauveur de Montréal, Nuestra Señora del Paraiso en México direkt dem Papst.

[48] Kirchenprovinz Hyderabad: Eparchie Adilabad; Kirchenprovinz Bhopal: Eparchien Sagar, Satna, Ujjain.
Kirchenprovinz Agra: Eparchien Bijnor, Chanda und Jagdalpur.
Kirchenprovinz Nagpur: Eparchie Gorakhpur.
Kirchenprovinz Mumbai (Bombay): Eparchie Kalyan; Kirchenprovinz Gandhinagar: Eparchie Rajkot.

Nur die Eparchie Saint Thomas the Apostle of Chicago, deren Bischof für die in die USA emigrierten Malabaren zuständig ist, ist direkt dem römischen Apostolischen Stuhl unterstellt. Lateinischen Metropoliten sind ferner die *ungarische* Kirche *sui iuris* (Eparchie Hajdúdorog mit dem Apostolischen Exarchat Miskolc) sowie die byzantinisch-slavische Eparchie Križevci (Kroatien) unterstellt. Erstere gehört zur römisch-katholischen Kirchenprovinz Esztergom-Budapest, letztere zur Kirchenprovinz Zagreb.[49]

Zu 4. Es gibt ferner Metropoliten, die weder einer Patriarchal- noch einer großerzbischöflichen Kirche angehören, sondern einer eigenen Kirche *sui iuris* vorstehen. Heute gibt es nur noch drei Metropolitankirchen *sui iuris,* die äthiopische Kirche, deren Verbreitungsgebiet Äthiopien und Eritrea ist, die ruthenische Metropolie Pittsburgh mit drei Suffraganeparchien in den USA[50] sowie die slowakische Kirche mit der Metropolie Prešov und den Eparchien Košice und Bratislava (Pressburg), die Papst Benedikt XVI. am 30. Januar 2008 errichtet hat. Um die Eigenberechtigung der Kirchen *sui iuris* zu fördern, haben die Päpste Johannes Paul II. und Benedikt XVI., wie bereits erwähnt, drei Metropolitankirchen *sui iuris* - der syro-malabarischen, der syro-malankarischen und der rumänischen - den Status von großerzbischöflichen Kirchen verliehen.
Worin unterscheiden sich die Metropolitankirchen *sui iuris* von den großerzbischöflichen? Die Hauptunterscheidungsmerkmale bestehen darin, daß sowohl der Metropolit als auch die Suffraganbischöfe *vom Papst* für einen bestimmten Bischofssitz *ernannt* werden[51] und daß die Metropolitankirche keine Bischofssynode besitzt, sondern einen Hierarchenrat (*consilium hierarcharum*) ähnlich

---

[49] Der Vollständigkeit halber erwähnen wir hier die Eparchien, die direkt dem römischen Apostolischen Stuhl unterstellt sind: 1. die beiden italo-albanischen Eparchien Lungro und Piana degli Albanesi in Italien; die ruthenische Eparchie Mukačevo (Ukraine, nicht zur großerzbischöflichen Kirche gehörend), die rumänische Eparchie St. George's in Canton (Ohio, USA), die armenischen Eparchien Sainte-Croix de Paris und Our Lady of Nareg in New York sowie die syro-antiochenische Eparchie Our Lady of Deliverance of Newark (New Jersey, USA).

[50] Vgl. *The Norms of Particular Law of the Byzantine Metropolitan Church Sui Iuris of Pittsburgh, U.S.A.,* Pittsburgh 1999.

[51] Ausführlich dazu J. Madey, *Die Bestellung eines Bischofssitzes »sede vacante« nach dem Codex Canonum Ecclesiarum Orientalium (CCEO)* [Môrān 'Eth'ō 27], Kottayam 2005, bes. 19-27.

den Bischofskonferenzen der römisch-katholischen Kirche. Darum steht es allein der höchsten Autorität der Kirche zu, »eigenberechtigte Metropolitankirchen zu errichten, zu verändern, aufzuheben und deren Gebiet mit festen Grenzen zu umschreiben«[52]. Der Metropolit hat auch die Pflicht, innerhalb von drei Monaten nach seiner Bischofsweihe/Inthronisation vom Papst das Pallium[53] zu erbitten.

Zu 5. Zu den Hierarchen, die den Titel »Metropolit« ehrenhalber tragen, gehören in erster Linie die Oberhirten der Sitze, die schon in der Vergangenheit in den Patriarchalkirchen Metropolitansitze waren.[54] Ferner sind dazuzurechnen die emeritierten Metropoliten, die Sitz und Stimme in der Synode haben, weil diese ihr Alter ehren und nicht auf ihre Lebenserfarung verzichten möchte (canones 102-104). Schließlich können Metropoliten *honoris causa* auch jene Bischöfe sein, die als Nuntien im diplomatischen Dienst des römischen Apostolischen Stuhles stehen und einen entsprechenden Titularsitz zugewiesen bekommen haben.[55]

Abschließend können wir sagen: Jeder Metropolit wird zwar - in der Umgangssprache - Erzbischof genannt, aber nicht jeder Erzbischof ist auch Metropolit.

---

[52] *CCEO* can. 155 § 2.

[53] Das Pallium ist Zeichen seiner *metropolitanen* Vollmacht und der vollen Gemeinschaft seiner Kirche *sui iuris* mit dem Papst (*CCEO* can. 186 § 1). Der Patriarch und der Großerzbischof erbitten nicht das Pallium, sondern die *ecclesiastica communio* bzw. die *confirmatio* ihrer Erwählung.

[54] Dazu gehören in der *melkitischen Kirche* die vier Sitze Aleppo, Seleukia und Cyrrhus, Bosra und Hauran, Damaskus sowie Homs, Hama und Yabroud in Syrien, ferner Beirut und Jbeil sowie Tyrus im Libanon, in der *syro-antiochenischen* Damaskus und Homs, in der *chaldäischen* Bagdad und Kerkuk im Irak sowie Teheran und Urmya im Iran. Siehe *Le Lien* 72/2 (2007) 23f.

[55] Annuario Pontificio 2008, »Darni«. In der Regel sind die Nuntien nicht Titularmetropoliten, sondern Titularerzbischöfe *ad personam*.

JOHANNES OELDEMANN

## Gottes Gnade und die Freiheit des Menschen
*Eine vergleichende Skizze zeitgenössischer orthodoxer und katholischer Denkansätze*[1]

In der modernen Gesellschaft gilt die Freiheit des Menschen als ein Wert, den es vor jeglicher Einschränkung durch staatliche, religiöse oder ideologische Einflußnahme zu schützen gilt. Die »Autonomie« des Individuums wird - zumindest in den westlichen Gesellschaften - als ein Gut betrachtet, das unlösbar mit der Aufklärung verbunden ist und zur »Befreiung« des Menschen aus gesellschaftlichen Zwängen geführt hat. Wenn man vor diesem Hintergrund als Theologe nach dem Sinn und den Grenzen der menschlichen Freiheit fragt, steht man zunächst unter Verdacht, den »moralischen Zeigefinger« erheben und die Autorität der Kirche verteidigen zu wollen. Doch schon ein kurzer Blick auf die mit der rasanten Entwicklung der Gentechnik verbundenen bioethischen Probleme, die derzeit nicht nur von Kirchenvertretern, sondern auch von Politikerinnen und Politikern diskutiert werden, verdeutlicht, daß die Frage nach den Grenzen der menschlichen Freiheit keineswegs antiquiert ist.

Wenn wir uns aus *theologischer* Perspektive mit Sinn und Grenzen der menschlichen Freiheit befassen, können wir uns diesem Themenkomplex nicht annähern, ohne die menschliche Freiheit in ihrer Beziehung zum göttlichen Heilshandeln zu betrachten. Denn aus christlicher Sicht liegen Sinn und Grenzen menschlicher Freiheit gerade darin begründet, daß der Mensch ein Wesen ist, das von Gott geschaffen wurde und zur Gemeinschaft mit ihm berufen ist. Die rechte Bestimmung des Verhältnisses von Gott und Mensch ist ein Thema, das viele Generationen von Theologen beschäftigt hat. Ein besonders umstrittenes Problem war dabei die Frage, wie sich Gottes Gnade und die Freiheit des Menschen zueinander verhalten. Nach einigen einleitenden Bemerkungen zu den unterschiedlichen Ansätzen in Ost und West sollen in diesem Beitrag exemplarisch

---

[1] Dieser Beitrag basiert auf einem Vortrag, der im Rahmen einer Tagung der Stiftung PRO ORIENTE zum Thema »Sinn und Grenzen menschlicher Freiheit« im Oktober 2005 in Wien gehalten wurde. Die Tagung war Bestandteil einer Gesprächsreihe, bei der orthodoxe Theologen aus Rußland und katholische Theologen aus Österreich und Deutschland eine Verständigung über Grundfragen der christlichen Anthropologie gesucht haben.

die Denkansätze einiger zeitgenössischer orthodoxer und katholischer Theologen im Blick auf diese Fragestellung analysiert werden.

## 1. Grundmerkmale östlicher und westlicher Gnadentheologie

Der Streit um das Verhältnis von Gnade und Freiheit durchzieht praktisch die ganze Kirchengeschichte und hat vor allem im Westen zu heftigen Auseinandersetzungen geführt. Dies lag vor allem daran, daß Gnade und Freiheit in der westlichen Theologie über Jahrhunderte als zwei Prinzipien gesehen wurden, deren Zueinander von verschiedenen theologischen Schulen unterschiedlich akzentuiert wurde. Der Mensch wurde in der abendländischen Theologiegeschichte vor allem als ein Gegenüber zu Gott betrachtet, wobei der einzelne Mensch und seine subjektive Verantwortung vor Gott im Mittelpunkt der theologischen Reflexion standen. Dementsprechend versuchten westliche Theologen vor allem gedanklich zu erfassen, wie Gottes Gnade den einzelnen Menschen erreicht und welche Voraussetzungen auf Seiten des Menschen hierfür gegeben sein müssen, wobei das aus der römischen Kultur übernommene juridische Denken häufig den Hintergrund der verschiedenen Denkmodelle bildete. So verwundert es nicht, daß in der Auseinandersetzung mit den Reformatoren vor allem die Frage der Rechtfertigung des Sünders vor Gott sich zur zentralen Streitfrage zwischen Protestanten und Katholiken entwickelte.

Die östliche Theologie betrachtet das Verhältnis von Gnade und Freiheit in der Regel stärker im Kontext des universalen Heilsprozesses. Nicht das Verhältnis des Einzelnen zu Gott, sondern die Gemeinschaft der Gläubigen, oft sogar die Erlösung des ganzen Kosmos stehen im Zentrum der ostkirchlichen Soteriologie.[2] Der Mensch wird weniger als ein Gegenüber zu Gott, als vielmehr, aufbauend auf das platonische Urbild-Abbild-Denken, als Bild Gottes gesehen, das durch die Sünde zwar verdunkelt, aber nicht vollkommen zerstört ist. Dementsprechend ist das Menschenbild des christlichen Ostens in der Regel positiver als das westliche Menschenbild. Der Mensch kann durch die rechte Erziehung

---

[2] Schon Julius Tyciak hat auf »die betont synthetische Linie« der ostkirchlichen Theologie verwiesen: »Christologische und soteriologische Gedanken weben ineinander. Die lebensvolle Einheit von Gottheit und Menschheit in Christus ist der Typos und die Wurzel der großen Gottesgemeinschaft der Gläubigen in der Gnade.« Vgl. J. Tyciak, *Theologische Denkstile im Morgenland und Abendland*, in: Handbuch der Ostkirchenkunde, hg. von E. v. Ivánka, J. Tyciak, P. Wiertz, 1. Auflage, Düsseldorf 1971, 239-331, hier 244.

(paideia), die ihm in der Kirche vermittelt wird, seinen Weg zu Gott finden. Das Ziel dieses Weges ist für die griechischen Kirchenväter die Vergöttlichung des Menschen, d. h. die Wiederherstellung des Menschen als Ebenbild Gottes.

Wenn man die östliche und die westliche Gnadentheologie in einer solch komprimierten Form einander gegenüberstellt, besteht die Gefahr der Überzeichnung und der Konstruktion vorgeblicher Gegensätze. Daher muß an dieser Stelle in Erinnerung gerufen werden, daß die westliche Theologie in dieser Frage nie eine so einseitige Entwicklung genommen hat, daß sie nicht mehr mit dem soteriologischen Denken der Ostkirche vereinbar wäre. Zwar hat sich nach dem Streit zwischen Augustinus und Pelagius im westlichen Frühmittelalter die augustinische Konzeption weitgehend durchgesetzt, doch das (semi)pelagianische Denken blieb auch im Westen immer virulent. Dies erscheint aus heutiger Sicht verständlich, weil Pelagius von seinen Zeitgenossen offenbar mißverstanden worden war, wie dogmengeschichtliche Forschungen im 20. Jahrhundert gezeigt haben.[3] In der Auseinandersetzung mit den Reformatoren, deren Rechtfertigungslehre auf einem strengen Augustinismus basierte, verurteilte das Konzil von Trient sowohl die (vom augustinischen Denken geprägte) Auffassung, der freie Wille sei durch die Erbsünde vollständig ausgelöscht worden[4], so daß der Mensch rein gar nichts zur Erlangung des Heils beitragen könne, als auch die (auf die pelagianische Konzeption zurückzuführende) Meinung, der Mensch könne ohne Gnade, also nur durch seinen natürlichen freien Willen, das ewige Leben verdienen.[5]

Auch nach dem Tridentinum kam es innerhalb der katholischen Kirche noch einmal zu einem großen »Gnadenstreit« an der Wende vom 16. zum 17. Jahrhundert. Der spanische Jesuit Luis de Molina (1535-1600) und die nach ihm benannte Schule der »Molinisten« legten im Blick auf das Zusammenwirken von göttlicher Gnade und menschlicher Freiheit den Akzent stärker auf den freien

---

[3] Vgl. G. Greshake, *Gnade als konkrete Freiheit. Eine Untersuchung zur Gnadenlehre des Pelagius*, Mainz 1972.

[4] Konzil v. Trient, *Dekret über die Rechtfertigung*, Kanon 5: »Wer sagt, der freie Wille des Menschen sei nach der Sünde Adams verloren und ausgelöscht worden ...: der sei mit dem Anathema belegt« (DH 1555).

[5] Konzil v. Trient, *Dekret über die Rechtfertigung*, Kanon 1: »Wer sagt, der Mensch könne durch seine Werke, die durch die Kräfte der menschlichen Natur oder vermittels der Lehre des Gesetzes getan werden, ohne die göttliche Gnade ... gerechtfertigt werden: der sei mit dem Anathema belegt« (DH 1551).

Willen des Menschen, was den Widerspruch der (sich auf Thomas von Aquin berufenden) »Thomisten« hervorrief, deren Wortführer der Dominikaner Dominicus Banez war. Die Thomisten betonten bei der Beschreibung des Verhältnisses von Gott und Mensch stärker die Bedeutung der göttlichen Gnade, ohne die der Mensch das Heil nicht zu erlangen vermöge. Nachdem zahlreiche Disputationen zwischen den Vertretern beider Schulen keine Verständigung brachten, traf der damalige Papst Paul V. im Jahr 1607 eine bemerkenswerte Entscheidung: Da sich gezeigt habe, daß die Lehre der Jesuiten sich vom reinen Pelagianismus und die Lehre der Dominikaner sich vom puren Calvinismus unterscheide, somit keine der beiden Parteien als häretisch verurteilt werden müsse, sei eine Entscheidung nicht erforderlich. Der Papst verbot jeder Partei, die Ansichten der anderen Schule zu verurteilen, und beendete damit den sogenannten »Gnadenstreit«.[6] Dabei ist es bis heute geblieben. Die Frage nach dem Verhältnis von göttlicher Gnade und menschlicher Freiheit zählt damit zu den wenigen Punkten in der christlichen Glaubenslehre, in denen das Lehramt der katholischen Kirche bis heute keine endgültige Entscheidung für die eine oder andere Auffassung getroffen hat. Insofern können unterschiedliche Lehrmeinungen in dieser Frage als legitime Theologoumena innerhalb der kirchlichen Überlieferung betrachtet werden.

## 2. Das Verhältnis von Gnade und Freiheit in der zeitgenössischen orthodoxen Theologie

In der orthodoxen Theologie gibt es in der Regel keinen eigenen »Traktat« über die Gnade, wie er in den dogmatischen Kompendien der westlichen Theologie zu finden ist. Orthodoxe Theologen behandeln die Frage nach der Gnade in der Regel innerhalb der Soteriologie. Leider gibt es nur wenige zeitgenössische Kompendien der orthodoxen Theologie. Eine bemerkenswerte Ausnahme stellt in dieser Hinsicht die »Orthodoxe Dogmatik« des rumänischen Theologen Dumitru Staniloae dar, die hier an erster Stelle analysiert werden soll. Anschließend werden noch Aussagen zum Verhältnis von Gnade und Freiheit in den Werken von Georgij Florovskij und von Metropolit Ioannis (Zizioulas) von

---

[6] Vgl. F. Stegmüller, Art. *Gnadenstreit*, in: *Lexikon für Theologie und Kirche*, 2. Auflage, Bd. 4 (1960) 1002-1007.

Pergamon aufgegriffen, um auf diese Weise auch die Tradition der russischen und der griechischen Theologie einzubeziehen.

*Dumitru Staniloae* (1903-93), der führende Vertreter der orthodoxen Theologie in Rumänien im 20. Jahrhundert, befaßt sich in seiner »Orthodoxen Dogmatik« ausführlich mit dem Verhältnis von Gnade und Freiheit. Die Grundausrichtung seiner soteriologischen Konzeption läßt sich schon aus der Überschrift des soteriologischen Kapitels seiner Dogmatik herauslesen: »Die persönliche Aneignung des Heils in der Kirche durch das Wirken des Heiligen Geistes und durch das Mitwirken des Menschen«[7]. Staniloae beschreibt das Verhältnis von Gott und Mensch mit personalen Kategorien, bettet es in den ekklesialen Kontext ein, betont die pneumatologische Dimension des Heilsgeschehens sowie das synergetische Zusammenwirken von Gott und Mensch. Heil bedeutet für ihn »Teilhabe am göttlichen Leben innerhalb des Leibes Christi, und die Gnade ist nichts anderes als die Ermöglichung dieser Teilhabe«[8]. Schon diese Aussage verdeutlicht, daß Staniloae die Gnade nicht ontologisch, sondern relational versteht. Die Gnade ist nach den Worten Staniloaes »ein Zustand einer unmittelbaren, lebendigen dialogischen Beziehung«[9]. Ein solches dialogisches Verständnis hat seiner Meinung nach »den Vorzug, daß sie den Menschen in unmittelbare Beziehung zu Gott setzt, der in ihm wirksam ist, im Unterschied zur römisch-katholischen Auffassung, die auf Grund der Lehre von der geschaffenen Gnade den Menschen als solchen allein läßt und ihn mit seinen natürlichen Kräften einer unpersönlichen Kraft entgegenstellt«[10]. Auch wenn diese Einschätzung, wie wir noch sehen werden, nicht mehr auf die zeitgenössische katholische Theologie zutrifft, legt sie doch den Finger auf eine Wunde, die ein Grundproblem in der abendländischen Theologie darstellt. »Die Auseinandersetzungen im Abendland darüber, was im Verhältnis von Gnade und Freiheit den Vorrang hat, erwuchsen daraus, daß man die Gnade als unpersönliche Kraft auffaßte. Solche unpersönliche Kraft kann dann eben nur schwächer oder stärker als die eigene menschliche Kraft sein«, meint Staniloae.[11] Der Vorteil einer relationalen Konzeption der

---

[7] D. Staniloae, *Orthodoxe Dogmatik*, Band II, Zürich/Gütersloh 1990, 232.

[8] Staniloae, *Orthodoxe Dogmatik* II, 239.

[9] Staniloae, *Orthodoxe Dogmatik* II, 235.

[10] Staniloae, *Orthodoxe Dogmatik* II, 234.

[11] Staniloae, *Orthodoxe Dogmatik* II, 244.

Gnade gegenüber einem ontologischen Verständnis besteht nach Meinung Staniloaes darin, daß es zwischen Gott als Person und dem Gläubigen als Person keine Konkurrenz geben könne. Staniloae versucht diese These zu untermauern durch den Verweis auf die Liebesbeziehung zwischen zwei Menschen: »Eine Person, die liebt, kann, wenn sie auch, wie es hier der Fall ist, stärker ist als die andere, ihre Überlegenheit in Schranken halten, um es dieser anderen Person zu ermöglichen, sich frei zu entfalten, gerade weil sie die Liebe dieser anderen Person wünscht und sucht. Sie wirkt nicht durch ihre Stärke, sondern durch ihre Liebe, die freilich auch eine Kraft ist und die der verspürt, der sie frei annimmt. Eine Person, die einer anderen in Liebe naht, weckt deren Gegenliebe als freie Äußerung.«[12] Staniloae beschreibt also das Verhältnis zwischen Gott und Mensch als eine Liebesbeziehung, als ein dialogisches Geschehen zwischen frei geschenkter und in Freiheit angenommener Liebe. Staniloae bezeichnet dieses Zusammenwirken von Gott und Mensch als einen »*Zusammenklang zweier Freiheiten*«.[13] Dies klingt zunächst nach einer unzulässigen Gleichsetzung des Handelns Gottes und des menschlichen Tuns, doch Staniloae betont, daß »die Gnade als Manifestation der Liebe Gottes vorangeht«, jedoch »nicht, um uns zur Liebe zu zwingen, sondern um unsere Liebe herauszufordern und uns die Kraft zu geben, diese Liebe zu verspüren und darauf mit unserer Liebe zu antworten«[14]. Staniloae spricht diesbezüglich vom »*Paradox der Freiheit*«: »Einerseits ist es der Geist selbst, der im Menschen wirkt, fühlt und erkennt, andererseits wirkt aber gleichzeitig der Mensch in einer Freiheit, die größer ist als dort, wo der Geist fehlt.«[15] Hier deutet sich an, welch große Rolle die pneumatologische Dimension in der Soteriologie Staniloaes spielt. Auch wenn er deutlich betont, daß es Christus ist, der uns den Zugang zu Gott eröffnet hat, so spielt in der Heilsgeschichte seit Christus und in der Beziehung des einzelnen Gläubigen zu Gott der Heilige Geist die entscheidende Rolle: »Der Geist ist es, durch den wir diesen Dialog unsererseits überhaupt erst führen können, indem er sich mit uns identifiziert, ohne indessen

---

[12] Staniloae, *Orthodoxe Dogmatik* II, 244.
[13] Ebd.
[14] Ebd.
[15] Staniloae, *Orthodoxe Dogmatik* II, 238.

unsere Selbständigkeit aufzuheben, aber auch ohne von uns etwa als gesonderter Dialogpartner geschieden zu sein.«[16] Der »*Zusammenklang zweier Freiheiten*«, auf den Staniloae mehrfach verweist, vollzieht sich durch die freie Mitarbeit des Menschen mit der Gnade: »Das Wirken des Geistes als Person in uns bedarf unserer freien Mitarbeit, worin deutlich wird, welchen Wert Gott uns als Person beimißt. Der Geist erwartet, daß wir sein Wirken annehmen und es uns mit eigenem Wollen und Wirken zu eigen machen. Der Geist nötigt nicht, er hebt den Willen, den er uns ja selbst als Gott bei der Schöpfung gegeben hat, nicht auf.«[17] Daß das Wirken des Geistes den menschlichen Willen nicht aufhebt, es also keinen Widerspruch zwischen göttlicher Gnade und menschlicher Freiheit gibt, wird von Staniloae schöpfungstheologisch begründet: Da Gott den Menschen als ein Wesen mit freiem Willen erschaffen hat, wird er diesen freien Willen nicht aufheben, wenn er ihn zur Gemeinschaft mit Gott führen will. Staniloae verweist in diesem Zusammenhang auf entsprechende Aussagen des hl. Maximos Confessor, der schreibt: »Denn er (der Logos) ist nicht gekommen, die Natur zu stören, die Gott, im Zusammenwirken mit dem Logos, geschaffen hat, er ist gekommen, die Natur zu vergöttlichen. [...] Denn nichts Natürliches und auch nicht die Natur selbst widersetzt sich dem, der der Ursprung der Natur ist«.[18] Gnade und Natur, göttlicher Heilswille und menschliche Freiheit stehen daher nicht in Konkurrenz, sondern in Korrelation zueinander: »In der Beziehung zu Gott und durch seine Hilfe wird der Mensch nicht etwa entfremdet, sondern er gelangt dadurch erst zu seiner eigentlichen Verwirklichung«, schreibt Staniloae.[19]

So münden die soteriologischen Ausführungen Dumitru Staniloaes schließlich in der Aussage: »Der Mensch, der mit der Gnade zusammenwirkt, wird zu seiner wahren Menschheit geleitet, die nach dem Bilde Christi gestaltet ist.«[20] Diese Aussage verdeutlicht noch einmal den engen Zusammenhang der theologischen Anthropologie mit der Soteriologie im Werk Dumitru Staniloaes.

---

[16] Staniloae, *Orthodoxe Dogmatik* II, 237.
[17] Staniloae, *Orthodoxe Dogmatik* II, 242.
[18] Staniloae, *Orthodoxe Dogmatik* II, 245.
[19] Ebd.
[20] Staniloae, *Orthodoxe Dogmatik* II, 246.

*Georgij Florovskij* (1893-1979), einer der bekanntesten und weit über die Grenzen seiner Kirche anerkannten Vertreter der orthodoxen Theologie im 20. Jahrhundert, der aus dem reichen Erbe der russischen Theologie vor der Oktoberrevolution schöpfte und diese nach seiner Emigration in den Westen in das theologische Gespräch mit den anderen christlichen Kirchen einbrachte, hat zwar keine umfassende Dogmatik geschrieben, wohl aber zahlreiche Artikel zu einzelnen Fragen der christlichen Glaubenslehre verfaßt, in denen er sich u. a. auch mit dem Verhältnis von Gnade und Freiheit befaßt. Für Florovskij ist die menschliche Freiheit eine »antwortende Freiheit« (responsive freedom), d. h. die Freiheit, den Willen Gottes anzunehmen.[21] Die Freiheit des Menschen sieht Florovskij dabei in der Schöpfung begründet, durch die Gott sich selbst eine Begrenzung seiner absoluten Freiheit auferlegt habe. Denn seit der Erschaffung der Welt gibt es eine Wirklichkeit neben Gott, die aufgrund ihrer Eigenständigkeit sich - zumindest theoretisch - auch gegen Gott entscheiden könnte. Genau dies stellt in den Augen Florovskijs den Kern der orthodoxen Kenosis-Lehre dar: Die *kenosis* Gottes birgt das »göttliche Risiko«[22], daß sich der Mensch von Gott zu emanzipieren versucht. Die »Grenze« der göttlichen Freiheit liegt daher in der Unentschiedenheit über den Ausgang der Heilsgeschichte, die durch die Erschaffung des Menschen als eines mit freiem Willen ausgestatteten Ebenbildes Gottes gegeben ist. Bereits in der Theologie der Schöpfung ist somit grundgelegt, daß Gott dem Menschen seinen Willen nicht aufzwingen will: »Es gibt keine unwiderstehliche Gnade«, unterstreicht Florovskij.[23]

Im Blick auf das Verhältnis von Gottes Gnade und menschlicher Freiheit betont Florovskij, daß der Mensch in dem Maß, in dem er sich in seiner Freiheit Gott zuwendet, die Gnade Gottes an sich erfährt, d. h. er erfährt sich selbst als Glaubenden. »Florovsky versteht das Ereignis des Glaubens, dieses Zusammentreffen von Gnade und menschlicher Freiheitstat auf Gott hin nicht als zeitliches Nach-

---

[21] »Indeed, man is granted freedom, but it is not a freedom of indifference. Man's freedom is essentially a responsive freedom – a freedom to accept God's will« (G. Florovsky, *The Last Things and the Last Events*, in: ders., *Creation and Redemption* = Collected Works, Vol. III, Belmont 1976, 243-265, hier 256).

[22] G. Florovsky, *The Last Things and the Last Events*, 264.

[23] G. Florovsky, *Creation and Creaturehood*, in: ders., *Creation and Redemption* = Collected Works, Vol. III, Belmont 1976, 43-78, hier 49.

einander, sondern als Ereignis der Gleichzeitigkeit.«[24] Dennoch stehen Gottes Tun und das Handeln des Menschen nicht gleichberechtigt nebeneinander, sondern Gott hat immer die Initiative. Die Freiheitstaten des Menschen sind nicht seine eigenen Leistungen, sondern Manifestationen seiner Freiheit, die sich der Gnade Gottes verdankt. Diese Gnade Gottes kann nicht anders als in Freiheit empfangen werden. Ein »Grundaxiom« der Theologie Florovskijs lautet daher, »daß menschliche Freiheit und Abhängigkeit von Gott in gleichem und nicht in umgekehrtem Maße wachsen«.[25] Wie der rumänische Theologe Dumitru Staniloae sieht also auch Georgij Florovskij Gnade und Freiheit nicht als zwei konkurrierende Prinzipien, sondern betont die Korrelation von Gottes Heilshandeln und dem »antwortenden« Mitwirken des Menschen.

Auch der griechische *Metropolit Ioannis (Zizioulas)* von Pergamon (* 1931), der weit über die Grenzen des Ökumenischen Patriarchats hinaus als einer der profiliertesten Vertreter der orthodoxen Theologie an der Wende vom 20. zum 21. Jahrhundert anerkannt und geschätzt wird, nimmt in seinen Schriften zum christlichen Verständnis der menschlichen Freiheit Stellung. Den Ansatzpunkt seiner Überlegungen bildet dabei das Verständnis der Personalität des Menschen. Metropolit Ioannis sieht diese in enger Abhängigkeit von der Personalität Gottes. Er bezeichnet es als eine »Revolution des Denkens«, daß die kappadokischen Kirchenväter den Begriff der Hypostase (*hypostasis*) mit dem der Person (*prosopon*) verbunden haben. Auf diese Weise entwickelten sie eine »relationale Ontologie«, für die das absolute Sein identisch ist mit dem »In-Beziehung-Sein«: »*To be* and *to be in relation* becomes identical.«[26] Daraus folgt Metropolit Ioannis: »Das Wesen Gottes, ‚Gott', hat keinen ontologischen Inhalt, kein wahres Wesen, unabhängig von der Gemeinschaft.«[27] Gott wird von den griechischen Vätern nicht mehr als ein unpersönliches Prinzip oder Ursache des Seins verstanden, sondern das Wesen Gottes besteht in seiner Personalität, deren konstitutive Merkmale Freiheit und Gemeinschaft sind. Metropolit Ioannis vertritt damit »ein Verständnis der Person, in dem Personalität als Freiheit (die *ekstati-*

---

[24] Chr. Künkel, *Totus Christus. Die Theologie Georges V. Florovskys* (= Forschungen zur systematischen und ökumenischen Theologie, Bd. 62), Göttingen 1991, 323.

[25] Chr. Künkel, *Totus Christus*, 325.

[26] John D. Zizioulas, *Being as Communion. Studies in Personhood and the Church*, Crestwood (N.Y.) 1997, 88.

[27] Zizioulas, *Being as Communion*, 17.

*sche* Dimension der Personalität) und Personalität als Liebe (die *hypostatische* Dimension der Personalität) vollständig deckungsgleich sind«[28]. Dementsprechend kann auch der Mensch nicht als Individuum, sondern nur in der Gemeinschaft zur Person werden.

Während ein Individuum dadurch gekennzeichnet ist, daß es seine Identität im Gegenüber und in der Unterscheidung von anderen Wesen bestimmt, wird es innerhalb einer Gemeinschaft zur Person, d. h. zu einer in Beziehung stehenden Persönlichkeit. Erlösung wird von Metropolit Ioannis dementsprechend verstanden als Verwirklichung des Personseins des Menschen: »Das Ziel der Erlösung ist, daß das personale Leben, wie es in Gott realisiert ist, auch auf der Ebene der menschlichen Existenz realisiert wird. Dies hat zur Konsequenz, daß Erlösung mit der Verwirklichung der Personalität im Menschen identifiziert wird.«[29]

Dieses Werden des Menschen zur Person vollzieht sich für Metropolit Ioannis in der Gemeinschaft der Kirche, in der der Mensch in die »korporative Personalität« Christi aufgenommen wird.[30] Dementsprechend ist es für ihn vor allem die Feier der Eucharistie, in der der Mensch »wahre Freiheit« erfährt, weil er hier in Verbindung tritt mit der trinitarischen Gemeinschaft, die bestimmt ist von der vollständigen Harmonie von Freiheit und Liebe. »Es ist offensichtlich, daß sich die Freiheit auf ontologischer Ebene nur in der Liebe äußern kann. [...] Liebe wird identifiziert mit ontologischer Freiheit.«[31] Wahre Freiheit kann es somit nur auf der Basis einer Beziehung der Liebe geben, wie sie in den innertrinitarischen Beziehungen von Vater, Sohn und Hl. Geist vorgezeichnet ist. Diesen engen Zusammenhang von Freiheit und Liebe, der von Metropolit Ioannis auf der Ebene der Ontologie reflektiert wird, hat Bischof Kallistos (Ware) von Diokleia in einer Predigt wie folgt beschrieben: »Gott schuf die Welt in Freiheit, und es war sein Wille, daß die Wesen, die er nach seinem Bild formte, auch frei sein

---

[28] C.P. Schroeder, *Suffering Towards Personhood: John Zizioulas and Fyodor Dostoevsky in Conversation on Freedom and the Human Person*, in: *St. Vladimir's Theological Quarterly* 45 (2001) 243-264, hier 247.

[29] Zizioulas, *Being as Communion*, 50.

[30] Die deutliche Betonung der ekklesialen Komponente bei der Bestimmung der Personalität des Menschen ist insofern problematisch, als diese indirekt zur Konsequenz hat, daß es kein Personsein außerhalb der Kirche geben kann, wie Edward Russell zu Recht kritisiert: E. Russell, *Reconsidering Relational Anthropology. A Critical Assessment of John Zizioulas's Theological Anthropology*, in: *International Journal of Systematic Theology* 5 (2003) 168-186.

[31] Zizioulas, *Being as Communion*, 46.

sollten. Als ein trinitarischer Gott, ein Gott der wechselseitigen interpersonalen Liebe, wollte er, daß wir Menschen unsererseits mit ihm verbunden sein sollten in einer Beziehung gegenseitiger Liebe. Gegenseitige Liebe setzt jedoch Freiheit voraus, denn wo es keine freie Wahl gibt, kann es keine Liebe geben. Liebe läßt sich nicht erzwingen, sondern kann nur freiwillig geübt werden. Gott kann alles tun - nur eines nicht: Er kann uns nicht zwingen, ihn zu lieben. Liebe kommt immer als ein Angebot, das die geliebte Person einlädt, in Freiheit zu antworten.«[32]

Wenn wir diese homiletischen Ausführungen in systematische Kategorien übertragen, führen sie zu einer Beschreibung der Anthropologie mit relationalen Kategorien. Die theologische Anthropologie von Metropolit Ioannis kann dementsprechend charakterisiert werden als eine relationale Anthropologie, die im perichoretischen Verständnis Gottes als des Dreieinen gründet. Sie stellt damit eine bemerkenswerte Brücke zur neuzeitlichen philosophischen Anthropologie dar, in der die Identität des Menschen häufig ebenfalls mit relationalen Kategorien bestimmt wird. So gelingt es Metropolit Ioannis, das patristische Erbe in fruchtbarer Auseinandersetzung mit neuzeitlichen Denkkategorien zu vertiefen und dadurch dem modernen Menschen zugänglich zu machen.

### 3. Das Verhältnis von Gnade und Freiheit in der modernen katholischen Theologie

Die moderne katholische Theologie verwendet, in Anknüpfung und kritischer Auseinandersetzung mit neuzeitlichen philosophischen Denkkategorien, ebenfalls relationale Kategorien zur Beschreibung des Verhältnisses von Gott und Mensch. Sie mußte sich dazu von den traditionellen Denkkategorien der scholastischen Theologie lösen, die vor allem von Thomas von Aquin und den Dominikanern in Aufnahme des aristotelischen Denkens geprägt worden waren. Der (neu)scholastischen Konzeption zufolge wurde die Gnade als eine der Seele »eingegossene«, d. h. nicht vom Menschen »erworbene«, übernatürliche Form (*habitus* oder *qualitas*) gedacht, die dem freien Willen des Menschen vorausgeht. Diese Konzeption stand in der Gefahr, die Gnade als eine unpersönliche Kraft

---

[32] Bischof Kallistos (Ware) von Diokleia, *Gefängnis oder Weg zur Freiheit? Universitätspredigt gehalten in Saint Mary the Virgin*, Oxford, am 11. Juni 1989, in: *Ökum. Rundschau* 49 (2000) 191-200, hier 196.

zu verstehen, der sich der Mensch gegenübergestellt sieht. Doch obwohl diese Sichtweise über Jahrhunderte dominierte, gab es in der westlichen Theologiegeschichte auch eine andere Strömung: Bonaventura und die Franziskaner betrachteten die Gnade als Relation, insofern sie mit dem Gnadenbegriff die Annahme des Menschen durch Gott verbanden. Die moderne katholische Theologie knüpft in der Regel an diesen relationalen Gnadenbegriff der franziskanischen Schule an: Gnade wird als personale Zuwendung Gottes zum Menschen verstanden. Auf die Frage »Wie verhält sich Gott zu mir?« antworten katholische Theologen heute in der Regel: frei und gütig, in radikaler Liebe zum Menschen als der Krone seiner Schöpfung.

Der Begriff »Gnade« artikuliert also in der katholischen Theologie heute die Beziehung Gottes zum Menschen. Gnade ist damit etwas Unverfügbares, etwas, mit dem man sich nur beschenken lassen kann. In Abgrenzung von der neuscholastischen Theologie, in der die Wirkung von Gottes Heilshandeln im Menschen (die »geschaffene Gnade«) unterschieden wurde vom liebenden Verhältnis Gottes zum Menschen (der »ungeschaffenen Gnade«), bemüht sich die katholische Theologie in der zweiten Hälfte des 20. Jahrhunderts, die Gnadenlehre vom absoluten Vorrang der »ungeschaffenen Gnade« her zu formulieren. »Gnade« meint in der modernen katholischen Theologie den sich als gnädig offenbarenden Gott, der sich dem Menschen mitteilen und zur Gemeinschaft mit ihm führen will. Als Protagonisten der modernen katholischen Gnadenlehre gelten drei Jesuiten, der Deutsche Karl Rahner, der Schweizer Hans Urs von Balthasar und der Franzose Henri de Lubac. Ihre Gnadentheologie ist gekennzeichnet von einem strikt »personalen« Denken: Ausgehend vom Gottesbild der Hl. Schrift, nehmen diese Theologen die personale Freiheit Gottes und des Menschen in den Blick. Das Heil vollzieht sich im Dialog zwischen Gott und Mensch. Im personalen Wechselspiel zwischen Gott und Mensch kommt die Allmacht Gottes und die Freiheit des Menschen zum Tragen. Die Größe Gottes als des Schöpfers besteht gerade darin, daß er den Menschen als sein Geschöpf er selbst sein läßt und ihm die Freiheit gibt, selbst zu handeln. Unter dieser Voraussetzung müssen göttliche Allmacht und geschöpfliche Freiheit nicht mehr miteinander konkurrieren: Sie wachsen im gleichen, nicht im umgekehrten Maß.

*Karl Rahner* (1904-84) betont in seinen Schriften die innere Einheit von Gott und Gnade. Gnade ist nichts anderes als »Selbstmitteilung Gottes«. Sie ist ein ganzheitliches, personales Geschehen mit dem das verwandelnde und neuschaffende Ankommen Gottes im Menschen und durch ihn in der Geschichte bezeichnet wird. Wenn aber Gnade als Selbstmitteilung Gottes verstanden wird, d. h.

wenn Gott nicht nur als der sich uns letztlich Entziehende, sondern als der sich uns Anbietende gesehen wird, dann erhält die Freiheit einen unmittelbaren Bezug zu Gott, insofern sie zum Vermögen des Ja oder Nein gegenüber Gott wird. Im theologischen Verständnis ist Freiheit mehr als bloße Wahlfreiheit, sie ist eine Freiheit von Gott her und auf Gott hin. »Freiheit ist in ihrem Ursprung Freiheit des Ja oder Nein zu Gott und darin Freiheit des Subjekts zu sich selbst.«[33] Rahner charakterisiert die Freiheit als ein »dialogisches Vermögen der Liebe«[34], in dem der Mensch im Wissen um sein unverdientes Angenommensein durch Gott zur Liebe gegenüber Gott und seinen Mitmenschen befähigt wird. Weil nach Überzeugung Rahners nur Gottes Gnade »die Freiheit zu Gott hin befreien« kann und daher dem Geschenk der Gnade »nichts im Menschen vorausgeht«, verurteilt er einen »billigen« Synergismus zwischen Gott und Mensch als »ein häretisches Attentat auf die absolute Souveränität Gottes«[35]. Bei diesem harten Urteil über den Synergismus hat Rahner allerdings nicht die Lehre der östlichen Väter im Blick, sondern eine falsch verstandene Betonung des Eigenstandes des Menschen vor Gott in manchen Strömungen der westlichen Theologie.

Für Rahner liegen die Grenzen der menschlichen Freiheit in der Geschöpflichkeit des Menschen, durch die er in einer radikalen Abhängigkeit von Gott steht. Dennoch hebt diese Abhängigkeit von Gott die menschliche Freiheit nicht auf: »Radikale Abhängigkeit und echte Wirklichkeit des von Gott herkünftig Seienden wachsen im gleichen und nicht im umgekehrten Maße«[36], schreibt Rahner in seinem »Grundkurs des Glaubens« und stimmt darin offensichtlich überein mit der Anthropologie Georgij Florovskijs. Der gläubige Mensch erfahre seine Freiheit als eine Wirklichkeit »auf Gott hin und von ihm her«. Für das christliche Verständnis von Freiheit folgert Rahner: »Erst dort, wo man sich als freies Subjekt vor Gott verantwortlich erfährt und diese Verantwortung übernimmt, begreift man, was Eigenständigkeit ist und daß sie im selben Maße wächst und nicht abnimmt mit der Herkünftigkeit von Gott.«[37] Den Zusammenhang von

---

[33] K. Rahner, *Gnade als Freiheit. Kleine theologische Beiträge*, Freiburg i. Br. 1968, 37.

[34] Rahner, *Gnade als Freiheit*, 42.

[35] Rahner, *Gnade als Freiheit*, 57.

[36] K. Rahner, *Grundkurs des Glaubens. Einführung in den Begriff des Christentums*, Freiburg i. Br. $^5$1989, 86.

[37] Rahner, *Grundkurs des Glaubens*, 87.

Gnade und Freiheit faßt Rahner wie folgt zusammen: »So aber ist die theologische Lehre von der Freiheit eine Proklamation der Gnade Gottes, und die ‚naturale' Freiheit des Menschen in Vermögen und Tat ist nichts als die Voraussetzung, die Gott selbst schafft, um den zu haben, dem er sich in Liebe schenken kann.«[38]

*Otto Hermann Pesch* (* 1931), der sich vor allem mit Thomas von Aquin, Martin Luther und dem Konzil von Trient befaßt hat und der als katholischer Theologe von 1975-98 Professor für Systematische Theologie an der Evangelisch(!)-Theologischen Fakultät der Universität Hamburg war, hat seine umfassende Darstellung der theologischen Anthropologie unter die Überschrift »Frei sein aus Gnade« gestellt.[39] Ausgehend von einer detaillierten Analyse der Theologiegeschichte, in der er bekannte und vergessene Inhalte der kirchlichen Tradition in Erinnerung ruft, definiert er die Gnade als »ein umfassendes und daher den ganzen Menschen ergreifendes Verhältnis Gottes zum Menschen«[40]. Wie dieses Verhältnis zu charakterisieren ist, kommt schon in der Überschrift zu dem Abschnitt seines Buches zum Ausdruck, der sich mit dem Verhältnis von Gottes Gnade und menschlicher Freiheit befaßt: »Der geliebte Mensch«. Otto Hermann Pesch knüpft mit dieser Aussage an die Tradition der Augustinisten an, die »beständig ‚gratia' und ‚caritas' identifiziert haben«[41]. In der kirchlichen Tradition wird die Gnade als ein unverdientes, zugleich aber dem Menschen zum Heil notwendiges Geschenk Gottes definiert, das der Mensch nicht von sich aus erlangen kann. Bei dem Versuch, den Gnadenbegriff der kirchlichen Tradition unter modernen Verstehensvoraussetzungen neu zu formulieren, stößt Pesch auf ein Interpretament, »durch das die unerzwingbare Notwendigkeit und der unentbehrliche Geschenkcharakter ... zugleich zur Sprache kommen«[42]: die Liebe Gottes.

Wenn Pesch sich im Anschluß daran mit dem Verständnis der menschlichen Freiheit befaßt, so geht er auch hier wieder von der kirchlichen Tradition aus. Für die abendländische Theologie war die Freiheit »eine Eigenschaft des

---

[38] Rahner, *Gnade als Freiheit*, 57.

[39] O.H. Pesch, *Frei sein aus Gnade. Theologische Anthropologie*, Freiburg i. Br. 1983.

[40] Pesch, *Frei sein aus Gnade*, 251.

[41] Pesch, *Frei sein aus Gnade*, 253.

[42] Pesch, *Frei sein aus Gnade*, 286.

menschlichen Willens«[43]: Der »freie Wille« des Menschen kann der Gnade Gottes zustimmen oder sie ablehnen. Die mittelalterliche Theologie würde dementsprechend der Aussage zustimmen: Der Mensch *hat* Freiheit. Dagegen behauptet die moderne Anthropologie: Der Mensch *ist* Freiheit. Aus Sicht der modernen philosophischen Anthropologie, die von der »Autonomie« des Menschen ausgeht, kennzeichnet der Begriff »Freiheit« das Ganze des Menschen, nicht nur seinen Willen. »Im Kontext des christlichen Glaubens kann nun ein solches Freiheitsbewußtsein nur dahin ausgelegt werden, daß es in ihm um die Fähigkeit des Menschen geht, sich Gott hinzugeben und darin an die wahre Quelle der Freiheit zu binden.«[44] Daraus folgert Pesch: »Gnade ist Freiheit, und wahre Freiheit ist konkrete Erscheinungsform der Gnade.«[45] Die Freiheit des Menschen steht damit nicht mehr in Konkurrenz zur Gnade, sondern die Gnade ist vielmehr der Ermöglichungsgrund wahrer Freiheit.

Für *Gisbert Greshake* (* 1933), inzwischen emeritierter Professor für Dogmatik und Ökumenische Theologie in Freiburg, ist der Zusammenhang zwischen Gnade und Freiheit so eng, daß er seine Einführung in die Gnadenlehre unter der Überschrift »Geschenkte Freiheit« publiziert hat.[46] Er geht bei seinen Reflexionen über das Verhältnis von Gnade und Freiheit vom biblischen Freiheitsbegriff aus und weist darauf hin, daß »der Gedanke der Freiheit als Heilsgut ... in der Hl. Schrift aufs tiefste verwurzelt« ist.[47] Im Alten Testament bildet der Exodus, die Befreiung des Volkes Israel aus Ägypten, die zentrale Heilstat Gottes, und im Neuen Testament ist mit der von Jesus verkündeten Nähe des Reiches Gottes die Befreiung der Menschen von der Sünde und der Macht des Bösen verbunden, wodurch sie »die Freiheit für Gott und den Nächsten«[48] erlangen.
Für Paulus ist Freiheit der Inbegriff des Heils: »Zur Freiheit hat uns Christus befreit«, schreibt er im Galaterbrief (Gal 5,1), und im zweiten Korintherbrief unterstreicht der Apostel: »Wo der Geist des Herrn wirkt, da ist Freiheit« (2 Kor

---

[43] Pesch, *Frei sein aus Gnade*, 310.

[44] Pesch, *Frei sein aus Gnade*, 312.

[45] Ebd.

[46] G. Greshake, *Geschenkte Freiheit. Einführung in die Gnadenlehre*, Neuausgabe, Freiburg i. Br. u. a. 1992.

[47] Greshake, *Geschenkte Freiheit*, 108.

[48] Greshake, *Geschenkte Freiheit*, 109.

3,17). Auf der Grundlage dieses biblischen Freiheitsbegriffs entwirft Greshake sodann seine Gnadenlehre.

Gnade besteht für ihn in erster Linie »in der inneren und äußeren Befreiung des Menschen von der Sünde«[49]. Dieser Prozeß wird in der klassischen Terminologie der westlichen Theologie als »Rechtfertigung des Sünders« bezeichnet. Aber, so betont Greshake, »Freiheit bedeutet mehr als Befreiung«.[50] Ein wesentliches Merkmal der Freiheit ist, daß der Mensch die Möglichkeit zur Selbsterfüllung erhält, zum Ausschöpfen seiner Möglichkeiten, um auf diese Weise seine Identität zu finden. Der Mensch aber findet seine Erfüllung nicht in der »Selbst-Verwirklichung«, sondern in der Anerkennung und Annahme durch den Anderen, mit anderen Worten: im Geliebtwerden.

Die in Freiheit geschenkte Liebe ist etwas, was mir nicht zur Verfügung steht und was doch für mich am notwendigsten ist. Daher ist Gnade nichts anderes als Gottes Liebe, aus der heraus er dem Menschen Anteil gibt an seinem Leben. »Allein im Wechselspiel der Liebe mit Gott wird der Mensch voll und ganz er selbst, wird er ganz frei.«[51] Eben dies meint die in der modernen katholischen Theologie üblich gewordene Bezeichnung der Gnade als »Selbstmitteilung Gottes«: In Jesus Christus hat sich Gott dem Menschen ganz mitgeteilt, ihn aus Gnade angenommen und in seine Liebe aufgenommen.

Wer sich aber »als von Gott Angenommenen erfährt, wie er ist, der kann auch andere annehmen, wie sie sind«[52]. Die Gnade oder, was für Greshake das gleiche ist, die dem Menschen von Gott geschenkte Freiheit befreit den Menschen zum Handeln, zum Dienst am Nächsten. Die befreiende Wirkung der Gnade Gottes vollzieht sich nicht nur verborgen im Innern des Menschen, sondern führt zur Zuwendung zum Mitmenschen. Wenn Gott und Mensch nicht mehr in Konkurrenz zueinander gesehen werden, sondern göttliche Gnade und menschliche Freiheit miteinander kooperieren, dann kann auch menschliches Tun »zur konkreten Vermittlungs- und Erscheinungsform der Gnade«[53] werden: »Wo Menschen vom Geist des Glaubens, der Hoffnung und der Liebe ergriffen sind, und,

---

[49] Greshake, *Geschenkte Freiheit*, 119.
[50] Ebd.
[51] Greshake, *Geschenkte Freiheit*, 121.
[52] Greshake, *Geschenkte Freiheit*, 117.
[53] Greshake, *Geschenkte Freiheit*, 102.

befreit von Ichsucht, sich selbstlos für das Heil der Welt einsetzen, sind sie nicht nur selbst Erscheinungsform der Gnade, sondern dann kann auch das Ergebnis ihres heilschaffenden Tuns ‚Gnade' genannt werden. Das Tun des Menschen ist dann nicht konkurrierender Synergismus mit Gott oder gar autonomes Bemühen um Selbstvollendung; es ist getragen vom Geschenk des Geistes, ist Konsequenz der empfangenen Liebe«[54].

In der Neuauflage seiner Einführung in die Gnadenlehre weist Greshake schließlich auf »die ekklesiale Struktur der Gnade« hin.[55] Gnade ist nicht nur »geschenkte Freiheit«, sondern auch »geschenkte Communio«, d. h. »die in einem gemeinsamen Freiheitsraum miteinander verwirklichte Freiheit«[56]. Dieser Gedanke führt weg von dem am Individuum orientierten Freiheitsbegriff, der die abendländische Geistesgeschichte über Jahrhunderte geprägt hat, und hin zu einem die Gemeinschaft der Befreiten in den Blick nehmenden Verständnis von Freiheit. Ein solches communiales Verständnis entspricht eher dem biblischen Freiheitsbegriff, denn nach dem Zeugnis der Bibel zielt Gottes Handeln nicht auf einzelne Menschen, sondern auf die Sammlung des Volkes Gottes. So rückt auch in der westlichen Theologie die ekklesiale Dimension der Soteriologie in jüngster Zeit wieder stärker in den Blick.

## 4. Fazit

In der modernen katholischen Theologie ist eine deutliche Verschiebung bei der Verhältnisbestimmung von Gnade und Freiheit im Vergleich zur scholastischen Theologie zu beobachten. Statt von einer Konkurrenz von göttlicher Gnade und menschlicher Freiheit spricht man heute von einer Korrespondenz von Gnade und Freiheit: Der Mensch wird umso freier, je stärker er die Gnade in sich wirken läßt. Ein solches Verständnis kommt dem Ansatz der östlichen Theologie entgegen, die immer von einer aktiven Rolle des Menschen im Heilsgeschehen ausgegangen ist. Wenn orthodoxe Theologen in diesem Zusammenhang von »synergeia« sprechen, dann wollen sie nicht den Anteil menschlicher Leistungen

---

[54] Greshake, *Geschenkte Freiheit*, 102f.
[55] Greshake, *Geschenkte Freiheit*, 134ff.
[56] Greshake, *Geschenkte Freiheit*, 135.

am Erlösungswerk aufzeigen, sondern die Freiheit des Menschen betonen, der die göttliche Gnade frei annehmen, sie aber auch ablehnen kann.

Der Vergleich der Ansätze moderner orthodoxer und katholischer Theologen hat darüber hinaus eine bemerkenswerte Konvergenz in der theologischen Anthropologie aufgedeckt: Sowohl orthodoxe wie auch katholische Theologen betonen die Personalität Gottes und des Menschen und verwenden konsequenterweise relationale Kategorien, um das konkrete Verhältnis von Gott und Mensch zu beschreiben.

Gnade und Freiheit stehen in einem korrelativen Verhältnis zueinander, wenn »Liebe« und »Gemeinschaft« zu zentralen Leitbegriffen der theologischen Anthropologie werden, wie wir es bei verschiedenen orthodoxen und katholischen Theologen gesehen haben. Was orthodoxe und katholische Theologen darüber hinaus verbindet. ist die Tatsache, daß sie den ekklesialen Kontext des Heilsgeschehens betonen, während protestantische Theologen über Gnade und Freiheit in der Regel allein im Kontext der Rechtfertigung des einzelnen Menschen reflektieren.

Bei aller Gemeinsamkeit sollten wir nicht übersehen, daß die verschiedenen Denkansätze in Ost und West in der Gefahr stehen, das christliche Heilsverständnis bei einseitiger Betonung bestimmter Aspekte zu verengen. Einseitige Akzentsetzungen können dabei schnell zu Mißverständnissen führen: Wenn die Frage nach der Gnade, wie in der modernen katholischen Theologie, beinahe gleichbedeutend wird mit der Frage nach der Ermöglichung gelingenden und glückenden Menschseins, kann dies mißverstanden werden, als ob die Gnade zur göttlichen Hilfe im Prozeß der »Selbst-Verwirklichung« des Menschen degeneriere, wenn nicht gleichzeitig betont wird, daß der Mensch zum Ebenbild Gottes berufen ist.

Wenn andererseits die orthodoxe Soteriologie fast ausschließlich von der »Vergöttlichung« des Menschen spricht, könnte dies mißverstanden werden, als ob die orthodoxe Theologie die Verantwortung des Menschen für die Welt vernachlässige, wenn nicht zugleich verdeutlicht wird, welche Auswirkungen das Geschenk der göttlichen Gnade auf das Verhältnis des Menschen zu seinen Mitmenschen und im Blick auf seine Verantwortung für den gesamten Kosmos hat. Im Dialog zwischen Ost und West sollten wir uns daher bemühen, einseitige Betonungen bestimmter Aspekte der eigenen Theologie zu vermeiden. Wie der innerkatholische »Gnadenstreit« gezeigt hat, können unterschiedliche Akzentsetzungen in der Verhältnisbestimmung von göttlicher Gnade und menschlicher

Freiheit zu Recht als legitime Theologoumena innerhalb der kirchlichen Überlieferung betrachtet werden, die einer Fortführung und Vertiefung unseres Dialogs über die Anthropologie keineswegs entgegenstehen, sondern diesen vielmehr zu einer gegenseitigen Befruchtung und Bereicherung werden lassen.

WINFRIED PILZ

## Geistesgegenwart

*Momentaufnahmen eines bewegten Daseins*

»Und wie geht es Jonas?« Seit geraumer Zeit, seit jener »Jonas« gerade erst ein Baby war, pflegt mir, wenn wir uns mal treffen, Seine Seligkeit Patriarch Gregorios III. diese Frage zu stellen. Bei einem Besuch in Aachen, im Haus unseres Kindermissionswerks »Die Sternsinger«, hatten sich spontan die Blicke des Kleinen und des Großen getroffen, und sofort hatte das Kind nach dem Patriarchenstab gegriffen, als wollte es, Vertreter der kommenden Generation, nun »die Sache in die Hand nehmen«. - Eine Hoffnung, die unsere Arbeit mit den Kindern immer neu beflügelt.
Allerdings: Amtsmüde ist dieser Patriarch keineswegs, sondern in der Szene der orientalischen Kirche wie auch der römischen auf erstaunliche Weise präsent. »Wie macht er das nur?«, fragt der aufmerksame Zeitgenosse.
Wann habe ich seine Spur zum ersten Mal entdeckt? Vor Jahrzehnten schon ging unter Jerusalempilgern, die im Haus des griechisch-katholischen Patriarchats nahe dem Jaffator »abgestiegen« waren, die Mär von einem unheimlich temperamentvollen, auch in der deutschen Sprache redegewandten Erzbischof namens Lutfi Laham, der sich seinen Besuchern zu Rede und Antwort stellte. Zu einer Zeit, da westliche Christen in ungebrochener Israel-Euphorie unentwegt »Schalom« sangen, haben manche den engagierten, durchaus parteiischen Melkiten eher als Störenfried empfunden, und der Verdacht kam auf, in ein bedenkliches Palästinensernest geraten zu sein. Noch ich selber bin jüngst zusammengezuckt, als ich zu Beginn der bischöflichen Liturgie etwas zu vernehmen meinte, was wie »Hisbollah« klang. In Wirklichkeit war dies - in neugriechischem Sound - der Segenswunsch für den Zelebranten: »(e)is polla ethi! - auf viele Jahre!«
Als ich das erleichtert begriff, fiel mir wohl noch auf, daß dieser als »déspota« angeredet wurde. Das Wort »Despot« hat bei uns einen tyrannischen Klang, und ich konnte nur hoffen, daß dies dem episkopalen Selbstverständnis des Orients nicht entspricht. Überhaupt: So sehr ich die orientalische Küche mag, steht es mir nicht zu herauszufinden, was und wie dort gekocht wird. Aber was die Sprache angeht, müssen wir, wenn wir uns in deren aramäische, arabische, griechische Innenwelt hineinzuhören versuchen, sozusagen das Ur-Alphabet unseres

christlichen Glaubens neu buchstabieren lernen. Eine Übung der Demut, eine spirituelle Chance. So wurde ich nicht weniger aufgeschreckt, als ich, in der Osternachtfeier der Patriarchalbasilika zu Damaskus geduldig im Chorgestühl hockend, gegen Ende der bischöflichen Predigt einen Zwischenruf der Gemeinde vernahm, unisono und staccato. Das klang wie ein österliches »ha-ha-ha«, und dann gleich als fünf- bis zehnmalige Zugabe mit wachsender Begeisterung. Später erklärte mir mein Gastgeber schmunzelnd, dies habe bedeutet »Er ist wahrhaft auferstanden!« »Ha qan qam!« - so kurz und bündig bekommen wir Europäer das nicht hin. Und hier war der Ruf mehr als ein liturgisch verordnetes Ritual, sondern der geistesgegenwärtige Durchbruch im Predigtfluß über das österliche Mysterium.
Apropos Geistesgegenwart: In eben dieser Liturgie der Kar- und Ostertage, die vollständig mitzuerleben ich mich nach Damaskus begeben hatte, kommen ja, wie früher bei uns auch, die langen alttestamentlichen Lesungen vor. Ich wollte sie, ohne das Arabische zu verstehen, »einfach so« auf mich wirken und an mir vorbeiziehen lassen. Doch mehr und mehr blitzte zwischendrin der Blick des Patriarchen zu mir herüber, und durchaus vernehmlich machte er eigens für mich eine kurze Ansage, in welchem Text wir uns gerade befanden. Stolz, gerade den Namen »Nabuchodonosor« identifiziert zu haben, konnte ich nun in meinem Gedächtnis die restliche Daniel-Story abrufen.
Als authentischen »Übersetzer« hatte ich Erzbischof Laham, als er das noch war, bereits erlebt - zum ersten Mal »live«. Ganz inkognito hatte ich mich unter die Kurgäste in Bad Reichenhall gemischt, die in der alten Zeno-Kirche an einer griechisch-katholischen Meßfeier teilnehmen wollten. Ich war auf ein mehrstündiges passives Beobachten hinten an der Säule eingestellt, - aber siehe da: Ein quicklebendiger Zelebrant ließ den Funken des Geschehens vom Altarraum bis zum Weihwasserbecken überspringen, anhand eines sorgfältig vorbereiteten Textblattes und durch immer neue, ermunternde Kurzkommentare. Die Anwesenden blieben nicht draußen. »Participatio actuosa« wünschen sich die Liturgiker bei uns.
Hier schon begann ich zu ahnen, daß der Grundcharakter orientalischen Gottesdienstes das Image des Ausschließenden - Ikonenwand, Vorhang, Weihrauchgewölk und byzantinische Klerussprache - durchaus hinter sich lassen kann. Er kann sogar dynamischer wirken als unsere abgezirkelte, oft Punkt für Punkt abgehakte und wortlastige Westliturgie. Hier fließen Wort und Antwort, Solo, Chor und Gemeinde auf den Wellen des Gesangs unentwegt ineinander. Während der Westler in seiner Pfarrkirche auf die Uhr schaut, »ob es nicht schon zu lang ist«, stellt sich hier irgendwann eine Art Zeitvergessenheit ein. Oder ist es

schon eine Berührung durch das Ewige, Geistesgegenwart und Verweilen-Dürfen im Jetzt?

Doch damit zurück in die Liturgie zu Damaskus: Einen der typischen patriarchalen Geistesblitze erlebte - und erlitt - der am Gründonnerstag anwesende päpstliche Nuntius. Die Fußwaschung war angesagt, und der Patriarch kniete vor jedem von uns nieder, um die Geste zu vollziehen. Als er zum Nuntius kam und dieser unter seiner lateinischen Bischofssoutane seinen Fuß entblößen sollte, wehrte er verlegen und diplomatengemäß ab. Darauf, zu ihm hinaufblickend, Seine Seligkeit: »Tu es Petrus, - et si non lavero te, non habebis partem mecum«. Auf diese Weise sowohl als Stellvertreter des Stellvertreters Christi wie auch als Apostel des Apostels Petrus ertappt, war der überrumpelte hochwürdigste Herr buchstäblich »von den Socken« und ließ das Unvermeidliche an sich geschehen. Im Augenzwinkern dessen, der da an Christi Statt die Füße wusch, mag auch das Selbstbewußtsein der Kirche von Antiochien (Alexandrien, Jerusalem und dem ganzen Orient) präsent gewesen sein, daß es hier noch vor der römischen eine orientalische Petrustradition und -autorität gibt, auch wenn dort Petrus (»Boutros«), konfrontiert mit dem Paulus (»Boulos«) des Damaskuserlebnisses, einen mühsamen Lernprozeß zu bewältigen hatte (Gal 2,14).

Doch bei allen denkbaren Konfrontationen zwischen den kirchlichen Gemeinschaften dort wird dem Beobachter bewußt: Der Kreuzweg zieht sich hier beharrlich durch die aktuelle Situation hindurch. Da war es für mich nicht nur äußerlich bewegend, mich an der Seite des Patriarchen in den langen Umzug einreihen zu dürfen, der nächtlich zum Karfreitag durch die engen, historischen Gassen von Damaskus schritt. Vor uns schleppte der stämmigste aller Pfadfinder das schwere Kreuz über das Steinpflaster, - Simon von Cyrene fast überdimensional und archetypisch. Hinter dem Kreuz, direkt vor uns, ein kleiner blonder Junge - als Jesus! Behutsam von den Begleitenden im Auge behalten, ob ihn das nicht überforderte, war er sich der Würde dessen, was er darstellte, sichtlich bewußt. Hinter uns, ebenfalls Kinder, das ganze Gefolge der Passion: die Frauen, die Jünger, die Priester, die Soldaten. Am Haus des Ananias ging es vorbei, wo es einst dem Saulus »wie Schuppen von den Augen fiel«. An irgendeiner Straßenecke jedoch gab mir der Patriarch einen Wink und löste sich aus der weiterziehenden Prozession. Mit kleinem Gefolge begann er eine Sieben-Kirchen-Wallfahrt nach seiner Weise. Es ging zu den Franziskanern, den syrischen Katholiken, den Chaldäern, den Maroniten, den Armeniern und so weiter. Überall wurde dort gerade gebetet. Die meisten unterbrachen ihren Gottesdienst, und der melkitische Gast ergriff kurz das Wort zu einer vorösterlichen Botschaft. Botschaft von dem, der immer noch auf dem Kreuzweg unserer Welt sichtbar wird und doch schon längst - von innen her - »die Welt überwunden« hat (Joh 16,33) - und der im Angesicht seines Todes darum betete, daß wir »alle eins seien« (Joh 17,21f.).

Nicht überwunden bleibt die fatale Situation der Christen im Vorderen Orient. Auch die gut meinenden Heilig-Land-Pilger haben nach und nach gemerkt, daß dem »Schalom« ein »Salam« entspricht. Das lenkt unweigerlich unseren Blick auf unsere Schwestern und Brüder, die unter den Schlagzeilen aktueller Konflikte permanent aus dem Blick geraten. Für die Muslime sind sie keine richtigen Araber, für die Israelis keine richtigen Israelis. Für manchen bei uns war es ein Aha-Erlebnis zu erfahren, daß gar nicht alle Araber Muslime sind, sondern daß in den Ursprungsländern der Bibel seit ältesten Zeiten lebendige christliche Traditionen gelebt werden, in einer oft verwirrenden Vielfalt, mehr aber noch als Erbe einer langen, dramatischen und kostbaren Geschichte. Nun schrecken uns Mitteilungen auf, daß immer mehr Christen aus dem Irak, dem Libanon, aus Israel ihre seit so vielen Generationen angestammte Heimat verlassen, zwischen den Mühlsteinen der Konfliktparteien aufgerieben, ohne Zukunftsperspektive für sich und ihre Kinder. Diese Christen haben seit jeher eine Stimme vor Gott, vor allem hörbar in ihren alten Liturgien. Was sie aber heute brauchen, mehr denn je, ist eine Stimme vor der Weltöffentlichkeit.

Da bekommt die kritische Beobachtung früherer Pilger, Lutfi Laham habe sich da wohl zu weit aus dem Fenster gelehnt, eine ganz andere Relevanz. Er hat das Thema, als es in seiner Ambivalenz noch zu wenigen bewußt war, auf die Tagesordnung gebracht und den Namen- und Stimmlosen seine Stimme gegeben. Inzwischen hat das Problem seinen unausweichlichen Kairos, mehr noch: Es ist »höchste Zeit«. Zeit, bei den Nichtchristen Toleranz und Lebensraum einzufordern, Zeit, bei den Christen die Kräfte eines gelebten Zeugnisses und eines versöhnten Miteinanders zu aktivieren und zu unterstützen, - zum Segen für die Länder, die ihre Heimat sind und bleiben müssen, zum Segen für die Menschheit und darin besonders die Kinder.

»Wie geht es Jonas?« Die Frage wendet sich in die Zukunft: Wie wird es diesem Kleinen und den Millionen Gleichaltrigen ergehen, wenn einmal der Hirtenstab weitergereicht werden muß? Beziehungsvoll läßt sich die Frage aber auch hinwenden auf den Patriarchen selbst. Jener alttestamentliche Prophet Jona, der immer wieder zum humorvollen Kommentieren reizt, steht ja für den Typ dessen, der sich in Jaffa ein Ticket kauft, um bis ans Ende der Welt zu reisen. Ausgerechnet auch in Jaffa wird es später dem Apostel Petrus dämmern, daß Gott möglicherweise sein Heil allen Völkern zugedacht hat, ohne Schranken und Vorbehalte. Beides fließt in einer universalen Botschaft zusammen. Während jedoch

Jona vor Gott flieht, um nicht ins bedrohliche Ninive zu müssen, während noch Petrus in Antiochien Angst vor der eigenen Courage bekommt, gibt es für einen Kirchenmann des 21. Jahrhunderts kein Zurück mehr, und »gesegnet sind die Füße des Freudenboten, der Frieden ankündigt, der eine frohe Botschaft bringt und Rettung verheißt« (Jes 52,7). Welches Ticket mag Seine Seligkeit gerade wieder gebucht haben? In meiner Post liegt jedenfalls bereits die Einladung zu einem Gottesdienst in Bayern – für nächstes Jahr.

ALBERT RAUCH

# 50 Jahre Begegnung mit den Kirchen des Ostens

## 1. Unsere ersten Kontakte mit den Kirchen des Ostens in Rom 1958 - 1966

Die ersten Begegnungen mit den Kirchen des Ostens hatten wir während unserer römischen Studienzeit (Albert Rauch: 1952 bis 1961, und Nikolaus Wyrwoll: 1957-1965).
Es war selbstverständlich, daß wir damals die Gottesdienste unserer Studienkollegen aus den Ländern der Ostkirche besuchten. Die (mit Rom unierten) Ostkirchen waren ja alle in Rom vertreten, sie hatten eigene Studienkollegien, sie gingen zum Studium an die Universität Gregoriana wie wir, meist aber studierten sie an der »Propaganda Fide« oder im römischen »Institutum Orientale«.
Während der »Gebetsoktav für die Einheit der Christen« nach Epiphanie feierten die verschiedenen Riten ihre Gottesdienste in Sant' Andrea della Valle, an denen wir teilnahmen.
Außerdem gab es in unserem (deutsch-ungarischen) Kolleg Germanikum-Hungarikum jedes Jahr einen sogenannten »dies orientalis«, an dem durch Vorträge und Feier einer östlichen Liturgie uns die Ostkirche nahegebracht wurde.
Auch besuchten wir die Gottesdienste der verschiedenen Riten in deren Kollegien, so besonders oft das Russische Kolleg bei Santa Maria Maggiore.
Damals waren die »Liturgische Bewegung« und das allgemeine Interesse für Liturgie sehr aktuell: Man wollte die alten liturgischen Traditionen studieren, um auch im eigenen römisch-lateinischen Ritus manches besser zu verstehen und manche Liturgiereformen (damals verstand man das mehr als Rückkehr zu altchristlichen Modellen) in unserem lateinischen Ritus durchführen zu können.
So erhielten wir schon zur Diakonweihe (A. Rauch am 30.03.1958 und N. Wyrwoll am 07.04.1962) die Erlaubnis, auch im byzantinischen Ritus als Diakon und dann als Priester zu zelebrieren, da wir die altslawische und die kirchengriechische Sprache und den byzantinischen Ritus erlernt hatten und darüber im Collegium Russicum das von der Orientalenkongregation vorgeschriebene Ritusexamen abgelegt hatten.
So hatten wir während unserer drei römischen Priesterjahre werktags fast ausschließlich im byzantinischen Ritus (griechisch und slawisch) zelebriert und

somit die ganze liturgische und sakramentale Tradition dieser größten Ostkirche kennengelernt.

Wir lernten damals auch unseren römischen Studienkollegen P. *Lutfi Laham* (jetzt S. S. Patriarch Gregorios III.) kennen, der uns viel berichtete über die griechisch-katholische (melkitische) Kirche im Vorderen Orient.

Er bereitete unsere Fahrten zu den Kirchen des Ostens im Vorderen Orient vor (Libanon, Syrien, Palästina, Israel und Ägypten). Durch seine Vermittlung waren wir dabei fast immer zu Gast bei seinen melchitischen Freunden im Orient, und wir bekamen durch sie auch unsere ersten Kontakte zu den orthodoxen Christen.

Mehrere Besuche in Jerusalem bei ihm als Patriarchalvertreter und der längere Aufenthalt bei ihm im von ihm gegründeten »Maison de Providence« bei Sidon (Salhyije) bleiben unvergeßlich.

Auch hat unser inzwischen zum Archimandriten und Patriarchalvertreter in Jerusalem berufene Freund P. Lutfi an den ersten »Regensburger Symposien« aktiv teilgenommen, von denen unten die Rede ist. Auf einem dieser Symposien erreichte ihn die telephonische Nachricht, er sei zum Bischof gewählt worden.

## 2. Offizielle Kontakte zu den orthodoxen Kirchen im Auftrag der Ökumene-Kommission der Deutschen Bischofskonferenz seit 1966

### 2.1. Arbeitsgruppe »Kirchen des Ostens«

Die deutsche katholische Bischofskonferenz beschloß im Jahre 1966, im Sinne des gerade beendeten II. Vatikanischen Konzils eine spezielle Kommission einzusetzen, die Brücken zwischen den östlichen Kirchen und dem Westen bauen sollte, solange wir noch nicht voll übereinstimmen in der Einheit des Glaubens. Für diese Kommission wurde als Leitung gewählt der Bischof von Regensburg Dr. Rudolf Graber. Er hat immer wieder darauf hingewiesen, daß der Dialog zwischen der katholischen Kirche und den evangelischen Kirchen nicht genüge, daß dieser »Dialog« übergehen müsse in einen »Trialog«, in den auch die östlichen Kirchen einbezogen werden.

Er berief mich zu seinem Mitarbeiter, da ich nach dem Studium an der Gregoriana (Germanikum von Oktober 1952 – Juli 1959) und durch den zweijährigen Aufenthalt im Collegium Russicum während meines Doktorats (Oktober 1959 - Ende Juli 1961) und weiter durch den einjährigen Dienst bei Joseph Kardinal Slipyj (Vorbereitung der Kanonisierung des Exarchen Leonid Fedorov) vom 10.9.1965 - 5.08.1966 in Rom und durch meinen mehrmonatigen Aufenthalt im

Orient ostkirchliche und ökumenische Erfahrungen machen konnte. Ferner hatte ich auch längere Orientreisen im Sommer 1960 mit Nikolaus Wyrwoll (Griechenland, Berg Athos, Konstantinopel) und im Frühjahr 1961 mit Rudolf Mosis (Libanon, Syrien, Jerusalem, Ägypten, Israel, Zypern) gemacht, um die Orthodoxie besser kennenzulernen, ebenso im Sommer 1963 nach Griechenland.
Meine Doktorthese beschäftigte sich mit dem hl. Kyrill von Alexandrien, um die griechisch-alexandrinische Theologie kennenzulernen, die ja weitgehend »Hintergrund-Theologie« der griechisch-byzantinischen Tradition ist (»Die Menschwerdung Gottes aus Maria im Heilswerk der Heiligsten Dreifaltigkeit«).
Im Gespräch mit Julius Kardinal Döpfner im Juli 1966 auf der Terrasse des Germanikums sagte er mir auf meine Frage, was wir mit diesem neuen Referat »Kontakte zur Orthodoxie« anfangen sollten: »Da ist alles drin! Holt raus, was ihr für richtig und möglich haltet!«
So bin ich seit Mitte August 1966 nebenamtlich in diesem Referat (später »Sektion«, dann »Arbeitsgruppe«) »Kirchen des Ostens« in der Ökumene-Kommission der Deutschen Bischofskonferenz tätig, wobei die eigentliche Anstellung und die hauptamtliche Tätigkeit immer in einer diözesanen Aufgabe bestand: seit 6. August 1966 Domvikar mit Bürodienst im Ordinariat und nebenamtlichem Religionsunterricht, dann zweiter Studentenpfarrer mit Vorlesungen am Polytechnikum (Fachhochschule), ab 01.10.1971 Aushilfe und dann ab 06.02.1972 Expositus in St. Michael, 93152 Etterzhausen, Kirchbergstr. 11.
Dr. Nikolaus Wyrwoll hatte ähnliche Erfahrungen gesammelt seit 1958, besonders als Mitarbeiter im römischen Einheitssekretariat (1976 - 1982). Wir waren seit 1960 oft gemeinsam unterwegs nach Osten, und wir sind bis heute in diesem Dienst an der vollen Einheit mit den Kirchen des Ostens im Ostkirchlichen Institut verbunden.
In der Osterwoche 1967 begann Bischof Graber seinen ökumenischen Auftrag mit einem Besuch beim Ökumenischen Patriarchen Athenagoras in Konstantinopel. Dieser Besuch war der offizielle Beginn der Arbeit des Regensburger Ostkirchlichen Institutes.
Patriarch Athenagoras dankte der katholischen deutschen Bischofskonferenz für die Initiative im Dialog zwischen den Kirchen. Er unterstrich, daß die Kontakte zwischen den einzelnen Lokalkirchen einen wichtigen Beitrag liefern können für die Einheit der Kirchen, denn den doch relativ sehr kleinen orthodoxen Lokalkirchen fällt es nicht leicht, direkte Kontakte mit Rom aufzunehmen. Das Ökumene-Dekret des Zweiten Vatikanischen Konzils 1965 hatte die Form der zweiseitigen Kontakte zwischen Ortskirchen empfohlen.

Von Konstantinopel fuhr Bischof Graber 1967 nach Sofia zu Patriarch Kyrill und nach Belgrad zu Patriarch German. Beide Patriarchen billigten und unterstützten das vorgelegte Programm der gemeinsamen Arbeit. Nach dem Osterfest 1970 fuhr Bischof Graber nach Bukarest zu Patriarch Justinian. So ergaben sich weite Horizonte für den Dialog der Liebe.
Die orthodoxen Patriarchen wollten, daß in diesem Dialog der Liebe auch theologische Beratungen stattfinden. Von den deutschen Theologen erwarteten die Patriarchen einen wichtigen Beitrag auf diesem Gebiet.
Konkrete Punkte einer praktischen ökumenischen Zusammenarbeit wurden gemeinsam besprochen und beschlossen:
Stipendienprogramm für ein Nachdiplomstudium in Deutschland,
Symposien über gemeinsame Fragen des Glaubens und Lebens,
gegenseitige Besuche - Philoxenia und Symbiosis,
konkrete Hilfen, Unterstützung, Zusendung von Zeitschriften.
Alle diese Programme wurden bestätigt beim Besuch von Julius Kardinal Döpfner in Konstantinopel (14.-18.10.1968) und in Bukarest (07.-20.10.1971) und erneut durch den derzeitigen Vorsitzenden der Ökumene-Kommission der DBK Bischof Dr. Gerhard Ludwig Müller (Bischof von Regensburg) bei seinen Besuchen in Sofia (20. - 23.03.2007) und in Moskau (23. - 25.11.2004 und 17. - 19. 04.2007).

**2.2. Stipendienprogramm**
Seit 1966/1967 senden die orthodoxen Bischöfe und theologischen Fakultäten orthodoxe Studenten zum Nachdiplom-Studium an katholischen Fakultäten, und zwar Theologen, Priester, Mönche und Schwestern. Das Studium beginnt aber immer im Regensburger Ostkirchlichen Institut, damit zuerst einmal die deutsche Sprache erlernt und allgemeine ökumenische Informationen erhalten werden; das Stipendienprogramm ist ein wichtiger Faktor zur Bildung einer geschwisterlichen Atmosphäre des Vertrauens zwischen Katholiken und Orthodoxen.
Bis ins Jahr 1965 hatten orthodoxe Studenten, die später Führungskräfte in ihren Kirchen wurden, von der evangelischen Kirche in Deutschland Stipendien bekommen können, seit 1965 auch von der katholischen Kirche in Deutschland. Bis zum Jahre 2008 haben mehr als 500 Vertreter der orthodoxen Kirchen als Stipendiaten der deutschen katholischen Bischöfe studiert und in Deutschland die Möglichkeiten genutzt, den Westen und die katholische Kirche näher kennenzulernen, aber auch die Studenten der anderen orthodoxen Kirchen im Zusammenleben bei uns in Regensburg. Sie haben ihre Kenntnisse der deutschen

Sprache vervollkommnet, sie haben sich für den zwischenkirchlichen Dialog geöffnet. Jeder hatte sein spezielles Programm, das sein zuständiger orthodoxer Bischof für ihn festgelegt hat. Die Stipendiaten sind einige Monate oder Jahre bei uns im Ostkirchlichen Institut. Keiner unserer Stipendiaten ist Katholik geworden. Jeder von ihnen ist zu seiner eigenen Kirche als ein besserer orthodoxer Christ zurückgekehrt.
Über dreißig von ihnen sind jetzt Bischöfe in ihren orthodoxen Kirchen. Die anderen sind als Priester tätig, als Äbtissinnen in den Klöstern, sie haben Lehrstühle in den verschiedenen Ausbildungsstätten, sind Professoren, Dozenten, Assistenten. Viele arbeiten in den zwischenkirchlichen Kommissionen auf der ganzen Welt an der Einheit der Christen.
Jeder Student arbeitet nach seinem eigenen Programm im Ostkirchlichen Institut. So kann es sein, daß eine Schwester aus einem rumänischen Kloster drei bis neun Monate bei uns ist, um die deutsche Sprache besser zu lernen und nachher den Touristen in ihrem Kloster die Kunstschätze deutlicher zu erklären und nahe zu bringen. Mehrere dieser Schwestern sind bald darauf Äbtissinnen geworden. Ein anderer hat den Auftrag, zwei Jahre Pastoraltheologie zu studieren, damit er dann zu Hause die Sonntagsschule organisieren kann. Ein anderer macht seinen Doktor in Philosophie, damit er zu Hause den Lehrstuhl für Philosophie an seiner Hochschule besetzen kann.
Normalerweise ist es so, daß unsere orthodoxen Studenten auf ihrer Fakultät zu Hause eingeschrieben sind als Doktoranden. Sie schließen ihre Arbeit mit dem Doktoratsexamen zu Hause ab, bei uns in Regensburg nutzen sie die guten Möglichkeiten der Bibliotheken und der Studieneinrichtungen, und lassen sich durch die katholischen Professoren beraten.
Die Vermittlung der Stipendien und die Regelung des Studienganges von 1966 an gehen von unserem Institut in Regensburg aus. Dafür haben wir seit 1976 ein eigenes Haus, das ehemalige Kapuzinerkloster, das 1614 in Regensburg gebaut wurde. Wir haben es seit 1976 umgebaut. Aus den alten Zellen wurden die Zimmer und die Bäder der Studenten, andere wurden zu Küchen. Jetzt kann jede Gruppe ihre Eßtradition treu bleiben:
Die eine Gruppe fastet am Freitag, die andere am Samstag, einige haben den Julianischen Kalender, andere haben den Gregorianischen Kalender, einer kommt aus einem Kloster, wo sie nie Fleisch essen, ein Student aus Indien ißt ausschließlich Reis...
Einige Zimmer des Ostkirchlichen Institutes haben ihre Fenster zur Donau. Die Gemeinschaftsräume sind für 12 bis 20 Gäste vorbereitet, es gibt auch zwei große Säle.

Die Donau selbst ist eine Brücke zwischen den europäischen Ländern: Wenn unsere Studenten auf das Wasser der Donau schauen, können sie sich vorstellen, daß diese Wellen in einigen Tagen in ihren Heimatländern sein werden, in Serbien, in Rumänien, in Bulgarien, in der Ukraine.

### 2.3. Symposien und Tagungen
Im Jahre 1969 begannen die »zwischenkirchlichen Symposien« - die »Regensburger Symposien«.
Die *erste Symposiumsreihe* hatte als Gesamtthema: *»Die sieben Sakramente der Kirche«*, und diese acht Symposien waren im Schloß Spindlhof bei Regensburg. In Spindlhof waren zu diesen Symposien immer eine Delegation des Moskauer Patriarchates und anderer orthodoxer Patriarchate, katholische deutsche Theologen und auch »unierte« katholische Theologen wie *P. Lutfi Laham* und immer auch Gäste aus den evangelischen Kirchen.
Im Jahre 1977 wurde gemeinsam eine *zweite Symposiumsreihe* beschlossen: *»Die eine Kirche und ihr Leben in Raum und Zeit«*. Dieser Zyklus begann 1979 mit dem Thema »Die Heiligen der einen Kirche« und dann »Die Eucharistie der einen Kirche«. Dieser zweite Zyklus endete im Jahre 1989 mit dem Symposion »Primat und Patriarchat - Amt für die Einheit der Kirche«.
Die Symposien fanden statt in dem Geist, über den Bischof Rudolf gesagt hatte: »Wenn die Aufhebung der Anathemata im Jahr 1965 etwas mehr ist als nur eine theatralische Geste, dann muß sie auch wichtige Resultate haben. Das bedeutet: Grundlage unserer Gemeinsamkeit ist nicht die getrennte Kirche, sondern die ungeteilte Kirche des ersten Jahrtausends. Jede Rede von der Einheit der Kirche muß richtig verstanden und richtig interpretiert werden«.
Zum 1100. Todestag des hl. Methodius im Jahre 1985 veranstaltete die Regensburger Universität einen Kongreß im Ostkirchlichen Institut, an dem große Delegationen aus Rußland und anderen östlichen Ländern teilnahmen. Die Bedeutung dieses Kongresses sieht man daran, daß das bulgarische staatliche Fernsehen zweimal eine Stunde lang eine Sendung machte - und das in jenen Jahren!
Zur Jahrtausendfeier der Taufe der Rus hielten wir im Ostkirchlichen Institut im Jahre 1987 ein Symposion mit dem Arbeitsthema »1000 Jahre zwischen Wolga und Rhein«.
Zur 600jährigen Gedenkfeier des Todes des großen Geistlichen, Mönches und Erziehers Rußlands, des hl. Sergius von Radonež, hatten wir ein Symposion mit dem Thema *»Das Ideal der Vollkommenheit gestern und heute«* im April 1992 im Regensburger Ostkirchlichen Institut. Dieses Symposion war gleichzeitig ein Jubiläumssymposium für die ehemaligen Studenten nach 25 Studienjahren.

Im Jahre 1994 gab es ein Symposion über Sergij Bulgakov im Zusammenhang mit den 50 Jahren seit seinem Tod 1944 in Paris.
1998 und 1999 veranstalteten wir zusammen mit indischen christlichen und hinduistischen Freunden zwei Symposien aus hinduistischer und christlicher Sicht zur *»Realität der Inkarnation«(1999)* und eines mit dem Thema *»Eine Ganzheitliche Sicht der Welt«* (2001).
Im Jahre 2000 ein Symposion zum einhundertsten Todestag von Vladimir Solov'ev.
Im Jahre 2003 in Moskau ebenfalls ein Symposion zu Ehren von Vladimir Solov'ev: *»Rußland und die universale Kirche«*.
Im Jahre 2004 in Moskau ein Symposion zu Ehren von N. Bulgakov: *»Bulgakov und die moderne westliche Religionsphilosophie«*.
Im Jahre 2005 September wurde eine Internationale Konferenz über Priester P. Florenskij in Moskau gemeinsam vorbereitet und durchgeführt.
Im Jahre 2006 September in Moskau ein Internationales Symposion über den großen russischen Philosophen und Theologen Nikolaj Berdjajev.
Im Jahre 2007 September in Moskau über den russischen Religionsphilosophen Semjon Frank.
Die Begegnungen bei den Symposien sind geprägt durch eine Atmosphäre des gegenseitigen Verständnisses.
Im Jahre 2008 war ein großes Symposion in Freising zu organisieren über den heiligen Apostel Andreas, der zusammen mit seinem Bruder Petrus eine besondere Brücke zwischen Ost- und Westkirche bildet.
Mit etwa 80 ehemaligen Stipendiaten, darunter einige Bischöfe, veranstalteten wir parallel zum Papstbesuch in Regensburg (12. Sept. 2006) ein Symposion und nahmen am Festgottesdienst auf dem Islinger Feld und an der Vesper im Dom aktiven Anteil.
Auf den Dokumenten und Büchern des Ostkirchlichen Institutes steht der Stempel, das große Symbol der *Stadt Regensburg: die Steinerne Brücke*. Das Institut ist selber eine Brücke zwischen Ost und West. Im Dialog der Liebe steht an erster Stelle die Aufgabe, daß junge Leute, junge Geistliche, Mönche die Sprache des anderen lernen. Die Sprache ist Deutsch, aber hinzukommt der Charakter des anderen Volkes, das ändert die Vorurteile, das hilft, daß das menschliche Verständnis untereinander wächst.
Auch westliche Studenten können durch Vermittlung des Ostkirchliches Instituts die Möglichkeit erhalten, auf den theologischen Fakultäten der Orthodoxen zu studieren, z. B. in Athen, Thessaloniki, Sofia, Belgrad, St. Petersburg.

Wer das Ostkirchliche Institut von seiten der Ostengasse betritt, sieht als erstes die Ikone der Gastfreundschaft, die »Dreifaltigkeit« des hl. Andreas Rubljow. Im Kreuzgang sieht er eine Ikone, gemalt von der rumänischen Studentin Barbara Ionescu, auf der Christus dargestellt ist, der die Menschen segnet, die aus aller Herren Länder bei uns zusammengekommen sind.

Die Wände des Kreuzgangs sind bedeckt mit Fotografien von Begegnungen im Institut und in den orthodoxen Heimatländern.

Für Regensburg ist die Anwesenheit des Ostkirchlichen Institutes nichts Neues, sondern steht in einer großen Tradition. Schon vor mehr als 1000 Jahren haben in Regensburg die ersten Kontakte mit den Christen in Böhmen stattgefunden. Der hl. Erzbischof Methodius ist aus Regensburg zum Benediktinerkloster Reichenau gegangen, um dort die Hl. Schrift zu übersetzen.

Im Studienjahr 2004 haben in Regensburg im Ostkirchlichen Institut Studenten aus Serbien, Rumänien, Rußland, Weißrußland, der Ukraine, Moldawien, Georgien, Indien studiert.

Im Ostkirchlichen Institut gibt es eine orthodoxe Kirche in der alten Tagzeiten-Kapelle der Kapuziner, die 1980 mit Ikonen und Fresken ausgeschmückt wurde. Der Erzbischof von Berlin Melchisedek, Exarch des Moskauer Patriarchates für Mitteleuropa, hat diese orthodoxe Kirche am Tag der Dreifaltigkeit 1980 konsekriert. In dieser Kapelle des Ostkirchlichen Institutes dürfen nur orthodoxe Priester zelebrieren.

Für die katholischen Gottesdienste gibt es im Institut die Kirche des hl. Apostels Matthias, die ehemalige Kirche der Kapuziner, die dem hl. Matthias geweiht ist, der für Judas in das Apostelkolleg aufgenommen wurde.

Dort zelebrieren aber auch die Gläubigen der serbischen, der rumänischen und der bulgarischen orthodoxen Pfarrei von Regensburg und Umgebung.

Jeder Student hat sein eigenes Studienprogramm, aber es gibt auch gemeinsames Programm. Dazu gehören Ausflüge zu kirchlichen Ereignissen, Ausflüge in die umliegenden Klöster.

Etwa jedes zweite Jahr gibt es eine Wallfahrt nach Rom zu den alten Stätten der Christenheit, die uns den großen Horizont der Kirchengeschichte öffnen.

So waren wir 2006 in Florenz, Rom und Bari (Hl. Nikolaus) und nahmen an einer ökumenischen Tagung in Castel Gandolfo teil.

Im Jahr 2007 waren wir mit den Stipendiaten in Konstantinopel.

## 2.4. Reisen
Dazu kommen Reisen in die Länder der orthodoxen Patriarchate und der autokephalen Kirchen zu kirchlichen Jubiläen, Tagungen und Kongressen, zu Begegnungen mit den ehemaligen Stipendiaten in ihren Heimatländern.[1]

## 2.5. Der geistliche Ökumenismus - Methode und Ziel unseres Dienstes an der Einheit
Im Mittelpunkt unseres Dienstes an der Sichtbarmachung der Einheit der Kirche des Ostens und des Westens steht nicht so sehr der theologische Dialog, sondern der »Dialog des Lebens«, oft auch »geistlicher Ökumenismus« genannt.
Der geistliche Ökumenismus ist eine vorzügliche *Frucht des Heiligen Geistes* und ein wesentlicher Teil seines Einheit stiftenden Wirkens. Von diesem lehrt das II. Vatikanische Konzil: »Der Heilige Geist, der in den Gläubigen wohnt und die ganze Kirche leitet und regiert, schafft diese wunderbare Gemeinschaft der Gläubigen und verbindet sie in Christus so innig, daß er das Prinzip der Einheit ist.«[2] Er lebt als der eine und gleiche im Haupt und in den Gliedern des einen Leibes der Kirche und macht so den ganzen Leib lebendig, vereint und bewegt ihn, so »daß die heiligen Väter sein Wirken vergleichen konnten mit der Aufgabe, die das Lebensprinzip - die Seele - im menschlichen Leibe erfüllt.«[3]
In christlicher Sicht ist die Spiritualität zuerst ein Geschenk des Spiritus Sanctus, des Heiligen Geistes. Er macht es möglich, daß wir – um mit Paulus zu sprechen - »aus dem Geist leben« und »dem Geist auch folgen« (Gal 5,25). Gemäß dem Geist der Liebe, der auch der Geist des Ganzen ist, ist Spiritualität ein Liebesgeschenk und ein Liebesgeschehen, das den ganzen Menschen in allen Bereichen seines Lebens betrifft.
Daher ist die christliche Spiritualität von vornherein auf die Ökumene ausgerichtet: Sie betrifft den ganzen Menschen in der ganzen Kirche und ist der ganzen Welt verpflichtet. In der ökumenischen Spiritualität wird das damit Vorgegebene bewußt bejaht und angezielt. Ökumenische Spiritualität ist somit das gottgegebene, im Innersten verwurzelte existentielle Leben aus dem Heiligen Geist und in ihm, verbunden mit dem entsprechenden Engagement für die Ökumene: für die christliche Ökumene und für die säkulare Ökumene, also für die Einheit aller Christen und das Heil und Wohl aller Menschen.

---

[1] Es gibt hierüber eigene Berichte von über 1000 Seiten.
[2] *UR* 2.
[3] II. Vatikanisches Konzil, *Kirchenkonstitution »Lumen Gentium«* 7; zit.: *LG*.

Metropolit Pitirim von Volokolamsk und Juriev sagte uns einmal: Es gibt drei Bereiche der Ökumene:
a. Die »Kleine Ökumene«: der Dialog der Wahrheit und des Lebens und das Bemühen um die Einheit unter den katholischen, orthodoxen und evangelischen Christen.
b. Die »Große Ökumene«: der Dialog zwischen den großen Welt-Religionen.
c. Die »Super-Ökumene«: das Bemühen um die Bewahrung der Schöpfung und um eine neue Sicht der Einheit der ganzen Schöpfung (All-Einheit, Vse-edinstvo).
Zu den Früchten dieser Spiritualität gehören Vertrauen und Zuversicht, Freude, Geduld und Dankbarkeit. Auf diese Früchte ist die Ökumene dringend angewiesen, leidet sie doch sichtlich an Angst, Engherzigkeit, Mißtrauen, an Kleinmut und Mißmut. Die Spiritualität, die der Spiritus Sanctus schenkt, kann helfen, Furcht und Angst in sich selber und in den Mitmenschen zu überwinden. Sie kann dazu beitragen, das *Mißtrauen* abzubauen, das oft den ökumenischen Fortschritt hemmt. Manche trauen denen nicht, die sich im ökumenischen Dialog engagieren.

Ein bedeutender Vertreter dieses »geistlichen Ökumenismus« war der Ökumenische *Patriarch Athenagoras I. von Konstantinopel* - wir besuchten ihn mehrere Male zwischen 1960 und seinem Tod 1972.
Er sagte uns immer wieder das Wort: Schenken wir einander, teilen wir einander mit von dem, was der Heilige Geist in besonderer Weise den einzelnen Teilkirchen als Gnadengabe mitgeteilt hat.
Es ging ihm also nicht so sehr um den *Dialog der Wahrheit* - auch wenn er ihn nicht ausschließt: »Das sollen die Theologen machen, aber sie sollen sich beeilen, herauszufinden, was uns nun wirklich noch von der gemeinsamen Teilnahme an dem *einen Kelch* trennt«.
Ihm ging es um den *Dialog der Liebe und des Lebens*. Als Beispiel erwähnte er oft, daß eine gemeinsame Kommission in wenigen Tagen in Rom und Konstantinopel eine Erklärung vorbereiten konnte, die am Schluß des II. Vatikanischen Konzils feierlich verkündet wurde, nämlich daß alle Beleidigungen und Anschuldigungen 1054, die sogar zur gegenseitigen Exkommunikation des päpstlichen Gesandten und des Patriarchen führten, »ein für allemal aus dem Gedächtnis und aus der Mitte der Kirche entfernt werden sollen«.
Er sprach darüber auch beim offiziellen Besuch von Bischof Dr. Rudolf Graber mit einer Delegation der Deutschen Bischofskonferenz (April 1966).

Zuerst sprach er von seiner Begegnung mit Papst Paul VI. in Jerusalem: »Und so sind wir uns begegnet: Als einer den anderen erblickte, da öffneten wir wie von selbst unsere Arme, und wir umarmten uns wie Brüder. Das alles war wie ein Traum, der nun immer vor mir steht. Das Wieso kann ich mir wirklich gar nicht richtig erklären«. »Ein weiterer Schritt war dann die Aufhebung der gegenseitigen Bannsprüche. 900 Jahre lang haben wir uns mit diesem sogenannten Schisma gequält. Doch ich frage mich: Wer hat denn eigentlich das Schisma approbiert? Welcher Papst hat das Schisma feierlich ausgesprochen? Welches Konzil hat es bestätigt? Keines! - Aber wir haben das Schisma doch gelebt. Obwohl man schon öfters kleine Schritte zu machen versucht hatte im Laufe der Geschichte, kam man bisher zu keinem Ergebnis«. »Auf einmal, innerhalb von zwei Tagen, durch zwei bischöfliche Vertretungen, die eine aus Rom unter Führung von Erzbischof Willebrands, die andere durch meinen Vertreter, den Metropoliten Meliton, ist ein großer Schritt getan worden. Wer hätte so etwas erwartet? Was ist mit dieser Aufhebung der gegenseitigen Verurteilung geschehen?« »Wir müssen alle diese Tatsachen real sehen in der Kraft des Glaubens, aber auch in dem Bemühen, die Wahrheit zu finden. Andernfalls geschieht nichts. All das wird getränkt durch die Liebe. Ich möchte sagen: jetzt ist die Liebe Christi wie in einem neuen Pfingsten über uns gekommen«.

### 3. Der Beitrag der russischen Theologie zur Erneuerung der Theologie in der katholischen Kirche des II. Vatikanums

Es waren vor allem die orthodoxen russischen Emigranten, welche die Erneuerung der katholischen Theologie und Kirche im Vorfeld des Zweiten Vatikanischen Konzils inspirierten.
Vertreter der französischen »Nouvelle théologie« wie Yves Congar und Henri de Lubac und Jean Danielou (alle wurden später zu Kardinälen ernannt wegen ihrer theologischen Leistungen!) fanden in der Ekklesiologie der orthodoxen Kirche Anregungen für eine neue Sicht der universalen Kirche, die sich nicht so sehr an ihren institutionellen Elementen, sondern vorrangig an dem geistgewirkten neuen Leben in Christus orientiert und in All-Einheit mit der ganzen sichtbaren und unsichtbaren Schöpfung gesehen wird.
Im deutschsprachigen Raum beeinflußten sie Theologen und Konzilsberater (und spätere Kardinäle) wie Hans Urs von Balthasar, Joseph Ratzinger (jetzt Papst Benedikt XVI.) und Alois Grillmeier. *Lutfi Laham* hat in seinen oftmaligen Aufenthalten und Vortragsreisen für viele den Zugang eröffnet.

Die »siebzigjährige babylonische Gefangenschaft« der russischen Kirche (in der vom Marxismus und Atheismus geprägten Sowjetunion) war also nicht ohne Folgen geblieben für die Gesamt-Kirche. Das russische Gedankengut wurde umso eifriger im Westen akzeptiert, vor allem auch, weil es durch namhafte Vertreter, vor allem im Institut St. Serge in Paris, uns im Westen vermittelt wurde. Es ist darum ein Beitrag zur historischen Gerechtigkeit, der russischen orthodoxen Kirche für diese Bereicherung ausdrücklich zu danken.

**3.1. Liturgische Erneuerung**
Zwischen den beiden Weltkriegen wuchs innerhalb der katholischen Kirche in Westeuropa eine »Liturgische Bewegung« heran. Ziel war es, die liturgische Erneuerung in der westlichen Kirche einzuleiten. Dazu wurde von namhaften Theologen und praktischen Seelsorgern, wie Josef Jungmann (»Missarum solemnia«), Pius Parsch und vielen anderen immer wieder auf die liturgische Praxis der Ostkirche hingewiesen.
Dazu waren die umfassenden Arbeiten von Erzpriester Alexij Maltzev (Übersetzung der Liturgie und des Jahres-Offiziums in die deutsche Sprache) und P. Kiprian Kern sowie Erzpriester Alexander Schmemann außerordentlich hilfreich.
Der Zugang zur byzantinischen liturgischen Tradition war am leichtesten über die Liturgie der russischen Kirche, weil der byzantinisch-slawische Kirchengesang uns nahesteht, nicht zuletzt wegen des Einflusses, den er aus dem Westen erfahren hat, über die Ukraine im 16. Jahrhundert, über St. Petersburg im 18. und 19. Jahrhundert.
Dazu kam eine theologische Begründung einer neuen Hinwendung zur Liturgie und zum Leben aus der Liturgie. Es war vor allem der Maria Laacher Benediktiner P. Odo Casel OSB, der die sogenannte »Mysterientheologie« entwickelte, auch im Blick auf Praxis und Lehre der Ostkirche und in Verbindung mit der Theologie der griechischen Kirchenväter.
Die Kirchenväter - vor allem die des Ostens - und die liturgischen Texte des Ostens (aber auch des Westens) betonen immer wieder, daß es nur *eine* Heils-Ökonomie gibt, *einen* großen Heilsplan der Liebe Gottes, der vom Anfang der Schöpfung bis zu ihrer endgültigen Vollendung reicht. Dieser Heilsplan wird bei uns hier und heute besonders gegenwärtig in der Feier der Mysterien des Lebens, Leidens, des Todes und der Auferstehung unseres Herrn Jesus Christus.
Dieses »Heute – hodie - nynje«, das so oft in den liturgischen Texten vorkommt, zeigt uns eindringlich, daß das Heil *jetzt* an uns geschieht, besonders dann, wenn wir miteinander in der Gemeinschaft der Kirche Eucharistie feiern, die Sakra-

mente (Mysterien) empfangen und die Heilsgeheimnisse Christi in der Feier des Kirchenjahres an uns wirksam werden lassen. Darin sind alle anderen Lebensbereiche eingeschlossen.

Diese Zusammenschau der *ganzen* Heilsökonomie ist in der orthodoxen Tradition lebendig geblieben. Viele von uns haben ja schon miterlebt, wie das gläubige orthodoxe Volk die Feiern des Kirchenjahres innerlich und äußerlich mitvollzieht an den Vigiltagen und an den Festen, besonders in der Großen Fastenzeit und in den Tagen von Ostern. Wir haben miterlebt, wie die Gläubigen weinen mit dem leidenden und sterbenden Herrn in der Leidenswoche, trauern um den im Grabe Ruhenden und wie sie aus innerer Freude heraus jubeln, wenn das Osterläuten und der Ostergruß erklingen.

Die Heilige Schrift, die liturgischen Texte und das liturgische Tun werden *in einem* gesehen - gleichsam mit den Augen Gottes - für den ja Vergangenheit, Gegenwart und Zukunft eins sind im »Ewigen Jetzt«. Die irdische Liturgie ist nicht nur Abbild der himmlischen Liturgie, sondern beide sind miteinander verbunden, sind eine einzige.

So haben wir gemeinsam mit den Christen des Ostens wieder neu erkannt: Die Liturgie sieht alles im Lichte des Lebens der Heiligsten Dreifaltigkeit; alles geschieht vom Vater durch den Sohn im Heiligen Geist, und nichts wird davon ausgenommen. An diesem Leben soll die Menschheit und mit ihr die ganze Schöpfung durch den Gott-Menschen Anteil bekommen. Sie soll verwandelt werden in die ganz reine und heilige Schöpfung des Ur-Anfangs, die Immakulata, die in den Engeln, den Heiligen des Himmels und vor allem in der Jungfrau Maria bereits Wirklichkeit ist.

### 3.2. Patristik

Die Hinwendung zur Liturgie und zu den liturgischen Texten der Ostkirche war hilfreich für die Überwindung des rein scholastischen Denkens in der neueren katholischen Theologie. Man legte nun wieder mehr Wert auf die Theologie der Kirchenväter, vor allem auch der griechischen. Es entstanden neue Ausgaben der Kirchenväter, und westliche Theologen haben von daher eine neue Sicht von Schrift und Tradition, Dogma und Kirche entwickelt.

### 3.3. Ekklesiologie

Man konnte der katholischen Kirche vor dem II. Vatikanum mit Recht den Vorwurf machen, daß sie zu sehr die Gestalt der Kirche in ihrer *äußeren* Struktur betonte, vor allem auch die Hinordnung bzw. Unterordnung unter den Bischof von Rom.

Die neue Sicht des II. Vatikanums von der Kirche als »Geheimnis der Einheit« zwischen Gott und der ganzen Schöpfung war schon jahrzehntelang vorbereitet durch eine Erneuerung des philosophischen und des theologischen Denkens, beeinflußt durch russische Denker. Wesentliche Gedanken von der Lehre der »Sobornost« (Konziliarität) eines Chomiakov und seiner Schüler gingen auch in katholisches Denken ein. Nun sah man die Kirche wieder als KOINONIA: Die Zugehörigkeit zu ihr besteht nicht in einfacher »Mitgliedschaft«, sondern im Stehen in der koinonia, der himmlischen und irdischen Gemeinschaft in Christus, bewirkt durch den Heiligen Geist. Die »Eucharistische Ekklesiologie« des Erzpriesters Nikolaj Afanasijev und seiner Schüler ist zum Teil wörtlich in die Definitionen des II. Vatikanums eingegangen, und sie findet sich auch in der neugefaßten Form des kirchlichen Rechts:

Im II. Vatikanum hat man die Stellung des Bischofs und seiner Diözese - Eparchie - innerhalb der Gesamtkirche neu formuliert. Während nach dem Konzil von Trient und dem Vatikanum I die einzelnen Diözesen vor allem gesehen wurden in Abhängigkeit vom Bischof von Rom (Papst), wird im erneuerten Kirchenrecht betont, daß der Bischof der Vorsteher einer Teilkirche ist: Diese ist nicht nur ein Stück des Ganzen, sondern in jeder Diözese wird die ganze »eine, heilige, katholische und apostolische Kirche« sichtbar (pars pro toto). Das gilt besonders, wenn der Bischof dem Volk Gottes das Wort Gottes verkündet und mit Klerus und Volk seiner Diözese die Heilige Eucharistie feiert. Kanon 369 sagt dazu: »Die Diözese ist Teilkirche, die dem Bischof unter Mithilfe der Priesterschaft zu weiden aufgegeben ist. Sie steht in innerer Verbindung mit ihrem Herrn und wird von ihm durch das Evangelium und die Eucharistie im Heiligen Geist versammelt. In ihr ist wirklich die ganze eine, heilige, katholische und apostolische Kirche Christi *gegenwärtig* und *wirksam*.«

Letztere Worte scheinen direkt aus der Feder von N. Afanasijev zu stammen, sicher auch durch die Anwesenheit und die aktive Mitarbeit der russischen Beobachter während des II. Vatikanischen Konzils, die oftmalige persönliche Anwesenheit von Metropolit Nikodim (Rotov) von Leningrad und Novgorod.

In verschiedenen Dekreten des II. Vatikanischen Konzils wird eigens darauf hingewiesen, daß die Kirchen des Ostens eine große Aufgabe und Verantwortung haben für die Gesamtkirche. Im Dekret über die Ostkirchen heißt es hierzu wörtlich: »Die Ostkirchen mit ihren Einrichtungen und liturgischen Bräuchen, ihren Überlieferungen und ihrer christlichen Lebensordnung sind in der katholischen Kirche hochgeschätzt. In diesen Werten von ehrwürdigem Alter leuchtet ja eine Überlieferung auf, die über die Kirchenväter bis zu den Aposteln zurückreicht. Sie bildet ein Stück des von Gott geoffenbarten und ungeteilten Erbgutes der Gesamtkirche«.[4]

### 3.4. Sophiologie

Die Lehre von der »Geschaffenen Weisheit«, der »neuen Schöpfung«, die zugleich Urschöpfung ist, die das All durchwaltet wie »die Seele des Ganzen« und die »Seele der Welt« - »duša mira« -, die sich in den »Weisheitsbüchern« der Heiligen Schrift des Alten Testaments deutlich gemacht hat, ist durch große russische Denker wie Solov'ev, Florenskij und Bulgakov bestimmend geworden für eine neue Sicht der Kirche, des Göttlichen Heilsplanes mit der Schöpfung und der All-Einheit der ganzen Schöpfung.

### 3.5. Eschatologie

Sergej N. Bulgakov hat sich dieses typisch »russischen Themas« angenommen: Er ordnet die Aussagen der Apokalypse in das ganze Heilsgeschehen *aller* Zeiten ein, nicht nur auf eine ganz bestimmte Voraussage eines baldigen Endes oder auf eine im russischen Denken weit verbreitete »Weltuntergangs-Stimmung« hin, die leider nun auch durch die Adventisten usw. in Rußland verkündet wird und dort auf fruchtbaren Boden fällt.

Heute schauen wir im Westen voll Dankbarkeit auf die russischen Denker, die unser philosophisches und theologisches Denken beeinflußt und gefördert haben. Der Osten hat uns diese großen Religionsphilosophen und Theologen geschenkt - der Westen darf sie nun dankbar zurückbringen.

Auf diese Weise erfüllen wir zugleich deren persönliche Sehnsucht nach der russischen Heimat: »Alles, alles, was ich habe und bin, ist von dort, und wenn ich sterbe, kehre ich dorthin zurück: Anfang und Ende ist eins« (S. N. Bulgakov).

---

[4] *Dekret über die Ostkirchen*, Nr. 1.

MICHAEL SCHNEIDER

## »Spaltungen müssen sein«
*Der Weg der getrennten Christen
in der theologischen Ausdeutung von Papst Benedikt XVI.*

Es kann hilfreich wie auch vielversprechend sein, sich in einem kleinen Überblick die theologischen Anliegen des gegenwärtigen Papstes zu vergegenwärtigen und zu fragen, welche Anregungen und Herausforderungen sie für das Gespräch mit den Kirchen des Ostens enthalten, nicht zuletzt auch für den Dialog mit der Melkitischen Kirche, der Patriarch Gregorios III. vorsteht. Unsere Überlegungen beschränken sich vor allem auf die östliche Kirchen des byzantinischen Ritus, dem ja auch Seine Seligkeit angehört.
Im folgenden soll es um die Frage gehen, welche Parallelen und Gemeinsamkeiten mit der östlichen Theologie sich aus dem Ansatz der Theologie Ratzingers ergeben. Joseph Ratzinger ist kein Theologe, der sich ausführlich mit der orthodoxen Theologie beschäftigt hat, aber er trifft sich in seinen theologischen Anliegen auf vielfache Weise mit Grundaussagen östlicher Theologie, wie sogar von orthodoxer Seite hervorgehoben wird.[1] Daß es eine derartige Gemeinsamkeit im Grundanliegen gibt, ist alles andere als selbstverständlich, denn die Wege theologischen und geistlichen Lebens haben sich über die Jahrhunderte in Ost und West immer mehr differenziert. Yves Congar schreibt: »Wir sind zu verschiedenen Menschen geworden. Wir haben den gleichen Gott, aber wir stehen vor Ihm als verschiedene Menschen, können uns über die Art unseres Verhältnisses zu Ihm nicht einigen.«[2] Das Dogma, das die Kirchen trennt, führte zu unterschiedlichen geistlichen und theologischen Wegen.[3]
Östliche Theologie ist mehr auf das Ziel christlichen Lebens ausgerichtet, nämlich die Gleichförmigkeit mit Christus im Heiligen Geist, während im Abendland vor allem der Wegcharakter des Glaubens bedacht wird. Daraus erklärt sich, daß es östlicher Theologie nicht so sehr um das Konzept der »Nachfolge

---

[1] So auch in dem gerade erschienenen Buch K. Nikolakopoulos (Hg.), *Benedikt und die Orthodoxe Kirche. Bestandsaufnahmen, Erwartungen, Perspektiven*, St. Ottilien 2008.

[2] Y. Congar, *Chrétiens désunis. Principes d'un »oecumenisme« catholique*, Paris 1937, 47.

[3] Vgl. V. Lossky, *Die mystische Theologie der morgenländischen Kirche*, Graz-Wien-Köln 1961, 28f.

Christi« geht. Die Mystik der Nachfolge Christi, die im Abendland zunehmend an Bedeutung gewinnt, ist der orientalischen Spiritualität fremd; diese läßt sich eher als *Leben in Christus* definieren. Das Leben in der Einheit des Leibes Christi verleiht dem Menschen alle notwendigen Voraussetzungen, um die Gnade des Heiligen Geistes zu erwerben, d. h. um am Leben der Heiligsten Dreifaltigkeit selbst teilzunehmen.[4] Dieser Ansatz hat in der Begegnung von westlicher und östlicher Theologie eine aktuelle Bedeutung, wie nun anhand der Ausführungen Joseph Ratzingers aufzuzeigen ist.

## 1. Nachahmer Gottes

Im Abendland hat man der östlichen Theologie zuweilen einen verborgenen Monophysitismus vorgeworfen, insofern sie besonders die Gottheit Christi betont. Doch dürfte dieser Ansatz durchaus mit dem theologischen Grundanliegen Joseph Ratzingers konform gehen. In der abendländischen Soteriologie kam es zu einer nicht geringfügigen Akzentverschiebung, als die Bedeutung des Lebens und Wirkens Jesu wie auch seines erlösenden Kreuzestodes (der Protestantismus machte den Karfreitag zu dem Feiertag schlechthin) vornehmlich in der Versöhnung des Sünders mit Gott und in der Tilgung aller Erbschuld gesehen wurde. Aber Gott befreit den Menschen nicht nur von aller Sünde und heiligt ihn mit seiner Gnade; er läßt ihn vielmehr auch einen Blick in sein verborgenes Wesen tun, das selbst den Engeln unbekannt bleibt. Als Gott seinen Sohn am Kreuz für die Menschen dahingibt, dringt in der Offenbarung seines dreifaltigen Wesens zugleich ein Strahl seines Lichtes, in dem er selbst wohnt, in das Leben der Menschen. Somit gilt im Glauben wie in der Theologie der Primat des Logos vor dem Ethos.[5]

Das Grundverständnis von Glaube und Nachfolge wird einseitig und mißverständlich, wenn man nur dem Menschen Jesus, nicht jedoch dem Gottessohn nachfolgen will. Damit reduziert man den Glauben auf die Nachahmung eines

---

[4] Vgl. V. Lossky, *Weg der Einigung*, in: EuA 46 (1960) 438.

[5] Darum verfehlt die Theologie ihren Sinn, wenn sie im rein Humanen verhaftet bleibt und nicht zur Theo-Logie wird, in der Gott zur Sprache kommt. Die Tatsache, daß Gott Einblick in sein Wesen gegeben hat, bedeutet für die Theologie, daß sie, was ihre Begründung angeht, im dargelegten Sinn vorrangig eine scientia speculativa ist und erst an zweiter Stelle eine scientia practica. Solches muß die Theologie neu bedenken, wenn sie den Primat des Logos vor dem Ethos bewahren will.

menschlichen Vorbildes, während die Gottessohnschaft nicht tangiert, vielleicht sogar geleugnet wird. Im Neuen Testament heißt es kühn von den Christen: »Werdet Nachahmer Gottes« (Eph 5, 1). Leben im Glauben ist kein menschliches, asketisches Programm im Einüben von Tugenden, sondern ein Leben in der Gottesgemeinschaft - fern von jedem platten Moralismus. Leben im Glauben bedeutet ein Ringen um die Gottfähigkeit des Menschen, der als Freund Gottes in das innerste Geheimnis Gottes eingeweiht ist.

Christliche Moral ist mehr als Ethik; sie ist Ausdruck der seinshaften Verwurzelung in Christus. Der Menschensohn eröffnet dem Menschen nicht nur eine neue Verhaltensweise; das Leben in Christus geht über eine Gesinnungsnachfolge hinaus, es entfaltet sich als eine neue Weise der Begegnung mit dem *Sein* Gottes. »Für uns ist Christus«, so schreibt Nikolaus Kabasilas, »nicht mehr bloß ein Vorbild, das wir nachahmen sollen, auch nicht mehr nur ein Gesetzgeber, dem zu gehorchen ist. Er ist auch nicht bloß die Ursache für unsere Gerechtigkeit, sondern selber das Leben und die Gerechtigkeit in uns.«[6] Jesus Christus ist keineswegs bloß ein Idealbild menschlichen Lebens und Vorbild menschlicher Tugenden; er führt auf den Weg zu seinem Vater. Augustinus schreibt: »ascendit Christus in caelum: sequamur eum«[7].

Jedes Tun im Glauben bleibt dem Sein nachgeordnet, denn was der Mensch durch Christus in den Sakramenten und in der Liturgie empfängt, ist mehr, als er je selbst denken und verwirklichen kann. Der Logos ist die Quelle göttlichen Lebens, wie er auch der ganzen Schöpfung innewohnt und alles in ihr seine Gestalt annimmt.

Alles im Leben des Menschen ist »worthaft«, denn der Logos »hat nicht nur eine Welt gleich einem in vielfältigen Weisen inkarnierten Wort erschaffen; er hat auch ein Subjekt erweckt, das dieses Wort verstehen kann«[8]. Das Geschenk des neuen Lebens in Christus annehmend, lernt der Mensch, seinem Leben und der Welt nicht mehr ein menschliches Siegel (nämlich das der Sünde) aufzudrücken, sondern das Siegel des göttlichen Lebens in Christus.

Aufgrund seiner Konzeption der Soteriologie kommt der Osten zu seinem ihm eigenen Verständnis des Gebetes. Der Osten spricht sehr viel vom Gebet; aber einzelne Gebetsstufen kennt er kaum. Beten ist Sein in Gott, und sobald die Seele in Gott eingesenkt ist, betet der Heilige Geist in ihr. Wer in die Lobprei-

---

[6] Nikolaus Kabasilas, *Über das Leben in Christus* (PG 150,612D-613A).

[7] Augustinus, *Sermo* 304,4 (PL 38,1397).

[8] D. Staniloae, *L'homme, image de Dieu dans le monde*, in: Contacts 84 (1973/4) 297ff.

sung Gottes einstimmt, tritt mit seiner ganzen Existenz in das neue, göttliche Sein des Lebens im Glauben ein. Der doxologische Ansatz östlicher Theologie bestimmt ihr Verständnis der Liturgie.

Die Christusförmigkeit übersteigt jede Christusfrömmigkeit, sie erwächst aus der lebendigen Beziehung des einzelnen zum Menschensohn als dem In-Bild des eigenen Lebens. In Christus zu einer »neuen Schöpfung« geworden (vgl. 2 Kor 5,17; Gal 6,15), läßt der Mensch sich und sein Leben von der Wirklichkeit des neuen Lebens in Jesus Christus prägen. In Liturgie, Frömmigkeit und geistlichem Leben naht sich der Mensch aus der Gesamtgestalt seines kreatürlichen Wesens dem unerforschlichen und unbegreiflichen Gott, nicht aus irgendeinem Trieb, einmal fromm zu sein, sondern um sich mit seiner ganzen Existenz dem Mysterium Gottes hinzugeben, das seinem Leben urbildhaft eingeprägt ist. So hat der Mensch, alles faktisch Gegebene übersteigend, schon jetzt, durch Glaube und Taufe, Anteil am göttlichen Leben und an allem, was der Schöpfung verheißen ist.

Gregor von Nazianz zeigt, daß die Herrlichkeit der Dreieinigkeit allmählich und dynamisch die ganze Kreatur durchdringt und durchleuchtet.[9] Hieraus erklärt sich, daß die Aussagen über das göttliche Heilswirken im Zentrum der östlichen Theologie stehen. Für die orthodoxe Theologie sind alle Glaubenslehren soteriologisch relevant und in diesem Sinne Teil der Erlösungslehre. Unter »Soteriologie« versteht die Orthodoxie die Zueignung des durch Christus erworbenen Heils, was diesen Traktat, den die orthodoxe Theologie als solchen gar nicht kennt, - im Unterschied zur Trinitätslehre und Christologie - eher unabgeschlossen und »offen« sein läßt.

Joseph Ratzinger bleibt dem gewählten Ansatz treu, wenn er die nötigen Folgerungen für das konkrete christliche Leben aus dem Glauben zieht. Hier lassen sich viele Brücken zur östlichen Theologie und Spiritualität schlagen. Es fällt auf, welche zentrale Bedeutung gerade der Inkarnation in der Theologie Joseph Ratzingers zukommt. Dabei beruft er sich auf den französischen Jesuitentheologen Henri de Lubac und seine Aussage, »der bevorzugte Platz des Mysteriums sei das *Leben Christi*. Die Taten darin seien zwar einerseits echte *menschliche* Taten, aber es seien eben auch Taten einer *göttlichen* Person. De Lubac wörtlich: 'Den Sinn des Lebens Christi fassen, heißt eindringen in die göttliche Wirklichkeit'«[10]. Gott selbst wie auch der Sinn menschlicher Existenz

---

[9] Vgl. Gregor von Nazianz, *Oratio* XXVII - Theologia I (PG 36,16).

[10] J. Ratzinger, *Gott und die Welt. Glauben und Leben in unserer Zeit. Ein Gespräch mit Peter*

werden sichtbar und faßbar im Leben Christi. Joseph Ratzinger führt im Gespräch mit Peter Seewald aus: »Ich glaube, das Wesentliche ist, daß man im allmählichen Eindringen und Mitleben des Lebens Christi überhaupt erst den Lebensstoff und die Lebensgrundlage hat, in der einem das Verstehen Gottes zuteil werden kann. Die Worte Jesu sind gewiß von einer unersetzlichen Bedeutung, aber wir dürfen Christus nicht auf Worte allein reduzieren. Das Fleisch, wie Johannes sagt, gehört mit dazu, es ist das gelebte Wort, das dann eben bis ins Kreuz hineinführt. Nur wenn wir den ganzen, vitalen Zusammenhang der Gestalt Jesu betrachten, sprechen auch die Worte in jener Größe, die ihnen innewohnt.«[11]

Christus hat alle Menschen zu seinem »Leib« machen wollen, um sie so in eine lebendige Liebeseinheit einzubeziehen, wie sie für Mann und Frau gilt, die ein Fleisch werden. Die Begründung hierzu gibt Joseph Ratzinger aus der Theologie der Menschwerdung und stimmt hier mit Grundaussagen der östlichen Theologie überein. Die Inkarnation ist kein geschichtliches Einzelereignis, »das wieder vergeht, wie es gekommen ist. Nein, es ist ein Durchbruch, ein Anfang, in den uns Christus durch die Eucharistie, durch die Sakramente, die Taufe hineinziehen will. In diesem Sinn geschieht hier wirklich etwas über alle Evolution Hinausgehendes, die Verschmelzung von Gott und Mensch, von Kreatur und Schöpfer«[12]. Christus ist der »exemplarische Mensch, der Mensch der Zukunft, durch den hindurch sichtbar wird, wie sehr der Mensch noch das zukünftige, das ausstehende Wesen ist«[13].

Entfaltung und Bestimmung des Lebens sind dem Menschen in Jesus Christus und seinem irdischen Leben abgebildet. Mit einer entscheidenden Einschränkung, wie Joseph Ratzinger darlegt: Das Leben des Menschen hat keine äußere Nachzeichnung der Geschicke Jesu Christi zu sein, wie es zuweilen in einer westlichen, verengten Sicht der Nachfolge erscheinen mag, vielmehr verhält es sich so, daß »die innere Figur Jesu, wie sie sich in seiner ganzen Geschichte und schließlich in seiner Selbsthingabe am Kreuz darstellt, das Maßbild der künftigen Menschheit bedeutet [...]. In den großen Geschichten der Nachfolge, die sich die Jahrhunderte hindurch zutragen, faltet sich freilich auch erst aus, was in

---

*Seewald*, Stuttgart-München 2000, 175.

[11] Ebd.
[12] Ebd., 187.
[13] Ebd.

der Gestalt Jesu Christi verborgen ist. Es ist also nicht so, daß uns hier ein Schematismus übergestülpt wird, sondern daß darin alle Möglichkeiten wahren Menschseins enthalten sind«[14].

Das Leben in Heiligkeit trägt für Joseph Ratzinger - ähnlich wie für den Osten - das Signum der »Schönheit« Gottes. Eine im Osten sehr bekannte und beliebte Sammlung asketischer Schriften trägt den Titel »Philokalie«: »Liebe zum Schönen«. Ein geistlicher Mensch, ein »Gottgelehrter«, will nicht nur gut, sondern auch *schön* sein. Während die christologische Tradition von Antiochien den Nachdruck auf die Offenbarung des Logos in seiner Menschheit legt, betont die pneumatologische Tradition von Alexandrien gerade die Schönheit des Göttlichen. Diese strahlt im Wirken des Heiligen Geistes auf, der das Antlitz der Erde mit seiner göttlichen Schönheit erneuert. Für Kyrill von Alexandrien ist es das Spezifikum des Pneumas, Geist der Schönheit zu sein und dem ganzen Kosmos Anteil an der Schönheit der göttlichen Natur zu geben.[15] Der Heilige Geist erneuert den Erdkreis mit göttlicher Schönheit (vgl. Weish 1,7).

Eine irgendwie juridische Fassung der Erlösungslehre ist dem Osten fremd.[16] Die Genugtuungslehre hat keine Geschichte im Morgenland, außer bei Nikolaos Kabasilas, Philaret und dem griechischen Theologen Palamas. Während sich die westliche Theologie vor allem mit der Aussage beschäftigt, daß der Mensch »simul iustus et peccator« ist, wird nach orthodoxer Lehre der Mensch nicht durch das bestimmt, was er ist, sondern durch das, was er werden kann; indem er seinem Urbild, dem »eikon«, seiner »imago«, die Christus ist, näherkommt, darf er mit den Worten des Apostels von sich bekennen: »Nun lebe nicht ich, sondern Christus lebt in mir« (Gal 2,20). Das Zueinander von Heiligung und Rechtfertigung wird in der orthodoxen Soteriologie als ein fortschreitender Prozeß verstanden, wobei *Rechtfertigung* mehr die negative Formulierung der Freiheit von Sünden, Tod und Teufel enthält, während *Heiligung* eine positive Aussage über die Erlösung und das geistliche Wachsen in das neue Leben in Christus darstellt.

Dem Konzept einer »Rechtfertigung« des Sünders kommt in östlicher Theologie keine besondere Bedeutung zu, da es den Eindruck erwecken könnte, daß der Sünder gleichsam »von außen her« in den ursprünglichen Stand der Freundschaft

---

[14] Ebd., 187f.

[15] Vgl. Kyrill von Alexandrien, *Über St. Johannes*, 16,25 (PG 73,464B).

[16] Vgl. hierzu die Studie M. Schneider, *Zur Erlösungslehre in der orthodoxen Theologie*, Köln ²2003.

mit Gott zurückgeführt würde.

Um dieser Freundschaft teilhaft zu werden, muß der Glaubende sein eigenes Leben dem Leben Jesu angleichen. Dies findet in der Chrysostomus-Liturgie darin seinen Ausdruck, daß sie in ihrem Ablauf eine Darstellung des Lebens Jesu ist, von der Geburt in Bethlehem (Proskomidie) bis zur Himmelfahrt (zeichenhaft dargestellt bei der Zurückbringung der Gaben nach der Kommunion). Die ganze menschliche Geschichte erhält ihr Sinnziel im Kommen des Menschensohnes, das die Kirchenväter als die Synthese der Heilsgeschichte zu deuten verstehen. In der Chrysostomus-Liturgie heißt es zu Beginn der Einsetzungsworte: »Er kam, und indem er den ganzen Heilsplan um unsretwillen erfüllte, nahm er in der Nacht, in der er überliefert wurde oder vielmehr sich selbst überlieferte für das Leben der Welt, das Brot in seine heiligen, reinen und makellosen Hände, dankte, segnete, heiligte, brach und gab es seinen heiligen Jüngern und Aposteln und sprach...«[17] Im Kommen des Menschensohnes, in seinem Erlösungswerk und in seiner Auferstehung gipfelt das göttliche Heilswerk.

Alles im menschlichen Dasein entscheidet sich, wie Joseph Ratzinger betont, an der Frage nach Gott: Ist er ein Gott der Lebenden oder der Toten? Dies gilt auch für die Verkündigung und die Feier der Sakramente: Würde es hier nur um das Vermächtnis eines historischen Jesus gehen, blieben der Gottesdienst und die Messe bloß Ritual und Ausdruck von Gemeinschaft, so daß sich der Glaube auf die Dimensionen von Erlebnis und Gefühl reduzieren ließe. In der Feier der Liturgie verkündet die Kirche vielmehr die Gegenwart jenes göttlich-dreieinen Mysteriums, das in und mit der Menschwerdung des Gottessohnes in die Geschichte eingetreten ist und sie mit seiner Auferstehung unüberbietbar vollendet hat.[18]

---

[17] Dieselbe heilsgeschichtliche Sicht findet sich in ganz zentralen Gebeten der Basilius-Liturgie. Hier heißt es im Gebet der Opferung: »Blicke auf uns herab, o Gott. Schau auf unsere Anbetung und nimm sie an, wie Du angenommen hast die Gabe Abels, die Opfer Noes, die Sühneopfer Abrahams, die priesterlichen Dienste Moses' und Aarons, die Friedensopfer Samuels. Wie Du denselben wahrhaften Dienst von Deinen Aposteln angenommen hast, so, Herr, nimm in Deiner Güte diese Opfergaben aus unseren sündhaften Händen an.«

[18] Dies habe ich ausführlich dargestellt nach den Aussagen östlicher und westlicher Dogmatik in M. Schneider, *Das Sakrament der Eucharistie*, Köln ³2007.

## 2. Lebendige Offenbarung

Des öfteren hat sich Papst Benedikt mit Fragen der Liturgie und ihrer Erneuerung beschäftigt, vor allem in seinen zwei Veröffentlichungen: »Der Geist der Liturgie« (2000) und »Gott ist uns nah. Eucharistie: Mitte des Lebens« (2001). Die letzte Buchbesprechung vor seiner Wahl zum Papst beschäftigt sich mit einem englisch verfaßten Buch über die organische Entwicklung der Liturgie.[19] Diese ist etwas Wachsendes und lebendig sich Erneuerndes, das bei aller Entfaltung immer auch der Wahrung innerer Identität bedarf. Nicht die jeweilige Gemeinde bestimmt, was Liturgie ist, sondern der lebendige Organismus der Kirche, mit den ihr eigenen Kräften und Gesetzen. So hat die Kirche ihre eigene liturgische Tradition zu wahren und zugleich offen zu sein für die Zeichen der Zeit. Selbst die höchste kirchliche Autorität darf die Liturgie nicht beliebig ändern, sondern nur in Übereinstimmung mit der kirchlichen Überlieferung. Nicht Beliebigkeit, sondern Gehorsam im Glauben ist jeder Autorität in der Kirche auferlegt. In diesem Sinn ist der Ritus eine »Vor-Gabe« der Kirche an die Kirche, die kondensierte Gestalt lebendiger Überlieferung des Glaubens.
Joseph Ratzinger bezeichnet es als »Reduktionismus einer abstrakten Sakramententheologie«, wenn nach Auffassung neuscholastischer Theologen die Substanz auf Materie und Form des Sakraments reduziert wird, indem man lehrt: »Brot und Wein sind die Materie des Sakraments, die Einsetzungsworte sind seine Form. Nur dies ist notwendig, alles andere kann geändert werden.« Mit einer solchen Auffassung würden »Modernisten und Traditionalisten« die Liturgie als eine lebendige Ganzheit und als »lebendiges Gefüge gestaltgewordener Tradition« aus dem Blick verlieren. Ein pastoraler Pragmatismus wirkt sich genauso zerstörerisch auf die Liturgie aus wie ein Archäologismus, der auf der Suche nach der ältesten Schicht der römischen Liturgie viele der überlieferten Elemente einfach als »Wucherungen« ausscheidet. Liturgie ist vielmehr etwas Lebendiges, das nicht rein »logisch nach einem rationalistisch-historischen Maßstab« verläuft. Deshalb haben die »Experten nicht das letzte Wort in der Liturgiereform«. Nach dem II. Vatikanum hatten die Fachleute nicht selten das Sagen, und die Liturgie wurde zum Experimentierfeld praktischer und pastoraler Theorien; man erkannte nicht mehr deutlich genug, daß Liturgie niemals etwas ist, das wir ma-

---

[19] Vgl. J. Ratzinger, *Die organische Entwicklung der Theologie*, in: Forum Katholische Theologie 21 (2005) 36-39. Vgl. auch die Besprechung von M. Karger in: Deutsche Tagespost Nr. 49 (2005) 6.

chen, sondern etwas, zu dem wir hinzutreten. So gilt es, künftig wieder stärker den »Primat Gottes« in der Liturgie zu sichern und in der Art und Weise liturgischen Feierns deutlich werden zu lassen.

Ratzingers Verständnis der Liturgie ist zur Gänze nur nachvollziehbar, wenn man es in das Gesamt seiner Theologie stellt. Nachdem er über Augustinus seine Promotionsarbeit geschrieben hatte, kam er mit Gottlieb Söhngen überein, eine Habilitationsschrift über Bonaventura anzufertigen. Das Thema kam aus dem Bereich der Fundamentaltheologie, und zwar ging es um den Offenbarungsbegriff des »Doctor seraphicus«. Wurde zur Zeit der Neuscholastik Gottes Selbsterschließung in Christus vor allem als göttliche Mitteilung der Wahrheit verstanden und blieb damit dem intellektuellen Vermögen des Menschen zugeordnet, so griff der Habilitant in seiner vorgelegten Arbeit das damals neu aufkommende heilsgeschichtliche Verständnis der Offenbarung auf: »Offenbarung erschien nun nicht mehr einfach als Mitteilung von Wahrheiten an den Verstand, sondern als geschichtliches Handeln Gottes, in dem sich stufenweise Wahrheit enthüllt«[20]. Dieser Ansatz war für die damalige Zeit so neu und revolutionär, wenigstens für den Korreferenten Michael Schmaus, daß dieser meinte, die Arbeit nicht annehmen zu können. Joseph Ratzinger resümiert hierzu: »Ich hatte festgestellt, daß es bei Bonaventura (und wohl bei den Theologen des 13. Jahrhunderts überhaupt) keine Entsprechung zu unserem Begriff 'Offenbarung' gebe, mit dem wir üblicherweise das Ganze der offenbarten Inhalte zu bezeichnen pflegen, so daß sich sogar der Sprachgebrauch eingebürgert hat, die Heilige Schrift einfach 'die Offenbarung' zu nennen. In der Sprache des hohen Mittelalters wäre eine solche Identifizierung ganz undenkbar. 'Offenbarung' ist dort immer ein Aktbegriff: Das Wort bezeichnet den Akt, in dem Gott sich zeigt, nicht das objektivierte Ergebnis dieses Aktes. Und weil es so ist, gehört zum Begriff 'Offenbarung' immer auch das empfangende Subjekt: Wo niemand 'Offenbarung' wahrnimmt, da ist eben keine Offenbarung geschehen, denn da ist nichts offen geworden. Zur Offenbarung gehört vom Begriff selbst her ein Jemand, der ihrer inne wird.«[21]

Dieser Neuansatz sollte nicht nur auf dem II. Vatikanum bedeutsam werden, er steht auch im Einklang mit der frühchristlichen Theologie, wie sie heute noch in der Ostkirche fortlebt. So sieht die frühe Kirche die einzigartige Bedeutung der Liturgie darin, daß sie zu jener mündlichen Überlieferung der Offenbarung ge-

---

[20]   J. Ratzinger, *Aus meinem Leben. Erinnerungen*, Stuttgart 1998, 78.

[21]   Ebd., 83f.

hört, die im kirchlichen Leben und Brauchtum weitergegeben wird. Dazu heißt es bei Basilius von Caesarea in seinem Werk »Vom Heiligen Geist«: »Wer hat uns schriftlich gelehrt, daß die auf den Namen unseres Herrn Jesus Christus Hoffenden sich mit dem Zeichen des Kreuzes bezeichnen? Welcher Buchstabe hat uns angewiesen, uns beim Gebet nach Osten zu richten? Die Worte der Epiklese beim Weihen des eucharistischen Brotes und des Kelches der Segnung - wer von den Heiligen hat sie uns schriftlich hinterlassen? Wir begnügen uns ja nicht mit dem, was der Apostel oder das Evangelium anführen, sondern sprechen vorher und nachher noch anderes aus der ungeschriebenen Lehre, was von großer Bedeutung für das Mysterium ist. Wir segnen auch das Wasser der Taufe und das Öl der Salbung und außerdem den Täufling selbst. Auf welche schriftlichen Zeugnisse stützen wir uns da? Lassen wir uns dabei nicht von der verschwiegenen und geheimnisvollen Überlieferung leiten?«[22] Offenbarung wie auch ihre Annahme im Glauben des Menschen und in der Tradition der Kirche gehören demnach zusammen.

Basilius bezeichnet die ungeschriebene Tradition als »Dogma«; die geschriebene hingegen, welche er als »Kerygma« definiert, ist in der Heiligen Schrift und in den Werken der Kirchenväter überliefert. Dem Dogma kommt es zu, das Kerygma auszulegen und zu vertiefen, nicht mit Worten und Begriffen, sondern im Vollzug der Sakramente wie auch im Leben der Kirche und im Alltag des Christen.[23] Beide, Kerygma *und* Dogma, bilden die apostolische Tradition. [24] Darin wird deutlich, daß es nach Aussage des Kirchenlehrers Basilius von Caesarea in der Feier der Liturgie nicht bloß um eine Frage des Ritus und der Zelebrationsweise geht. Liturgie ist gefeiertes Dogma und gehört damit zur unauf-

---

[22] Zit. nach Basilius von Caesarea, *Über den Heiligen Geist*. Eingel. und übers. von Manfred Blum, Freiburg 1967, 98f.

[23] Das Kerygma wird verkündet, das Dogma bleibt »verschwiegen«, wie Basilius sagt, denn nur im Schweigen läßt sich die Würde der Geheimnisse bewahren und vor aller Gewohnheit und Gewöhnlichkeit schützen.

[24] Weil die Liturgie eine »geheimnisvolle Überlieferung« darstellt, warnte Patriarch Athenagoras von Konstantinopel den römischen Papst vor einer vorschnellen Liturgiereform. Jede wesentliche Veränderung in der Liturgie kommt an der Frage nach dem Verbindlichkeitscharakter der christlichen Offenbarung und kirchlichen Tradition nicht vorbei. Die Liturgie ist nicht etwas, über das die Kirche - in freier Anpassung - verfügt. Vielmehr erhebt die Feier der Liturgie, weil sie das unverwechselbare Mysterium des Glaubens feiert, den Anspruch auf eine Verbindlichkeit für das Leben der Kirche, mit gleichzeitiger Offenheit für eine je neue Vertiefung in der jeweiligen Zeit und Kultur.

gebbaren Überlieferung des christlichen Glaubens.

Die Glaubensregel wurde lange Zeit nicht aufgeschrieben, sie war mehr oder weniger mit dem konkreten Leben der glaubenden Kirche identisch. Seit aber die Autorität der sprechenden Kirche wie auch der apostolischen Nachfolge in die Schrift eingeschrieben ist, kann sie von ihr nicht mehr getrennt werden. Doch die Offenbarung und die »viva vox« der apostolischen Nachfolge gehen der Heiligen Schrift voraus und sind mit ihr nicht identisch: Die Offenbarung ist größer und umfassender als das in der Heiligen Schrift Enthaltene. So heißt es bei Joseph Ratzinger: Offenbarung meint nicht nur jenen Akt, in dem Gott sich seinen Geschöpfen kundtut, sondern auch »den Akt des Empfangens, in dem dem Menschen diese Zuwendung Gottes aufgeht und zur Offenbarung wird. Alles in Worten Festzuhaltende, also auch die Schrift, ist dann Zeugnis von Offenbarung, aber nicht die Offenbarung selbst. Und nur die Offenbarung selbst ist auch im eigentlichen Sinn 'Quelle', die Quelle, aus der die Schrift sich speist. Wird sie von diesem Lebenszusammenhang der Zuwendung Gottes im Wir der Glaubenden abgelöst, dann ist sie aus ihrem Lebensgrund herausgerissen und nur noch 'Buchstabe', nur noch 'Fleisch'«[25].

In die lebendige Glaubensgemeinschaft der Kirche mit ihrem Schriftverständnis ist das Einzelsubjekt hineingenommen.[26] Das evangelische Prinzip »Sola scriptura« erweist sich insofern als unzureichend, als es die Kirche mit ihrer Überlieferung und Liturgie in ihrer konstitutiven Bedeutung für das Leben aus dem Glauben außer acht läßt. Der unmittelbare Zusammenhang von Offenbarung, Schrift und Kirche wird auf dem II. Vatikanum immer wieder betont. Offenbarung meint das gesamte Sprechen und Tun Gottes an den Menschen, also jene Wirklichkeit, von der die Heilige Schrift Zeugnis ablegt, welche aber die Heilige Schrift nicht allein ist. In DV 9 heißt es: »So ergibt sich, daß die Kirche ihre Gewißheit über alles Geoffenbarte nicht aus der Heiligen Schrift allein schöpft.« Überlieferung, Heilige Schrift und Lehramt der Kirche sind derart »miteinander verknüpft und einander zugesellt, daß keines ohne die anderen besteht und daß alle zusammen, jedes auf seine Art, durch das Tun des einen Heiligen Geistes wirksam dem Heil der Seelen dienen« (DV 10). Die Kirche bleibt somit keine gesetzliche Institution, sondern eine »lebendige Überlieferung«, die, wie Joseph Ratzinger sagt, »gleichsam lebendiger Ausdruck der 'Perpetuierung' des Chri-

---

[25] J. Ratzinger, *Vom Wiederauffinden der Mitte. Grundorientierungen*, Freiburg-Basel-Wien 1997, 94.

[26] Dies gilt auch für den Vollzug der Schriftauslegung.

stusgeheimnisses im Leben der Kirche«[27] ist.

Die Kirche des Ostens geht hier insofern noch einen Schritt weiter, als sie dem Dogma eine eminent praktische Bedeutung zuspricht. Die ostkirchliche Tradition hat niemals scharf zwischen persönlicher Erfahrung der göttlichen Mysterien und dem von der Kirche verkündeten Dogma unterschieden. Der Metropolit Philaret von Moskau sagte: »Kein einziges der Mysterien der geheimsten Weisheit Gottes darf uns fremd oder völlig transzendent erscheinen, sondern wir sollen in aller Demut unseren Geist an die Kontemplation der göttlichen Dinge gewöhnen.«[28] Das Dogma, das eine geoffenbarte Wahrheit ausdrückt, die wie ein unerforschliches Mysterium erscheint, muß sich jeder im Glauben durch einen seelischen Prozeß so aneignen, daß er nicht das Mysterium seiner Erkenntnisweise anpaßt, sondern selbst eine tiefgreifende Umgestaltung, eine innere Umwandlung seines Geistes erfährt, um schließlich zu der mystischen Erfahrung dessen fähig zu werden, was das Dogma ausdrückt. Nach östlicher Auffassung muß der Mensch in einer ständigen inneren Transformation sein Denken und Leben der Wahrheit des Glaubens angleichen, statt die Dogmen seinem Denkvermögen und seiner Fassungskraft anzupassen.

Die Dogmen der Kirche haben einen praktischen Sinn, denn sie verhelfen dem Menschen auf seinen Weg zur Gottesvereinigung. In diesem Sinn kennt die orthodoxe Kirche keine Trennung zwischen Dogma und Glaubenserfahrung, zwischen theologischer Lehre und kirchlicher Frömmigkeit, zwischen Theologie und Mystik. Es gibt keine christliche Mystik ohne Theologie - es gibt keine wahre Theologie ohne Mystik. So erstaunt es nicht, daß die großen geistlichen Lehrer als »Theologen« bezeichnet werden: Johannes, Gregor von Nazianz und Symeon der »neue Theologe«. Mystik wird im Osten als die Vollendung aller Theologie betrachtet, als Theologie »par excellence«.[29] Die Einwohnung des Geistes bewirkt eine derart unmittelbare Verbundenheit mit dem göttlichen Leben, daß sie durch keine theologische Erkenntnis oder Idee überholt oder außer Kraft gesetzt werden kann. Zugleich führt sie den Menschen ganz in den

---

[27] So J. Ratzinger in seinem Kommentar zu »Dei Verbum«, in: LThK II (1967) 498-528, hier 522.

[28] *Predigten und Ansprachen von Bischof Philaret*, Moskau 1844, II. Teil, 87.

[29] Die Ostkirche begrenzt ihre Dogmen auf ein Minimum, also nur auf das Dogma der Trinität, d. h. auf die Lehre von der gemeinsamen Natur und den drei Hypostasen der Gottheit, von der unvermischten Vereinigung der zwei Naturen in der Person Jesu Christi und von der göttlichen Personalität des Heiligen Geistes.

Sinn des Glaubens ein. Ein Mönch, der aus dem eigenen Glaubensvollzug den überlieferten Glauben verkündet und bezeugt, gilt im Osten heute noch mehr als ein wissenschaftlich geschulter Universitätsprofessor.

### 3. Auctoritas und Unfehlbarkeit

Mit dem dargelegten Ansatz gibt Joseph Ratzinger wichtige Impulse für ein Gespräch mit der Ostkirche über das Papsttum. Mit Bezug auf die »Instruktion über die kirchliche Berufung des Theologen« vom 24. Mai 1990 nimmt er als Präfekt der Glaubenskongregation Stellung zu der Auffassung, »daß es Lehrentscheidungen überhaupt nur dort geben kann, wo die Kirche Unfehlbarkeit in Anspruch nehmen darf; außerhalb dieses Bereichs würde nur das Argument zählen, eine gemeinsame Gewißheit der Kirche also unmöglich sein«[30]. Joseph Ratzinger sieht in einer solchen Einschränkung des Lehramtes eine typisch westliche Verengung bzw. Verrechtlichung des Glaubens.

Dies verdeutlicht Joseph Ratzinger zunächst mit jenem Sakramentenbegriff, der im Abendland zu einem reduzierten Verständnis der Liturgie führte: »Etwa seit dem 13. Jahrhundert beginnt in der Theologie der Sakramente immer mehr die Frage nach dem für die Gültigkeit Notwendigen alles andere an den Rand zu drängen. Zusehends zählt nur noch die Alternative zwischen gültig und ungültig. Was die Gültigkeit nicht berührt, erscheint als letztlich unwichtig und ungültig. So kommt es zum Beispiel bei der Eucharistie zu einer immer stärkeren Fixierung auf die Wandlungsworte; das eigentlich für die Gültigkeit Konstitutive wird immer enger begrenzt. Dabei geht der Blick für das lebendige Gefüge des Gottesdienstes der Kirche mehr und mehr verloren. Alles außer den Wandlungsworten erscheint schließlich nur noch als Zeremonie, die nun einmal so geworden ist, aber im Prinzip auch fehlen könnte. Das eigene Wesen und der unersetzliche Sinn für Liturgie wird nicht mehr gesehen ob der Verengung des Denkens auf einen rechtlich umschriebenen Minimalismus. Daß aber dieses rechtlich Notwendige seinen Sinn nur behält, wenn es in der lebendigen Ganzheit des Gottesdienstes bleibt, mußte erst mühsam wieder erlernt werden. Ein gut Teil der liturgischen Krise der Reformationszeit beruhte auf diesen Verengungen, und auch die liturgische Krise der Gegenwart kann man nur von hier aus ver-

---

[30] J. Ratzinger, *Wesen und Auftrag der Theologie. Versuche zu ihrer Ortsbestimmung im Disput der Gegenwart*, Einsiedeln 1993, 98.

stehen. Wenn heute für viele die ganze Liturgie zum Spielfeld privater 'Kreativität' geworden ist, die sich beliebig austoben kann, falls nur die Wandlungsworte bleiben, so ist immer noch dieselbe Verkürzung des Blicks am Werk, die einer typisch westlichen Fehlentwicklung entspringt und in der Ostkirche ganz undenkbar wäre.«[31] Man verliert den Sinn der Liturgie, wenn man sie auf das juristische Minimum bzw. die rubrizistisch genaue Einhaltung gottesdienstlichen Verhaltens reduziert, während alles andere dem jeweiligen Belieben überlassen bleibt.

Für die frühe Kirche reduzierte sich die Glaubenslehre keineswegs auf das unmittelbar dogmatisch festgelegte Glaubensgut, so daß alles andere bloßes »Argument« wäre und der theologischen Debatte überlassen bliebe. Vielmehr wurde die Glaubenslehre als ein lebendiges Gefüge verstanden und als solches im Glaubensbekenntnis festgehalten. Der Kirche ist die Gabe des unfehlbaren Wortes übertragen: »Aber Sinn behält dies doch nur, wenn eine solche im Einzelfall notwendig gewordene Fixierung einer Grenze eingeborgen bleibt in ein Lebensgefüge gemeinsamer Gewißheit des Glaubens. Wichtiger als der Begriff der Unfehlbarkeit ist daher derjenige der *auctoritas*.«[32] Kein Staat wird sich auf die Formulierung und Einhaltung unfehlbar richtiger Lösungen beschränken. Keine Schule, keine Familie, keine Gemeinde und keine Klostergemeinschaft kann überleben, wenn ihre Lebensregeln und Gesetzmäßigkeiten nicht von einer letzten rechtmäßigen »Autorität« gestützt sind. So verhält es sich auch mit der Kirche; ihr Leben basiert nicht bloß auf einer äußeren, rein rechtlichen Gesetzgebung: »Für eine Gemeinschaft, die wesentlich auf gemeinsamer Überzeugung beruht, ist *auctoritas* im Bereich der Inhalte unverzichtbar, und zwar gerade eine *auctoritas*, deren Wort in lebendiger Entwicklung weiterwachsen und reiner werden kann.«[33]

Eine derartige Zuordnung von »auctoritas« und »Unfehlbarkeit« ist von großer Aktualität, nicht zuletzt für das Verständnis der Liturgie und ihre Erneuerung: Wird die Liturgie als jener Vollzug verstanden, bei dem alle in dem einen Glauben der Kirche miteinander verbunden sind, wird sich die verbindliche Gestalt der äußeren Riten und - soweit erforderlich - die beste Form ihrer Erneuerung finden lassen. Anschließend kommt Joseph Ratzinger zu einer Folgerung, die gewiß für sein Pontifikat maßgeblich sein wird und auch im Gespräch mit der

---

[31] Ebd., 98f.
[32] Ebd., 99f.
[33] Ebd., 100.

Ostkirche eine wichtige Brücke schlägt: »Verbindlichkeit kann nicht allein dem 'Unfehlbaren' zukommen; sie liegt in der lebendigen Gesamtgestalt des Glaubens, die als solche immer wieder aussagbar sein muß, um nicht im Gewirr wechselnder Hypothesen zu verschwinden.«[34] Der Glaube beruht auf keiner autoritären Fixierung, er ist die Mitgift Jesu Christi an seine Kirche und das Leben in der Nachfolge.

## 4. Gebärde des Sohnes

Weiterhin sei nach den geistlichen Implikationen des vorgelegten Ansatzes gefragt, wie er aus dem theologischen Werk Ratzingers herausgearbeitet wurde; sie ergeben sich als eine Konkretisierung jenes inkarnatorischen Grundanliegens, das für Joseph Ratzinger aufs engste mit der Schöpfungstheologie verbunden ist.

Im Laufe der westlichen Theologiegeschichte kam es zu einer Konzentration auf das Thema der Heilsgeschichte unter weitestgehender Ausblendung des Schöpfungsgedankens, ja zu einer fast dualistischen Unterscheidung von Gott und Schöpfung, die derart radikal war, daß sie in die Nähe eines Deismus rückte oder in das Konzept einer gottlosen Welt zu führen schien. In der Schöpfungstheologie blieb es letztlich nur bei dem Satz, daß alles in Gott seine erste Ursache hat. Schließlich traten Schöpfung und Kosmos so sehr an den Rand theologischen Mühens und allgemeiner Frömmigkeit, daß der Glaube in die Falle der bloßen Innerlichkeit und Subjektivität zu geraten drohte. Auch kam es, gerade in der Auseinandersetzung mit der Evolutionstheorie, zur Verengung der christlichen Protologie auf die Schöpfung im Anfang (»creatio originalis«) und auf den Aspekt des göttlichen »Schaffens«.[35] Die Lehre vom göttlichen »Machen« bzw. die Lehre von der fortgehenden Schöpfung (»creatio nova«) wurde kaum thematisiert. Vielmehr wurde die »Schöpfung im Anfang« verstanden als eine fertige und vollkommene Schöpfung, die keiner weiteren Entfaltung und Evolution bedarf, wie auch das Wort »Schöpfung« durch seine Endsilbe eher einen abgeschlossenen Vorgang am Anfang als einen Prozeß des Schaffens insinuiert. Vom Menschen schien dasselbe zu gelten: Als einmal geschaffenes und damit fertiges Wesen ist er keiner weiteren Evolution unterworfen. Kurz gesagt, in der Schul-

---

[34] Ebd.

[35] Vgl. zum folgenden auch J. Moltmann, *Gott in der Schöpfung*, München 1985, 281-298.

theologie blieb es nicht aus, daß das Verhältnis Gottes zu seiner Schöpfung zeitweilig zu einseitig auf die Frage der Kausalität *beschränkt* wurde.[36] Martin Heidegger zitierend, wendet Yannaras ein: »Zu diesem Gott ('causa sui') kann der Mensch weder beten, noch kann er ihm opfern. Vor der causa sui kann der Mensch weder aus Scheu auf die Knie fallen noch kann er vor diesem Gott musizieren und tanzen. Demgemäß ist das gottlose Denken, das den Gott der Philosophie, den Gott der causa sui preisgeben muß, dem göttlichen Gott vielleicht näher.«[37] Werde - so meint Yannaras - die Beziehung zwischen Gott und dem Kosmos nicht vorrangig personal, sondern vorrangig als Beziehung von Ursache und Wirkung verstanden, so werde Gott abgetrennt von der Welt, und die Welt werde verselbständigt.

Ganz anders die ursprüngliche Sicht der Schöpfung, die dem Osten eigen ist. Für die Heilige Schrift ist nicht der kausale Begründungszusammenhang der Schöpfung entscheidend, sondern die *Einwohnung Gottes*, wie sie durch sein Ausruhen in der Schöpfung zum Ausdruck kommt (vgl. Gen 2,2f.). Der siebte Tag des vollendeten Schöpfungswerkes ist der Tag der Offenbarung der Herrlichkeit Gottes am Sinai (vgl. Ex 24,16): »Erst vom Sinai her wird [...] erkennbar, was mit Gottes Schöpfungshandeln 'am Anfang' intendiert war und d. h.: wozu Gott die Welt erschaffen hat: nämlich dazu, Gemeinschaft mit dem Menschen/Israel zu haben.«[38] Schließlich kennt die Priesterschrift »eine dynamische, sich selbst übersteigende und auf ein ungeahntes Eschaton hinsteuernde Geschichte«[39], deren Ziel das »Wohnen« des Schöpfergottes inmitten seines Volkes ist. Wie ist diese universale Gegenwart Gottes in seiner Schöpfung bis zum Ende der Zeiten genauer zu verstehen?[40]

---

[36] Vgl. hierzu M. Schneider, *Schöpfung in Christus. Skizzen zur Schöpfungstheologie in Ost und West*, St. Ottilien 1999.

[37] C. Yannaras, *Person und Eros. Eine Gegenüberstellung der Ontologie der griechischen Kirchenväter und der Existenzphilosophie des Westens*, Göttingen 1982, 68, Anm. 184; vgl. M. Heidegger, *Identität und Differenz*, Pfullingen 1957, 70f.

[38] Ebd.

[39] B. Janowski, *Tempel und Schöpfung. Schöpfungstheologische Aspekte der priesterlichen Heiligtumskonzeption*, in: JBTh 5 (1990) 37-69, hier 66.

[40] Die Einwohnung Gottes inmitten der Schöpfung und unter den Menschen ist das innere Geheimnis der Schöpfung. Dies läßt sich aus der Theologie des Sabbats näher erklären. Alle Dinge hat Gott im Dual geschaffen, betont eine alte jüdische Weisheit: Tag und Nacht, Himmel und Erde, Licht und Finsternis, Mann und Frau und anderes mehr, nur der Sabbat steht einsam da. Am Sabbat wird kein Lebewesen, sondern eine Zeit gesegnet: der siebte Tag. Er

Damit der Mensch wieder alle Dinge der Erde als Ikone Gottes erkennt, heilt Christus vor seinem Heimgang zum Vater die kranken Sinne des Menschen, den Blinden, den Lahmen, den Tauben, den Stummen, und heilt so den Mangel menschlichen Daseins, damit der Geheilte wie jeder seiner Sinne Mächtige aus innerem Erkennen und aus der Klarheit seines kreatürlichen Urteils Ja sagen kann zu Jesus.

Durch die Wiederherstellung seiner leibhaften Sinne erhält der Mensch jene Wachheit im Geist zurück, die ihn erkennen läßt, daß nur härteste Wirklichkeitsbezogenheit zum Glauben führt. Die reiche Entfaltung der Sinne zielt auf kein Genießen wie beim Schlemmer, sondern auf die Differenzierung und kreatürliche Einübung in die Unterscheidung der Geister. Das Geschenk der geheilten Kreatürlichkeit befähigt den Menschen, seinem Herrn in seinem Leben »leibhaft« zu antworten.

Gotteserkenntnis und -begegnung sind für Joseph Ratzinger keine Fragen der Theorie, sondern der Lebenspraxis. Menschwerdung Gottes heißt, daß sich der Gehorsam des Sohnes gegenüber dem Willen des Vaters in die Welt und in eine konkrete Lebensform inkarniert (vgl. Hebr 10; Ps 40 [39],7-9): Die höchste Erfüllung des Glaubens ist seither nicht mehr das Hören, sondern die »Fleischwerdung«: »Theologie des Wortes wird zur Theologie der Inkarnation. Die Hingabe des Sohnes an den Vater tritt aus dem innergöttlichen Gespräch heraus; sie wird Hinnahme und so Hingabe der im Menschen zusammengefaßten Schöpfung. Dieser Leib, richtiger: das Menschsein Jesu ist Produkt des Gehorsams, Frucht der antwortenden Liebe des Sohnes; er ist gleichsam konkret gewordenes Gebet. Das Menschsein Jesu ist in diesem Sinn schon ein ganz geistiger Sachverhalt, von seinem Herkommen her 'göttlich'.«[41]

---

ist ein ungerader Tag, weil er auf das ganze »Sechstagewerk« bezogen ist. Die Segnung dieses siebten Tages macht ihn zum Segen aller Schöpfungstage. Aber der Sabbatsegen kommt aus keinem Tun Gottes, sondern aus seinem Da-Sein. Die Segnung des Sabbats unterscheidet sich von der Segnung der geschaffenen Lebewesen dadurch, daß Gott ihn durch seine Ruhe, nicht durch eine Tätigkeit segnet. »Die Schöpfung kann als Gottes Werkoffenbarung angesehen werden, doch erst der Sabbat ist Gottes Selbstoffenbarung ... Der Sabbat ist kein Schöpfungstag, sondern der 'Tag des Herrn'.« Alle Geschöpfe kommen in der Ruhe Gottes zu ihrer Ruhe, denn sie finden in der ruhenden und darin unmittelbaren Präsenz Gottes ihren tragenden Grund und ihren Segen. Diesen Segen Gottes, der der ganzen Schöpfung gilt und allen Dingen in ihr Bestand gibt, erfährt Israel durch die Feier des »siebten Tages« (vgl. C. Westermann, *Genesis. Biblischer Kommentar Altes Testament*, Neukirchen 1974, 230ff.).

[41] J. Ratzinger, *Der Gott Jesu Christi. Betrachtungen über den Dreieinigen Gott*, München 1976, 53f.

Die Theologie des Leibes ist bei Joseph Ratzinger auf dem Hintergrund seiner Schöpfungstheologie zu verstehen. Mit Bonaventura teilt er die Ansicht, daß der Glaube in seinem universalen Heilsanspruch erfahren wird, sobald der Mensch erkennt, daß alles, was ist, von Gott dem Schöpfer kommt. Wird aber das Leben im Glauben auf das subjektive Gefühl der Innerlichkeit reduziert, so daß jeder empfinden und denken kann, was er will und mag, löst sich die christliche Spiritualität von der objektiven Welt der Materie. Das Leben des Glaubens wird dann dem Bereich der Psychologie zugeordnet und erscheint schließlich als Vertröstung oder Vergrämung menschlicher Existenznot. Ganz anders der biblische Glaube, wie er in der Botschaft von der unbefleckten Empfängnis Mariens und vom leeren Grab zum Ausdruck kommt: Gott kann in der Welt Neues schaffen und in die Welt des Leibes eingreifen. Die Materie ist Gottes, weil von ihm abkünftig. Gott läßt sich nicht auf die Innerlichkeit menschlicher Subjektivität reduzieren, als ob er seinen Platz im Emotional-Subjektiven hätte, während die Welt der Materie anderen, letztlich eigenen Gesetzen gehorcht. Deshalb ist die Bedeutung des Leibes für das Leben im Glauben eigens zu bedenken und hervorzuheben.

Die Kunst gläubigen Daseins besteht darin, in der Welt und mit dem Leib Gott zu lieben und ihm zu dienen. Joseph Ratzinger legt in seinen Ausführungen über eine Spiritualität des Alltags bzw. der Alltäglichkeit im Glauben dar: »Wir werden Gott in der Teilhabe an der Gebärde des Sohnes. Wir werden Gott, indem wir 'Kind', indem wir 'Sohn' werden; das heißt, wir werden es im Hineingehen in Jesu Reden mit dem Vater und im Hineintreten dieses unseres Gesprächs mit dem Vater in das Fleisch unseres täglichen Lebens: 'Einen Leib hast du mir bereitet...' Unser Heil ist es, 'Leib Christi' zu werden, so wie Christus selbst: im täglichen Annehmen unserer selbst von ihm her; im täglichen Zurückgeben; im täglichen Anbieten unseres Leibes als Stätte des Wortes. Wir werden es, indem wir ihm nachfolgen, absteigend und aufsteigend. Von alldem redet das schlichte Wort 'descendit de caelis'. Es redet von Christus, und es redet eben darin von uns. Dieses Bekenntnis kann man gar nicht im Mitreden ausschöpfen. Es verweist vom Wort auf den Leib: Nur in der Bewegung von Wort zu Leib und von Leib zu Wort kann es wahrhaft angeeignet werden.«[42] -

Sind bisher die dogmatischen Ansätze hervorgehoben worden, welche die Theologie Joseph Ratzingers mit der östlichen Theologie gemeinsam hat, gilt es nun, sich ausführlich ihren ökumenischen Leitlinien zuzuwenden.

---

[42] Ebd., 55.

## 5. Ökumenische Perspektiven

Nach der Begegnung Papst Pauls VI. mit Patriarch Athenagoras schien eine Eucharistiegemeinschaft mit der orthodoxen Kirche nahe gerückt zu sein; nicht anders verhielt es sich im Gespräch mit den »reformatorischen Gemeinschaften«, denn das II. Vatikanum löste einen ökumenischen Frühling aus, der auf eine baldige Kircheneinheit hoffen ließ. Doch momentan scheint das ökumenische Gespräch eher ins Stocken geraten zu sein. Worte der Enttäuschung und Resignation sind nicht zu überhören.
Als Cardinal Ratzinger zum 264. Nachfolger des heiligen Petrus als Bischof von Rom gewählt wurde, war die Reaktion der orthodoxen Kirchen äußerst positiv; dies gilt vom Moskauer Patriarchat der Russisch-Orthodoxen über das Ökumenische Patriarchat von Konstantinopel und die griechisch-orthodoxe Kirche bis zum koptisch-orthodoxen Patriarchat in Ägypten. »Wir sind sehr glücklich über die Wahl von Papst Benedikt XVI.«, meinte der koptisch-orthodoxe Bischof Barnaba El Suriani, der den koptischen Patriarchen Papst Shenuda III. bei der Amtseinführung des Heiligen Vaters vertrat. Es wurden hohe Erwartungen an den ökumenischen Dialog unter Papst Benedikt XVI. geäußert. Denn der Theologe Joseph Ratzinger hat sich vielen orthodoxen Theologen während seiner Tätigkeit als Professor, Bischof und Präfekt der Glaubenskongregation immer wieder als ein Freund und Kenner orthodoxer Theologie erwiesen. Man erinnert sich an die beiden Vorträge, die der damalige Professor Joseph Ratzinger 1974 und 1976 in Wien und Graz hielt.
Dort griff er die Worte des Patriarchen Athenagoras vom 25. Juli 1967 auf, die dieser bei seiner Begegnung mit Papst Paul VI. geäußert hatte: »Und siehe, wir haben in unserer Mitte gegen jede menschliche Erwartung, den ersten von uns der Ehre nach, den 'Vorsitzenden in der Liebe'.« Professor Ratzinger kommentiert im April 1974: »Es ist klar, daß der Patriarch damit nicht den ostkirchlichen Boden verläßt und sich nicht zu einem westlichen Jurisdiktionsprimat bekennt. Aber er stellt deutlich heraus, was der Osten über die Reihenfolge der an Rang und Recht gleichen Bischöfe der Kirche zu sagen hat, und es wäre nun doch der Mühe wert zu überlegen, ob dieses archaische Bekenntnis [...] nicht doch als eine dem Keim der Sache genügende Sicht der Stellung Roms in der Kirche gewertet werden könnte.« Was er hiermit konkret meint, legt Joseph Ratzinger bei seinem Vortrag am 6. Januar 1976 in Graz dar, als er die Maxime formuliert: »Rom muß vom Osten nicht mehr an Primatslehre fordern, als auch im ersten

Jahrtausend formuliert und gelebt wurde.«[43] An anderer Stelle fügt er hinzu: »Wer auf dem Boden der katholischen Theologie steht, kann gewiß nicht einfach die Primatslehre als null und nichtig erklären. Aber er kann andererseits unmöglich die Primatsgestalt des 19. und 20. Jahrhunderts für die einzig mögliche und allen Christen notwendige ansehen.«[44]

Im Rahmen seiner Amtseinführung wies Papst Benedikt XVI. darauf hin, daß er in seinem Pontifikat nicht eigene Ideen durchsetzen wolle, sondern seinen Weg gemeinsam mit der ganzen Kirche gehen möchte, und zwar im Hören auf Wort und Willen des Herrn. Es fällt auf, mit wie vielen Gesten und Worten Papst Benedikt XVI. durchscheinen läßt, wie sehr das ökumenische Gespräch sein besonderes Anliegen ist. In der »Messe zum Beginn des Petrusdienstes« nimmt er erstmals in der Neuzeit wieder jenes mit fünf roten Kreuzen bestickte lange Pallium, das während des ersten Jahrtausends von den Päpsten getragen wurde, als Ost- und Westkirche noch nicht getrennt waren. In seinem Wappen verzichtet er auf die Tiara und ersetzt sie durch eine Mitra. Wie will der neu gewählte Papst seinen eigenen Dienst im Gespräch mit der Ostkirche verstanden und ausgeübt sehen?

Schon seit den frühen Jahren seiner theologischen Arbeit als Professor beschäftigte sich Joseph Ratzinger mit dem Thema Ökumene und setzte sich in zahlreichen Kommissionen für die Suche nach der Einheit im Glauben ein.[45] Schon in seinem Buch »Einführung in das Christentum« (1968) setzt er den Rahmen jeder ökumenischen Arbeit: »Die Kirche ist nicht von ihrer Organisation her zu denken, sondern die Organisation von der Kirche her zu verstehen. Aber zugleich ist

---

[43] J. Ratzinger, *Vom Wiederauffinden der Mitte*, 188.

[44] Zit. nach B. Raspels, *Freund und Kenner orthodoxer Theologie*, in: Kölner Kirchenzeitung Nr. 21 (2005) 16.

[45] Vgl. zum folgenden J. Ratzinger, *Vom Wiederauffinden der Mitte*, 181-194 (= ders., *Prognosen für die Zukunft des Ökumenismus*, in: Ökumenisches Form. Grazer Hefte für konkrete Ökumene 1 [1977] 31-41; es handelt sich um seinen Vortrag von 1976 in Graz); auch J. Wohlmuth, *Anwalt der Einheit. Der Theologe Joseph Ratzinger und die Ökumene*, in: Der christliche Osten 60 (2005) 265-278. - Weitere Studien zur Ökumene sind J. Ratzinger, *Volk und Haus Gottes in Augustins Lehre von der Kirche*, St. Ottilien 1992 [1954]; J. Ratzinger, *Das geistliche Amt und die Einheit der Kirche*, in: ders., *Das neue Volk Gottes*, Düsseldorf 1969, 105-120; J. Ratzinger, *Theologische Aufgaben und Fragen bei der Begegnung lutherischer und katholischer Theologie nach dem Konzil*, in: ders., *Das neue Volk Gottes*, 225-245; J. Ratzinger, *Die ökumenische Situation - Orthodoxie, Katholizismus und Reformation*; in: ders., *Theologische Prinzipienlehre. Bausteine zur Fundamentaltheologie*, Donauwörth ²2005, 203-214. - Siehe auch die Ausführungen oben S. 55ff.

deutlich, daß für die sichtbare Kirche die sichtbare Einheit mehr ist als 'Organisation'. Die konkrete Einheit des gemeinsamen, im Wort sich bezeugenden Glaubens und des gemeinsamen Tisches Jesu Christi gehört wesentlich zu dem Zeichen, welches die Kirche aufrichten soll in der Welt. Nur als 'katholische', das heißt in der Vielheit dennoch sichtbar eine, entspricht sie der Forderung des Bekenntnisses. Sie soll in der zerrissenen Welt Zeichen und Mittel der Einheit sein, Nationen, Rassen und Klassen überschreiten und vereinen.«[46] Ökumenische Arbeit hat nicht bei einer isolierten »Basis« bzw. »Obrigkeit« anzusetzen: Eine ausgehandelte Einheit ist nur »Menschenwerk«[47]; theologische Konsenseinigungen bleiben auf der menschlichen bzw. wissenschaftlichen Ebene.

Welche Konzepte für den Weg zur Einigung mit der Ostkirche lassen sich bei Joseph Ratzinger herausarbeiten? Seiner Meinung nach beruht die Trennung von 1054 vor allem auf der Verschiedenheit der Entwicklungen in Ost und West. Im Westen wird die Kirche immer stärker juristisch konzipiert; das Dogma von 1870 stellt gleichsam den Höhepunkt dieser Entwicklung dar. Während die Ostkirche als ein Gefüge bischöflich geleiteter Ortskirchen erscheint[48], geht - wenigstens auf den ersten Blick - genau dies dem Westen verloren, was der Osten als die Aufgabe des Grundgefüges der Kirche überhaupt deutet.[49] Dennoch, wie die Kirche des Ostens bleibt auch die des Westens dem Gehalt und der Gestalt der Väterkirche ungebrochen treu; in Rom besteht keine andere Kirche gegenüber jener im ersten Jahrtausend, also jener Zeit, in der man gemeinsam Eucharistie feierte und eine Kirche war.[50] Der Osten darf die Entwicklung der Westkirche im zweiten Jahrtausend nicht als häretisch erklären, wie umgekehrt der Westen die Kirche des Ostens in der Gestalt anerkennen muß, »die sie sich bewahrt hat«[51].

Nach Joseph Ratzinger ist im ökumenischen Gespräch zunächst und vor allem nach »der Vertretbarkeit des Getrenntbleibens« zu fragen, »denn nicht die Einheit

---

[46] J. Ratzinger, *Einführung in das Christentum*, München 2000, 328.

[47] J. Ratzinger, *Zum Fortgang der Ökumene*, in: ders., *Kirche, Ökumene und Politik*, Einsiedeln 1987, 128-134, hier 130.

[48] Vgl. M. Schneider, *Einführung in die Theologie Joseph Ratzingers,* Köln 2008, 171-194.

[49] Vgl. J. Ratzinger, *Vom Wiederauffinden der Mitte*, 182.

[50] Vgl. ebd., 184.

[51] Ebd., 188. Gerade in und mit der Feier der Liturgie bleibt für die Kirche in Ost und West die Idealgestalt gewahrt.

bedarf der Rechtfertigung, sondern die Trennung«[52]. Dabei unterscheidet er zwischen menschlichen Trennungen und theologischen Spaltungen. Es kann eine Verschiedenheit geben, die das Wesen der Kirche nicht beeinträchtigt; hier gilt es, »das Miteinander in der Vielheit gewachsener geschichtlicher Formen leben zu lernen«. Positiv anzustreben ist eine »Einheit *durch* Vielfalt, durch Verschiedenheit«[53], wobei gerade die Verschiedenheit einen neuen »Reichtum des Hörens und Verstehens« erschließen kann. Sobald einer Spaltung das Gift der Feindseligkeit genommen wird und man sich gegenseitig annimmt, führt dieser Weg zur Erfahrung einer »felix culpa«, »auch bevor sie ganz geheilt wird«[54]: »Der harte Kern der Trennung ist erst da gegeben, wo ein oder mehrere Partner gewiß sind, daß sie nicht ihre eigenen Ideen verteidigen, sondern zu dem stehen, was sie aus der Offenbarung empfangen haben und daher nicht manipulieren können.«[55] Ratzingers Konzept im ökumenischen Gespräch unterscheidet sich grundlegend von vielem, was in der Annäherung der Christen derzeit allgemein üblich ist. Nach seiner Ansicht läßt sich eine Vereinigung der Christen nicht mit Maximalforderungen erreichen, es bedarf vielmehr der *Wahrheit* und Redlichkeit auf dem Weg der Suche einer Einigung.[56] Über die Wahrheit aber läßt sich nicht diskutieren[57], debattieren und abstimmen, ihr kann man nur dienen und die Ehre geben: »Wahrheit ist keine Mehrheitsfrage. Sie ist oder sie ist nicht. Deswegen sind Konzilien nicht verbindlich, weil eine Mehrheit von qualifizierten Vertretern etwas beschlossen hat. [...] Konzilien beruhen auf dem Prinzip der moralischen Einmütigkeit, und die wiederum erscheint nicht als eine besonders hohe Mehr-

---

[52] Ebd., 190. Vgl. R. Erni und D. Papandreou, *Eucharistiegemeinschaft. Der Standpunkt der Orthodoxie*, Fribourg 1974, 68-96, hier 91f.

[53] J. Ratzinger, *Zum Fortgang der Ökumene*, 130f.

[54] Ebd., 131.

[55] J. Ratzinger, *Zur Lage der Ökumene*, in: ders.. *Weggemeinschaft des Glaubens. Kirche als Communio.* Festgabe zum 75. Geburtstag. Hg. v. Schülerkreis, Augsburg 2002, 220-234, hier 223.

[56] Joseph Ratzinger führt aus: »Es darf nicht als Wahrheit auferlegt werden, was in Wirklichkeit geschichtlich gewachsene Form ist, die mit der Wahrheit in einem mehr oder weniger engen Zusammenhang steht. Gerade wenn also das Gewicht der Wahrheit und ihre Unverzichtbarkeit ins Spiel gebracht wird, muß dem auch eine Redlichkeit entsprechen, die sich vor vorschneller Inanspruchnahme der Wahrheit hütet und nach der inneren Weite des Wahren mit den Augen der Liebe zu suchen bereit ist« (J. Ratzinger, *Vom Wiederauffinden der Mitte*, 187).

[57] Wahrheit gibt es nicht im Plural.

heit. Nicht der Konsens begründet die Wahrheit, sondern die Wahrheit den Konsens: Die Einmütigkeit so vieler Personen ist immer als etwas menschlich Unmögliches angesehen worden. Wenn sie auftritt, zeigt sich darin die Überwältigung durch die Wahrheit selbst. Die Einmütigkeit ist nicht Grund der Verbindlichkeit, sondern das Zeichen der erscheinenden Wahrheit, und aus ihr fließt die Verbindlichkeit.«[58]
Das ökumenische Gespräch verlangt mehr als kirchenpolitische Verhandlungen und einen äußeren Konsens, betont Joseph Ratzinger: »Da aber der Glaube nicht eine bloße Setzung menschlichen Denkens ist, sondern Frucht einer Gabe, kann die Gemeinsamkeit auch letztlich nicht aus einer Operation des Denkens kommen, sondern wiederum nur geschenkt werden.«[59]
Arbeit in der Ökumene muß sich vom *Prinzip des »Unverfügbaren«* leiten lassen. Durch eine Einigung in Basissätzen ergibt sich noch keine Vereinigung der Christen; eine von Menschen ausgehandelte Einheit »könnte logischerweise nur eine Angelegenheit iuris *humani* sein. Sie würde damit die in Joh 17 gemeinte theologische Einheit überhaupt nicht berühren«[60]. Das ökumenische Mühen verlangt nicht nur Kompromißfähigkeit und Verhandlungstalent, es setzt »die eigentlich religiöse Ebene« von Gebet und Buße voraus, denn es ist primär ein geistliches, weil geistgewirktes Vorhaben.
Glaube und Vereinigung im Glauben sind niemals Sache des Menschen, der sie hervorrufen und bewerkstelligen kann[61], vielmehr gründen sie im Gebet Jesu für seine Kirche und ihre Einheit. Joseph Ratzinger betont, »daß wir die Stunde nicht wissen und auch nicht festlegen können, wann und wie die Einheit zustande kommt«[62]; sie ist allein Gottes Sache.[63] Bis Gott selbst die Einheit der Christen bewirkt, gilt es, im ökumenischen Gespräch und in der Annäherung der Christen »dem anderen nichts aufdrängen zu wollen, was ihn - noch - im Kern seiner

---

[58] J. Ratzinger, *Zur Lage der Ökumene,* 233f.

[59] Ebd., 223.

[60] J. Ratzinger, *Zum Fortgang der Ökumene*, 130.

[61] »Ich bin überzeugt, daß wir - erlöst von dem Erfolgszwang des Selbstmachens und von seinen geheimen und offenen Terminen - uns schneller und tiefer näherkommen werden, als wenn wir anfangen, Theologie in Diplomatie und Glaube in 'Engagement' umzuwandeln« (ebd., 134).

[62] Ebd., 132f.

[63] Es geht also darum, »Gott zu lassen, was allein seine Sache ist, und zu erkunden, welches dann aber in allem Ernst unsere Aufgaben sind« (ebd., 133).

christlichen Identität bedroht«[64]: »Katholiken sollten nicht versuchen, Protestanten zur Anerkennung des Papsttums und ihres Verständnisses von apostolischer Sukzession zu drängen. [...] Umgekehrt sollten Protestanten davon ablassen, von ihrem Abendmahlsverständnis her die katholische Kirche zur Interkommunion zu drängen, da nun einmal für uns das doppelte Geheimnis des Leibes Christi - Leib Christi als Kirche und Leib Christi als sakramentale Gabe - ein einziges Sakrament ist, und die Leibhaftigkeit des Sakramentes aus der Leibhaftigkeit der Kirche herauszureißen das Zertreten der Kirche und des Sakraments in einem bedeutet.«[65]

Vor allen praktischen Bemühungen und schon erreichten Übereinstimmungen im ökumenischen Gespräch ist nach dem zu fragen, was Gott selbst der Kirche in der Annäherung mit den anderen Kirchen sagen und zeigen will. Ja, es gilt, nach dem tieferen Sinn der Trennung und Spaltung zu fragen. Joseph Ratzinger verweist auf 1 Kor 11,19, indem er diese Stelle im Sinne Augustins auslegt: *»Spaltungen* müssen *sein«*. Der biblische Begriff »dei«[66] meint in diesem Zusammenhang ein göttliches Handeln bzw. eine eschatologische Notwendigkeit: »Auch wenn Spaltungen zuallererst menschliches Werk und menschliche Schuld sind, so gibt es in ihnen doch auch eine Dimension, die einem göttlichen Verfügen entspricht. Darum können wir sie auch nur bis zu einem gewissen Punkt hin durch Buße und Bekehrung aufarbeiten; wann es aber so weit ist, daß wir dieses Spalts nicht mehr bedürfen und daß das 'Muß' wegfällt, das entscheidet der richtende und vergebende Gott selbst ganz allein.«[67] Um »durch Verschiedenheit Einheit zu finden«, gilt es, »in den Spaltungen das Fruchtbare anzunehmen, sie zu entgiften und gerade von der Verschiedenheit Positives zu empfangen - natürlich in der Hoffnung, daß am Ende die Spaltung überhaupt aufhört, Spaltung zu sein und nur noch 'Polarität' ohne Widerspruch ist«[68]. So gibt es für die deutsche Kirche, wie Joseph Ratzinger bemerkt, durchaus ein Positives im Protestantismus »mit seiner Liberalität und seiner Frömmigkeit«, nicht zuletzt »mit seinem

---

[64] Ebd.

[65] Ebd., 133.

[66] J. Ratzinger verweist hier auch auf die Aussagen von H. Schlier in ThWNT I 182, wo er darlegt, daß es sich hier für Paulus um einen eschatologisch-dogmatischen Satz handelt; und Grundmann, ebenfalls in ThWNT II 22-25.

[67] Ebd., 131.

[68] Ebd.

hohen geistigen Anspruch«[69].

Joseph Ratzinger verfolgt in einem Beitrag von 1974 einen ähnlichen Gedanken, wenn er die Worte des Patriarchen Athenagoras vom 25. Juli 1967 bei seiner Begegnung mit Papst Paul VI. aufgreift: »Und siehe, wir haben in unserer Mitte gegen jede menschliche Erwartung, den ersten von uns der Ehre nach, den 'Vorsitzenden in der Liebe'« und dies wie folgt kommentiert: »Es ist klar, daß der Patriarch damit nicht den ostkirchlichen Boden verläßt und sich nicht zu einem westlichen Jurisdiktionsprimat bekennt. Aber er stellt deutlich heraus, was der Osten über die Reihenfolge der an Rang und Recht gleichen Bischöfe der Kirche zu sagen hat, und es wäre nun doch der Mühe wert zu überlegen, ob dieses archaische Bekenntnis [...] nicht doch als eine dem Keim der Sache genügende Sicht der Stellung Roms in der Kirche gewertet werden könnte.« Was er hiermit konkret meint, legt Joseph Ratzinger bei seinem Vortrag am 6. Januar 1976 in Graz dar, als er die Maxime formuliert: »Rom muß vom Osten nicht mehr an Primatslehre fordern, als auch im ersten Jahrtausend formuliert und gelebt wurde.«[70]

Wie das Gespräch mit der Orthodoxie und den mit Rom vereinigten Kirchen erfolgen und zu welchem Ergebnis es eines Tages führen wird, ist nicht vorauszusehen. Aber es lassen sich Ausführungen des jetzigen Papstes als Leitmotiv aufgreifen, die er 1968 in seinen »Entwürfen zur Ekklesiologie«[71] vorlegte. Bei seinen Darlegungen über das Zueinander von »Primat und Episkopat« betont Joseph Ratzinger zunächst, daß auf dem Konzil von Nizäa drei »Primate« als »alte Gewohnheit« vorausgesetzt wurden, nämlich Rom, Alexandrien und Antiochien. Rom, so legt es die Apostelgeschichte dar, ist in der Antike die zusammenfassende Realität des »orbis« der Heiden, Jerusalem hingegen diejenige von »Israel«: »Jerusalem ist positiv die Zusammenfassung Israels und seiner Tradition, die 'heilige Stadt', Rom dagegen ist nicht die Zusammenfassung der Kirche, sondern die Zusammenfassung einer Weltsituation, deren theologische Chiffre

---

[69] Ebd. Ratzinger bemerkt sogar: »Könnte man sich eigentlich eine nur protestantische Welt denken? Oder ist der Protestantismus in all seinen Aussagen, gerade als Protest, nicht so vollständig auf den Katholizismus bezogen, daß er ohne ihn kaum noch vorstellbar bliebe?« (ebd., 132).

[70] J. Ratzinger, *Vom Wiederauffinden der Mitte*, 188.

[71] Vgl. J. Ratzinger, *Das neue Volk Gottes. Entwürfe zur Ekklesiologie*, Düsseldorf 1969, 121-146; Erzbischof Lutfi Laham zitiert diesen Artikel mit Bezug auf die französische Ausgabe J. Ratzinger, *Le nouveau peuple de Dieu*, Paris 1968, 66; vgl. L. Laham, *Ekklesiologie zwischen Ost und West*, 245-266.

Babylon heißt. [...] Diese Ablösung Jerusalems durch Rom wirkte sich in der Ordnung der alten Kirche konkret dahin aus, daß Jerusalem nicht als Hauptkirche, als Patriarchat fungierte, nicht einmal als Erzbistum, sondern Suffragan von Cäsarea blieb«[72]. Der Übergang von Jerusalem nach Rom zu den Heiden ist apostolischer Entscheid, während der von Rom nach Konstantinopel auf einer qualitativ ganz anderen Ebene liegt. Dies vorausgesetzt, ergibt sich auch die genauere Bestimmung des Patriarchats von Rom: »Die Primate von Alexandrien und Antiochien sind regionale Primate, der Bischof von Rom besitzt einen regionalen und darüber hinaus einen andersgearteten gesamtkirchlichen 'Primat'. Das Ineinander dieser beiden Primate ist das eigentliche Problem der Folgezeit, der Ausgangspunkt der Spaltung von Ost und West.«[73] In diesen Ausführungen Joseph Ratzingers findet sich vermutlich auch ein wichtiger Hinweis, warum Papst Benedikt XVI. neulich auf den Titel »Patriarch des Abendlandes« verzichtet hat...

Nach Joseph Ratzinger kam es im Verlauf der Kirchengeschichte zunehmend zu einem Unterschied im Anspruch von *apostolischem* Vorsitz und *patriarchaler* Befugnis, was schließlich zur Konkurrenz zweier Patriarchate führte: »Die Tragik des Ganzen besteht darin, daß es Rom nicht gelungen ist, den apostolischen Auftrag von der wesentlich administrativen Patriarchatsidee zu lösen, so daß es dem Osten gegenüber einen Anspruch stellte, der in dieser Form von ihm weder angenommen werden mußte noch konnte.«[74] Die Situation verschärft sich im Mittelalter: »Das Patriarchenamt wird zu einem Ehrentitel, den Rom vergibt; und schließlich, seit dem 13. Jahrhundert, steht der Kardinal über dem Patriarchen, so daß der Patriarch geehrt wird, wenn er Kardinal wird: Die stadtkirchliche Würde steht über dem alten universalkirchlichen Dienst«[75]. Am Ende seiner Überlegungen zieht Joseph Ratzinger die Schlußfolgerungen: »Das einheitliche Kirchenrecht, die einheitliche Liturgie, die einheitliche Besetzung der Bischofsstühle von der römischen Zentrale aus - das alles sind Dinge, die nicht notwendig mit dem Primat als solchem gegeben sind, sondern sich erst aus dieser engen Vereinigung zweier Ämter ergeben. Demgemäß sollte man es als Aufgabe der Zukunft betrachten, das eigentliche Amt des Petrusnachfolgers und das patriar-

---

[72] J. Ratzinger, *Das neue Volk Gottes*, 128f.
[73] Ebd., 131.
[74] Ebd., 133.
[75] Ebd., 136.

chale Amt wieder deutlicher zu unterscheiden und, wo nötig, neue Patriarchate zu schaffen und aus der lateinischen Kirche auszugliedern. Die Einheit mit dem Papst annehmen würde dann nicht mehr bedeuten, sich einer einheitlichen Verwaltung anzugliedern, sondern lediglich heißen, sich der Einheit des Glaubens und der communio einfügen, dabei dem Papst die Vollmacht verbindlicher Auslegung der in Christus ergangenen Offenbarung zuerkennen und folglich sich dieser Auslegung unterstellen, wo sie in definitiver Form geschieht. Das bedeutet, daß eine Einigung mit der östlichen Christenheit nichts, aber auch nichts in ihrem konkreten kirchlichen Leben ändern müßte.«[76]

Der Zündstoff dieser Ausführungen liegt in ihrer letzten Bemerkung. Entscheidend wird natürlich sein, daß der Bischof von Rom wieder im Hochgebet und in den Fürbitten genannt wird, was ja ein alter Ausdruck der bestehenden Einheit der Kirche ist. Aber welcher Art ist die »*Unterwerfung*« unter die definitive Auslegung des Glaubens durch den Papst«? Joseph Ratzinger erinnert daran, daß es alter Brauch der Kirche ist, bei definitiven Entscheidungen - etwa eines ökumenischen Konzils - das Kriterium der »moralischen Einmütigkeit« walten zu lassen; sie ist selbst Zeichen dafür, daß Definitionen ja letztlich nicht etwas Neues in der Kirche schaffen, sondern »Reflex der Einheit« und der überkommenen Tradition im Glauben sind. Delegierte eines Konzils können nicht über das Gewissen ihrer Gläubigen bestimmen bzw. abstimmen, vielmehr ist jedes Konzil ein Ort des Zeugnisses, nicht der Delegation und parlamentarischen Abstimmung. Vertretung auf einem Konzil ist »sakramental«, denn sie kann nur vertreten, was Kirche *ist*; deshalb kann kein Konzil sich ermächtigen, etwas zu schaffen, was Kirche erst noch zu werden hat: »Im Sakrament stehen heißt: aus dem neuen Ich leben [...] und so wahrhaft im Sinn des Ganzen (nicht im Sinn einer Durchschnittsmeinung) reden. Praktisch heißt dies: Glaubensaussagen, die auf dem Konzil 'beschlossen' werden, sind keine 'Beschlüsse' im üblichen Sinn. Die moralische Einstimmigkeit, die für sie notwendig ist, ist für die Kirche Ausdruck dafür, daß sich hier der gemeinsame Glaube der Kirche aussagt. Sie setzen nicht etwas, sondern sie heben ins Wort, was in der Kirche des Herrn schon *ist,* und machen es *darum* öffentlich verbindlich, als Kennzeichen der anima ecclesiastica.«[77]

---

[76] Ebd., 142. - Bei der Schaffung neuer Patriarchate denkt Joseph Ratzinger an die Kirchen Afrikas und Asiens (ebd., 143).

[77] J. Ratzinger, *Kirche, Ökumene und Politik. Neue Versuche zur Ekklesiologie,* Einsiedeln 1987, 123.

Eine verbindliche Entscheidung durch den Papst ist deshalb nur dann möglich, wo eine Einmütigkeit der Gesamtkirche wie auch ein klares Zeugnis der Glaubensquellen gegeben ist. Deshalb gilt es in Zukunft, beim ökumenischen Gespräch das dreifache Amt des Papstes genauer zu unterscheiden, nämlich das Amt des Bischofs von Rom, des Patriarchen der abendländisch-lateinischen Kirche und das Amt des Primas aller Bischöfe: »Wird der Primat des Papstes rein als solcher gefaßt in seiner providentiellen ökumenischen Einheitsfunktion und geschieden von den wandelbaren Funktionen des römischen Metropoliten und des abendländischen Patriarchen, dann wird der geschichtliche Sinn und das göttliche Recht des Papsttums auch seinen Bestreitern verständlich.«[78] Gleiches muß natürlich auch von den Aussagen und Beschlüssen des päpstlichen Amtes gesagt werden.

Noch ein letzter Punkt sei angeführt, der für das weitere Gespräch mit der Orthodoxie entscheidend werden kann. Bischof Hilarion Alfejew von der russisch-orthodoxen Diözese Wien führt hierzu aus: »Soweit ich weiß, haben die Orthodoxen noch nicht adäquat auf die Einladung von Papst Johannes Paul II. reagiert, ein für sie annehmbares Modell des universalen Primats zu erarbeiten«; statt die katholische Sicht des Primats nur zu kritisieren, muß die Orthodoxie eine eigene Auffassung in der Frage des Primats entwickeln, die für die katholische Kirche überzeugend ist.[79]

\*

*Zusammenfassend* ergeben sich in der Rückschau auf die Ausführungen Ratzingers einige theologische wie auch praktische Leitmotive für das Gespräch und die konkrete Begegnung mit der Kirche des Ostens. Es bedarf einer neuen Besinnung auf die Ekklesiologie des ersten Jahrtausends, welche das Fundament für jede Neubesinnung im Gespräch und im Mühen um eine Einigung sein wird. Vor allem ist das Modell der Pentarchie und die Rolle des Papstes in ihr - neu? - zu bedenken; dabei ist speziell der Unterschied im Anspruch von apostolischem Vorsitz und patriarchalischer Befugnis hervorzuheben und der apostolische Auftrag von dem Patriarchatsdienst zu trennen. Papst Benedikt XVI. wollte ver-

---

[78] Ebd., 145. - Natürlich ist eine Irritation dadurch entstanden, daß Papst Benedikt XVI. selbst auf den Titel eines Patriarchen des Abendlandes verzichtet hat, ohne übrigens diesen Schritt eigens darzulegen und zu begründen.

[79] So in einem Interview der Zeitung »Deutsche Tagespost« vom 29. Oktober 2005, S. 5.

mutlich einen ersten Schritt in diese Richtung unternehmen, indem er auf den Titel »Patriarch des Abendlandes« verzichtete. Ferner ist zu klären, nicht zuletzt gerade im praktischen Umgang mit den östlichen Kirchen, die sich mit Rom vereinigt haben, was die Unterwerfung unter die definitive Auslegung des Glaubens durch den Papst konkret meint und wie hier in den alltäglichen Vollzügen kirchlichen Lebens voranzugehen ist; hierbei ist in gleicher Weise das Zueinander von Papst und Ortsbischöfen zu erörtern. Von römischer Seite muß deutlich gemacht werden, daß es beim Papsttum nicht bloß um eine Rechtsstellung geht, die über die sakramentale Ordnung gesetzt wurde; vielmehr muß für die Orthodoxie sichtbar gemacht werden, daß im wirklichen Leben der Kirche und im gültigen Kern ihrer Verfassung das *sakramentale* Gefüge immer lebendig und in seiner Einheit mit dem Petrusamt das Tragende war.[80] Über die theologischen Argumente und Klärungen hinaus bedarf es der grundlegenderen Haltung des Gebets und des gegenseitigen Verstehens und Annehmens. In diesem Sinn muß die Feststellung Ratzingers verstanden werden: »Eine Kircheneinheit zwischen Ost und West ist theologisch grundsätzlich möglich, aber spirituell noch nicht genügend vorbereitet und daher praktisch noch nicht reif.«[81]

Daß es bei den angeführten Leitmotiven nicht bloß um abstrakte Theorien und bloße Appelle geht, dafür steht die Melkitische Kirche, denn sie ist wie die anderen mit Rom unierten Kirchen ein konkretes Zeichen und ständiger Hinweis auf die noch nicht anwesende Orthodoxie; dafür steht aber auch der konkrete Einsatz des an seinem 75. Geburtstag zu ehrenden Patriarchen Gregorios III., dem für sein Lebenswerk mit der vorliegenden Festgabe gedankt werden soll.

---

[80] Vgl. J. Ratzinger, *Vom Wiederauffinden der Mitte*, 184.

[81] Ebd., 189. - Er führt hierzu weiter aus: Es bedarf trotz aller Differenzen in Ost und West der Einsicht, »daß Einheit ihrerseits eine christliche Wahrheit, ein christlich Wesentliches ist und daß sie in der Rangordnung so hoch steht, daß sie nur um des ganz Grundlegenden willen geopfert werden darf, nicht aber, wo Formulierungen oder Praktiken im Wege sind, die noch so bedeutend sein mögen, aber die Gemeinschaft im Glauben der Väter und in seiner kirchlichen Grundgestalt nicht aufheben« (ebd.). Vgl. auch L. Bouyer, *Réflexions sur le rétablissement possible de la communion entre les Eglises orthodoxe et catholique. Perspectives actuelles*, in: *Koinonia. Premier Colloque ecclésiologique entre théologiens orthodoxes et catholiques*, Paris 1975, 112-115.

HERMANN JOSEF SIEBEN

## Gregor von Nazianz:
## Seine Konzilsskepsis vor dem Hintergrund seiner Synodenerfahrung und des Entwicklungsstandes der Institution

»Mir geht es so, wenn man die Wahrheit schreiben soll, daß ich jede Bischofsversammlung meide, denn ich habe noch bei keinem Konzil ein glückliches Ende gesehen, noch daß es für die Übel eine Lösung (gefunden) hätte, anstatt sie zu vergrößern. Es gibt dauernd Streitereien und Rivalitäten ... und das mehr, als man mit Worten (beschreiben könnte); man würde schneller wegen Verworfenheit angeklagt, wenn man über die anderen zu Gericht säße, als daß man ihre (Schlechtigkeit) beseitigte«[1]. Dieses *Dictum* Gregors von Nazianz[2] ist ein Standardzitat bei Autoren, die die kirchlichen Konzilien in Mißkredit zu bringen versuchen, angefangen von Martin Luther[3] und Jean Calvin[4] bis zu dem protestantischen Kirchenhistoriker Johann Matthias Schröckh[5] und dem katholischen Aufklärer Felix Anton Blau[6]. Wir wollen im folgenden dieses Gregor-Wort in seinen Kontext stellen, sowohl, was Gregors eigene Erfahrung mit Konzilien angeht, als auch den Entwicklungsstand der Institution.

\*

---

[1] Gregor von Nazianz, *ep.* 130; GCS 53,95; deutsche Übersetzung BGL 13,157-158.

[2] Zu einer kurzen Einführung vgl. H.J. Sieben, *Gregor von Nazianz. Dichterische Theologie*, in: *Theologen der christlichen Antike. Eine Einführung*, hrsg. von W. Geerlings, Darmstadt 2002, 82-97. Eine umfassende Studie bietet J.A. McGuckin, *St. Gregory of Nazianzus. An intellectual Biography*, New York 2001, ebd. 403-427, ausführliche Bibliographie.

[3] *Von den Konziliis und Kirchen*; WA 50, 604, 14-17.

[4] *Institution chrétienne*, IV,IX,11; Ausg. J.-D. Benoit, Bd. IV,180.

[5] *Christliche Kirchengeschichte*, Leipzig 1778, VIII, 205.

[6] *Kritische Geschichte der kirchlichen Unfehlbarkeit*, Frankfurt 1791, 164.

Steigen wir in unsere Fragestellung ein mit Beobachtungen zu Gregors Sprachgebrauch von συνοδος. Wir stellen fest, daß der Theologe das Wort praktisch in der ganzen Bandbreite der Bedeutungen verwendet, die zum Beispiel das patristische Wörterbuch von Lampe[7] anzeigt. Dieses unterscheidet συνοδος in der Bedeutung von A. Weggefährte, Mitreisender, B. Zusammenkunft, Treffen von Personen, C. Vereinigung von Sachen. Was B., die zweite Grundbedeutung, angeht, so unterscheidet Lampe zwischen drei Arten von Zusammenkünften bzw. Treffen: 1. solche zum Zweck der Beratung - hierhin gehören die Kirchenkonzilien, 2. Treffen zum christlichen Gottesdienst und zu sonstigen Versammlungen, 3. Äquivalent zu εκκλησια und hier noch einmal unterschieden im Sinne von versammelten Personen und im Sinne von Gebäuden, in denen sich Personen versammeln. Was C., die dritte Grundbedeutung: Vereinigung von Sachen, angeht, so sieht Lampe drei denkbare Fälle: 1. die Kombination, die Vereinigung von zwei Dingen, 2. die Vereinigung der zwei Naturen in Christus, 3. den Geschlechtsverkehr.

Beginnen wir mit B.1, Treffen zum Zweck der Beratung, in Sonderheit in der engeren Bedeutung von kirchlichen Synoden. Hierfür gibt es zahlreiche Belege, wie die folgenden Ausführungen zeigen werden. Aber auch für B.2, Treffen zum christlichen Gottesdienst und zu sonstigen Versammlungen, finden sich nicht wenige Stellen in Gregors Werk. Einem Briefpartner schreibt er: »Ich für meinen Teil freue mich ... zu Treffen und geistlichen Veranstaltungen (συνοδοις και συλλογοις πνευματικοις) eingeladen zu werden«[8]. συνοδος heißt z. B. auch die Versammlung zu Ehren eines Martyrers[9]. συνοδος ist auch in der Bedeutung B.3, steinerne Kirche, belegt. In einem seiner Briefe an Thekla ist von »Mauern um unsere Kirche« die Rede[10]. Auch Mahlfeiern an den Gräbern bezeichnet Gregor als συνοδος[11]. Was C.1 angeht, die Vereinigung von zwei Dingen, so nennt Gregor die Konjunktion von Sternen συνοδος[12], ebenfalls das Zusammenfallen

---

[7] *A Patristic Greek Lexikon*, Oxford 1961, 1334-1335.

[8] *Ep.* 16,3,3; GCS 53,18.

[9] *Ep.* 58,7,2; GCS 53,53. Vgl. auch *Ep.* 197,1,2; 142, *Ep.* 205,1,4; 148, *Ep.* 221,1,1; 159, *Ep.* 246,6,3; 175, *Ep.* 249,10,4; 179, *Or.* 43,63,8; SC 384,262.

[10] *Ep.* 57,3,2; GCS 53,51.

[11] *Epigrammata* 165 und 175, *Anthologia Graeca* I, Leipzig 1813, 584 und 587.

[12] *Or.* 14,32; PG 35,901; *Or.* 20,10; PG 35,1077.

von Strahlen[13]. C.2, die Vereinigung beider Naturen in Christus, bezeichnet Gregor in seiner vierten Theologischen Rede als συνοδος[14]. Wäre das große Gedicht 'Christus patiens' Gregor zuzuschreiben, gäbe es sogar einen Beleg zu A., συνοδος in der Bedeutung 'Weggefährte'[15]. Hier wird nämlich Maria als συνοδος bezeichnet[16].
Als eine Art Synonym von συνοδος verwendet Gregor häufig συνεδριον, so in seinem ersten Theologischen Brief zur Bezeichnung eines Konzils der Apollinaristen[17]. Auch das Konzil von Seleukia (359), von dem w.u. noch ausführlich die Rede sein wird, nennt Gregor συνεδριον[18].
Daß Gregor besonders seiner Meinung nach nicht gute Synoden als συνεδριον bezeichnet, hängt mit dem Vorkommen des Terminus im Zusammenhang des Kaiphas zusammen, dessen 'Synhedrion' Christus verurteilt hat (vgl. Mt 26,59).
Aus dem vorstehenden Überblick über Gregors Sprachgebrauch läßt sich vielleicht entnehmen, daß der Theologe die kirchlichen Synoden nicht in erster Linie unter juridischer Rücksicht, eben als ein Rechtsinstitut, in den Blick nimmt, sondern als ein allgemein menschliches, soziales Phänomen, eben ein Zusammentreffen von Menschen, das auch im kirchlichen Bereich vorkommt, zumal als Versammlung von Bischöfen. Im Begriff selbst, so wird man folgern dürfen, liegt für Gregor durchaus nichts Negatives. Er nimmt ja, wie obiges Zitat belegt, gern an solchen Begegnungen und Treffen von Menschen teil. Wie kommt es aber dann, so fragen wir, zu dem durch das Eingangszitat belegten dezidiert negativen Urteil über kirchliche Synoden?
Hier sind wohl mehrere Gründe zu nennen. Da ist auf der einen Seite die in den Jahrzehnten nach dem Nicaenum große Zahl von Synoden, die für die Anhänger des Homoousios von Nachteil und schädlich waren. Andere damalige großkirchliche Theologen wie Athanasius von Alexandrien und Hilarius von Poitiers haben sie ausgiebig kommentiert, und vor allem Athanasius hat sie weitestgehend als Abfall vom Glauben der 318 heiligen Väter stigmatisiert[19]. Gregor hat

---

[13] *Or.* 32,32; FC 22,336.
[14] *Or.* 30,8; FC 22,238.
[15] *Carm.* XIII,204; PG 38,1243 verwendet Gregor statt συνοδος: συνοδιστης.
[16] *Christus patiens* 1990, PG 38,294A.
[17] *Ep.th.* 101,70; SC 208,66.
[18] *Or.* 21,22; SC 270,156.
[19] Vgl. Athanasius von Alexandrien, *De synodis*, Ausg. Werke II,1 (Berlin 1935), Hilarius von

sicher auch diese 'gescheiterten' Synoden vor Augen, wenn er an Konzilien denkt. Sie können ihm verständlicherweise keine Hochachtung vor den kirchlichen Konzilien einflößen. Viel wichtiger aber dürfte seine eigene Erfahrung mit Konzilien sein. Wenn wir recht sehen, ist sie, was die Zahl angeht, sehr begrenzt. Er hat nur an einem einzigen Konzil, nämlich dem von 381 in Konstantinopel, selber teilgenommen. Und die Erfahrung, die er mit diesem Konzil machte, war für ihn sehr bitter und enttäuschend. Entsprechend fällt sein Bericht aus[20].

\*

Gregor bietet den Rückblick auf die Konstantinopler Synode von 381[21] im Rahmen seines Poems *De vita sua*[22]. Schon die Versammlung des Konzils sieht er unter einem bösen Vorzeichen: »Aber es ruhte ja nicht der Verderber Neid, der alles ereilt, entweder offenbar oder im Geheimen. Als Anfang des Unheils brachte er mir die Macht. Denn was nur im Osten, von Ägypten abgesehen, an Vorstehern des Volkes bis hin zum zweiten Rom zu finden war: aus der Erde und des Meeres innersten Winkeln aufgestört - ich weiß nicht, durch was für göttliche Ratschlüsse -, kam es zusammen, um den Bischofssitz für den rechten Glauben zu sichern. Ihr Vorsitzender war ein äußerst frommer Mann, von einfachem, ungekünsteltem Wesen, ganz von Gott erfüllt«[23]. An exakter Information erfahren wir aus diesem Text immerhin, daß es sich bei der Versammlung von 381 um eine Reichssynode des gesamten Ostens handelte, daß sie in der

---

Poitiers, *De synodis*, PL 10,479-546.

[20] Vgl. auch McGuckin, *St. Gregory of Nazianzus,* 350: »Gregory has hardly anything at all good to say about the council. He looks back on it with seething bitterness in his autobiographical poem, which is one of the main sources we have for knowledge about the proceedings, since the meeting left no Acts of its own«.

[21] Zum tatsächlichen Verlauf dieses Konzils vgl. A.M. Ritter, *Das Konzil von Konstantinopel und sein Symbol*, Göttingen 1965, 19-131. Zur Interpretation mehrerer auf das Konzil bezogener Stellen aus Gregors *Vita* durch den genannten Autor vgl. jedoch auch die kritischen Stellungnahmen bei Chr. Jungck, *De Vita sua. Einleitung, Text, Übersetzung, Kommentar*, Heidelberg 1974, 213-229. Speziell zum tatsächlichen Ablauf des Konzils vgl. McGuckin, *St. Gregory of Nazianzus*, 350-369.

[22] Ausg. Jungck (vgl. die vorangehende Anm.) Verse 1506-1918.

[23] *Vita*, Ausg. Ch. Jungck, 1506-1514. - Wir übernehmen bis auf wenige Ausnahmen die Übersetzung von Jungck. Zum folgenden vgl. auch den ausführlichen Kommentar des genannten Übersetzers, *Vita*, Ausg. Jungck, 213-229.

Intention versammelt wurde, den rechten, d. h. den Nicaenischen Glauben zu sichern und daß sie einen guten Vorsitzenden hatte. Gemeint ist Meletios von Antiochien. Wichtiger als diese exakten Informationen ist für unsere Fragestellung die grundsätzliche Einschätzung des Konzils. Für Gregor steht die Versammlung nicht nur unter dem Vorzeichen des »Verderbers Neid«, sondern er zweifelt auch, ob sie aufgrund von »göttlichem Ratschluß« zustande kam. »Diese (Bischöfe) setzten mich auf den erhabenen Bischofsstuhl«[24], heißt es weiter. Erster Akt des Konzils war die Einsetzung Gregors zum Bischof von Konstantinopel. Er nennt auch das Motiv, das ihn zur Annahme dieses Amtes bewegt hat: »... ich glaubte also, wenn ich die mit dem Bischofssitz verbundene Macht erlangte, ... dann könnte ich wie ein Tänzer inmitten zweier Chöre, der die beiden zu seiner Seite bei sich zusammenschließt, die so arg Entzweiten, den einen von hier, den andern von dort, nach der Weise des Chortanzes zur Einheit zusammenführen«[25].

Die folgenden Verse schildern die Situation am Vorabend des Konzils, die Zerrissenheit der Kirche, die Streitigkeiten um die Nachfolge des Meletios von Antiochien, und nennen als Grund hierfür die Machtgier der Hirten: »Denn die Vorsteher und Lehrer des Volkes, die Spender des Heiligen Geistes, von deren hohem Thron herab das Wort des Heiles sich ergießt, die, die allen Frieden verkündigen zu jeder Stunde mit hallenden Stimmen mitten in den Kirchen, sie wüteten gegeneinander mit solcher Bitterkeit, daß sie den Schlachtruf ausstießen, Kampfgenossen sammelten, anklagten und angeklagt wurden, Geschenke verteilten, in großen Sätzen den Platz räumten, ausplünderten, wem sie darin zuvorkommen konnten, in ihrem blindwütigen Verlangen nach Herrschaft und alleiniger Macht ... In Stücke hatten sie schon den ganzen Erdkreis zerrissen ... Es ist, als seien Ost und West mehr durch ihre Geistesart als durch Ort und Lage getrennt. Denn räumlich kommen sie doch zusammen, zwar nicht an den Enden, aber immerhin in der Mitte; nichts aber gibt es, was die (Bischöfe) in ihrer Entzweiung verbindet - nicht wegen des rechten Glaubens - das erfindet der Groll, der bereitwillige Lügner - , sondern wegen des Streites um die Bischofsstühle«[26]. Es folgt ein langes Referat der Rede, mit der Gregor den Streit um den Stuhl von

---

[24] Ebd., Vers 1525.
[25] Ebd., 1532-1538.
[26] Ebd., 1546-1566.

Antiochien glaubte beenden zu können[27]. Die Reaktion des Konzils auf seine Rede schildert Gregor folgendermaßen: »So sprach ich; da begannen sie zu krächzen auf allen Seiten, ein Dohlenschwarm, bereit, sich auf ein Ziel zu stürzen, ein wirrer Haufen von Buben, eine neuartige Bande, ein Wirbelsturm, der den Staub mitschleift im Aufruhr der Winde. Es hätte auch niemand, der durch die Furcht des Herrn und die Jahre zur Vollkommenheit gelangt ist, es für richtig gehalten, ihnen das Wort zu erteilen, wenn sie ihr wirres Zeug plappern oder einem nach der Wespen Art geradewegs ins Gesicht fahren wollten. Ihnen aber folgte die altehrwürdige Versammlung, so weit waren sie davon entfernt, die Jungen zur Vernunft zu bringen ... Die so (fragwürdige) Meinungen hegten, hätten sie nicht jenen weichen müssen, die, wie ich sagte, das Richtige erkannt hatten? Woraus deutlich wird, wie hochmütig sie auch sonst waren«[28].

Nicht viel besser als die direkten Gegner kommen die Konzilsteilnehmer weg, die zumindest äußerlich Gregors nicaenische Position vertreten: Den Glauben von Nicaea »mußte ich durch salzige Zuflüsse unselig getrübt sehen, da nun Leute schwankenden Glaubens hinzukamen, die das meinten, was der Staatsgewalt genehm ist, immer unentschieden - doch muß man noch froh sein, wenn sie unentschieden sind und nicht klärlich zur Gegenseite gehören. Bischöfe, die eben jetzt Gott richtig kennenlernen, gestern Lehrer und heute Schüler, Spender der Vollkommenheit und vollkommen erst hinterher; bestimmt, das Volk zurechtzuweisen, bekennen sie ihre eigenen bösen Werke - ich weiß zwar nicht, wie das zugehen kann - aber sie bekennen sie gleichwohl ganz freimütig, und dies ohne Tränen, was doch recht seltsam ist: ein tränenloses Bekennen seiner Schwachheiten«[29].

Gregor läßt an den Opportunisten auf Seiten der Nicaener kein gutes Haar: »So treiben sie es. Denn abhängig von den Umständen, sagen sie, sei alles. Wie könnte man sich einen üppigeren Scherz leisten? Was nicht durch Mühe errungen werden kann, wie fast alles sonst, noch anderswie erreichbar, ja auch nicht käuflich ist - was haben wir da in unserer übertriebenen Menschenfreundlichkeit getan? Wir haben eine Bekanntmachung vor unsere Kanzeln gesetzt; allen rufen wir zu: 'Wer will, hier trete er ein, auch wenn er schon zwei oder vier Kehrtwendungen hinter sich hat! Das Theater steht allen offen; ein großes Fest findet statt. Heimkehren soll keiner, ohne zu seiner Sache gekommen zu sein! Wenn

---

[27] Ebd., 1591-1679.
[28] Ebd., 1680-1722.
[29] Ebd., 1707-1719.

sich aber das Blatt wendet - denn nichts Wetterwenderischeres gibt es als die Umstände - so kennst du ja den Schlich, mach rechtsum kehrt! Es zeugt nicht von geistiger Beweglichkeit, einem einzigen Glauben anzuhangen, wohl aber, viele Wege, sich im Leben durchzuschlagen, zu kennen'«[30].
Auf indirekte Weise erfahren wir im folgenden, daß Gregor den Konzilsvorsitz als Nachfolger des Meletius innehatte[31]. Offensichtlich hat man Gregor im Zusammenhang seiner Kritik am Konzil diesen seinen eigenen Vorsitz entgegengehalten. Darauf antwortet Gregor: »Die Konzilssitzungen[32] waren in den Händen derer - in deren Händen sie eben damals waren (ich zögere nämlich, nochmals auszusprechen, was mich so beschämt); sie waren aber in den Händen von allen, was gleichviel ist wie in den Händen von keinem. Denn Anarchie ($\alpha\nu\alpha\rho\chi\iota\alpha$) ist die Herrschaft des großen Haufens ($\pi\lambda\epsilon\iota\sigma\tau\alpha\rho\chi\iota\alpha$).«
Im folgenden geht Gregor in eher verhüllender Sprache auf seinen Rückzug vom Konzil ein. In diesem Zusammenhang spricht er nicht nur von einigen wenigen opportunistischen Bischöfen, sondern auch, was wichtiger ist, von einem respektablen Ergebnis des Konzils. Gemeint ist wohl sein Glaubensbekenntnis: »Es waren zwar einige, die nur gezwungen und ungern, aber immerhin den Versammlungen beiwohnten, von denen man ein freies Wort erwarten konnte. Sie entschuldigt die Unkenntnis des Unheils, denn sie wurden durch die Zweideutigkeit der Lehre getäuscht, auch verstieß, was öffentlich verkündigt wurde, nicht gegen den rechten Glauben, ein Erzeugnis, das mit seinen Erzeugern ganz und gar nichts zu tun hatte. Den schmutzigen Haufen der Christushändler aber werde ich dann zulassen, wenn man auch Kot mit dem Wohlgeruch reiner Salbe mischt«[33]. Seine Trennung vom Konzil umschreibt er mit einem biblischen Bild: »So kommt es zu jener Szene zwischen Lot und dem Patriarchen Abraham. Der eine geht in diese, der andere in die entgegengesetzte Richtung, daß sie nicht eingeengt würden durch die Menge ihres Besitzes«[34].

---

[30] Ebd., 1720-1732.

[31] Vgl. auch *De vita sua*, Ausg. Jungck, Kommentar, 222: »Es war unter den damaligen Umständen das Gegebene; auch Gregors Nachfolger Nectarius hat nach seiner Wahl den Vorsitz geführt«.

[32] Jungck (1740) übersetzt συλλογοι zu Unrecht mit »die Konzilien«. Gemeint sind vielmehr die einzelnen Sitzungen des Konzils.

[33] *De vita sua*, Ausg. Jungck, 1750-1759.

[34] Ebd., 1761-1766.

Natürlich suchen ihn Freunde von seinem Schritt zurückzuhalten. Gregor kommentiert: »Wie konnte man nur auf den Gedanken kommen, daß die Menge (πληθος) mich zu etwas bewegen wird und nicht Gottes Wort? Eher wird nach oben der Ströme Natur fließen und das Feuer den entgegengesetzten Lauf nehmen, als daß ich etwas preisgeben werde von meinem Heil. Von da an begann ich mich leisen Fußes aus ihrer Mitte zu stehlen ... Denn ich wechselte den Wohnsitz, um mich aus den Abgründen der Kirche zu reißen, weit weg von all den unheilvollen Wortgefechten und Versammlungen«[35].

Die erst vor kurzem zum Konzil eingetroffenen Ägypter, d. h. die dem alexandrinischen Oberhirten unterstellten Bischöfe, beschleunigten seinen Abgang. Sie bestritten die Rechtmäßigkeit seiner Einsetzung zum Bischof von Konstantinopel. Hier liege ein Verstoß gegen Kanon 15 des Konzils von Nicaea[36], der Translationen verbietet, vor. Man kann nur staunen, wie der eifrige Verteidiger des Nicaenums auf dieses Argument reagiert: »In dem vielfachen Hin und Her, dem die Erregung mehr als die Vernunft regierte, unterzogen sie auch etwas, das mich betraf, einer schärferen Prüfung. Mit Gesetzen hantierten sie, die schon lange tot waren und die mich offensichtlich gar nicht betrafen. Nicht mir zu Leide, auch nicht, weil sie den Thron einem andern hätten zuhalten wollen, keineswegs, sondern nur, um jene zu treffen, die mich eingesetzt hatten; das gaben sie mir jedenfalls durch heimliche Mitteilungen ganz deutlich zu verstehen«[37].

In seiner Abschiedsrede[38] an das Konzil erinnert Gregor an das Ziel einer Kirchenversammlung, nämlich Einheit zu stiften. Seinen Rückzug vergleicht er in diesem Zusammenhang mit dem Schicksal des Jonas: »Ihr Männer, die Gott zusammengeführt hat, auf daß ihr zu einem Beschluß gelangt, wie er Gott lieb ist; was mich betrifft, das komme erst an zweiter Stelle, denn unwichtig ist es, gemessen an einer solchen Versammlung, wie es mit mir weitergehen wird, auch wenn ich mich töricht wichtig machen wollte. Ihr aber sollt zu etwas Höherem

---

[35] Ebd., 1772-1780.

[36] Vgl. COD, Ausg. 1962, 126.

[37] *De vita sua*, Ausg. Jungck, 1806-1816.

[38] Ebd., 1823-1855, galt früher als Anspielung auf bzw. Zusammenfassung der sog. Abschiedsrede (*Or.* 42, SC 384,48-115). Nach Auffassung des Herausgebers und Übersetzers, J. Bernardi, gibt es zwischen dem Passus der *Vita* und dieser im übrigen nie tatsächlich gehaltenen Rede jedoch kaum Berührungspunkte (SC 42,16). Die sehr offene Kritik an den Bischöfen im Kap. 22; SC 384,9-100, deckt sich indes mit anderen Passagen des Konzilsberichts der *Vita*.

euren Sinn erheben. Werdet eins! Schließt euch endlich, spät genug, zusammen! Wie lange wollen wir uns noch als Wilde verlachen lassen, als solche, die sich nur auf eines verstehen, Kampf zu schnauben. Reicht euch willig die Bruderhand! Ich aber will Jonas, der Prophet sein. Ich gebe mich hin zu des Schiffes Rettung, auch wenn ich am Sturm unschuldig bin. Ergreift mich und werft mich über Bord, wie das Los es will! Ein gastlicher Walfisch aus der Tiefe wird mich aufnehmen. Von da an nehme eure Eintracht ihren Ausgang. Schreitet dann weiter zu allem der Reihe nach ... So sprach ich; tiefe Betroffenheit herrschte. Ich aber schritt hinaus, wobei sich bei mir Freude und eine gewisse Niedergeschlagenheit mischten, Freude, weil ich Ruhe vor der Mühsal gewonnen hatte, Trauer, weil ich nicht wußte, wie es mit meiner Gemeinde weitergehen werde.«[39]

Den Kaiser fordert Gregor in seiner Abschiedsaudienz auf, die Einigung des Konzils zu befördern: »Von diesen (d. h. den Bischöfen) fordere den lieben Einklang (συμφωνια); die Waffen sollen sie wegwerfen, wenigstens um deinetwillen, wenn nicht aus Furcht vor Gott und vor Strafe«[40].

Es handelt sich in diesem Ausschnitt aus Gregors *Vita* bekanntlich um den einzigen Augenzeugenbericht über das Konstantinopler Konzil von 381. Er ist von der ersten bis zu letzten Silbe aus der Perspektive eines tief enttäuschten, ja verbitterten Mannes geschrieben. Nicht nur, daß Gregor nur das berichtet, was auf ihn selber persönlich Bezug hat, sondern auch sein Urteil über die Ereignisse ist tief eingefärbt von seiner Enttäuschung und Verbitterung[41].

\*

---

[39] *De vita sua*, Ausg. Jungck, 1829-1860.

[40] Ebd., 1893-1896.

[41] Vgl. die Einschätzung von Gregors Abgang durch Jungck, Kommentar 226: »Die alte Frage, ob Gregors Rücktrittsgesuch ernst gemeint oder nur ein allerdings mißglückter Druckversuch war, läßt sich kaum eindeutig entscheiden ... Fest stehen zwei Dinge: 1. Gregor hat sich immer nur unter stärkstem Widerstreben in ein Amt drängen lassen; alle Kirchenpolitik war ihm zuwider. 2. Er war offensichtlich enttäuscht darüber, daß man sein Rücktrittsgesuch ohne weiteres angenommen hat ... Man darf dabei nicht vergessen, daß der Rücktritt eines amtierenden Bischofs etwas Außergewöhnliches war. Er ist sich wohl auch erst nachträglich darüber klargeworden, wieviel ihn zwar nicht das Ausscheiden aus der Synode, aber der Abschied von seiner Gemeinde kosten werde. Gregors Darstellung ist von erstaunlicher Offenheit und wird das Wesentliche treffen«.

Außer dem vorstehenden Bericht der *Vita* über das Konzil von Konstantinopel gibt es noch einen weiteren längeren Passus, in dem sich Gregor mit einem Konzil befaßt. Diesmal handelt es sich nicht um einen Erlebnis- oder Augenzeugenbericht, sondern um die historische Erinnerung an ein Konzil, an dem er selber nicht teilgenommen hat, das jedoch eine wichtige Rolle im Leben des Athanasius von Alexandrien gespielt hat. Wir meinen das Konzil von Seleukia aus dem Jahre 359[42]. Der Passus befindet sich in Gregors Lobrede[43] auf den genannten Kirchenvater. Das Enkomion schildert, wie es das Genus vorschreibt, die strahlenden Tugenden des Helden und seinen Kampf gegen die Mächte des Bösen (Kap. 11-18). Während des Aufenthaltes des Athanasius bei den Mönchen verwüstet sein Rivale Georg von Kappadokien die Kirche von Alexandrien aufgrund der Käuflichkeit der Hofeunuchen und der kirchlichen Würdenträger (Kap. 21). In diese Zeit fällt das genannte Konzil.

Gregor sieht auch dieses, wie schon die Konstantinopler Versammlung von 381, im Vorzeichen des Antichrist: »Und das brachte zustande der Diener des bösen Feindes, der Ausstreuer des Unkrauts, der Vorläufer des Antichrists, wobei ihm gleichsam als Zeuge diente der beredteste unter den Bischöfen der damaligen Zeit, wenn man den beredt nennen will, welcher nicht so sehr ein gottloser Irrlehrer war als ein feindseliger und streitsüchtiger Mann - seinen Namen will ich absichtlich nicht nennen[44] - er, der seinem Anhang sozusagen die Hand war und mit dem Golde die Wahrheit fortnahm, das zu frommen Zwecken aufgesammelt, von den Ruchlosen aber zum Werkzeug der Gottlosigkeit gemacht worden ist«[45]. Da das Konzil von Seleukia, anders als die Konstantinopler Versammlung von 381, tatsächlich das Nicaenische Konzil außer Kraft gesetzt hat, hat Gregor erst recht keine Hemmung, es in den allerdunkelsten Farben zu schildern und es geradezu 'Turm zu Babel' und 'Ratsversammlung (συνεδριον) des Kaiphas zu nennen: »Das Ergebnis seines[46] Einflusses war das Konzil, welches anfangs zu Seleukia in der Kirche der heiligen und hehren Jungfrau Thekla, dann in dieser

---

[42] Zu diesem Konzil vgl. J.N.D. Kelly, *Altchristliche Glaubensbekenntnisse*, 3. Aufl., Göttingen 1972, 285-290.

[43] Vgl. zu dieser Rede J. Bernardi, *La prédication des Pères Cappadociens. Le prédicateur et son auditoire*, Paris 1968, 155-157.

[44] An Namen hat man vorgeschlagen Acacius von Caesarea, Eusebios von Nikomedien, Eusebios von Cäsarea, vgl. J. Mossay, SC 270,154, Anm. 2.

[45] *Lobrede auf Athanasius* 21; SC 270,154.

[46] Gemeint ist der Einfluß des Nichtgenannten.

Hauptstadt stattfand und diese Städte, bis dahin durch die herrlichsten Vorzüge ausgezeichnet, in den übelsten Ruf brachte, mag man nun jene Synode Turm zu Babel, der die Sprachen schön verwirrte (vgl. Gen 11,1-19) - o wäre das auch bei diesen geschehen, denn im Bösen waren sie eins -, oder Ratsversammlung des Kaiphas, durch welche Christus verurteilt wurde (vgl. hierzu Mt 26,57-68), oder etwas anderes der Art nennen, welche alles umkehrte und in Verwirrung brachte«[47].

Gregor nennt als Hauptgrund für seine Kritik an der genannten Kirchenversammlung deren Gegnerschaft zum Konzil von Nicaea: »Denn sie vernichtete die fromme, alte und die Dreiheit (τριας) festhaltende Glaubenslehre (δογμα), indem sie einen Wall aufwarf und durch Belagerungsmaschinen das 'wesensgleich' (ομοουσιον) erschütterte; der Gottlosigkeit aber öffnete sie das Tor durch die Zweideutigkeit (μεσοτης) ihrer Glaubensformeln, indem sie Ehrfurcht heuchelte gegen die Schrift und gegen den Gebrauch anerkannter Benennungen, in Wahrheit aber den nicht aus der Schrift stammenden (αγραφος) Arianismus an ihre Stelle setzte. Denn das 'ähnlich gemäß der Schrift'[48] war für die Einfältigeren eine Lockspeise, die das Kupfer der Gottlosigkeit verhüllt, ein Gemälde, das alle Vorübergehenden gleich anschaut, ein für beide Füße passender Kothurn, ein Worfelgerät nach jedem Winde, welches wirkte aufgrund der tückischen Neuformulierung und der Ausrichtung gegen die Wahrheit. Denn sie waren weise zum Böses Tun, aber Gutes Tun verstanden sie nicht«[49].

Massiv dann auch die weitere Kritik des Theologen an dem Konzil: »Weiter, seine Verurteilung der Häretiker war sophistisch (σοφιστικος). Man verurteilte sie verbal, um ihr eigenes Unternehmen glaubwürdiger zu machen, in Wirklichkeit förderte man sie jedoch. Man beschuldigte sie nicht ob ihrer maßlosen Gottlosigkeit, sondern nur ob ihres nicht enden wollenden Verfassens (von Glaubensformeln). Weiter, Laien fällten über sakrale Dinge (οσια) das Urteil, alles wurde unerhört durcheinandergebracht, die geheimsten Dinge (μυστικα προβληματα) wurden öffentlich zur Schau gestellt, der Lebenswandel wurde auf gesetzwidrige Weise untersucht, falsche Ankläger bekamen ihren Lohn, und vorher verabredete Urteilssprüche wurden gefällt. Die einen wurden widerrechtlich aus ihren Sitzen entfernt, andere wurden an ihrer Stelle eingesetzt, nachdem man von ihnen eine Unterschrift unter ihre Gottlosigkeit verlangt hatte, als ob es eine not-

---

[47] Ebd., 156.
[48] Glaubensformel des Konzils von Seleukia, vgl. Kelly, *Glaubensbekenntnisse,* 286.
[49] *Or.* 21; SC 270,156.

wendige Bedingung wäre. Und die Tinte ist immer bereit und der falsche Ankläger zur Hand«[50].

Wie kann ein Konzil so kläglich versagen und scheitern? Gregor richtet den Blick auf die versammelten Bischöfe und schließt sich selber mit ein, obwohl er kein Teilnehmer des Konzils von Seleukia war, aber doch den Glauben derer teilt, die damals auf dem Konzil ihre Überzeugung verraten haben: »Ja, auch von uns, die wir unbesiegt geblieben, sind die meisten gefallen, nicht in ihrem Innern (διανοια), doch sie haben ihre Unterschrift gegeben und sind mit den unter beiden Hinsichten Bösen eins geworden und hatten wenigstens am Rauch, wenn auch nicht am Feuer Anteil. Das habe ich oftmals beweint, als ich die damalige Ausbreitung der Gottlosigkeit sah und die nunmehr sich erhebende Verfolgung gegen das wahre Wort von seiten der Vorsteher des Wortes«[51].

Es folgt eine scharfe Kritik an den Bischöfen, den »Vorstehern des Wortes«: »Ja, in der Tat, 'die Hirten handelten töricht', um mit den Worten der Schrift zu reden, 'und viele Hirten verdarben meinen Weinberg und schändeten den köstlichen Anteil' (vgl. Jer 10,21), die Kirche Gottes nämlich, die durch vielen Schweiß und große Leiden gesammelt wurde, vor Christus und nach Christus und durch die großen Leiden Gottes selber für uns. In der Tat, ganz wenige ausgenommen, welche teils wegen ihrer mangelnden Bedeutung übergangen wurden oder in ihrer Tapferkeit Widerstand leisteten und die als Same und Wurzel für Israel übrig bleiben sollten, auf daß es wieder aufsprosse und auflebe unter dem Zufluß der Geistesgnade, folgten alle dem Strome der Zeit (καιρος), nur darin voneinander unterschieden, daß die einen früher, die anderen später unterlagen und daß die einen Vorkämpfer der Gottlosigkeit wurden und die anderen die zweite Stelle einnahmen, entweder eingeschüchtert oder durch Not kirre gemacht oder durch Schmeichelei geködert oder durch Unwissenheit irregeleitet - das ist der harmloseste Fall -, wofern das zur Entschuldigung von jemand genügt, dem es anvertraut ist, dem Volk (Gottes) vorzustehen«[52].

Im folgenden greift Gregor das Stichwort 'Unwissenheit' auf, um seiner Kritik an den Bischöfen, die dem Konzil von Seleukia ihre Zustimmung gegeben haben, eine noch größere Schärfe zu geben: »In der Tat, wie die Natur (ορμη) der Löwen nicht dieselbe ist wie die der übrigen Tiere und auch nicht die der Män-

---

[50] Ebd., 157-158.
[51] Ebd., 158.
[52] Ebd., 158-160.

ner und die der Frauen oder die der Alten und Jungen, sondern eine nicht geringe Verschiedenheit der Alter und Geschlechter obwaltet, so ist das auch bei Untergebenen und Vorgesetzten nicht anders. Denn den Leuten aus dem Volk, denen dies zustößt, mögen wir es vielleicht verzeihen, da es ihnen oftmals zum Heile dient, ungeprüft zu bleiben. Aber wie sollen wir dies dem Lehrer nachsehen, welcher auch die Unwissenheit der anderen aufklären muß, wenn er seinen Namen nicht zu Unrecht trägt? Während es niemandem erlaubt ist, das römische Gesetz nicht zu kennen, mag er auch noch so bäurisch und ungebildet sein, und es kein Gesetz gibt, das die in Unwissenheit begangenen Verbrechen in Schutz nimmt, sollten die Lehrer der Heilsgeheimnisse die Grundwahrheiten des Heils nicht zu kennen brauchen, mögen sie auch sonst schlichteren Geistes sein und nicht in die Tiefe zu dringen vermögen? Doch es sei denen verziehen, die aus Unkenntnis der Irrlehre gefolgt sind. Was aber dünkt dir von denen, welche sich Scharfsinn zuschreiben, aber aus den angegebenen Gründen sich den Machthabern ergaben und gestürzt sind, sobald eine Prüfung kam, nachdem sie lange Zeit fromme Komödie gespielt haben?«[53]

Bevor Gregor mit Kap. 26 wieder auf den Hauptgegenstand seiner Lobrede, Athanasius von Alexandrien, zu sprechen kommt, nimmt er auf die unmittelbare Gegenwart Bezug und spricht von einem Erdbeben, das uns jetzt in dieser Stunde trifft und das »nicht geringer ist als die vorausgegangenen«. »Durch es (d.h. dieses Erdbeben) werden von uns losgerissen alle, die ein philosophisches und gottgefälliges Leben führen ...« Gemeint sind Mönche. »Auch kein geringer Anteil des Volkes Gottes wird mit fortgerissen, ähnlich wie bei einem Schwarm Vögel fortfliegen mit denen, die davongeflogen sind, und auch jetzt hört er noch nicht auf, mit fortzufliegen«[54].

Mit dieser Anspielung auf die unmittelbare Gegenwart und Situation des Redners, die gekennzeichnet ist von einem nicht unbeträchtlichen Abfall von der rechten Lehre, ist die Frage nach der Datierung und Lokalisierung der Rede gestellt. Der Herausgeber und Übersetzer stellt die traditionelle Datierung auf den 2. Mai 379 in Frage. In seinen Augen sind sowohl der Jahrestag als auch das Jahr selber alles andere als sicher, der Jahrestag 2. Mai nicht, weil keine Gewißheit darüber besteht, daß der heutige Jahrestag eine ursprüngliche Tradition wiedergibt, das Jahr 379 nicht, weil die für dieses Jahr beigebrachten Gründe, nämlich Spannungen zwischen den Bischöfen, bestimmte Fragen zum Trinitäts-

---

[53] Ebd., 160.
[54] Ebd., 162.

glauben und die Notwendigkeit für Gregor, Unterstützung aus Alexandrien zu erhalten, ebenso für die Jahre 380 und 381 gelten[55]. Was den Ort angeht, an dem die Lobrede vorgetragen wurde, so enthalten zwei der erhaltenen Manuskripte die Bemerkung »vorgetragen in Konstantinopel«[56].

Der jetzige Forschungsstand in der Frage der Datierung von Or. 21 scheint also jedenfalls nicht auszuschließen, daß die Lobrede auf Athanasius während des Konzils gehalten wurde. Wenn dem tatsächlich so war, dann bietet sich natürlich eine interessante Perspektive für ihre Deutung an: Der Widerstand, von dem Gregor in dem vorausgehenden Abschnitt seiner Rede spricht, wäre eine Anspielung auf den Widerstand, den er auf dem Konzil zu spüren bekommt. Das dunkle Bild, das er vom Konzil von Seleukia entwirft, träfe mutatis mutandis auch für die Synode von Konstantinopel 381 zu, insonderheit die Kritik am Versagen der Bischöfe. Die Schilderung der gescheiterten Synode von 359 wäre dann eine Art Menetekel für die Teilnehmer des Konzils von 381: Die derzeit stattfindende Kirchenversammlung kann scheitern, wenn sich die Teilnehmer ihrer Verantwortlichkeit für das Gelingen nicht bewußt sind. Und wäre in dem hellen Gemälde, das Gregor von Athanasius, dem Verteidiger des Konzils von Nicaea, entwirft, nicht ein diskreter Hinweis auf ihn selbst, der doch ebenfalls gegen einen Haufen von Feinden das 'homoousios' verteidigt?

\*

Wie dem auch sei, mit solchen Erfahrungen, wie sie Gregor mit dem Konzil von 381 gemacht hat, und mit solchen Erinnerungen, wie er sie über das Konzil von Seleukia in seiner Lobrede auf Athanasius ausbreitet, ist der lebensmäßige Kontext gegeben, von dem her das eingangs zitierte *Dictum* des Theologen verständlich wird. Es findet sich in einem Brief, mit dem Gregor einem gewissen Prokopios aus der Provinzialbehörde antwortet. Dieser hatte den nach Nazianz zurückgekehrten Gregor im Auftrag des Kaisers Theodosius zu dem für 382 vorgesehenen Konzil eingeladen. Gregors Antwort in diesem Brief: Nein, danke, ich habe genug von Konzilien! Ein weiterer, aus dem Sommer 382 stammender Brief an Flavius Saturninus, der im folgenden Jahr Konsul sein sollte, ist ebenfalls aus tiefer Skepsis gegenüber einem geplanten Konzil geschrieben: »Wir wenden uns an Dich, und gemäß Deinem Wunsch werden wir Dir unsere Lage

---

[55] J. Mossay, SC 270,99-103.
[56] Ebd., 103.

erklären: Was uns anbelangt, so geht alles gut, mit Gottes Hilfe, außer in einem Punkt: Wir sind wegen der Kirchen besorgt, die so durcheinander sind. Was auch immer Du für uns tun kannst, zögere nicht, mit Wort und Tat das gemeinsame Übereinkommen zu schützen, denn es gibt wieder ein neues Konzil, und damit von neuem die Furcht, daß wir auch jetzt entehrt werden, wenn auch dieses (Konzil) ein so schlechtes Ende wie das vorherige nimmt. Unsere Lage zu erkennen und zu beurteilen, wollen wir Gott, dem Allwissenden überlassen, auch wenn wir bereitwillig der Eifersucht nachgegeben haben und allen, die das wollten, indem wir einen Posten verlassen haben, der nicht vorteilhaft ist, wie die meisten meinen, sondern sehr gefährlich, und wie aus einem heftigen und rauhen Sturm in einen ruhigen und sicheren Hafen gelangt sind«[57].

Der ebenfalls aus dem Sommer 382 stammende Brief an einen Viktor, der eine glänzende militärische Karriere gemacht hatte, ist von der gleichen Sorge erfüllt wie der vorausgehende Brief an Saturninus: »Da jetzt wieder ein neues Konzil kommt, ein erneuter Kampf, und das mitten unter den Feinden, die sorgfältig alles beobachten, was bei uns geschieht, schenke Deine Kraft dem alle angehenden ruhigen Bestand (der Kirche), da Du ja nicht das geringste Glied der Kirche bist, und laß nicht alles in dem Brand verderben, der gegenwärtig die Kirche umtobt. Alles, was Du nur an Löschmitteln anwenden kannst, das gebrauche, und ermahne auch die anderen dazu, damit es auch um das Deinige gut steht, wenn es dem Ganzen besser geht«[58]. Im Schreiben an den Prätorianerpräfekten Postumianus geht es um die Synode des Jahres 383, die auch von dem Kirchenhistoriker Sokrates erwähnt wird[59]: »Weil du große Gaben empfangen hast, bist Du auch zu großen Leistungen verpflichtet ... und weil es zugleich seltsam wäre, einen Mann wie Dich nicht um das Größte zu bitten, nimm von mir folgenden Rat an: Glaube, daß nichts so sehr Deinem Amt geziemt - jetzt da wieder ein Konzil der Bischöfe (ansteht) und ich nicht weiß, warum und wie sie sich versammeln - wie die Befriedung der Kirche unter Deiner (Autorität) und durch Deine (Vermittlung), auch wenn man die Unruhestifter energisch tadeln muß«[60]. Was bei diesen Briefen auffällt, ist, daß Gregor die durch die Konzilien drohende Verunsicherung der Kirche durch die Hilfe des Staates abwehren will. Denn seine Adressa-

---

[57] *Ep.* 132; GCS 53,97.
[58] *Ep.* 133; GCS 53,97-98.
[59] *HE* V,10.
[60] *Ep.* 173; Ausg. Gallay 125.

ten sind ohne Ausnahme staatliche Würdenträger.
Etwa aus diesen Jahren dürfte auch Gregors Antwort an Theodor, Bischof von Tyana stammen: »Du rufst uns? Wir eilen, um Dir nahe zu sein, wir allein. Synoden aber und Versammlungen grüßen wir von ferne (vgl. Hebr 11,13), seitdem wir unzählige Ärgernisse erlitten haben - und das ist noch maßvoll ausgedrückt«[61]. Auch in einem seiner Gedichte kommt Gregors tiefer Pessimismus gegenüber den kirchlichen Synoden zum Ausdruck. Wir lesen dort: »Ich werde keineswegs mehr in Konzilien sitzen, zusammen thronend mit Gänsen und Kranichen, die über unentscheidbare (oder: endlose) Dinge streiten. Dort ist Streit, dort ist Schlachtgetümmel, und es werden zuvor verborgene schändliche Dinge an einem einzigen Ort voller Feinde zusammengetragen«[62].

\*

Ist dies nun Gregors letztes Wort über Konzilien? Beziehungsweise genauer gefragt: Ist dies alles, was zum Verhältnis Gregors zu den kirchlichen Synoden zu sagen ist: eigene schlechte Erfahrungen mit einem Konzil, üble Erinnerung an eine Synode, die den Glauben verraten hat, Sorge wegen des Unheils, das künftige Konzilien der Kirche bringen werden? Wir haben bisher einen wichtigen Aspekt von Gregors Konzilsidee fast völlig außer Betracht gelassen. Wir meinen sein Verhältnis gegenüber dem Konzil von Nicaea, das ja schließlich auch ein kirchliches Konzil gewesen ist und in dessen Formel er den Inbegriff des christlichen Glaubens an Christus sieht.

Aus dem gleichen Jahr 382, in dem Gregor wiederholt seiner Befürchtung wegen des bevorstehenden Konzils beredten Ausdruck gibt, stammt der sog. zweite Theologische Brief. Er ist an seinen Freund Cledonius gerichtet und erlangte zusammen mit dem ersten große Berühmtheit, was sich nicht zuletzt darin zeigt, daß er sowohl vom Konzil von Ephesus als auch vom Konzil von Chalkedon als Glaubensdokument zitiert wird. Gleich zu Beginn lesen wir folgenden Passus über das Konzil von Nicaea: »Da sich viele zu Deiner Frömmigkeit begeben und

---

[61] *Ep.* 151; Ausg. Gallay 92.

[62] *Carmen* XVII (De diversis vitae generibus) 91-94; PG 37,1268A. - Gregors Einschätzung der Konzilien ist natürlich auch zu sehen vor dem Hintergrund seiner Ekklesiologie. Vgl. hierzu den sehr erhellenden Aufsatz von Chr. Hartmann, *Aus einem Funken das himmlische Licht. Gedanken zur Ekklesiologie Gregors von Nazianz*, in: *Ekklesiales Denken von den Anfängen bis in die Neuzeit. Festgabe für Hermann Josef Sieben SJ zum 70. Geburtstag*, hrsg. von J. Arnold, R. Berndt und R.W. Stammberger, Paderborn 2004, 217-239.

über den Glauben eine Versicherung (πληροφορια) suchen, verlangst Du von uns eine knappe Definition (ορος) des Glaubens und eine Regel (νομος) unserer Anschauung. Deswegen schreiben wir Eurer Frömmigkeit - was Du auch vor diesem Brief wußtest -, daß wir niemals etwas dem Glaubensbekenntnis von Nicaea, dem der zur Beseitigung der Arianischen Häresie dort versammelten heiligen Väter, vorgezogen haben und ihm nichts vorziehen könnten. So lautet unser Glaubensbekenntnis mit der Hilfe Gottes, und so wird es lauten ...«[63].
Weiter, in seiner *vita,* bezeichnet Gregor das Konzil von Nicaea als »süße, schöne Quelle unseres alten Glaubens, der zur Einheit der Dreiheit verehrungswürdige Natur zusammengeschlossen hat, wie er einst in Nicaea das Ergebnis des Nachdenkens gewesen war ...«[64]. Von Athanasius heißt es: »Und deshalb tat er zuerst auf jener heiligen Synode zu Nicaea und der Versammlung jener 318 auserlesenen Männer, welche der Heilige Geist zusammengeführt, der Krankheit Einhalt, soviel an ihm lag, noch nicht in der Reihe der Bischöfe befindlich, wohl aber den ersten Platz unter den Versammelten einnehmend; denn der Vorrang der Tugend galt nicht weniger als jener der Würden«[65].
Nicht weniger begeistert spricht Gregor in seiner Rede zum Lob des Philosophen Hero über das Konzil von Nicaea. Nachdem er die Irrlehre des Arius gebührend gegeißelt hat, heißt es über diesen Häretiker: »Nachdem dieser seinen Anfang in der Stadt der Alexandriner genommen, sich dort seine furchtbare Lehre ausgedacht und dann, gleich einer wild lodernden Flamme, von einem kleinen Funken aus den größten Teil der Ökumene durcheilt hatte, wurde er schließlich von unseren Vätern und von jener frommen Zahl vernichtet, die sich damals in Nicaea versammelt und die Theologie innerhalb fester Definitionen und Begriffe festgelegt hatte«[66].
Kein Zweifel, Gregor hatte ein eindeutig positives Bild der Synode von Nicaea, wie die vorausstehenden Zitate belegen. Wie konnte es dann vor dem Hintergrund einer so positiv verlaufenen und in den Augen Gregors so gelungenen Synode zu einem solchen Pessimismus gegenüber kirchlichen Synoden kommen, wie er sich u. a. in dem *Dictum* aus Brief 130 anzeigt? Der Hinweis auf den bekanntermaßen sensiblen und hypochondrischen Charakter Gregors, vor allem

---

[63] *Ep. th.* 102,1,1; SC 208,70.
[64] *De Vita* 1706; Ausg. Jungck 136.
[65] *Or.* 21,14; SC 270,138.
[66] *Or.* 25.8; SC 284,176.

auf die große persönliche Kränkung, die er durch seine Absetzung auf dem Konzil von 381 erfahren hat, stellt keine befriedigende Antwort dar. Denn sie wird dem großen Theologen nicht gerecht. Es muß außer diesem subjektiven Grund, dem Hinweis auf Gregors Charakter, auch einen objektiven Grund geben. Dieser liegt u. E. in der Tatsache, daß der Glaube an die kirchliche Konzilsinstitution zu Gregors Zeit ganz allgemein noch nicht so gefestigt war, wie das in der Zeit nach dem Konzil von Chalkedon dann der Fall sein wird.

Um diese Entwicklung des kirchlichen Glaubens an die Institution der Konzilien, den Gregor noch nicht teilte, noch nicht teilen konnte, in den Blick zu bekommen, ist freilich von einer historisch zutreffenden Vorstellung des Konzils von Nicaea auszugehen. Dazu gehört die Erkenntnis, daß sich das Konzil selber nicht als ökumenisch bezeichnet hat. Diesen Titel gab ihm wahrscheinlich zum ersten Mal im Jahre 338 Athanasius von Alexandrien, sicher 335 Eusebius von Caesarea[67]. Im eigentlichen Sinn theologische Konnotationen waren mit dieser Bezeichnung zunächst nicht verbunden. Da das von Kaiser Konstantin versammelte Konzil de facto und grosso modo aus allen Teilen der Ökumene beschickt war, lag es nahe, ihm eine Bezeichnung zu geben, wie sie auch andere ökumeneweit verbreitete Einrichtungen bzw. Verbände besaßen[68]. Außerdem dauerte es noch Jahrzehnte, bis das vom Konzil vorgelegte Glaubensbekenntnis, die *fides Nicaena*, sich allgemeiner Anerkennung erfreute. Es ist nicht davon auszugehen, daß die Teilnehmer des Konzils ihre, wenngleich zum ersten Mal 'weltweit' beschickte, Versammlung als von früheren Synoden wesentlich verschieden verstanden.

Im Maße als der vom Konzil definierte Glaube jedoch als der richtige anerkannt wurde, wuchs dann auch die Autorität der Versammlung, die ihn definiert hatte, über die bisher Synoden zugeschriebene hinaus[69]. Der Autoritätszuwachs ging so weit, daß Nicaea schließlich nicht nur als das »große und heilige Konzil«, wie es sich selbst bezeichnet hatte, oder als das »ökumenische«, d. h. das vom Kaiser

---

[67] Vgl. H. Chadwick, *The origine of the title 'ecumenical council'*, in: JThS 23 (1972) 132-135, und A. Tuilier, *Le sens de l'adjectif »oecuménique« dans la tradition patristique et dans la tradition byzantine*, in: NRTh 86 (1964) 260-271.

[68] Vgl. Chadwick, *The origine,* 134: »In short, the Christians borrowed the title 'ecumenical synod' from established usage, especially familiar because of the world-wide professional association of athletes and Dionysiac artists«.

[69] Zu Einzelheiten der hier angedeuteten Entwicklung vgl. Sieben, *Konzilsidee der Alten Kirche*, 25-67, 198-305.

aus der Ökumene einberufene, galt, das den Glauben bewahrt hat, sondern als ein »Wunder« (Severian von Gabala)[70], als ein ganz einmaliges Ereignis, eine Versammlung, die in dieser Form nicht wiederholt werden kann. Insofern kann man von einer Monopolstellung des Konzils von Nicaea sprechen, die nach dem Auftreten weiterer Häresien gar nicht so leicht zu beseitigen war.

Man kann den Prozeß der Überwindung dieser Monopolstellung als die Geburtsstunde der altkirchlichen Theorie der Ökumenischen Konzilien bezeichnen: Im Zusammenhang mit dem Konzil von Chalkedon setzte sich die Erkenntnis durch, daß die Kirche nicht nur auf einem einzigen Konzil (Nicaea) den wahren Glauben festgelegt hatte, sondern daß sie immer wieder auf ihren Konzilien dazu fähig ist, wenn es not tut.

Ein Autor des 5. Jhs., Vigilius von Thapsus, hat diese Erkenntnis so formuliert: »Sie (d.h. die Monophysiten) kennen nicht die Regel und die Gewohnheit katholischer Konzilien, auf den folgenden Konzilien neue Dekrete entsprechend den Erfordernissen der neu aufkommenden Häresien jeweils so aufzustellen, daß unumstößlich bleibt, was vorher auf früheren Konzilien gegen alte Häretiker verkündet worden war«[71].

\*

Konzilien sind der authentische Ort der Überlieferung des Glaubens. Ihnen eignet die Fähigkeit, die Identität des Glaubens in je und je verschiedenen Formulierungen zu wahren[72].

Zu diesem Glauben an die kirchliche Konzilsinstitution ist Gregor noch nicht gelangt. Er sieht im Nicaenum noch eher ein einmaliges Ereignis als den Beginn einer Institution. Wir dürfen ja auch nicht vergessen, daß das Konzil von Konstantinopel (381), unter dem Gregor so sehr gelitten hat, erst auf dem Chalcedonense als ökumenisches Konzil anerkannt wurde. Von dieser ganzen späteren Entwicklung hatte Gregor von Nazianz noch keine Ahnung.

Wir dürfen deswegen den Schluß und die Bilanz ziehen: Gregors eingangs zitiertes sehr negatives Urteil über die Konzilien ist nicht nur die übertriebene Reak-

---

[70] *Or. in Gen.* 24,2; PG 56,560.

[71] *Contra Eutychen* 5,2; PL 62,135D; zu Einzelheiten vgl. Sieben, *Konzilsidee der Alten Kirche* 264-269.

[72] Vgl. H.J. Sieben, *Zur Autorität der Konzilien in der Alten Kirche*, in: *Theologische Streitfragen im »Fall Küng«*, hrsg. von L. Bertsch und M. Kehl, Würzburg 1980, 24-34.

tion eines sensiblen Poeten auf eigene üble Erfahrungen mit einem Konzil - und von daher übrigens verständlich -, sondern auch ein Urteil, dem man nur dann gerecht wird, wenn man die Entwicklung der kirchlichen Konzilsinstitution gebührend berücksichtigt.

ERNST CHRISTOPH SUTTNER

# Wann und wie kam es zur Union von Melkiten mit der Kirche von Rom?

## I. Die Melkiten

Wer als Westeuropäer den Melkiten begegnet, erinnere sich, daß das II. Vatikanische Konzil darlegte: »Das von den Aposteln überkommene Erbe ist in verschiedenen Formen und auf verschiedene Weise übernommen, und daher schon von Anfang an in der Kirche hier und dort verschieden ausgelegt worden, wobei auch die Verschiedenheit der Mentalität und der Lebensverhältnisse eine Rolle spielten.«[1] Denn dort stößt er auf geistliche Überlieferungen, die sich stark vom kirchlichen Leben in seiner Heimat unterscheiden. Obwohl die Apostelgeschichte und die Paulusbriefe nur von der Mission der Apostel sprechen, die von Palästina aus nach Westen ging, bezeugen sie große Verschiedenheiten in der Urkirche. Dabei schweigen sie gänzlich von der apostolischen Missionstätigkeit östlich von Palästina, wo das kirchliche Leben von Anfang an ein noch viel verschiedeneres Gepräge erlangte.

Weit in den Osten hinein war damals jene aramäische Sprache verbreitet, in der Jesus gepredigt hatte und die auch die Muttersprache seiner meisten Jünger war. Wer das Christentum nach Osten trug, brauchte die Botschaft Jesu nicht in eine andere Sprache zu übersetzen, wie es Paulus bei den Griechen oder Petrus und Johannes in Rom und Ephesus tun mußten; er konnte sie im »ursprünglichen Kleid« belassen. In Edessa, einer damals sehr bedeutenden Stadt Mesopotamiens, nahm nach dem Jahr 200 auch der Fürst das Christentum an, und die Stadt wurde recht bald zu einem kulturellen Zentrum der aramäischen Christen. Sie entfalteten dort eigenständige christliche Lebensformen und entwickelten eine christlich-aramäische Schriftsprache, die in den Lehrbüchern zur Kirchengeschichte die syrische Sprache genannt wird. Eine reiche christliche Literatur, deren Schätze unserer theologischen Wissenschaft lange noch nicht genügend bekannt sind, entstand mit der Zeit in dieser Sprache, und die Kirchen, die sich ihrer bedienten, nennt man zusammen die syrischen Kirchen.[2] Ein Teil von ihnen

---

[1] *Unitatis redintegratio*, Art. 14.

[2] Der Name »syrische Kirche« hat nichts zu tun mit dem heutigen Staat Syrien, der weit über

bedient sich dieser Sprache auch heute noch, ihre Mehrheit ist aber zu moderneren Sprachen übergegangen. Für die syrische Christenheit entstand in früher Zeit das Patriarchat von Antiochien, in dem es im 5. Jahrhundert zu konfessionellen Gegensätzen kam. Diese führten zum Entstehen der Melkiten als besonderer Gruppe. Denn sooft die christlichen Kaiser von Konstantinopel die Kircheneinheit um dogmatischer Streitfragen willen gefährdet sahen, intervenierten sie, und um die aufgeworfenen Fragen entscheiden zu lassen, veranlassten sie, daß ein allgemeines Kirchenkonzil gefeiert wurde. Sie taten dies, weil nach antikem Verständnis ein Staatsmann, der seine Pflichten ernst nahm, auch für die rechte religiöse Ordnung einzutreten hatte. Die Auffassung, daß das religiöse Leben nur einem privaten Bereich der Bürger angehöre und keine Sache sei, um die sich die staatliche Öffentlichkeit zu bekümmern hätte, war in der Spätantike und auch im Mittelalter undenkbar gewesen. Ohne Zweifel verspürten damals die Kaiser eine schwere Verantwortung für die Gesamtkirche. Dies taten sie aber nicht allein aus religiösen Gründen, sondern auch deshalb, weil sie in der Kircheneinheit zugleich eine Festigung der Reichseinheit sahen.

Gerade letzteres hatte in der Regel jedoch eine Vertiefung der Spannungen und die Verfestigung der Spaltungen zur Folge. Wo man nämlich politisch nach Unabhängigkeit strebte, konnte man angesichts der verbreiteten Vorstellung vom Zusammenhang zwischen Kirchen- und Reichseinheit auch durch theologischen Dissens zur Kirche des Kaisers auf das politische Ziel der Unabhängigkeit hinarbeiten. Eine Folge davon ist, daß für jene Kreise, die sich zur Theologie der vom Kaiser protegierten ökumenischen Konzilien bekannten, unter den Syrern der spöttische Name »Melkiten« aufkam. Der Name ist gebildet aus der aramäischen Übersetzung des Titels, den der Konstantinopeler Kaiser trug, und bedeutete ursprünglich »Kaiserliche«. Erst als die Osmanen das byzantinische Kaiserreich beendet hatten, wurde der Name zu einer auch in Ehren verwendbaren Bezeichnung für jene Christen im Vorderen Orient, die in Kirchengemeinschaft lebten mit dem Patriarchen von Konstantinopel. In einer sich über Jahrhunderte hinziehenden Entwicklung übernahmen sie schrittweise das byzantinische Brauchtum in Liturgie, Frömmigkeit und Kirchenrecht.[3] Der Sprache nach sind

---

    anderthalb Jahrtausende jünger und ein arabischer Staat ist.

[3]    Mit großer Akribie wird diese Entwicklung hauptsächlich für das Kirchenrecht, aber auch für andere wichtige Bereiche des kirchlichen Lebens, aufgezeigt im 3. Kapitel bei Dietmar Schon, *Der Codex Canonum Orientalium Ecclesiarum und das authentische Recht im christlichen Osten*, Würzburg 1999.

sie im Lauf der Zeit zu Arabern geworden. Sooft es einem Konstantinopeler Kaiser gelang, kriegerisch in den Osten vorzudringen, war die Reichsführung mit allerlei Zwangsmaßnahmen bemüht, möglichst viele von den sogenannten »Monophysiten« unter den Syrern[4] zur melkitischen Partei herüberzuholen, um unter ihnen Anhängerschaft für das byzantinische Reich zu gewinnen. Dabei kam es bei denen, die nicht zur »kaiserlichen« Kirche übertraten, zu so großer Abneigung gegen den Kaiser und seine Kirche, daß die nicht-melkitischen Syrer sich sogar glücklich schätzten, als der Islam ihre Heimat eroberte und den Byzantinern die Möglichkeit nahm, auf sie Einfluß zu nehmen. Patriarch Michael der Syrer (1166-1199), einer der bedeutendsten Theologen, Historiker und Hierarchen der syrischen Kirche, schrieb auf, was der Volksmund noch Jahrhunderte später weitererzählte über die Maßnahmen des Kaisers Herakleios (610-641) nach der Rückeroberung Mesopotamiens, und er bezeugte die tiefe Verwundung der Syrer durch Konstantinopel. Bei der Weitergabe von Generation zu Generation ist der Bericht im Volksmund zweifellos aufgebauscht worden, doch schon die Tatsache, daß er jahrhundertelang weitererzählt wurde, zeigt, daß sich die Ereignisse tief ins Gedächtnis der Syrer eingeprägt haben. In der Chronik des Patriarchen heißt es:

*»Er [der Kaiser] gab einen schriftlichen Befehl, daß man überall im Reich allen, die dem Konzil von Chalkedon nicht anhangen, die Nasen und Ohren abschneiden und ihre Häuser zerstören solle. Diese Verfolgung dauerte lange, und viele Mönche ... nahmen das Konzil [von Chalkedon] an und bemächtigten sich der meisten Kirchen und Klöster. Herakleios erlaubte den Rechtgläubigen [gemeint sind die Gegner des Konzils von Chalkedon] nicht, vor ihm zu erscheinen, und er hörte nicht auf ihre Klagen über den Raub ihrer Kirchen. Der Gott der Gerechtigkeit, der allein allmächtig ist..., führte wegen der Schlechtigkeit der Byzantiner, die überall, wo sie herrschen, unsere Kirchen und Klöster grausam verwüsten und uns ohne Erbarmen unterdrücken, die Araber aus dem Südland herbei, damit wir durch sie aus den Händen der Byzantiner errettet werden... Es war in der Tat ein beträchtlicher Segen für uns, daß wir [durch die Moslems] von der Grausamkeit der Byzan*

---

[4] In der kirchengeschichtlichen Literatur ist es verbreitet, jene Christen, die sich gegen das Konzil von Chalkedon sperrten, Monophysiten zu nennen. Doch dies ist ein theologiegeschichtlicher Irrtum; vgl. Suttner, *Vorchalcedonische und chalcedonische Christologie: die eine Wahrheit in unterschiedlicher Begrifflichkeit*, in: Rappert (Hg.), *Kirche in einer zueinander rückenden Welt*, Würzburg 2003, 155-170.

*tiner befreit wurden, von ihrer Schlechtigkeit, von ihrem Haß und von ihrem grausamen Eifer uns gegenüber, und daß wir jetzt Ruhe haben.*[5]

Nach dem Untergang der byzantinischen Kaisermacht gab es für Spannungen solcher Art keine Gründe mehr, und die Melkiten sind heutzutage eine der autokephalen orthodoxen Kirchen; gegenwärtig leben sie im Vorderen Orient friedlich zusammen mit den Christen, die dem Konzil von Chalkedon ebensowenig zustimmen, wie es einst auch ihre eigenen Väter taten. Seitdem die Osmanen im 16. Jahrhundert die Herrschaft über ihre Heimat erlangten, wurden sie in manchen Geschichtsquellen auch als eine der »griechischen Kirchen« bezeichnet, denn oftmals wurden alle Christen - gleich welcher Nationalität -, die mit dem Konstantinopeler Patriarchen in Kirchengemeinschaft standen, »Griechen« genannt. Im 18. Jahrhundert ging ein Teil von ihnen eine Union ein mit der Kirche von Rom. Um die Vorgänge, die dazu führten, zu verstehen, bedarf es des Wissens um die Rechtslage jener Christen und ihrer Hierarchen im Osmanenreich, die mit dem Patriarchen von Konstantinopel in Kircheneinheit standen.

## II. Die Rechtsstellung christlicher Patriarchen und ihrer Glaubensgemeinschaften unter den Osmanen

Das Osmanenreich war als islamischer Staat verfaßt. In einem solchen Staat war der Koran (samt seiner Interpretation) das Gesetz schlechthin. Das geistliche wie das weltliche Leben der Gläubigen (das heißt: der Moslems) wurde durch die religiöse Ordnung geregelt. Wer als gläubiger Moslem diesen Regeln unterstand, gehörte zum Staatsvolk der Osmanen und war Vollbürger in ihrem Staat. Halbbürger oder Schutzbefohlener mit geringeren Rechten konnte sein, wer zwar kein gläubiger Moslem war, aber wenigstens den heiligen Schriften der Juden oder der Christen seine Zustimmung gab und somit auch ein »Gesetz« hatte. Dann konnte er deren Glaubensgemeinschaft angehören, die eine Volksgruppe mit Autonomie - fast möchte man sagen: einen Staat im Staate - darstellte. Folglich mußten Juden und Christen im osmanischen Reich unter der Jurisdiktion ihrer Religionsführer stehen. Denn neben ihren geistlichen Aufgaben oblag es diesen ebenso, die zivilrechtlichen Belange der Volksgruppe zu verwalten, die Zivilge-

---

[5] Chabot, *Chronique de Michel le Syrien, patriarche jacobite d'Antiochie (1166-1199)*, Tome II, Paris 1901, 412f.

richtsbarkeit auszuüben und für die Steuerabgaben an den Herrscher zu sorgen. Beim Studium der Geschichte von Kirchen im osmanischen Reich ist daher eine (von Westeuropäern meist übersehene, da ihnen ungewohnte) Doppelfunktion der religiösen Führer zu beachten, aus der sich wichtige Gesichtspunkte ergeben. Selbstverständlich nötigte die weitgehende Öffentlichkeitsfunktion, die vom islamischen Staat den höheren kirchlichen Amtsträgern eingeräumt wurde, auch zu einem ausdrücklichen Sich-Bekümmern der staatlichen Autoritäten um die Amtseinsetzung der Kirchenführer. Damit nämlich ihre Entscheidungen und Richtersprüche in bürgerlichen Angelegenheiten vor den staatlichen Behörden Gültigkeit besaßen und von der Polizei durchgesetzt wurden, mußte die Glaubensgemeinschaft für ihre Vorsteher auch eine staatliche Einsetzung erlangen. Das islamische Staatsverständnis, das den Kirchen viele Aufgaben übertrug, die von Westeuropäern für staatlich gehalten werden, brachte es mit sich, daß die Kirchenführer von den Herrschern bisweilen fast wie politische Beamte behandelt wurden.

Obgleich im Gefolge der osmanischen Eroberung die Öffentlichkeitsrechte der Christen beschnitten wurden, brachte die osmanische Zeit also Kompetenzzuwachs für den Konstantinopeler Patriarchen und für die Bischöfe. Denn ihnen erteilte der Sultan auch eine staatsrechtliche Jurisdiktion über die Angehörigen ihrer Glaubensgemeinschaft. Wer immer - außer den Christen auf Zypern - in kirchlicher Gemeinschaft mit dem Konstantinopeler Patriarchen stand und unter den Türken lebte, gehörte zum »griechischen Millet«; der Patriarch war staatsrechtlich sein Chef, und in entsprechender Unterordnung zu ihm amtierten auch die Bischöfe staatsrechtlich als Obrigkeit. Die vom Staat dem Konstantinopeler Patriarchen verliehene Kompetenz schloß, als sich das Osmanenreich über die Grenzen des Patriarchats von Konstantinopel hinaus ausdehnte, auch jene alten Kirchen mit ein, denen in der Spätantike kirchliche Eigenständigkeit verliehen worden war; kirchlich blieben diese autokephal, doch staatsrechtlich wurden sie dem Konstantinopeler Patriarchen unterstellt. Nur Zypern bildete eine Ausnahme; als es 1571 von den Osmanen erobert wurde, machte der Sultan nämlich den Erzbischof von Zypern zum dortigen Ethnarchen.[6] Die Zuständigkeit des Konstantinopeler Patriarchen war also hier und dort von recht unterschiedlicher Art. In Südosteuropa, soweit es von den Türken erobert war, war er Kirchenführer und Ethnarch; im östlichen Mitteleuropa, das den Türken nicht botmäßig

---

[6] Die Bezeichnung »Ethnarch« meint das Oberhaupt einer Volksgruppe und ist abgeleitet von »ἔθνος« (»Volk«) und »ἄρχειν« (»führen« oder »herrschen«).

war, war er nur Kirchenführer; im Vorderen Orient, wo es kirchlich eigene Autokephalien gab, war er nur Ethnarch; auf Zypern war er weder das eine noch das andere. Es verwundert nicht weiter, daß diese Unterscheidungen nicht immer volle Beachtung fanden, besonders dann nicht, wenn in Konstantinopel starke Persönlichkeiten auf dem Patriarchenthron saßen. Für eine zulängliche Kenntnis von der Geschichte der Kirchen, die in Communio standen mit dem Ökumenischen Patriarchat, ist es von Belang, daß im 17./18. Jahrhundert ein offensichtliches Bestreben der Konstantinopeler Patriarchatsführung einsetzte, aus dem staatsrechtlich vom Sultan verfügten Vorrang für den Sitz von Konstantinopel auch einen kirchenrechtlichen Vorrang entstehen zu lassen über jene Kirchen, die mit ihm in Communio standen.[7]

Problematisch war es, auch für Lateiner im Osmanenreich die Rechtssicherheit zu wahren, denn nirgends gab es dort für sie aus vorosmanischer Zeit einen weit und breit handlungsfähigen Hierarchen, den der Sultan zum Ethnarchen hätte einsetzen können. Da aber wirtschaftliche Zwänge westliche Handelsniederlassungen erforderlich machten, war auch für die Rechtsordnung lateinischer Kaufleute Sorge zu tragen. Außerdem mußte den geistlichen Bedürfnissen in den diplomatischen Vertretungen europäischer Staaten Genüge getan werden. Um auch für die wachsende Zahl von Lateinern eine Rechtsordnung zu schaffen, übertrug die Hohe Pforte hinsichtlich ihrer in sogenannten Kapitulationen[8] die weltlichen Verantwortlichkeiten, die für die einheimischen Nichtmoslems den religiösen Führern oblagen, an die französischen Diplomaten. Diese durften ihnen gegenüber ebenso das französische Recht anwenden, wie die religiösen Oberen die Rechtsvorschriften der Bibel anzuwenden hatten. Für die Franzosen bedeutete dies im Osmanenreich willkommene Befugnisse, und weil es ihnen gelang, diese mit der Zeit mehr und mehr auszuweiten, konnte bei einheimischen Christen die Hoffnung aufkommen, wie die Lateiner ebenfalls von den Diplomaten der Großmacht Frankreich protegiert zu werden, wenn sie eine Union mit der Kirche von Rom eingingen.

---

[7] Eine umfangreiche Liste von Vorgängen, die dies anzeigen, ist vorgelegt bei Maximus von Sardes, *Das ökumenische Patriarchat in der orthodoxen Kirche*, Freiburg 1980, 366-394.

[8] Zu den Kapitulationen, die ihre Anfänge nahmen, als der französische König Franz I. 1535 mit dem Sultan einen Bündnisvertrag gegen Österreich abschloß, vgl. das 7. Kapitel bei P. Kawerau, *Amerika und die orientalischen Kirchen*, Berlin 1958.

## III. Die Union der Melkiten mit der Kirche von Rom im 18. Jh.

An der Wende vom 17. zum 18. Jahrhundert war es im melkitischen Patriarchat zu vielerlei Spannungen gekommen. Die Union erwuchs aus einem Schisma, das wegen solcher Spannungen ausgebrochen war.[9]
Die staatsrechtliche Stellung der Hierarchen im osmanischen Reich als Volksoberhaupt hatte zur Folge, daß es bei Patriarchenwahlen der melkitischen Kirche mehrmals Rivalitäten gab zwischen den nördlichen Diözesen mit dem Zentrum Aleppo und den südlichen Diözesen mit dem Zentrum Damaskus, weil man hier wie dort das Volksoberhaupt am liebsten bei sich haben wollte. Überregionale und örtliche türkische Behörden mischten mit, ebenso der Konstantinopeler Patriarch, der für die »Griechen« des osmanischen Reiches die übergeordnete staatsrechtliche Instanz war. Auch die in den Handelszentren des Vorderen Orients tätigen französischen und englischen Diplomaten und die damals hoch angesehenen abendländischen Missionare suchten bei der Wahl eines neuen Volksoberhaupts, ihre Interessen einzubringen und bestimmte Kandidaten zu fördern bzw. zu verhindern. Weitere Spannungen waren dadurch verursacht, daß die Missionare auf manche melkitische Bischöfe, Priester und Gläubige mehr, auf andere weniger Einfluß erlangt hatten. So hatten sich bei den Melkiten die Geister bezüglich bestimmter theologischer, liturgischer und pastoraler Fragen zu scheiden begonnen. Dies umso mehr, als verschiedene Kirchenführer nicht nur eng mit den Missionaren zusammenarbeiteten, sondern auch in deren Häusern, manche sogar im westlichen Ausland, studiert hatten; ihr Denken unterschied sich deutlich von dem anderer Amtskollegen.
Einer der Konflikte trug sich zu, nachdem Patriarch Athanasios III., der in Aleppo residiert hatte, am 5. August 1724 verstorben war. Die Melkiten in Damaskus wählten und weihten am 20. September 1724 Kyrill Tanas zum Nachfolger. Er war ein Neffe des Metropoliten Euthymios von Tyros und Sidon[10] und hatte

---

[9] Vgl. W. de Vries, *Rom und die Patriarchate des Ostens*, Freiburg 1963, 88-91 (mit weiteren Literaturangaben); C. Karalevskij, Art. *Alep und Antioche*, in: DHEG II, 101-116 (besonders Abschnitt II, Sp. 102-106) und III, 563-703 (besonders die Abschnitte XIII-XVI, Sp. 645-677); Ignatios Hazim, *Le problème oecuménique à la lumière de l'expérience antiochienne*, in: Messager Orthodoxe 93 (1983) 2,49-65; Suttner, *Die Christenheit aus Ost und West auf der Suche nach dem sichtbaren Ausdruck für ihre Einheit*, Würzburg 1999, 158-161.

[10] Der Metropolit Euthymios, der die Wahl betrieb, war exzessiv romfreundlich und wurde wegen seiner Latinisierungsabsichten für das melkitische Gottesdiensterbe, bei denen er aus der Chrysostomusliturgie sogar die Epiklese tilgen wollte, auch in Rom kritisiert; vgl. P. Bacel,

in Rom studiert. Mit Unterstützung durch örtliche osmanische Behörden wollten die Melkiten des Südens durchsetzen, daß Damaskus zum Zentrum ihrer Kirche werde. Eine Woche später wählte und weihte aber Patriarch Jeremias von Konstantinopel zusammen mit der Konstantinopeler Synodos Endemusa den Athosmönch Sylvester, der von Zypern abstammte und Kandidat der Aleppiner war, zum Nachfolger für Athanasios III. Ihn förderten neben französischen und englischen Diplomaten viele abendländische Missionare, insbesondere die Franziskaner Aleppos. Die Hohe Pforte anerkannte Sylvester, und das Konstantinopeler Patriarchat exkommunizierte Kyrill Tanas.

Kyrill mußte sich mit seinen Anhängern in die Bergwelt des Libanon zurückziehen, wo die osmanischen Behörden nicht wirklich durchzugreifen vermochten. Die Exkommunizierten konnten sich dort den staatlichen Sanktionen entziehen, die eine Exkommunikation durch ihre Ethnarchen nach sich ziehen hätte sollen. Die Kanonizität der Wahlen des Jahres 1724 blieb umstritten. Nach fast fünf Jahren, am 8. Juli 1729, anerkannte Papst Benedikt XIII. (1724-1730) die Wahl Kyrills, des Gegenkandidaten des von zahlreichen katholischen Missionaren unterstützten Sylvester. Kyrill und seine Partei gelten seither als uniert. 1744 verlieh ihm Benedikt XIV. (1740-1758) das Pallium. Erst die Palliumsverleihung war nach den damals gültigen, auf die Kreuzfahrerzeit zurückgehenden kanonischen Normen der römischen Kirche die definitive Anerkennung Kyrills durch den Papst als eines in Union mit dem Römischen Stuhl stehenden östlichen Patriarchen. Seit Kyrill wurde die Reihe der unierten melkitischen Patriarchen ununterbrochen bis heute weitergeführt. Der gegenwärtige Partriarch Gregorios III. steht in dieser Reihe. Nach der Palliumsverleihung hatten die unierten melkitischen Patriarchen und ihre Kirche noch ein volles Jahrhundert mit öffentlichrechtlicher Benachteiligung zu ringen, da es Sylvester und seine Nachfolger durchsetzten, da sie allein die Investitur durch den Staat zu Volksoberhäuptern der Melkiten erlangten und daher staatsrechtlich auch für jene Melkiten das Oberhaupt blieben, die nicht mit ihnen, sondern mit dem römischen Bischof in kirchlicher Communio standen. Erst 1848, als auch der unierte Patriarch von den osmanischen Behörden anerkannt wurde, verloren die orthodoxen melkitischen Hierarchen die Möglichkeit, in ihrer Funktion als bürgerliche Volksoberhäupter auf die Unierten in weltlichen, gelegentlich aber auch in geistlichen Fragen einzuwirken.

---

*Les innovations liturgiques chez les Grecs-Melchites au XVIII<sup>e</sup> siècle*, in: Echos d'Orient 9 (1906) 5-10.

Nur ein Teil der Melkiten trat damals in Union mit dem Römischen Stuhl. Mit Recht wird daher auch die melkitische Union Teilunion genannt. Man ist gewohnt, bei Teilunionen an Vorkommnisse zu denken, bei denen die römische Kirche das Vorbild der »großen Durchschlagskraft« nachahmte, das zu seiner Zeit Kaiser Herakleios gegeben hatte: da sie nicht zuwartete, bis über die bestehenden Kontroversen in partnerschaftlichem Dialog bei allen ein freier Konsens gefunden worden wäre; da sie vielmehr versuchte, vorläufig wenigstens Teile der anderen Kirche zum Gehorsam gegen ihre eigene Lösung der anstehenden Fragen zu drängen. In allen solchen Fällen war der Preis der Union ein neues Schisma, denn jene Teile der betreffenden Kirche, die vor Erreichung eines Gesamtkonsenses schon uniert werden sollten, mußten sich von ihrer bisherigen Kirche abkehren. Bei den Melkiten ging es anders zu. Ihr Schisma war schon vor der Teilunion ausgebrochen. Als die Melkiten bereits gespalten waren und als das Schisma wegen der staatlichen Rechtsordnung für die schwächere Partei bedrohliche Folgen erlangte, suchte diese Schutz. Sie fand ihn bei einer großen, von ihren Bischöfen hochgeschätzten Schwesterkirche, mit der auf der Ebene von *persönlichen Affinitäten* bereits nahe Beziehungen bestanden,[11] mit der sie aber bisher als *kirchliche Kommunität* keine rechtlich geregelte Communio besessen hatte. In ihrer Bedrängnis übernahmen nun die Anhänger des Kyrill Tanas bezüglich der bestehenden Kontroversen kommunitär die Lösungen, die der römischen Schwesterkirche richtig erschienen; mit ihr wollten sie künftig als Kommunität in voller Gemeinschaft stehen.[12] Das innermelkitische Schisma war also keine Folge der Union; es erlangte aber durch die Union eine neue, viel weiter reichende Dimension.[13] Will man gegen die römische Kirche wegen dieser

---

[11] Solche besaß aber auch die Gegenpartei, denn beim Ausbruch des Schismas standen viele lateinische Missionare auf seiten Sylvesters.

[12] Als *Individuen* hatten viele einzelne griechische Hierarchen die Communio mit der römischen Kirche schon früher aufgenommen, ohne daß dies die Communio der *Kirchen* herbei geführt hätte; vgl. den Abschnitt »Vorbereitung einer Rezeption durch Erstlinge« im Exkurs »Zwei Versuche, die theologischen Ergebnisse des Florentinums nachträglich zu rezipieren« bei Suttner, *Staaten und Kirchen in der Völkerwelt des östlichen Europa*, Fribourg 2007, 119-126.

[13] M. Foscolos, in: Metzler, *Sacrae Congregationis de Propaganda Fide memoria rerum*, 319-334, der das der Union vorausgehende Schisma übersieht und den Bruch zwischen den beiden Parteien nur aus Anhänglichkeit für die Union und aus Gegnerschaft gegen sie erklären möchte, sieht sich zu vagen Spekulationen gezwungen, um das lange Zögern Roms bei der Anerkennung Kyrills und die Unterstützung der Missionare für Sylvester zu erklären.

Union einen Vorwurf erheben, kann dieser nicht lauten, daß sie die melkitische Kirche um einer Union willen gespalten hätte; allenfalls könnte man ihr vorwerfen, daß sie sich eingemischt habe in innermelkitische Probleme.

## IV. Zur Palliumsverleihung von 1744 an Patriarch Kyrill Tanas

Von alters her war es im Abendland Sitte gewesen, daß der Papst jenen Bischöfen, die in seinem Auftrag als regionale kirchliche Autoritätsträger tätig sein sollten, das Pallium verlieh.[14] Die Verleihung signalisierte, daß ihnen über das Gebiet ihrer eigenen Diözese hinaus als Beauftragten des Bischofs von Rom und als Teilhabern an dessen besonderen Vollmachten Verantwortung zukam. Als die Lateiner in der Kreuzfahrerzeit ihre Herrschaft weit in den Osten ausgedehnt hatten, hielten sie es für angebracht, dort lateinische Kleriker auf die Patriarchensitze erheben zu lassen und auch sie zu verpflichten, in Rom das Pallium zu erbitten und sich also vom römischen Bischof zum Ausüben ihrer patriarchalen Autorität ermächtigen zu lassen.[15] Das IV. Laterankonzil bestimmte in Kap. 5:

> *»Die alten Vorrechte der Patriarchenstühle erneuern wir und bestimmen mit Billigung der heiligen Universalsynode: Nach der römischen Kirche, die auf Anordnung des Herrn als Mutter und Lehrerin aller Christgläubigen über allen anderen Kirchen den Vorrang in der ordentlichen Vollmacht besitzt, hat Konstantinopel die erste, Alexandrien die zweite, Antiochien die dritte und Jerusalem die vierte Stelle inne. Jede dieser Kirchen behält ihre Würde in folgender Weise: Nachdem ihre Vorsteher*

---

[14] Zum Pallium vgl. LThK VII, 1300f.

[15] De Vries, *Rom und die Patriarchate des Ostens*, Freiburg 1963, 250f., führt aus, daß alle Würdenträger lateinischer Herkunft, die in der Kreuzfahrerzeit auf die Patriarchensitze des Ostens erhoben wurden, vom Papst das Pallium zu erbitten hatten, und daß die Päpste in der Kreuzfahrerzeit das Pallium auch an orientalische Erzbischöfe und Patriarchen zu verleihen begannen, wenn diese in Union mit den Lateinern getreten waren. Er schreibt unter anderem: »Da die Verleihung des Palliums die Übertragung der Vollmacht bedeutete, war es von da bis zur Einsetzung der Patriarchen und Erzbischöfe durch den Papst nur ein Schritt. Schon Innozenz III. beanspruchte das Recht, Patriarchen einzusetzen. Auf Grund der Fülle seiner päpstlichen Gewalt ernannte er im Jahr 1205 den Thomas Morosini zum lateinischen Patriarchen von Konstantinopel. Da das lateinische Patriarchat als Fortsetzung des griechischen galt, war damit auch die Möglichkeit der Einsetzung orientalischer Patriarchen und Erzbischöfe ausgesprochen.«

*vom römischen Bischof als Insignie der bischöflichen Amtsfülle das Pallium empfangen und ihm dabei den Treue- und Gehorsamseid geleistet haben, verleihen auch sie ihren Suffraganen eigenverantwortlich das Pallium und nehmen von ihnen das kanonische Versprechen für sich und das Gehorsamsgelöbnis für die römische Kirche entgegen. Sie lassen das Banner des Kreuzes des Herrn überall vor sich hertragen außer in der Stadt Rom und überall dort, wo der Papst oder sein Legat mit den Insignien der apostolischen Würde anwesend ist. In allen Provinzen aber, die ihrer Jurisdiktion unterstehen, wird nötigenfalls an sie appelliert, unbeschadet der Appellationen, die beim Apostolischen Stuhl eingelegt werden und die von allen demütig zu respektieren sind.«*[16]

Das Konzil von Ferrara/Florenz korrigierte dies. Es umschrieb im Unionsbeschluß vom 6. Juli 1439 die Aufgaben des römischen Bischofs und gab dafür sofort auch Ausführungsbestimmungen. Im Beschluß heißt es:

*»Der hl. Apostolische Stuhl und der römische Bischof haben den Primat über den ganzen Erdkreis inne, und er, der römische Bischof, ist der Nachfolger des seligen Petrus, des Ersten der Apostel, und wahrer Stellvertreter Christi, er ist Haupt der ganzen Kirche sowie Vater und Lehrer aller Christen, und ihm ist im seligen Petrus von unserem Herrn Jesus Christus die volle Gewalt gegeben worden, die universale Kirche zu weiden, zu leiten und zu lenken, wie es auch in den Akten der ökumenischen Konzilien und in den heiligen Kanones enthalten ist. Wir erneuern darüber hinaus auch die in den Kanones überlieferte Ordnung der übrigen verehrungswürdigen Patriarchen ..., natürlich unter Wahrung aller ihrer Privilegien und Rechte.«*

Für die Ausführungsbestimmungen hat Prof. Ratzinger 1976 anläßlich eines Vortrags zum 10-Jahres-Gedenken für das Tilgen der Bannbullen des Jahres 1054 aus dem Gedächtnis der Kirche eine den heutigen Lesern leichter verständliche Formel gefunden und dargelegt:

---

[16] Zitat nach J. Wohlmuth (Hg.), *Conciliorum oecumenicorum decreta*, Paderborn 2000, II, 236.

*»Rom muß vom Osten nicht mehr an Primatslehre fordern, als auch im ersten Jahrtausend formuliert und gelebt wurde.«*[17]

Das erste Millennium der Kirchengeschichte kannte weder eine päpstliche Palliumsverleihung an die östlichen Patriarchen noch die Vorstellung, daß der römische Bischof den Inhabern der hervorragenden östlichen Sitze die patriarchalen Vollmachten delegiert hätte. Die unierten melkitischen Patriarchen aber wurden als Folge der Palliumsverleihung von 1744 der römischen Kurie, nämlich der Congregatio de Propaganda Fide und später der Ostkirchenkongregation, unterstellt. Das II. Vatikanische Konzil wollte die Erniedrigung der unierten Patriarchen wieder beenden und bestimmte im Dekret »Orientalium Ecclesiarum«, Art. 9,

*»daß die Rechte und Privilegien (der Patriarchen) nach den alten Traditionen einer jeden Kirche und nach den Beschlüssen der Ökumenischen Konzilien wiederhergestellt werden sollen.«*

Damit dies verwirklicht werden kann, bedarf es noch vieler Änderungen. Zumindest wurde aber schon erreicht, daß man die Verpflichtung für die mit Rom unierten Patriarchen, vom Papst das Pallium zu erbitten, nicht in den CCEO aufnahm.

---

[17] Das Zitat wurde 1982 von Kard. Ratzinger in: *Theologische Prinzipienlehre*, München 1982, 209, »bewußt unverändert nachgedruckt« (wie auf S. 203 ausdrücklich vermerkt ist), als er bereits den Dienst an der römischen Glaubenskongregation angetreten hatte.

ROBERT F. TAFT

# Liturgie und Ökumene in der Geschichte des Päpstlichen Kollegs »Russicum«

*Zum 80. Jahrestag seiner Gründung*

Es gibt zwei Themen, die Seiner Seligkeit, dem Patriarchen Gregorios III., ganz besonders am Herzen liegen: Liturgie und Ökumene. Da dies auch für mich zentrale Themen gewesen sind während meiner römischen Jahre im Dienst an den Ostkirchen - ein Dienst, der 1965 am Päpstlichen Kollegium »Russicum« begann -, trägt meine Darlegung einen ganz persönlichen Charakter, da ich selbst einer der Protagonisten dieser Zeitepoche war.

## I. Die Liturgie

Beginnen wir mit dem Problem der Liturgie in der Geschichte des Russicums, diesem legendären und von mir so hochgeschätzten Kolleg, dessen Liturgie ich in den vergangenen 43 Jahren mit dem ganzen Einsatz meines Herzens gepflegt habe: zunächst von 1965-1970 als Student und daraufhin von 1970-2007 als Ex-Student und Liturgieprofessor am Päpstlichen Orientalischen Institut in Rom.
In welchem Sinn wird hier aber von einem *Problem* gesprochen? Die Liturgie war in der Geschichte der Kirche immer schon ein Problem, und das Russicum steht nicht außerhalb dieser Geschichte. Um dies zu erkennen, genügt es, die allerersten Dokumente des Neuen Testaments zu lesen, wie z. B. das 11. Kapitel des ersten Briefes des Apostels Paulus an die Korinther. Im Lauf der Jahrhunderte standen Kirchenväter, Synoden, Konzilien, Päpste, Patriarchen, Hierarchen jeglichen Ranges und Ordensgründer im Osten wie auch im Westen vor der Notwendigkeit, Probleme der Lehre, der Disziplin und der liturgischen Praxis zu lösen. Solche Probleme sind unvermeidlich, weil es in der Kirche eine bleibende Dialektik zwischen Leben und Kult gibt, zwischen dem Leben in Christus und dem Kult, der dieses Leben zum Ausdruck bringt und es nährt, so daß die konkreten Probleme des Lebens die Entfaltung des Kultes beeinflussen, welcher selbst wiederum eine konkrete pastorale Antwort auf diese Probleme darstellt. Darüber hinaus ist die Liturgie nicht nur Kult, sondern bringt gemäß dem meist

falsch zitierten Aphorismus die Doktrin zum Ausdruck: »*ut legem credendi lex statuat supplicandi - die liturgische Tradition soll all das festlegen, was zu glauben ist*«.[1]

Im Kontext eines Kollegs des östlichen Ritus in Rom und seiner sakralen Funktionen ergeben sich noch weitere liturgische Probleme, welche aufs engste verbunden sind mit der Geschichte des Katholizismus im östlichen Ritus und den nicht immer leichten Beziehungen zwischen dem christlichen Osten und Westen - turbulente Beziehungen, die nicht immer einen positiven Einfluß auf die Liturgie hatten. Die päpstliche Rhetorik gefällt sich darin, immer neu zu wiederholen, daß die Päpste die Treue zur authentischen östlichen Tradition in ihrem liturgischen Ausdruck ohne Unterlaß *gefördert* und *unterstützt* haben; was jedoch die Geschichte der Päpste vor Leo XIII. angeht, ist dies nicht nur eine rhetorische Übertreibung, sondern stimmt ganz offensichtlich nicht: Es gab immer wieder schmeichelhafte Äußerungen über den Ritus, aber ansonsten ist das Verhältnis zwischen Katholizismus und christlichem Osten noch nie besonders friedlich gewesen.

Abgesehen von anderen östlichen Traditionen haben neuere fachspezifische Studien zur Geschichte, Theologie, Spiritualität, Ekklesiologie, zum Mönchtum wie auch zur Liturgie des byzantinischen Ostens und ihren Beziehungen zum lateinischen Westen gerade die Unfähigkeit des katholisch-lateinischen Westens bewiesen, das Faktum - das inzwischen allen einleuchtet - zu verstehen und anzuerkennen, daß diese beiden großen apostolischen Traditionen, so komplementär sie auch sein mögen, dennoch fundamentale Unterschiede in vielerlei Hinsicht aufweisen. Dieser Mangel hat in den vergangenen Jahrhunderten zu einer

---

[1] In den *Capitula Celestini*, J.D. Mansi, *Sacrorum Concilium nova et amplissima collectio*, 58 voll. (Paris/Leipzig 1901-1927) 4:461, die jedoch wahrscheinlich auf Prospero von Aquitanien († ca. 463) zurückzuführen sind. Für die ursprüngliche Bedeutung siehe die Diskussion in M. Righetti, *Manuale di storia liturgica I* (3. Ausg. Milano 1964) 35-36; Karl Federer, *Liturgie und Glaube, Eine theologiegeschichtliche Untersuchung* (Paradosis IV, Fribourg 1950); und besonders die Debatte bei P. De Clerck, *Lex orandi, lex credendi. The Original Sense and Historical Avatars of an Equivocal Adage*, übers. von Th. Winger, in: Studia Liturgica 24 (1994) 156-170; id., *Lex orandi, lex credendi. Un principe heuristique*, in: La Maison-Dieu 222 (2000) 61-78; P.V. Marshall, *Reconsidering 'Liturgical Theology': Is there a Lex Orandi for all Christians?*, in: Studia Liturgica 25 (1995) 129-151; M.E. Johnson, *Can we avoid Relativism in Worship? Liturgical Norms in the Light of contemporary Liturgical Scolarship*, in: Worship 74 (2000) 135-155; M. Ross, *Joseph's Britches Revisited: Reflexions on Method in Liturgical Theology*, in: Worship 80 (2006) 528-550; M.B. Aune, *Liturgy and Theology: Rethinking the Relationship*, in: Worship 81 (2007) 46-68, 141-169.

Mentalität geführt, welche Papst Benedikt XIV. in seiner Konstitution *Etsi pastoralis* vom 26. Mai 1742 schließlich zu jener inzwischen berühmt gewordenen Aussage über die »*praestantia ritus latini*« führte.[2]
Diese Aussage schien zu beinhalten, daß die östlichen Riten ein 'lateinisches Sieb' zu passieren hätten. So erfolgte im Lauf der Jahrhunderte nach der Union von Brest im Jahr 1596 ein allmählicher Prozeß der *Latinisierung*, wodurch der Geist des byzantinisch-orthodoxen Ostens und folglich auch dessen authentischer liturgischer Ausdruck gemindert bzw. beeinträchtigt wurde: Der *Ritus*, der als sakrale Sprache Ausdruck christlicher Kultur ist, unterlag einem Prozeß der Entfremdung, ähnlich wie er sich in einer Fremdsprache durch nicht genau passende Formulierungen und Bedeutungsinhalte vollzieht, was z. B. in unserer heutigen Zeit durch das Englische geschieht.[3]
Als Papst Pius XI. (1922-1939) am 15. August 1929 das Russicum gründete, hatte der Heilige Stuhl schon viele derartige Probleme *rechtlich* und *theoretisch* gelöst. Man denke nur an die große Erneuerungsbewegung des katholischen Ostens, die von dem Eucharistischen Kongreß zu Jerusalem im Jahr 1893 ausging, und an die großen Enzykliken Papst Leos XIII. (1787-1903) über den Osten, angefangen mit der historischen Enzyklika *Orientalium dignitatis* vom 30. November 1894, welche zu Recht als die »Magna Carta« des östlichen Katholizismus gilt. Diese Erneuerungsbewegung setzt sich konstant fort bei fast allen weiteren Päpsten wie auch auf dem II. Vatikanischen Konzil.[4] Allerdings ist es einfacher, eine Regel zu ändern als Köpfe oder Herzen, und nicht jeder

---

[2] Siehe G. Croce, *La Badia Greca di Grottaferrata e la rivista »Roma e l'Oriente«. Cattolicesimo e ortodossia fra unionismo e ecumenismo (1799-1923)*, 2 Bd. (Vatikan 1990) I, 13-15, nota 60.

[3] Dieser unaufhaltbare Prozeß ist in keiner Weise eine Sache der Vergangenheit. Bei einem Besuch in der Ukraine und in der Slowakei bin ich vor einiger Zeit zu meiner größten Verwunderung bei der Konzelebration einer griechisch-katholischen Eucharistie auf ein mir bislang völlig unbekanntes Beispiel von Latinisierung gestoßen, bei der das *Postsanctus*-Gebet choraliter vorgetragen wurde, genau wie in der eucharistischen Konzelebration des lateinischen Ritus: Eine Latinisierung ohne irgendein Fundament in der authentischen Praxis der byzantinischen Liturgie! *Plus ça change, plus c'est la même chose...*

[4] Hierüber siehe R.F. Taft, *Eastern Catholic Theology - Is There Any Such Thing? Reflections of a Practitioner,* in: Logos 38 (1998) 13-58; id., *Orientalisch-Katholische Theologie: Fällige Wiedergeburt nach langwieriger Schwangerschaft.* Festvortrag zur Eröffnung des *Collegium Orientale* in Eichstätt, 31. Oktober 1999, in: ContaCor 2/1 (2000) 10-31; id., *Eastern Catholic Theology. Slow Rebirth after a Long and Difficult Gestation,* in: Eastern Churches Journal 8/2 (2001) 51-80.

treue Diener des Heiligen Stuhles zeichnete sich durch einen bereitwilligen Gehorsam gegenüber dem deutlich ausgesprochenen Willen der Päpste seit Leo XIII. aus. Nicht anders verhielt es sich beim Russicum seit seiner Gründung: Zwar wurde an der katholischen Lehre festgehalten, aber nicht so sehr in der Praxis.

Der weitere Verlauf in der Geschichte des Russicums wird sichtbar im Spiegel der *dramatis personae,* nämlich der Persönlichkeiten des entstehenden Russicums, welche das liturgische Leben des Kollegs auf das richtige Gleis brachten. Das angestrebte Resultat war hierbei angesichts der Umstände und der Mentalität jener Zeit keineswegs selbstverständlich. Unter den Hauptakteuren unserer geschichtlichen Bühne stand da zuallererst der Gründer des Kollegs selbst, nämlich Pius XI., ein kraftvoller Mann mit klarem Kopf und entschlossen, seine ihm zukommende Autorität voll auszuüben. In den Gründungsdokumenten des Kollegs bestand Pius XI. auf der absoluten Treue zur authentisch russischen Tradition der Liturgie.[5] Aber ungeachtet all dessen gab es in der ersten Zeit des Kollegs unter der Leitung von P. Vendelín Javorka S.J. (1929-1934) einige Bräuche wie die 'gelesene Messe', ein Brauch, welcher absolut konträr zur authentischen byzantinischen Tradition steht. Aber nach dieser kurzen anfänglichen Zeit der Verwirrung, die ganz normal ist zu Beginn einer solch komplizierten Sache, die Leuten in die Hände gelegt wurde, die weder Kenntnis noch Erfahrung mit der authentischen russischen Tradition der Liturgie hatten, war man dann entschlossen, die vollkommene Treue zu diesem Ritus zu bewahren.[6] Die 'graue Eminenz' in dieser ganzen Angelegenheit der Liturgie, der unbeugsame *Kyril Korolevskij,* gibt den Kredit für diese Entscheidung an *P. Michael d'Herbigny S.J.,* welcher

---

[5] *Instructio de modo utendi facultate conformandi se ritui orientali* vom 9. März 1931, Russicum-Archiv: K. Simon S.J., *Russicum. Pioneers and Witnesses of the Struggle for Christian Unity in Eastern Europe, 2: The First Years 1929-1939* (Rom 2002) 63. Diese Tradition wird zuweilen »Moskauer« oder »Vulgata« oder auch »Sinodale« genannt (siehe Simon, *Russicum* 2, 145f.), wohl weil die »Typica«-Editionen der russischen liturgischen Bücher während der Zeit des Heiligen Synod nach der Unterdrückung des Moskauer Patriarchats unter Peter dem Großen von 1721-1917 hergestellt und publiziert wurden; diese liturgische Tradition wurde 1901 in einer wunderschönen Ausgabe des *Typikon siest'oustav* gleichsam kanonisiert (Neudruck Graz 1964).

[6] Über die Treue zur russischen liturgischen Tradition siehe Simon, *Russicum* 2:109-13, 121-24, 145f.,211, 250-63; über Javorka, id., *Russicum. Pioneers and Witnesses of the Struggle for Christian Unity in Eastern Europe, 1: Leonid Feodorov, Vendelín Javorka, Theodore Romža. Three Historical Sketches* (Rom 2001) 43-135.

mehr als eine graue Eminenz war.⁷ Die russische Tradition war zu unterscheiden von jenem ruthenischen Ritus der Liturgie, welcher bei den katholischen Kirchen slawischer Tradition im Gebrauch war, die aus den Unionen von Brest (1569) und von Uzhgorod (1646) hervorgegangen waren.⁸
Daß diese Entscheidung zugunsten des reinen russischen Ritus klug und weise war und all denen zugute kam, welche unter Russen arbeiten mußten, wurde noch durch die Erfahrungen der kleinen katholischen Gemeinde des byzantinisch-slawischen Ritus im russischen Reich bestätigt. Diese Gemeinde erwuchs keinem Proselytismus einfacher Katholiken, denen eine subtile Kenntnis der kirchlichen Unterschiede fehlten, sondern entstand aus einer spontanen Bewegung von Intellektuellen und orthodoxen Priestern aus den großen Städten des russischen Reichs.⁹ Ihnen einen anderen Ritus aufzuerlegen, wäre unvorstellbar gewesen, wie sich einige Jahre später bei der Bauernbevölkerung jenes Gebietes bestätigte, das moderne Gelehrte als »*Die Neue Union*« bezeichnen, also die Gegend von Wolhynien, Podlachien, Podolia und Polisia; es handelt sich um jene Gebiete, welche Galizien (Halychyna) umgeben und nun auf die Ukraine und Weißrußland aufgeteilt sind, damals aber innerhalb der Grenzen Polens lagen, das nach dem Ersten Weltkrieg seine Unabhängigkeit wiedererlangte. Hunderttausende von einstmals Griechisch-Katholischen, die 1830 gewaltsam in die Russisch-Orthodoxe Kirche integriert worden waren, befanden sich innerhalb der Grenzen dieses katholischen Landes und wollten zur katholischen Kirche zurück.¹⁰ Es entstand die *Neue Union,* die dazu führte, daß westlich-la-

---

[7] Ibid. 111. Über Korolevskij siehe Eugène Kardinal Tisserant, *Father Cyrill Korolevsky: A Biographical Note*, in: C. Korolevsky, *Metropolitan Andrew (1865-1944)*, revidiert und übersetzt von Serge Keleher (Lemberg 1993) 17-36; Croce, *La Badia Greca di Grottaferrata* II, 32-54, 283-296 und weiteres auf S. 33-35 in der Anm. 71; sowie eine neuere Veröffentlichung: C. Korolevskij, *Kniga bytija moevo (Le livre de ma vie. Mémoires autobiographiques,* Texte établi, édité et annoté par Giuseppe M. Croce (Collectanea Archivi Vaticani 45, Vaticano 2007).

[8] Siehe: Heilige Kongregation für die Ostkirche, Prot. N. 1219/28: *La Liturgia ed il rito praticato dai ruteni.* Voto del P. Cirillo Korolevskij (Vaticano 1937).

[9] S.J. Bachtalovsky, CSSR, *Nicholas Charnetsky, CSSR, Bishop-Confessor.* Übersetzt von G.J. Perejda CSSR (Publications of the Congregation of the Most Holy Redeemer, Yorkton, Saskatechewan, o.J.). Weitere Angaben bei P. Mailleux S.J., *Exarch Leonid Feodorov, Bridgebuilder between Rome and Moscow* (New York 1964).

[10] Zur orthodoxen Sicht dieser Punkte siehe K.N. Nikolaev, Jurisconsultor des Heiligen Synod der Orthodoxen Kirche von Polen und glühender Gegner des östlichen Katholizismus, *Vosto-*

teinische Orden und Kongregationen verwickelt wurden in die *Missio Orientalis*, wie die Jesuiten ihre Teilnahme an diesem Abenteuer bezeichneten.[11] Ich glaube, daß es von großer Wichtigkeit ist, auf dieses Schlüsselereignis hinzuweisen; denn diese griechischen Katholiken, die nach mehr als einem halben Jahrhundert gewaltsamer Trennung wieder zur Einheit mit Rom zurückgekehrt waren, wollten nichts zu tun haben mit jenen Gebräuchen, die sie verächtlich den *'liturgischen Uniatismus'* der Griechisch-Katholischen in Galizien und in den Subkarpaten nannten. Daher hielt es der Heilige Stuhl für angebracht, für sie unter der Leitung des Redemptoristen und inzwischen auch seliggesprochenen Neomärtyrers *Nicholas Charnetsky CSSR* eine neue kirchliche Situation zu schaffen.[12]

Um dieses Apostolat bei den Griechisch-Katholischen bat Papst Pius XI. den damaligen General der Jesuiten, den Polen Wolodimir Ledochówsky; er sollte nämlich umgehend einige Jesuitenpriester ausbilden lassen und sie in die östlichen Gebiete Polens entsenden. Ledochówsky, ein Mann vortrefflichen Gehorsams, reagierte sofort, indem er am 25. Dezember 1925 die »*Missio Orientalis Societatis Iesu*« ins Leben rief. Meines Wissens ist aber nichts darüber bekannt, ob P. Ledochówsky jemals irgendeine Ausbildung veranlaßte oder entsprechende Vorschriften erlassen hat, wie bei diesem Werk vorzugehen sei. Als gehorsamer Jesuit folgte er jedenfalls den Anweisungen des Heiligen Vaters, auch wenn

---

*chyj obrjad* (Paris 1950). Die eigentliche Studie ist nunmehr von Eugeniusz Senko S.J., *Aministracjione Apostolska Łemkowszczyzny (1934-1947). Nieznane Losy Łemków w Polsce* (Nowy Sącz 2007). Siehe auch Bachtalovsky, *Nicholas Charnetsky CSSR;* Mirosława Papierzyńska-Tureg, *Między radysją a rzeczywistościq Państwo wobec prawosławia 1918-1939* (Warschau 1989) Kap. VII: »Akcja neounijna...«; E. Przekop, *Die Neo-Union in Polen in den Jahren 1923-1939*, in: Ostkirchliche Studien 32 (1938) 3-20; Ch. Bourgeois S.J., *Chez les paysans de la Podlachie et du nord-est de la Pologne, mai 1924-décembre 1925*, in: Études 191/1 (5 avril 1927) 566-592; Ph. De Régis S.J., *Chez les Jésuites du rite Gréco-slave. La 'Novelle Union' et ses methodes. Doctrines et faits. Conference donnée à Varsovie (10 avril 1932)*, in: Lettres de Fourvière (1932) 239-257; Korolevsky, *Metropolitan Andrew* 390ff.; C. Simon S.J., *Jésuites et Biélorusses. À la lisière de la civilisation ou au carrefour des cultures?*, in: Plamia 99 (Septembre 1998) 5-30, bes. 19ff. und die exzellente Bibliographie, 26-30.

[11] Bachtalowsky, *Nicolas Charnetsky* 71ff., 84ff.; ebenso Przekop, *Die Neo-Union in Polen,* 4-5, 8-9; Korolevsky, *Metropolitan Andrew* 394-403; und besonders Simon, *Jésuites et Biélorusses*, bes. 19ff.; id., *Les Jésuites et la Russia*, in: Plamia 81 (Juin 1991) 5-30, bes. 15ff. und die Bibliographie 21-23.

[12] Siehe hierzu Anm. 10-11 oben.

es vorstellbar ist, daß er Zweifel an der Richtigkeit eines solchen Unternehmens gehabt haben konnte, das bei der polnischen Regierung[13] sofort auf heftige Ablehnung und auf eine noch gewaltigere Opposition bei einem Teil des polnischen Klerus gestoßen war.[14]
Zum 25. Jahrestag der Gründung der *»Missio Orientalis Societatis Iesu«* schrieb jedoch der Nachfolger von P. Ledochówsky, *P. General Johannes Baptista Janssens S.J.*, gebürtig aus dem belgischen Flandern, eine Anordnung *»Pro ramo orientale Societatis Iesu«*[15], und zwar mit der Order, sie bei Tisch in allen Häusern der Gesellschaft vorzulesen. Die Jesuiten des östlichen Ritus erachten dieses historische Dokument gänzlich zu Recht als ihre *»Magna Carta«:* Mit diesem historischen Dekret stopfte P. Janssens in seiner gewohnten nüchternen und geradlinigen Art nicht nur die Löcher, sondern auch das Mundwerk vieler und beantwortete damit unmißverständlich die zahlreichen Sophismen, welche man wie die Armen immer unter sich hat: Sie gingen von jenen Jesuiten aus, die sich kaum um ihr eigenes Leben und ihre eigenen Werke zu kümmern pflegen, wohl aber um die der anderen.
Mit seiner historischen Anordnung löste P. Janssens alle Knoten auf, indem er sich auf die Autorität des Heiligen Stuhles wie auch auf die seinige berief. Wie oft habe ich als junger Seminarist der Jesuiten diesen schönen Text gelesen und meditiert! Wie oft kommt mir ein Lächeln, wenn ich an diesen heiligen P. General in seiner Einfachheit und Schlichtheit dachte. Als erstem Jesuiten, der nach der Revolution des 14. Juli 1958 von der Mission der Jesuiten im Irak zurückkam, war mir im Mai 1959 die Gelegenheit zu einer Privataudienz vergönnt. Die Anordnung *»Pro ramo orientale Societatis Iesu«* von P. Janssens machte alle üblichen Einwände dagegen zunichte, daß Lateiner die Möglichkeit erhielten, den östlichen Ritus zu übernehmen, und zwar zur Ehre Gottes und zum Heil der Seelen, nicht bloß zum privaten spirituellen Vergnügen, wie das heutzutage nur zu oft geschieht. *»Latius patet Cor Christi quam ut angustis limitibus nostrae mentis nostrique cordis terminetur«*, schrieb P. Janssens: *»Das Herz Christi ist*

---

[13] Przekop, *Die Neo-Union in Polen*, 7, 10, 15.

[14] Ibid., 6, 10-11. Vielleicht war von daher P. General Ledochówsky keineswegs begeistert darüber, die Leitung des Russicums zu übernehmen, wie er den Papst wissen ließ: »…die Gesellschaft hätte nichts dagegen, wenn das Russicum *anderen* übergeben würde; im Gegenteil: Sie würde sich darüber freuen!«. Archiv der Ostkongregation, Rom, zit. Simon, *Russicum* 2:69, Anm. 136.

[15] *Acta Romana Societatis Iesu* 11 (1946-1950) 887-901.

*viel weiter geöffnet als die engen Grenzen unseres Geistes und unseres Herzens!«* Und weiter: *»Sit inter nos qui dubitaverit de opportunitate rami Orientalis in Societate: voluntas atque plenissima approbatio S. Sedi rem diremit!« »Falls unter uns einer sein sollte, der an der Möglichkeit eines östlichen Zweiges in der Gesellschaft einen Zweifel haben sollte, dem hat der Wille und die volle Zustimmung des Heiligen Stuhles bereits seinen Zweifel aufgelöst!«*[16] Die Essenz der Botschaft von P. General Janssens war diese: Die kirchliche Tradition einer Teilkirche, also eines »Ritus«, ist eine kirchliche Wirklichkeit weit über alle eigenen Traditionen und besonderen Regeln eines Ordens hinaus, und deshalb ist sie ungleich wichtiger; wenn also etwas in den Traditionen des Ordens nicht in Einklang zu bringen ist mit dem Ritus, so muß der Orden und nicht der Ritus nachgeben.

Ich habe mich nun bei dieser Geschichte und all dem Grundsätzlichen etwas länger aufgehalten, weil es das Fundament für das Verhalten jener Jesuiten bildet, welche die Leitung des Russicums in der Hand hatten. Jeglicher Sophisterei der engstirnigen Mitbrüder hielt P. Janssens ein unumstößliches autoritäres »Ja!« entgegen: Können sich die Jesuiten des slawisch-byzantinischen Ritus den Bart wachsen lassen? »Ja!« Können sie die Rjasa, also den östlichen Talar tragen? »Ja!« Auch das Brustkreuz? »Ja!« Können sie sich »Mönche« nennen, insofern es in der Tradition kein anderes Wort gibt für das, was sie sind? »Ja!« Können sich unsere Oberen als »Igumen« oder »Proto-Igumen« bezeichnen? »Ja!« Können sie das liturgische Leben pflegen, wie das bei den Orientalen der Fall ist? »Ja, ja, ja, ja, ja...« Genauso reagiert ein Oberer, der eine große Weitsicht und einen weit offenen Geist sein eigen nennt!

Auf den Grundlagen, welche Pioniere wie der österreichische Tiroler P. Josef Schweigl S.J. gelegt hatten, wurde das Gebäude mit der Hilfe seiner Mitbrüder und ihrer Nachfolger errichtet, vor allem unter den Rektoren, die eine größere Spur im Leben des Kollegs hinterließen, nämlich die Patres De Régis, Wetter und Mailleux. Von P. Schweigl wird berichtet, er habe eine mehr lateinische als östliche Mentalität gehabt[17], was aber nicht sonderlich von Bedeutung ist. Wie andere Liturgen jener Zeit, zu der in den Seminaren die Liturgie dem kanonischen Recht zugeordnet wurde, war auch Schweigl mehr Rubrizist als Liturge; aber ihm ist die damalige Basisarbeit zu verdanken, die bis heute nachwirkt.

---

[16] Ibid. 887f.
[17] Simon, *Russicum* 2:82-84, 145.

Unter seinen Mitarbeitern erinnere ich mich noch an *P. Gustav Andreas Wetter S.J.* - *'Otez Andrej'*, wie wir ihn nannten -, einen Österreicher aus Wien, der ebenfalls mehr Rubrizist als Liturge war. Auch er hatte keinen sehr östlich ausgerichteten Geist; aber auch das machte nichts aus. Er sprach perfekt Russisch und kannte das *Typikon*, d. h. die russischen liturgischen Vorschriften, so gut, daß wir Studenten ihn nicht *Gustav* nannten, was ja sein Name war, sondern *Ustáv*, was das slawische Wort für *'Typikon'* ist.

Dann kam *P. Grigorij Kovalenko S.J.* aus Kharkov - heute würde man sagen: Kharkiv. Er trug zwar einen echt ukrainischen Namen, war aber von russischer Sprache und Kultur und fühlte sich auch als Russe. Er war Soldat und vom Charakter her »militärisch«, weshalb wir ihn auf russisch »Polkovnik« = »Oberst« nannten. Er war ein zurückhaltender und wortkarger Mensch und hatte damals als einziger Russe im Russicum bei uns Studenten automatisch eine gewisse Autorität, was Sprache, Kultur und russische Liturgie anbelangte. Ausgestattet mit einer angemessenen Dosis gesunden Menschenverstandes, gelang es diesem 'Polkovnik' auch, jene Puristen zu bremsen, die zuweilen gewisse Gebräuche ausmerzen wollten, die sie »nicht für russisch genug« hielten. Ich erinnere mich z. B., daß einige Seminaristen die Patronin des Kollegs, die Heilige Therese vom Kinde Jesus, deren wunderschönes Troparion fast jeden Tag auf Kirchenslawisch in der Liturgie von uns gesungen wurde, entthronen wollten, aber P. Kovalenko sagte: »Laßt sie in Ruhe!« Erstens, weil das nicht unsere Sache war, hatte doch der Heilige Vater selbst sie als Patronin bestimmt; zweitens, weil auch die Russen selber diese kleine Therese sehr liebten; und drittens ging es dabei auch um Geld - ein Argument, zu dem der Heilige Vater keineswegs unsere Meinung nötig hatte!

Zu jener Zeit war das liturgische Erbe bereits an *P. Antonij Koren S.J.* übergegangen, der uns als Ekklesiarch Unterricht in Liturgie erteilte, und an *P. Ludwig Pichler S.J.*, den letzten der »historischen Leiter« des Russicums, der noch unter uns weilt. Alle beide stammten aus Jugoslawien: Koren war ein Slowene, und Pichler wurde in Bosnien geboren, stammt aber aus einer österreichischen Familie und sein Vater war Eisenbahn-Angestellter des Österreichisch-Ungarischen Kaiserreiches jener Zeit. Diese beiden Jesuiten waren zwar im lateinischen Ritus ordiniert worden, zeigten sich aber in ihrem Geist sehr viel mehr östlich geprägt als einige andere, die im russischen Ritus ordiniert waren.

*Otez Antonij* war ein äußerst gütiger Mensch, der von den Seminaristen sehr geliebt wurde. Er rauchte wie ein Türke bis tief in die Nacht hinein, und wenn wir zuweilen viel zu spät von unseren nächtlichen Abenteuern ins Seminar heimkehrten, warf er uns aus seinem Fenster die Schlüssel herunter. Er hatte seinen Doktor im Orientalischen Institut gemacht, doch er gefiel sich darin, etwas plump zu erscheinen und nahm gern die Manier eines russischen Bauern an, eines echten *Batjuschka-Muzhik* oder bäuerlichen Priesters vom Lande. Aber er kannte den Ritus bis zur Perfektion und zelebrierte die Liturgie sehr schön und wirklich mit voller Hingabe, wie das einem russischen Priester zukam. Jedes Volk hat ja seine eigenen Sünden und Tugenden; so haben die Russen zwar Verständnis für einen Priester, der zuviel trinkt oder es mit den Frauen hat, aber sie können es einem Priester nicht vergeben, wenn er die Liturgie nicht mit großer Sorgfalt, Ehrfurcht und Hingabe zelebriert. In Otez Antonij sahen die Russen einen echten Batjuschka = ein 'Väterchen', und er wurde von allen sehr geschätzt.

Man pflegt zu sagen: *»Iesuita non cantat!«* Darum nennt P. Constantin Simon S.J. in seinem hochinteressanten Buch über die ersten 10 Jahre des Russicums (1929-1939) die Jesuiten *»Societas Iesu: an unlikely choice«* - eine unerwartete Wahl für die Leitung des Russicums.[18] Denn die russische Liturgie wird ja gesungen - und wie! P. Pichler - *Otez Ludovik,* wie wir ihn nannten -, der über ein halbes Jahrhundert lang die Seele und der Animator des liturgischen Gesanges im Russicum war, hat mit seinem in der ganzen Welt berühmt gewordenen liturgischen russischen Chorgesang diesen Mythos ein für allemal begraben: Noch heute kommen die Menschen aus allen Winkeln Europas, um den Feiern der Heiligen Woche und von Ostern in der Kirche des Russicums beizuwohnen. In der Tat stellen in der Katholischen Kirche von heute die Jesuiten die bei weitem größte Gruppe dar, welche die liturgischen Wissenschaften erforschen und pflegen[19], und in der alten Societas vor der Aufhebung (1773-1814) gehörten die

---

[18] Ibid. 65-70. Auch Feodorov war skeptisch, was die Jesuiten betraf, unter anderem aufgrund ihrer fehlenden liturgischen Tradition: Mailleux, *Exarch Leonid Feodorov.* 81-81, 131f.

[19] Darüber hinaus hatte ich die Möglichkeit, in meinen wissenschaftlichen Schriften zu zeigen, daß die Aussage über die antiliturgische Haltung der Jesuiten keineswegs zutrifft. Siehe R.F. Taft, *Liturgy in the Life and Mission of the Society of Jesus*, in: Keith Pecklers, S.J. (Hg.), *Liturgy in a Postmodern World* (London/NY 2003) 36-54, 183-199. Siehe *ibid.*: »…in modern times, Jesuits have comprised the largest single body of professionally trained Catholics engaged in the liturgical enterprise both intellectually and pastorally, some of them among the greatest liturgical scholars of the 20th century«. Und: »In this context it is worth noting something little-known: 21st Jesuit General J.Ph. Roothaan (1829-53) and the Jesuits in Rome at that time were major supporters of the Benedictine monastic and liturgical renewal in France and Italy, and in particular of the Solesmes renewal under Abbot Dom Prosper Guéranger (1805-1875), which many consider the beginning of the modern Liturgical Movement: see C.J. Ligthart, *The Return of the Jesuits. The Life of Jan Philip Roothaan,*

Jesuiten zu den ersten, welche die liturgischen Traditionen des christlichen Ostens studierten und in der westlichen Welt bekanntmachten.[20] Diese Tradition wurde von den Jesuiten aus den Kommunitäten im Russicum und im nahegelegenen Päpstlichen Orientalischen Institut auch weiterhin fortgeführt. Einige Mitglieder dort waren, gemeinsam mit dem berühmten Kyrill Korolevskij, die entscheidenden Mitarbeiter in Rom bei der Herausgabe liturgischer Bücher auf Kirchenslawisch, die später während der sowjetischen Verfolgungszeit zu den so überaus geschätzten Büchern im russisch-orthodoxen Klerus wurden. Und sie machten dies alles mit einer ökumenischen Gesinnung, die in ihrer Offenheit für die damalige Zeit äußerst erstaunlich war. Man denke nur an den bahnbrechenden Entschluß, in die allgemeine Ausgabe der kirchenslawischen Bücher alle jene orthodoxen Heiligen mit aufzunehmen, die vor dem expliziten Bruch mit Rom unmittelbar nach dem mißglückten Unionsversuch von Florenz (1439) gelebt hatten.[21] Jene, die in der ökumenischen Szene heutzutage

---

trans. J.J. Slijkerman (London 1978) 232-38.«

[20] Siehe R.F. Taft, *Liturgia oriental*, in: *Diccionario histórico de la Compañía de Jesús. Biografico-tematico*, hrsg. von C.E. O'Neill, J.M. Domínguez (Rom/Madrid 2001) 3:2880-2882.

[21] J. Schweigl, S.J., *De Menologio graeco-slavo post annum 1054*, in: Periodica de re morali, canonica, liturgica 40 (1941) 221-228; id., *Revisio librorum liturgicorum byzantino-slavicorum*, ibid. 26 (1937) 361-186. Zu dem außerordentlichen Vorhaben der Katholischen Kirche, eine gute Edition liturgischer Bücher der Ostkirche in enger Anlehnung an die authentische orthodoxe Tradition herauszugeben, siehe auch L.D. Huculak, O.S.B.M., *The Divine Liturgy of St. John Chrysostom in the Kievan Metropolitan Province during the Period of Union with Rome (1596-1839)* (Analecta Ordinis Sancti Basilii Magni, Series II, Section 1, vol. 47, Roma 1990). Über das berühmte AD 1754 *Euchologion von Papst Benedikt XIV.*, siehe BEN im alphabetischen Verzeichnis; C. Korolevskij, *The Liturgical Editions of the Sacred Congregation for the Eastern Church*, in: Eastern Churches Quarterly 6 (1945-46) 87-95, 388-399; id., *L'édition des Ménées grecques (1888-1901)*, in: Bollettino della Badia Greca di Grottaferrata 3 (1949) 30-40, 153-162, 225-247; 4 (1950) 15-16; J. Kulič, S.J., *Ricerca sulle commemorazioni giornaliere bizantine nei Menei* (Roma 1992); A. Raes, S.J., *La première édition romaine de la Liturgie de S. Jean Chrysostome en staroslave*, in: Orientalia Christiana Periodica 7 (1941) 518-526; id., *L'attività liturgica svolta dalla S. Congregazione Orientale*, in: *La Sacra Congregazione per le Chiese Orientali nel cinquantesimo della fondazione* (Roma 1969) 161-169; *Libri liturgici pubblicati dalla S.C. Orientale*, ibid. 171-176; O. Raquez, O.S.B., *La Congrégation pour la correction des livres de l'Église orientale (1791-1862)*, in: J. Metzler (Hg.), *Sacrae Congregationis de Propaganda Fide Memoria Rerum 1622-1972* (Roma/Freiburg/Vienna 1973) vol. II: *(1700-1815)*, 514-534; Sacra Congregazione per le Chiese Orientali, *Oriente cattolico. Cenni storici e statistiche* (Vaticano 1962) 63-75: »La commissione liturgica«.

mehr oder weniger erst zuletzt auftreten, erlauben es sich zuweilen, die östlichen Katholiken und selbst die Kongregation für die Ostkirchen zu beschuldigen, daß sie nicht ökumenisch seien. Dies ist aber ein weiterer offensichtlicher Irrtum, der nur von solchen Leuten kommen kann, die gewohnt sind, Klischees zu verbreiten, anstatt selber die entsprechenden Dokumente zu studieren, was ja bekanntlich Mühe kostet.

Der sprechendste Beweis der Liebe des Russicums für den Göttlichen Kult gemäß der authentischen russisch-orthodoxen Tradition findet sich jedoch nicht in Rom, sondern anderswo, nämlich überall dort, wo die Ex-Schüler des Kollegiums gearbeitet haben. Meine Einführung in die russische Liturgie geschah nicht hier am Russicum, sondern an drei Orten in den USA: In der russischen Jesuitengemeinde in *Soloviev Hall, dem Russischen Zentrum* der Fordham-Universität in New York, in der russischen St. Michaels-Kirche, die gegründet und aufgebaut wurde vom Erzpriester Andrej Rogosh (1909-1969), einem Ex-Schüler des Russicums, und in der Kirche *Unserer Lieben Frau von Kazan*, nämlich der *Gottesmutter Kazanskaja* in Boston, gegründet und verwaltet von P. John Mowatt, der ebenfalls ein Ex-Schüler des Russicums war. Die vollkommene Einhaltung des russischen Ritus, die diese Studenten im Kolleg gelernt haben, legte ein klares Zeugnis von ihrer Erziehung im Russicum. An diesen Stätten in Amerika habe auch ich meine erste praktische Ausbildung in russischer Liturgie empfangen. Ich zelebrierte in diesen kleinen russischen Kirchen meine ersten Liturgien im byzantinisch-slawischen Ritus als Diakon und dann als Priester nach meiner Ordination durch den ruthenischen Exarchen Nicholas Elko von Pittsburgh.

## II. P. Paul Mailleux S.J. und die Wiedergeburt des Russicums

In diesem Zusammenhang muß ich eigens auch des verstorbenen P. Paul Mailleux S.J. (13.8.1905-30.5.1983) und des 25. Jahrestages seines Heimgangs gedenken. *Otez Pavel*, wie wir ihn nannten, war zweifellos unter jenen Jesuiten, die sich für den orthodoxen Osten interessierten, eine große Gestalt in der Geschichte des Russicums und an den Ursprüngen des Ökumenismus. Weil nun Otez Pavel ein Vierteljahrhundert lang ein Meister und Vorbild für mich gewesen ist, werden meine Worte zu einem persönlichen Ausdruck dessen, der ihn schon viele Jahre, bevor er im Russicum Rektor wurde, ganz persönlich und aus der Nähe gekannt hat.

Mir sei eine ganz persönliche Erinnerung erlaubt: Die Geschichte meiner Berufung zum Einsatz für den Osten, die mich Paul Mallieux kennenlernen ließ, begann im Jahr 1949, als ich ins Noviziat der Gesellschaft Jesu eintrat, wo ich zum erstenmal etwas von der Missio Orientalis der Gesellschaft hörte. In meinem Noviziatsjahrgang traf ich dann einen Novizen, der aus dem legendären Mesopotamien stammte, also unserer ersten Berufungsstätte, nämlich der Mission in Baghdad, am Ufer des Tigris. Er war ein Katholik des Syrisch-Antiochenischen Ritus. Noch nie hatte ich gehört, daß es so etwas überhaupt gibt. Wie konnte ich jemals Priester meiner Kirche werden, wenn ich so wenig darüber wußte? (Nur nach und nach habe ich gelernt, daß eine solche Unkenntnis keinerlei Hinderungsgrund ist).

Ich las ein Buch mit Essays unter dem Titel »Die östlichen Zweige der Katholischen Kirche« und daraufhin »Die katholische Ostkirche« von Donald Attwater. Der christliche Osten wurde von 1949 an meine große Liebe, die fortan mein Leben erfüllen sollte. Inzwischen hatte ich auch Rußland entdeckt, eine Entdeckung, die meine ersten intellektuellen und ökumenischen Interessen für eine ganz spezielle Kultur des christlichen Ostens bündelte.

Wie bereits erwähnt, wurde nach dem Ersten Weltkrieg 1924 mit dem Vertrag von Riga die östliche Grenze des polnischen Staates neu festgelegt, und es gab Tausende Griechisch-Katholische Christen in Polen, die Priester benötigten. Papst Pius XI. bat die Jesuiten um Hilfe, und so wurde die Missio Orientalis der Gesellschaft Jesu gegründet. Einige dieser Jesuiten hatten in Shanghai ein Internat für Kinder russischer Flüchtlinge gegründet. Gezwungen, mit den Russen zu fliehen, als die kommunistischen Truppen Maos vor den Toren der Stadt standen, flohen 1949 einige von ihnen in die Fordham-Universität, um dort das Russische Zentrum mit Namen »Soloviev Hall« zu gründen; zu dieser Zeit des kalten Krieges wurden an den amerikanischen Universitäten russische Studien gerade populär. Es ist zugleich die Zeit, da ich zum ersten Mal von einem Apostolat der Gesellschaft hörte, das für meine Interessen wie eigens geschaffen zu sein schien. Ich nahm unverzüglich Kontakt mit den Jesuiten des russischen Ritus an der Fordham Universität auf und fing an, meine skeptischen Oberen zu bewegen, daß sie mich in diese Mission destinierten.

1956 wurde dann mein Interesse von neuem geweckt, als ich ausgesandt wurde, am Kolleg von Baghdad in der Mission der Jesuiten im Irak zu unterrichten. Diese Schule im Baghdad-College begann im September und endete dann urplötzlich, als die Tumulte der Suez-Krise zur Schließung der Schule führten. Ich nutzte die dadurch mir nun zur Verfügung stehende freie Zeit, um damit anzufangen, mich über die »exotischen« Liturgien zu informieren, die Adrian Fortescue die

»kleineren östlichen Kirchen« nennt.[22] Feiertag oder Beerdigung, Hochzeit oder Taufe - all das zog mich an! Mit einem Notizblock in der Hand ging ich durch versteckte und schmutzige Winkel des christlichen Quartiers in der Altstadt zu einer der zahlreichen Kathedralen ein, die sich in diesem kleinen, überbevölkerten Ghetto befanden. Dort beobachtete ich alles genau und suchte mit der Übersetzung in meiner Hand den Text zu jenen Tönen zu finden, welche die Gruppe der Diakone auf der Béma sang; ich notierte sorgsam jede noch so bizarre Kleinigkeit, die mein Interesse weckte, und alles, was von meiner mehr oder weniger sicheren englischen Version abwich. Ich fühlte mich fast wie jener Professor von Evelyn Waugh 1930 bei der Krönung des Kaisers Haile Selassie in Addis Abeba, über die sie in ihrem vergnüglichen Buch »Remote People« schreibt:

*»Die Zeremonie dauerte äußerst lange, selbst über die vorgesehene Zeit hinaus, und es gelang den kirchlichen Würdenträgern, sie noch mindestens eineinhalb Stunden weiter in die Länge zu ziehen. Die sechs Tage nach der Feier waren eher militärisch ausgerichtet; aber der Tag der Krönung selbst lag ganz in den Händen der Kirche, und sie suchte das Bestmögliche daraus zu machen. Psalmen, Gesänge und Gebete folgten aufeinander, und es wurden lange Abschnitte aus der Heiligen Schrift gelesen - alle in einer nicht mehr geläufigen Kirchensprache, dem »Ge'ez«. Kerzen wurden entzündet, eine nach der anderen; die Vereidigung zur Krönung wurde vorgetragen und laut verkündet. Die Diplomaten benahmen sich auf ihren goldenen Sesseln eher steif, und lärmender Streit ereignete sich gelegentlich am Eingang zwischen der Königlichen Garde und den Vasallen derer, die vor Ort das Sagen hatten. Professor W., ein Experte von Weltruf im koptischen Ritus, betonte gelegentlich: 'Jetzt fängt die Messe an!' - 'Dies war die Gabenbereitung!' - 'Nein, ich habe mich geirrt, es war die Konsekration!' - 'Nein, falsch - ich dachte, es war das still vorgetragene Evangelium!' 'Nein, ich glaube, es muß die Lesung sein!' 'Seltsam, ich glaubte, es sei schon die Messe gewesen, aber die Messe beginnt erst jetzt!'…und so weiter! Dann begannen die Bischöfe, in den Hutschachteln herumzukramen, und die Investitur nahm ihren Anfang. In langen Intervallen wurde der Kaiser mit der Toga, dem Globus, den Sporen, mit der*

---

[22] A. Fortescue, *The lesser Eastern Churches* (London 1913). Dieser Titel bezieht sich auf die Orthodox-Orientalischen Kirchen, also die *armenische, koptische, äthiopische, syro-antiochenische* sowie auf die *assyrische* Kirche des Ostens.

*Lanze und zum Schluß mit der Krone präsentiert. Eine mächtige Kanonensalve war zu hören, und die Menge draußen, verteilt auf das wüstenartige Gelände ringsum, fing an zu applaudieren. Die kaiserlichen Pferde bäumten sich auf, warfen sich aufeinander, zertrümmerten mit ihren Hufen die Vergoldung an der Vorderseite der Karosse und zerrissen ihre Zügel. Der Kutscher sprang von seinem Sitz und versuchte, sie aus einem sicheren Abstand auszupeitschen... Nun war im ganzen Pavillon eine gewisse allgemeine Aufbruchsstimmung zu verspüren; alles war sehr schön und sehr feierlich gewesen - aber jetzt wäre eigentlich die Zeit für eine Zigarette, einen Trunk oder die Möglichkeit, sich eine weniger formelle Kleidung anzuziehen. Aber nichts dergleichen. Jetzt kam als nächstes die Krönung der Kaiserin und des Erben in direkter Linie. Nochmals also ertönte eine mächtige Kanonensalve, bei der sich ein abessinischer Kutscher zwei Rippen brach, als er nämlich einem Paar kaiserlicher Pferde das Zaumzeug abnehmen wollte. Daraufhin suchten wir wiederum nach unseren Hüten und Handschuhen, um nun zu gehen; aber der koptische Chor war noch am Singen; die Bischöfe fuhren fort, unter Gebeten, Lesungen und besonderen Gesängen die königlichen Insignien zurückzunehmen. 'Ich habe hier einige eigenartige Variationen im Meßkanon bemerkt!', betonte der Herr Professor, 'vor allem beim Friedenskuß!' Und in diesem Augenblick begann die Messe!'* »[23]

Ich habe in Baghdad wie jener verwirrte Professor[24] drei Jahre verbracht, ohne jedoch darin nachzulassen, meinen Oberen unentwegt in den Ohren zu liegen mit der Bitte, das Apostolat in Rußland aufnehmen zu dürfen. Nach einem Jahr, das ganz zerrissen war von Unordnung und Bürgerkrieg, dem dann die irakische Revolution vom 14. Juli 1958 folgte, kehrte ich im Mai 1959 aus dem Mittleren Osten zurück und erhielt die Erlaubnis, mein Theologiestudium und folglich auch meine Priesterweihe um ein Jahr hinauszuschieben, um eine Lizenz in Studien der russischen Sprache und Kultur an der Fordham University in New York zu erwerben. Dort bin ich zum erstenmal P. Paul Mailleux S.J. persönlich

---

[23] Evelyn Waugh, *Remote People* (London 1931) 56-58, entnommen aus R.F. Taft, *Oltre l'oriente e l'occidente. Per una traditione liturgica viva*, übersetzt von Sara Stafuzza (Publikation des Zentrums Aletti 21, Rom [1999], Kap. 15).

[24] Erst später habe ich erfahren, daß dies Thomas Whittemore gewesen war (1871-1950), jener amerikanische Byzantinist, der durch seine Studien *The Mosaics of St. Sophia at Istanbul*, 4 Bde. (Paris 1933-1952) bekannt wurde.

begegnet, mit dem ich allerdings schon eine Korrespondenz über meine russischen Interessen geführt hatte. Und ausgerechnet von ihm erhielt ich eine praktische Einführung in die russische religiöse Kultur und ihre Liturgie, die dann zur »Passion« meines Lebens werden sollte. Wie wenn alles erst gestern gewesen wäre, so lebendig sind die Erinnerungen an die eucharistischen Liturgien, die Festvigilien, die Vespern und die vielen anderen Gottesdienste; wir feierten sie in der kleinen russischen Pokrov-Kapelle, die dem Schutz der Gottesgebärerin, dem Patrozinium von Soloviev Hall, unterstellt war, und zwar in einer kleinen Baracke aus der Zeit des II. Weltkrieges, die für die kleine Kommunität der »russischen Väter« hergerichtet worden war. In dieser recht armen, aber sehr brüderlichen und gastfreundlichen Gemeinschaft verlief alles auf Russisch: Man betete in Kirchenslawisch, redete russisch, und man feierte die liturgischen Feste mit Zakuski, d. h. mit russischen Antipasti, die dann natürlich auch von ausgiebigen Trinksprüchen mit eisgekühltem Wodka begleitet waren.

P. Mailleux bat den Engländer P. John H. Ryder S.J., welcher als erster Jesuit im byzantinischen Ritus geweiht worden war, mich in die Geheimnisse der liturgischen Sprache, ins Kirchenslawische einzuführen, während mein Studium der russischen Sprache und Literatur im Institut für Russische Studien an der Universität begann. Die wichtigste Sprache jedoch, die ich in jener Zeit intensiven Studiums erlernt habe, war die Sprache des Ökumenismus, und mein Lehrer war kein Professor der Universität, sondern das lebendige Beispiel unseres Otez Pavel. Von ihm lernte ich, daß Ökumenismus nicht bloß eine Bewegung ist, sondern eine neue Art, Christ zu sein, und ebenso eine neue Art, ein Lernender zu sein. Diese ökumenische Einstellung bedeutet sehr viel mehr als ein objektives Wissen und geht weit darüber hinaus, bloß ehrlich und gerecht zu sein. Vielmehr bemüht man sich, unparteiisch vorzugehen und nicht bloß einer Sache zu dienen, sondern der Wahrheit, wo auch immer sich diese findet. Man müht sich, die Dinge aus dem Blickwinkel des anderen zu betrachten und die Kritik des anderen an der eigenen Kirche, an ihren geschichtlichen Fehlern und an ihren Schwächen ernst zu nehmen. Wie in den Exerzitien des heiligen Ignatius[25] geht es bei einer echt ökumenischen Einstellung darum, die bestmögliche Interpretation dessen zu geben, was die anderen tun und sagen; man beleuchtet unparteiisch und kritisch die Schwächen der eigenen Kirche wie auch die der anderen. Kurz

---

[25] »…daß jeder gute Christ bereitwilliger sein muß, die Aussage des Nächsten zu retten, als sie zu verurteilen; und wenn er sie nicht retten kann, erkundige er sich, wie jener sie versteht, und versteht jener sie schlecht, so verbessere er ihn mit Liebe...« *(Geistliche Exerzitien,* Nr. 22).

gesagt, man ist der unerbittliche Feind jeder Form von Frommtuerei, Unduldsamkeit, Unaufrichtigkeit, ungesunder Einseitigkeit und unangebrachten Vergleichen, ohne daß man das von der eigenen Kirche nicht verwirklichte Ideal der noch weniger idealen Realtität einer anderen Kirche gegenüberstellt.

Den Ökumenismus habe ich nach Schulmanier studiert, indem ich die Experten und Fachzeitschriften las; aber meine Hauptlektion in Ökumenismus war das mir vorgelebte Beispiel von P. Mailleux: Seine liebevolle Einstellung zum russischen Volk, seiner jahrhundertealten religiösen und weltlichen Kultur und seiner verfolgten Kirche, wie aber auch sein Geist des Betens und selbstlosen Dienens, weit entfernt von jedem Konfessionalismus und Proselytismus, in allem ganz darauf bedacht, daß diese Kirche voller Marter und ihre unterdrückte und zerstörte Kultur überlebt - all das hat mein Leben und meine Einstellung für immer geprägt.

In zwei Semestern und zwei Sommern gelang es mir, das zweijährige Programm zu absolvieren, ich schloß meine russischen Studien an der Fordham University ab mit einem Master of Arts und begann 1960 meine theologischen Studien am Weston College. 1962 durfte ich aus der irakischen Mission in das russische Apostolat überwechseln, erhielt von Rom die Zustimmung zum Rituswechsel und wurde noch im selben Jahr im byzantinisch-slawischen Ritus zum Diakon und 1963 zum Priester geweiht. Nun brauchte ich nur noch die Besonderheiten meines »Handwerks« zu erlernen, und das tat ich jeden Sommer im Russischen Zentrum von Fordham, solange ich in Weston Theologie studierte, und dann im Russicum, wo ich erneut P. Mailleux begegnete, der am Ende meiner römischen Studienjahre zum Rektor des Russicums ernannt wurde.

In einem gewissen Sinn mochte die Wahl von Mailleux zum Rektor des Russicums verwunderlich erscheinen. Menschlich gesehen, war Otez Pavel ein sehr gütiger Mann mit einem großen Herzen, immer liebenswürdig, lächelnd, ständig guter Laune. Seine kleineren Fehler ergaben sich aus dem Leben, das ihm die anderen aufgenötigt hatten: Nachdem er sein ganzes Leben als Direktor der Jesuiten-Schule für russische Schüler in Belgien und dann in Meudon bei Paris verbracht hatte, neigte Otez Pavel nun verständlicherweise eher dazu, auch uns alle als kleine Kinder zu behandeln. Darüber hinaus unterlag er, wie das meist bei denjenigen der Fall ist, die ihr ganzes Ordensleben Superior gewesen sind, nicht selten der Versuchung, den Willen Gottes mit dem seinigen zu verwechseln.

Andererseits war P. Mailleux der ideale Mann für diesen Posten. Wie Gorbachevs Glasnost' und Perestroika auf die Brezhnev-Ära mit ihrem *Zastoj*, also der Flaute und der Stagnation, am Ende der Sowjetunion folgten, so würde ich keine Sekunde zögern, das Rektorat von Otez Pavel im Russicum als eine wahre und wirkliche Renaissance zu bezeichnen, doch nicht so sehr nach Jahrzehnten der »zastojnoe vremja«, also einer »Zeit der Stagnation« wie unter Brezhnev, wohl aber nach Jahrzehnten des »business as usual« ohne irgendwelche Erneuerungen, Initiativen oder Änderungen. Das Rektorat von Mailleux in den Jahren 1969-1977, also am Ende meiner Studien im Russicum (1965-1970), brachte im Leben des Kollegs einen ganz neuen Aufbruch in der Liturgie und im Ökumenismus, also genau in den beiden Themenbereichen, um die es uns hier geht.

Erst in den Jahren des Rektorats von Mailleux geschah es auch, daß im liturgischen Leben des Russicums jeden Abend die Vesper zelebriert wurde. Darüber hinaus ist eigens seine stete aktive und andächtige Gegenwart im liturgischen Leben des Kollegs und in der Kirche Sant'Antonio Abate hervorzuheben, was für seine Vorgänger und Nachfolger im Amt des Rektors im Russicum ganz sicherlich nicht charakteristisch war. P. Mailleux liebte es sogar, den Chor zu leiten, besonders wenn der eigentliche Chorleiter P. Pichler S.J. abwesend war.

### III. Ökumenismus

Sehr viel bedeutsamer war jedoch die ökumenische Öffnung des Russicums, welche P. Mailleux zu verdanken ist; er bewirkte sie in enger Zusammenarbeit mit seinem Vize-Rektor und Minister P. Miguel Arranz S.J. In den Jahren unmittelbar nach dem II. Vatikanischen Konzil, also während des Rektorats von Mailleux, begann die Russisch-Orthodoxe Kirche des Moskauer Patriarchats damit, auf Einladung des Heiligen Stuhles jeweils zwei Studenten in das Russicum zu senden, die dann in den kirchlichen Instituten Roms studieren durften. Dies waren die goldenen Jahre ökumenischer Brüderlichkeit zwischen Katholiken und Orthodoxen, bevor es nach dem Sturz der Sowjetunion dann wieder zu einem viel reservierteren Verhalten der Orthodoxie kam, da die wiedergefundene religiöse Freiheit die exklusive religiöse Hegemonie der Orthodoxie in einigen Ländern des Sowjetblockes zu bedrohen schien. Während jener »goldenen Jahre« war von dieser Reserve und Zurückhaltung, die heute wieder zu verspüren ist, nichts zu merken: Die orthodoxen Studenten aus dem orthodoxen Rußland waren unsere Kommilitonen wie alle anderen. Ohne gegen die übliche kanonische Disziplin unserer Kirchen zu verstoßen, die eine Interkommunion verbietet, sangen sie zusammen mit uns im Chor während unserer täglichen Vesperfeier, bei der »vsenoshchnoe bdenie«, also bei der »Nachtwache« vor den Sonn- und Feiertagen sowie bei den Göttlichen Liturgien in der Kirche des Kollegs, während wir an ihren Festtagen und bei ihren Göttlichen Liturgien in der orthodoxen Kappelle im dritten Stock mitsangen.

Auch im gemeinsamen Leben waren wir Freunde im vollsten Sinn des Wortes: Wir gingen miteinander spazieren und tranken auf unseren Zimmern so manches Gläschen an den religiösen Festen oder an den Geburts- und Namenstagen usw. Einige dieser Freunde sind bedeutende Persönlichkeiten in ihrer Kirche geworden, wie z. B. Erzpriester (Mitrat) Vladímir Rozhkov vom »weißen« [= verheirateten] Klerus Moskaus und mein verehrter Freund, der gegenwärtige Erzbischof von Novgorod Lev Cerpizkij, einer der hohen Würdenträger der russisch-orthodoxen Hierarchie unserer Tage.

Nicht weniger bedeutsam waren die offiziellen Besucher, die zu uns kamen, was in den Jahren von Mailleux seinen Anfang nahm, aber immer häufiger wurde: bedeutende Bischöfe, wie z. B. der aktuelle Patriarch von Moskau und ganz Rußland, Seine Heiligkeit Aleksij II., Metropolit Nikodim Rotov von Leningrad, Bischof Kyrill Gundjaev, jetzt Metropolit von Smolensk und Kaliningrad und Leiter der Auswärtigen Angelegenheiten der Russisch-Orthodoxen Kirche des Moskauer Patriarchats, und Filaret Denisenko, damals Metropolit von Kiev, zu dessen Chauffeur mich P. Mailleux ernannte - und noch viele andere.

## IV. Schluß

So waren die 60er und 70er Jahre wirklich die goldenen Jahre in der Liturgie und im Ökumenismus des Russicums, noch vor der Krise der postsowjetischen Epoche, als einige die Gewissensfreiheit aller, nicht nur die eigene, nicht dulden konnten. Ich erinnere mich noch sehr gut an eine Antwort von P. Mailleux, als ihn einmal ein ängstlicher Geist fragte, ob es denn nicht gefährlich sei, so viele Gäste aus der Sowjetunion zu haben, weil diese dann doch den Kommunisten über ihren Aufenthalt hier Rechenschaft ablegen müßten. Darauf antwortete P. Mailleux sofort, ohne eigens noch darüber nachzudenken: »Na und? Was macht es! Wir haben nichts zu verbergen!« Und ich meine, dies könnte gut auch das Urteil der Geschichte über das Leben von Otez Pavel Mailleux, der in seinem Dasein und Wirken ganz klar und rein war, es könnte aber auch das Urteil über sein Werk im Russicum sein: ein Werk, das für Rußland und für die Russen vollbracht wurde, ohne irgend etwas dabei zu verstecken, weder vor den Menschen, noch - so hoffen wir - vor Gott.

Unser tiefster Dank und unsere Hochachtung gebührt allen Menschen, welche die Liturgie und den Ökumenismus im Russicum gepflegt haben, und wir wünschen sehr, daß Gott all jene in Abrahams Schoß bewahre, die die Fundamente des Russicums so solide gelegt haben, daß diese bis heute unerschütterlich geblieben sind in der ganzen Welt, wo man Rußland und seine jahrhundertealte christliche Kultur liebt.

REINHARD THÖLE

»Lehrmeisterin der Ökumene«
*Zum ökumenischen Charisma der byzantinischen Liturgie*

Auf dem Weg durch die Geschichte ist die Einheit der christlichen Kirche leider zerbrochen. Gründe dafür sind theologische Auseinandersetzungen, politische Konstellationen und nicht selten auch Ambitionen einzelner. Diese drei Elemente scheinen eine unauflösliche Verbindung eingegangen zu sein. Zu oft wurden theologische Fragestellungen politisch instrumentalisiert. Kirchliche Strukturen schielten auf irdische Macht, um sich zu stabilisieren. Persönliche Ungerechtigkeiten, Rivalitäten und Eitelkeiten entwickelten ihre Eigendynamik. Die Einheit der Kirche zerfiel in verschiedene Wahrheits- und Machtsysteme, die sich zu stabilen und konkurrierenden Milieus eigener Art entwickelten. Das Zerbrechen der Einheit ist aber nicht nur ein interkonfessionelles Phänomen, sondern genauso ein innerkonfessionelles Problem. Oftmals liegen innerkirchliche Fraktionen ebenfalls theologisch so weit auseinander, daß sie sich scheinbar nur noch formal in Gemeinschaft befinden. Die Bitte Jesu um die Einheit der Kirche berührt also die grundsätzliche Frage, wie die Einheit der Glaubenden in Christus überhaupt zu erreichen ist.

## I. Einheit sub contrario

Die Einheit der Kirche zerfiel jedoch nicht in irgendwelche chaotische Muster oder undurchschaubare und zufällige Strukturen. Sondern die Kirche zerfiel immer wieder in Schemata und Typen, die Herkunft und Anliegen ihrer theologischen und historischen Fragestellungen bewahrt haben. So kann man sagen, daß auch die zerbrochene Kirche in ihrem Zerbrechen ein Zeugnis von ihrer Einheit ablegt. Selbst Kontroversen weisen auf eine tiefer sitzende zu vermutende Einheit hin, die systematisch aber nicht ausgesagt werden kann oder soll. Die Konfessionskunde liebt es, Kirchentypen und Kirchenfamilien herauszuarbeiten, deren Art und Charakter jedoch letztlich auch begrenzt und überschaubar bleibt, ja sogar als sich gegenseitig ergänzend verstanden werden kann. Innerkirchliche Gruppierungen sind ebenfalls einigermaßen überschaubar zu typologisieren. Die Scherben der zerbrochenen Kirche weisen auf eine Einheit hin, die zwar nicht mehr vorhanden ist, die aber doch sub contrario vielleicht viel deutlicher zu vermuten ist, als oft gewünscht wird. Selbst wenn einzelne konkurrierende Scherben sich für besser, schöner und vollständiger halten als andere, auch sie müssen als Scherben davon Zeugnis geben, daß sie zu einer anderen, größeren Einheit gehören. Auch die Schuld der gespaltenen Kirchen trägt einen Hauch von felix culpa, denn es ist und bleibt *»Seine«* Kirche, die zerbrochen ist. Und diese bleibt auch unseren zerbrochenen Kirchen vorgeordnet. Ja, man könnte sogar vielleicht in einer dialektischen Denkweise postulieren, daß die Spaltungen auf dem Weg der Kirche notwendig sind, damit sie eine bessere und tiefere Einheit entwickeln kann, ähnlich wie die Häresie einen unverzichtbaren Beitrag zur Wahrheitsfindung leistet. Die Aufgabe der ökumenischen Theologie ist es, die historischen, theologischen und geistlichen Phänomene und Systeme der christlichen Kirchen aufzuarbeiten und Wege zur Einheit der Kirchen zu beschreiben. Ob sie dabei hilfreich sein kann, liegt letztlich daran, wie weit sie sich Milieunormen unterwirft oder sich von eigenen zwingenden Denkvoraussetzungen lösen kann, um zu einer anderen Dimension vorzustoßen. Denn dieses verborgene Grundmuster der Einheit sub contrario ist anscheinend nur schwer auf dem Wege des theologischen Diskurses zu erheben, man kann sich ihm aber betend nähern. Dieses verborgene Grundmuster der Einheit der Kirchen korrespondiert mit dem apophatischen Charakter des Gottesdienstes insbesondere der östlichen Tradition, zu dessen Stärke es gehört, die verborgene Einheit der Christen in Christus zu enthüllen und zu feiern. Man könnte die These vertreten, daß dieses verborgene Grundmuster der Einheit im Gottesdienst sogar originärer vorhanden ist als in der theologischen Reflexion. Die byzantinische Gottesdiensttradition kann mit ihrem besonderen Charakter darum als Lehrmeisterin einer geistlichen Ökumene angesehen werden.

## II. Rechenaufgabe Einheit?

Westliche theologische Traditionen sind oft bemüht gewesen, die irdische, sichtbare Gestalt der Kirche so mit der Dimension der geistlichen Gestalt der Kirche zu verbinden, daß es scheint, als ob beide Dimensionen in einer Art theologischer Gleichung aufrechenbar und vielleicht sogar geistliche Fragen mit der sichtbaren Gestalt der Kirche zu bearbeiten wären. Die vier Attribute der Kirche (notae ecclesiae) aus dem Glaubensbekenntnis von 381 könnten als theologische Sicherheitskriterien aufgefaßt werden, die mir einwandfrei sagen, wann ich die authentische Kirche vor mir habe, die zwar von menschlichen Schwächen ge-

zeichnet, aber die theologisch einwandfrei konstruierte Kirche ist. Es gibt aber keine theologisch perfekte Gleichung, die automatisch von der Stimmigkeit der Theologie zu einer konstruierbaren Einheit der Kirche führt. Vielleicht ist dieses die Schwäche der Dialog-, Dokumenten- und Diplomatie-Ökumene, daß man die Frage der kirchlichen Einheit nur auf einer reflektierten theologischen Ebene sieht. Man kann dann den »Konsens« oder »Teilkonsens« in der Lehre zum »Erfolg« der Ökumene erklären, der ekklesiologische Konsequenzen haben müßte, es aber eigentlich nicht hat, weil dieses auch gar nicht gewollt ist. Kann man überhaupt von »Erfolg« und »Ergebnis« sprechen, wenn es sich um die Einheit der Glaubenden in Christus handelt?
Die östliche theologische Tradition geht davon aus, daß es eine eucharistische Erfahrung von Kirche und damit auch eine Erfahrung von Einheit der Kirche gibt, die jeglicher dogmatisch oder soziologisch erfaßbaren und definierbaren Einheit von Kirche vorausgeht. Es ist Christus selbst, der sich selbst mit dem Vater und dem Heiligen Geiste enthüllt und mit sich die Einheit derer enthüllt, die zu ihm gehören. Die Frage der Einheit in Christus ist primär der Weg, die sich selbst in Christus enthüllende Einheit der Kirche zu erkennen und ihr angemessen zu begegnen. Der Bereich, in dem dieses originär geschieht, ist der Gottesdienst der Kirche. Das Gebet um die Einheit der Kirche darf also keine theoretisch geforderte ideologische Beleitmusik für eine Ökumeneindustrie von Dokumenten und Konferenzen sein, sondern hängt mit dem Phänomen der Einheit tiefer zusammen. Die andauernden Schwierigkeiten in den Fragen der »Kasualie des ökumenischen Gottesdienstes« bei ökumenischen Konferenzen belegen, daß theologische Reflexion und geistliche Erfahrung überhaupt nicht im Gleichgewicht sind und der interkonfessionelle Gottesdienst als kleinster Nenner dogmatischer und kirchenrechtlicher Möglichkeiten ein trauriges Dasein führen muß. Man erwartet anscheinend vom ökumenischen Gottesdienst und dem Gott, in dessen Namen man sich versammelt, kaum etwas Umstürzendes, allenfalls die Zementierung eines Status quo. Ein Theologe, der behaupten würde, daß bei Konferenzen dem Gebet der Vorrang vor der Reflexion gegeben werden müsse, weil ohne Hilfe des Gebetes auch keine Früchte in der theologischen Formulierung zu erwarten seien, würde von der Zunft der Ökumeniker wohl eher belächelt werden. Doch gemäß der östlichen Tradition enthüllt sich die in Christus gründende Einheit nur in der geistlichen und das heißt gottesdienstlichen Begegnung, in deren apophatischer Sprache sich die Gläubigen der Einheit hingeben, die jenseits der menschlich als widersprüchlich erfahrbaren Aussagbarkeit anzusiedeln ist.

## III. Lehrmeisterin der Einheit

Es ist das Charisma des östlichen byzantinischen Gottesdienstes, die Kirchen in die Dimension zu führen, in der sich die sub contrario verborgene Einheit der zerbrochenen Kirche mit der sich in Christus selbst enthüllenden und apophatisch erfahrbaren Einheit im Glauben verbindet. Daher kann man die östliche byzantinische Liturgie als Lehrmeisterin der Einheit ansehen. So wie in den Troparien der Danksagung des Priesters nach dem Gottesdienst Johannes Chrysostomos in hymnischer Sprache als Lehrer der göttlichen Wahrheit, der Anbetung, der Demut des Menschen und der Erhabenheit Gottes gepriesen wird, könnte man die byzantinische Liturgietradition als Lehrmeisterin der Einheit loben, da in ihr dieser Prozeß der gnadenhaften betenden Enthüllung der Einheit in besonderer Weise und auch anders als in den westlichen Gottesdiensten stattfindet. Die Kirchen, die den Gottesdienst in dieser Tradition feiern, geben sich damit in bemerkenswerter Art einem genuin ökumenischen Geschehen hin. Dieses geschieht auf unterschiedlichen Ebenen.

Der melkitisch-katholische *Patriarch Gregorios III.* ist nicht müde geworden, in seinen Betrachtungen und Publikationen darauf hinzuweisen, daß die byzantinische Liturgie die Feiernden auf einen inneren geistlichen Weg mitnimmt, der selbst Offenbarungscharakter hat und als erfahrbare gnadenhafte Enthüllung der Werke der Trinität anzusehen ist, bei der Schöpfung und Erlösung zu einer doxologischen Einheit zusammenfallen. Alle Eucharistieversammlungen, die sich wie der byzantinische Gottesdienst diesem Weg verschreiben und hingeben, würden somit den gleichen Weg der Gottesbegegnung gehen, selbst wenn sie aus verschiedenen Kirchen, Jurisdiktionen oder Konfessionen stammen. Es bleibt zwar eine Zerrissenheit zwischen der sich in der Eucharistie enthüllenden und erfahrbaren Einheit von Christus her und den gewachsenen Grenzlinien der Kirchen. Die Akzente sind aber genau in das Gegenteil verschoben. Nicht die konfessionellen Grenzen garantieren der jeweiligen Kirche die Wahrheit ihrer partikularen Vorstellung von Einheit und die Legitimierung ihrer gottesdienstlichen Tradition, sondern die in den unterschiedlichen Kirchen im Gottesdienst erfahrene identische Enthüllung des Christusweges lassen die konfessionellen Grenzen in einem neuen und vielleicht für ihre Überwindung günstigen Licht erscheinen.

## IV. Absichtslosigkeit der Doxologie und Machtlosigkeit über Menschen

Der rituelle Reichtum der byzantinischen Liturgie, die ein Abbild der Erhabenheit Gottes und die Schönheit der eschatologischen Errettung der Welt darstellt und damit auch die letztliche Überwindung der Zerrissenheiten der Kirchen auf ihrem Weg durch die Geschichte begeht, setzt auf seiten der feiernden Gemeinde und der Geistlichkeit die Haltung äußerster Bescheidenheit und Demut voraus. Zu leicht könnte sonst der Eindruck entstehen, die eschatologische Schönheit des Gottesdienstes sei irdisch inszenierbar oder machbar oder als Szenario persönlicher Eitelkeiten gedacht. Persönliche Eitelkeiten können sich in sogenannten »schlichteren« Gottesdiensten, aber genausogut auf Kanzeln austoben. Anzustreben ist die Haltung der nach Gott ausgestreckten leeren Hände, die er mit sich selbst füllen kann. Vom Gottesdienst ist letztlich eine mystische Gottesbegegnung zu erwarten, mit der auch die Gnade der von ihm geschenkten Einheit einhergeht. Eine Verzweckung des Gottesdienstes, der gefeiert wird, um irgend etwas zu erreichen, angereichert mit dogmatischer oder moralischer Belehrung, inszeniert mit pädagogisch-psychologischen Elementen, oder in dem die ökumenische Demonstrativität von Anerkennung oder Nichtanerkennung zementiert wird, verkehrt nicht nur den Charakter des Gottesdienstes in sein Gegenteil, sondern erreicht das Erwünschte nicht, weil eine solche Veranstaltung ihren Geist deutlicher enthüllt, als es die Arbeitsgruppen vermutlich empfinden.

Viele thematisch und pädagogisch ausgetüftelte ökumenische Gottesdienste atmen diese peinliche Sprache, in der man sämtliche pastoralpädagogischen Register zieht mit rituell gestalteten Talk-Elementen, Memo-Texten und gemachten Merk-Zeichen, man will etwas von sich demonstrieren, mehr nicht. Auch erwartet man kaum etwas von Gott in einem solchen Gottesdienst und muß natürlich das Defizit einer nicht gemeinsam feierbaren Eucharistie geschickt umgehen. Für die byzantinische Liturgie gilt: nur die äußerste Bescheidenheit und Demut der feiernden Gemeinde und Geistlichkeit kann sich von der Absichtslosigkeit der Doxa ergreifen lassen, die sich dem geheimnisvollen Gott mit Leib und Seele hingibt. Dazu gehört auch, von Gott im Gottesdienst »alles« zu erwarten, die Wahrheit des Christus im Evangelium anzunehmen, der den Weg der Machtlosigkeit als den Weg der Wahrheit gewählt hat. Jeder Versuch, mit Gottesdiensten kirchliche Imperien zu bauen, Menschen an sich und nicht an Christus zu binden, wird von den Gläubigen als verstörendes und zerstörendes Element in ihrem geistlichen Leben wahrgenommen. Dieses gilt auch für die Seelsorge an einzelnen oder Gruppen. Das verdrehte Guruphänomen ist auch in der neuen christlichen Spiritualitätsszene nicht zu übersehen, wenn geistliche Führungen

Menschen an sich binden wollen und dabei zu überholten Klischees greifen, die theologisch sehr fragwürdig sind. Wenn Christus, der gute Hirte, dafür sorgt, daß die Seinen *seine* Stimme erkennen und von Natur aus verstehen, dann soll die Verkündigung *seine* Stimme hörbar machen und nicht die Stimmen und Theorien der vielen ekklesiologischen Wahrheitsmanager.

## V. Ablegen der Sorgen der Zerrissenheit

Die Tradition des Herzensgebetes der Ostkirche lehrt den Zusammenhang von mehreren Erfahrungsebenen des Gebetslebens. Diese Erfahrungsebenen können mit der Erkenntnis des geistlichen Weges der Chrysostomosliturgie in engen Zusammenhang gebracht werden. Die *erste* Stufe ist die Meditation, also das Gebet des Verstandes und des Willens, der Reinigung menschlicher Absichten und der Hingabe an den Dialog mit dem Wort Gottes und die Aneignung der Lobgesänge. Diese Stufe könnte man zuordnen dem ersten Teil der Chrysostomosliturgie, angefangen von den Vorbereitungsgebeten, über die Feier der Proskomidie und bis zum Katechumenengottesdienst. Die zweite Stufe ist die Kontemplation, also das Gebet der Konzentration und die Bereitschaft, sich dem Christus in Liebe ganz hinzugeben und von ihm alles zu erwarten. Sie setzt das »Ablegen der Sorgen« voraus.

Diese *zweite* Stufe beginnt im Verlauf der Liturgie mit dem Gesang des Cherubim-Hymnus und führt in den Teil des Gläubigengottesdienstes. Dazu müßte auch das Ablegen der Sorgen um die Zerrissenheit der Kirche gehören, soweit diese eben als ihre Situation in der irdischen Dimension begriffen werden kann, um die Einheit der Glaubens-, Liebes- und Eucharistiegemeinschaft zu erwarten. Die *dritte* Stufe, die Erfahrung, die nach dem Bitten, Suchen und Anklopfen als Kontemplation in der Gabe des Geistes und als Verweilen im Schoße Gottes beschrieben wird und schon den Sauerstoff der anderen Welt atmet, wird entzündet durch die Epiklese und empfangen in der Heiligen Kommunion. Da ist ein Stück weit die Berührung mit dem Ziel dessen zu spüren, was der Kirche als eschatologische Einheit verheißen ist. Und da ist die Macht dessen, was nicht machbar ist.

## VI. Exodus

Natürlich ist ein liturgischer, eschatologisch-mystischer Ökumenismus keine Flucht in ein ekklesiologisches Nowhereland. Er muß vor den Toren des verloren gegangenen Paradieses und noch vor der zweiten glorreichen Wiederkunft des Herrn gelebt werden. Er ist aber ein Exodus aus einer Sklaverei der Kirchenspaltungen, in denen Ekklesiologien wie Kriegspropaganda aufeinandertrafen und die Frage erlaubt sein mußte, ob es beim Streit um Theologien wirklich um die Wahrheit des sich im Evangelium offenbarenden und um die Menschenfreundlichkeit des sich in den Sakramenten enthüllenden Christus gegangen ist. Auch in der real existierenden Ökumene geht es nicht selten bei den ökumenischen »Zielvorstellungen« um einen Zusammenprall ekklesiologischer Modelle und Schlagworte, die man definitorisch und ekklesio-technokratisch gegeneinandersetzt. Ob man Konzepte von »sichtbarer Einheit« oder »versöhnter Verschiedenheit« vertritt, es geht immer noch um den Streit zwischen »Besserkirchen«, die den anderen defizitäre Ekklesiologien zuschreiben. Und bei dem Schlagwort »Ökumene der Profile« könnten manche den Verdacht haben, daß es eine opportune Chiffre für eine Besitzstandswahrung vergehender Volkskirchen ist, in denen man von ökumenischen Bemühungen schon längst keine substantielle Erneuerung mehr erwartet.

Die theologischen Dialoge zwischen den Kirchen östlicher und westlicher Tradition haben zumindest den Anfang damit gemacht, daß theologische Wahrheiten in einer gemeinsamen geistlichen Sprache zum Ausdruck gebracht werden müssen, die sie nicht als dogmatische Definitionen mißverstehen läßt, und daß die gottesdienstliche Realität als wirksam gefeierte Doxologie oftmals eine größere Einheit zum Ausdruck bringt als kontroverstheologische Formeln es bislang erahnen ließen. Natürlich bleiben auch solche Dialoge nicht verschont von kirchenpolitischen Opportunismen und gewohnten polemischen Sackgassen. Das ökumenische Charisma der byzantinischen Liturgietradition bringt jedoch eine grundsätzliche hilfreiche Verschiebung von Akzenten. Nicht die Spaltung der Kirchen sichert den einzelnen Scherben der zerbrochenen Tradition das Bleiben in der Wahrheit, sondern der Exodus aus den Scherben der Spaltung in einen eschatologisch-mystischen Ökumenismus sichert den Scherben, daß sie zur Einheit gehören. Ehrliche selbstkritische theologische Arbeit ist die bleibende Aufgabe von nichtideologisierten Ökumenikern.

Der geistliche Ökumenismus ist dem institutionalisierten Ökumenismus vorgeordnet. Mit nur zweitrangigen instrumentalisierten Kontroversen kann man den geistlichen Ökumenismus nicht besiegen. Die Ökumenekritiker und -skeptiker hören gern den Satz, »daß man die Einheit der Kirchen nicht machen oder herstellen kann«. Und das stimmt im Prinzip. Genauso ist es aber richtig, »daß man die Einheit der Kirche nicht verhindern kann.« Und das gilt auch im Prinzip für die, die sie gern ein wenig verzögern möchten. Um so mehr gilt dies für die Kirchen und Gemeinden, die sich wie in dem byzantinischen Gottesdienst dem Geheimnis der Einheit in Christus hingeben.

IRENÄUS TOTZKE

## Entwicklung oder Entfaltung
*Zwei Möglichkeiten geistigen Wachstums*[1]

*Thrasyboulos Georgiades (Mavrokordatos) zum Gedächtnis*[2]

Zu den Vorwürfen, die sich Angehörige der Orthodoxen Kirche und Angehörige der beiden westlichen Kirchen gegenseitig machen, gehört z. B., daß die Ostchristen sagen, der Westen sei von der biblisch-frühchristlichen Überlieferung »abgeirrt«, worauf die Westchristen antworten, der Osten kenne dafür keine »Entwicklung«, sondern sei auf der Stufe der Vätertheologie stehengeblieben. Ebenso heftig sind die Vorwürfe auf dem Gebiet der Künste, besonders hinsichtlich der kirchlichen Architektur, Malerei und Musik. In der Architektur findet der Osten die gesamte westliche Entwicklung ab etwa 1920 mehr oder weniger inakzeptabel, der Westen aber mokiert sich über die »ewigen Kuppeln und Zwiebeltürme« des Ostens. In der kirchlichen Malerei beklagt der Osten den zunehmend »unreligiösen« Charakter der Bilder und Statuen im gleichen Zeitraum, ja, er meint, solche Tendenzen bereits ab dem 15. Jh. feststellen zu können, während der Westen dem östlichen Ikonen- und Freskenstil »Rückständigkeit« und auch hier wieder »mangelnde Entwicklung« vorwirft. Ähnlich ist es mit der Musik bestellt: Auch hier beklagt der Osten mangelnde »Religiosität«: etwa in der

---

[1] Der Autor ist römisch-katholisch geboren, gehörte dem rechten Flügel der katholischen Liturgischen Bewegung an (Richtung Odo Casel/Klaus Gamber), studierte dann in diesem Sinne nach dem Abitur in Rom ab 1952 an der dortigen Orientalischen Hochschule (Istituto Orientale) orthodoxe Theologie, schloß sich dem orthodoxophilen Zweig der Benediktiner an und trat der (damals noch existierenden) Byzantinischen Dekanie der Abtei Niederaltaich bei, um für die Wieder-Annäherung von Ost-und Westkirche zu wirken. Besonders wichtig war ihm dabei die Bekanntmachung orthodoxer Theologie, Liturgie und Kunst im Westen. Für seine Bemühungen wurde er 1976 vom Rumänisch-Orthodoxen Patriarchat zum Archimandriten h. c. ernannt. - Über das Problem »Entwicklung-Entfaltung« wird er demnächst anhand seiner Untersuchungen zur orthodoxen Kirchenmusik eine größere Arbeit vorlegen. Der vorliegende Aufsatz versteht sich als Hinführung zum Thema (Erstveröffentlichung in: Philia. Eine Zeitschrift für Europa 2 [2006] 33-42).

[2] Georgiades (4. l. 1907 bis 15. 3. 1977) entstammte der berühmten Familie Mavrokordatos. Einer seiner unmittelbaren Vorfahren war beim Befreiungskampf gegen die Türken (ca. 1821/22) in den Untergrund gegangen und hatte den Decknamen Georgiades angenommen.

überdimensionalen Barockmusik mit ihrem Instrumental- und Vokalprunk oder in der nicht selten atonalen (dem Ostchristen zumindest atonal erscheinenden) modernen Musik, während der Westen den streng-einstimmigen gräko-byzantinischen Choral zwar als »archaisch« akzeptiert, der mehrstimmigen orthodoxen Kirchenmusik aber Süßlichkeit, Romantizismus oder »mangelnden Kontrapunkt« und damit auch hier wieder »fehlende Entwicklung« vorwirft. Niemand bemerkt z. B., daß es im orthodoxen Kirchengesang aus inneren Gründen überhaupt keinen Kontrapunkt geben *kann* und daß es *selbstmörderisch* wäre, ihn einzuführen.
Von etwa 1950 bis 1955 verteidigte ich die orthodoxen Phänomene mit dem Hinweis, daß es in den genannten Geistesgebieten einerseits äußere Entwicklungs-Hemmnisse durch Turkokratie und kulturelle Defensivhaltung des alten russischen Staates, andererseits aber doch eine Entwicklung, nur anders geartet, gegeben habe. Zum Beispiel sei eine Ikone des 6. Jh.s für Kenner absolut nicht mit einer solchen des 16. zu verwechseln. Es komme eben darauf an, für die Malerei das geistige Auge und für die Musik das geistige Ohr zu schärfen, um die *Bahnen* der östlichen »Entwicklung« richtig orten und beurteilen zu können. Im Jahre 1956 aber erhielt ich von unerwarteter Seite fundamentale Hinweise, die ich später weiter ausbaute; denn ich studierte neben Theologie auch Musikwissenschaft. Und hier - es war in München - fügte es Gott, daß die beiden dort für mich wichtigsten Lehrer orthodox waren, ein Grieche und ein Russe: Thrasyboulos Georgiades (1907-1977) und Ivan von Gardner (1898-1984). Während letzterer sich im wesentlichen auf russische und griechische Kirchenmusik beschränkte, betrachtete Georgiades die gesamte europäische Musik als sein Arbeitsfeld.
Gardner teilte mehr oder weniger den Standpunkt, den auch ich zuvor eingenommen hatte, nämlich: Es gibt im europäischen Osten genauso wie im Westen eine »Entwicklung«, aber sie verlief und verläuft anders, und es ist für den Westen höchste Zeit, seine bisherige Überheblichkeit aufzugeben und, statt den Osten wegen dessen »Rückständigkeit« und »Unterentwicklung« scheel anzusehen, sich intensiv einer minutiösen Strukturanalyse der Denkbahnen des Ostens hinzugeben.
Für Georgiades war das zuwenig. Wir Studenten staunten nicht wenig - verstanden zunächst auch nicht, was er meinte -, wenn er einen Studenten, der über etwas referierte und dabei die musikalische »Entwicklung« erwähnte, unterbrach und - meist in etwas wegwerfendem Ton - sagte: »Hören Sie auf, es gibt keine Entwicklung.« Exakt zum Thema äußerte er sich nie, sondern erwähnte immer wieder nur - in Vorlesungen und Seminaren anhand von Teilproblemen -, daß es

»keine Entwicklung in der Musik« gebe. Da wir ihn jahrelang nicht verstanden - und welcher Student wagte damals, einen Ordinarius auf Teilfragen anzusprechen, wenn sie mit einem Zweifel an dessen Meinung verbunden waren! -, bildeten sich Schlagwörter heraus, die einzelnen Sätzen Georgiades' entnommen waren und die in ihrer lapidaren Kürze noch unverständlicher wirkten, z. B.: »Im Jahre 1827 (Tod Beethovens) gerät die europäische Musik in die Agonie und hört ein Jahr darauf (Tod Schuberts) endgültig auf zu sein.« Noch verkürzter hörte sich das dann an wie: »Georgiades lehrt, daß es seit dem Tode Schuberts keine Musik mehr gibt.« Oder: »Vor Schubert gibt es in Europa eine lebendige Weitergabe der Musik, von Lehrer zu Schüler, von Mund zu Ohr; danach nur noch unpersönliche - und damit tote - Harmonie- und Formenlehre.« - Befragt, was er zur zeitgenössischen Musik sage, antwortete er stets: »Ich verhalte mich abwartend.« - Nie erwähnte er in den Vorlesungen einen zeitgenössischen Komponisten, außer da, wo dieser sich an die Tradition anlehnt, also etwa Carl Orff und dessen Werke.

Mir selbst war klar, daß diese Schlagwörter, für sich alleine genommen, keinen Sinn ergäben, und ich vertiefte mich daher in das literarische Oeuvre des Meisters, d. h. ich las alles, soweit es im Handel war, was er geschrieben hatte, bis ich zu der Erkenntnis kam: Aus Georgiades spricht nicht die Meinung eines Sonderlings, sondern das orthodoxe Bewußtsein! Fortan begann ich, Musik mit anderen Ohren zu hören. Zugleich fiel mir ein, daß er einmal (etwa 1959/60) gesagt hatte: »Natürlich gibt es so etwas wie eine 'Entwicklung' in der Musik, aber es ist keine solche; mir fällt dazu aber nicht die richtige Bezeichnung ein.«[3] Nachdem ich nun selber mich mit dieser Frage jahrzehntelang beschäftigt habe, meine ich sagen zu können: Wir haben es *grundsätzlich* im Westen mit *»Entwicklung«*, im Osten mit *»Entfaltung«* zu tun.[4] Was aber ist der Unterschied?

---

[3] Manchmal sagte er, je nach Zusammenhang: »Musik als Werk« (Westen) und »Musik als Werdendes« (Osten). Seine Terminologie war in dieser Beziehung offenbar noch nicht ganz fertig.

[4] In bezug auf G. ist wichtig zu wissen, daß er in musikalischer Hinsicht im europäischen Westen »Entfaltung« bis zu Beethoven und Schubert annimmt. Er überträgt das orthodoxe Modell der trotz äußerer Veränderung gleichbleibenden »inneren Einheit« auf das musikalische Europa des 10. bis frühen 19. Jh.s. Den Unterschied zwischen westlicher und östlicher Entfaltung hat er nie untersucht, da er - nach eigenen Worten - die westliche Entfaltung als »folgerichtiger«, die östliche dagegen zwar als im Ansatz genuin, doch als »Sackgasse« betrachtete. Er ging höchst bemerkenswerter- (und auch hinterfragenswerter-)weise von der Herodotschen Einteilung der Welt aus, wonach die Trennungslinie zwischen Ost und West durch die Ägäis geht und Griechenland demzufolge zum »Abendland« gehört. Von der Neu-

Die bloße Beleuchtung der beiden Wörter aus der Perspektive allgemein bildender Wörterbücher bringt nicht viel. Zu sehr ist der Westen - in all seinen Sparten - von der *Evolutionstheorie* beherrscht, als daß er sich daneben (außer »Unterentwicklung«) noch etwas anderes vorstellen könnte. Das Wörterbuch »Der Neue Herder«[5] bringt unter »Entwicklung« einen ausführlichen Artikel, in dem 7 $^{1}/_{2}$ Zeilen der Bedeutung des Begriffs in der Philosophie, 4 Zeilen in der Biologie sowie 51 Zeilen in der Ontogenese gewidmet sind. Bei »Entfaltung« gibt es nur den Hinweis auf die Entfaltung eines Fallschirms. Außerdem sind Evolution, Evolutionismus, Evolutionstheorie sowie Bergsons »Evolution créatrice« mit eigenen Artikeln vertreten. Signifikativ ist aber der Hinweis, daß »Entwicklung« auch eine Bezeichnung für *Wandlungen des Menschen* sei: a) personelle im leib-seelischen Werdegang, b) sozial-kulturelle als *Wandlungsfolgen* in Gesellschaft und Kultur. In unserem Zusammenhang ist das Wort *Wandlung* von eminenter Bedeutung.

In der fast gleichzeitig erschienenen »Brockhaus-Enzyklopädie«[6] ist der - reich bebilderte - Artikel »Entwicklung« fünfzehnmal so groß[7] und bringt nach einer kurzen philosophisch-theoretischen Einleitung als Unterabteilungen: soziologische und historische Wissenschaften, biologische Entwicklung, Individual-

---

einteilung der Welt durch Kaiser Leo III. (717-741), nach der die Grenze durch die Adria geht und die für die Kirchen- und kirchliche Geistesgeschichte von enormer Bedeutung ist, nahm er keine Notiz. Meinen zaghaften Versuchen, ihn daraufhin während meines Studiums (1956-1960) anzusprechen, begegnete er stets ausweichend, ohne dies näher zu begründen. Für ihn war die griechisch-römische Europa eine Einheit. Den Unterschied zwischen griechischer und römischer *Entfaltung* sah er nicht. Ich selbst aber bin aufgrund meiner eigenen Erkenntnisse geneigt, im Westen von Entwicklung, im Osten von Entfaltung zu sprechen, wobei ich, angeregt durch die Georgiadesschen Erkenntnisse, sehe, daß - zumindest in der Musik - die musikalische *Entwicklung* desestens bis 1827/28 starke Züge der *Entfaltung* an sich trägt: eine *letzthinnige* europäische Einheit also gewahrt wurde. Erst das dann die Macht übernehmende anonyme Bürgertum machte dem ein Ende. - Wegen seines relativ frühen Todes konnte G. auch nicht auf die Frage eingehen, inwieweit sich seine Ansichten auf die anderen Künste oder auf die Philosophie anwenden lassen. Es muß allerdings bemerkt werden, daß er kein Philosophiehistoriker war und ihm infolgedessen der im 13. Jh. entstandene und von vielen (so von Yves Congar) als katastrophal eingestufte *Traditionsbruch* nicht bewußt war.

[5] Freiburg/Br. 1965-1968, hier Band 2, 1966.

[6] Wiesbaden 1966-1974, hier Band 5, 1968.

[7] Die Frage wäre der Untersuchung wert, ob dieser Unterschied vielleicht dadurch zu erklären ist, daß die Herausgeber des Neuen Herder (damals) katholisch-konfessionell gebunden waren und daher nicht vorbehaltlos dem in zahlreichen Evolutionstheorien grassierenden Evolutionismus zustimmen konnten?

entwicklung; hierzu die Unterabteilungen: Morphologie, Physiologie, Faktoren, Reaktionssystem (jeweils »der Entwicklung«), dann: Stammesentwicklung, Entwicklung der Organismen und Entwicklungspsychologie. Neben »Evolution« sind »Evolutionismus«, »Evolutionsgenetik« und »Evolutionsmechanismus« mit eigenen Artikeln vertreten. Interessant ist auch hier die theoretische Einleitung, die »Entwicklung« mit »Auswicklung« und »Auseinanderhervorgehen« erklärt und hinzufügt: Es ist »eine Aufeinanderfolge verschiedener Formen oder Zustände, die sich von der bloßen Veränderung dadurch unterscheidet, daß die späteren aus den früheren mit einer inneren Notwendigkeit hervorgehen und daß ihre Abfolge eine durchgehende Richtung einhält ... *Da die Frühstadien als Vorstufen der späteren aufgefaßt werden und der Entwicklung als ganzer eine dominierende Richtung zugesprochen wird, enthält der Begriff 'Entwicklung' oft den eines ihr immanenten Zieles, also eine Teleologie*[8] ... Auch in den Kulturwissenschaften (Sprachwissenschaft, Rechtswissenschaft, Kunstwissenschaft[9]) sind vielfach Stufentheorien für die Entwicklung der einzelnen Kulturgebiete aufgestellt worden.« - Geringe Aufmerksamkeit wird »außerplanmäßigen« Veränderungen gewidmet. Lediglich für die Biologie wird gesagt, daß äußere (störende) Einflüsse den Entwicklungsverlauf in andere Bahnen lenken, eine *Modifikation* hervorrufen können, »ohne daß jedoch das lebende System dadurch in seinem Wesen abgeändert werden kann.«[10]

---

[8] Kursivsetzung vom Autor. Hierzu muß u. a. gesagt werden, daß, als vor ca. 40 Jahren Teilhard de Chardin seine Teleologie vom »Punkt Omega« aufstellte, auf den angeblich die ganze Entwicklung des Christentums, wenn nicht der Welt, zusteuere, er die massivste Ablehnung von seiten der orthodoxen Theologie erfuhr. Ebenso weigerte Georgiades sich, eine solche Teleologie in der Musik anzunehmen und lehnte schon deshalb »Entwicklung in der Musik« ab. Anhänger der Entwicklung brachte er gern zum Schweigen mit der Frage: »Und wohin entwickelt sich die Musik?«

[9] Äußerst bemerkenswert ist in diesem Zusammenhang, daß Georgiades es vehement ablehnte, die einzelnen Geistesfächer der Universität als »Wissenschaft« zu bezeichnen. Nur die Naturwissenschaften verdienten seiner Meinung nach diese Bezeichnung, die anderen Fächer waren für ihn »historische« Fächer. Dazwischen lagen etwa die Sprachen, die für ihn »praktische« Fächer waren. Er selbst bezeichnete sich stets als »Musik*historiker*«. Einmal geschah im Seminar etwas Typisches, zugleich aber Offenbarendes: Ein Neuling, von Georgiades befragt, was er im Hauptfach studiere, gab zur Antwort: »Verswissenschaft«. G. war so perplex, daß er ungläubig fragte: »Was?« Ein wenig später aber sagte er zu uns übrigen: »Verstehen Sie jetzt? Die Hypostasierung der Einzelteile zerstört das Ganze!«

[10] Eine solche Ansicht wird ein osteuropäischer Wissenschaftler nicht ohne weiteres auf die

»Entfaltung« wird im gleichen Lexikon zusammen mit »Entfaltungstheorie« und »Entfaltungszentrum« behandelt, jedoch ohne geisteswissenschaftlichen Bezug; aber es wird hervorgehoben, daß der Begriff zunächst aus der Botanik stammt und »das Auseinanderlegen eines vorher auf kleinem Raum bereits Entwickelten« meint. »In der Regel erfolgt die Entfaltung einer Knospe durch Wachstum aller an ihrem Aufbau beteiligten Organe.«

Das Grimmsche Deutsche Wörterbuch[11] deutet beide Wörter zunächst als Übersetzung des lateinischen »explicare«, bringt dann aber Beispiele, die den Gebrauch der Begriffe voneinander abheben, etwa: Talente, Eigenschaften, Tugenden, Charakter »entwickeln« bzw. Flügel, Stirn, Schleier, Reize, Gedanken, Leben »entfalten«.

Jedesmal entsteht der Eindruck, besonders aber unter der inzwischen - deutlicher als zu der Gebrüder Grimm Zeiten - eingetretenen Akzentuierung der beiden Begriffe, daß »Entwicklung« bedeutet: aus einer Anlage heraustretend und dann nach einem gewissen Zeitpunkt diese oder jene *eng oder entfernt verwandte, die Zeichen des Ursprungs immer weniger an sich tragende* Gestalt annehmend, während man mit »Entfaltung« verbindet: aus einer Anlage heraustretend und dann nach und nach eine *die Zeichen des Ursprungs nachweisbar an sich tragende* Gestalt annehmend.

Wie nun begegnen wir beiden Phänomenen in Theologie und Kunst? Im Augenblick[12] können wir nur Andeutendes, nichtsdestoweniger - so scheint uns - Grundlegendes sagen, geht es doch um zwei Wesenszüge, die zwei Welten kennzeichnen, nämlich die weströmische und die oströmische. Die Behauptung, daß die westliche Welt »fortschrittlicher« als die östliche sei, kann - selbst wenn es hier und da wegen äußerer »störender« (s. o.) Einflüsse stimmt, und das macht das ganze Problem noch verwickelter und verzwickter - nicht länger hingenommen werden, da eine solche Behauptung offensichtlich ungenügend ist, vielmehr müssen die Faktoren der angeblichen Überlegenheit und Fortschrittlichkeit »hinterfragt« und - wie sich dem Osteuropäer und auch dem selbstkritischen Westeuropäer zeigen wird - auf ihre ebenso hinterfragenswerten Ursprünge untersucht werden.

---

Geisteswissenschaften übertragen wollen.

[11] Leipzig 1860ff., Neuausgabe DTV München, hier Band 3, 1984.

[12] Solange meine projektierte größere Arbeit noch nicht vorliegt.

Für die Theologie, auf der ja die gesamte Kunst - zustimmend, sich entfernend oder ins Angesicht widersprechend - basiert[13], können wir im Augenblick nur soviel sagen, daß beispielsweise alle östlichen Theologien - die orthodoxen und auch die altorientalischen - trotz einiger Differenzen, verglichen mit dem Westen, eine grandiose Einheit darstellen. Nicht dadurch, wie man im Westen zu sehen meint, daß sie die Fundamentalaussagen der Väter des ersten Jahrtausends ständig wiederholen, sondern daß sie die Weichen stellenden Festlegungen der Ökumenischen Konzilien, die als für alle Kirchen[14] verpflichtend angesehen werden, *im Lichte* - nicht *in Imitation* - der Väter interpretieren. Wie sehr kreativ dies Vorgehen sein kann, ersieht man aus der Tatsache, daß (für die jeweilige Entstehungszeit) so neuartige Theologien wie die des Gregor Palamas (14. Jh.), des Peter Mogilas (17. Jh.) oder der drei russischen Koryphäen Solovjov, Bulgakov und Florenskij (19. und 20. Jh.) entstanden, die, gerade weil sie zunächst so neuartig wirkten, Jahrzehnte brauchten, bis sie vom allgemeinen orthodoxen Bewußtsein akzeptiert wurden - und bei den genannten drei Russen ist das bis heute nicht vollständig gelungen. Und dennoch erscheinen die genannten fünf »Reformatoren« nicht als Brecher, sondern als Fortsetzer der Tradition, wenngleich sie dieser neue Aspekte abgewinnen. Auch westliche Betrachter meinen,

---

[13] Die sog. »Kunst« (im Grunde ein »Kunstwort«) ist in Europa in den ersten tausend Jahren teils bildnerischer, teils musikalischer Ausdruck der herrschenden philosophisch-theologischen Grundauffassungen, d. h. des herrschenden Gottes- und Weltbildes. Etwa ab dem 13. Jh. trennen sich nicht nur Philosophie und Theologie von dieser bestehenden Tradition und »stiften« eine neue, sondern die bildnerische und die musikalische Welt trennen sich ebenfalls von dieser, ohne daß gesagt werden kann, sie hätten eine neue gestiftet. Sie reißen eher die Tradition in einen »oberen« (metaphysischen) und einen »unteren« (psychophysischen) Teil auseinander, wobei sie in einem 700jährigen Prozeß (13.-20. Jh.) den »oberen« Teil zunehmend vernachlässigen (schließlich verlieren) und den unteren - hierdurch bedingt - zunehmend zerstören.

[14] Nur die aus der Reformation hervorgegangenen Kirchen betrachten die Festlegungen der Ökumenischen Konzilien eher als *Leitlinien* denn als *Verpflichtung*. Ein gewisser Unterschied in den östlichen Theologien besteht darin, daß die Orthodoxe Kirche theologisch auf sieben, die Altorientalische auf drei, die Ostsyrische, heute oft »assyrisch« genannte Kirche, auf zwei Ökumenische Konzilien basiert. Da aber alle drei auf dem fundamentalen ersten Konzil, jenem von Nikaia (325) aufruhen, das die Wesenseinheit zwischen Gott-Vater und Gott-Sohn (Logos) definierte, kann man von einer *fundamentalen,* wenn auch nicht im einzelnen spezifizierten Einheit aller Ostkirchen und östlichen Theologien sprechen. Dies betonte u. a. der einstmals weltweit bekannte russische Auslands-Theologe Leo Zander. (Er gilt als bedeutendster Schüler und Interpret Bulgakovs, ist heute fast vergessen, lehrte in Paris an der Akademie St. Serge und starb um 1970.)

daß die genannten Theologen zwar »Neues« gebracht hätten, aber dennoch keinen »Bruch« mit dem Herkommen darstellten. Sie gelten als »Entfaltungen« des Grundgelegten, welches selber durch die Entfaltung nicht beschädigt wurde. Bei Betrachtung der ab dem 13. Jh. auftretenden westlichen Theologien ist die Schwierigkeit die, daß sowohl der katholische wie der protestantische »Block« für sich in Anspruch nehmen, *im Fundamentalen* nahtlos die Tradition fortzusetzen, wobei beim reformatorischen Block als neues Element die *Idee der Wiederherstellung* hinzukommt. Schon zwischen den beiden westlichen Blöcken ist es deshalb zu schweren geistigen Auseinandersetzungen gekommen, und erst recht fällt es dem östlichen Block schwer, sowohl beim römischen wie beim reformatorischen Block wahre Kontinuität zu entdecken, da in seinen Augen die aufgetauchten Neuheiten nicht eine Interpretation der Überlieferung, sondern auf weite Strecken einen Bruch mit ihr darstellen, wobei seine Kritik am römischen Block etwa bereits um die Jahrtausendwende einsetzt.

*Was ist eigentlich gemeint?* Beide westlichen Blöcke sind überzeugt, daß ihre theologischen Positionen sich aus biblisch-frühkirchlichen theologischen Gegebenheiten *entwickelt* hätten, also etwa die Frage nach dem Ausgang des Hl. Geistes, nach den Prärogativen des Papstes, nach der Rechtfertigung oder nach der Prädestination (Vorherbestimmung des Menschen). Man arbeitet mit logischen Folgerungen, mit Schlüssen - die nachzuvollziehen der östliche Theologe sich aber nicht genötigt sieht, *da sie für ihn keinen Sitz im Leben haben und deren Durchsetzung man daher seiner Meinung nach um der inneren Einheit der Kirche willen unterlassen sollte.*
Es geht aber nicht nur um Verteidigung einzelner dogmatischer Lehrsätze, sondern auch um seelische Accordaturen (Gestimmtheiten), die aufgrund kaum beachteter philosophischer Umstellungen erfolgen können und deren Auftreten den östlichen Beobachter zum »Hinterfragen« und gelegentlich auch zur Ablehnung veranlassen. Hierzu gehört etwa, daß der gesamte Westen - ungefähr seit der ersten Jahrtausendwende, verstärkt aber seit Einführung des Aristotelismus als Denkgrundlage - den Osterglauben der alten Kirche, so wie er damals bestand, verläßt und das Weihnachtsfest in Bewertung *und Feier* an seine Stelle rückt. Aus der Kirche der Auferstehung wird plötzlich - mit allen dazugehörigen Folgen - eine Kirche der Inkarnation. Einen weiteren Schritt vollzieht später die protestantische Frömmigkeit, die das Geschehen von Golgotha an die erste Stelle rückt. Es genügt dem östlichen Beobachter aber nicht, daß gesagt wird:

»Im Osten ist es so - und im Westen so«[15], sondern er »hinterfragt«: »Ging nicht etwas *Ursprüngliches, Eingestiftetes* bei dieser Verrückung verloren?« Oder: »Hat die zu späte - außerdem lückenhafte - westliche Rezeption (um 600) des II. Ökumenischen Konzils von 381 und dessen Aussagen über den Hl. Geist nicht zu einer gefährlichen Geistvergessenheit des gesamten Westens geführt? Liegt letztlich der heute so beklagte Materialismus des Westens nicht in eben diesem Versäumnis?« Man hat im Osten den Eindruck, daß *Entwicklung* im Gegensatz *zu Entfaltung* aushöhlende Veränderung des Grundgelegten, *Eingestifteten,* bedeutet.

Extrem wichtig ist aber hierbei, daß es um zwei *Sichtweisen* geht, denn der Westen wird stets sagen, er habe durch seine Entwicklungen nichts Grundgelegtes, Eingestiftetes verändert, sondern lediglich für das Hier und Heute *neu formuliert*[16] bzw. *weiterentwickelt*. Es wäre an der Zeit, wenn auch vielleicht - angesichts der beiderseits verhärteten Positionen - von vornherein aussichtslos, über dieses Problem miteinander zu reden. Etwa: »Seid ihr im Osten bereit, *Ent-wicklung* als Wachstumsschema anzuerkennen? Wenn nicht, warum?« Und umgekehrt: »Merkt ihr im Westen nicht, daß bei Anerkennung der *Entwicklung* über der Fülle von neuen Erscheinungen die Uridee blasser und blasser wird? Wir können nur Entfaltung zulassen, weil es uns an der Weitergabe *des in den Denkmodellen des 'Illud tempus' (kairós ekeínos) geoffenbarten Originals liegt.«*

In der Fragestellung zeigen sich die zwei Positionen, die seit dem ersten Aufeinanderprall zwischen Ost und West, nämlich zwischen Patriarch Photios und Papst Nikolaus (9. Jh.), unverändert geblieben sind: im Westen *Anspruch,* im Osten *Anklage*.

---

[15] Georgiades pflegte zu sagen: »Wir sind keine Positivisten; wir begnügen uns nicht mit Beschreibung, sondern wir untersuchen, urteilen und werten nach Maßstäben.«

[16] Auf Unverständnis stieß daher im Osten die von Karl Rahner oft geäußerte Meinung, *kein Dogma sei so perfekt formuliert, daß es nicht in Zukunft um-, d. h. besser formuliert werden könnte.* Hierzu ist zu sagen, daß der Osten nichts gegen erforderliche Interpretationen hat, daß er aber dabei zunächst von der bestehenden Formulierung ausgeht, die jahrhundertelang ihren Sitz im Leben hatte, *diese* Formulierung *stehenläßt* und dann nach ergänzender, ins Detail gehender Spezifizierung Ausschau hält. Dogma ist primär nicht Lehre, sondern Leben und damit »Denkmal« (im Sinne eines alttestamentlichen, etwa abrahamitischen Altarbaus. Die Altäre bleiben bestehen, aber einer verweist jeweils auf den folgenden).

Werfen wir nun einen Blick auf die Künste und beschränken wir uns für den Augenblick auf Malerei und Musik. Was wir für die Theologie sagten, gilt genauso für die Malerei. Auch die Ikonenmalerei stellt trotz ihrer vielen temporären und lokalen Verzweigungen ein *grandioses Ganzes* dar, das auch im Westen Bewunderung findet. Trotz des hier riesenhaft angeschwollenen Interesses ist die Grundhaltung aber meistens doch diese: »Wunderbare Archaik, doch stilistisch stehengeblieben.« In Wirklichkeit wird das geschulte Auge jedoch eine unübersehbare Zahl von Veränderungen bemerken, die man folgendermaßen unterscheiden kann: a) Der die Überlieferung der Kirche (wozu die Hl. Schrift gehört) mehr und mehr *symbolisch,* d. h. *zusammen*[17] schauende Maler entdeckt genauso wie die ebenso *symbolisch* denkenden Theologen - eine Fülle von Personen, Fakten und göttlichen Tätigkeiten, die mit dem von ihnen behandelten Thema in engem Zusammenhang stehen. Das Moment des Additiven und Kumulativen tritt zusammen mit dem des Erweiternden, Horizontvergrößernden, *Weltenschöpferischen* in Erscheinung. Doch gibt es b) auch Neuartiges, bisher Unbeachtetes, etwa das in der sog. »Paläologen-Renaissance« (13.-15. Jh.) sich zeigende Humanum, dargestellt durch besondere Schmerz- oder Freudengesten bzw. -gesichtszüge der am Heilsgeschehen beteiligten Personen.[18] So entsteht auf Mosaiken, Fresken und Tafelbildern buchstäblich neben der »alten« unerlösten Welt durch das Kerygma der Theologen *und* Künstler eine »Néa ktísis«, eine, ja *die* Neue Schöpfung, und zwar als Prophetie, d. h. als aus der Ewigkeit in die Zeit strahlende, zur Verwirklichung aufrufende Ikone. Und trotz dieser zahlreichen Veränderungen additiver, aber auch stilistischer Art wird man von einem im Grunde einheitlichen, weil auf einem gleichbleibenden denkerischen, lebendig erfahrenen - und zugleich durch die Inkarnation »in jener Zeit« (»tò kairò ekeíno«) mit Offenbarungscharakter ausgestatteten - Grundkonzept basierenden Ikonen-Malstil sprechen müssen. Es ist genau das, was die westliche Malerei nicht kennzeichnet, da sie sich ja gerade in der Veränderung solcher Grundkonzepte darstellt. Man spricht dort nicht von ikonographischer *Einheit,* sondern von einander ablösenden und einander widersprechenden *Epochen.* Man gewinnt außerdem den Eindruck, daß für den aristotelisch-teleologisch gebildeten Westen das *Ziel* das wichtigste Movens im Leben ist, während der Osten

---

[17] Das griechische Wort »sýmbolon« kommt vom Verbum »symbállo«: »zusammenfügen«, »zusammenbauen«.

[18] Auch die plötzlich auftauchenden Ich- statt Wir-Formen der Gebetstexte gehören hierzu.

schon seit vorchristlicher Zeit weiß, daß der *Weg das Ziel ist*.[19]
Ein besonderes Kapitel ist das der »Beeinflussung von außen«, also etwa die Beeinflussung der griechischen Ikonographie durch italienische oder der russischen durch polnische Vorbilder. Die Diskussion hierüber steht noch aus.[20] Sind die fremden Vorbilder tatsächlich integriert worden oder stellen sie eine Überfremdung dar? Sollen sie wieder ausgeschieden werden oder können Teile von ihnen integriert werden? Solche Fragen stellen sich etwa anläßlich der großen Feste Ostern und Weihnachten, ja auch anläßlich einiger Muttergottes-Ikonen.[21]
*Eine* Aporie allerdings ist für beide Kirchenblöcke, für die zwei westlichen und für den östlichen, die gleiche: Wie soll man *heute* in der Kirche und für die Kirche malen? Ein gültiges Menschenbild *exemplarisch* vorzustellen vermag keiner. Nachdem die orthodoxen Maler nazarenischen und präraffaelitischen Stil in Rußland seit dem Ersten, in Griechenland und auf dem Balkan seit dem Zweiten Weltkrieg verlassen haben[22], bemühen sich die Maler, um zwischen Scylla und

---

[19] Christus sagt nicht »Ich bin dein Ziel«, sondern »Ich bin dein Weg« (Joh 14,6). Es entsteht zudem der Eindruck, daß der Westen deshalb (d. h. wegen des nicht erreichten Zieles) dauernd »auf der Suche« ist, ja aus »Suche« eine Ideologie gemacht hat. Bekannt ist Lessings Ausspruch:»Wenn Gott mir in einer Hand die 'Wahrheit' und in der anderen die 'Suche nach Wahrheit' zur Wahl entgegenhielte, würde ich die 'Suche' wählen und ihm sagen: Die Wahrheit ist doch nur für dich allein«. Das Bewußtsein, (nur) ein »Suchender« zu sein, hat sich im Abendland seitdem massiv verstärkt und greift auch im katholischen Bereich, der sich mehr und mehr der *Entwicklung* öffnet, um sich. Man ist im Westen nicht selten der Ansicht, daß die Wahrheit, gewissermaßen »von Natur aus«, unauffindbar sei - und vergißt, daß sie mir täglich modo suo *gegenüber*tritt.

[20] In der von 1985 bis 1997 bestehenden deutschen orthodoxen Kunst-Zeitschrift »Hermeneia« wurde diese Diskussion zaghaft, aber doch deutlich begonnen.

[21] Das orthodoxe Osterbild etwa ist seit dem 17. Jh. von dem westlichen Typ des - biblisch nirgends bezeugten - aus dem Grab steigenden Erlösers bedroht. Speziell in Rußland war diese Bedrohung besonders groß, da durch dieses *gemalte* Bild in der Seele des Betrachters ein falsches und damit glaubensgefährdendes *Memorialbild* entsteht. - Das Weihnachtsbild erhält seit neuestem (seit der Wende 1989/90) entstellende Züge dadurch, daß - um solche Bilder im Westen und in Rußland an Westbesucher besser verkaufen zu können - statt der Geburt des Logos das Idyll der Hl. Familie gemalt wird. - Zu den Muttergottes-Ikonen westlichen Ursprungs gehört z. B. die Sieben-Schmerzen-Madonna. - In Rußland sind gelegentlich (16. Jh.) »westliche« Ikonen offiziell verboten worden, z. B. der gekreuzigte Seraph, der aus Franziskus-Bildern stammte.

[22] In Rußland war diese Tendenz hier und da schon seit etwa 1890 zu verspüren, als man versuchte, einen orthodoxen Jugendstil zu kreieren, dem dann leider Krieg und Revolution ein frühes Ende bereiteten.

Charibdis, sprich zwischen Kitsch und Abstraktion, hindurchzukommen, sich irgendwie an dem »strengen Stil« früherer Jahrhunderte auszurichten. Höchst beeindruckende Leistungen sind hier von Malermönchen des Heiligen Berges in Kirchen Thessalonichs zuwege gebracht worden!

*Wenden wir uns der Musik zu.* Im Grunde ist es dieselbe Situation wie in der Malerei (und in der Architektur[23]). Auch hier zunächst eine grandiose Einheit, nämlich mehr als 1000 Jahre Einstimmigkeit, doch von Anfang an - gemäß den durch »Taufe« entstandenen vier christlichen »Urkulturen« - lokal gegliedert: syrisch, ägyptisch (koptisch), griechisch, lateinisch. Durch weitere »Taufen« kommen bald hinzu: armenisch, georgisch, äthiopisch, balkan-slawisch, russo-slawisch. Trotz seit dem 19. Jh. einsetzender intensiver Forschung sind bis heute nur zwei Musikkulturen wirklich gründlich erforscht: die griechische und die russische. Gleichzeitig muß aber gesagt werden, daß beide zusammen mit der Erforschung der westlichen Choralsysteme nicht Schritt halten können, da die Kenntnis der östlichen (griechischen wie slawischen) Neumen, d. h. der schriftlichen (vor Erfindung der Notenschrift verwendeten) Musikzeichen, rückwärts betrachtet, von Jahrhundert zu Jahrhundert abnimmt (und durch einander heftig bekämpfende Hypothesen ersetzt wird). Dies hängt u. a. damit zusammen, daß Religion in jeder Form - wissenschaftlich wie rituell - für den Ostchristen zunächst Gegenwart und dann erst Historie bedeutet und infolgedessen ausübende Musiker weit weniger an Fixierung und Theorie der Fixierung interessiert waren (und sind), als dies im Westen der Fall war und ist.[24]

---

[23] Aus Platz- und Zeitgründen erwähnen wir die Architektur nur am Rande. Doch muß unbedingt gesagt werden, daß der Zentralkuppelbau kein Zufallsergebnis ist, sondern die Krönung eines jahrhundertelangen geistigen Wachstums. Es ist Ausdruck orthodoxen Wesens, auf eine Zentralkuppel zuzusteuern, so wie es auf dem Abschlußkonzil nach dem Ikonoklasmus (843) von den Vätern nach hundert Jahren harten Bekennertums und blutigen Martyriums voller Begeisterung ausgerufen wurde: »Dies ist der Rechte Glaube, dies ist der Glaube der Väter!« Kuppelbewußtsein bei gleichzeitig sich ständig vergrößernden Mauern ist seitdem Hauptform orthodoxen Denkens.

[24] Viele östliche Musikkulturen, z. B. die koptische, die äthiopische und die gesamte syrische, werden bis heute - trotz bestehender, jedoch nicht beachteter bzw. nicht mehr beachteter Musikaufzeichnung - ausschließlich mündlich (zudem sehr oft von blinden Kantoren) weitergegeben. Für das Bewußtsein solcher Kantoren entsteht dann, da Veränderungen nur sehr langsam vorgenommen und infolgedessen nicht bemerkt werden, der Eindruck *und die Verkündigung* einer »ewigen« Musik. Auch im griechischen Bereich, wo eine minutiöse, immer wieder reformierte und in Akademien und Seminarien dozierte, ein- und ausgeübte Choralmusik besteht, spielt nichtsdestoweniger das persönliche, variierende und improvisierende

Für uns Mitteleuropäer sind die slawische und die griechische Musikkultur die uns am nächsten stehenden.[25] Die griechische ist klar die älteste. Sie stellt sich dar als paläo-(alt-), meso-(mittel-) und neo-(neu-)byzantinische Musik. Die neubyzantinische Periode (ab dem 19. Jh.) ist am besten erforscht, die mittelbyzantinische (14. bis 19. Jh.) nur ungefähr, die altbyzantinische (vor dem 14. Jh.) gar nicht bzw. nur hypothetisch.[26] Ähnliches gilt von der russischen und - wenn auch unter anderen Bedingungen - von der bulgarischen Musik.

Die Russen empfingen das Christentum im Jahr 988 durch von Konstantinopel entsandte Bulgaren, die die - durch die kyrillo-methodianische Textübersetzung bereits leicht slawisierte - byzantino-bulgarische Musik mitbrachten. Durch Übernahme der griechischen Neumen konnte diese Musik nun anschließend nicht nur russifiziert, sondern auch schriftlich fixiert werden. Da die Russen aber die verschiedenen Neumenreformen der Griechen - mit Ausnahme jener des 19. Jh.s - bei gleichzeitiger Schaffung neuer eigener Zeichen mitmachten, können wir gleichfalls nur die jüngste Neumenstufe (ab dem 17. Jh.) genau lesen, die mittelrussische (15 bis 17. Jh.) nur ungefähr, die altrussische überhaupt nicht. Die Bulgaren dagegen schmiegten sich eng an Byzanz an dergestalt, daß sie - etwa seit dem 10. Jh. - keine weitere Bulgarisierung der Musik mehr betrieben, sondern in slawischer Sprache griechische Musik sangen.[27] Nicht ganz so weich, doch weniger robust als die Russen verhielten sich die Serben, die die Serbisierung der Musik tapfer vorantrieben, so daß außer dem russischen ein eigener

---

Element (das »Tun« und nicht das »Werk«, s. o.) eine große Rolle. Auch Georgiades war ein vorzüglicher Kenner der byzantinischen Musik. Sein Lehrer und späterer Freund und Mitarbeiter war der berühmte Simon Karás gewesen.

[25] Auch die armenische und die georgische Musikkultur erreichen wegen ihrer scheinbaren Dur-Moll-Tonalität leicht unser Ohr, doch sind sie, schon wegen der relativ geringen Zahl ihrer Gläubigen, hier im Westen kaum präsent.

[26] Hier zeigt sich schon der Kampf der Schulen, denn es gibt Anhänger des austro-ungarischen Gelehrten Egon Wellesz († 1974), die - nach westlichen Gesichtspunkten - eine Methode entworfen haben, nach der sie meinen, mittelbyzantinische, ja teilweise altbyzantinische Neumen lesen zu können. Georgiades und die gesamte »Münchener Schule« lehnten und lehnen diese Methode als im *östlichen Sinne* »unwissenschaftlich« ab. Die zahlreich veröffentlichten »dechiffrierten« Notenbände der sog. »Monumenta Musicae Byzantinae« haben inzwischen wegen »Unaufführbarkeit« ihr Erscheinen eingestellt. Wie von G. prophezeit, stellen sie nur noch, wenn auch hochinteressante, Makulatur dar.

[27] Ein Vorgang, der etwa der deutschen Gregorianik zu vergleichen ist.

serbischer Choralgesang entstand. Alle drei Musiksysteme entfernten sich im Laufe der Jahrhunderte voneinander, doch blieben byzantinische Fundamente wie das Acht-Töne-System (die acht Kirchentöne, die auch der Westen von Byzanz übernommen und dann umgestaltet hat) oder das Singen nach Mustermelodien (sog. Prosómia) nach demselben Prinzip wie in Byzanz erhalten, ebenso die Einteilung der Gesangsstile in irmologisch (pro Silbe ein Ton), stichirarisch (pro Silbe ein oder mehrere Töne) und kalophonisch (pro Silbe längere Melismen), denen die Russen dann noch einen eigenen, wenn auch kurzen, prokimnischen hinzufügten.

Einen großen Einbruch bedeutete für die drei slawischen Kulturen (denen sich weniger selbständig die rumänische anschloß) die Übernahme der westeuropäischen Mehrstimmigkeit im 17. Jh. durch Rußland und im 19. Jh. durch Bulgarien, Serbien und Rumänien und - ebenfalls im 19. Jh. - im Kaukasus unter russischem Einfluß durch Armenien und Georgien. Griechenland hielt sich bis auf wenige Ausnahmen (bayerischer Einfluß unter König Otto I., italienischer Einfluß durch den Athener Kantor Sakellaridis) von diesen Einbrüchen zurück.

Auch im Falle der Musik tauchte, besonders in Rußland, die Frage auf: Ist das eine Bereicherung, die integriert werden kann, oder ist es eine Überfremdung, die zurückgedrängt werden muß? Und hier sind ebenfalls die Probleme bis heute nicht ausdiskutiert, umso mehr, als der Bolschewismus in Rußland seit 1917 und auf dem Balkan seit 1945 jede ernsthafte künstlerische Diskussion unmöglich machte, da die Kirchen wegen drohender Vernichtung nur noch ums nackte Überleben kämpfen konnten. Ähnlich aber, wie sich in der Malerei Tendenzen herausbildeten, die statt Nachahmung westlicher Vorbilder Rückanlehnung an eigene alte Schulen des »strengen Stils« propagierten, gab es auch im 19. und frühen 20. Jh. bei den Slawen Komponisten, die statt europäischer (speziell deutscher) Romantik Rückbindung an den russischen bzw. serbischen bzw. bulgaro-byzantinischen Choral forderten und in der Harmonie Angleichung an die unakademischen Besonderheiten des »ungebildeten« Volksgesanges oder - so in Petersburg - an den Palestrinastil verlangten.[28]

Und trotz dieser Verschiedenheiten - in Rußland beispielsweise ging die Okzidentalisierung in drei Wellen vor sich: einer polnischen (1652 bis 1734), einer italienischen (1734 bis 1825) und einer deutschen (1825 bis 1917), denen verschiedene Reformversuche als Abwehrreaktion folgten - wird doch der musik-

---

[28] In Serbien lehnte sich der Komponist Tajcevic († 1970) an Carl Orff an, in Bulgarien arbeitete der Komponist Ivan Spassov († 2000) mit Clustern.

historisch nicht speziell Gebildete die gesamte russische Mehrstimmigkeit, ja noch die beiden anderen slawischen und vielleicht auch noch die rumänische dazu als eine einheitliche, vom Westen klar sich abhebende, *orthodoxe* Musik empfinden. Wie aber könnte man das erklärend umschreiben? Es ist die besondere Art der Akkordwahl, es ist die besondere Art der Homophonie, es ist die fehlende kontrapunktische Polyphonie, es ist das häufige Rezitativ, *es ist vor allem die undistanzierte, sich mit dem textlichen Inhalt total identifizierende Art des Singens,* die diese Musik sofort als orthodox erkennen läßt, so daß man sie sich nicht als für eine katholische oder protestantische Kirche komponiert vorstellen könnte. Wie aber kann näherhin die *besondere* Akkordwahl und *besondere Art der Homophonie* umschrieben werden? Verschiedene Einzelbeobachtungen bieten sich an: Entstehung der Akkorde aus einem Terz-Organum, in den traditionellen Stücken Fehlen der Tonalität und statt dessen Vorherrschen der Modalität, Fehlen der Finaltonalität, Fehlen eines tonalen Zentrums, Fehlen von Takteinheiten, Herrschaft figuraler Bestimmungspunkte, hymnische Grundstruktur der Stücke und *Grundeinstellung* der Sänger, statt Distanz zur Musik Identifikation mit ihr u. a. m. Mit einem Wort: eine andere Welt als die des Westens. Nicht geringerwertig, sondern anders, da aus anderen Wurzeln. Und wieder: eine Betonung (für den Hörer auch Erfahrung) der inneren Einheit: von der Einstimmigkeit bis in die - zunächst als Fremdgut übernommene, dann nach eigenen Gesetzen (»nómoi«) akkomodierte, inkorporierte, adaptierte - Mehrstimmigkeit. Trotz der »Brüche«: kontinuierliches orthodoxes Bewußtsein und orthodoxe Erfahrung (»Glaube«), wenn auch - bei Griechen, Slawen, Rumänen[29] u. a. - in verschiedenen Gewändern, genauso wie verschiedenfarbige Kultgewänder trotz verschiedenen Anlasses denselben Kult feiern. Fassen wir zusammen: Die Botschaft des Evangeliums wurde denkerisch, vital und künstlerisch von vier »Urkulturen« aufgenommen: von (der Reihe nach) Syrern, Ägyptern, Griechen und Lateinern. Durch die muslimischen Eroberungen (ab 632) hörten der Orient (Syrer) und Ägypten auf, weltbestimmend zu sein.[30] Übrig blieben Griechen und Lateiner. Beide folgten in ihrer denkerischen Prägung und in den daraus entstehenden denkerischen Leistungen zunächst der

---

[29] Heute sind orthodoxe Musikkulturen auch in Deutschland, England, Amerika und anderswo im Entstehen begriffen.

[30] Bis dahin sprachen sie auf den Ökumenischen Konzilien (Weltversammlungen) nächst den Griechen das wichtigste Wort. Die Römer dagegen spielten, was Weltgeltung anbelangt, theologisch tausend Jahre lang so gut wie keine Rolle.

*damals üblichen Form* des Platonismus. Zu dieser gehörten die Prioritäten der Kontinuität vor der Diskontinuität, der Ruhe vor der Bewegung, des Weges vor dem Ziel, der Gegenwart vor der Zukunft. In der Exegese des Neuen Testamentes hatte eine gewisse Priorität das Johannes-Evangelium, und es ging unter den Aposteln eben von diesem Künder der »Liebe« (»agápe«) und der »Bleibe« (»to ménein«) eine besonders prägende Kraft aus. Ab dem 13. Jh. aber vertauschte der römische Westen Platon mit Aristoteles (dem später andere Philosophen folgen sollten) und setzte langsam aber stetig als seine Prioritäten Diskontinuität, Bewegung, Ziel und Zukunft. In der Exegese verlor das Johannes-Evangelium allmählich seinen Vorrang, und der Apostel Petrus als Symbolfigur des Bestimmens und des Vorwärtsstürmens wurde an die erste Stelle gesetzt. In den Kirchen der Reformation rückt der Apostel Paulus, ebenfalls mit *entwickelnder* Grundtendenz, an den ersten Platz. Beide Haltungen, *Entfaltung* und *Entwicklung* (im Sinne von Fortentwicklung) aber bestimmten und bestimmen nicht nur Philosophie und Theologie, sondern auch, ja namentlich, die Kunst in all ihren Erscheinungen.

Bevor wir aber nach Recht und Unrecht der einen oder der anderen Haltung und der damit verbundenen Art geistigen Wachstums (Entwicklung und/oder Entfaltung) fragen, sollten wir zunächst zum Ausgangspunkt unseres Denkens machen, daß es in Europa *zwei verschiedene Formen des Wachstums* gibt, die sich bis jetzt gegenseitig ausschließen. Trotzdem aber - oder gerade deswegen - scheint uns die Frage legitim, ob nicht doch ein Dialog möglich sei, nämlich im Sinne von Georgiades, der mindestens für die Musik nachwies, daß *ein Teil* der abendländischen musikalischen Entwicklung in einem übergreifenden Sinne als Entfaltung und damit als legitime Fortsetzung des Eingestifteten anzusehen sei.[31]

---

[31] Wichtig war für ihn hierbei die Frage nach der menschlichen Freiheit. Denn genauso wie er bestritt, daß die von den Evolutionisten propagierte »Entwicklung« gewissermaßen »automatisch«, nur von anonymen, gar unbewußten Kräften bewegt, vonstatten gegangen sei, hätte er dies bei den Diskontinuitäten der Entfaltung bestritten. Vielmehr hätte er darauf hingewiesen, daß es immer *spontane Eingebungen* einzelner gewesen seien, die verantwortungsvoll *traditionsbewußt und abweichend zugleich* kreativ wurden. Sie setzten dem Hörer ein Gegenüber, das auf den Hörer zugeht und ihn zu *aktiver* Rezeption auffordert. Dagegen war er skeptisch gegenüber dem, was sich nach Beethoven in der Musik ereignet. Innerer Ausdruck wird nach außen projiziert, den der (zudem anonyme) Hörer nur *passiv* in sich aufnehmen, in den er sich nur »einfühlen« kann. Ein *letztlich* menschenunwürdiger Vorgang, der Tür und Tor zur Manipulation öffnet.

CHRISTIAN W. TROLL

## Papst Johannes Paul II. und der Islam
*Eine bleibende Erinnerung...*

Während meiner Jahre in Indien, als ich am Vidyajyoti, Institute of Religious Studies, in Delhi lebte und lehrte, nahm ich immer wieder die Einladung zum Frühstück bei meinem Freund Dr. Khwaja Ahmad Faruqi, Professor der Urdu-Literatur an der Universität Delhi, wahr. Als ich am Morgen des 15. Mai 1981, einen Tag nach dem Attentat auf Papst Johannes Paul II., bei Faruqi Sahib eintraf, schaute er ungewöhnlich erregt und betroffen aus. Als ich ihn fragte, wie es ihm gehe, sagte er, daß er den ganzen vorigen Tag nicht habe arbeiten können und dann während der Nacht kaum zum Schlafen gekommen sei. Er erklärte: Ich hörte gestern auf BBC World Service, daß die ersten Worte, die der Papst, gleich nachdem er wieder zu Bewußtsein gekommen war, gesprochen habe, Worte der Vergebung für den Attentäter Ali Agca gewesen seien. Dies hat mich so beeindruckt, fügte Faruqi hinzu, daß mich bis jetzt der emotional geladene Gedanke nicht losläßt:»Dieser Akt der unmittelbaren Vergebung war wirklich Jesu Lehre gemäß. In der Tat, Papst Johannes Paul II. hat mir Jesus und sein tiefstes Anliegen nahegebracht.«

### 1. Einführung: Frühere Veröffentlichungen zum Thema. Das Ziel dieses Essays

Mitte der achtziger Jahre veröffentlichte P. Thomas Michel SJ, ein Pionier und Veteran auf dem Gebiet des christlich-islamischen Dialogs, zwei wichtige Beiträge, die sich direkt mit unserem Thema befassen. Ein Essay aus dem Jahre 1985 trägt den Titel: »Christianity and Islam. Reflections on Recent Teachings of the Church«. Zwei der 22 Seiten dieses Essays befassen sich mit den Lehren Johannes Pauls II. über den Islam. Ein Jahr später schrieb Michel dann einen Essay über »John Paul II's Teaching about Islam in his Addresses to Muslims«. Schließlich, im Jahr 1994, veröffentlichte Michel zusammen mit Michael Fitzgerald, damals der Sekretär des Päpstlichen Rates für den Interreligiösen Dialog, den reich illustrierten und dokumentierten Band: *Recognize the Spiritual Bonds which Unite Us.*[1] Diese drei Veröffentlichungen bleiben von herausragender Bedeutung für unser Thema.

Thomas Michel war von 1981 bis 1988 verantwortlich für die Asienabteilung des Päpstlichen Rates für den Interreligiösen Dialog, und von 1988-1994 leitete er die Islam-Abteilung desselben Rates (P.C.I.D., vormals: Sekretariat für Nichtchristen). Er war dann mehrere Jahre lang Sekretär des Sekretariats des Jesuitenordens für den Interreligiösen Dialog in Rom und Sekretär für ökumenische Fragen bei der Föderation der Asiatischen Bischofskonferenzen (F.A.B.C.). Deshalb sind die folgenden Worte aus seiner Feder gewichtig:

> *»Es kann mit Sicherheit gesagt werden, daß kein Papst der gesamten Geschichte den Beziehungen zwischen Christen und Muslimen soviel Aufmerksamkeit geschenkt hat wie Papst Johannes Paul II. Sowohl in seinen Ansprachen an Christen, die in Asien, Afrika, dem Mittleren Osten und Europa unter den Muslimen leben, als auch in seinen Reden an die Muslime im Zusammenhang mit seinen Reisen in viele verschiedene Länder hat der jetzige Papst [d. h. Johannes Paul II.] versucht, die Grundlagen für den christlich-islamischen Dialog zu legen und die Prinzipien für das Leben unter den Anhängern dieser beiden monotheistischen Religionen zu formulieren.«*[2]

In dem anderen eben erwähnten Aufsatz von 1986 äußert Michel die Auffassung, daß man die folgenden Gruppen von Dokumenten studieren müsse, um zu einer umfassenden Einschätzung der relevanten Lehren Papst Johannes Pauls zu gelangen:

»1. Lehren für die Christen, besonders die Katholiken, über die Religionen (z. B. Enzyklika *Redemptor Hominis*; Enzyklika *Redemptoris Missio*; die Ansprachen, in regelmäßigen Abständen, an den Mitarbeiterstab des Päpstlichen Rates für den Interreligiösen Dialog).

2. Lehren für die gesamte menschliche Familie über die Fragen, die es mit interreligiösen Beziehungen zu tun haben (z. B. Botschaften zum Weltfriedenstag, Radioansprachen an die Völker Asiens).

---

[1] *Pontifical-Council for Interreligious Dialogue*. Vatican City 1994.

[2] Th. Michel, *Christianity and Islam. Reflections on Recent Teachings of the Church*, in: Encounter (Documents for Muslim-Christian Understanding. Pisai, Rome), Nr. 112 (February 1985), 7.

3. Lehren für die Christen über den Islam und die Beziehungen zu den Muslimen (z. B. Ansprache an die Christen in Ankara; Homilie während der Eucharistiefeier in Casablanca, Marocco).
4. Ansprachen an Muslime.
5. Ansprachen an Muslime und andere.«³
Dazu kommen einige Seiten im Buch *Die Schwelle der Hoffnung überschreiten* aus dem Jahr 1994, wo Johannes Paul II. Fragen beantwortet, die ihm der Journalist Vittorio Messori schriftlich unterbreitet hat.⁴
Ziel dieses Beitrags ist es jedoch, die theologische Dimension des Erbes von Johannes Paul II. herauszustellen. Ich behandle also das Thema »Johannes Paul II. und der Islam« aus dieser besonderen Perspektive. So werde ich hier die in der Tat bemerkenswerten Initiativen Johannes Pauls II. auf dem Gebiet des interreligiösen Dialogs und, spezieller, auf dem Gebiet der Beziehungen und des Dialogs zwischen Christen und Muslimen nicht beschreiben und analysieren. Auch geht es hier nicht darum, Licht auf die Frage zu werfen, wie Johannes Paul II. Dialog im Verhältnis zu Mission und Proklamation gesehen hat. Schließlich ist es auch nicht Ziel dieses Beitrags, in mehr Details die wesentlichen Einsichten Johannes Pauls II. auf dem Gebiet der christlichen Theologie der nichtchristlichen Religionen zu erforschen, obwohl dieses Thema am Ende des Beitrags kurz zur Sprache kommen wird. Stattdessen beabsichtigen wir hier, auf das Verständnis des Islam bei Johannes Paul II. als eine bestimmte religiöse Sicht und als ein Gesamt von normativen Praktiken und Glaubenslehren einzugehen. Auch wollen wir sehen, wie er die muslimische Gemeinschaft weltweit in ihrer religiösen Bedeutsamkeit wahrgenommen hat; einerseits ihre große Vielfalt, was das breite Spektrum von muslimischen Sekten, Bewegungen, Tendenzen und ideologischen Trends angeht, und andererseits die Tatsache, daß sie sich in einem kontinuierlichen Prozeß des Wandels befindet.

## 2. Der Islam in *Die Schwelle der Hoffnung überschreiten*

Es gibt meines Erachtens keine Anzeichen dafür, daß Johannes Paul II. in irgendeiner Phase seines Lebens einen entschiedenen Versuch gemacht hätte, den

---

³ Th. Michel, *John Paul II's Teaching about Islam in his Addresses to Muslims*, in: Bulletin. Secretariatus pro non-Christianis, No. 62 (1986), vol. XXI/2, 182-191, hier 182f.

⁴ Johannes Paul II., *Die Schwelle der Hoffnung überschreiten*, Hamburg 1994.

Islam als Religion und Kultur näher kennenzulernen.[5] Trotz der Präsenz einer alten, kleinen Gruppe von Tataren in Polen spielt der Islam als Religion und Kultur im säkularen und religiösen Diskurs des modernen Polen kaum eine bedeutsame Rolle, ausgenommen die herausragende Rolle, die König Jan III. Sobieski (1629-1696) in den erfolgreichen Schlachten bei der Abwehr der Angriffe der Ottomanen auf Europa gespielt hat.

Man kann mit Sicherheit annehmen, daß Johannes Paul II. erst im Kontext der Diskussionen des Zweiten Vatikanischen Konzils, die sich dann in den relevanten Texten von *Lumen Gentium* (16) und *Nostra Aetate* (3) niedergeschlagen haben, begonnen hat, sich für den Islam und die muslimische Welt zu interessieren und tiefer über die Fragen nachzudenken, die sich der Kirche von dort her stellen.

Im schriftlichen Interview, das Vittorio Messori mit Johannes Paul II. im Jahre 1994 geführt hat und das im gleichen Jahr auch auf deutsch erschienen ist, finden sich - als Kapitel 15: Mohammed? - gerade einmal vier Seiten über den Islam. Ich beginne meine Analyse bewußt mit den in diesem Text gemachten Aussagen Johannes Pauls II. über den Islam. Denn hier sind wir sicher, das persönlich reflektierte Denken des Papstes vor uns zu haben, unbeeinflußt von einer von zweiter Hand vorbereiteten Vorlage oder Skizze. Darin unterscheidet sich dieser Text von den anderen Texten des Papstes, die wir in diesem Beitrag zitieren und diskutieren werden. Auf diesen wenigen Seiten des Interviewbuches legt Johannes Paul II. nach reiflicher Überlegung die Essenz seines theologischen Denkens über den Islam dar, des Islam »als einer der großen monotheistischen Religionen«, wie er selbst dort formuliert.

Johannes Paul II. erinnert sich zunächst an »ein Erlebnis« aus seiner Jugendzeit:

> *»Wir besichtigten im Kloster San Marco in Florenz die Fresken von Fra Angelico. Auf einmal schloß sich uns ein Mann an, der die Bewunderung für die Meisterschaft dieses großen geistlichen Künstlers mit uns teilte, aber hinzufügte: »Doch ist nichts vergleichbar mit unserem wundervollen moslemischen Monotheismus.« Diese Erklärung hinderte uns nicht daran, die Besichtigung und das Gespräch in freundschaftlichem Ton fortzuführen. Dieses Erlebnis war für mich förmlich wie ein*

---

[5] In der umfassenden Biographie über Papst Johannes Paul II. von George Weigel (Witness to hope, NewYork 1999) habe ich keinerlei Hinweis auf ein Interesse Johannes Pauls II. an Muslimen und am Islam für die Zeit vor dem Zweiten Vatikanischen Konzil gefunden.

*Vorgeschmack auf den Dialog zwischen Christentum und Islam, den man in der nachkonziliaren Zeit systematisch zu entwickeln versucht.«*

Ich nehme an, Johannes Paul II. erwähnt dieses Erlebnis, um die zentrale Stellung zu unterstreichen, die die Idee des einzigen und einen Gottes, d. h. des »reine[n] Monotheismus« in der muslimischen Sicht des Glaubens einnimmt. Um zu zeigen, daß die Muslime sich selbst stets in einer Beziehung des Wettstreits mit anderen Religionen [nicht zuletzt der christlichen] und deren Lehren und Praktiken sehen, zitiert Johannes Paul II. die Worte, die der Muslim beim Besuch von San Marco seinen Worten der Bewunderung für die Gemälde Fra Angelicos hinzufügte: »Doch nichts ist vergleichbar mit unserem wundervollen moslemischen Monotheismus.«
Bezeichnend ist auch die gleich darauf folgende Bemerkung Johannes Pauls: »Diese Erklärung hinderte uns nicht daran, die Besichtigung und das Gespräch in freundschaftlichem Ton fortzuführen.« Als wolle uns der Papst nahelegen: Differenzen, was den Glauben und die Glaubenslehren angeht, und die klare Unterscheidung von verschiedenen Glaubenslehren und Wahrheitsansprüchen auf der normativen Ebene sind eine Sache, das beharrliche Bemühen um fortgesetzten Dialog und Austausch auf der praktischen Ebene sind eine andere. So kommt in diesem knapp gehaltenen Erlebnisbericht das Papstes sein Denken in dieser Sache kurz und bündig zum Ausdruck. Johannes Paul II. hielt es für wesentlich, gleichzeitig beides zusammenzuhalten: einmal das klare Ausmachen der Lehrunterschiede zwischen den beiden Religionen sowie zum anderen den Willen zum unablässigen Festhalten an Austausch und Dialog zwischen den Anhängern der beiden Religionen.
Die folgenden zwei Paragraphen desselben Textes aus *Die Schwelle der Hoffnung überschreiten* zeigen an, worin Johannes Paul II. den Unterschied zwischen den beiden Glaubenssichten und -lehren sieht. Aus seiner Lektüre des Koran und dem Vergleich mit der zentralen Botschaft der biblischen Schriften kommt Johannes Paul II. zunächst einmal zu dem Schluß, *»daß sich hier ein Prozeß der Einschränkung der Göttlichen Offenbarung vollzogen hat«* (Die Betonung stammt von Johannes Paul II. selbst). Worin besteht nun dieser »Prozeß der Einschränkung«? Er besteht in »der Entfernung … von dem, was Gott zuerst im Alten Testament durch die Propheten und dann definitiver im Neuen Testament durch seinen Sohn gesagt hat.« Diese Aussage wird weiter radikalisiert in der unmittelbar folgenden: »Dieser ganze Reichtum der Selbstoffenbarung Gottes, der das Erbe des Alten und Neuen Testaments ausmacht, wurde im Islam hintangestellt.«

Es wird in der Tat gemeinhin gesagt, daß Offenbarung - koranisch verstanden - in der Offenbarung des göttlichen Willens und nicht des göttlichen Wesens bestehe. Man kann jedoch auch argumentieren: Der Koran, indem er Gott in vielfältiger Weise benennt und ihm z. B. Attribute wie barmherzig, gnädig und allwissend zuschreibt, offenbart de facto wirkliche Qualitäten des Wesens Gottes in dem Sinn, daß er in diesen koranischen Attributen Aspekte seiner selbst offenbart, die der bloße Verstand als solcher nicht zu erreichen vermag. Folglich könnte man die Aussage Johannes Pauls II., daß im Islam »der ganze Reichtum der Selbstoffenbarung Gottes, der das Erbe des Alten und Neuen Testaments ausmacht ... im Islam hintangestellt« wurde, in Frage stellen. Allerdings, selbst wenn man dies tut, wird man kaum umhin können zuzugeben, daß der Koran in der Tat den Reichtum des spezifisch biblischen Verständnisses der Selbstoffenbarung Gottes »hintangestellt« hat. Es ist anzunehmen, daß Johannes Paul II. hier besonders an die vielfältigen Weisen denkt, in denen der Gott der hebräischen Bibel sich offenbart, indem er sich auf das auserwählte Volk und das Auf und Ab seiner Geschichte einläßt und mit dem verleumdeten und leidenden Propheten identifiziert, in dessen Botschaft und Leiden (siehe die Gottesknechtslieder im Buch Jesaja) er sich als vergebender, heilender und erlösender Gott offenbart. Wie dem auch sein mag, Johannes Paul II. formuliert nicht die spezifischen Punkte, an die er hier denkt. Wenn er außerdem Gottes Initiative im Akt der Offenbarung - in einer letztgültigen Weise durch seinen Sohn - betont, könnte er die Antwort des christlichen Glaubens auf die koranische Anschuldigung im Sinn haben dahingehend, daß die Christen Jesus durch Übertreibung auf die Position der Göttlichkeit erhoben und so die totale Reinheit des monotheistischen Glaubens, wie sie der Koran verkündet, verdunkelt haben.
Im folgenden Paragraphen schreibt Johannes Paul II., daß dem Gott des Korans »die schönsten Namen verliehen werden, über die die menschliche Sprache verfügt«, doch daß er »letzten Endes ein Gott [bleibt], der außerhalb der Welt steht, ein Gott, *der nur Herrlichkeit, aber nie Emanuel*, der Gott-mit-uns, ist« (Betonung von Johannes Paul II.). Diese Aussage weist darauf hin, daß Johannes Paul II. dem Koran keinerlei offenbarende Qualität zuschreibt. Er sagt: »Dem Gott des Korans«, der nicht der Gott der Bibel ist, »werden die schönsten Namen verliehen, über die die menschliche Sprache verfügt«. In dieser Formulierung scheint er kategorisch die Idee ausschließen zu wollen, daß wenigstens gewisse Aussagen des Koran über Gottes *sifât* (Qualitäten, Attribute, Namen) als teilweise Offenbarungen seitens des Einen Gottes der Bibel verstanden werden könnten; in anderen Worten, er schließt die Idee aus, daß einige Aussagen des Korans Elemente authentisch offenbarter Wahrheit enthalten.

Es kann durchaus in Frage gestellt werden, ob man, wie Johannes Paul II. es tut, zu sagen gerechtfertigt ist, daß »der Gott des Korans ... letzten Endes ein Gott [ist, der] außerhalb der Welt steht«. Es gibt muslimische Interpretationen von Texten des Korans, die Gottes aktive Gegenwart oder, wenn man so will, Gottes gegenwärtige Aktivität in der Welt des Geschaffenen aussagen. Außerdem könnten hier zahllose Texte von muslimischen Mystikern anführt werden. Diese würden beanspruchen, daß Gott in und durch die Welt der Schöpfung am Werk ist und daß diese Glaubensüberzeugung fest auf eindeutigen Aussagen des Korans basiert. Johannes Paul II. scheint hier eine genügend differenzierte Kenntnis des Islam abzugehen, und folglich kommt er zu einer undifferenzierten Einschätzung des muslimischen Bildes, besser: der muslimischen Bilder von Gott. Außerdem vermißt man hier die Unterscheidung zwischen, auf der einen Seite, »Nähe« und sogar »Gegenwart« Gottes in seinen Geschöpfen, besonders im Hinblick auf die von Gott geschaffene menschliche Person (näher als die Halsschlagader bezeichnet, Sure 50,16) und, auf der anderen Seite, der Frage, wie die Natur dieses unendlich nahen Gottes koranisch beschrieben werden sollte. Aber selbst wenn man den weiten Fächer der auf dem Koran basierenden Vorstellungen von Gott berücksichtigt, wird man in muslimischen Interpretationen und Texten kaum jemals der Idee der genuin selbst-hingebenden und unbedingten Liebe Gottes begegnen, die auch dem Sünder und dem Feind Gottes gilt und die sich nicht scheut, in Jesus Christus die Gestalt des leidenden Gottesknechtes anzunehmen.[6]

Johannes Paul II. bewegt sich dagegen auf sicherem Grund mit seiner Aussage: »Er [der Koran] hat keinen Platz für das Kreuz und die Auferstehung: Jesus wird zwar erwähnt, aber nur als Prophet, der Mohammed, dem letzten Propheten, den Weg bereitet. Es wird auch an Maria, seine jungfräuliche Mutter erinnert, doch wird das Drama der Erlösung vollständig weggelassen.« Es ist nicht ohne Interesse, diese Worte Johannes Pauls II. mit Paragraph 3 der Konzilserklärung über das Verhältnis der Katholischen Kirche zu den anderen Religionen (*Nostra Aetate* =*NA*) zu vergleichen. Dort heißt es: »Jesus, den sie allerdings nicht als Gott anerkennen, verehren sie doch als Propheten, und sie ehren seine jungfräuliche Mutter Maria, die sie bisweilen auch in Frömmigkeit anrufen.« In klarem Kontrast zu diesem Text von *NA* betont Johannes Paul II. in seinem Interview

---

[6] Selbst im *»Offenen Brief der 138«*, der ausführlich darlegt, daß das Doppelgebot der Liebe die Kernbotschaft des Korans und damit des Islam ausmacht, spricht an keiner Stelle von Gottes Liebe als sich selbst mitteilender, sich selbst opfernder Liebe.

die wesentlichen Unterschiede zwischen christlichem und muslimischem Glauben in bezug auf Jesus und seine Mutter. Das Konzil weist auf die Verehrung Jesu als Propheten und das Verehren Marias, seiner Mutter, als den Christen und Muslimen gemeinsamen Elementen der Glaubenspraxis hin. Im Kontrast dazu betont Johannes Paul II. in dem Interview den Hiatus zwischen den Glaubenslehren der beiden Religionen: hier »nur als Prophet«, »der Mohammed, dem letzten Propheten, den Weg bereitet«, dort in *NA* »Verehrung Jesu als Propheten« als etwas Positives, das gemeinsam zu bekennen ist; hier Verehrung und gar devote Anrufung von Maria, der Jungfrau Mutter als gemeinsames Element, gemeinsam zu bekennen, dort die Affirmation der Tatsache, daß »seine Jungfrau Mutter« zwar »erwähnt« wird, aber auf seiten des muslimischen Glaubens verbunden mit der vollständigen Weglassung des Dramas von Sünde und Erlösung durch Christus.

Der Ausdruck »Drama der Erlösung« mag dem Theologen zunächst ungewöhnlich vorkommen. Wenn wir jedoch auf das Ereignis des erlösenden Leidens Christi und seines Kreuzestodes aus einer menschlichen Perspektive schauen, dann kann es sicher mit einem Begriff wie »Drama« oder gar »Tragödie« beschrieben werden. Johannes Paul II. scheint hier die menschliche Seite des göttlich-menschlichen Ereignisses der Erlösung betonen zu wollen, im Kontrast zur Betonung seitens des Islam allein Gottes und seiner totalen Transzendenz. Außerdem bringt diese Formulierung die dramatische Natur und sozusagen den »teuren« Aspekt des Christusereignisses ans Licht. Auf diese Weise kommt der kurze Abschluß dieser beiden Paragraphen nicht als eine Überraschung: »Daher ist nicht nur die Theologie, sondern auch die Anthropologie des Islam sehr weit entfernt von der christlichen.«

Im darauf folgenden Paragraphen spricht Johannes Paul II. von der »*Hochachtung*«, die die »*Frömmigkeit der Muslime*« verdient [Betonung Johannes Pauls II.]. Er erwähnt eigens »ihre *Treue zum Gebet*«. »Das Bild des Menschen, der an Allah glaubt und ohne Rücksicht auf Zeit und Ort niederkniet und im Gebet versinkt, kann allen ein Vorbild sein, die den wahren Gott bekennen - insbesondere jenen Christen, die ihren wunderschönen Kathedralen fernbleiben oder überhaupt nicht beten.« Das Thema der christlichen Hochachtung für die Frömmigkeit der Muslime, die besonderen Ausdruck in [rituellem] Gebet, Fasten und Almosenabgabe findet, beherrscht die Ansprachen Johannes Pauls II. an Christen und an christlich-muslimische Gruppen. Im eben zitierten Text fällt uns der Begriff »Allah« auf, wenn Johannes Paul II. vom »Menschen, der an Allah glaubt« spricht, und andererseits sein Gebrauch des Wortes »Gott«, wenn er im gleichen Paragraphen von den Nichtmuslimen spricht. Ist das ein Hinweis dar-

auf, daß Johannes Paul II. implizit die Auffassung zum Ausdruck bringen will: Christen und Muslime beten nicht zu demselben Gott?
Johannes Paul II. bekräftigt das Engagement der Kirche im Dialog mit den Muslimen und zitiert den letzten Teil des relevanten Paragraphen 3 in *NA*, wo das Konzil »alle ermahnt, [...] das Vergangene beiseite zu lassen und sich aufrichtig um gegenseitiges Verstehen zu bemühen.« Er erwähnt hier ausdrücklich die Gebetstreffen in der Tradition des ersten Assisi-Gebetstreffens im Jahre 1986 und seine eigenen wiederholten Treffen mit Muslimen während seiner häufigen apostolischen Reisen. Er erwähnt »die große Gastfreundschaft«, die er seitens der Muslime erfahren hat, und die Tatsache, daß die Muslime ihm zugehört haben. Unter den Treffen mit Muslimen betont er besonders die »unvergeßliche« Begegnung mit den jungen Muslimen in Stadium von Casablanca im Jahre 1985 und spricht von der Aufgeschlossenheit der Jugendlichen für das Wort des Papstes, als er den Glauben an den *Einen Gott* veranschaulichte. Schließlich spricht er von konkreten Schwierigkeiten »in den Ländern, wo *fundamentalistische Strömungen* an die Macht kommen« und »die Menschenrechte und das Prinzip der religiösen Freiheit leider sehr einseitig ausgelegt« werden und wo die Religionsfreiheit »als Freiheit verstanden wird, allen Bewohnern die 'wahre Religion' aufzuerlegen.«
Im dritten Teil dieses Beitrags wollen wir ein paar ausgewählte Texte aus zentralen Reden und Ansprachen Johannes Pauls kommentieren, in denen er relativ detailliert auf einige zentrale Aspekte des Islam (verstanden als religiöser Glaube und Praxis) eingeht: (1) die Qualität des Glaubens der Muslime; (2) die Schlüsselwerte und geistlichen Ideale, die der Islam lehrt und mit denen er eine Basis für religiöse christlich-muslimische Solidarität bietet; (3) schließlich die Bedeutung von liturgischem Gebet und damit von Kirchen und Moscheen, sofern diese eine Art religiöse Gruppenidentität fördern.

### 3. Johannes Pauls II. theologische Bewertung von Schlüsselbegriffen und Grundwerten des Islam

#### 3.1. Die Qualität des muslimischen Glaubens

In seiner Ansprache an die katholische Ortsgemeinde in Ankara am 29. November 1979, während seines ersten Besuches eines Landes mit muslimischer Mehrheit, ging Johannes Paul II. vom ersten Petrusbrief aus, der sich ja »an die Auserwählten, die als Fremde in Pontus, Galatien, Kappadozien, der Provinz Asien und Bythinien in der Zerstreuung leben«, wendet (1 Petr 1,1-2).

Thomas Michel hat gezeigt, wie die genannte Ansprache in Ankara und eine Reihe weiterer Äußerungen Johannes Pauls II. während seiner Reisen Aspekte der katholischen Lehre über den Glauben der Muslime klären, die in den relevanten Konzilstexten (*Nostra Aetate*, 3 und *Lumen Gentium* [*LG*] 16) ungeklärt geblieben waren. In dem folgenden Abschnitt zitiere bzw. fasse ich Thomas Michels Ansicht zu dieser Frage zusammen. Er schreibt:»Die Konzilsdekrete sagten vorsichtig, daß der islamische Glaube sich gerne auf Abraham beruft (vgl. *NA* 3) und daß die Muslime sich zum Glauben Abrahams bekennen (vgl. LG 16). Beide Aussagen lassen die Möglichkeit für eine »restriktive« Interpretation offen, die besagen würde, daß obwohl die Muslime sich selbst in einer Linie mit Abraham sehen, wir Christen sie von unserer Position aus nicht so sehen«[7].

Auf der Grundlage von Aussagen päpstlicher Ansprachen zeigt Michel nun, wie Johannes Paul II. wiederholt »eine Parallele zieht zwischen der islamischen Selbstidentifikation als Nachfahren Abrahams und der [entsprechenden Selbstidentifikation] der Christen«[8]. Er schreibt:»In seiner Rede an die katholische Gemeinde von Ankara sagt der Papst ganz klar: 'Sie haben deshalb, wie ihr [d.h. die Christen], den Glauben Abrahams an den einen, allmächtigen und barmherzigen Gott.' In seiner Botschaft an den Präsidenten Pakistans bezieht sich der Papst auf Abraham, 'mit dessen Glauben Christen, Muslime und ebenfalls die Juden gerne ihren eigenen Glauben in Beziehung setzen'[9]. In Lissabon sagte er bei einem Treffen von Juden, Muslimen und Christen: 'Abraham, unser gemeinsamer Vorfahre, lehrt alle - Christen, Juden und Muslime -, diesem Weg der Barmherzigkeit und Liebe zu folgen.'«[10]

In einer theologischen Reflexion auf diese Aussagen bemerkt Michel: »Die soteriologischen Implikationen dieser Position sind im Licht der paulinischen Aussage 'Abraham wurde durch seinen Glauben gerettet' von großer Bedeutung und sind von den christlichen Religionstheologen noch nicht genügend ernst

---

[7] Th. Michel, *Christianity and Islam. Reflections on Recent Teachings of the Church*, in: Encounter (Documents for Muslim-Christian Understanding. Pisai, Rome), Nr. 112 (February 1985), 12.

[8] Ebd., 13.

[9] Zit. ebd.

[10] Ebd.; vgl. F. Gioia (Hg.), *Interreligious Dialogue. The official teaching of the Catholic Church from the Second Vatican Council to John Paul II (1963-2005)*, Boston 2006, Nr. 403.

genommen worden. Man kann fragen, ob die Muslime nicht gerettet werden, analog zu den Juden, als Kinder Abrahams im Glauben, die allesamt Erben der Versprechen sind, die dem Patriarchen gemacht wurden. Für jegliche theologische Evaluierung des Islam durch römisch-katholische Christen steht die Bedeutung solcher päpstlicher Lehren außer Frage, und sie sollte berücksichtigt werden. [...] Johannes Paul II. scheint in diese Richtung zu weisen«, fährt Michel fort, »wenn er - wieder gerichtet an die katholische Gemeinde in Ankara - sagt: 'Wenn der Glaube an Gott, bekannt von den geistlichen Nachfahren Abrahams - Christen, Muslimen, Juden -, ehrlich gelebt wird, wenn er das Leben durchdringt, bildet er eine sichere Grundlage der Würde, Brüderlichkeit und der Freiheit der Menschen und ein Prinzip der Aufrichtigkeit in bezug auf das moralische Verhalten und Leben in der Gesellschaft.'[11] Indem er die gesellschaftlichen und moralischen Wirkungen dieses Glaubens bekräftigt, scheint der Papst davon auszugehen, daß solcher Glaube authentisch und nicht nur eine Beziehung zu Gott ist, die die Muslime sich einfach selber zuschreiben. [...] Es ist genau dieser gemeinsame Glaube, die Grundlage des Dialogs und der Kooperation zwischen Christen und Muslimen darstellt. Es scheint, daß der Heilige Vater einen wichtigen Punkt des Kontaktes zwischen dem Glauben der Christen und dem der Muslime erkannt hat. Eine vergleichende Studie des koranischen Verstehens des Glaubens mit dem Glaubensverständnis des Neuen Testaments, besonders in den petrinischen Schriften, könnte die Gläubigen in jeder der beiden Religionen sehr wohl bereichern.«[12]

## 3.2. Gemeinsame Werte und wesentliche Unterschiede

Von dem Textabschnitt aus *Die Schwelle der Hoffnung überschreiten* her, den wir oben zitiert haben, erkannten wir die außergewöhnliche Bedeutung, die Johannes Paul II. seiner Ansprache »An die jungen Muslime von Marokko« vom 19. August 1985[13] zuschreibt. In dieser Rede betonte Johannes Paul II. in ganz besonderer Weise seitens der Kirche die Anerkennung des »geistlichen Reichtums der Muslime«: »Die Kirche betrachtet mit Hochachtung und anerkennt die Qualität eures religiösen Weges und des Reichtums eurer geistlichen Tradition. Ich glaube, daß wir, Christen und Muslime, mit Freude die religiösen Werte anerkennen sollten, die wir gemeinsam haben, und Gott für sie danken sollten. [...]

---

[11] F. Gioia (Hg.), *Interreligious Dialogue*, Nr. 339.

[12] Th. Michel, *Christianity and Islam*, 13f.

[13] F. Gioia (Hg.), *Interreligious Dialogue*, Nr. 465-475.

Wir glauben an einen Gott, den einzigen Gott, der ganz Gerechtigkeit und ganz Barmherzigkeit ist; wir glauben an die Bedeutung des Gebets, des Fastens, des Almosengebens, der Reue und der Vergebung; wir glauben, daß Gott am Jüngsten Tag ein barmherziger Richter sein wird, und wir hoffen, daß er nach der Auferstehung mit uns zufrieden sein wird, und wir wissen, daß wir mit ihm zufrieden sein werden«[14].

Gleichzeitig weist Johannes Paul II. darauf hin, wie wichtig die Anerkenntnis und der Respekt vor den Unterschieden zwischen den beiden Glaubensbekenntnissen ist: »Offensichtlich besteht der fundamentalste Unterschied in der Sicht [des Glaubens], die wir [Christen] von der Person und dem Werk des Jesus von Nazareth haben. Ihr wißt, daß, christlich gesehen, Jesus die Ursache dafür ist, daß Christen in eine innige Kenntnis des Geheimnisses Gottes und eine geschwisterliche Vereinigung durch seine Gnade eintreten, so daß sie ihn als ihren Herrn und Erlöser anerkennen und verkünden. Dies sind wichtige Unterschiede, die wir mit Demut und Hochachtung in gegenseitiger Toleranz akzeptieren; es ist ein Geheimnis, über das, des bin ich sicher, Gott uns eines Tages erleuchten wird«[15].

### 3.3. Kirchen und Moscheen als Symbole der distinkten, jedoch kompatiblen kollektiven Identitäten von Christen und Muslimen

Am 6. Mai 2001, nur vier Jahre vor seinem Tod, besuchte Johannes Paul II. die Umeyyaden-Moschee in Damaskus als Teil seiner »Jubiläumswallfahrt« (den Beginn des dritten Jahrtausends markierend) nach Kairo, Jerusalem und Damaskus. Die Rede, die er bei dieser Gelegenheit in der Moschee hielt, kann als das Testament Johannes Pauls II. im Hinblick auf seine Sicht des Islam und der Beziehung zischen Christen und Muslimen in einer globalisierten Welt gelten. Die große Moschee von Damaskus ist tatsächlich die umgebaute frühere Kathedrale Johannes des Täufers, der in der muslimischen Tradition unter dem Namen Yahya bekannt ist. Er wird von Christen und Muslimen verehrt. Johannes Paul II. begann seine Rede[16] damit, das Andenken und Erbe des heiligen Johannes des Täufers für Christen und Muslime herauszustellen: »Das Leben des Johannes, ganz Gott hingegeben, wurde mit dem Martyrium gekrönt. Möge sein Zeugnis alle erleuchten, die hier sein Andenken verehren, so daß sie - wie auch wir selbst

---

[14] Ebd., Nr. 474.
[15] Ebd.
[16] Ebd., Nr. 1110*-1113*.

- verstehen, daß es die große Aufgabe unseres Lebens ist, Gottes Wahrheit und Gerechtigkeit zu suchen«[17]. Und wie es zu einer Rede paßt, die in und von einer Moschee aus gehalten wird, unterstrich der Papst die zentrale Bedeutung des liturgischen Gebets für die Christen wie die Muslime als ein Zeichen für die Tatsache, »daß der Mensch ein geistliches Wesen ist, dazu berufen, die absolute Priorität Gottes in allen Dingen anzuerkennen und zu respektieren. Christen und Muslime stimmen darin überein, daß die Begegnung mit Gott im Gebet die notwendige Nahrung für unsere Seelen darstellt, ohne die unser Herz austrocknet und unser Wille aufhört für das Gute zu streiten und stattdessen dem Bösen unterliegt«[18]. Johannes Paul II. erwähnte dann auch noch die Praxis von Christen und Muslimen, bei gemeinsamen Hochzeiten, Begräbnissen und anderen religiösen Feiern in Schweigen und Hochachtung Zeugen des Gebets der anderen zu sein und so Zeugnis abzulegen für das, was Christen und Muslime verbindet, ohne die Dinge, die trennen, zu verschleiern oder verneinen«[19].

Wahrscheinlich ist jedoch der bedeutendste Aspekt der Rede des Papstes in der Großmoschee von Damaskus die unzweifelhaft positive Weise, in welcher er über die Funktion der Moscheen und Kirchen spricht als Orten, an denen »muslimische und christliche Gemeinschaften ihre religiöse Identität formen [...] und die jungen Menschen einen bedeutsamen Teil ihrer religiösen Identität erhalten«[20]. Johannes Paul II. verlangt von beiden Seiten, sich einander als distinkte religiöse Gemeinschaften anzuerkennen, die ihre jeweiligen sichtbaren, distinkten Gebetsstätten und die damit verbundenen Institutionen bauen, unterhalten und entwickeln. Gleichzeitig verleiht er jedoch seiner Sorge Ausdruck im Hinblick darauf, »welche Art von Identität jungen Christen und jungen Muslimen in unseren Kirchen und Moscheen vermittelt wird«. Er gibt seiner »brennenden Hoffnung Ausdruck, daß die christlichen und muslimischen religiösen Führer unsere zwei großen religiösen Gemeinschaften *als Gemeinschaften in respektvollem Dialog, nie wieder als Gemeinschaften in Konflikt* darstellen« (Betonung durch den Papst). Und er beschwört schließlich das Schreckgespenst des »Mißbrauchs der Religion selbst zum Zweck der Rechtfertigung von Haß und

---

[17] Ebd., Nr. 1111*.
[18] Ebd.
[19] Ebd.
[20] Ebd.

Gewalt.« Denn, so fügt er hinzu, »Gewalt zerstört das Bild des Schöpfers in seinen Geschöpfen. Sie sollte niemals als die Frucht religiöser Überzeugung betrachtet werden«[21].

### 4. Konklusion: Papst Johannes Pauls II. Sicht des Islam als Teil seiner Sicht der »radikalen« Einheit der Menschheit

Johannes Pauls II. Sicht des Islam ist eingebettet in seine weitere theologische Sicht der »tiefen Einheit derer, die in der Religion geistliche und transzendente Werte suchen, welche Antworten geben auf die großen Fragen des menschlichen Herzens, trotz konkreter Trennungen«[22]. Es war das Genie des Papstes, das den Welttag des Gebets für Frieden in Assisi am 27. Oktober 1986 konzipierte. Johannes Paul II. hat zu wiederholten Malen darauf hingewiesen, daß das »Assisi-Ereignis« als wirksames Zeichen der »tiefen Einheit« einer Welt verstanden werden wolle, einer Welt, die sich in all ihrer Gebrochenheit nach dem Geschenk des Friedens sehnt - und dieser sei eben zutiefst ein geistliches Ereignis und Geschenk.
Die traditionelle Ansprache des Papstes an die Mitarbeiter der römischen Kurie kurz vor der Feier des Weihnachtsfestes am 22. Dezember 1986 widmete sich denn auch fast ausschließlich der theologischen Reflexion über das Assisi-Ereignis und seine theologischen Implikationen. Angesichts der offensichtlichen Zweifel und der Kritik an dieser mutigen päpstlichen Initiative seitens gewisser Kreise, einschließlich der Kurie, kann diese theologische Ansprache des Papstes auch als eine »Verteidigung« des »Assisi-Ereignisses« betrachtet werden.
Da »die Kirche ihre Identität und Aufgabe als »universales Sakrament des Heiles« genau darin findet, »ein Zeichen und Instrument der innigen Einheit mit Gott und der Einheit des gesamten Menschengeschlechtes (*LG* 1)« (ebd. Nr. 567) zu sein, gehört es zum Wesen der Sendung der Kirche, die universale Einheit des gesamten Menschengeschlechtes herauszustellen und zu stärken, eine Einheit, die auf dem Ereignis der Schöpfung und der Erlösung basiert und die ihre Spuren in der lebendigen Wirklichkeit aller Völker, in ihrer Zugehörigkeit zu verschiedenen Religionen hinterläßt. So zeigt sich klar die Bedeutsamkeit des Assisi-Ereignisses als Teil der Sendung der Kirche. Denn es ist genau diese Aus-

---

[21] Ebd.
[22] Ebd., Nr. 562, vgl. *NA* 1.

richtung auf die Einheit des einen Volkes Gottes - die in der Tat oftmals vor unseren Augen verborgen ist -, die erneut erahnt (erschaut, *glimpsed*) werden kann im Tag des Gebets von Assisi.
Die gesamte Ansprache vom 22. Dezember 1986 erscheint als der leidenschaftliche Versuch von Johannes Paul II., den Kardinälen und durch sie der ganzen Kirche eindrücklich das Wesen der Frohen Botschaft und die Essenz der Botschaft des Zweiten Vatikanischen Konzils darzulegen. »Es gibt *nur einen* göttlichen Plan für jeden Menschen [Betonung des Papstes], der in diese Welt kommt (vgl. Joh 1,9), einen einzigen Ursprung und ein einziges Ziel, was immer die Hautfarbe, der geschichtliche und geographische Rahmen sein mag, in dem der Mensch lebt und agiert, oder die Kultur, in welcher er aufwächst und sich ausdrückt. Die Unterschiede sind ein weniger wichtiges Element im Vergleich zu der Einheit, die radikal, grundlegend und entscheidend ist«[23].
Und da es keinen Menschen gibt, der nicht »das Zeichen seines oder ihres göttlichen Ursprungs trägt, so gibt es niemanden außerhalb oder am Rande des Werkes Jesu Christi. [...] Wir müssen deshalb«, schließt Johannes Paul II., »festhalten, daß der Heilige Geist allen Menschen die Möglichkeit gibt, in Berührung mit dem österlichen Geheimnis zu kommen, auf Wegen, die Gott allein kennt (vgl. *Gaudium et Spes* 22)«[24].
Johannes Paul II. verneint nicht, daß »diese Unterschiede zwischen den Religionen und Kulturen existieren, in denen die Begrenzung, die Evolution und die Abstürze des menschlichen Geistes offenbar werden, der vom Geist des Bösen in der Geschichte unterminiert wird (*LG* 16)«[25]. In der Tat hat der Papst immer wieder betont, daß diese Unterschiede nicht minimiert werden dürfen, und er hat die Kirchenführer an die Aufgabe erinnert, im Kontext des Dialogs und der Verkündigung diese Unterschiede immer wieder zu benennen.
Was jedoch, in der Sicht Johannes Pauls II., die Kirche und das gesamte Menschengeschlecht an erster Stelle benötigen, ist das lebendige Bewußtsein davon, daß die gesamte Menschheit durch die eine Ordnung der Einheit zusammengeschlossen ist: »Die Ordnung der Einheit geht zurück auf die Schöpfung und Erlösung und sie ist deshalb, in diesem Sinn, 'göttlich'«[26]. Im Hinblick auf den

---

[23] Ebd., Nr. 564.
[24] Ebd., Nr. 565.
[25] Ebd., Nr. 566.
[26] Ebd.

Islam haben die Christen immer neu die Lehre von *LG* 16 zu beherzigen: »Der Heilswille umfaßt aber auch die, welche den Schöpfer anerkennen, unter ihnen besonders die Muslime, die sich zum Glauben Abrahams bekennen und mit uns den einen Gott anbeten, den barmherzigen, der die Menschen am Jüngsten Tag richten wird.«

### Nachtrag: Zwei muslimische »Antworten«

Der Sammelband *John Paul II and Interreligious Dialogue*[27] enthält zwei »Antworten« bzw. »Reaktionen« auf die Sammlung von Texten von Johannes Paul II. zum Thema interreligiöser Dialog. Der bekannte schiitische Gelehrte Mahmoud Ayoub betrachtet es als »das höchste und letzte Ziel des Dialogs, Gemeinschaft des Glaubens (*fellowship of faith*), ja, eine Art 'religiösen Konsens' zu erreichen, der in der Verschiedenheit der Ausdrucksweisen [der verschiedenen Religionen] diesen gemeinsamen Glauben als einen göttlichen Segen betrachten würde«[28]. Er ist ebenfalls überzeugt davon, daß die Kirche, so wie andere Religionen, »nur einer von vielen Wegen zum Heil ist«[29].

Da er Johannes Paul II. durchweg als diesen Ideen gegenüber negativ eingestellt beurteilt und ferner die Tatsache feststellt, daß Johannes Paul II. nicht davon überzeugt sei, daß die Idee der Evangelisierung und die Verkündigung der christlichen Wahrheit als solche einem ehrlich geführten interreligiösen Dialog widersprechen, kommt Ayoub zu dem Schluß, daß Johannes Paul II. nicht für »wahren Dialog« stehe, sondern eher einfach für »herablassende Toleranz, die das Ziel hat, Evangelisierung zu erleichtern«[30].

Ibrahim M. Abu-Rabi ist ein sunnitischer Gelehrter, der am Hartford Theological Seminary, Connecticut, lehrt. Im Gegensatz zu Ayoub konzentriert er sich nicht so sehr auf Johannes Pauls II. Ideen über den theologischen Charakter des christlich-islamischen Dialogs im Verhältnis zur Evangelisierung. Er schaut vielmehr auf die sozialhistorischen Aspekte der relevanten Initiativen und Leh-

---

[27] B.L. Sherwin / H. Kasimow (Hgg.), *John Paul II and Interreligious Dialogue*. Maryknoll, N.Y. 1999.

[28] M. Ayoub, *Pope John Paul II on Islam*, in: B.L. Sherwin / H. Kasimow (Hgg.), *John Paul II and Interreligious Dialogue*, 169-184, hier 178.

[29] Ebd., 180.

[30] Ebd., 179.

ren des Papstes. So sagt er zum Beispiel: Johannes Paul II. »begegnet dem Islam und den Muslimen nicht als den fremden anderen, wie es die säkulare Presse tut, sondern als einer geistlichen Gemeinschaft, die tiefe religiöse Wurzeln hat und deren Geschick eng verbunden ist mit dem der Katholiken«[31]. Ja, der Papst ist gar der Meinung, sagt Abu Rabi »daß zeitgenössische Christen von der muslimisch religiösen Erfahrung lernen müssen«[32]. Der Papst, so Abu-Rabi weiter, scheint sich Sorgen zu machen über den Verlust an geistlichen und religiösen Werten in der zeitgenössischen westlichen Welt. Obwohl er die Moderne nicht prinzipiell ablehnt, würde er es sich wünschen, daß die moderne Welt ihre Arme grundlegenden traditionellen Werten gegenüber öffnet (vgl. ebd.). Ferner »verteidigt Johannes Paul II. Menschenrechte - und zwar die der Muslime und der Christen -, und damit fordert er die moderne muslimische Welt heraus, ihre eigene Version und Begründung der Menschenrechte zu entwickeln als kongruent sowohl mit den hohen Prinzipien des Islam als auch mit der gegenwärtigen Situation in der muslimischen Welt«[33].

So betrachtet der Papst, in Abu-Rabi's Sicht, den Islam zwar als eine vom Christentum verschiedene Religion und als eine Religion, die als solche behandelt werden sollte. In eindeutigem Unterschied zu Ayoub jedoch faßt Abu-Rabi die grundlegende Haltung Johannes Pauls II. zum Islam folgendermaßen zusammen: »Dialog und nicht Konversion ist die einzig wahre Methode, um den Muslimen und den Völkern anderer Religionen die Hand entgegenzustrecken.«[34]

**Bibliographie**

I.M. Abu-Rabi, John Paul II and Islam, in: B.L. Sherwin / H. Kasimow (Hgg.), John Paul II and Interreligious Dialogue. Maryknoll, N.Y. 1999, 185-204.

M. Ayoub, Pope John Paul II on Islam, in: B.L. Sherwin / H. Kasimow (Hgg.), John Paul II and Interreligious Dialogue. Maryknoll, N.Y. 1999, 169-184.

---

[31] I.M. Abu-Rabi, John Paul II and Islam, in: B.L. Sherwin / H. Kasimow (Hgg.), *John Paul II and Interreligious Dialogue*, 185-204, hier 199.
[32] Ebd., 200.
[33] Ebd.
[34] Ebd., 200f.

F. Gioia (Hg.), Interreligious Dialogue. The official teaching of the Catholic Church from the Second Vatican Council to John Paul II (1963-2005), Boston 2006.

Johannes Paul II., Die Schwelle der Hoffnung überschreiten. Hamburg 1994.

J.M. McDermott (Hg.), The thought of Pope John Paul II. A Collection of Essays and Studies, Roma 1993.

Th. Michel, Christianity and Islam. Reflections on Recent Teachings of the Church, in: Encounter (Documents for Muslim-Christian Understanding. Pisai, Rome), Nr. 112 (February 1985).

Th. Michel, John Paul II's Teaching about Islam in his Addresses to Muslims, in: Bulletin. Secretariatus pro non-Christianis, No. 62 (1986), vol. XXI/2, 182-191.

Th. Michel / M. Fitzgerald (Hgg.), Recognize the Spiritual Bonds Which Unite Us. Vatican City 1994.

K. Rahner / H. Vorgrimmler, Kleines Konzilskompendium. Sämtliche Texte des Zweiten Vatikanums, Freiburg-Basel-Wien 1996.

C.W. Troll, »Nostra Aetate: Mehr als konziliare Judenerklärung. Das Verhältnis zum Islam und die vom Konzil angestoßene Entwicklung der katholischen Lehre über den Islam und den christlich-islamischen Dialog«, in: H.H. Hendrix (Hg.), Nostra Aetate - ein zukunftsweisender Konzilstext. Die Haltung der Kirche zum Judentum 40 Jahre danach, Aachen 2006, 83-109.

DIETMAR W. WINKLER

## Religionskriege zwischen Christentum und Islam?
*Die Kreuzzüge aus mittelalterlich-europäischer, ostkirchlicher und muslimisch-arabischer Sicht*

Die Kreuzzüge und die Kreuzzugsbewegung gehören zu den umstrittensten Themen der Kirchengeschichte und gelten geradezu als historische Paradebeispiele religiös motivierter Kriege. Während die einen sie als positive Bewegung interpretieren - im Sinne der Glaubensverteidigung mit ihren religiösen Wurzeln, die das westlich europäische Gemeinschaftsbewußtsein und Ritterideal im Namen des Kreuzes verband und die Kultur und Erfahrungswelt des Mittelalters geprägt hat -, sehen die anderen im Unternehmen ein politisches, religiöses und militärisches Desaster, dessen Folgewirkungen bis heute spürbar sind.

### Zur inflationären Verwendung des Begriffs »Kreuzzug«

Der Begriff »Kreuzzug« kann bis heute erregen, vor allem in einer postkolonialen Deutung, die aktuelles Empfinden auf historische Begebenheiten überträgt. Der Terminus wird mittlerweile gerne von muslimischen Quellen propagandistischer Natur herangezogen. So bezeichnete etwa, wie die Tagesmedien berichteten, der irakische Zweig der Terrororganisation Al-Qaida den Besuch von Papst Benedikt XVI. in der Türkei 2006 als Teil eines Kreuzzugs gegen den Islam. Im anglo-amerikanischen Raum fand »crusade« in der neuesten Zeit eine Renaissance und benennt durchaus friedvolle Zusammenschlüsse, um vermeintlich »Böses« zu bekämpfen. In den USA ist »crusade« Teil einer metaphorischen Sprache, der sich vom ursprünglichen Sinn gelöst hat: Religiöse Sprache ist im öffentlichen Leben von Politik bis Sport allgegenwärtig. So ist auch »Kreuzzug« im 19. und 20. Jahrhundert eine gängige Metapher. Es gab »the great crusade« gegen den Analphabetismus, »the agrarian crusade« zur Belebung der Landwirtschaft in den Südstaaten, »the new crusade« als Bezeichnung für die soziale Aufgabe des Christentums, bis hin zur Kreuzzugsidee in der Bewerbung von Produkten. So führte die Firma Kellogg in den 1950er Jahren einen »Cornflakes Crusade«. Nicht zuletzt wären die bereits im Jahre 1949 begonnenen legendären »Crusades« des bekannten Predigers Billy Graham zu nennen, der die neo-evangelikalen Kirchen in eine gesellschaftspolitisch führende Kraft transformierte. Billy Graham spielte sowohl bei der Inauguration von William J. Clinton (1992) als auch beim Begräbnis von Richard Nixon (1994) eine prominente zeremonielle Rolle.[1]

Kritischer wird diese Inflation des Kreuzzugsbegriffs bei der Bezeichnung für Kriege. Im europäischen Bewußtsein war die Kreuzzugsidee vom 12. bis zum ausgehenden 15. Jahrhundert ständig präsent und gab bis tief in die Neuzeit hinein auch den ideologischen Halt beim militärischen Kampf gegen die Türken. Allerdings wird »Kreuzzug« keineswegs allein als Bezeichnung eines Krieges von Christen gegen Muslime verwendet. In der Geschichtsschreibung hat sich die Zählung von sieben Kreuzzügen eingebürgert, aber dies ist willkürlich. Bereits die päpstliche Kirche des Mittelalters propagierte Kreuzzüge gegen alle Feinde des Glaubens und der Kirche: gegen Albigenser und Hussiten wie auch gegen politische Gegner; d. h. der Krieg im Zeichen des Kreuzes wird gegen Christen selbst geführt.

Diese Inflation bekam im 20. Jahrhundert neue Impulse: So sah etwa US-Präsident Woodrow Wilson (1913-1921) das Engagement der Amerikaner im Ersten Weltkrieg als Kreuzzug der zivilisierten Welt gegen den preußischen Militarismus.[2] Hier kann es sich also wohl schwerlich um einen Kampf allein gegen den Islam gehandelt haben, zumal die Alliierten des I. Weltkrieges einer multireligiösen Allianz gegenüberstanden: Das protestantische Deutschland kämpfte gemeinsam mit dem katholischen Österreich - zu dem auch muslimische bosnische Truppen gehörten - und dem muslimischen Osmanischen Reich. Aber auch die Nationalsozialisten scheuten sich nicht, den Eroberungskrieg gegen die Sowjetunion als »Kreuzzug gegen den Bolschewismus« zu bezeichnen, und Frankreich sprach ab 1944 von einem Kreuzzug gegen Nazi-Deutschland (»croisade antinazie«). In den USA der 50er Jahre wurde in der McCarthy-Ära wiederum der »Crusade against Communism« ausgerufen.

Die Metapher lebt bis heute weiter: Wie andere politische Führer der sogenannten »Neuen Welt« sah es auch US-Präsident Ronald Reagan (1981-1989) als seine Aufgabe, »the evil empire«[3] zu bekämpfen. Aber als George W. Bush

---

[1] Vgl. *Graham, Billy (William Franklin)*, in: Edward L. Queen / Stephen R. Prothero / Gardiner H. Shattuck, *The Encyclopedia of American Religious History*. New York 1996, 263-265.

[2] Vgl. Thomas Fleming, *The Illusion of Victory: America in World War I*. Philadelphia 2003.

[3] Unter der Administration von Präsident George W. Bush wurde in den USA daraus eine »axis

(2001-2009) in der Folge der Ereignisse des 11. September 2001 den »Kreuzzug« als »Krieg gegen den Terror« ausrief, haben unzählige Kommentare verschiedenster politischer und religiöser Provenienz, vor allem europäischer und arabischer, aber auch amerikanischer Medien, auf diese fatale Kriegsrhetorik mit heftigem Unbehagen reagiert.[4] Hier wurden nämlich die historischen Zusammenhänge von westlicher christlicher Welt versus vermeintlich arabisch-muslimische Welt evoziert.

Es ist also durchaus lohnend, sich die historischen Kreuzzüge und deren Kontext wiederholt und neu anzusehen. Der erste Kreuzzug mit dem Blutbad, das die »Franken« unter Juden und Muslimen bei der Eroberung Jerusalems (1099) anrichteten, wird vielfach als Beginn eines tiefliegenden Mißtrauens und einer latenten Feindschaft zwischen einem (christlichen) Westen und einem (muslimischen) Orient interpretiert[5]; und der vierte Kreuzzug mit dem Gemetzel und der Plünderung Konstantinopels (1204) gilt in der Byzantinischen Orthodoxie als endgültiger Grund der Trennung zwischen Ost- und Westkirche, während das Jahr 1054 eher als symbolisches Datum eines Entfremdungsprozesses gesehen werden muß.[6]

Damit sind aber auch zwei weitere, über den europäischen Blickwinkel hinausgehende Perspektiven aufgezeigt, aus denen man die Kreuzzüge historisch betrachten kann: die muslimisch-arabische und die byzantinisch-orthodoxe. Schon dies zeigt, daß der historische »Kreuzzug« keineswegs allein den bewaffneten Kampf gegen den Islam inkludiert.

Im folgenden will ich versuchen, die Thematik von drei verschiedenen Seiten zu betrachten, um damit aufzuzeigen, daß die derzeitige propagandistische Sprache, die den Kreuzzug als Religionskrieg zwischen Christentum und Islam bezeich-

---

of evil«.

[4] Einer der bekanntesten Kolumnisten der mit der »New York Times« verbundenen renommierten Tageszeitung »The Boston Globe« legte seine diesbezüglich interessanten, seit September 2001 gesammelten politischen Kommentare in einem Buch vor. Vgl. James Carrol, *Crusade. Chronicles of an Unjust War - The American Empire Project*. New York 2004.

[5] Vgl. etwa Jane I. Smid, *Islam and Christendom: Historical, Cultural, and Religious Interaction from the seventh to the fifteenth centuries*, in: John L. Esposito (Hg.), *The Oxford History of Islam*. Oxford/New York 1999, 338.

[6] Vgl. Grigorios Larentzakis, *Der 4. Kreuzzug und die Einheit der Kirchen des Ostens und des Westens*, in: Salzburger Theologische Zeitschrift 8 (2004) 137-149. Klaus-Peter Matschke, *Das Jahr 1204 im Bewußtsein der Byzantiner und in der orthodoxen Kirche aus byzantinistischer Sicht*, in: Salzburger Theologische Zeitschrift 8 (2004) 129-136.

net, nur einen Teil der Wirklichkeit wiedergibt. Der Begriff wird hierfür funktionalisiert.

### Die Erste Seite: Christliches Mittelalterliches Europa

Der erste Kreuzzug wurde von Papst Urban II. am 27. November 1095 mit dem berühmten »Deus vult - Gott will es!« ausgerufen.[7] 1096 setzte sich ein Heer von 30.000 Rittern mit etwa derselben Anzahl an Dienern und Begleitern unter Gottfried und Balduin von Bouillon, Raimund von Toulouse und dem päpstlichen Legaten Adhemar von Puy Richtung Osten in Bewegung, um Jerusalem aus der Gewalt der Muslime zu entreißen. Aber war Jerusalem nicht schon 457 Jahre davor von den Arabern erobert worden? Auf heute übertragen bedeutete dies einen Zeitabschnitt von 1550 (also der Mitte des 16. Jh.s) bis zur Gegenwart. Genaugenommen schlugen 636 die Muslime die byzantinische Armee und nahmen anschließend Damaskus ein. 638 ward Jerusalem erobert, und ab 640 stand der gesamte großsyrische Raum unter arabischer Herrschaft.[8] Konkret heißt dies, daß über viereinhalb Jahrhunderte das christliche Abendland damit lebte oder leben konnte, daß die Herrscher im Orient und in Jerusalem die Muslime waren. Wie das? - Um Ursache und Anlaß des ersten Kreuzzugs zu verstehen, gilt es, soziale, geistige, ökonomische und machtpolitische Aspekte zu betrachten. Ohne im Rahmen dieser Ausführungen Vollständigkeit erreichen zu können, sei auf einige Punkte eingegangen.

Zunächst ist auf das geistige Phänomen der Wallfahrt nach Jerusalem hinzuweisen. Die Christen pflegten seit dem 2. Jahrhundert die Gräber der Märtyrer zu besuchen und dort zu beten.[9] Seit dem 4. Jahrhundert mit der angeblichen Kreuzauffindung durch Kaiserin Helena und der »Wiederentdeckung« der Wirkungsorte Jesu kamen Wallfahrten vor allem nach Jerusalem auf. Nach dem

---

[7] Die umfangreiche Literatur zu den Kreuzzügen kann hier nicht angeführt werden. Als kompakte Hinführung mit entsprechenden Literaturhinweisen sei auf Nikolas Jaspert, *Die Kreuzzüge*. 4. bibliogr. aktualisierte Aufl. Darmstadt 2008 verwiesen.

[8] Vgl. u. a. Karl Prenner, *Geschichte des Islam auf syrischem Boden*, in: Peter W. Haider / Manfred Hutter / Siegfried Kreuzer (Hgg.), *Religionsgeschichte Syriens. Von der Frühzeit bis zur Gegenwart*. Stuttgart 1996, 305-320.

[9] Vgl. Bernhard Kötting, *Peregrinatio religiosa. Wallfahrten in der Antike und das Pilgerwesen in der Alten Kirche*. 2. durchges. Aufl. Münster 1980.

Vorbild der jüdischen Festreisen nach Jerusalem reisten nun auch Christen zu heiligen Stätten, um Sünden abzutragen, religiöse Läuterung zu erfahren, geheilt zu werden oder um besondere Anliegen zu beten.

Im Mittelalter galt die christliche Wallfahrt als ein Glaubenszeugnis, insbesondere weil die Wege zu den Wallfahrtsorten oft weit, mühsam und gefährlich waren. Das Beherbergen von Pilgern zählte zu den Werken der Barmherzigkeit und gab an den Segensfrüchten der Wallfahrt anteil.[10] Auch nach der arabischen Eroberung hatten viele Wallfahrten Jerusalem und das Heilige Land zum Ziel. Über die Wallfahrten in das Heilige Land lernten die Europäer nicht nur die heiligen Stätten des Christentums kennen, sondern ab dem 7. Jahrhundert auch die Muslime.

Um das Wallfahrtsbedürfnis zu stillen und den ökonomischen Strom aufrechtzuerhalten, hatten u. a. Kaiser Karl der Große und Kalif Harun al-Rashid in einem Abkommen geregelt, daß die Christen eine Herberge errichten konnten. Wir können erschließen, daß es um die Jahrtausendwende eine erkleckliche Anzahl westlicher Pilger nach Jerusalem gab. Pilgerhäuser säumten auch den Weg nach Osten. Im 11. Jh. - also etwa 300 Jahre nach der Eroberung Jerusalems - stieg die Pilgeranzahl westlicher Christen noch weiter. D. h. für mehr als vierhundert Jahre nach der arabischen Eroberung durften Christen ihre Religion in Jerusalem frei ausüben. Nichtsdestoweniger gab es sukzessive Benachteiligung, die bereits unter den Omayyaden und vor allem unter Khalif Abd al-Malik (685-705) begann.[11] Christen als Anhänger einer Buchreligion genossen durch ein Abkommen (*dhimma*) einen gewissen Schutz. Eine Sondersteuer (*jizyah*) bewahrte sie theoretisch vor der Annahme des Islam und vor dem Kriegsdienst. Allerdings entstand mit der Zeit ein Zweiklassensystem, das durch Kleidervorschriften für Christen auch sichtbar war.[12] Wer diesen Status vermeiden und die Steuer sparen wollte, trat zum Islam über. Dadurch verminderte sich die Zahl der Christen allmählich. Gelegentliche Verfolgung konnte auch vorkommen - wie jene unter

---

[10] Vgl. Otto Hiltbrunner, *Gastfreundschaft in der Antike und im frühen Christentum*. Darmstadt 2005.

[11] Vgl. u. a.: P. Brown, *The World of Late Antiquity, AD 150-750*. London 1975, 189-203. Hugh Kennedy, »*Islam*«, in: Glenn W. Bowersock / Peter Brown / Oleg Grabar (Hgg.), *Late Antiquity. A Guide to the Postclassical World*. Cambridge/MA-London 1999, 219-237. John V. Tolan, *Saracens. Islam in the Medieval European Imagination*. New York 2002.

[12] Vgl. u. a. Sidney H. Griffith, *Die Kirche im Schatten der Moschee. Christen und Muslime in der Islamischen Welt*, in: Pro Oriente Jahrbuch 2007. Wien 2008, 24-45, bes. 34f.

dem abbasidischen Kalifen al-Hakim (996-1021), der unter der nicht-muslimischen Bevölkerung Jerusalems ein Blutbad anrichtete und die Grabeskirche zerstörte. Aber das war nicht die Norm, und der Westen sah keinen Anlaß einzuwirken, solange die Stadt für Pilger zugänglich war.

Die Auseinandersetzungen und Partikularinteressen unter den arabischen Dynastien schwächten nach dem 10. Jahrhundert die Islamische Welt.[13] Eine neue bestimmende Kraft trat in die Geschichte ein, die Seljuken, ein zentralasiatischer türkischer Stamm. Sie zerstörten die islamischen Reiche im Iran, eroberten Samarkand und nahmen 1055 Bagdad ein. Der Seljukische Führer, Togrul Beg, konnte sein (nominelles) Oberhaupt, den Kalifen als Repräsentanten der Sunna, zwingen, ihm den Titel »Sultan« zu verleihen. Innerhalb weniger Jahre war der gesamte syrische Großraum in seljukischer Hand.

Der byzantinische Kaiser Romanos IV. Diogenes (1068-91) war fest entschlossen, die Seljuken zurückzudrängen. Er wurde jedoch von Sultan Arp Aslan (1063-72) 1071 bei Manzikert, nördlich des Van-Sees, vernichtend geschlagen. 1070 eroberten die Seljuken Aleppo, 1076 Damaskus und Jerusalem. Die Seljuken überrannten Anatolien und festigten ihr Herrschaftsgebiet östlich von Konstantinopel.

Für die Europäer war nun die Pilgerfahrt nach Jerusalem über den Landweg unmöglich geworden. Ein ganzer Wirtschaftszweig geriet in Schwierigkeiten, unterstützt von der religiösen Aufruhr im mittelalterlichen christlichen Europa. 1092 führten weitere Kämpfe der Seljuken in Syrien und Palästina zum praktischen Erliegen des Pilgerverkehrs. Über Jahrhunderte hinweg war der Pilgerzug aller sozialen Schichten in das Heilige Land nicht abgebrochen, erwartete man doch gerade daselbst besondere Gnadengaben.

Wir müssen also festhalten, daß die muslimische Eroberung des 7. Jahrhunderts den Pilgerverkehr nach Jerusalem nicht zum Erliegen gebracht hatte, ja daß im 11. Jahrhundert der Pilgerstrom sogar enorm angeschwollen war. Dies wird nun durch die Eroberungen der Seljuken abrupt unterbrochen. Niemand, der Papst Urban II. gehört hatte, wäre seinem Aufruf gefolgt, wäre die Wallfahrt nicht schon eine abendländische Traditionseinrichtung gewesen, die von der Kirche als Bußauflage gefordert war. Die Kreuzfahrer selbst verstanden sich als Pilger

---

[13] Zum historischen Kontext vgl. Dietmar W. Winkler, *Syrisches Christentum im Nahen Osten. Eine historische Zusammenschau*, in: Ökumenisches Forum. Grazer Jahrbuch für konkrete Ökumene 23/24 (2000/2001) 297-320.

und nannten sich »peregrini«; erst nach dem 13. Jahrhundert taucht der Begriff »crucesignatus« (Kreuzfahrer) auf. Der Kreuzzug war somit in seinem Selbstverständnis ein »bewaffneter Pilgerzug«. Selbst die Fürsten und Könige erhielten neben dem Waffensegen nach wie vor die alten Pilgersymbole Stab und Tasche. Die Teilnahme garantierte Nachlaß zeitlicher Sündenstrafen und, sollten sie unterwegs den Tod erleiden, die Märtyrerpalme. Dafür nahmen viele unglaubliche materielle und physische Entbehrungen und Strapazen auf sich.

Die Kreuzzüge waren prägend für die westliche mittelalterliche Gesellschaft, keine nebensächliche Episode, sondern bewegten die kirchliche und weltliche Elite. Verbunden mit dem Entstehen und Aufblühen der Ritterschaft und des Ritterideals, wurde ein Ethos des Kampfes und der Vasallentreue gegenüber einem Herrn herangebildet, das erst die Zusammensetzung von schlagkräftigen und trainierten Heeren ermöglichte. Ebenso expandierte der Mittelmeerhandel durch die Kreuzzüge, die italienischen Seestädte profitierten enorm. Auch wenn sich der kulturelle Austausch in Grenzen hielt, so erweiterte sich das Weltbild der Europäer. Besungen u. a. in den höfischen Epen mit den idealistischen Darstellungen des Ritterideals um König Arthus, Parzival, Iwein, Erek und Garwein, fand der Kreuzzug auch seinen romantischen Niederschlag.

Als letztes aus dieser Perspektive noch ein machtpolitisches Argument. Im ausgehenden 11. Jahrhundert, in dem zum ersten Kreuzzug ausgerufen wurde, war die Kirche durch die cluniazensische und gregorianische Reform in Bewegung. Diese leisteten einen wesentlichen Beitrag zum westlichen Verständnis einer universalen Herrschaft des Papstes.[14] So war es auch der Wunsch der Westkirche, sich mit der byzantinischen Ostkirche wieder zu vereinigen, allerdings unter der Vormachtstellung des Papstes. Als Urban II (1088-1099) Papst wurde, waren die Auseinandersetzungen zwischen Sacerdotium und Imperium keineswegs beigelegt. Hinter dem sorgfältig und langfristig geplanten päpstlichen Aufruf zum heiligen Kreuzzug verbarg sich nicht nur die angestrebte Rückeroberung des Heiligen Landes und die Befreiung der im Heiligen Land vorgeblich unterdrückten und unter Gräueltaten durch Muslime leidenden Christen. Er war ein geschickt initiiertes machtpolitisches Instrument in einem zersplitterten und von Machtkämpfen erschütterten Europa. Einerseits strebte Urban II. eine Wiedervereinigung mit der byzantinisch geführten Ostkirche an, andererseits konnte er die Kirche als zielgebende Ordnungsmacht in Mitteleuropa etablieren, das nach dem Ende des karolingischen Reiches in sich befehdende adlige Einflußgebiete

---

[14] Vgl. John Cowdrey, *Popes, monks and crusaders*. London 1984.

zerfallen war. Die Gelegenheit für einen solchen Aufruf war günstig. Das 11. Jahrhundert war geprägt von starker Religiosität in weiten Teilen der Bevölkerung und Angst vor dem drohenden Ende der Welt. Nur das Papsttum konnte die Führung einer solch religiös motivierten militärischen Aktion übernehmen, da Kaiser Heinrich IV. ja nicht nur bereits im Zuge des Investiturstreites gebannt, sondern auch von Papst Urban II. - wegen anderer Umstände - erneut exkommuniziert wworden war.

Als sich nun der byzantinische Kaiser Alexios I. Komnenus an den Papst um Hilfe wandte, nützte dieser die Gelegenheit, um seine universale Stellung zu festigen. Der Kaiser bat den Westen um Hilfe für seine Armee gegen die Seljuken. Das Byzantinische Reich war weder wirtschaftlich noch militärisch in der Lage die verlorengegangenen Gebiete zurückzuerobern. Um nun die Europäer zu überzeugen, zeichneten die Gesandten des byzantinischen Kaisers ein von der Wirklichkeit abgehobenes dramatisches Bild von der Lage der Christen im Orient und der Entweihung der heiligen Stätten. Tatsächlich war es den Christen vor Ort nach wie vor möglich, ihre Religion auszuüben; allerdings war der Zugang von Pilgern und der Weg nach Palästina erschwert und mitunter unmöglich. Ganz im Sinne Papst Urbans II. bot Alexios I. überdies eine Beilegung des gespannten Verhältnisses zwischen der römisch-katholischen Kirche und der orthodoxen Kirche Konstantinopels an.

Entsprechend der bereits vorhandenen Grundstimmung bedurfte es nicht viel, um den Aufruf zur Befreiung Palästinas erfolgreich werden zu lassen. Die dramatische Rede des Papstes am 27. November 1095 wurde mit Begeisterung aufgenommen. Ausgesandte Prediger, die durch Westeuropa streiften, waren motivierende Multiplikatoren.

Der Papst entsandte also nicht militärische Unterstützung für Alexios, die sodann unter dem Kommando des Kaisers in einer oströmischen Armee streiten sollte, sondern er entsandte eine päpstliche Armee unter dem Kommando eines päpstlichen Legaten. Der Auftrag war, Alexios zu helfen, die Seljuken zu bekämpfen und dann nach Jerusalem zu ziehen, um das Heilige Grab zu befreien - was nicht mehr unter den Absichten des byzantinischen Kaisers war.

Alexios gelang es noch, die westliche Armee an Konstantinopel vorbei zu manövrieren. Militärisch gesehen war sodann der 1. Kreuzzug das einzige erfolgreiche Unternehmen.[15] Ansonsten zeichnete sich die zweihundertjährige Kreuz-

---

[15] Vgl. John France, *Victory in the East: A Military History of the First Crusade*. Cambridge 1994.

zugsperiode durch abenteuerliche Konzepts- und Führerlosigkeit aus. 1098 wurde Antiochien eingenommen. 1099 - nach sechsmonatiger Belagerung - wurde Jerusalem erobert. Das christliche Heer veranstaltete unter der Bevölkerung ein furchtbares Massaker; der religiöse Enthusiasmus artete in einen Blutrausch aus. Die meisten Kreuzfahrer kehrten nach der Eroberung Jerusalems nach Europa zurück. Sie betrachteten den Kreuzzug als eine Variante einer Pilgerfahrt, deren Auftrag nun erfüllt war. Bereits der zweite Kreuzzug endete im Fiasko, und der Ruf der unbesiegbaren Franken war gebrochen. Das militärische Prestige, das der Westen gegenüber den Muslimen mit dem ersten Kreuzzug erlangt hatte, litt nun enorm. Und auch im Westen wurde bereits Kritik an den Kreuzzügen laut.

### Die Zweite Seite: Byzantinische Orthodoxie

Um seine Machtposition zu festigen, war der Papst daran interessiert, das seit 1054 irritierte Verhältnis mit der orthodoxen Kirche von Konstantinopel wieder herzustellen, allerdings unter seiner Vorherrschaft. Dies widersprach der altkirchlichen und orthodoxen Ekklesiologie, die von in Gemeinschaft stehenden unabhängigen (autokephalen) Patriarchaten ausgeht. Auf dem zweiten ökumenischen Konzil in Konstantinopel 381 wurde dem Patriarchen von Konstantinopel, dem neuen Rom, die gleichen Ehrenrechte zuerkannt wie dem Patriarchen des alten Rom. Von einer Unterordnung unter ein einziges Patriarchat spricht keines der ökumenischen Konzile.

Nach der Eroberung Jerusalems durch das Kreuzfahrerheer blieb nur eine lateinische Minorität zurück, die einen Nord-Süd-Küstenstreifen von ca. 150 km Breite kontrollierte. Die Konsolidierung des Eroberten und die Einrichtung einer Verwaltung waren nun der wichtigste Auftrag. Ohne Rücksprache mit den orthodoxen Christen wurde Jerusalem als lateinisches Königreich eingerichtet. Weiters wurde das Land in Fürstentümer und Grafschaften aufgeteilt: Grafschaft Edessa, Fürstentum Tripoli, Fürstentum Antiochien. Mächtige Burgen an strategisch wichtigen Punkten sollten die Eroberungen sichern. Im Westen wurde die Eroberung mit Jubel gefeiert, das Papsttum hatte die Führerschaft im Abendland erreicht. Aber die kirchliche Unsensibilität war enorm.[16] Für die

---

[16] Vgl. Mathew Spinka, *The effect of the crusades upon Eastern Christianity*, in: John Thomas McNeill / Mathew Spinka / Harold R. Willoughby (Hgg.), *Environmental Factors in Christian History*. Chicago 1939, 252-272.

Orthodoxie unvorstellbar, wurden die griechischen Patriarchen von Antiochien (1098) und Jerusalem (1099) von den Kreuzfahrern beseitigt und durch lateinische (katholische) Patriarchen ersetzt. Der orthodoxe Patriarch von Antiochien floh ins Exil nach Konstantinopel. Dies stellte für die orthodoxe Kirche - gelinde gesagt - ein Schockerlebnis dar, das bis heute nachwirkt. Ostkirchen, Juden und Muslime hatten gleichermaßen unter der westlichen Präsenz zu leiden. Es ist bezeichnend, daß Saladin, nachdem er Jerusalem 1187 von den Kreuzfahrern zurückerobert hatte, die Grabeskirche der orthodoxen Kirche übergab; was im übrigen nichts daran änderte, daß dennoch viele Kirchen in Moscheen umgewandelt wurden.

Zur bis heute das Verhältnis zwischen orthodoxer und katholischer Kirche nahezu unüberbrückbar belastenden Katastrophe führte schließlich der vierte Kreuzzug.[17] Nach dem Versagen des dritten Kreuzzugs gab es in Europa kaum Interesse für einen weiteren. Der Aufruf von Papst Innozenz III. wurde weitgehend ignoriert. Die mehrheitlich französischen und piemontesischen Kreuzfahrer sammelten sich 1202 in Venedig: 11.000 Mann. Man wollte Jerusalem von Süden aus, über Ägypten, erobern. Aber dazu sollte es nie kommen. Da zu wenig Geld für die Überfahrt da war, das sie den Venezianern zahlen sollten, verpflichteten die Kreuzfahrer sich, für Venedig die christliche Stadt Zadar in Dalmatien, die unter dem König von Ungarn stand, zu erobern. Diese Plünderung konnte das fehlende Geld jedoch nicht einbringen. Den Venezianern gelang es daraufhin endgültig, das Heer unter Kontrolle zu bringen.

Der aus dem byzantinischen Kaisergeschlecht stammende Alexios Angelos wollte mit westlicher Hilfe auf den Thron und versprach sowohl den Venezianern Handelsbeziehungen mit Konstantinopel als auch den Kreuzfahrern das notwendige Geld für den Feldzug nach Ägypten. Das Kreuzfahrerheer zog nun gegen Konstantinopel. Der Kaiser in Konstantinopel konnte vertrieben werden, doch Alexios IV. Angelos war fortan auf lateinische Hilfe angewiesen, um sich auf dem Thron zu halten. Die Opposition gegen ihn stieg, und einer seiner Höflinge ermordete ihn. Dieser bestieg selbst als Alexios V. Ducas den Thron.

Die Venezianer sahen nun ihre Handelsprivilegien in Byzanz dahinschwinden und die Kreuzfahrer sich um ihre Kriegsfinanzierung betrogen. Konstantinopel wurde 1204 gestürmt. Das christliche Heer richtete ein unsägliches Blutbad an,

---

[17] Vgl. Larentzakis, *Der 4. Kreuzzug und die Einheit der Kirchen des Ostens und des Westens* 137-149. Matschke, *Das Jahr 1204 im Bewußtsein der Byzantiner und in der orthodoxen Kirche aus byzantinistischer Sicht* 129-136.

schändete orthodoxe Altäre und Ikonostasen, plünderte liturgische Geräte und Reliquien, verwüstete Heiligtümer, beseitigte den Patriarchen von Konstantinopel und setzte einen lateinischen Patriarchen und einen lateinischen Kaiser (1204-1261) ein.

Damit wurde nicht nur das Schisma zwischen Ost- und Westkirche fixiert, sondern auch die letzte Macht liquidiert, die den Muslimen auf dem militärischen Weg nach Europa Widerstand leisten konnte. Der tiefsitzende Schock des vierten Kreuzzuges verhinderte es, daß die Griechen im 15. Jahrhundert bei der Belagerung Konstantinopels durch die Osmanen um Hilfe im Westen anfragten. Man wollte lieber türkisch als lateinisch werden.

Die lateinischen Patriarchate von Konstantinopel, Alexandrien, Antiochien und Jerusalem bestanden de facto nur so lange wie die Kreuzfahrerstaaten, nominell jedoch blieben sie lange bestehen und hinterließen tiefe Wunden in der orthodoxen Kirche. Ihre formelle Aufhebung im Jahre 1964 durch Papst Paul VI. (1963-1978) war daher ein ökumenisch hervorragender Akt. Lediglich das lateinische Patriarchat von Jerusalem war 1847 wiedererrichtet worden und besteht bis heute.

### Die Dritte Seite: Muslimische Araber

Über mehrere Jahrhunderte hinweg war über Verträge der Zugang westlicher Pilger nach Jerusalem und Palästina durch die muslimischen Machthaber garantiert. Entsprechend betrachten die meisten arabischen Autoren, wie etwa der muslimische Historiker Ibn al-Atīr (1160-1233) - Augenzeuge der Kreuzzüge und der Zeit von Saladin und Richard Löwenherz -, die fränkische Invasion keineswegs als Religionskrieg, sondern als einen Akt westlicher barbarischer Grausamkeit. So schildert er die Eroberung Jerusalems unter Heranziehung arabischer Quellen mit all den Grausamkeiten der »Franken«, ohne dies jedoch zu einem christlich-muslimischen Konflikt oder gar zu einer religiösen Auseinandersetzung zu stilisieren.[18] Die Muslime waren zu dieser Zeit dem christlichen Abendland wissenschaftlich voraus. Durch die Übersetzertätigkeit syrischer Christen am Abbasidenhof in Bagdad war ihnen das gesamte Wissen der Antike

---

[18] Vgl. Ibn al-Atīr, *Die Franken nehmen Jerusalem ein*, in: *Die Kreuzzüge aus arabischer Sicht.* Aus den arabischen Quellen ausgewählt und übersetzt von Francesco Gabrieli. München 1975, 48-51.

vermittelt worden.[19]
Die Araber hatten bereits bis ins 10. Jahrhundert wiederholte Gegenangriffe des Christentums abgewehrt, nämlich jene der Byzantiner. Der nun ansetzende heftige Stoß des Westens erwischte die Araber allerdings in einer Situation politischer Gespaltenheit. Aufgrund der technologischen, wissenschaftlichen und militärischen Überlegenheit der Araber am Beginn des 2. Jahrtausends war der militärische Erfolg des Westens nur möglich, weil sich die arabischen Stämme (Seljuken, Fatimiden etc.) untereinander befehdet hatten und sich nicht geschlossen gegen die fränkische Unternehmung wandten. Mitunter schlossen sich einzelne seljukische Stämme nun sogar mit den Franken zusammen, um einen anderen seljukischen Stamm zu bekämpfen. D. h. Christlich-muslimische Truppen gegen muslimische Truppen.
Es dauerte etwa ein halbes Jahrhundert, bevor die Muslime sich erholten, während die Kreuzfahrer ihre Staaten konsolidierten. Tatsächlich sah das Abbasidische Kalifat in Bagdad die Kreuzfahrer nicht wirklich als Bedrohung ihres riesigen Reiches. Die Abbasiden hatten die Hauptstadt von Damaskus weiter in den Osten verlegt. Von Bagdad aus konnten sie ihr weit nach Asien hineinreichendes Imperium besser kontrollieren. Die kleinen Kreuzfahrerstaaten lagen an der Peripherie des muslimischen Machtbereiches und waren eher prestigeträchtig lästig als eine reale Bedrohung.
Um 1120 errang der seljukische Fürst Zangī in Mossul die Macht; er begann nun, die Kreuzfahrerstaaten zu attackieren. 1144 gelang es ihm, die Grafschaft Edessa zu erobern, den einzigen Kreuzfahrerstaat, der nicht an der Küste lag. Zangī starb zwei Jahre danach, aber sein Sohn Nūr ad-Dīn setzte dessen Werk fort und begann, die muslimischen Dynastien und Stämme zu einen. Damit war der Anfang vom Untergang der westlichen Heere eingeläutet. Die Erfolge Nūr ad-Dīns verschlechterten die Situation der Kreuzfahrerstaaten in den nächsten Jahrzehnten, und die Europäer - ohnehin nie wirklich in ihrer Führung gebündelt

---

[19] Vgl. Dimitri Gutas, *Greek Thought, Arabic Culture. The Graeco-Arabic Translation Movement in Baghdad and the Early Abbasid Society*. London-New York 1998. Dietmar W. Winkler, *Orientalisches Christentum und Früher Islam*, in: Pro Oriente Jahrbuch 2007. Wien 2008, 14-23. De Lacy O'Leary, *How Greek Science Passed to the Arabs*. Chicago 1951. E.-I. Yousif, *Les philosophes et traducteurs syriaques: d'Athènes à Bagdad*. Paris 1997. Henri Hugonnard-Roche, »*Contributions syriaques aux études arabes de logique à l'époque Abbaside*«, in: Aram 3 (1991) 193-210; Robert Hoyland, »*Arabic, Syriac and Greek historiography in the first Abbasid century: an inquiry to inter-cultural traffic*«, in: Aram 3 (1991) 111-234.

- wurden ob der Siege der Gegenseite weiter uneinig. Nūr ad-Dīn war aber nicht nur militärisch erfolgreich, sondern förderte auch Schulen und Moscheen, wo die muslimische Einheit gepredigt wurde. Sich selbst erklärte er zum Helden und Verteidiger des Islam und war demnach, durchaus strategisch durchdacht, bereit, Religion zu funktionalisieren.

Das lateinische Königtum von Jerusalem wollte sich nun sichern, indem es nach Süden expandierte und die schwachen ägyptischen Fatimiden angriff. Die Fatimiden riefen Nūr ad-Dīn um Hilfe, was diesem in der Folge Gelegenheit gab, die Kreuzfahrer einzukreisen. Seinem kurdischen General Shirūqū gelang es, im Namen Nūr ad-Dīns Kairo zu erreichen und das Vordringen der Lateiner zu verhindern. Shirūqū ermordete aber den Fatimidenkalifen und setzte im Namen Nūr ad-Dīns dessen Sohn Salah ad-Dīn (Saladin) als Herrscher in Ägypten ein und ließ im Fatimidenreich die Herrschaft der Abbasidenkalifen verkünden. Damit waren die Muslime wieder geeint.

Nach dem Tode Nūr ad-Dīns übernahm Saladin die Macht und wurde zum einzigen Führer der Muslime im Nahen Osten. Er ließ sich Zeit und organisierte seine Macht in aller Ruhe, um erst im richtigen Augenblick seine Attacke gegen die Kreuzfahrer zu beginnen. Die Uneinigkeit der Kreuzfahrerstaaten und die Einigkeit der Muslime führten 1187 zum entscheidenden Sieg Saladins über die Ritterheere in der Nähe von Tiberias. In der Folge fielen die meisten der eroberten Städte den Muslimen kampflos in die Hände; noch im selben Jahr eroberte Saladin Jerusalem. Nur wenige Kreuzfahrerburgen blieben in den Händen der Franken. Damit war das ganze Kreuzzugsunternehmen eigentlich am Ende. Was folgte, waren nur noch Nachspiele. Der dritte Kreuzzug führte zum aufwendigen und letztlich gescheiterten Unternehmen von Kaiser Friedrich Barbarossa, der im Fluß Saleph wärend eines Bades ertrank.[20] Das Unternehmen von Richard Löwenherz war nur wenig erfolgreicher, allerdings gelang es ihm, mit Saladin 1192 einen Waffenstillstand zu schließen und wieder freien Zugang für westliche Pilger nach Jerusalem zu erreichen. Die Stadt blieb aber unter muslimischer Herrschaft. Die folgenden Kreuzzüge änderten trotz heftiger blutiger Kämpfe kaum etwas an der politischen und religiösen Lage im Nahen Osten.

---

[20] Vgl. Ekkehard Eickhoff, *Friedrich Barbarossa im Orient. Kreuzzug und Tod Friedrich I.* Tübingen 1977. Hannes Möhring, *Saladin und der dritte Kreuzzug. Ayubidische Strategie und Diplomatie im Vergleich vornehmlich der arabischen mit den lateinischen Quellen.* Wiesbaden 1980.

## Kreuzfahrer und Muslime aus der Sicht arabischer Autoren und Chronisten

Die Kreuzfahrer waren auf die ansässige (muslimische) Bevölkerung angewiesen. Jene, die sich zuvor bekämpften, lebten nun zusammen. Muslimische Kaufleute begannen den Handel mit den Kreuzfahrern; soziale Beziehungen zwischen Orient und Okzident entstanden.[21]

Wenn wir nun einen Blick in arabische Quellen werfen, so müssen wir uns gewahr sein, daß auch diese dem Kontext ihrer Zeit verpflichtet sind und den christlichen polemischen Schriften um nichts nachhinken. Diese Polemik diente in beiderlei Lagern der Propaganda, Kriegs- und Verteidigungsmotivation. So verzerrten etwa auf europäischer Seite die »chansons de geste« und weitere mittelalterliche Romanliteratur ganz erheblich das Bild des Islam.[22] Es wäre hier sicherlich lohnend, die mittelalterlichen Quellen mit heutiger Terminologie zu vergleichen; man würde so manche Überraschung erleben und sehen, wie Stereotypen bis heute im wechselseitigen kollektiven Bewußtsein erhalten blieben.

Die Wertetafel der arabischen historischen Quellen entspricht also jener der christlichen, nur halt umgekehrt: »statt ‚Sarazenenhund' heißt es ‚Christenschweine', der Sehnsucht nach dem Heiligen Grab steht die nach dem Heiligen Felsen gegenüber, wo der Prophet bei seiner wunderbaren nächtlichen Himmelsreise den Fuß aufsetzte, dem frommen Gottfried [von Boullion] entspricht der fromme Saladin.«[23] Aus den diversen Quellen läßt sich allerdings gut ein historisches Bild rekonstruieren.

Die arabischen (sowohl muslimischen als auch christlichen) Chronisten beschäftigen sich nicht in eigenen Werken mit den Kreuzzügen, sondern betten sie in verschiedene Werke der Geschichtsschreibung ein. Es handelt sich also um allgemeine Geschichten der islamischen Welt wie das Werk des bereits erwähnten Ibn al-Atīr, der zu den objektivsten arabischen Historikern des 12. Jahrhun-

---

[21] Vgl. u. a. Maya Shatzmiller (Hg.), *Crusaders and Muslims in Twelfth-Century Syria*. Leiden 1993; Hans Eberhard Mayer, *Die Kreuzfahrerstaaten als Multikulturelle Gesellschaft*. München 1997; Marie-Luise Favreau-Lilie, »Multikulturelle Gesellschaft« oder »Persecuting Society«? »Franken« und »Einheimische« im Königreich Jerusalem, in: Dieter Bauer / Klaus Herbers / Nikolas Jaspert (Hgg.), *Jerusalem im Hoch- und Spätmittelalter. Konflikte und Konfliktbewältigungen*. Frankfurt 2001, 55-93.

[22] Vgl. Smid, *Islam and Christendom* 321-328.

[23] Francesco Gabrieli, *Einführung*, in: *Die Kreuzzüge aus arabischer Sicht* 8.

derts gehört.[24] Weiters gibt es eine erkleckliche Zahl an Regionalchroniken, die die Geschichte einer bestimmten Stadt, Region oder Dynastie umfassen, oder Schriften biographischer Art, die sich um die Taten eines Helden ranken. Zu letzteren gehören v. a. die Historiker Saladins und die offiziellen Biographen der Sultane.
Einer der herausragenden arabischen Historiker der Zeit ist Usāma Ibn-Munquidh (1095-1188).[25] Seine Autobiographie ist eine Schatztruhe von anekdotischer Information zum täglichen Leben und Verhältnis zwischen Muslimen und Franken. Ein Unikum und eine brillante Autobiographie. Sie ist hier deshalb von besonderem Interesse, da sie aus der Sicht eines Muslim die fränkischen Gebräuche und Sitten beschreibt. Usāmas Text umspannt fast das ganze erste Jahrhundert der zweihundertjährigen Kreuzzugsgeschichte. »Seine ungeordneten Erinnerungen, reich an pikanten Anekdoten und historischen Bezügen, sind voller Episoden, wie er in Krieg und Frieden mit den Franken zusammentraf; seine Haltung wechselte zwischen Feindseligkeit, Neugier und Sympathie. Die kleinen Szenen, zuweilen köstlich paradox, unterbrechen in willkommenem Gegensatz das auf die Dauer eintönige Waffenklirren, das die Seite der professionellen [arabischen] Geschichtsschreiber füllt.«[26]
Ein erstes Beispiel, das durchaus in ironischer Weise die wissenschaftlich-medizinische Überlegenheit der Araber gegenüber der abendländischen, von Aberglauben durchsetzten Heilkunst zeigt, ist folgender Text, in dem ein »Franke« den Onkel Usâmas bittet, ihm einen Arzt zur Heilung seines Gefährten zu schikken. Der Muslim sendet einen arabischen christlichen Arzt. Bekanntlich waren es ja vor allem die (ost)syrischen Christen, wie etwa die am Abbasidenhof wirkende prominente Familie der Buchtīšū, die die Medizin der Zeit prägten.[27] Der christlich-arabische Arzt bei Usâma weiß folgendes zu erzählen:

*»Sie führten mir einen Ritter vor, der einen Abszeß am Bein hatte, und eine Frau, die an Auszehrung litt. Dem Ritter machte ich ein erweichendes Pflaster, und der Abszeß öffnete und besserte sich; der Frau verschrieb ich eine Diät und führte ihrer Säftemischung Feuchtigkeit zu.*

---

[24] Vgl. ebd. 24f.
[25] Vgl. ebd. 25f.
[26] Ebd. 115.
[27] Vgl. Winkler, *Orientalisches Christentum und Früher Islam* 19-21.

*Da kam ein fränkischer Arzt daher und sagte: 'Der weiß doch überhaupt nicht, wie sie zu behandeln sind!' wandte sich an den Ritter und fragte ihn: 'Was willst du lieber: mit einem Bein leben oder mit beiden Beinen tot sein?' Der antwortete: 'Lieber mit einem Bein leben!' Da sagte er: 'Holt mir einen kräftigen Ritter und ein scharfes Beil!' Ritter und Beil kamen, ich stand dabei. Er legte das Bein auf einen Holzblock und sagte zu dem Ritter: 'Gib dem Bein einen tüchtigen Hieb, der es abtrennt.' Er schlug, unter meinen Augen, einmal zu, und da das Bein nicht abgetrennt war, ein zweites Mal: das Mark des Beines spritzte weg, und der Ritter starb sofort. Hierauf untersuchte er die Frau und sagte: 'Die da hat einen Dämon im Kopf, der sich in sie verliebt hat. Schert ihr die Haare.' Sie schoren sie, und sie aß wieder von ihren gewohnten Speisen, Knoblauch und Senf, wodurch die Auszehrung sich verschlimmerte. 'Der Teufel steckt in ihrem Kopf', urteilte er, nahm ein Rasiermesser und schnitt ihr kreuzförmig über den Kopf, entfernte die Haut in der Mitte, bis der Schädelknochen freilag, und rieb ihn mit Salz ein: die Frau starb augenblicklich. Da fragte ich: 'Habt ihr mich noch nötig?' Sie verneinten, und ich ging weg, nachdem ich von ihrer Heilkunde gelernt hatte, was ich vorher nicht wußte.«*[28]

Ein anderes Beispiel zeigt, daß sich durchaus auch Freundschaften zwischen Christen und Muslimen entwickelten, wie es auch »inkulturierte« Ritter bzw. orientalisierte Franken gab. Nichtsdestoweniger spricht aus der folgenden Episode, die Usāma Ibn-Munquidh schildert, auch immer wieder die Vorsicht des Muslims, wie auch vorherrschende Vorurteile deutlich werden.

*»Es gibt unter den Franken einige, die sich im Lande angesiedelt und begonnen haben, auf vertrautem Fuße mit den Muslimen zu leben. Sie sind besser als die anderen, die gerade neu aus ihren Heimatländern gekommen sind, aber jene sind eine Ausnahme, und man kann sie nicht als Regel nehmen. Hierzu soviel: Einmal schickte ich einen Gefährten in einem Geschäft nach Antiochia, dessen Oberhaupt Todros ibn as-Safī war, mit dem ich befreundet war und der in Antiochia eine wirksame Herrschaft ausübte. Er sagte eines Tages zu meinem Gefährten: 'Ein fränkischer Freund hat mich eingeladen. Komm doch mit, dann*

---

[28] Usâma Ibn-Munquidh, *Fränkische Medizin*, in: *Die Kreuzzüge aus arabischer Sicht* 118f.

*siehst du ihre Gebräuche.' 'Ich ging mit', erzählte mein Freund, 'und wir kamen zum Hause eines der alten Ritter, die mit dem ersten Zug der Franken gekommen waren.' Er hatte sich von seinem Amt und Dienst zurückgezogen und lebte von den Einkünften seines Besitzes in Antiochia. Er ließ einen schönen Tisch bringen mit ganz reinlichen und vorzüglichen Speisen. Als er sah, daß ich nicht zulangte, sagte er: 'Iß getrost, denn ich esse nie von den Speisen der Franken, sondern habe ägyptische Köchinnen und esse nur, was sie zubereiten; Schweinefleisch kommt mir nicht ins Haus!« Ich aß also, sah mich aber vor, und wir gingen. Später überquerte ich den Markt, als eine fränkische Frau mich belästigte und in ihrer barbarischen Sprache mir unverständliche Worte hervorstieß. Eine Menge Franken sammelte sich um mich, und ich war schon meines Todes sicher: da erschien der Ritter, erkannte mich, kam herbei und sagte zu der Frau: 'Was hast du mit diesem Muslim?' 'Er hat meinen Bruder Urso getötet!' erwiderte sie. Dieser Urso war ein Ritter aus Apamea, der von einem Soldaten aus Hama getötet worden war. Er fuhr sie an: 'Das hier ist ein Bürger, ein Kaufmann, der nicht in den Krieg zieht und sich nicht aufhält, wo man kämpft.' Dann herrschte er die Menge an, die sich angesammelt hatte. Sie zerstreute sich, und er nahm mich bei der Hand. So hatte die Tatsache, daß ich bei ihm gespeist hatte, zur Folge, daß mir das Leben gerettet wurde.«*[29]

Als letztes sei ein gutes Beispiel angeführt, das den durchaus vorhandenen gegenseitigen Respekt zeigt, ja daß sich sogar Freundschaften entwickelten, zugleich aber auch, wie die jeweilige Seite die eigene Kultur als die bessere und gebildetere ansah. Betrachtet man den zivilisatorischen Stand der islamischen Welt zur Zeit der Abbasiden, dann muß man wohl Usāma recht geben.

*»Im Lager König Fulkos, Sohn Fulkos, gab es einen angesehenen fränkischen Ritter, der als Pilger aus ihrem Land gekommen war und anschließend dorthin zurückkehrte. Er lernte mich gut kennen und wurde mein enger Freund, nannte mich Bruder, und zwischen uns entwickelte sich herzliche Freundschaft. Als er sich einschiffen wollte, um nach*

---

[29] Usâma Ibn-Munquidh, *Orientalisierte Franken*, in: *Die Kreuzzüge aus arabischer Sicht* 121f.

*Hause zurückzukehren, sagte er zu mir: 'Mein Bruder, ich fahre in mein Land und möchte gern, daß du deinen Sohn (den ich bei mir hatte, einen Jungen von vierzehn Jahren) mit mir schickst, damit er die Ritter kennenlernt, Verstand und Ritterlichkeit erwirbt und als verständiger Mann zurückkehrt.' So kam ich dazu, Worte zu hören, die wahrlich nicht aus dem Mund eines verständigen Mannes kommen konnten! Wenn mein Sohn in Gefangenschaft geraten wäre, hätte das nicht schlimmer für ihn sein können, als ins Land der Franken zu ziehen. Ich antwortete: 'Bei deinem Leben, das ist auch mein Wunsch! Mich hindert nur, daß seine Großmutter, meine Mutter, ihn sehr liebt und nicht mit mir gehen ließ, bevor ich ihr geschworen hatte, ihn ihr zurückzubringen.' 'Lebt deine Mutter noch?' fragte er. 'Ja.' 'Dann handle nicht gegen ihren Willen.'«[30]*

All diese Anekdoten zeigen, daß es Zeiten zwischen den Kämpfen und nicht nur die Schlachten und das Schlachten gegeben hat. Es waren auch Zeiten der Begegnung und des kulturellen Aneinandertastens, wie auch des Mißverstehens und wechselseitigen Ausschließens.

## Conclusio

Aufbauend auf den Kreuzzugsaufruf Papst Urbans II. waren viele Kreuzfahrer, trotz aller Gräueltaten, überzeugt, mit der Befreiung der Heiligen Stätten Gottes Willen zu erfüllen und die Erlassung aller ihrer Sünden zu erreichen. Daß Jerusalem bereits seit über 450 Jahren unter der Herrschaft der Araber stand und schon Kaiser Karl der Große mit Kalif Harun al-Rashid in einem Abkommen die Errichtung einer Pilgerherberge geregelt hatte, spielte in der psycho-sozialen Situation des Kreuzzugsaufrufes keine Rolle. Von den Kreuzzügen kann in diesem Kontext keinesfalls von einer Reaktion auf die arabische Expansion und Eroberung des christlichen Nahen Ostens gesprochen werden, sondern die Kreuzzugsbewegung muß im frömmigkeitsgeschichtlichen Zusammenhang des Mittelalters gesehen werden. Am Anfang der Kreuzzugsbewegung stand der Glaube der Kreuzfahrer, daß der Weg in das Heilige Land gottgewollt sei. Die-

---

[30] Usâma Ibn-Munquidh, *Vorschlag, einen Sohn nach Europa zu schicken*, in: *Die Kreuzzüge aus arabischer Sicht* 124f.

ser Glaube wurzelte im alten Wallfahrtsgedanken, wo man willig die Strapazen des Weges auf sich nimmt und zu heiligen Orten aufbricht; damit wird das Unterwegssein zum Symbol für den menschlichen Lebensweg überhaupt. Der Kreuzzug wurde als ein bewaffneter Pilgerzug verstanden. Die Unterbrechung des Pilgerstroms nach Jerusalem durch die seljukische Invasion, die nicht nur das Byzantinische Reich traf, sondern ebenso die muslimischen Herrscher, bildete ein gutes Substrat für den Kreuzzugsaufruf. Erst nach dem Fall Akkons (1291) kam vom 14. bis ins 16. Jahrhundert der Gedanke einer friedlichen Wallfahrt nach Jerusalem wieder auf.
Die religiösen Motive traten jedoch im Laufe der Zeit in den Hintergrund besonders deutlich zeigt sich der Mißbrauch religiöser Begeisterung beim Vierten Kreuzzug, der von der Handelsmetropole Venedig nach Konstantinopel umgeleitet wurde, um den Handelskonkurrenten auszuschalten. Hierbei wurde das christliche Konstantinopel durch das christliche Kreuzfahrerheer geplündert und die Beute nach Venedig abtransportiert. Ein blutiges Kapitel der Kirchengeschichte mit fatalen ökumenischen Auswirkungen, und zwar bis heute. Hier zeigt sich die vollständige Pervertierung des ursprünglichen religiösen Kreuzzugsgedankens.
Umgekehrt sahen die Muslime in den Kreuzzügen keineswegs einen religiösen Krieg. Das legen arabische Chronisten und Zeitzeugen nahe. Für das große Abbasidische Reich hatte der erste Kreuzzug, aus muslimischer Sicht, höchst geringe Bedeutung, während die Kreuzzüge für die katholische Kirche und europäische Identität des Mittelalters prägend wirkten. Das Papsttum versprach sich von der Kontrolle über das Heilige Land eine massive Stärkung seiner Machtposition, und die Kreuzzugsunternehmungen waren allein auf Grund der Verzahnung von weltlicher und kirchlicher Macht möglich. Der Papst rief zum Kreuzzug auf, und die adelige Elite folgte; umgekehrt veranlaßten die Fürsten die kirchlichen Instanzen zur Kreuzzugspredigt, damit ihre eher weltlichen Interessen befriedigt wurden. Keineswegs konnten die Kreuzzüge in den Orient immer unter päpstlicher Kontrolle gehalten werden. Der abendländische Adel erhoffte sich durch die Eroberung neue Besitztümer, und vor allem die jüngeren Söhne des Adels, die in der jeweiligen Erbfolge nachgereiht waren, sahen hier die Möglichkeit, eigene Gebiete zu erringen. Wirtschaftlich profitierten die italienischen Seerepubliken (Genua, Pisa, Venedig u. a.) nicht nur an der Übersetzung von Kreuzfahrern, sondern auch am Folgehandel mit dem Orient, der in den ruhigeren Phasen zwischen den kriegerischen Handlungen betrieben wurde. Letztlich haben die Päpste wohl auch auf die Wiedervereinigung mit der bzw. auf die Kontrolle über die Ostkirche gehofft.

Obwohl die Kreuzzüge keineswegs allein gegen die Muslime gerichtet waren und von diesen selbst nicht als religiöse, sondern als westliche kriegerische und barbarische Aggression gesehen wurden - dies gilt es nachdrücklich festzuhalten -, bewirkten sie eine bis heute anhaltende Feindseligkeit gegenüber dem Westen und dem Christentum. Dies ging zunächst zu Lasten der Ostkirchen, die auch heute noch als westliche Vorboten im muslimischen Kontext gelten, obwohl sie selbst genuin zum Orient gehören.

Die katholische Kirche hat sich offiziell von der Idee der Kreuzzüge verabschiedet, der schwere Schatten bleibt dennoch. Die schreckliche historische Erfahrung der Kreuzzüge, geradezu gleichermaßen gegen Mit-Christen und Muslime gerichtet, zeigt den Fanatismus religiös motivierter Kriege, die besonders erbittert geführt zu werden scheinen. Dennoch ist der Terminus »Kreuzzug« heute sowohl für verharmlosende »Cornflakes Crusades« ein Ärgernis, wie auch als Sammelbezeichnung gegenwärtiger Konfliktsituationen zwischen dem Westen und der arabischen bzw. muslimischen Welt. Vor allem letzteres ist höchst unzutreffend, denn eine derartige Verzweckung wird der komplexen historischen Situation nicht gerecht. Und es bleibt festzuhalten, daß es nicht nur dunkle Seiten der Christlich-Muslimischen Begegnung gab, denn in den friedlichen Zeiten bestand in den Kreuzfahrerstaaten durchaus ein versuchter kultureller und reger wirtschaftlicher Austausch. Mitunter kamen sich Christen und Muslime sehr nahe.

# DIE AUTOREN

Mère AGNÈS-MARIAM de la Croix, Unbeschuhte Karmelitin seit 1971, restauriert seit 1994 das alte Kloster Sankt Jakobus des Verstümmelten (6. Jh) in Qara, Syrien. Sie gründete den Antiochenischen Orden von der Einheit, dessen erste Oberin sie ist. 1995 Gründung des »Maison d' Antioche« zum Schutz des Erbes der östlichen Kirchen, dessen Vorsteherin sie ist. Spezialistin für Fragen der christlichen Mystik, der »Unterscheidung der Geister« und der geistlichen Begleitung. Gründerin und Koordinatorin eines Unterkomitees, das sich um die Bewahrung und Pflege des geistlichen Lebens und der Volksfrömmigkeit bemüht und das mit dem Segen der Versammlung der Patriarchen und katholischen Bischöfe des Libanons arbeitet. Mitglied des informellen Komitees für den Dialog zwischen Katholischer Kirche und den Messianisten. Als Ikonographin und Ikonologin gilt sie als weithin bekannte Spezialistin der arabisch-christlichen Kunst.

BÖHLER, Volker W., Jahrgang 1941. Nach dem Abitur 1960 Eintritt in die Luftwaffe. Verwendungen in der Truppe als Batteriechef und Bataillonskommandeur. Mehrere Jahre an der Raketenschule der Luftwaffe in Fort Bliss/Texas. Tätigkeiten im Bundesministerium der Verteidigung und der Höheren Kommandobehörden. Einsatz im diplomatischen Dienst als Verteidigungsattaché an den Deutschen Botschaften in Damaskus/Syrien, Amman/Jordanien und Beirut/Libanon. Letzte Dienststellung: Kommodore eines Flugabwehrraketengeschwaders in Mecklenburg-Vorpommern. Versetzung in den Ruhestand im Jahr 2000. Verheiratet, zwei Kinder. Zahlreiche Veröffentlichungen zur Thematik Nahost.

DAUTZENBERG, Herbert, geb. 1941 in Aachen. Studium an der RWTH mit Abschluß Dipl.-Ing. Berufsbegleitende Promotion zum Dr.-Ing. Professor für Ingenieurwesen und Technologie an der Bradley University, Peoria, USA (1999). Zwanzig Jahre Tätigkeit an der RWTH Aachen, u. a. Leiter des Informatikrechenzentrums, Direktor einer Informatikforschungsgruppe, Dezernent für Datenverarbeitung der Verwaltung, zuletzt Bereichsleiter in der Informationstechnik im Uniklinikum Aachen. Leiter Org-DV in einem Industrieunternehmen. Selbständige internationale Unternehmensberatung (bis 2007). 1994 Bundesverdienstkreuz am Bande wegen der Verdienste um die Datenverarbeitung im Hochschulbereich, in der Region und wegen der Miteinführung des bundesweiten Informatikstudiums. Silberner Ehrenteller der IHK zu Köln nach 30jähriger Prüfertätigkeit, zuletzt als Vorsitzender und Sprecher mehrerer Prüfungskommissionen. Goldene Ehrennadel der IHK Aachen wegen des langjährigen Vorsitzes des Arbeitskreises Datenschutz. Seit 1994 Statthalter des Patriarchalischen Ordens vom Heiligen Kreuz zu Jerusalem, derzeit im Rang eines Ritters des Großkreuzes. Über 30 Veröffentlichungen und viele Vorträge bei wissenschaftlichen Veranstaltungen.

DÖPMANN, Hans-Dieter, geb. 1929 in Bad Frankenhausen. An der Humboldt-Universität zu Berlin Diplom in Slavistik und Anglistik (1952), nach dem Studium der Theologie Promotion 1962, Habilitation 1965. 1970-1994 Professor für Kirchengeschichte und Ostkirchenkunde. Mitglied diverser wiss. Gesellschaften, z. T. im Wiss. Beirat bzw. Präsidium. Vors. des Facharbeitskreises Orthodoxie des Bundes der Ev. Kirchen in der DDR, nach der »Wende« Moderator des Facharbeitskreises Orthodoxie der EKD. Mehr als 300 wiss. Publikationen, vorwiegend über die orthodoxen Kirchen, einiges in insgesamt 10 Sprachen. Behandlung der orientalischen Kirchen besonders in den Monographien: Die Orthodoxen Kirchen, Berlin 1991, Il Cristo d'Oriente, Genova 1994, Le Chiese Ortodosse, Genova 2003. Auszeichnungen, u. a. Patriarchalkreuz der Rumänischen Orthodoxen Kirche (2003). Für die Beziehungen zu den orthodoxen Kirchen Verdienstkreuz der Bundesrepublik Deutschland (2008).

FEIGE, Bischof Gerhard, geb. 1951 in Halle. Nach dem Studium der Theologie in Erfurt 1978 Priesterweihe in Magdeburg. Seelsorger in Salzwedel und Magdeburg. 1982 wissenschaftlicher Assistent an dem Philosophisch-Theologischen Studium Erfurt. 1988 Promotion zum Doktor der Theologie. Studienaufenthalt in Rom. Seit 1989 Dozent für Alte Kirchengeschichte, Patrologie und Ökumenische Theologie in Erfurt. Seit 1994 Professor für Alte Kirchengeschichte, Patrologie und Ostkirchenkunde. 1999 Weihbischof und 2005 Bischof von Magdeburg. In der Deutschen Bischofskonferenz Mitglied der Ökumenekommission und der Unterkommission für Mittel- und Osteuropa. Leiter der Arbeitsgruppe Kirchen des Ostens und des Aktionsausschusses des Osteuropa Hilfswerkes Renovabis. Mitglied des Evangelisch-Katholischen Kontaktgesprächskreises auf Bundesebene und seit 1993 der Gemeinsamen Kommission der Griechisch-Orthodoxen Metropolie von Deutschland und der Römisch-Katholischen Kirche in Deutschland. Seit 2006 Mitglied der Gemeinsamen Internationalen Kommission für den Theologischen Dialog zwischen der Orthodoxen Kirche und der Römisch-Katholischen Kirche.

HALLENSLEBEN, Barbara, geb. 1957 in Braunschweig; Studium der Theologie, Philosophie und Geschichte an der Universität Münster; 1985 Promotion (Communicatio. Anthropologie und Gnadenlehre bei Thomas de Vio Cajetan, Münster 1985); 1992 Habilitation an der Universität Tübingen (Theologie der Sendung. Die Ursprünge bei Ignatius von Loyola und Mary Ward, Frankfurt 1994); seit 1994 Professorin für Dogmatik an der Theologischen Fakultät der Universität Fribourg, Schweiz; 2004-2006 Dekanin, seit 2007 Präsidentin der Lokalen Forschungskommission der Universität. Mitglied der Internationalen Theologischen Kommission, der Internationalen Orthodox-Katholischen Dialogkommission und anderer Dialogkommissionen. Forschungsschwerpunkte: Ekklesiologie, Theologie der Ökumene, orthodoxe Theologie (Wissenschaftliche Edition der Werke des russischen orthodoxen Denkers Sergij N. Bulgakov).

HARNONCOURT, Philipp, geb. 1931 in Berlin. 1949-54 Studium der kathol. Theologie in Graz und München. 1954 Priesterweihe; Seelsorgedienst und Verwaltungsdienst in der Diözese Graz-Seckau. 1963 Doktorat der Theologie, dann Gründer und erster Leiter der Abt. Kirchenmusik a. d. Mus.-Akad. Graz. 1965-67 Habilitation (Liturgiewissenschaft) in München. 1972 Professor für Liturgiewissenschaft der kath.-theol.- Fakultät der Universität Graz. Seit 1965 Mitarbeit an der Liturgiereform nach dem

II. Vatikanum für das dt. Sprachgebiet: Gesangbuch, Liturg. Kalender, Kirchenbau... Mitglied verschiedener liturgischer Kommissionen des Bistums und der österr. Bischofskonferenz. 1973 Gründer und erster Vorstand des Instituts für Liturgiewissenschaft, christliche Kunst und Hymnologie der Universität Graz. Seit 1975 Gastprofessuren und Gastvorlesungen in Deutschland und im Ausland. Mitglied verschiedener internationaler wissenschaftlicher und kirchlicher Gesellschaften, Mitherausgeber bzw. Mit-Redakteur verschiedener Fachzeitschriften. 1987 Berufung durch Cardinal König in den Vorstand der ökumenischen Stiftung PRO ORIENTE in Wien; Gründer und Leiter ihrer Sektion Graz. Seit 1990 Beteiligung am inoffiziellen Dialog unter den christlichen Kirchen (Ökumene) und unter den Weltreligionen (Interreligiöser Dialog); Mitglied des Ökumenischen Rates der christlichen Kirchen Österreichs (ÖRKÖ) und der Ökumene-Kommission der Österr. Bischofskonferenz. 1998 Promotion zum Dr. h. c. der Orthodoxen Fakultät in Hermannstadt/Sibiu (Rumänien). 1999 Emeritierung. Seit 2004 Organisation einer großen Hilfsaktion für das durch eine Brandkatastrophe weitgehend zerstörte serbische Athoskloster Hilandar.

HEISER, Lothar, geb. 1934; Studium der Philosophie, Psychologie, Theologie; Promotion in Geschichte und Theologie der östlichen Kirchen; kath. Pfarrer und emeritierter Religionspädagoge; häufige und ausgedehnte Studienreisen in die Länder der östlichen Christenheit; Publikationen über die orthodoxe Lehre über Engel, Taufe, Maria, Jesus Christus, über Nikolaus und Orthodoxe Feste, über die Armenische, Georgische, Syrische, Äthiopische und Koptische Kirche, Übersetzung der Hymnen des Symeon des Neuen Theologen.

HOHMANN, Gregor, geb. 1935 in Berlin. 1956 Abitur am Humanistischen Gymnasium Münnerstadt in Unterfranken. Eintritt in das Noviziat der Augustiner. Seit 1957 Studium der Philosophie und Theologie an der Universität Würzburg. Nach der Priesterweihe (1963) Studium am Pontificio Istituto Orientale in Rom, aber auch am Collegium Russicum. Promotion mit dem Thema »Vergöttlichung durch Teilhabe«. Von 1975 -

1983 in Fribourg (Schweiz) Generalsekretär der Catholica Unio, ab 1993 Nationalsekretär desselben Werkes in Würzburg. Zahlreiche Vorträge, Studienreisen und Feiern der byzantinischen Liturgie. In der Schriftleitung »Der Christliche Osten«. Seit 1998 beratendes Mitglied der Ökumenekommission der Deutschen Bischofskonferenz.

JOANTĂ, Metropolit Serafim, geb. 1948 im Dorf Boholtz (Boholt) bei Fogarasch (Fägäras) im Kreis Kronstadt (Brasov). 1970-1974 in Hermannstadt (Sibiu) Studium der orthodoxen Theologie. 1974 Weihe zum zölibatären Priester; danach Seelsorger in Pojorta (Kreis Fogarasch) im Erzbistum Sibiu und bis 1982 an der Bischofskathedrale von Alba Iulia (Karlsburg). 1982-1985 Studium am orthodoxen Theologischen Institut »St. Serge« in Paris. 1985 Promotion mit einer Arbeit zu den rumänischen Traditionen des Hesychasmus. 1986-1989 in Paris Dozent mit Kursen zur »Geschichte der ökumenischen Konzile« und »Geschichte der orthodoxen Kirchen«. Nach dem Sturz der Diktatur Weihe zum Mönch und Archimandriten; Annahme des Mönchsnamens Serafim. 1990 Weihbischof des Erzbistums von Sibiu. 1994 Weihe zum Metropoliten von Deutschland, Zentral- und Nordeuropa in der St.-Lukas-Kirche in München; 15 Länder Europas waren zu betreuen. Derzeit gibt es 40 Gemeinden in Deutschland, sieben in Österreich und 55 in der ganzen Metropolie. 2001 endgültiger Sitz der Metropolie in Nürnberg mit Kathedrale, Kloster, Ikonenwerkstatt etc. Kauf von weiteren Kirchen in Deutschland und Österreich. Die Jahreszeitschrift »*Deisis*« und das Monatsblatt »*Scrisoarea duhovniceased*«(»Geistlicher Rundbrief«) werden zwei regelmäßig erscheinende Publikationen der Metropolie. Vorträge bei orthodoxen und ökumenischen Veranstaltungen, Seminaren, Tagungen und Konferenzen. Seit 2006 Stellvertretender Vorsitzender der KOKiD (Kommission der Orthodoxen Kirchen in Deutschland - Verband der Diözesen) und Engagement im Arbeitskreis Christlicher Kirchen in Deutschland (ACK) wie auch bei den Vorbereitungen der Dritten Europäischen Ökumenischen Versammlung/EÖV3 (4.-9. September 2007 in Sibiu).

KAUFHOLD, Peter, geb. 1937 in Bad Münder; ab 1959 in Hannover Studium der Kirchenmusik, dann der Schulmusik, Examen 1966; ab 1966 Studium der Kathol. Theologie in Münster, Examen 1969. Referendariat 1969-1970 in Hannover. Lehrer am Johannes-Kepler-Gymnasium in Garbsen, Studiendirektor, Pensionierung (1999). Gründung der Schola Cantorum St. Godehard, Hannover (1962); Schwerpunkt: Gregorianischer Choral. 1972 Begegnung mit der Ostkirche, Liturgie mit Archimandrit Irenäus Totzke OSB, Niederaltaich. Mehrere Schallplattenaufnahmen: Osterliturgie, Liturgie der Vorgeweihten Gaben, ausgewählte Gesänge der Ostkirche; ab 1994 Aufnahme mehrerer CD's: Göttliche Liturgie, Weihnachtsvigil, Gesänge zur Hochzeit; jährliche byzantinische Wochen von 1974 bis 2006; Studienreisen mit der Schola Cantorum nach Rumänien, Russland, Serbien, Griechenland, Zypern, Israel, Ägypten. 2007 Verleihung des Goldenen Sterns von Jerusalem. - Weitere kirchenmusikalische Aufgaben: Orgel- und Glokkensachverständiger der Diözese Hildesheim, langjähriger Vorsitzender der Diözesankommission für Kirchenmusik.

KHOURY, Adel Theodor, geboren 1930 im Libanon, Studium der Philosophie und der Theologie am katholischen Priesterseminar im Libanon, Priesterweihe (1953). Lizentiat der Philosophie (1959) und Lizentiat der Orientalistik (1960) an der Beiruter Außenstelle der französischen Universität Lyon, Habilitation in Lyon (1966). Ab 1970 Professor für Religionswissenschaft und Leiter des Seminars für Allgemeine Religionswissenschaften der Katholisch-Theologischen Fakultät der Universität Münster/W. Seit Oktober 1993 im Ruhestand. - Schwerpunkte der wissenschaftlichen Tätigkeit: zahlreiche Veröffentlichungen zur Islamwissenschaft, zu den Beziehungen zwischen Christentum und Islam in Vergangenheit und Gegenwart sowie zum christlich-islamischen Dialog auf nationaler und internationaler Ebene. - Gründung mehrerer Reihen in arabischer Sprache im Libanon über Religionswissenschaft, den Dialog mit dem Islam, die Ökumene der christlichen Kirchen.

KUNZLER, Michael, geb. 1951 in Saarbrücken. 1970 Beginn des Theologiestudiums und Eintritt in das Priesterseminar Trier. Nach einem Studienjahr in München historische und sprachliche Studien (Archivkunde, Paläographie, Russisch). 1978 Promotion. Nach der Priesterweihe (1980) Seelsorge in Völklingen und Großrosseln. Lehrauftrag für Liturgiewissenschaft an der Musikhochschule Saarbrücken. Studentenpfarrer, Mentor und Religionslehrer in Saarbrücken. 1987 Habilitation. 1988 Lehrstuhlinhaber für Liturgiewissenschaft an der Theologischen Fakultät in Paderborn. 1991 Konsistorialrat der Apostolischen Exarchie der katholischen Ukrainer. 1995 Mitglied des Wissenschaftlichen Beirats des Johann-Adam-Möhler-Instituts für Ökumenik. 1998 Visiting Professor an der Pontificia Università Lateranense, Rom, und Vorlesungen an der Theologischen Fakultät Lugano. 2001 Berater der Liturgischen Kommission der Deutschen Bischofskonferenz und seit 2004 Mitarbeit am »Gemeinsamen Gesang- und Gebetbuch«. 2001 Gastvorlesungen an der Theologischen Fakultät in Eichstätt. 2002 staurophorer Protopresbyter und 2005 mitrophorer Protopresbyter der ukrainischen griechisch-katholischen Kirche. Ernennung zum Konsultor der Römischen Kongregation für den Gottesdienst und die Disziplin der Sakramente (2005).

LÄUFER, Erich, geb. 1927 in Aachen. Studium der Theologie, Philosophie, Pädagogik in Bonn, München, Köln, Münster. Priesterweihe 1953. Studiendirektor; Dozent für Neues Testament am Erzbischöflichen Diakoneninstitut. Chefredakteur der Kirchenzeitung für das Erzbistum Köln. Seit 1960 zahlreiche Aufenthalte im Heiligen Land, im Mittleren und Nahen Osten. Teilnahme an Ausgrabungen. Publikationen zu biblischen Themen und deren Zeitgeschichte. Prälat, Ehrendomherr, Ritter vom Heiligen Grab. Vorstand und Verwaltungsratsvorsitzender des Deutschen Vereins vom Heiligen Lande. Chefredakteur der Zeitschrift »Das Heilige Land«.

LAMZA, Lucian, geb. 1935 in Pschow, Kreis Rybnik, Erzbistum Kattowitz, Polen. Herbst 1945 Flucht der Familie nach Fulda. 1958 Eintritt in das Fuldaer Priesterseminar. Danach Studien in Fulda, Freiburg in der Schweiz und Rom. Oktober 1965 im Päpstlichen Russischen Kolleg Weihe zum Priester des byzantinisch-slawischen Ritus. Nach der Promotion Beamter der Kongregation für die Orientalischen Kirchen (1973-2004), und zwar in verschiedenen Sektionen, u. a. für die griechisch-melkitisch katholische Kirche. Seit Mai 2004 im Bischöflichen Generalvikariat Fulda Leiter des Referats für weltkirchliche Aufgaben.

MADEY, Johannes, geb. 1933 in Kattowitz (Oberschlesien). 1947 Heimatvertriebener in der Bundesrepublik Deutschland. 1954-1959 Studium in Fulda und München. 1961 Promotion mit einer Arbeit über Vladimir Solov'ev in München. 1959-61 Verlagslektor, dann im Schuldienst. 1968 Ernennung zum Berater der ökumenischen Kommission und Teilnahme an der Reise Cardinal Döpfners zum Ökumenischen Patriarchen Athenagoras I. Seit 1970 Mitglied der Gesellschaft für das Recht der Ostkirchen (Wien). Seit 1972 Mitarbeiter für ostkirchliche Fragen am Johann-Adam-Möhler-Institut in Paderborn. 1980: Mitbegründer der indischen theologischen Zeitschrift *Christian Orient*. 1983-1998: Professor für ökumenische Entwicklungen in den Kirchen östlicher Überlieferung und Ostkirchenkunde am Pontifical Oriental Institute of Religious Studies in Kottayam (Lizentiatskurs). 1986 Ordentliches Mitglied der Ukrainischen Wissenschaftlichen Ševčenko-Gesellschaft. 1987 Mitglied des Beirats der Zeitschrift *The Harp: A Review of Syriac and Oriental Ecumenical Studies*, hrsg. vom St. Ephrem Ecumenical Research Institute, das der Mahatma-Gandhi Universität in Kottayam affiliert ist. Ab 1989 Sektionsleiter für *Liturgie-Ost* am *Marienlexikon* (6 Bde.). 1993 in den International Advisory Board der Zeitschrift *Logos: A Review of Eastern Christian Studies* berufen, 1997 Berater des Editorial Board der Zeitschrift *Ephrem's Theological Journal*. 1997-2006 Lehrauftrag für Ostkirchenrecht am Institut für Kanonisches Recht der Kath.-Theol. Fakultät der Universität Münster. 1998 Doctor of Philosophy honoris causa des St. Ephrem Ecumenical Research Institute, Kottayam. 2004 Ernennung zum Berater (editorial consultant) der Zeitschrift *Aikya Samīkṣha*. 2006 Verleihung des Patriarchalordens »Croix de Jérusalem« durch S. Seligkeit Gregorios III. Laham.

OELDEMANN, Johannes, Dr. theol., geb. 1964, verheiratet, drei Kinder. Direktor am Johann-Adam-Möhler-Institut für Ökumenik in Paderborn. Studium der Katholischen Theologie und Slavistik in Münster und Tübingen. 1999 Promotion mit einer Arbeit über »Die Apostolizität der Kirche im ökumenischen Dialog mit der Orthodoxie« promoviert. Wissenschaftlicher Mitarbeiter am Ökumenischen Institut der Katholisch-Theologischen Fakultät in Münster und Referent bei »Renovabis«, dem Osteuropa-Hilfswerk der katholischen Kirche in Deutschland. Berufung zum Direktor am Möhler-Institut (Oktober 2001). Mitglied der Arbeitsgruppe »Kirchen des Ostens« der Deutschen Bischofskonferenz sowie der Gemeinsamen Kommission der Deutschen Bischofskonferenz und der Orthodoxen Kirche in Deutschland. Darüber hinaus Sekretär des Internationalen orthodox-katholischen Arbeitskreises St. Irenäus und als Konsultor der Stiftung »Pro Oriente« tätig. Außerdem Koordinator für die Arbeit der Konferenz der Ökumene-Referenten der deutschen Diözesen und Mitglied im Vorstand der »Societas Oecumenica«, der Europäischen Gesellschaft für ökumenische Forschung.

PILZ, Winfried, geb. 1940 in Warnsdorf (Nordböhmen). Nach dem Studium in Bonn, München und Köln 1966 Priesterweihe in Köln durch Cardinal Frings. Fünf Jahre Kaplan in Euskirchen, danach Stadtjugendseelsorger in Bonn. 1972 Kölner Diözesanjugendseelsorger; Referent für Glaubensbildung im Jugendhaus Düsseldorf. 1990 Pfarrer in der 11.000 Katholiken umfassenden Kaarster Gemeinde St. Martinus. Seit 2000 Präsident des Kindermissionswerkes »Die Sternsinger«, Aachen. Schon seit Studienzeit Interesse für die Situation der Christen im Hl. Land und im Vorderen Orient, zunächst durch verschiedene Reisen und Kontakte. Dies hat sich in der Projektarbeit des Kindermissionswerkes intensiv ausgeweitet. Mitglied der Roaco. 2007 im Essener Münster Weihe zum Archimandriten durch S.S. Patriarch Gregor III., auch zum Dank für den vielfältigen Einsatz des Kindermissionswerks in den Ländern des Vorderen Orients und für das persönliche Engagement seines Präsidenten für die christlichen Kirchen in der immer wieder von Krisen und Notsituationen heimgesuchten Region.

RAUCH, Albert, geb. 1933. Studium in Rom an der Päpstlichen Universität Gregoriana und am Päpstlichen Orientalischen Institut. Doktorat im Collegio Russo zum Thema »Die Theotokos in der Heilsökonomie in der Dreifaltigkeit beim hl. Cyrill von Alexandrien«. 1958 Priesterweihe in Rom. 1965-1966 Dienst im Vatikan bei Kardinal Slipij zur Erforschung der Akten über die Verfolgung der römisch-katholischen und der griechisch-katholischen Geistlichen während der ersten Jahrzehnte der sowjetischen Ära. Vizepostulator und Vorbereitung der Seligsprechung von Exarch Leonid Feodorov durch Papst Johannes Paul II. in Lemberg am 27.06.2001. Seit 1972 Expositus in Etterzhausen, St. Michael. Seit 1966 Mitglied verschiedener Ökumenischer Kommissionen. Seit 1966 leitender Direktor des Ostkirchlichen Instituts in Regensburg. Dr. h. c. der Orthodoxen Theologischen Fakultäten der Universität in Bukarest (1997), in Oradea (2002) und Alba Iulia, Rumänien (2008). Organisation zahlreicher internationaler ökumenischer Symposien zur orthodoxen Theologie.

SCHNEIDER, Michael, geb. 1949 in Köln am Rhein. Studium in Münster/W., Rom und Wien. 1981 Promotion und Eintritt in das Noviziat SJ. 1984-1999 Dozent an der Universität Salzburg. Seit der Habilitation in Freiburg/Br. Professor für Dogmatik und Liturgiewissenschaft an der Phil.-Theol. Hochschule Sankt Georgen in Frankfurt/M.; Leiter des Instituts für Dogmen- und Liturgiegeschichte und des Seminars für Byzantinistik; 2002 Großarchimandrit des Patriarchats von Antiochien; 2005 Prior des Patriarchalischen Ordens vom Hl. Kreuz zu Jerusalem.

SIEBEN, Hermann Josef, geb. 1934 in Boppard am Rhein. 1953 Eintritt in das Noviziat der Gesellschaft Jesu. Studium der Philosophie und Theologie in Pullach bei München und in Lyon. Doktorat in Paris am Institut Catholique zum Thema »Die Psalterbenützung bei Athanasius von Alexandrien« (1968). 1969-2002 Professor für Dogmen- und Konziliengeschichte und Patrologie an der Phil.-Theol. Hochschule Sankt Georgen in Frankfurt/M. 1970-1990 Mitarbeit am »Dictionnaire de Spiritualité...« (teils ins Deutsche übersetzt). Sechs Bände zur Geschichte der Konzilsidee in der »Konziliengeschichte/Reihe B: Untersuchungen«, hrsg. von W. Brandmüller. 1977-2003 Hauptschriftleiter der Zeitschrift »Theologie und Philosophie«. Zahlreiche Veröffentlichungen vor allem auf dem Gebiet der Konzilsforschung und der Patrologie.

SUTTNER, Ernst Christoph, geb. 1933 in Regensburg. 1957-1960 Studium am Collegium Russicum. 1960 Priesterweihe, Seelsorgstätigkeit. 1962-1975 wiss. Mitarbeiter am Seminar für Theologie und Geschichte des Christlichen Ostens an der Universität Würzburg. 1967 Promotion. 1974 Habilitation. 1975-2002 Professor für Patrologie und Ostkirchenkunde. 1977-1985 Vorsitzender des Theologischen Beirats PRO ORIENTE. Seit 1989 korrespondierendes Mitglied der Österreichischen Akademie der Wissenschaften. 1991 ordentliches Mitglied der Academia Scientiarum et Artium Europae. 1993-1999 auch deutschsprachige Seelsorge in Moskau. 1998 Abt-Emmanuel-Heufelder-Preis der Abtei Niederaltaich. Dr. theol. h. c. der Universität Cluj-Napoca Klausenburg Kolozsvár (1999), Arad (2003), Alba Iulia (2003).

TAFT, Robert, geb. 1932 in Providence, R.I. (USA). 1949 Eintritt in die Gesellschaft Jesu. 1956 M. A. in Philosophie am Boston College. 1961 M. A. in Russische Studien an der Fordham University, 1964 Lizentiat in Theologie am Weston College (Mass.). 1963 Weihe zum Priester des byzantinisch-slawischen Ritus. Dreijährige Lehrtätigkeit im Baghdad College in Baghdad, Irak. 1970 Doktorat am Päpstlichen Orientalischen Institut, Rom. Konsultor für Liturgie an der Ostkirchenkongregation des Vatikans und Mitglied der päpstlichen Kommissionen für die Revision der armenischen Liturgiebücher und der Syro-Malabarischen Liturgie. 1990 Doktor h. c. des College of the Holy Cross. Nach dem Zusammenbruch des Kommunismus verschiedene Einsätze für die im Sowjet-Regime unterdrückten Griechisch-Katholischen Kirchen. Engagement bei der Gründung des »Collegium Orientale« an der Katholischen Universität in Eichstätt, Mitglied des Beirats. 1998 Verleihung des Goldenen Brustkreuzes und Weihe zum mitr. Archimandriten. 1999 im Namen des Ökumenischen Patriarchen von Konstantinopel Verleihung eines zweiten Goldenen Brustkreuzes. 2000 zweiter Ehrendoktortitel von der University of St.

Michael's College an der Universität von Toronto, Canada. 2001 von der British Academy vorgeschlagen als Korrespondierendes Mitglied. Bibliographie mit 1000 Titeln; »Editor-in-chief« der »Orientalia Christiana Analecta« und von »Anaphorae Orientales«.

THÖLE, Reinhard, D. D., Pfarrer in der evang.-luth. Landeskirche Hannover, Träger des Patriarchalkreuzes der Rumänischen Orthodoxen Kirche und Erzpriester h. c.; Ostkirchenkundler am Konfessionskundlichen Institut Bensheim, Honorarprofessor für Ökumenische Theologie an der Orthodoxen Theologischen Fakultät »Patriarch Justinian« in Bukarest, Lehrbeauftragter der Universität Heidelberg, Vorsitzender des Facharbeitskreises Orthodoxie der EKD, Berater der EKD für die Dialoge mit den orthodoxen Kirchen, Mitglied des Institutes für Evangelische Aszetik an der Augustana-Hochschule Neuendettelsau. Gastvorträge an den Universitäten Bonn, Tübingen, Erlangen, Sofia, Böhmisch Budweis und am Hl. Geist-Seminar in Lviv/ Lemberg.

TOTZKE, Irenäus, Benediktiner, römisch-katholisch geboren, gehörte dem rechten Flügel der katholischen Liturgischen Bewegung an (Richtung Odo Casel/Klaus Gamber), studierte in diesem Sinne nach dem Abitur ab 1952 in Rom an der dortigen Orientalischen Hochschule (Istituto Orientale) orthodoxe Theologie, schloß sich dem orthodoxophilen Zweig der Benediktiner an und trat der (damals noch existierenden) Byzantinischen Dekanie der Abtei Niederaltaich bei, um für die Wieder-Annäherung von Ost- und Westkirche zu wirken. Besonders wichtig war ihm dabei die Bekanntmachung orthodoxer Theologie, Liturgie und Kunst im Westen. Für seine Bemühungen wurde er 1976 vom Rumänisch-Orthodoxen Patriarchat zum Archimandriten h. c. ernannt.

TROLL, Christian W., geb. 1937 in Berlin. Nach dem Studium der Philosophie und Theologie in Tübingen und Bonn (1957-1961) ein weiteres Studium des Arabischen an der Universität Saint-Joseph in Beirut (1961-1963). Nach dem Eintritt in den Jesuitenorden und der Grundausbildung der Jesuiten studierte er ab 1966 an der School of Oriental and African Studies der Londoner Universität und erwarb dort 1970 den B. A. Honours in Urdu-Literatur und 1975 den Ph. D. mit einer Arbeit über modernes islamisches Denken in Südasien. Durch Studienaufenthalte in Südostasien Vertrautheit mit dem islamischen Denken und Leben in Indien, Iran und Pakistan. Von 1976 bis 1988 Professor für islamische Studien am Vidyajyoti Institute of Religious Studies in Neu-Delhi, anschließend bis 1993 Senior Lecturer am Centre for the Study of Islam and Christian-Muslim Relations an der University of Birmingham und danach bis 1999 Professor für Islamische Institutionen am Päpstlichen Orientalischen Institut. Ebenfalls regelmäßig Lehrveranstaltungen an der Universität Ankara Ilahiyat Fakültesi. Seit Ende 1999 Leiter des christlich-islamischen Forums der katholischen Akademie in Berlin. 2001 Honorarprofessor an der Philosophisch-Theologischen Hochschule Sankt Georgen, Frankfurt/Main. Bis 2005 zwölf Jahre lang Mitglied der Subkommission für Religiöse Beziehungen der Katholischen Kirche mit den Muslimen, welche Teil des Päpstlichen Rates für den Interreligiösen Dialog (PCID) ist. Ferner Mitglied der Unterkommission der Deutschen Bischofskonferenz für den Interreligiösen Dialog und Berater der bischöflichen Arbeitsstelle CIBEDO.

WINKLER, Dietmar W., geb. 1963; Professor für Patristik und Kirchengeschichte an der Universität Salzburg und Vorstand des Mayr-Melnhof-Instituts für den Christlichen Osten am Internationalen Forschungszentrum Salzburg. 2001 Fulbright-Scholar am Collegeville Institute for Ecumenical and Cultural Research (Minnesota, USA). 2003-2005 Professor of Religion und Associate Director der Division of Religious and Theological Studies, Boston University (Massachusetts, USA). Konsultor im Päpstlichen Rat für die Einheit der Christen, Vorstandsmitglied der Stiftung Pro Oriente (Wien), Wissenschaftlicher Leiter der »Pro Oriente Studies in the Syriac Tradition«.

# Schriftenreihen des Patristischen Zentrums
# KOINONIA - ORIENS e.V., Köln

*Begründet von Wilhelm Nyssen*
*und herausgegeben von Michael Schneider*

## I. Koinonia - Oriens

| | |
|---|---|
| XLI | Michael Schneider, Der Wegnahme folgt die Liebe immer, Köln 1994. |
| XLII | Michael Schneider, Leben in Christus. Kleine Einführung in die Spiritualität der einen Kirche aus Ost und West, St. Ottilien 1996. |
| XLIII | Michael Schneider und Walter Berschin (Hg.), Ex oriente et occidente (Mt 8,11). Kirche aus Ost und West. Gedenkschrift für Wilhelm Nyssen, St. Ottilien 1996. |
| XLIV | Michael Schneider, Theologie als Biographie. Eine dogmatische Grundlegung, St. Ottilien 1997. |
| XLV | Michael Schneider, Leben aus der Fülle des Heiligen Geistes. Standortbestimmung Spiritualität heute, St. Ottilien 1997. |
| XLVI | Abt Emmanuel Jungclaussen, Unterweisung im Herzensgebet, St. Ottilien 1999. |
| XLVII | Lothar Heiser, Jesus Christus - Das Licht aus der Höhe. Verkündigung, Glaube und Feier des Herrenmysteriums in der Orthodoxen Kirche, St. Ottilien 1998. |
| XLVIII | Lothar Heiser, Mosaike und Hymnen. Frühes Christentum in Syrien und Palästina, St. Ottilien 1999. |
| XLIX | Lothar Heiser, Äthiopien erhebe seine Hände zu Gott. Die äthiopische Kirche in ihren Bildern und Gebeten, St. Ottilien 2000. |
| L | Michael Schneider, Schöpfung in Christus. Skizzen zur Schöpfungstheologie in Ost und West, St. Ottilien 1999. |
| LI | Lothar Heiser, Ägypten sei gesegnet! (Is 19,25). Koptisches Christentum in Bildern und Gebeten, St. Ottilien 2001. |
| LIII | Franz Jung / Maria C. Kreuzer, Zwischen Schrecken und Trost. Bilder der Apokalypse aus mittelalterlichen Handschriften ..., Köln 2006. |
| LIV | »Wachsam in Liebe« - Eine Festgabe zum 75. Geburtstag Seiner Seligkeit Patriarch Gregorios III., Kisslegg 2008. |

*Die Bücher der Reihe KOINONIA - ORIENS sind ab Band XLII im Buchhandel erhältlich.*

## II. Edition Cardo

| | |
|---|---|
| I | Wilhelm Nyssen, Der Weg des Herrn. Nach Worten des Alten Bundes, Olten 1974. |
| II | Henning Günther, Walter Benjamin. Zwischen Marxismus und Theologie, Olten 1974. |
| III | Alexander Schmemann, Aus der Freude leben. Ein Glaubensbuch der orthodoxen Christen, Köln ²2003. |
| IV | Michael Schneider, Lectio divina. Leben mit der Heiligen Schrift, Köln ²2004. |
| V | Michael Schneider, Mystik. Zwischen Denken und Erfahrung, Köln 1997. |
| VI | Paul Deselaers, Das »Geistliche Jahr« der Annette von Droste-Hülshoff, Köln 1997. |
| VII | Michael Schneider, Eucharistie. Leben aus dem Mysterium des Glaubens, Köln 1997. |
| VIII | Michael Schneider, Athos. Der Heilige Berg, Köln ³2002. |
| IX | Lothar Heiser, Natur und Tiere in frühchristlicher Deutung, Köln 1997. |
| X | Michael Schneider, Amtskirche auf dem Prüfstand, Köln 1997. |
| XI | Wilhelm Nyssen, Der Sinn des Johannes, Köln 1997. |
| XII | Wilhelm Nyssen, Die theologische und liturgische Bedeutung der Ikone, Köln ²2003. |
| XIII | Wilhelm Nyssen, Das prophetische Buch der Apokalypse, Köln 1997. |
| XIV | Anthony Bloom, Gegenwärtigkeit. Eine Nachschrift von Wilhelm Nyssen. Mit einer Einführung von Michael Schneider, Köln 1997. |
| XV | Wilhelm Nyssen, Theologie des Bildes, Köln 1998. |
| XVI | Michael Schneider, Jahreskranz der Güte Gottes, St. Ottilien 1998. |
| XVII | Michael Schneider, Geistliche Freundschaft, Köln ²2002. |
| XVIII | Michael Schneider, Unterscheidung der Geister, Köln ²2002. |
| XIX | Michael Schneider, Zur Frage nach dem Leid, Köln 1998. |
| XX | Michael Schneider, Stationen auf dem Weg zu Gott, Köln ²2002. |
| XXI | Michael Schneider, Sakrament des Alltags, Köln 1998. |
| XXII | Michael Schneider, Der verborgene Gott, Köln 1998. |
| XXIII | Michael Schneider, Standortbestimmung Priesterausbildung heute, Köln ²2007. |
| XXIV | Michael Schneider, Die Wende um 1200. Der neue Weg der abendländischen Theologie und Spiritualität, Köln 1999. |
| XXV | Michael Schneider, Umkehr zur Zukunft. Theologische und praktische Überlegungen zum Bußsakrament, Köln 1999. |
| XXVI | Michael Schneider, Maria - Kirche im Ursprung, Köln ²1999. |
| XXVII | Michael Schneider, Leben in Fülle, Köln 1999. |
| XXVIII | Michael Schneider, Bekehrung als Grundvollzug christlicher Existenz, Köln 1999. |
| XXIX | Michael Schneider, Leben aus dem Gebet, Köln 1999. |

| | |
|---|---|
| XXX | Michael Schneider, Instrumentarium geistlichen Lebens, Köln 1999. |
| XXXI | Michael Schneider, Das immerwährende Gebet, Köln 1999. |
| XXXII | Michael Schneider, Zum Beten mit den Psalmen, Köln ²2003. |
| XXXIII | Michael Schneider, Wegmarken I: Worte großer Glaubenszeugen, Köln ²2005. |
| XXXIV | Michael Schneider, Weihnachten und Epiphanie, Köln 1999. |
| XXXV | Michael Schneider, »Christus ist unsere Logik!« Zur Verhältnisbestimmung von Theologie und Nachfolge bei Bonaventura, Köln 1999. |
| XXXVI | Margarete Schmid, Erich Przywara SJ (1889-1972), Köln 1999. |
| XXXVII | Michael Schneider, In der Schule der Mönchsväter, Köln 1999 (Kurzfassung von Bd. XCI). |
| XXXVIII | Michael Schneider, Der Lasterkatalog. Zum Umgang mit Krisen und Versuchungen im geistlichen Leben, Köln ²2003. |
| XXXIX | Michael Schneider, Homo viator. Zur biographischen Grundstruktur des Glaubensweges, Köln 1999. |
| XL | Erzbischof Lutfi Laham, Einübung in den geistlichen Weg der Chrysostomus-Liturgie, Köln ²1999. |
| XLI | Michael Schneider, Akedia. Lebenskrisen in der Deutung des Glaubens, Köln ²2004. |
| XLII | Michael Schneider, Theologie und moderne Literatur. Eine Verhältnisbestimmung, Köln 2000. |
| XLIII | Michael Schneider, Zur Frage nach Gott in der modernen Literatur, Köln 2000. |
| XLIV | Margarete Schmid, Theologen der Gegenwart im Gespräch mit der modernen Literatur, Köln 2000. |
| XLV | Michael Schneider, Julius Tyciak (1903-1973). Ein Wegbereiter im Gespräch mit den Kirchen des Ostens, Köln ²2007. |
| XLVI | Michael Schneider, Auf neuen Wegen zur Ikone. Zum Werk von W. Zagorodnikow und A. Jawlensky, Köln ²2005. |
| XLVII | Erzbischof Lutfi Laham, Die Chrysostomus-Liturgie. Eine Hinführung und Erklärung, Köln ³2007 (Kurzfassung von Bd. XL). |
| XLVIII | Ingrid Hermann, Ausgewählte Werke der Musik in ihrer Bedeutung für den Glauben, Köln 2001. |
| IL | Michael Schneider, Zur Theologia tenebrarum bei Erich Przywara und Reinhold Schneider, Köln 2000. |
| L | Michael Schneider, Zur Geschichtstheologie Reinhold Schneiders, Köln 2000. |
| LI | Michael Schneider, Kontemplativ leben in der heutigen Welt, Köln ²2003. |
| LII | Michael Schneider, Die Bedeutung der Eucharistie im Leben des heiligen Ignatius von Loyola, Köln 2000. |

| | |
|---|---|
| LIII | Michael Schneider, Theologia coloniensis. Zur theologischen Ausdeutung der Kölner Romanik bei Wilhelm Nyssen, Köln 2000. |
| LIV | Michael Schneider, Vom gläubigen Umgang mit der Zeit, Köln 2000. |
| LV | Michael Schneider, Wilhelm Nyssen (1925-1994). Eine Werkbeschreibung, Köln 2001. |
| LVI | Michael Schneider, Anstöße zur Nachfolge, Köln 2000. |
| LVII | Michael Schneider, Einführung in das geistliche Leben, Köln 2000. |
| LVIII | Michael Schneider, Einübung in das geistliche Leben, Köln 2000. |
| LIX | Michael Schneider, Zur Praxis der geistlichen Begleitung: Grundlegung und Hinführung, Köln ²2003. |
| LX | Michael Schneider, Zur Praxis der geistlichen Begleitung: Hilfen und Hinweise, Köln ²2003. |
| LXI | Klaus Nebel, Die Aktualität der Kirchenväter im Leben und Werk John Henry Newmans, Köln 2001. |
| LXII | Stefan Peter, Zur Christusfrömmigkeit im »Weihnachtsoratorium« Johann Sebastian Bachs (BWV 248), Köln 2000. |
| LXIII | Erich Kock, Josef Rikus - Bildhauer, Köln 2000. |
| LXIV | Michael Schneider, Zur theologischen Bedeutung der Kirchenmusik, Köln 2001. |
| LXV | Erzbischof Lutfi Laham, Zur Erneuerung der Chrysostomus-Liturgie in der melkitischen Kirche, Köln 2001. |
| LXVI | Michael Schneider, Zur Reifungsgeschichte des Glaubens in den Lebensaltern, Köln 2001. |
| LXVII | Erich Kock, Zeit-Zeugen des Glaubens (1846-1998), Köln ³2005. |
| LXVIII | Erich Kock, Johann Wolfgang von Goethe. Zwei Studien, Köln 2001. |
| LXIX | Michael Schneider, Lebensprojekt Berufung, Köln ²2003. |
| LXX | Erich Przywara, Der geistliche Weg der Exerzitien, Köln 2002. |
| LXXI | Michael Schneider, Das Sakrament der Versöhnung, Köln ²2002. |
| LXXII | Michael Schneider, Geistliches Leben. Ein Leitfaden für alle Tage des Jahres, Köln ²2005. |
| LXXIII | Michael Schneider, HYMNOS AKATHISTOS. Eine theologische und liturgische Hinführung zum ältesten Marienlob auf die Menschwerdung Gottes, Köln 2001. |
| LXXIV | Sven Boenneke - Romanos Werner OSB, Pascha des Herrn. Homilien und Hymnen zum orthodoxen Osterfest. Mit einem Geleitwort von Abt Emmanuel Jungclaussen OSB, Köln 2001. |
| LXXV | Jörg Splett, Gott-ergriffen. Grundkapitel einer Religionsanthropologie, Köln ³2004. |

| | |
|---|---|
| LXXVI | Michael Schneider, Theologie als Nachfolge. Zur existentiellen Grundstruktur von Glaube und Theologie in Geschichte und Gegenwart, Köln ²2007. |
| LXXVII | Michael Schneider, Wegmarken II: Worte der Kirchenväter zum Leben im Glauben, Köln ²2005. |
| LXXVIII | Michael Schneider, Anstöße zum Glauben, Köln 2001. |
| LXXIX | Michael Schneider, Zur Geschichte der christlichen Spiritualität. Ein Leitfaden, Köln 2001 (aus Bd. LXXVI). |
| LXXX | Michael Schneider, Einführung in die Theologie, Köln ²2003. |
| LXXXI | Michael Schneider, Anstöße zur Hoffnung, Köln 2002. |
| LXXXII | Michael Schneider (Hg.), Die melkitische Kirche in Geschichte und Gegenwart, Köln 2001. |
| LXXXIII | J. Chammas, Die melkitische Kirche. Hrsg. von Patriarch Gregor III., Köln 2001. |
| LXXXIV | Michael Schneider, Theologische Anthropologie I: Sichtung, Köln ²2007. |
| LXXXV | Michael Schneider, Theologische Anthropologie II: Konkretisierung, Köln ²2007. |
| LXXXVI | Michael Schneider, Theologische Anthropologie III: Entfaltung, Köln ²2007. |
| LXXXVII | Michael Schneider, Theologische Anthropologie IV: Vollendung, Köln ²2007. |
| LXXXVIII | Michael Schneider, Zur Theologie des Kölners - 11 Traktate, Köln ³2007. |
| LXXXIX | Lothar Heiser, Die Engel in der Glaubensverkündigung der Orthodoxie, Köln 2002. |
| XC | Origenes, Homilien zum Buch Genesis. Übertragen und herausgegeben von Sr. Theresia Heither OSB, Köln ²2005. |
| XCI | Michael Schneider, Aus den Quellen der Wüste. Die Bedeutung der frühen Mönchsväter für eine Spiritualität heute, Köln ⁴2007. |
| XCII | Hermann Josef Sieben, »Manna in deserto«. Studien zum Schriftgebrauch der Kirchenväter, Köln 2002. |
| XCIII | Jörg Splett, Zur Antwort berufen. Zeugnis aus christlichem Stand, Köln ⁴2005. |
| XCIV | Michael Schneider, Das Sakrament der Eucharistie, Köln ³2007. |
| XCV | Wilhelm Nyssen, Die Feier des Herrenjahres in der liturgischen Verkündigung der Kirche in Ost und West, Köln 2002. |
| XCVI | Ingrid Hermann, Ausgewählte Werke der Musik in ihrer Bedeutung für den Glauben. Teil II, Köln 2003. |
| XCVII | Michael Schneider, Zur Erlösungslehre in der orthodoxen Theologie, Köln ²2003. |
| XCVIII | Michael Schneider, Apokatastasis. Zur neueren dogmatischen Diskussion um die Lehre von der Allversöhnung, Köln 2003. |
| IC | Stephan Lüttich, All my eyes see. Entwurf einer christopoetischen Wahrnehmungs- und Ausdruckslehre bei Gerard Manley Hopkins, Köln 2003. |

| | |
|---|---|
| C | Wilhelm Nyssen, Zur Wachheit des Geistes in den Sinnen. Ausgewählte Texte nach Wilhelm Nyssen, herausgegeben von Michael Schneider, Köln 2002. |
| CI | BIBLIOTHECA SPIRITUALIS. Artikel aus dem Dictionnaire de Spiritualité, herausgegeben von Hermann Josef Sieben, Vol. I: Hermann Josef Sieben, »Gott-Erinnern« und andere Kapitel aus der geistlichen Überlieferung, Köln 2003. |
| CII | Michael Schneider, Geisterfüllte Liturgie, Köln 2005. |
| CIII | Michael Schneider, Papst Benedikt XVI. Zur Einordnung des theologischen Werkes Joseph Ratzingers am Beginn des neuen Pontifikats, Köln ³2005. |
| CIV | Jörg Splett, Freiheits-Erfahrung - Vergegenwärtigungen christlicher Anthropo-Theologie, Köln ²2005. |
| CV | Peter Bujko, Gott in allen Dingen - Anthropologisch-theologische Reflexion der »Betrachtung, um Liebe zu erlangen« in den Exerzitien des hl. Ignatius von Loyola, Köln 2005. |
| CVI | Erich Przywara, Verse. Gedichte aus dem Nachlaß, heraugegeben von Stephan Lüttich, Köln 2005. |
| CVII | Jörg Splett, Im Dienst der Wahrheit. Abschiedsvorlesung, Köln 2005. |
| CVIII | Erich Kock, Und schrieb auf, was ich sah... Begegnungen, Köln ²2005. |
| CIX | Ansgar Wucherpfennig, »Abraham hat gewünscht, meinen Tag zu sehen« (Joh 8,56). Das Opfer Abrahams und die Geburt Christi in einer Predigt Ephräms, Köln 2004. |
| CX | Theresia Hainthaler, Die O-Antiphonen. Eine Hinführung und Auslegung der Großen Antiphonen im Hohen Advent, Köln 2004. |
| CXI | Michael Schneider, Das Herzensgebet. Eine Hinführung zur Theologie und Praxis des Jesusgebetes, Köln ³2005. |
| CXII | Michael Schneider, Das neue Leben. Geistliche Erfahrungen und Wegweisung, Köln ⁵2007 (= Bd. LVII - LVIII). |
| CXIII | Abt John Eudes Bamberger OCSO, Geistliche Begleitung nach der Zisterziensertradition, Köln ³2005. |
| CXIV | Michael Schneider, Zumutungen des Lebens. Eine theologische Einordnung der - Erfahrungen von Akedia, Traurigkeit, Melancholie, Glaubensverdunklung und Schwermut, Köln 2005. |
| CXV | Michael Schneider, Zur Frage nach dem Spezifikum der christlichen Kunst. Eine theologische Standortbestimmung, Köln 2004. |
| CXVI | Enzo Bianchi, Lectio divina. Die geistliche Schriftlesung. Mit einem Vorwort von Michael Schneider, Köln 2004. |

| | |
|---|---|
| CXVII | Michael Schneider, Karl Rahner und die anthropologische Frage. Zum theologischen Ansatz einer »Logik der existentiellen Erkenntnis«, Köln 2004. |
| CXVIII | Michael Schneider, Modelle christlicher Existenz in Vergangenheit und Gegenwart, Köln ²2004. |
| CXIX | Michael Schneider, Hymnos Akathistos. Text und Erläuterung, Köln ²2004. |
| CXX | Michael Schneider, Hymnos Akathistos. Die Feier des Gottesdienstes in Verbindung mit dem Kleinen Apodeipnon, Köln ³2007. |
| CXXI | Michael Schneider, Die Göttliche Liturgie. Eine theologische Hinführung zur Liturgie unserer Väter unter den Heiligen Basilius und Johannes Chrysostomus, Köln ²2005. |
| CXXII | Michael Schneider, Lobgesang der Erde. Zur kosmischen Dimension der Liturgie. Eine Skizze, Köln 2004. |
| CXXIII | Michael Schneider, Meister des geistlichen Lebens. Zur Einübung in ein Leben aus dem Glauben, Köln 2004. |
| CXXIV | Dumitru Staniloae, Die Eucharistie als Quelle des geistlichen Lebens, Köln ³2007. |
| CXXV | Michael Schneider, Liturgie im lateinischen und orthodoxen Ritus, Köln 2004. |
| CXXVI | Michael Schneider, Theologie des Schweigens, Köln 2005. |
| CXXVII | Michael Schneider, Die Christophorus-Legende in Ost und West. Das Leben aus dem Glauben und seine bildhafte Darstellung in der frühchristlichen und abendländischen Tradition, Köln 2005. |
| CXXVIII | Michael Schneider, Die Wandlung der eucharistischen Gaben nach orthodoxer Theologie, Köln 2004. |
| CXXIX | Michael Schneider, Zur Theologie der Ehe. Mit einem Diskurs über die Frage nach dem Spender des Ehesakraments, Köln 2005. |
| CXXX | Archimandrit Irenäus Totzke OSB, Akathistos zum Heiligen Nikolaus dem Wundertäter, Köln 2005. |
| CXXXI | Marianne Schlosser (Hg.), Eucharistie - Quelle und Höhepunkt des geistlichen Lebens. Mit Beiträgen von Josef Weismayer, Marianne Schlosser, Christoph Benke, Karl-Heinz Steinmetz, Hubert Philipp Weber, Köln 2005. |
| CXXXII | Jörg Splett, Leibhaftig lieben - Leiblichkeit, Geschlechtlichkeit und Würde der Person, Köln ³2008. |
| CXXXIII | Michael Schneider, »Die Liebe ist möglich, und wir können sie tun.« Erste Überlegungen zur neuen Enzyklika »Deus caritas est« von Papst Benedikt XVI., Köln 2006. |
| CXXXIV | Michael Schneider, Das theologische Werk Joseph Ratzingers in seiner Bedeutung für ein Gespräch mit der Orthodoxie, Köln 2006. |

| | |
|---|---|
| CXXXV | Archimandrit Irenäus Totzke OSB, Akathistos auf die Auferstehung Christi. Text und Erläuterung, Köln 2005. |
| CXXXVI | Christina Serafimidis, Die Feier der Göttlichen Liturgie in der orthodoxen Kirche. Eine geistliche Auslegung, Köln 2006. |
| CXXXVII | Michael Schneider, Zur Theologie des Buches, Köln 2006. |
| CXXXVIII | BIBLIOTHECA SPIRITUALIS. Artikel aus dem Dictionnaire de Spiritualité, herausgegeben von Hermann Josef Sieben, Vol. II: Hermann Josef Sieben (Hg.), Frühe Lehrer des geistlichen Lebens: Origenes und die Kappadokier, Köln 2006. |
| CXXXIX | Wladimir Lindenberg, Das heilige Rußland. Mit einem Beitrag von Michael Schneider, Köln 2006. |
| CXL | Michael Schneider, Die Kunst, Jesus zu lieben. Zur christologischen Propädeutik des Glaubens, Köln 2006. |
| CXLI | Vasyl' Rudeyko, Die Reform des Stundengebets in der griechisch-katholischen Kirche der Ukraine unter besonderer Berücksichtigung der Feier der Vesper, Köln 2007. |
| CXLII | Hermann Josef Sieben / Werner Löser / Michael Schneider, Theologie der Mysterien des Lebens Jesu, Köln 2007. |
| CXLIII | Andreas Wollbold, Die Seligpreisungen mit großen Auslegern bedacht, Köln 2007. |
| CXLIV | Michaela Hastetter / Karl-Heinz Steinmetz (Hg.), 1400 Jahre Gregor der Große. Rezeption - Seelsorge - Ökumene, Köln 2007. |
| CXLV | Michael Schneider (Hg.), Die Göttliche Liturgie des heiligen Apostels Jakobus des Herrenbruders und ersten Bischofs von Jerusalem, Köln 2008. |
| CXLVI | Michael Schneider, Jesus von Nazareth. Zum neuen Buch von Papst Benedikt XVI., Köln 2007. |
| CXLVII | Abt Emmanuel Jungclaussen OSB, Der innere Weg zu Gott, Köln 2007. |
| CXLVIII | Michael Schneider, Einführung in die Theologie Joseph Ratzingers, Köln 2008. |
| CXLIX | Michael Schneider, Romano Guardini. Wegbereiter einer Theopragmatik, Köln 2008. |
| CL | Michael Schneider, Konrad Weiß (1880-1940). Zum schöpfungs- und geschichtstheologischen Ansatz im Werk des schwäbischen Dichters, Köln 2007. |
| CLI | BIBLIOTHECA SPIRITUALIS. Artikel aus dem Dictionnaire de Spiritualité, herausgegeben von Hermann Josef Sieben - Vol. III: Hermann Josef Sieben (Hg.), Westliche Lehrer des geistlichen Lebens: Tertullian, Augustinus, Cassian und Gregor der Große, Köln 2008. |
| CLII | Michael Schneider, Zur Beurteilung der Liturgiereform und der Tridentinischen Messe im theologischen Werk Joseph Ratzingers, Köln 2007. |

| | |
|---|---|
| CLIII | Michael Schneider, Die Enzyklika »Spe salvi« Papst Benedikts XVI. Ihre Einordnung in das Werk Joseph Ratzingers als Beitrag einer Theologischen Anthropologie, Köln 2008. |
| CLIV | Michael Schneider, Glaubensnacht am Anfang des Berufungsweges. Eine kaum beachtete Erfahrung christlicher Existenz heute, Köln 2008. |
| CLV | Michael Schneider, Das menschliche Antlitz. Eine theologische Deutung, Köln 2008. |
| CLVI | Abt Emmanuel Jungclaussen OSB, Geistliche Texte der Seelenführung, Köln 2008. |
| CLVII | »Du aber geh in deine Kammer...« - Zur Bedeutung der »Zelle« im Leben mit Gott, Köln 2008. |
| CLVIII | Michael Schneider, Die Göttliche Liturgie des heiligen Apostels Jakobus des Herrenbruders und ersten Bischofs von Jerusalem. Kommentar und Hinführung, Köln 2008. |

*Die Schriften der Reihe EDITION CARDO sind zu beziehen über den Buchhandel und zu bestellen über das Institut für Dogmen- und Liturgiegeschichte, Offenbacher Landstraße 224, D-60599 Frankfurt am Main (FAX 069-5076992). Weitere Informationen über www.kath.de/Patr.Zentrum.*